de Gruyter Studienbuch

Elke Hentschel / Harald Weydt
Handbuch der deutschen Grammatik

Elke Hentschel / Harald Weydt

Handbuch der deutschen Grammatik

3., völlig neu bearbeitete Auflage

Walter de Gruyter · Berlin · New York
2003

♾ Gedruckt auf säurefreiem Papier,
das die US-ANSI-Norm über Haltbarkeit erfüllt.

ISBN 3-11-017501-0

Bibliografische Information Der Deutschen Bibliothek

Die Deutsche Bibliothek verzeichnet diese Publikation in der Deutschen
Nationalbibliografie; detaillierte bibliografische Daten sind im Internet über
http://dnb.ddb.de abrufbar.

Vorwort zur dritten Auflage

Acht Jahre sind seit der letzten Auflage des *Handbuchs der deutschen Grammatik* vergangen, und es ist somit wirklich an der Zeit, dass endlich eine neue Auflage erscheint. Bei der umfassenden Überarbeitung wurden nicht nur Verbesserungen von kleinen Fehlern und Unstimmigkeiten vorgenommen, wie sie sich ja leider immer einschleichen (und von denen sich sicherlich bei dieser Gelegenheit wieder einige neu eingeschlichen haben…), sondern vor allem auch die wissenschaftlichen Weiterentwicklungen der letzten Jahre berücksichtigt. Neuerscheinungen und überarbeitete Neuauflagen von Grammatiken des Deutschen wurden dabei ebenso herangezogen wie sprachvergleichende oder typologische Untersuchungen sowie neuere Arbeiten zu theoretischen Grammatikmodellen. Gerade in diesem letztgenannten Bereich haben sich weitreichende Änderungen vollzogen und vollziehen sich noch. Die vorliegende Grammatik kann natürlich nicht alle Einzelheiten dieser komplexen Entwicklung darstellen; sie hat aber das Ziel, zumindest die wichtigsten zu nennen und in ihren Grundzügen zu erklären. Dabei werden sie wie bisher auch nicht nur in einem gesonderten Absatz separat vorgestellt, sondern auch immer bei der Beschreibung einzelner Bereiche des Deutschen mit herangezogen.

Um eine bessere Übersichtlichkeit zu gewährleisten, wurde dem Wortbildungsteil ein eigenes Kapitel zugewiesen. Neu hinzugekommen ist das Kapitel „Schrift und Rechtschreibung", in dem ein Überblick über die Grundprinzipien der Verschriftung von Sprache und die damit zusammenhängenden Probleme gegeben wird. Ein neues Unterkapitel „Komplemente und Supplemente, Ergänzungen und Angaben" macht mit neueren Entwicklungen in diesem Teilbereich der Syntax bekannt. Die Systematik der übrigen Kapiteleinteilung wurde nicht verändert.

Für ihre kritische Lektüre des Manuskripts und konstruktive Ratschläge danke ich Petra Vogel, Korakoch Attaviriyanupap, Gabriela Burri und Beat Siebenhaar. Wie immer gilt: die Fehler stammen alle von mir selbst.

Bern, im Mai 2003   Elke Hentschel

Inhaltsverzeichnis

1 Einleitung

1.1 Was ist Grammatik?

Wenn man eine Sprache beschreiben will, um sie beispielsweise für Sprecherinnen anderer Sprachen erlernbar zu machen oder auch „nur", um ihre Regeln und Eigenarten zu erfassen und damit etwas über ihr Funktionieren zu erfahren, so kann man dies auf verschiedenen Ebenen tun. Man kann beispielsweise beschreiben, welche **Laute** es in der betreffenden Sprache gibt und welche physikalischen (akustischen) und physiologischen (artikulatorischen) Eigenschaften diese Laute haben; mit anderen Worten, man beschreibt, wie die Laute dieser Sprache sich anhören und auf welche Weise sie gebildet werden. Diese Beschreibungsebene heißt **Phonetik** (von griech. *phon*e ‚Laut', ‚Schall', ‚Stimme').

Ebenfalls mit den Lauten, aber nicht mit ihrer physikalisch-physiologischen Gestalt, sondern mit ihrer Stellung im Sprachsystem, beschäftigt sich die **Phonologie**. Beispielsweise sind die beiden Anfangslaute der deutschen Wörter *Kind* und *Kunde* phonetisch verschieden – das *k* in *Kind* wird an der Gaumenplatte („palatal"), das in *Kunde* weiter hinten am Gaumensegel („velar") gebildet. Dieser Unterschied ist aber nur von der Umgebung des *k*-Lautes abhängig; in derselben lautlichen Umgebung kommen die Laute [kʼ] und [k] im Deutschen nicht vor, und sie können daher auch nicht zur Bedeutungsunterscheidung verwendet werden. Dagegen ist der Unterschied zwischen [k] und [g] im Deutschen bedeutungsunterscheidend: Die Wörter *Kunst* und *Gunst* unterscheiden sich nur in der Stimmhaftigkeit/Stimmlosigkeit des ersten Lautes, haben aber völlig verschiedene Bedeutungen. Die Laute [k] und [g] sind somit verschiedene **Phoneme**, d. h. bedeutungsunterscheidende Einheiten, des Deutschen. Die Phoneme einer Sprache werden mit Hilfe sogenannter **Minimalpaare** bestimmt; die Glieder eines Minimalpaars wie Kunst – Gunst unterscheiden sich nur durch eine Einheit (hier: /k/ und /g/). Im Gegensatz dazu sind [k] und [kʼ] sogenannte **Allophone** (von griechisch *allos* ‚anders beschaffen als' + *phonē* ‚Laut'[1]), d. h. unterschied-

---

[1] *allo*- dient in der sprachwissenschaftlichen Terminologie als Präfix, das Varianten einer Einheit bezeichnet.

liche phonetische Realisierungen ein und desselben Phonems. Was in einer Sprache ein Allophon ist, kann in einer anderen ein Phonem sein und umgekehrt. So hat etwa die Palatalisierung von Konsonanten im Russischen phonologischen Charakter, während sie im Deutschen rein distributiv ist (z. B. russ. *bit'* ‚schlagen‘ – *bit* ‚geschlagen‘ gegenüber dt. *Tier* [t'iːɐ] – *Tor* [toːɐ]).

Den Phonemen als den kleinsten bedeutungsunterscheidenden Elementen stehen die **Morpheme** (von griech. *morphē* ‚Gestalt‘, ‚Form‘) als die kleinsten bedeutungstragenden Einheiten gegenüber. Damit wäre die nächste Beschreibungsebene, nämlich die **Morphologie**, die Lehre von der Gestalt, erreicht; das Morphem ist ihre Grundeinheit.

Was ein Morphem ist, wird von einzelnen Linguistinnen und Linguisten unterschiedlich definiert. Gewöhnlich unterscheidet man folgende Sorten von Morphemen: einerseits grammatische und lexikalische, andererseits freie und gebundene. So kann man etwa die Form *Bilder* in die beiden Morpheme *Bild-* und *-er* zerlegen. *Bild-* ist das **lexikalische Morphem**, es bildet den Lexikoneintrag und dient dazu, ein Objekt der sogenannten außersprachlichen Wirklichkeit zu bezeichnen; *-er* ist das **grammatische Morphem**, es drückt aus, dass das betreffende Objekt mehr als einmal vorliegt, d. h. dass das Wort im Plural steht. Zugleich ist *Bild* ein freies Morphem, denn es kann alleine, „frei“, stehen; *-er* hingegen ist ein gebundenes Morphem, da es nur zusammen mit einem anderen Morphem vorkommen kann. Damit ist aber nicht gesagt, dass grammatische Morpheme immer gebunden und lexikalische immer frei sind; dies ist zwar oft, aber keineswegs immer der Fall. Als Beispiel für freie lexikalische Morpheme im Deutschen können etwa die Artikel angeführt werden (vgl. hierzu S. 226 f.). Die am häufigsten zu findende alternative Terminologie geht auf den französischen Linguisten Martinet (1964: 20) zurück. Nach ihm würde *Bild-* als **Lexem** und *-er* als **Morphem** bezeichnet und beide mit dem Oberbegriff **Monem** belegt.

Wie das Beispiel zeigt, liegt in *-er* ein Morphem vor, das in der gesprochenen Alltagssprache zugleich auch ein Phonem ist (nämlich *schwa*[2]). Gleiches gilt beispielsweise auch für *-s* (in *Autos* oder *Uhus*),

---

[2] Mit dieser Bezeichnung hebräischen Ursprungs benennt man den in bestimmten unbetonten Silben erscheinenden Murmellaut.

das im Deutschen ebenfalls zugleich Phonem und Morphem ist. Bei der Untersuchung lautlicher bedeutungsunterscheidender Einheiten, also in der Phonologie, müßten -*e* und -*s* als Phoneme beschrieben werden; in der Morphologie hingegen als Morpheme.

In einigen Sprachbeschreibungen findet sich auch der Begriff **Nullmorphem**. Der Begriff „Nullzeichen" wurde von dem Linguisten Roman Jakobson (1939) geprägt. Er wird in den Fällen verwendet, in denen eine im System der Sprache vorgesehene Funktion durch eine Leerstelle ausgedrückt wird. So haben beispielsweise Substantive im Russischen immer eine Endung, aus der hervorgeht, um welchen Kasus es sich handelt; *knjiga* heißt ‚das Buch', *knjigi* ‚des Buches', *knjige* ‚dem Buch' usw. Wenn die Endung fehlt und nur noch *knjig* erscheint, so bedeutet das, dass es sich um einen Genetiv Plural (‚der Bücher') handelt. Da die Nullstelle ganz analog zu materiell realisierten Endungen funktioniert, kann man von einem Nullmorphem sprechen. Auch in der deutschen Wortbildung gibt es Vergleichbares. Normalerweise werden Verben durch das Anfügen eines Suffixes wie -*er* oder -*ung* in Substantive verwandelt: *lehren* wird zu *Lehrer, (sich) verständigen* zu *Verständigung* usw. Die Umwandlung kann aber auch durch eine Nullstelle markiert sein, die statt eines Suffixes steht; auf diese Weise ist beispielsweise *Schrei* aus *schreien* und *Lauf* aus *laufen* abgeleitet.

Nicht nur die Terminologie, sondern auch die Auffassungen darüber, was alles in der Morphologie behandelt werden sollte, sind unterschiedlich. Einigkeit besteht darüber, dass die Morphologie die **Flexion** (von lat. *flectere* ‚biegen', ‚beugen') erfasst, die auch „Formenlehre", „Beugung", „Biegung", „Wortformbildung" genannt wird. Unter Flexion versteht man die Veränderung der äußeren Form eines Wortes, durch die syntaktisch-semantischen Bestimmungen wie beispielsweise Kasus, Numerus, Person oder Tempus ausgedrückt werden. Mit „Veränderung der äußeren Form" ist dabei sowohl das Hinzutreten von Endungen (z. B. *Kind – Kinder*) als auch die Veränderung von Lauten im Innern des Wortes selbst (z. B. *sie riefen – sie rufen*) gemeint. Diesen letztgenannten Fall bezeichnet man auch als **Innenflexion** (gelegentlich auch: **Binnenflexion**) oder **Wurzelflexion**. Dass ein Morphem am Anfang des Wortes hinzutritt, wird im Deutschen vor allem für die Wortbildung nutzbar gemacht (z. B. *lachen – auslachen*) und nur in einem Fall, nämlich bei *ge-*, für die Flexion verwendet (z. B. *rufen – gerufen*). In allen anderen Fällen erfolgt die Anfügung am Ende des Wortes. Nicht zur Flexion gehört die Hinzufügung von anderen Wörtern wie etwa Präpositionen oder Artikel, durch die grammatische Bestimmungen ausgedrückt werden, zu einem sonst unveränderten Wort. So spricht man bei *des Tisches* von einer flektierten Form, nicht aber bei den englischen *(of the table)* und französischen *(de la table)* Entsprechungen, bei denen die Substantive selber nicht verändert werden.

Man unterscheidet drei Arten der Flexion: Konjugation, Deklination, Komparation.

Die **Konjugation** (von lat. *coniugare* ‚verbinden‘) ist die für das Verb spezifische Flexionsform, bei der sich das Verb nach → Person, → Numerus, → Modus, → Tempus, → Genus (verbi), in einigen Sprachen auch nach dem → Aspekt verändert.

Die **Deklination** (von lat. *declinare* ‚abbiegen‘, ‚abändern‘, ‚beugen‘) ist eine Form der Flexion, bei der sich das Wort nach → Kasus, → Numerus und → Genus verändert. Zu den deklinierenden Wortarten des Deutschen gehören das Substantiv, das Adjektiv, der Artikel, die Pronomina und einige Numeralia.

Die **Komparation** (von lat. *comparare* ‚vergleichen‘), „Steigerung“, ist eine Flexionsform, die nur beim Adjektiv und beim Adverb auftritt. Die Steigerungsformen des Adjektivs *schön* sind *schöner, am schönsten,* die des Adverbs *gern, lieber, am liebsten.* Die Komparation drückt aus, dass die durch das Wort bezeichnete Eigenschaft in einem gesteigerten Maße vorliegt. Es ist allerdings umstritten, ob es sich bei der Komparation wirklich um einen Fall von Flexion handelt oder ob hier Wortbildung vorliegt (s. S. 213 ff.).

Statt durch Flexion werden Konjugations- und Deklinationsformen in Sprachen wie dem Finnischen, dem Türkischen, dem Ungarischen oder dem Mongolischen – um nur einige Beispiele zu nennen – durch **Agglutination** (von lat. *agglutinare* ‚ankleben‘, ‚anhängen‘) gebildet. Im Unterschied zur Flexion ist Agglutination sehr systematisch: eine Endung bedeutet immer dasselbe und wird für alle Wörter gleichermaßen verwendet. So wird beispielsweise im Türkischen der Plural bei Verben wie Substantiven gleichermaßen durch die Endung -*ler*[3] markiert (z. B. *ev – evler* ‚Haus – Häuser‘, *verir –*

---

[3] Die Endung kann zwar in zwei verschiedenen Formen, -*ler* und -*lar,* auftreten; diese Formen sind aber nur von der lautlichen Umgebung abhängig, an die sie sich anpassen (sog. Vokalharmonie).

verirler ‚er/sie/es gibt‘ – ‚sie geben‘). Typisch für agglutinierende Sprachen ist ferner, dass jede Funktion eine eigene Form hat und die Endungen für verschiedene Kategorien wie z. B. Modus, Tempus, Numerus usw. einfach aneinandergehängt werden. So besteht beispielsweise die türkische Verbform *indirilemiybilecekler* (etwa: ‚sie können wohl nicht heruntergebracht werden‘) aus der Verbwurzel *in* ‚herabkommen‘ und sechs Suffixen, die jeweils eine grammatische Funktion ausdrücken.[4]

Neben der Formenbildung wird normalerweise auch die Einteilung der Wörter in Wortarten zur Morphologie gerechnet. Dass es etwa im Deutschen verschiedene **Wortarten** gibt, ist auch ohne grammatische Kenntnisse spontan nachvollziehbar, wenn man z. B. zwei Wörter wie *kommen* und *Tür* miteinander vergleicht: man kann zwar sagen: *ich komme, du kommst* usw., aber nicht: **ich türe, *du türst.* **Es türt* wäre ganz offensichtlich ein anderer „Zugriff" auf die außersprachliche Realität als *die Tür*, was möglicherweise – und auch hierüber gehen die Meinungen auseinander – auch die Wahrnehmung und damit die Erkenntnismöglichkeiten des Menschen beeinflusst.

Schließlich wird meist auch die → **Wortbildung**, auf Englisch gelegentlich auch als „derivational morphology" bezeichnet (Baker 2002: 19), zur Morphologie gerechnet. „Wortbildung" meint die Verfahren, mit deren Hilfe man auf der Grundlage vorhandener Wörter neue Wörter bildet und den Basiswortschatz erweitert. So können z. B. unter Verwendung von *Tisch* andere Wörter wie *Tischtuch, Nachtisch, Tischler, auftischen, tischfertig* usw. gebildet werden.

Wenn bei der Sprachbetrachtung die Wortgrenzen überschritten und größere Einheiten wie z. B. Sätze beschrieben werden, so befindet man sich auf der Ebene der **Syntax** (von griech. *syntaxis* ‚Zusammenstellung‘), deutsch „Satzlehre". Auf dieser Ebene werden die Regeln erfasst, nach denen Sätze und Wortgruppen in einer Sprache aufgebaut werden, so etwa, dass es im Deutschen heißt *ein langweiliger Film* und nicht *Film langweiliger ein.*

Eine weitere Sprachbeschreibungsebene ist die **Semantik** (von griech. *sema* ‚Zeichen, Merkmal‘), die Bedeutungslehre. Eine Sprachbeschreibung auf semantischer Ebene bemüht sich um die Erfas-

---

[4] Kausativität, Passiv, Impotential, Potential, Futur, Plural; vgl. Lewis (1991: 153).

sung und Darstellung der Bedeutungen lexikalischer und grammatischer Morpheme, von Wortgruppen und Sätzen.

Traditionell wird jedoch die Gesamtheit der Wörter, zumindest der Wörter mit → kategorematischer Bedeutung (die oft „lexikalische Bedeutung" genannt wird), als nicht zur Grammatik gehörend aufgefasst; die Wissenschaft, die ihre Beschreibung leistet, ist die **Lexikologie**.

Der Ausdruck **Grammatik** (von griech. *gramma* ‚Buchstabe') bezeichnet sowohl die interne Struktur einer Sprache als auch ihre Beschreibung. Die erste abendländische Grammatik wurde von einem griechischen Philologen namens Dionysius Thrax (c. 170 – c. 90 v. Chr.) verfasst. Sein Werk, das die Lautlehre ebenso enthält wie die Etymologie und die Dichtungskritik und insofern weit über den heutigen Begriff der Grammatik hinaus geht, hat in seiner Struktur alle später kommenden Grammatiken direkt oder indirekt beeinflusst. Im modernen Sinn wird unter „Grammatik" meist die Gesamtheit der morphologischen und syntaktischen Beschreibungen einer Sprache verstanden; zuweilen wird auch die Lautlehre dazugerechnet, gelegentlich auch semantische und pragmatische Anteile. Z. B. enthalten die Grammatiken von Helbig/Buscha (2001), Admoni (1982) oder Erben (1996) keine Darstellung der Lautlehre, ohne dass den Autoren dies begründenswert erscheint. Die ältere, einbändige Grammatik von Eisenberg (1986), die ebenfalls die Lautlehre nicht behandelt, nannte „rein praktische Gründe" (ebenda: 21), ohne sie allerdings zu spezifizieren. Auch im vorliegenden Handbuch werden die Laute des Deutschen nicht gesondert behandelt; ihre adäquate Darstellung würde viel Platz einnehmen, und wenn aus der Grammatik einer Sprache schon Teile ausgespart werden müssen, dann bietet es sich an, den Teil wegzulassen, der der Grammatik im engeren Sinn insofern vorgeschaltet ist, als es in ihm noch gar nicht um Morpheme, ihre Funktionen und ihre Kombinationen geht, sondern nur um den Stoff, aus dem sie gebildet werden. Aus Raumgründen wird auch auf eine umfassende Darstellung der Orthographie (von gr. *orthographia* ‚Rechtschreibung') und der Interpunktion (Zeichensetzung) verzichtet; wir beschränken uns in diesem Bereich auf die Erläuterung der Prinzipien, die ihnen jeweils zugrunde liegen.

Im Hinblick auf die Absicht, die in der Grammatikschreibung verfolgt werden, unterscheidet man zwischen **normativen** und **deskriptiven** Grammatiken. Die normative Grammatik möchte ihren Leserinnen sagen, wie man korrekt spricht/schreibt. In der Geschichte der Grammatikschreibung des Deutschen sind viele normative Grammatiken entstanden, besonders im 17. und 18. Jahrhundert, wo sie die Aufgabe hatten, zur Bildung einer einheitlichen deutschen Standard- und Literatursprache beizutragen. Eine rein deskriptive Grammatik hat dagegen lediglich das Ziel, den existierenden Sprachgebrauch festzuhalten. Sie enthält sich jeglicher Werturteile über die festgestellten Formen. Die hier vorliegende Grammatik möchte grundsätzlich deskriptiv verfahren; nur in Einzelfällen gibt sie Hinweise darauf, dass einzelne Formen gegenüber anderen als korrekter empfunden werden.

Grammatiken können ferner **synchronisch** (von griech. *syn* ‚mit‘ + *chronos* ‚Zeit‘, ‚sich auf eine Zeitstufe beziehend‘) oder **diachronisch** (von gr. *dia* ‚durch‘ + *chronos* ‚Zeit‘, ‚durch die Zeit hindurch‘) konzipiert sein. Synchronische Grammatiken haben das Ziel, die Sprache in ihrem Funktionieren zu einem bestimmten Zeitpunkt zu erfassen, ohne deshalb die Veränderlichkeit der Sprache zu leugnen (vgl. Coseriu 1974); dagegen wollen diachronische Grammatiken die Sprache in ihrer zeitlichen Entwicklung darstellen. Im vorliegenden Handbuch wollen wir das Deutsche, und zwar besonders seine Standardvariante, das sog. Hochdeutsche, vor allem unter synchronischen Gesichtspunkten behandeln, werden aber an einigen Stellen auch Hinweise auf die Geschichte geben, besonders dann, wenn sie gegenwärtige Sprachstrukturen erklären hilft.

Der **Gegenstandsbereich** der Grammatik wird verschieden abgesteckt. Traditionell bestimmt man ihn als Gesamtheit der morphologischen und syntaktischen Phänomene; zuweilen werden auch die Lautlehre (Phonetik, Phonologie) sowie die Graphemik (von griech. *graphein* ‚schreiben‘, ‚Wissenschaft von der schriftlichen Wiedergabe der Laute‘) und die Orthographie dazugezählt. Die → **Generative Grammatik** hat demgegenüber einen Grammatikbegriff, der sich in wesentlichen Punkten von dem traditionellen unterscheidet. Sie versteht unter Grammatik ein Modell des gesamten sprachlichen Wissens einer Sprecherin – ihre sog. Kompetenz, d. h. ihre Fähigkeit, korrekte Sätze ihrer Muttersprache zu bilden –, und es geht ihr weniger um die Beschreibung einer spezifischen Einzelsprache und um eine Auflistung einzelsprachlicher Strukturen als um eine universelle Erklärung der menschlichen Sprachfähigkeit und der Regeln, die allen Sprachen zugrunde liegen.

Aus der Kritik an einer Konzentration auf den Einzelsatz er-
wuchs das Konzept der **Textgrammatik**. Es ist schon bei Strukturalisten wie Hjelmslev (*„The objects of interest to linguistic theory are texts"*;
Hjelmslev 1953: 16), Pike und Z. S. Harris angelegt. Pike (z. B.
1967) geht in seinem Modell davon aus, dass sprachliches und außer-
sprachliches Verhalten ein einheitliches Ganzes darstellen, und zieht
daraus die Konsequenz, dass ein Text immer in Beziehung zu einer
Verhaltenssituation zu sehen ist. Z. S. Harris, Lehrer Chomskys, un-
tersuchte im Rahmen seiner „Diskursanalyse" die Distribution von
Elementen in „aufeinanderfolgenden Sätzen eines zusammenhängenden Textes" (1952: 28). Seine Analyse beachtete aber ausschließlich die syntaktische Ebene und bezog bewusst die semantische
Ebene nicht ein. Trotz dieser Beschränkung war er aber der Meinung, mit diesem Ansatz „zu einer großen Anzahl von Aussagen
über den Text" (Harris 1952: 75) kommen zu können. Deutlicher
auf den Text ausgerichtete Ansätze wurden dann ab etwa 1970 ausdrücklich als Reaktion auf die in der generativen Linguistik herr-
schende einseitige Betonung des Satzes als oberster Einheit der
Sprache entwickelt. Als typischer Vertreter dieser zwar gegen die generative Linguistik rebellierenden, aber auch von ihr beeinflussten
Textlinguisten können genannt werden: Peter Hartmann, der den
Text als „das originäre sprachliche Zeichen" (1971: 10) ansieht, ferner S. J. Schmidt, Petöfi, Rieser[5] und van Dijk , die eine lose zusammenhängende Forschergruppe bilden.

Textuell ausgerichtete Grammatikkonzeptionen beziehen die satzübergreifende, auch als „transphrastisch" bezeichnete Ebene in ihre
Sprachbeschreibung mit ein. Sie untersuchen verschiedene Merkmale des Textes wie seine kommunikative Funktion und Intentio-
nalität, seinen semantischen und thematischen Zusammenhang,
seine formale Verkettung (Kohäsion). Darüber hinaus gibt es in jeder
Sprachgemeinschaft typische Gestaltungsprinzipien für bestimmte
Texte: wie fängt man z. B. einen Witz typischerweise an, wie beendet
man einen Brief, welche Formen verwendet man, um eine Bitte so
höflich wie möglich zu gestalten usw. Diese Fähigkeiten gehören
einer anderen Ebene an als eine Grammatik, die zunächst einmal die

---

[5] „Those text grammarians who nevertheless tried to extend the scope of generative grammar did so by postulating that not sentences but texts should
be considered the natural domain of generative grammar" (Rieser 1976: 9).

elementaren Formen beschreibt, aus denen Sätze und dann Texte gebildet werden und die dann bei der textsortenspezifischen Verwendung und bei der individuellen Textgestaltung bereits vorausgesetzt werden. Der in diesem Buch implizit vertretene Grammatikbegriff ist deshalb zwar nicht auf den Einzelsatz beschränkt, bezieht die Gestaltung von Texten aber nicht als eigenständigen Bereich mit ein.

Seit den frühen siebziger Jahren des 20. Jarhunderts hat die Linguistik auch die **pragmatische** Fragestellung mehr und mehr ausgebaut. Der Begriff **Pragmatik** (von griech. *pragma* ‚Handlung') stammt ursprünglich von Morris (1938) und bezeichnete die Disziplin, die sich mit dem Verhältnis von Zeichen und Zeichenbenutzer beschäftigt. Unter „Pragmatik" fasst man inzwischen lose eine Gesamtheit von linguistischen Forschungen zusammen, die sprachliche Äußerungen unter dem Aspekt betrachten, wie mit ihnen Handlungen vollzogen werden. Es geht in der Pragmatik also darum, welche kommunikativen Handlungen mit Äußerungen vollzogen werden und auf welche Weise dies geschieht. Im Bereich der Pragmatik sollen die folgenden Ansätze hervorgehoben werden:

– Die **Sprechakttheorie** ist vor allem mit den Namen ihrer Begründer Austin (1962) und Searle (1969) verknüpft. In der Sprechakttheorie wird untersucht, welche sprachliche Handlung – welcher **Sprechakt** – unter gegebenen Bedingungen mit der Äußerung eines Satzes vollzogen wird. Z. B. kann ein Satz wie *Morgen komme ich*, der auf primärer Ebene einen Assertionssatz darstellt, je nach Äußerungskontext auf der Ebene der **Illokution**, d. h. der sprachlichen Handlung, als Sprechakt des Versprechens, der Drohung oder des Widerspruchs gemeint und verstanden sein.

– Der **Kooperationsansatz** von Grice. Grice (1968) stellt allgemeine Prinzipien der Kommunikation und des Sprechens auf, mit denen erklärt wird, wie sich die Sprechenden verständigen, selbst wenn sie in ihren Gesprächsbeiträgen nicht auf der wörtlichen Ebene aufeinander eingehen. Diese Prinzipien fasst er in „Kooperationsmaximen" zusammen, die jede Sprecherin im Normalfall befolgt. Ihre Befolgung (und die Annahme, dass auch das Gegenüber sie befolgt) erlaubt es, aus dem wörtlich Gesagten das „Gemeinte" zu erschließen. Z. B. kann man mit Hilfe dieser Maximen in generalisierbarer Weise erklären, warum in einer

bestimmten Situation die Äußerung *Ich habe doch morgen Prüfung*
als Antwort auf die Frage *Kommst du mit ins Kino?* als Ablehnung
verstanden werden kann.

– Die **Konversationsanalyse**, auch **Gesprächsanalyse**, und **Diskursanalyse**. Meist werden die Begriffe „Konversationsanalyse"
und „Diskursanalyse" gleichbedeutend verwendet; sie können
aber auch unterschiedliche Ansätze bezeichnen; dann wäre die
Diskursanalyse der weitergehende Begriff, der die Analyse aller
Kommunikationsformen einschließt. Untersucht werden dabei
die Verhaltensweisen der Beteiligten in allem möglichen Ge-
sprächsformen, vom Unterrichtsgespräch über das Politikerin-
terview bis zum Polizeiverhör, und auch spezifische Diskurs-
formen der Massenkommunikation können zum Thema werden. „In der deutschsprachigen Sprachwissenschaft finden sich
für dieses Forschungsparadigma die Bezeichnungen Konversationsanalyse, Diskursanalyse, Linguistik des Dialogs und Gesprächsanalyse. Als Untersuchungsgegenstand gilt die Kategorie
Gespräch, die als grundlegend für jede Form menschlicher
Gesellschaft angesehen werden muss." schreiben Fetzer/Pittner
(2001). Zur Organisation von Gesprächsstrukturen, die untersucht werden, gehört beispielsweise das „turn-taking"-Verfah-
ren, welches regelt, wie sich die Gesprächsbeteiligten bei ihren
Redebeiträgen abwechseln (siehe hierzu Sacks/Schegloff/Jeffer-
son 1974). Weiter bildet die gesamte Interaktion im natürlichen
Gespräch, insbesondere die Gesamtheit der Vor- und Rückbe-
züge, der Prozess des Themenaushandelns, die Bestätigungsver-
fahren und die prozessuale Struktur der Kommunikation den
Gegenstand der Konversationsanalyse.

Während die Grammatik einzelsprachlich arbeitet und auch die
spezifischen Strukturen einer Sprache darstellen sollte, liegen in der
Pragmatik weitgehend übereinzelsprachliche Fragestellungen vor.
Das vorliegende Handbuch versteht sich als Grammatik der primären Formen des Deutschen im traditionellen Sinn und behandelt die
Frage, wie man mit Hilfe der deutschen Sprache interaktiv Handlungen ausführt, nur marginal. Es bemüht sich vielmehr, diejenigen primären Strukturen und Sprechtechniken des Deutschen zu beschreiben, die beim pragmatischen Handeln und von der pragmatischen
Sprachbeschreibung immer bereits vorausgesetzt sind.

In der Darstellung des Stoffes folgt dieses Handbuch der traditionellen Grammatik. Darunter verstehen wir einen Kernbestand an Konzeptionen und Beziehungen, der ursprünglich aus der antiken Grammatik stammt. Die dort begründete Sprachbeschreibung wurde in der europäischen Tradition weiterentwickelt und hat auch in Deutschland zu einer Fülle von Darstellungen (z. B. bei Schottelius, Grimm, Becker) geführt. Die Termini dieser Grammatiktradition sind immer wieder eingedeutscht worden, es haben sich aber im Allgemeinen die lateinischen Ausdrücke durchgesetzt. Gegenüber den neueren Ansätzen ist die traditionelle Grammatik nach wie vor insofern die umfassendste Sprachbeschreibung, als sie Morphologie und Syntax gleichermaßen berücksichtigt. Zudem kann sie als „tertium comparationis" den Vergleich der verschiedenen modernen Modelle und Theorien erleichtern.

1.2   Zeichen, Wörter, Wortarten

Zeichenbegriff

Jede Sprache ist ein System von Zeichen, und jede grammatische Beschreibung einer Sprache beschäftigt sich mit der Einteilung der sprachlichen Zeichen und den Regeln ihrer Verwendung. Die Sprachzeichen unterscheiden sich in spezifischer Weise von vielen anderen Zeichen, die in der menschlichen Praxis ebenfalls eine große Rolle spielen. Traditionell wird die Gesamtheit der Zeichen in drei Gruppen eingeteilt (so etwa Peirce 1966: 334 f.):

- **indexikalische** Zeichen (von lat. *index* ‚Anzeiger‘, ‚Kennzeichen‘) stehen mit dem, was sie bezeichnen, in einem direkten physikalischen Zusammenhang: Rauch mit Feuer, rote Flecken mit Masern, Fußspuren mit Lebewesen, die an der Stelle gegangen sind, usw.
- **ikonische** Zeichen (von griech. *eikōn* ‚Bild‘, ‚Abbild‘) stehen zu dem, was sie bezeichnen, in einer Ähnlichkeitsbeziehung; es handelt sich dabei also um Abbildungen jeder Art.
- **symbolische** Zeichen oder **Symbole** weisen weder eine Ähnlichkeit noch eine natürliche Beziehung zu dem auf, was sie bezeichnen. Sie beruhen auf einer bewussten oder unbewussten **Übereinkunft** darüber, was mit dem jeweiligen Zeichen be-

zeichnet werden soll. Ein typisches symbolisches Zeichen, das
auf einer bewussten Übereinkunft beruht, ist z. B. das rote Licht
einer Ampel. Auch sprachliche Zeichen sind symbolischer Natur.

Auf die **Beliebigkeit** (auch Willkürlichkeit oder **Arbitrarität**) des
sprachlichen Zeichens, also darauf, dass es in keinerlei erkennbarem
Zusammenhang mit dem bezeichneten Gegenstand steht, ist in der
Geschichte der Sprachwissenschaft verschiedentlich hingewiesen
worden. Besonders bekannt ist die Betonung dieses Phänomens
durch Ferdinand de Saussure (1916/1995; dt. 2001: 79 ff.). Das
sprachliche Zeichen ist in zweifacher Hinsicht arbiträr: Zum einen
gibt es natürlich keinen Grund dafür, eine in der Natur vorkom-
mende große Pflanze mit der Lautfolge *[baum]* zu bezeichnen und
sie nicht *tree* oder *arbre* zu nennen, wie es das Englische bzw. das
Französische tun. Tatsächlich ist keines dieser Wörter von seiner äußeren Form her in irgendeiner Weise besser geeignet als eines der
anderen, die gemeinte Pflanze zu bezeichnen. Zum anderen ist auch
die begriffliche Erfassung beliebig, also die Tatsache, dass gerade
das, was wir mit *Baum* bezeichnen, aus der außersprachlichen Wirklichkeit ausgegliedert wird. Es ist durchaus möglich, dass eine Sprache kein eigenes Wort für ‚Baum' hat, sondern beispielsweise nur
spezifische Wörter für einzelne Baumarten oder ein Wort, das
Bäume, Sträucher und große Stauden gemeinsam bezeichnet. Bei
gleicher Erfahrungswelt kann ein ganz verschiedener sprachlicher
Zugriff auf die Gegenstände der Welt vorliegen.

In der Zeichentheorie de Saussures werden zwei Seiten des Zeichens unterschieden: die lautliche, der **Signifikant** (*signifiant*, auch
„Lautbild" oder „Bezeichnendes" genannt), und die inhaltliche, das
Signifikat (*signifié*, auch „Konzept", „Vorstellung" oder „Bezeich-
netes"). F. de Saussure veranschaulicht seinen Zeichenbegriff mit
einer bildlichen Darstellung:

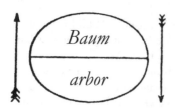
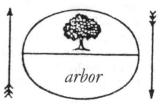

de Saussure (2001: 78)

Das Zeichen ist dabei die Verbindung der inhaltlichen und der lautlichen Seite; beide Seiten bedingen sich gegenseitig. De Saussure gebraucht in diesem Zusammenhang das Bild eines Blattes Papier, das zwei Seiten hat, die nicht voneinander getrennt, wohl aber unabhängig voneinander betrachtet werden können. Ein Zeichen wie *Baum* bezieht sich als eine untrennbare Einheit von *signifiant* und *signifié* auf Dinge in der außersprachlichen Wirklichkeit, hier einen Gegenstand ,Baum'. Insofern unterscheidet sich die Auffassung de Saussures von der anderer Zeichentheoretiker (z. B. Morris 1938), die annehmen, dass sich eine bestimmte Lautkombination direkt auf das Referenzobjekt bezieht.

Für die Zeichenkonzeption de Saussures ist ferner die Beobachtung wichtig, dass sich die Zeichen gegenseitig begrenzen. Das Zeichen wird dadurch bestimmt, wie die benachbarten Zeichen es begrenzen. Z. B. wird im Deutschen das Konzept ,warm' dadurch bestimmt, dass es durch das Konzept ,heiß' begrenzt wird. Wenn es diesen Begriff nicht gäbe, hätte das Konzept einen wesentlich größeren Bedeutungsumfang und würde auch den im Deutschen *heiß* genannten Temperaturbereich mit umfassen, wie dies etwa bei franz. *chaud* der Fall ist. Auch auf der lautlichen Seite begrenzen sich die Zeichen gegenseitig: *Bier/Pier, dir/Tier, wir/vier* usw. bedeuten jeweils etwas Verschiedenes. Auf dieser Ebene wird die Unterscheidung aber, wie die Beispiele zeigen, durch die Einzellaute (Phoneme) bewirkt.

Louis Hjelmslev (1953: 47 ff.), ein bekannter dänischer Strukturalist, ersetzte die Begriffe „Signifikat"/„Signifikant" durch **Inhalt** *(content)* und **Ausdruck** *(expression)* und erweiterte sie zugleich insofern, als sie nicht nur ein einzelnes Wort (Zeichen), sondern auch längere Segmente, bis hin zum Text, bezeichnen können.

Wort und Wortarten

Das sprachliche Zeichen par excellence ist das Wort. Allerdings ist dieser Begriff nur auf den ersten Blick unproblematisch. Bei dem Versuch festzulegen, was ein Wort ist, entstehen im Deutschen beispielsweise folgende Probleme:

– Wenn es zur Definition eines Wortes gehört, dass es eine zusammenhängende Form haben muss, dann müssen die sog. trennbaren Verben je nach Kontext als ein oder zwei Wörter aufgefasst werden: in *Sie nahm an dem Kongress teil* lägen zwei, in *Sie wollte an dem Kongress teilnehmen* hingegen nur ein Wort vor. Außerdem treten Verschmelzungen von zwei Wörtern zu einem auf. Hierher gehören die sogenannten → Portemanteau-Morpheme wie *vom* (aus *von dem*). Diesen Problemen entgeht man, wenn man das Wort auf der Ebene des Sprachsystems definiert und nicht von seinem Verhalten auf der Ebene des individuellen Textes abhängig macht.

— Wenn die verschiedenen Realisierungen eines Wortes einander auch auf der lautlichen Seite materiell ähnlich sein müssen, dann kann man z. B. *bin* und *ist* (sogenannte → Suppletivformen) nicht als Formen des gleichen Wortes bezeichnen. Hier ist der Bezug auf einen gemeinsamen semantischen Nenner nötig.

— Abgrenzungsschwierigkeiten ergeben sich auch aus dem allmählichen Zusammenwachsen von Wörtern. Die zahlreichen Schwierigkeiten, die sich bei der deutschen Getrennt- und Zusammenschreibung ergeben, zeigen, dass es sich bei den Verschmelzungen um kontinuierliche Prozesse handelt, so dass den notwendigen Festlegungen oft etwas Willkürliches anhaftet. So wurde z. B. *kennen lernen* bis zur Rechtschreibreform 1996 als ein Wort aufgefasst und entsprechend zusammengeschrieben; seither wird es als zwei Wörter betrachtet und getrennt geschrieben (vgl. hierzu auch Kapitel 13).

Diese Schwierigkeiten sind nicht auf das Deutsche beschränkt, sondern können auch in anderen Sprachen auftreten. Darüber hinaus gibt es bei der Bestimmung dessen, was ein Wort ist, in anderen Sprachen aber auch noch weitere Probleme. Ein zusammenfassender Überblick findet sich bei Dixon/Aikhenvald (2002). Wenn im Folgenden von „Wort" die Rede ist, wird damit kein wissenschaftlich definierter Terminus verwendet, sondern eine eher intuitive, alltagssprachliche Auffassung des Begriffs, die in einzelnen Fällen dann auch noch genauer betrachtet werden muss.

Wortarten

Im Deutschen wie in allen anderen Sprachen werden die Wörter zu Wortarten (auch: *partes orationis*, Verbalklassen) zusammengefasst.

Wortarten wie z. B. Substantiv, Verb, Konjunktion sind Gruppen von Wörtern, die bestimmte Merkmale teilen. Die Frage, nach welchen Kriterien Wortarten eingeteilt und abgegrenzt werden sollen, ist seit Jahrhunderten umstritten. Viele Grammatiken stützen sich in erster Linie auf morphologische Kriterien. Morphologisch lässt sich eine erste Grobunterscheidung in flektierende und nicht flektierende Wörter ebenso begründen wie weitere Unterschiede innerhalb der flektierenden Wörter. „Substantiv" wäre dann die Wortart, die selbständig → dekliniert, „Adjektiv" diejenige, die in Abhängigkeit von Substantiv und Artikel dekliniert, das Verb wäre die → konjugierende Wortart. Besonders eine Unterscheidung zwischen den Hauptwortarten (Verb, Substantiv, Adjektiv) einerseits und den Nebenwortarten (Partikeln im weiteren Sinne) andererseits wird in manchen Grammatiken, so z. B. den *Grundzügen* (1981: 990 ff.), mit der zwischen flektierenden und nicht flektierenden Wortarten gleichgesetzt. Als Gemeinsamkeit der Hauptwortarten wird angesehen, dass sie flektieren; als die der Nebenwortarten, dass ihnen diese Eigenschaft fehlt.

Das morphologische Kriterium ist jedoch als Grundlage für die Wortarteneinteilung ungeeignet. Zum einen kann eine Unterteilung nach morphologischer Veränderlichkeit natürlich nur bei den Sprachen vorgenommen werden, die über → synthetische Formenbildung (Flexion oder Agglutination) verfügen. Wollte man sie verallgemeinern, so dürften andere Sprachen Wortarten wie Substantive und Verben gar nicht besitzen, sondern müssten nur aus Partikeln bestehen. Selbstverständlich ist dies nicht der Fall, und auch Sprachen ohne synthetische Formenbildung können Substantive, Verben und Adjektive aufweisen, die sich klar von den Partikeln im weiteren Sinne unterscheiden. So kennt eine isolierende Sprache wie z. B. das Chinesische durchaus eindeutige Substantive (z. B. *gǒu* ‚Hund') oder Verben (z. B. *yǎo* ‚beißen'), obgleich sie nie verändert werden.

Zum anderen ist eine Einteilung nach morphologischen Kriterien aber nicht nur für weit entfernte Sprachen wie das Chinesische offensichtlich untauglich, sondern führt auch bereits bei eng verwandten Sprachen unseres Kulturraumes sowie im Deutschen selbst zu großen Problemen. Sowohl das Englische als auch das Französische deklinieren im Substantivbereich kaum noch, das englische Adjektiv kennt keine Deklination. Eine Reihe deutscher Adjektive wie *rosa, lila, prima* und eine wachsende Zahl von Substantiven wie z. B. *Wut, Furcht, Pest* oder *Güte* können ebenfalls nicht flektiert werden. Daraus kann nicht geschlossen werden, dass es sich dann jeweils nicht mehr um Substantive oder Adjektive handelt.

Unter den modernen Grammatiken des Deutschen ist die von Engel (1996) am stärksten von morphologischen Kriterien geprägt. Da bei ihm die Zugehörigkeit zur Wortklasse der Partikeln ausschließlich durch das Kriterium der Unveränderlichkeit definiert wird, fasst er auch Wörter wie *Milch, lauter, prima, lila, etwas, nichts* (Beispiele ebenda: 18) als „Partikeln" auf. Daran, dass derselbe Autor das Lexem *Milch* zugleich als „Nomen" und „Partikel" (ebenda) bezeichnet, zeigt sich jedoch, dass auch er noch weitere Kriterien zur Einteilung hinzuzieht.

Die Mehrheit der neueren Grammatiken des Deutschen legt ihrer Einteilung syntaktische Kategorien zugrunde (vgl. Helbig/Buscha 2001: 19). Aber auch diese auf den ersten Blick sehr überzeugende Vorgehensweise führt zu einer ganzen Reihe von Problemen. So kann beispielsweise die Subjektposition eines Satzes – eine klassische Position für ein Substantiv – im Deutschen von den folgenden Wortarten eingenommen werden:

Substantive: *Onkel Dagobert ist ein Geizhals.*
Pronomina: *Er ist und bleibt ein Schundnickel.*
Adjektive: *Gelb gefällt ihm.*
Verben (Infinitive): *Geld verdienen ist seine Lieblingsbeschäftigung.*
Verben (Partizipien): *Frisch gewagt ist halb gewonnen.*
Adverbien: *Heute ist ein schöner Tag.*

Auch ganze Sätzen sowie sämtliche Wortarten und -teile, die metasprachlich gebraucht werden (z. B. *-ung ist eine Nachsilbe.*) können als Subjekte fungieren. Diese beiden letztgenannten Möglichkeiten kann man zwar relativ leicht ausschließen, aber für die oben aufgeführten lässt sich keine einfache Unterscheidungsregel finden. Der nächste Schritt muss also darin bestehen, weitere syntaktische Vorkommen der zu bestimmenden Wortart mit einzubeziehen. Damit lassen sich beispielsweise im Deutschen Verben identifizieren, da nur sie Prädikate bilden können. Allerdings kann dieses Bestimmungsverfahren nicht in allen Sprachen angewendet werden, da in vielen Sprachen Substantive und Adjektive das Prädikat auch ohne Zuhilfename eines Verbs bilden können (vgl. Hengeveld 1992).

Wie dieses Beispiel illustrieren soll, reichen syntaktische Kriterien alleine also nicht unbedingt aus, um eine genaue Wortartenbestimmung vornehmen zu können.

Welche kognitiven Prinzipien einer Einteilung in Wortarten in einer beliebigen Sprache zugrunde liegen, kann man sich am besten verdeutlichen, wenn man die folgenden grundlegenden Typen von Bedeutungen zugrunde legt:

- kategorematische Bedeutung (auch als „lexikalische" oder „autosemantische" Bedeutung bezeichnet),
- deiktische Bedeutung,
- Wortartbedeutung (auch: „kategorielle Bedeutung"),
- synkategorematische Bedeutung (auch: „synsemantische Bedeutung").

Kategorematische Bedeutung

Der Begriff „kategorematisch" leitet sich von griech. *kategoria* („das Ausgesagte') her und geht auf Aristoteles zurück. Eine **kategorematischen** Bedeutung gliedert einen bestimmten Bereich aus der außersprachlichen Wirklichkeit aus. Das Ausgegliederte kann ein Objekt sein, aber auch ein Vorgang, eine Eigenschaft, eine Relation usw. Der Hinweis auf die außersprachliche Wirklichkeit bedeutet dabei aber nicht, dass das Bezeichnete auch in der Realität existieren muss. Auch Wörter wie *Schlaraffenland* oder *Einhorn*, aber natürlich auch Abstrakta wie *Minderwertigkeitskomplex* bezeichnen Gegebenheiten der außersprachlichen Realität − unabhängig davon, ob sie konkret oder abstrakt, real oder fiktiv sind − und haben somit eine kategorematische Bedeutung.

Häufig wird das, was wir kategorematische Bedeutung nennen, auch **lexikalische** Bedeutung genannt. Dieser Terminus ist insofern etwas irreführend, als er nahelegt, dass es sich um eine Art von Bedeutung handelt, die allen Wörtern zukommt, die im Lexikon aufgeführt werden. Im Lexikon stehen aber auch Wörter, die diese Art von Bedeutung nicht haben. Ein anderer Begriff für Wörter mit dieser Art von Bedeutung, den man ebenfalls häufig findet, ist **Autosemantika** (Sing: *Autosemantikon*, gelegentlich auch: *Autosemantikum*; von griech. αὐτος ‚selbst' und σημα ‚Zeichen'). Diese Bezeichnung soll zum Ausdruck bringen, dass die entsprechenden Wörtern ihre Bedeutung bereits ‚selbst', selbständig enthalten und nicht erst in Kombination mit anderen zur Geltung bringen müssen.

Innerhalb der Wörter mit kategorematischer Bedeutung kann man Wörter mit absoluter Bedeutung von solchen mit relationaler

Bedeutung unterscheiden. **Absolute** Bedeutungen haben z. B.
Wörter wie *Pferd, tot, liegen*. Diese Wörter sind durch bestimmte,
unabhängige, ihnen konstant zugeordnete Bedeutungsmerkmale
gekennzeichnet. Ihnen stehen die **relationalen** Bedeutungen gegenüber, wie z. B. *Onkel, groß, ähneln*. Wörter mit relationalen kategorematischen Bedeutungen repräsentieren keine absoluten Ob-
jektklassen, sondern drücken aus, dass bestimmte Merkmale in
Bezug auf etwas anderes gegeben sind. *Groß* ist etwas immer nur in
Bezug auf einen Vergleichsgegenstand: Eine große Ameise ist immer noch kleiner als ein kleiner Elefant; *Onkel* ist man nicht an sich,
sondern immer nur im Verhältnis zu einer anderen Person (Nichte,
Neffe).

Deiktische Bedeutung

Ebenfalls auf die Antike (auf Apollonius Dyskolos) geht der
Unterschied zwischen den sogenannten „Zeigwörtern" und den
„Nennwörtern" zurück. Während die Nennwörter einen bestimmten Ausschnitt aus der außersprachlichen Wirklichkeit „benennen",
„zeigen" die Zeigwörter oder **Deiktika** (von griech. *deiknymi* ‚zeigen'; Sing.: *Deiktikon* oder *Deiktikum*) nur auf etwas. Deiktika sind
Wörter wie *ich, jetzt* oder *hier*, die auf Personen, Zeitpunkte oder
Orte in der außersprachlichen Wirklichkeit verweisen, indem sie
diese in ihrem Verhältnis zur Sprechsituation (zu Sprecherin, Sprechzeit und Sprechort) definieren. So bezeichnet etwa mit *ich* stets die
sprechende Person sich selbst, während *du* auf den Angesprochenen
verweist; die realen Personen, die damit bezeichnet werden, können
aber im Laufe eines Dialoges ständig wechseln (und tun dies normalerweise auch).
   Deiktika können in einem Text unterschiedliche Funktionen
wahrnehmen. Bühler (1934: 121 ff.) unterscheidet dabei die **Demonstratio ad oculos (et ad aures)**, die **Deixis am Phantasma**
und die **Anapher.** Mit der *Demonstratio ad oculos* wird auf etwas verwiesen, was sich innerhalb des unmittelbaren Wahrnehmungsberei-
ches (‚vor den Augen und Ohren') der Gesprächsbeteiligten befindet. Die Deixis am Phantasma verweist demgegenüber auf etwas,
was nur in der Vorstellung existiert, also auf Erinnertes oder Ge-
dachtes. Die Anapher (von griech. *anapherō* ‚hinauf-' bzw. ‚vorwärts-
tragen') schließlich verweist auf etwas im umgebenden Text, also

auf ein anderes Wort. Gelegentlich wird dabei zwischen Anapher und **Katapher**[6] unterschieden; dann ist mit Anapher nur der Verweis auf etwas bereits Genanntes gemeint, während die Katapher auf etwas verweist, was erst noch genannt werden soll. Anaphorisch wäre beispielsweise *das* in *Es war einmal ein kleines Mädchen, das trug immer ein rotes Käppchen*, kataphorisch wäre *den* in: *Den, der das gesagt hat, möchte ich gerne kennenlernen.* Zu diesen Unterscheidungen und einer vierten Zeigart vgl. auch Hentschel (1986).

Bei der Definition der deiktischen Bedeutung ergeben sich aber auch eine Reihe von Schwierigkeiten, so etwa bei *ich* und *du*, die auf die sprechende bzw. die angesprochene Person verweisen und nicht nur durch diese Wörter selbst, sondern auch durch die Personalendungen des Verbs ausgedrückt werden können. Dies ist etwa im Deutschen der Fall: *ich denke, du denkst*. Nun wird in vielen Sprachen, so etwa im klassischen Latein, aber auch beispielsweise im modernen Italienischen oder Serbischen (sog. → „pro-drop"-Sprachen), das Personalpronomen häufig oder auch regelmäßig weggelassen, und die Verbendung nimmt die Bezeichnung der Person alleine wahr (lat. *cogito*, serb. *mislim*). Daraus ergibt sich eines der Abgrenzungsprobleme der Deixis: Sollen auch die Personalendungen der Verben als deiktische Phänomene gewertet werden? Diese Ansicht vertritt z. B. Lyons (1977).

Andererseits kann aber auch umgekehrt gefragt werden, ob Personalpronomina immer und in jeder Gebrauchsweise als deiktisch aufgefasst werden können (und wenn nicht, welche andere semantische Funktion ihnen dann zukäme). In manchen Sprachen nehmen sie auch rein grammatische Funktionen wahr, ihre Setzung ist vorgeschrieben, und ihr eigentlicher Hinweis-Wert ist gering oder auch kaum erkennbar. Ein Beispiel für einen solchen Fall wäre das deutsche *es*, wie es etwa in *es schneit* vorliegt; eine Zeigefunktion im eigentlichen Sinne kann man dem Wort in dieser Funktion nicht zusprechen. Aber auch die einfache Wiederaufnahme von Vorgenanntem, also der anaphorische Gebrauch einer Deixis, wird von einigen Autoren nicht als deiktisch angesehen. Fillmore (1972: 151) ver-

---

[6] Dieser Terminus wurde von Bühler (1934: 122) als Gegenbegriff zu *Anapher* geprägt. Während *ana-* die *vorwärts*- bzw. *hinauf*-Bewegung ausdrückt, bedeutet *kata-* das Gegenteil: ‚rückwärts' bzw. ‚hinab'.

sucht dieses Problem zu lösen, indem er zwischen einem „gestischen" und einem „symbolischen" Gebrauch der Deiktika unterscheidet. Gestisch ist dabei derjenige Gebrauch des Pronomens, der tatsächlich durch einen ausgestreckten Zeigefinger begleitet oder sogar ersetzt werden könnte, also etwa ein betontes *Ich!* als Antwort auf die Frage *Wer kommt mit ins Kino?* Symbolisch wäre hingegen der Gebrauch desselben Pronomens etwa in folgendem Dialog: *Bringst du mir bitte ein Glas Wasser aus der Küche mit? – Klar, mach' ich!* In solchen Fällen ist weder eine begleitende noch eine ersetzende Geste möglich.

Die genannten Abgrenzungs- und Definitionsprobleme beziehen sich im wesentlichen auf den Teilbereich der Deixis, den die Pronomina darstellen. Deiktische Bedeutung ist jedoch keineswegs auf Pronomina beschränkt, sondern sie kann auch in anderen Wortarten realisiert sein, im Deutschen etwa in Adverbien *(hier, jetzt)* oder in Adjektiven *(hiesig, jetzig)*.

Wortartbedeutung (kategorielle Bedeutung)

Kategorematische (und auch deiktische) Bedeutungen können in verschiedener Weise in einer Sprache repräsentiert werden. So kann etwa dieselbe außersprachliche Erscheinung durch das Substantiv *Blut*, das Adjektiv *blutig* oder das Verb *bluten* wiedergegeben werden: *an meiner Hand ist Blut – meine Hand ist blutig – meine Hand blutet.*[7]

Offensichtlich wird dabei das außersprachliche Faktum, das der kategorematischen Bedeutung ›blut-‹ entspricht, jeweils in verschiedener Weise erfasst. Als Substantiv *(Blut)* wird es als ein Etwas aufgefasst, als eine abgeschlossene Größe oder ein Objekt (nicht im syntaktischen Sinne). Als Adjektiv *(blutig)* hingegen wird dasselbe Phänomen als eine Eigenschaft gefasst, die einem Gegenstand zugeschrieben wird. Das Verb *(bluten)* schließlich drückt das Phänomen als einen Vorgang in der Zeit aus. Einem außersprachlichen Phänomen x wird also bei der sprachlichen Erfassung stets auch eine Wortartbedeutung zugeordnet. Es muss entweder als ein X (also substantivisch) oder als x-*ig* (also adjektivisch) oder als x-*en*

---

[7] Beispiel nach Brinkmann (1971: 199). Vgl. auch Erben (1968), der an Hand des Beispieles *Fieber, fiebrig, fiebern* von der „kategorialen Grundbedeutung" der Wortarten spricht.

(also verbal) gestaltet werden.[8] Das, was einer Wortserie *wie Fieber, fiebrig, fiebern* gemeinsam ist, ist die kategorematische Bedeutung; was die einzelnen Glieder unterscheidet, ist die **kategorielle** oder **Wortartbedeutung** (Bloomfield 1933/65: 202, 247 ff., 266 ff. nennt sie „class meaning"). Nach Coseriu (1987: 33) entspricht die kategorematische (bei ihm: lexikalische) Bedeutung dem *Was*, die kategorielle dem *Wie* der Erfassung. Ähnliche Gedanken findet man auch in der Kognitiven Grammatik. So definiert Langacker (1991: 293) die Klasse der Substantive mit der abstrakten semantischen Größe [THING/...], während für Verben gilt, dass „every verb designates a process".[9]

In der kategoriellen Bedeutung manifestieren sich also verschiedene sprachliche Gestaltungen der Wirklichkeit. Darüber, ob diese unterschiedlichen Erfassungsweisen auch Auswirkungen auf die Wahrnehmung der außersprachlichen Wirklichkeit durch die Sprecherinnen haben (sog. Sapir-Whorf-Hypothese oder „sprachliches Relativitätsprinzip"), ist damit noch nichts ausgesagt.

Synkategorematische Bedeutung

Die **synkategorematische** oder **synsemantische** (von griech. *syn* ‚mit': mit etwas zusammen etwas bedeutende) **Bedeutung** gliedert nichts aus der außersprachlichen Wirklichkeit aus, sondern entfaltet sich erst in Verbindung mit anderen Wörtern. So wird etwa durch *in* nur die Art der Relation ausgedrückt, in der sich ein Objekt im Verhältnis zu einem anderen befindet; *weil* bezeichnet ein kausales Verhältnis zwischen zwei Sachverhalten, und die → Abtönungspartikel *denn* (wie sie z. B. in *Wo kommst du denn her?* auftritt), deutet an, dass diese Frage auf etwas vorhergehendes Bezug nimmt.

Damit lassen sich die Wortarten **Verb, Substantiv** und **Adjektiv** als Klassen bestimmen, die Wörter mit kategorematischer und Wortartbedeutung enthalten. **Pronomina** (einschließlich Proadjektive) haben deiktische und kategorielle (substantivische oder adjek-

---

8 Erben (1996: 39): „Das Substantiv stellt das Bezeichnete als Ding dar, das Adjektiv als Eigenschaft und das Verb als Tätigkeit, ohne dass es sich in Wirklichkeit um ‚Dinge', ‚Eigenschaften' oder ‚Tätigkeiten' handeln muss."

9 Vgl. Langacker (1986: 22): „Symbolic structures designating processes are equated with the class of verbs."

tivische), aber keine kategorematischen Bedeutungen; sie verweisen auf etwas, ohne es zu nennen. **Partikeln** wiederum haben synkategorematische Bedeutungen: Sie gliedern nichts aus einer wie auch immer vorgestellten Wirklichkeit aus, sie fassen es nicht kategoriell, sondern sie drücken Relationen zwischen von Autosemantika bezeichneten Phänomenen aus.

Wörter mit kategorematischer oder lexikalischer Bedeutung werden oft, insbesondere in der Typologie und Universalienforschung, auch als „offene Klassen" zusammengefasst (vgl. z. B. Schachter 1985). Damit soll ausgedrückt werden, dass hier jederzeit spontane Neubildungen möglich sind: neue Objekte und Tätigkeiten (ganz konkret z. B. in Bereichen wie Computer, Internet, Telekommunikation) oder neue Eigenschaften (z. B. eine neue Modefarbe) können jederzeit mit neuen Wörtern bezeichnet werden. Hingegen ist es schwierig oder unmöglich, spontan ein neues Personalpronomen oder eine neue Präposition zu bilden. Deiktika und Synkategoremtaika werden daher entsprechend auch als „geschlossene Klassen" bezeichnet.

Das folgende Schema soll die Wortartenaufteilung nochmals verdeutlichen:

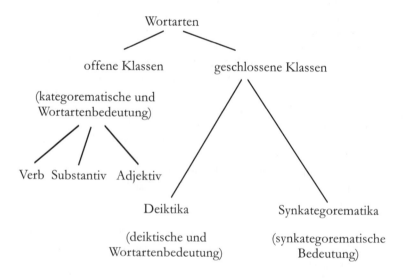

2   Wortbildung

Unter **Wortbildung** versteht man die Gesamtheit der Verfahren, mittels derer in einer Sprache neue Wörter auf der Basis schon vorhandener Wörter gebildet werden. Das geschieht dadurch, dass mehrere einzelne Wörter zu neuen komplexen Wörtern zusammengefügt oder dass einzelne Wörter durch grammatische Mittel zu neuen umgeformt werden. In *Unternehmerverband* liegt z. B. ein Wort vor, das zunächst aus den beiden Wörtern *Unternehmer* und *Verband* gebildet ist, wobei *Unternehmer* seinerseits mit Hilfe des Suffixes *-er* von dem Verb *unternehmen* abgeleitet ist, welches aus dem einfachen Verb *nehmen* und einem Präfix *unter-* besteht. Auch der zweite Bestandteil, *-verband*, geht auf ein Verb *ver-bind-en* zurück, welches aus Präfix und Grundmorphem *-bind-* mit den Nebenformen *-band-* und *-bund-* besteht (die Infinitivendung *-en* wird für die weitere Wortbildung nicht verwendet).

Zuweilen treten Wortbildungsfälle auf, bei denen Stufen der Wortbildung „übersprungen" sind. So setzt das Wort *untersetzt (ein Mann von untersetzter Statur)* ein Verb *untersetzen* mit der entsprechenden Bedeutung voraus, das aber zumindest im modernen Deutsch nicht existiert. Ähnlich setzt *Ungetüm* eine Vorstufe *Getüm* voraus, die ebenfalls nicht realisiert ist.

Als Prinzipien der Wortbildung kommen folgende Verfahren in Frage:

– **Affigierung** (von lat. *affigere* ,anheften'): Das neue Wort entsteht dadurch, dass einem schon vorhandenen Wort (als Grundwort, Stamm, Wurzel oder Basismorphem bezeichnet) ein oder mehrere gebundene Morpheme, sog. **Affixe**, hinzugefügt werden. Affixe werden nach ihrer Stellung in folgende Typen unterteilt: Vorangestellte Affixe wie *un-* in *ungenau* oder *ver-* in *vergessen* heißen **Präfixe** (von lat. *praefigere* ,vorn anheften'). Dem Basismorphem nachgestellte Affixe wie *-ung* in *Achtung* oder *-in* in *Linguistin* heißen **Suffixe** (von lat. *suffigere* wörtl. ,unten anheften'). Außerdem gibt es noch das in das Grundwort eingeschobene **Infix** (von lat. *infigere* ,hineinheften'). Im modernen Deutsch gibt es keine Infigierung in dem Sinne, dass ein Affix in einen Stamm eingefügt wird. Eingeschobene Affixe spielen hingegen

bei der Zusammensetzung von Substantiven eine Rolle, wo sog.
Fugen- oder Bindungselemente zwischen zwei Morpheme eingeschoben werden (z. B. in *Arbeit-s-essen*). Ob solche Phänomene
als Infixe bezeichnet werden sollen, wird in der Literatur nicht
einheitlich behandelt; da ein *s* wie in *Arbeitsessen* jedoch nur in
genau dieser Position zwischen zwei Elementen auftreten kann
(und nicht etwa als Suffix, vgl. **Arbeits*), scheint es nur logisch,
es auch als Infix zu bezeichnen. Ferner kann auch das Präfix
ge-, das zur Bildung von Partizipien eingesetzt wird, beim Partizip trennbarer Verben in einer Infixposition auftreten (z. B. *auf-
ge-fressen*).

– **Ablaut**: Da der → Ablaut eine Vokaländerung ist, die sich innerhalb eines Grundwortes vollzieht, kann er als ein Sonderfall der
Infigierung betrachtet werden. In der deutschen Wortbildung
kommt er nur noch als Überrest nicht mehr produktiver Verfahren vor: *gehen – Gang; binden – Band – Bund* usw.

– **Reduplikation** (von lat. *re-* ‚wieder‘ + *duplicare* ‚verdoppeln‘):
Hierunter versteht man die partielle oder vollständige Wieder-
holung eines Elementes (Stamm, Wurzel, Wort), wobei der Laut-
bestand abgeändert werden kann. In der modernen deutschen
Wortbildung spielt die Reduplikation nur eine untergeordnete
Rolle: *Mischmasch, Singsang, ruck-zuck.*

– **Zusammensetzung**: Dabei werden zwei selbständige Lexeme
zu einem neuen Wort zusammengefügt. Aus *Buch* und *Preis* wird
Buchpreis.

In einem weiteren Sinne könnten auch Abkürzungen verschiedenster Art und sogenannte Kontaminationen zu den Wortbildungsverfahren gerechnet werden.

Abkürzungen oder **Kurzwörter** (Fleischer/Barz 1995: 221) wie
etwa *Bus* (statt *Omnibus*), *Dia* (statt *Diapositiv*), *Prof* (statt *Professor*),
Homo (statt *Homosexueller*), *Pkw* (statt *Personenkraftwagen*), *DVD* (statt
Digital Video Disk) oder *U-Bahn* (statt *Untergrundbahn*) sind insofern
keine neuen Wörter, als sich das → Bezeichnete nicht ändert[1] und

---

[1] Zwar ändert sich die Bedeutung des Wortes bei der Abkürzung nicht, es erhält aber einen anderen stilistischen Wert. Abkürzungen wie *Bus, Auto* oder
DVD sind gebräuchlicher als *Omnibus, Automobil* oder *Digital Video Disk,* so

auf lautlicher Ebene das Lautbild nicht durch ein anderes ersetzt, sondern nur reduziert wird. Dabei sind verschiedene Verfahren möglich: Es kann ein Teil eines Wortes weggelassen werden (wie in *Lokomotive – Lok*); es kann sich wie bei *U-Bahn* um eine Zusammensetzung handeln, bei der einer der beiden Teile abgekürzt wird; es kann sich dabei auch um eine Phrase mit Adjektiven handeln wie bei *H-Milch* (statt *haltbare Milch*) oder bei *DVD*. Im letzteren Falle handelt es sich zugleich um ein Akronym (im engeren Sinne) oder Initialwort, das nur noch aus den Anfangsbuchstaben des ursprünglichen Bestandteile zusammengesetzt ist.

Die **Kontamination** (von lat. *contaminare* ,berühren'), auch **Wortkreuzung** (Fleischer/Barz (1995: 47) genannt, ist die Verschmelzung von zwei Wortstämmen zu einem einzigen Wort, ein Vorgang, der im Deutschen außerordentlich selten ist und noch seltener zu bleibenden Wortschöpfungen führt. Hierher gehören das aus dem Englischen übernommene *Stagflation* (aus *Stagnation* und *Inflation*) oder *jein* (aus *ja* und *nein*). Fleischer/Barz (ebenda) nennen mit *vorwiegend* (aus *vorherrschend* und *überwiegend*), *instandbesetzen* und *verschlimmbessern* einige der wenigen Fälle, die Eingang in den alltäglichen Wortschatz gefunden haben.

Wortbildungstypen

Die Einteilung der Wortbildungstypen erfolgt nach verschiedenen Kriterien und wird in der Forschung alles andere als einheitlich vorgenommen. Fleischer/Barz (1995: 45–52) unterscheiden folgende Haupttypen:

1. Wortbildungsverfahren mit unmittelbaren Konstitutenten:
- **Komposition** (oder **Zusammensetzung**) aus Morphemen mit → lexikalischer Bedeutung. Dabei kann es sich um freie Morpheme handeln (z. B. *Nagellack, Wintergarten*), aber auch um sog. Konfixe, d. h. Morpheme, die zwar eine lexikalische Bedeutung

---

dass die Vollformen bereits als ,leicht archaisch' bzw. ,gehobener Stil' markiert sind oder auch als unnötig kompliziert empfunden werden. In anderen Fällen ist die Abkürzung als informell oder umgangssprachlich markiert (*Demo, Info*), gelegentlich auch als abwertend (*Homo, Wessi*).

haben, aber nur in gebundener Form auftreten (z. B. *schwieger-* in *Schwiegertochter* oder *bio-* in *Biogemüse.*).

- **Explizite Derivation** (oder **Ableitung**) mit Hilfe von Prä- und Suffixen: *fahren – er-fahren, Sand – sand-ig, Berg – Ge-birg-e*
- **Wortkreuzung** (*instandbesetzen, verschlimmbessern*) und **Redupli-kation** (*Pingpong, hopp-hopp*).

2. Konversionen

Konversion im engeren Sinne liegt dann vor, wenn ein Wort ohne Zuhilfenahme äußerer Mittel wie Affixe oder Ablaut die Wortklassenzugehörigkeit wechselt. Solche Fälle sind Beispielsweise *hoch – das Hoch, Essen – das (Abend)essen, miteinander – das Miteinander.* Zu diesem Typ werden häufig auch deverbative Substantive gezählt, die aus dem endungslosen Verbstamm gebildet (oder, anders betrachtet, mit einem → Nullmorphem abgeleitet) wurden wie bei *laufen – der Lauf, rufen – der Ruf* usw. Fleischer/Barz (1995: 49) rechnen auch substantivierte Infinitive wie *wandern – das Wandern* zu den Konversionen. Diese Auffassung ist allerdings problematisch und wird nicht von allen Grammatiken geteilt. Am Beispiel der Form *Schreiben* soll kurz gezeigt werden, welche Gründe dagegen sprechen, substantivierte Infinitive als Konversionen aufzufassen: Ein substantivierter Infinitiv liegt etwa in *Das Schreiben von Briefen macht mir Spaß* vor. Diese Form kann ausnahmslos von jedem Verb gebildet werden. Vor allem in der gesprochenen Sprache bleibt dabei auch die → Rektion des Verbs vollständig erhalten (z. B. *das anderen-Leuten-anonyme-Briefe-Schreiben*), so dass die Form also noch deutlich verbale Merkmale aufweist. In einem Satz wie *Ihr Schreiben vom 20. des Monats haben wir dankend erhalten* hingegen liegt eine echte Konversion des Infinitivs zu einem neuen Substantiv vor, das keinerlei verbale Eigenschaften mehr besitzt.

3. Implizite Derivation

Als **implizite Derivation** werden Wortbildungsverfahren bezeichnet, die durch Ab- oder Umlaut gebildet werden: *binden – Band – Bund, fallen – fällen.* Sie sind nicht mehr produktiv.

4. Rückbildung

Mit **Rückbildung** werden schließlich die Bildungen bezeichnet, die „durch Tilgung oder Austausch eines Wortbildungssuffixes mit gleichzeitiger Transposition in eine andere Wortart" (Fleischer/Barz 1995: 51) erfolgen. Ein Beispiel hierfür wäre *notlanden*, das aus dem Kompositum *Notlandung* abgeleitet ist.

Eine andere Einteilung schlägt Erben (1983: 54 ff.) vor, der die **Zusammensetzung**, an der zwei (oder mehrere Wörter) beteiligt sind, von der durch Affixe gebildeten **Ableitung** unterscheidet und innerhalb der Ableitungen einen Unterschied zwischen solchen mit Präfixen und solchen mit Suffixen macht.

Im Folgenden wird im Wesentlichen die Einteilung von Coseriu Verwendung finden, die dieser als „rein semantisch" (Coseriu 1973: 86 f.) betrachtet. Seine Einteilung berücksichtigt zwei semantische Merkmale:

– ob ein Wortartenwechsel stattfindet (wie vom Verb *laufen* zum Substantiv *Lauf*) oder nicht (wie bei *grün – grünlich*, die beide Adjektive sind); hier ist die → Wortartenbedeutung (kategorielle Bedeutung) entscheidend
– ob nur ein → Lexem (wie in *Herr – herrisch*) oder ob mehrere Lexeme und ihre Bedeutungen an der Bildung des neuen Wortes beteiligt sind (z. B. *Bauch* und *Laden* an *Bauchladen*).

Mit diesen Kriterien kommt Coseriu zu drei Haupttypen:

– **Komposition** (oder **Zusammensetzung**): An diesem Typ sind zwei oder mehr Lexeme beteiligt (z. B. *Straßenbahn* oder *Krankenhausneubau*). Eines der beteiligten Lexeme (im Deutschen das letzte) bestimmt die Wortart des neuen Wortes.
– Die **Entwicklung** basiert auf einem Lexem, beinhaltet aber einen Wortartenwechsel und kann sowohl mit Hilfe eines zusätzlichen → Morphems *(grünen* aus *grün)* als auch ohne ein solches *(Ruf* aus *rufen)* gebildet werden.
– Die **Modifikation** basiert ebenfalls auf einem Lexem, welches durch ein Morphem (z. B. ein Präfix oder ein Suffix, in anderen Sprachen auch durch ein Infix) modifiziert wird, ohne dass sich dabei die Wortart ändert. Z. B. *entfallen* (zu *fallen*), *grünlich* (zu *grün*), *Pferdchen* (zu *Pferd*).

Die Termini „Modifikation", „Entwicklung" und „Komposition"
werden im Folgenden, einem allgemeinen Usus folgend, sowohl für
den Prozess benutzt, bei denen das Wort gebildet wird, als auch für
das Resultat dieses Verfahrens, also das entstandene Wort.

Zusammensetzung oder Komposition

Der Terminus **Komposition** (von lat. *componere* ‚zusammensetzen')
wird ziemlich übereinstimmend benutzt (vgl. z. B. Duden 1998: 462,
Erben 1983: 7 oder Fleischer/Barz 1995: 45) und bezeichnet Wörter, die durch Zusammenfügung von zwei lexikalischen Elementen
zustande kommen. Kompositionen, die aus mehr als zwei Lexemen
bestehen, können als Kompositionen aus einem Lexem und einer
Komposition (bei vier und mehr Lexemen auch: Kompositionen
aus Kompositionen) erklärt werden. So ist das Wort *Zuchthausinsasse*
zunächst aus *Zuchthaus* und *Insasse* zusammengesetzt (und nicht beispielsweise aus *Zucht* und *Hausinsasse*) und *Zuchthaus* wiederum aus
Zucht und *Haus*. Bekannte Beispiele, mit denen das Kompositions-
verfahren im Deutschen oft spielerisch illustriert wird, sind Wörter
beliebiger Länge, die mit *Donaudampfschifffahrtsgesellschaft* beginnen.
Schon diese Komposition besteht aus der Komposition *Schifffahrt*
(aus *Schiff* und *Fahrt*), die zusammen mit *Gesellschaft* die Komposition
Schifffahrtsgesellschaft oder zusammen mit dem Lexem *Dampf* die
Komposition *Dampfschifffahrt* bildet – welche Komposition hier vorliegt, lässt sich schwer entscheiden. Entsprechend kann man weiter
annehmen, dass entweder die Komposition *Dampfschifffahrtsgesell-
schaft* schließlich durch das Lexem *Donau* erweitert oder aber dass
zunächst die Komposition *Donaudampfschifffahrt* gebildet und dann
mit dem Lexem *Gesellschaft* zusammengesetzt wird. Dass dem Verfahren prinzipiell keine Grenzen (außer denen der Verständlichkeit
und des Gedächtnisses) gesetzt sind, zeigen dann Wortbildungs-
spiele wie *Donaudampfschifffahrtsgesellschaftskapitänskajütenschlüssel*.
   Grundsätzlich lassen sich alle drei Hauptwortarten Substantiv,
Verb, Adjektiv miteinander zu Kompositionen kombinieren, so dass
sich folgende Möglichkeiten ergeben:

A+S *(Hartgeld, Kleingeist)*
A+V *(kleinschreiben, gesundschreiben)*
A+A *(hellgelb, dummschlau)*
V+S *(Sehtest, Glühbirne)*

V+A *(schaltfreudig, schreibfaul)*
V+V *(spazieren gehen, kennen lernen)*[2]
S+S *(Straßenbahn, Lampenschirm)*
S+V *(wetterleuchten, sackhüpfen)*
S+A *(arbeitslos, hundemüde)*.

Normalerweise liegt bei einer Komposition eine **Determinativ-komposition** vor. Sie enthält als erstes Glied ein determinierendes Element (**Determinans** ‚das Bestimmende‘) und als zweites ein determiniertes (**Determinatum** ‚das Bestimmte‘; beides von lat. *determinare* ‚bestimmen‘). Semantisch bezeichnet das Determinatum den Gegenstand; das Determinans kann als nähere Bestimmung dazu aufgefasst werden. Eine *Konzertkarte* z. B. ist eine Karte, die – im Gegensatze zu anderen Karten wie Landkarten, Postkarten, Speisekarten usw. – den Eintritt zu einem Konzert ermöglicht. Im Sprachgebrauch wird eine Komposition semantisch fixiert, so dass die Bedeutung des komplexen Wortes oft nicht mehr aus der Bedeutung seiner einzelnen Lexeme und dem Determinans-Determinatum-Verhältnis abgeleitet werden kann. So ist *Blattgold* nicht Gold in Blattform oder solches, das man auf Blätter aufträgt, sondern ‚blattdünnes Gold‘; *Hundekuchen* wird im Unterschied zu *Apfelkuchen* nicht aus, sondern für Hunde gemacht, und *Marmorkuchen* ist weder aus Marmor noch für Marmor, sondern sieht aus wie Marmor. Bei allen diesen Determinativkomposita ist das zweite Glied, das Determinatum, in Bezug auf die Wortart und auf die grammatischen Bestimmungen wie Genus und Numerus ausschlaggebend und wird vom Determinans nur semantisch modifiziert.

---

[2] Seit der Rechtschreibreform von 1996 werden diese Kompositionen getrennt geschrieben. Dass es sich gleichwohl um eine feste Verbindung handelt, zeigt die Formenbildung: das jeweils erste der beiden Verben verhält sich wie ein trennbares Präfix. So darf die Kombination *spazieren gegangen* nicht durch einen anderen Satzteil getrennt werden (vgl. **Ich bin spazieren im Park gegangen),* und wenn *gehen* als flektiertes Verb an zweiter Stelle im Satz steht, muss *spazieren* ganz ans Ende gestellt werden *Ich gehe bei schönem Wetter gerne im Park spazieren,* nicht **Ich gehe bei schönem Wetter gerne spazieren im Park.* Dadurch unterscheidet es sich klar von anderen möglichen Zusätzen zum Verb *gehen,* etwa *zu Fuß gehen* (vgl. *Ich gehe gerne zu Fuß in den Park).* Die Schreibkonvention spiegelt hier also nicht die realen morphologischen Verhältnisse innerhalb der Sprache wider.

Im Unterschied dazu läge in einem **Kopulativkompositum** (vgl. Fleischer/Barz 1995: 128 f.) eine Zusammensetzung vor, deren einzelne Teile gleichberechtigt nebeneinander stehen. Solche Komposita können nur aus Lexemen derselben Wortart gebildet werden; Beispiele wären etwa *Radiowecker, Hosenrock, Hemdhose* oder *spazieren gehen*. Gegen eine Einordnung solcher Wörter als Kopulativkomposita spricht, dass beispielsweise ein Hosenrock sprachlich primär als ‚Rock' (und eben nicht als ‚Hose', etwa durch **Rockhose*) erfasst wird oder dass ein Radiowecker eben in erster Linie als Wecker klassifiziert wird, der seine Weckfunktion mittels eines Radios ausübt. Gleiches lässt sich für Verbkomposita wie *spazieren gehen* feststellen; es handelt sich dabei um die Tätigkeit des Gehens, die durch *spazieren* spezifiziert wird (vgl. auch *spazieren fahren*).[3]

Die Determination als Grundprinzip der deutschen Sprache ist offenbar zu stark, um wirklich umgangen werden zu können; selbst bei Bindestrich-Farbadjektiven wie *gelb-grün* überwiegt normalerweise der zweite Bestandteil. Nur bei Bildungen wie *schwarz-weiß gestreift* oder *blau-rot kariert* kann man mit vollem Recht von einem gleichberechtigten Nebeneinander der beiden Bestandteile ausgehen – die Frage ist dann allerdings, ob es sich hier wirklich um Komposita handelt. In Eigennamen wie *Baden-Württemberg* oder *Schleswig-Holstein* schließlich liegen ursprünglich wirklich Kopulativkomposita vor; für eine synchronische Sprachbetrachtung ist eine solche Interpretation aber auch in diesen Fällen nicht zwingend.

Einzelheiten zur Substantivkomposition siehe unter Wortbildung des Substantivs (5.5).

---

[3] Bei Wörtern wie *mähdreschen*, welches bei Fleischer (1983: 307) als Beispiel für Kopulativkomposita angeführt wird, kommt noch die Schwierigkeit hinzu, dass es sich vermutlich gar nicht um eine direkte Komposition aus zwei Verben handelt, sondern um eine Ableitung aus *Mähdrescher*. Dafür spricht, dass das verbale Kompositum trotz Betonung auf der ersten Silbe im Präsens nicht trennbar ist: *ich mähdresche*, nicht **ich dresche mäh*; vgl. parallel dazu *frühstücken – ich frühstücke*, aber *spazieren gehen – ich gehe spazieren* (siehe auch → trennbare Verben). Das Partizip müsste wiederum (?) *mähgedroschen* (nicht, wie nach dem Präsens zu erwarten wäre, **gemähdroschen*) heißen, und als Präteritum kommen schließlich weder (???) *mähdrosch* noch **drosch mäh* in Frage – alles in allem handelt es sich also ganz offensichtlich ohnehin nicht um ein normales, in allen Formen fest im sprachlichen Bewusstsein der Sprechenden verankertes Verb der deutschen Sprache.

Die Entwicklung

Die **Entwicklung** enthält einen lexikalischen Bestandteil und mindestens ein Ableitungs- oder Derivationsmorphem (wobei auch ein Nullmorphem als solches fungieren kann), das eine Wortartänderung bewirkt: *Hund* wird zu *hündisch*, *laufen* zu *Lauf* (Nullmorphem) oder zu *Läufer*. Solche Entwicklungen können mehrfach auf ein Wort einwirken, so dass sich ganze **Entwicklungsserien** ergeben: *sehen – Sicht – sichtbar – Sichtbarkeit; gehen – Gang – gangbar – Gangbarkeit*. Andererseits treten bei den Entwicklungen auch interessante **Korrelationen** auf, Wortbildungen, die mit Hilfe eines identischen Lexems, aber verschiedener Suffixe gebildet werden: *weibisch/weiblich, kindisch/kindlich, erklärbar/erklärlich*.

Zur Bestimmung der Entwicklungen nennt man die Wortart des neu entstandenen Wortes (z. B. „Adjektiv") und gibt die Ursprungswortart (z. B. „Verb") mit einem Adjektiv an, das mit dem Präfix *de-* beginnt. *Machbar* z. B. ist also ein „deverbales Adjektiv". Berücksichtigt man nur die Wortarten Verb, Substantiv, Adjektiv, so ergeben sich folgende Entwicklungstypen:

desubstantivische Verben: *versalzen*
deadjektivische Verben: *grünen*
deverbale Substantive: *Gang*
deadjektivische Substantive: *Fremdling*
deverbale Adjektive: *lachhaft*
desubstantivische Adjektive: *menschlich*

Deverbative Entwicklungen werden auch zusammenfassend als **Deverbativa** (Sing. **Deverbativum**) bezeichnet; entsprechend findet man auch die Termini **Deadjektivum** und **Desubstantivum**.

Die Modifikation

Bei der **Modifikation** wird ein Wort durch ein Morphem (Affix) verändert, ohne dabei seine Wortart zu ändern. So wird *blau* zu *bläulich*, *Baum* zu *Bäumchen* und *gehen* zu *weggehen* modifiziert.

Die Modifikation spielt besonders bei den Verben und den Adjektiven eine große Rolle. Das Deutsche ist durch einen großen Reichtum an abgeleiteten Verben (die von der lateinischen Grammatiktradition her manchmal als „Komposita" bezeichnet werden) gekennzeichnet. Zu *fallen* gibt es beispielsweise *anfallen, auffallen, befallen, einfallen, entfallen, gefallen, herfallen (über), hinfallen, missfallen, (he)reinfallen, (he)runterfallen, überfallen, verfallen, wegfallen, zerfallen, zufallen.* Die Bedeutung der Modifikation lässt sich bei Verben sehr oft nicht mehr aus der Bedeutung der Präfixe – die ohnehin häufig sehr breit ist – und der des Verbs erschließen. So ist z. B. die Bedeutung von *entfallen,* wie sie in *Die Waffe entfiel seiner zitternden Hand* vorliegt, möglicherweise noch zu erschließen, aber nur noch unter Schwierigkeiten in *Das ist mir ganz entfallen* oder *Die Einladung entfällt.* Ähnliches gilt für *überfallen (Der Mann wurde auf offener Straße überfallen), befallen (Sie wurde von einer rätselhaften Krankheit befallen)* und in besonderem Maße sicher für *gefallen (Das gefällt mir aber gar nicht).*

Synchronisch werden Verben im Deutschen nur noch mit Präfixen modifiziert, historisch waren auch Modifikationen durch die Stammerweiterung mit -*l*- und -*r*- möglich (vgl. *husten – hüsteln, klappen – klappern*). Bei den Adjektiven, wo das Verfahren der Modifikation ebenfalls noch sehr produktiv ist, spielen demgegenüber Suffixe eine große Rolle (vgl. hierzu im Einzelnen unter 6.5).

Produktivität; Fixiertheit im Sprachgebrauch

Manche Wortbildungsverfahren sind archaisch; in der modernen Sprache treten viele erkennbar komplexe Wörter auf, die nach heute nicht mehr produktiven Wortbildungsverfahren gebildet worden sind. Z. B. kann man im modernen Deutsch keine neuen *nomina instrumenti* auf -*el* wie *Hebel* (Instrument zum Heben) oder *Gürtel* (Instrument zum Gürten) mehr bilden, also z. B. nicht **Läufel* (für Joggingschuhe). Man unterscheidet deshalb traditionell zwischen **produktiven und unproduktiven** (oder **nicht mehr produktiven**) Mustern (oder Verfahren). Diese Unterscheidung ist oft schwer zu treffen und in vielen Einzelfällen problematisch, da die Produktivität eines Verfahrens nicht abrupt aufhört, sondern allmählich abnimmt. Fleischer/Barz (1995: 58) machen zudem darauf aufmerksam, dass neben der Anwendung von Wortbildungsregeln auch Analogbildungen möglich sind (etwa *Untrigkeit* zu *Obrigkeit*), die einfach ein bereits gebildetes Wort (hier: *Obrigkeit*) zum Vorbild nehmen und nicht die seiner Bildung zugrunde liegenden Regeln anwenden. Auf jeden Fall gehören nur die Wörter zum Gegenstandsbereich der synchronischen Wortbildung, die auch noch synchronisch analysierbar sind. Wörter wie *Eimer*[4], deren potentielle Komplexität nicht mehr erkennbar ist, gehören nicht mehr zur synchronischen Wortbildung.

Innerhalb der Wortartentypen kann man jeweils noch Graduierungen nach dem Fixiertheitsgrad der Bildung auf einer Skala von „okkasionelle Bildung" bis zu „feste Verbindung" vornehmen. Feste Wortbildungen wären etwa *Reihenfolge* oder *Bratkartoffeln*; Bildungen, die man als lediglich okkasionell ansehen kann und deshalb vermutlich auch in einem Lexikon nicht finden würde, wären z. B. *Kanzlerworte* oder *Donaldidee* (in *Das ist wieder so eine typische Donaldidee*). Wortbildungen unterscheiden sich auch durch den Grad, in dem sie im synchronischen Bewusstsein der sprechenden Personen noch analysierbar sind. So wird das Wort *Handschuhe* kaum noch analysiert als „Schuhe für die Hand", was sich auch darin zeigt, dass man – im Gegensatz zum üblichen Gebrauch der Determinativkomposita in eindeutigen Kontexten – nicht das Determinatum alleine benutzen kann. So kann man zwar sagen *Gib mir mal die Karten!*, wenn eindeutig die Theaterkarten gemeint sind, doch ist *Gib mir mal die Schuhe!* statt *Gib mir mal die Handschuhe!* nicht möglich.

Nur teilanalysierbar sind auch die Wortbildungen, bei denen einzelne Teile nicht mehr selbständig, als freie Morpheme, existieren. So z. B. ist das Element *Him-* in *Himbeere* nicht mehr als freies Morphem verfügbar. Man spricht in solchen Fällen von **unikalen** Morphemen.

Norm und System

Eine besondere Schwierigkeit bei der Wortbildungslehre besteht darin, dass die im **System** einer Sprache vorgegebenen Möglichkeiten größer sind als das, was wirklich von der Sprachgemeinschaft realisiert wird; die Möglichkeiten werden also nur bis zu einem gewissen Grad ausgenutzt, sie unterliegen Beschränkungen. Mit „System" ist hier nach Coseriu (1975 b) eine Ebene der Sprachbeschreibung ge-

---

[4] Das Wort *Eimer* kam zwar ursprünglich aus dem lat. Wort *amphora* (seinerseits ein Lehnwort aus dem Griechischen). Es wurde aber früh volksetymologisch umgedeutet als Zusammensetzung aus *ein* und *bar* ‚Gefäß mit einem Henkel', im Gegensatz zum *Zuber*, dem ‚Gefäß mit zwei Henkeln'. Diese Volksetymologie ist heute nicht mehr nachvollziehbar.

meint, die die grundsätzlichen Möglichkeiten betrifft, die in einer Sprache gegeben sind. Das, was innerhalb der vielfältigen und nie ganz ausgeschöpften Möglichkeiten des Systems auch wirklich realisiert wird, nennt Coseriu die **Norm**. Die erwähnte Schwierigkeit in der Wortbildungslehre besteht darin, dass man es mit der Norm zu tun hat, und dass diese eine relativ willkürliche Auswahl aus einem systematischen Regelwerk darstellt. Dies macht auch den Unterschied zwischen Wortbildung und Flexion aus: während man beispielsweise von jedem Verb ein Partizip Präsens oder einen substantivierten Infinitiv bilden kann, kann man nicht von jedem auch ein Substantiv auf -*ung* ableiten (vgl. *Lesung* / *Essung).

Den Unterschied zwischen der Norm und dem System findet man in der Wortbildung auf verschiedenen Ebenen. So lässt z. B. das System der deutschen Substantivkomposita Lösungen mit und ohne Bindungsmorphem zu. Lediglich in der Norm ist fixiert, dass es zwar *Bindeglied* (nicht *Bindglied) heißt, aber *Bindfaden* (nicht *Bindefaden). Desgleichen wird zwar *Herzblatt* (nicht *Herzensblatt), aber *Herzensangst* (nicht *Herzangst) gebildet. Als Beispiel bei den deverbalen Adjektiven kann die Möglichkeit des Umlauts im Grundmorphem gelten: Aus *Mut* wird *mutig* (nicht *mütig), aus *Großmut* aber *großmütig* (nicht *großmutig); vgl. auch *Blut* – *blutig* (nicht *blütig), aber: *heißblütig* (nicht *heißblutig). Auch die Wahl des Suffixes -*ig* oder -*isch* scheint nicht systematisch, sondern durch die Norm geregelt zu sein. Jedenfalls ist es schwer, Regeln anzugeben, nach denen man zu *Hohn höhnisch*, nicht aber *höhnig bildet, zu *Kraft* aber *kräftig* und nicht *kräftisch.

Auch auf der Inhaltsebene finden sich Normbeschränkungen des vom System her Möglichen. Als Beispiel diene die Kompositionssemantik. Ein *AB* bedeutet ‚*B*, näher bestimmt durch *A*‘ (z. B. *Haustür*: ‚Tür, näher bestimmt durch Haus‘).[5] In sehr vielen Fällen sind die vielfältigen Bezeichnungsmöglichkeiten, die solche Komposita beinhalten, aber bereits in der Norm eingeschränkt, und das Wort nimmt nur einen Teil des systematisch möglichen Bedeutungsumfanges in Anspruch. Ein Wort wie *x-Kuchen* hat auf Systemebene einen sehr großen Allgemeinheitsgrad und deckt damit ‚Kuchen aus

---

[5] Siehe zu den semantischen Interpretationen auch Coseriu (1977) und Heringer (1984).

x', ‚Kuchen für x', ‚Kuchen, der x gehört' und vieles andere ab. Wörter wie *Hundekuchen, Geburtstagskuchen, Marmorkuchen* oder *Kirschkuchen* haben gegenüber der systematischen Möglichkeit sehr spezifische, beschränkte Normbedeutungen. Hierzu siehe auch S. 190 ff.

Dieses sind nur wenige Beispiele für Phänomene, die zur Norm, nicht aber zum System gehören. Es kann allerdings nicht ausgeschlossen werden, dass auch diesen beobachtbaren Fakten genaue Systemregeln zugrundeliegen. Solche Fragen können nur von Fall zu Fall entschieden werden. Die Kriterien, nach denen die Entscheidung „Norm oder System?" getroffen werden kann, sind noch nicht definitiv festgelegt.

3   Verbtypen

Verben (von lat. *verbum* ‚Wort‘), auf Deutsch auch „Zeitwörter" oder „Tätigkeitswörter" genannt, sind Wörter wie *gehen, schlafen, seufzen* usw. Die Flexion des Verbs heißt **Konjugation** (von lat. *coniugare* ‚zusammenjochen‘, ‚zu einem Paar verbinden‘). Die Konjugation betrifft im Deutschen die Veränderung des Verbs nach Person, Numerus, Tempus, Modus und Genus verbi; diese Kategorien werden in Kapitel 4 ausführlich erklärt.

Es gibt mehrere Möglichkeiten, die Klasse der Verben weiter zu unterteilen, und man kann dabei nach verschiedenen inhaltlichen wie formalen Kriterien vorgehen.

3.1   Semantische Klassifikation

3.1.1   Handlung – Vorgang – Zustand

Eine traditionelle Einteilung der Verben besteht darin, „Handlungsverben", „Vorgangsverben" und „Zustandsverben" voneinander zu unterscheiden.

Handlungsverben

Zu den **Handlungsverben**, auch **Tätigkeitsverben** genannt, gehören Verben wie *gehen, spielen, kämpfen, laufen, schreiben, lesen*. Handlungsverben dienen dazu, eine (intentionale) Handlung des Subjekts zu bezeichnen. Das Subjekt tut etwas, es handelt, indem es geht, spielt, kämpft usw. Handlungsverben implizieren stets ein → Agens. Oft sind die Tätigkeiten auf ein Ziel gerichtet; diese Ziele einer Handlung können als vom Verb abhängige Objekte in den Satz aufgenommen werden. So wird beispielsweise die Tätigkeit des Essens, die einen Apfel zum Ziel hat, mit dem Satz *Ich esse einen Apfel* ausgedrückt. Handlungsverben gelten aus der Sicht der kognitiven Linguistik wie der Universalienforschung als prototypische Verben; gelegentlich wird auch das Vorliegen eines Handlungsziels (also des Apfels im Beispielsatz) mit in das prototypische Konzept einbezogen (Langacker 2000: 10).

Vorgangsverben

Von den Handlungsverben unterscheiden sich die **Vorgangsverben**
wie *fallen, wachsen, sterben, verfaulen* deutlich. Sie bezeichnen einen
Vorgang, einen Prozess, der sich an einem Subjekt vollzieht, und
nicht eine selbständige Handlung. Typischerweise sind Vorgangsverben daher auch nicht auf ein Ziel gerichtet und haben keine Objekte bei sich.

Zustandsverben

Zustandsverben sind z. B. *stehen, liegen, sitzen, sein, bleiben.* Im Unterschied zu den beiden ersten Gruppen, die eine Veränderung bezeichnen, die entweder intentional herbeigeführt wird (Handlungsverben) oder sich am Subjekt vollzieht (Vorgangsverben), drücken
Zustandsverben aus, dass es keine Änderung des zunächst beobach-
teten Zustandes gibt. Diese Verben erfassen also Zustände, etwas
Stetiges, was sich zwar in der Zeit vollzieht, jedoch keine Veränderung darstellt. Bei einigen Verben wie *wohnen* und *leben*, die oft auch
zu den Zustandsverben gerechnet werden, wäre auch eine Zuordnung zu den Vorgangsverben denkbar, indem man etwa Leben
als Vorgang, nicht als Zustand auffasst. Die Übergänge zwischen
den beiden Verbtypen sind gelegentlich fließend und können nicht
scharf gezogen werden.

Aus solchen Gründen könnte man gegen diese Einteilungen natürlich Einwände erheben und sich fragen, ob hier nicht Unterscheidungen vorgenommen werden, die in der Sprache selbst gar nicht
vorhanden sind. Man kann aber zeigen, dass zumindest die grundlegende Unterscheidung zwischen Handlungs- und anderen Verben
auch für Morphologie und Syntax von Bedeutung ist, und dies sogar
dann, wenn ein Verb beiden Klassen zugeordnet werden kann. So
kann es sich etwa bei dem Verb *schwimmen* einerseits um ein Tätig-
keitsverb handeln, andererseits um ein Vorgangsverb:

> *Das Holz schwimmt im Fluss.* (Vorgang)
> *Michael schwimmt im Fluss.* (Handlung)

Auf den ersten Blick scheint hier kein Unterschied vorzuliegen.
Dass er dennoch wirklich vorhanden ist (und nicht etwa nur ein
theoretisches Konstrukt, das mit der Sprache selbst wenig zu tun
hat), zeigt sich bei der Passivbildung: nur vom Handlungs-, nicht

aber vom Vorgangsverb *schwimmen* kann ein → unpersönliches Passiv gebildet werden. Eine Betrachterin könnte zwar schwimmende Menschen beschreiben mit: *Da wird lustig geschwommen*, nicht aber das im Fluss treibende Holz: **Da wird geschwommen*.
Insofern sind diese Klassifikationen also durchaus sinnvoll. Man muss dabei nur berücksichtigen, dass viele Verben nicht schon als lexikalische Einheiten deutlich der einen oder anderen Gruppe zugerechnet werden können, sondern dass oft erst der Kontext darüber entscheidet, in welche Klasse man sie im jeweiligen Fall einzuordnen hat.

3.1.2   Aspekte und Aktionsarten

Die Begriffe „Aspekt" und „Aktionsart" bezeichnen semantische und morphologische Merkmale der Verben, durch die der Verlauf, die Dauer oder das Ergebnis einer Handlung oder eines Vorgangs charakterisiert werden. Die beiden Begriffe sind in der Forschungsliteratur nicht einheitlich definiert und werden unterschiedlich verwendet, was z. T. zu terminologischer Konfusion geführt hat.
Im Allgemeinen spricht man dann von **Aspekten**, wenn in der betreffenden Sprache ein vollständig ausgebildetes System von Unterscheidungen wie z. B. der zwischen ‚Abgeschlossenheit' und ‚Andauern' einer Handlung (oder eines Vorgangs) vorliegt. Diese Unterscheidung liegt in den slawischen Sprachen vor; so bilden beispielsweise im Russischen stets zwei Verben, die sich semantisch jeweils nur im Hinblick auf ‚abgeschlossen' gegenüber ‚nicht abgeschlossen' unterscheiden, zusammen ein **Aspektpaar** (vgl. z. B. russ. *otkryt'/otkryvat'* ‚öffnen', *pisat'/napisat'* ‚schreiben' usw.). Den Aspekt, der eine Handlung oder einen Vorgang als ‚abgeschlossen' kennzeichnet, nennt man **perfektiv** (von lat. *perfectum* ‚vollendet'); der Aspekt der andauernden, nicht-abgeschlossenen Handlung wird **imperfektiv** (von lat. *imperfectum* ‚unvollendet') oder gelegentlich auch **durativ** (von lat. *durare* ‚dauern') genannt. Demgegenüber unterscheidet beispielsweise das Englische zwischen dem **progressiven** (‚im Verlauf befindlich') und dem **nonprogressiven** Aspekt, der die Unabhängigkeit vom aktuellen Geschehen ausdrückt; vgl. *Normally I live in Berlin, but at present I'm living in Belgrade.* Gelegentlich wird vermutet, dass diese beiden Typen von möglichen Aspektpaaren zu den Universalien der menschlichen Sprache gehören (vgl.

Bickerton 1981, Dahl 1985), aber die Auffassungen darüber, welche Aspekte grundsätzlich angenommen werden sollten und wie die Oppositionen zwischen ihnen genau zu fassen sind, sind nicht einheitlich (vgl. Bybee/Perkins/Pagliuca 1994: 139).

Comrie (1976: 25) betrachtet beide Aspekte des Englischen, den progressiven wie den nonprogressiven, zusammen als „continuous" (bei ihm das Gegenstück zu **habituell**) und rechnet sie dem Typ der imperfektiven Aspekte zu. Langacker (1991: 86ff, 2001: 223ff.) vertritt demgegenüber die Ansicht, dass die Verben des Englischen in perfektive und imperfektive zu unterteilen sind und dass nur die perfektiven einen progressiven Aspekt bilden können. Es wird deutlich, dass hier verschiedene Definitionen für den Begriff „Aspekt" zu Grunde gelegt werden und dass beispielsweise Langacker sowohl lexikalische als auch morphologische Phänomene mit einbezieht: die Einteilung der englischen Verben in perfektive und imperfektive erfolgt naturgemäß bereits auf der Ebene des Lexikons, der progressive Aspekt wird hingegen mit morphologischen Mitteln gebildet. Außer den bisher behandelten Beispielen einer Zweiteilung in perfektiv-imperfektiv oder progressiv-nonprogressiv sind auch verschiedene andere Kombinationen möglich: so kennt beispielsweise das Chinesische einen perfektiven, einen „experientialen" (also einen eine Erfahrung ausdrückenden und damit in gewissem Sinne ebenfalls perfektiven) und einen progressiven (und damit imperfektiven) Aspekt (Lin 2001: 169–174).

Der Begriff „Aspekt" spielt auch in Zusammenhang mit Tempusbedeutungen eine große Rolle, da viele Sprachen Aspektunterschiede nur auf bestimmten Zeitstufen durch spezielle Tempusformen (typischerweise etwa durch zwei Tempusformen für dieselbe Zeitstufe der Vergangenheit) ausdrücken (vgl. Bybee/Perkins/Pagiluca 1994: 51–102, 125–175; Givón 2001: 287–293).

Die aspektuell unterschiedliche Erfassung von Geschehnissen kann auch in Sprachen wie dem Deutschen ausgedrückt werden, das kein ausgebildetes Aspektsystem aufweist; die Mehrzahl der Grammatiken spricht dann allerdings nicht von Aspekten, sondern – sofern es sich um lexikalische Unterschiede handelt – von Aktionsarten.

Unter **Aktionsart** versteht man meist eine semantische Kategorie, die dem Verb schon lexikalisch zukommt und nicht, wie beispielsweise der Unterschied zwischen dem englischen *I live* und

I'm living, durch morphologische Verfahren ausgedrückt wird. Ein Problem bei der auf den ersten Blick bestechenden Definition „Aspekt = morphologisch" und „Aktionsart = lexikalisch" besteht allerdings darin, dass Sprachen wie das Russische zwar ein durchgehendes Aspektsystem aufweisen, dieses jedoch weitgehend lexikalisiert ist.[1] Trotzdem wird in solchen Fällen normalerweise von einem Aspektsystem (und nicht von einem Aktionsartensystem) gesprochen. Der Grund hierfür liegt zum einen darin, dass der Unterschied systematisch ist, d. h. fast alle Verben sind doppelt, einmal perfektiv und einmal imperfektiv, vorhanden. Zum anderen hat der – wie stark auch immer lexikalisierte – Aspekt des Verbs Folgen im Bereich von Morphologie und Syntax: er ist für die Bildung und den Gebrauch der Tempusformen ausschlaggebend.[2]

Im Deutschen liegen beispielsweise in Verben wie *blühen, schlafen* oder *wachen* imperfektive Verben vor, die andauernde Handlungen, Vorgänge oder Zustände ausdrücken. Perfektive Verben, die einen Begrenzungspunkt (Anfangs- oder Endpunkt) mit beinhalten, wären demgegenüber z. B. *verblühen, einschlafen, aufwachen*. Unter Aktionsarten wird aber normalerweise nicht die perfektive oder imperfektive Art des Verlaufs verstanden, sondern weitergehende semantische Unterteilungen wie z. B.:

---

[1] Zwar gibt es bestimmte morphologische Verfahren der Aspektbildung wie etwa Präfigierung zur Bildung des perfektiven, Infigierung (Stammerweiterung) zur Bildung des imperfektiven Aspekts; es können aber auch zwei völlig verschiedene Verbstämme ein Paar bilden (vgl. *brat'/vz'at'* ‚nehmen'), oder aber das präfigierte Verb bildet den imperfektiven Aspekt (wie bei *pokupat'/kupit'* ‚kaufen'), so dass insgesamt sowohl morphologische als auch lexikalische Prinzipien der Aspektbildung innerhalb ein und derselben Sprache vorliegen.

[2] So können beispielsweise im Serbischen perfektive Verben im Präsens normalerweise nur in Sätzen verwendet werden, die durch eine subordinierende Konjunktion eingeleitet sind, und im Russischen haben perfektive Verben im Präsens futurische Bedeutung, während imperfektive ihr Futur mit einem Hilfsverb bilden. Langacker (2000: 223) postuliert auf Grund der unterschiedlichen Fähigkeiten der Verben, eine progressive Form zu bilden, auch für das Englische ein perfektiv/imperfektes Aspektpaar, das bei anderen Autoren jedoch nicht angesetzt wird.

- **inchoativ** oder **ingressiv** (von lat. *inchoare* ‚beginnen'/*ingredi* ‚hineinschreiten', ‚beginnen'), den Beginn einer Handlung kennzeichnend; z. B. *erblühen*. Hierzu werden manchmal auch die **transformativen** (von lat. *transformare* ‚verwandeln') Verben gerechnet, unter denen man meist von Adjektiven abgeleitete Verben der Veränderung wie *erröten, reifen* oder *altern* versteht.
- **egressiv** (von lat. *egredi* ‚herausschreiten', ‚aufhören'), das Ende einer Handlung kennzeichnend; z. B. *verblühen*. Diese Aktionsart wird manchmal auch als **finitiv** (von lat. *finire* ‚beenden') oder **terminativ** (von lat. *terminare* ‚begrenzen', ‚beenden') bezeichnet; ferner finden sich auch die Bezeichnungen **resultativ**[3] und **effektiv** (von lat. *efficere* ‚zu Ende bringen'), die meist synonym gebraucht werden. Gelegentlich wird ein Unterschied zwischen diesen Begriffen gemacht: im einen Fall steht das Ende der Handlung (egressiv, finitiv), im anderen das Ergebnis (resultativ, effektiv) im Vordergrund. Die Definitionen sind allerdings nicht einheitlich.
- **punktuell**, ein auf einen kurzen Zeitpunkt beschränktes Geschehen kennzeichnend; z. B. *platzen*.
- **iterativ** (von lat. *iterare* ‚wiederholen'), gelegentlich auch als **frequentativ** (von lat. *frequentare* ‚häufig tun') oder **multiplikativ** (von lat. *multiplicare* ‚vervielfältigen') bezeichnet; eine wiederholte Handlung kennzeichnend, z. B. *sticheln* (eigentlich: ‚wiederholt stechen').
- **diminutiv** oder **deminutiv** (von lat. *deminuere* ‚verkleinern'), gelegentlich auch **attenuativ** (von lat. *attenuare* ‚schwächen') genannt, die geringere Intensität einer Handlung kennzeichnend, z. B. *hüsteln* (‚ein bisschen husten').
- **intensiv**, die (höhere) Intensität kennzeichnend, oft zugleich iterativ; z. B. *schnitzen* (eigentlich ‚ausdauernd schneiden').

Auch die kausativen und die faktitiven Verben werden gelegentlich bei den Aktionsarten mit aufgeführt (vgl. z. B. Helbig/Buscha 2001: 63). Es handelt sich hier jedoch um einen anderen Typ der Einteilung. Bei den vorgenannten Verben geht es jeweils um die

---

[3] Ursprünglich von lat. *resultare*, was im klassischen Latein ‚zurückspringen', im Mittellateinischen ‚hervorbringen' bedeutet; das Wort ist über das französische *résulter* ins Deutsche übernommen worden.

Ausprägung der im Verb ausgedrückten Handlung, die als abgeschlossen, andauernd, wiederholt usw. gekennzeichnet wird, ohne dass sich sonst etwas im Satz verändert. Bei kausativen und faktitiven Verben liegt hingegen ein besonderes Verhältnis zwischen Subjekt und Objekt vor:

- **kausativ** (von lat. *causa* ‚Grund‘) sind transitive Verben, die von intransitiven abgeleitet worden sind wie *fällen* (*zu fallen*) oder *tränken* (*zu trinken*). Bei der Ableitung werden die syntaktischen Rollen verändert: das Subjekt wird zum Objekt, und das neue Subjekt ist der Verursacher der Handlung. In einem Satz wie *Der Baum fällt* ist es das Subjekt, das die Handlung (oder den Vorgang) des Fallens vollzieht; im Satz *Der Sturm hat den Baum gefällt* vollzieht hingegen das Objekt diese Handlung, und das Subjekt verursacht sie. Ebenso: *Das Pferd trinkt*/*Ich tränke das Pferd*; *Das Schiff versinkt*/*Ich versenke das Schiff* usw. Der zugrunde liegende Ableitungstyp ist nicht mehr produktiv, d. h. es können nach diesem Muster keine neuen Verben mehr gebildet werden.
- **faktitive** (von lat. *facere* ‚machen‘) Verben sind mit den kausativen eng verwandt; gelegentlich werden die beiden Begriffe auch synonym gebraucht (so etwa bei Helbig/Buscha 2001: 63). Im Unterschied zu den kausativen liegt bei faktitiven Verben im engeren Sinne jedoch keine Ableitung von einem Verb, sondern von einem Adjektiv vor: *säubern* (zu *sauber*), *weißeln* (zu *weiß*). Die zugrunde liegende Bedeutung kann durch eine Paraphrase mit *machen* ausgedrückt werden: *säubern* = *sauber machen*, *weißeln* = *weiß machen*.

Nicht alle Verben des Deutschen können einer bestimmten Aktionsart zugerechnet werden; viele sind in dieser Hinsicht nicht festgelegt und können je nach Kontext Verschiedenes ausdrücken (vgl. *Er sprach immer wieder davon* [wiederholte Handlung]; *Sie sprach das erlösende Wort* [einmalig, abgeschlossen]). Die Bildung von Aktionsarten erfolgt durch → Präfigierung oder durch Erweiterung der Infinitivendung, wobei nur die Präfigierung noch produktiv ist. Das Ergebnis muss in jedem Falle als lexikalisiert angesehen werden.

Beispiele für Präfigierungen
Mit *an-* und *auf-* präfigierte Verben sind häufig inchoativ. Auch mit *er-* präfigierte Verben können diese Bedeutung haben. Vgl.:

anspringen	*aufwachen*	*erwachen*
antreten	*auftreten*	*erröten*
angreifen	*aufgehen*	*ergreifen*
ansetzen	*aufstehen*	*erklingen*
ansprechen	*aufblühen*	*erblühen*

usw.

Mit *er-* präfigierte Verben können daneben auch egressiv sein. Ebenfalls egressiv sind viele Verben mit *ver-*. Vgl.:

erarbeiten	*verarbeiten*
erstehen	*verblühen*
erreichen	*verscheiden*
erlangen	*verderben*

usw.

Beispiele für Erweiterungen der Infinitivendung
Verben auf *-eln* sind meist iterativ oder diminutiv:

lächeln (vgl. *lachen*)
hüsteln (vgl. *husten*)
tänzeln (vgl. *tanzen*)
betteln (vgl. *bitten*)
schütteln (vgl. *schütten*, ‚wiederholte Bewegung des Schüttens machen')
rascheln (vgl. *rauschen*) usw.

Iterativ sind viele Verben auf *-ern*, deren Ableitung meist nur noch historisch zu erklären ist; zu dieser Gruppe gehören viele lautnachahmende Verben:

plätschern (vgl. *platschen*)
rattern
klappern (vgl. *klappen*)
flattern
zögern (vgl. *ziehen*, *mhd./fnhd. zogen*)
meckern

usw.

Derartige Einteilungen der Verben können beispielsweise für den Erwerb von Deutsch als Fremdsprache hilfreich sein. Auswirkungen auf die Formenbildung hat die Zugehörigkeit zu einer dieser Aktionsarten nur indirekt, und zwar insofern, als die perfektiven, also inchoa-

tive, egressive und punktuelle Verben, zu der Gruppe von Verben gehören, die bei Intransitivität ihr Perfekt mit *sein* bilden (siehe S. 54 ff.).

In der Umgangssprache, insbesondere in einigen Dialekten, weist
das Deutsche Ansätze zur morphologischen Bildung eines anderen
Aspektunterschiedes auf; dabei wird das Hilfsverb *sein* mit *am* oder
beim und dem Infinitiv eines Vollverbs kombiniert. Solche Formen,
wie sie z. B. in:

Wann essen wir? Ich bin am Verhungern.
Als wir kamen, war er noch beim Kochen.

auftreten, können ganz parallel zum progressiven Aspekt anderer
Sprachen, beispielsweise des Englischen, aufgefasst werden. Sie werden nur dann verwendet, wenn der bezeichnete Vorgang sich im aktuellen Verlauf befindet, und können nicht für allgemeine Aussagen
über nonprogressive Vorgänge gebraucht werden (vgl. **… und in diesem Zimmer bin ich am Arbeiten*). Dass es sich hier wirklich um Ansätze
zur Bildung des progressiven Aspektes handelt, zeigt die Tatsache,
dass die oft vorgeschlagene Ersetzung durch eine normale Tempusbildung + *gerade* keineswegs immer möglich ist, vgl.: **ich verhungere gerade.*
Die Grammatikalisierung scheint dabei bei *an* bereits weiter fortge-
schritten zu sein als bei *bei*, wie Ebert (1996: 47) anhand von Beispielen wie *Um sechs war ich noch beim Schwimmen / am Schwimmen* zeigt. Nur
beim Gebrauch von *an* bzw. *am* impliziert der Satz eindeutig, dass zur
genannten Zeit auch wirklich die Tätigkeit des Schwimmens ausgeführt wurde; *beim Schwimmen* könnte auch bedeuten, dass ich mich gerade umgezogen oder auf einem Liegestuhl ausgeruht habe.[4]

Allgemeines zur Abgrenzung von Aspekt und Aktionsart:

Die Definition des Aspekts als einer rein morphologischen und
der Aktionsart als einer lexikalischen Kategorie führt bei strikter Anwendung zu Problemen. So können, wie schon erwähnt, in ein und
derselben Sprache – beispielsweise im Russischen – beide Verfahren
der Aspektbildung nebeneinander vorkommen, ohne dass sich die
lexikalischen Aspektpaare in Funktion und Gebrauch in irgendeiner
Weise von den morphologisch (also etwa durch Präfix oder Stamm-

---

[4] Auch der englische progressive Aspekt geht historisch auf Konstruktionen
mit ‚an‘ (*at*) zurück. Zur Grammatikalisierung der progressiven Formen im
Deutschen im Vergleich mit dem Englischen und Niederländischen vgl.
auch Krause (2002).

erweiterung) gebildeten unterschieden. Es wäre wenig sinnvoll, in solchen Fällen abwechselnd die Begriffe Aspekt bzw. Aktionsart zu verwenden; entsprechend ist es bei der Beschreibung slawischer Sprachen üblich, unabhängig von der jeweiligen Bildungsweise von Aspekten zu sprechen. Eine andere Definition des Aspektbegriffs stellt Aspekte als subjektive Sichtweisen des Sprechers den Aktionsarten als objektiven, im Verb vorgegebenen Bedeutungsunterschieden gegenüber. Aber auch diese Definition führt im Bereich der slawischen Sprachen zu Schwierigkeiten, da der Aspekt dort ja gerade im Verb, zum Teil rein lexikalisch, vorgegeben ist.

Die beiden semantischen Kategorien ‚perfektiv' und ‚imperfektiv' sind weitaus umfassender als die Aktionsarten. Die Mehrzahl der Aktionsarten kann einer dieser beiden Kategorien zugeordnet werden; so sind etwa egressive, inchoative und punktuelle Verben perfektiv, während iterative und intensive imperfektiv sind. Im Hinblick auf den Formenbestand des Deutschen ist nicht die Zugehörigkeit zu einer speziellen Aktionsart wie „egressiv" oder „iterativ", sondern nur die zu einer der beiden Oberkategorien perfektiv/imperfektiv von Bedeutung (siehe hierzu im Einzelnen S. 54 ff.). Vgl.:

Die Knospe ist geplatzt. (punktuell) ⎫
Der Baum ist erblüht. (inchoativ) ⎪
Der Baum ist verblüht. (egressiv) ⎬ perfektiv; Hilfsverb *sein*
Sie ist verstummt. (egressiv) ⎭

gegenüber:

Der Baum hat geblüht. ⎫
Sie hat geschwiegen. ⎬ imperfektiv; Hilfsverb *haben*

Eine mögliche Lösung dieser definitorischen und terminologischen Schwierigkeiten könnte darin bestehen, den Begriff „Aspekt" für ein Gegensatzpaar (hier: perfektiv/imperfektiv) immer dann zu verwenden, wenn der Unterschied zwischen den beiden Kategorien systematisch ist und Folgen für die Funktion, die Tempusbildung[5] oder die Bedeutung von Verbformen (z. B. Tempusformen) hat – und zwar unabhängig davon, ob er in der entsprechenden Sprache morphologisch, lexikalisch oder mit beiden Mitteln repräsentiert wird.

---

[5] So kann etwa im Russischen von einem perfektiven Verb kein analytisches Futur gebildet werden.

Im Deutschen lässt sich zwar ein regelmäßiger Unterschied in der Perfektbildung verschiedener Verbtypen beobachten, wie er oben aufgezeigt wurde; er ist indessen nicht voll systematisiert. Zum einen wird er von anderen Kategorien (Transitivität/Intransitivität) überlagert, zum anderen bilden auch einige durative Verben (*sein* und im süddeutschen Sprachraum auch *sitzen, stehen* und *liegen*) ihr Perfekt mit *sein*, und schließlich gibt es auch semantisch deutlich perfektive Verben wie *aufschreien*, die ihr Perfekt mit *haben* bilden. Insofern weist das Deutsche so etwas wie ein rudimentäres lexikalisiertes Aspektsystem auf.

3.2   Morphologische Klassifikation

Außer nach semantischen können Verben auch nach morphologischen Kriterien eingeteilt werden. Mit **Morphologie** (von griech. *morphe*, ‚Form‘, ‚Gestalt‘) des Verbs ist dabei die Art und Weise gemeint, in der das Verb seine äußere Form verändert, um unterschiedliche grammatische Bestimmungen auszudrücken.

Für die morphologische Einteilung des Verbs ist insbesondere die Tempusbildung (→ Tempus) wichtig. Das Deutsche kennt prinzipiell zwei Möglichkeiten der Tempusbildung: die **synthetische** und die **analytische** Bildung. Die beiden Begriffe, die aus der Sprachtypologie stammen, bezeichnen den Unterschied zwischen der Bildung einer grammatischen Form durch zusätzliche Wörter (= analytisch) und der Bildung ohne solche Zusätze (= synthetisch). Im Deutschen gibt es sowohl synthetische als auch analytische Tempusbildungen. → Präsens und → Präteritum werden synthetisch gebildet: *komme, kam;* für die Bildung der übrigen Tempora werden die Hilfsverben *haben, sein* und *werden* verwendet, wobei mit *haben* und *sein* → Perfekt und → Plusquamperfekt (*habe/hatte gelesen, bist/warst gekommen*), mit *sein* das Zustandspassiv (*ist geöffnet*), mit *werden* das Futur (*wird kommen*) und außerdem auch das Vorgangspassiv (*wird ausgelacht*) gebildet wird.

3.2.1 Synthetische Tempusbildung

Die wichtigste, sozusagen klassische Einteilung der Verben betrifft die Bildung der synthetischen Formen.

Man unterscheidet dabei:

- starke Verben,
- schwache Verben,
- unregelmäßige Verben,
- Suppletivstämme,
- Verben mit trennbaren und mit untrennbaren Präfixen.

Starke Verben

Starke Verben bilden ihr Präteritum und auch ihr Partizip Perfekt, indem sie ihren zentralen Vokal, den sog. **Stammvokal** oder **Wurzelvokal**, verändern: *schwimmen – schwamm – geschwommen, geben – gab – gegeben.* Diesen Wechsel nennt man nach Jacob Grimm **Ablaut.** Es handelt sich dabei, sprachgeschichtlich gesehen, um eines der ältesten Prinzipien der Wortveränderung, das nicht nur im Deutschen, sondern in allen alten indoeuropäischen Sprachen eine große Rolle spielte. Die Funktion von Ablauten war dabei nicht auf die Tempusbildung des Verbs beschränkt. Auch im heutigen Deutsch lassen sich noch Ablaute beobachten, die etwa der Bildung solcher Substantive dienten, die von Verben abgeleitet wurden (→ Deverbativa): *binden – das Band – der Bund, werfen – der Wurf.*

Am deutlichsten ist das Prinzip des Ablauts aber in der Tempusbildung der starken Verben erhalten geblieben. Der Terminus **stark** für solche ablautenden Verben geht ebenfalls auf Jacob Grimm zurück; ihm liegt die Vorstellung zugrunde, dass ein Wort „stärker" ist als ein anderes. Als „stark" bezeichnet Grimm diejenigen Wörter, die aus eigener Kraft, aus dem eigenen Stamm heraus die entsprechende Form bilden und dazu keine zusätzlichen Hilfsmittel benötigen. Eine Unterscheidung zwischen starken und schwachen Formen wird nicht nur beim Verb, sondern auch bei Substantiven und Adjektiven gemacht, obgleich es dort keine Ablautflexion gibt (vgl. hierzu ausführlicher → Substantive, → Adjektive).

Der Ablaut war ursprünglich kein beliebiger oder zufälliger Vokalwechsel, sondern folgte im Indoeuropäischen einer festgelegten Systematik, die im modernen Deutsch allerdings nicht mehr erhalten ist. In dieser Systematik bildeten stets mehrere Vokale zusammen eine sog. **Ablautsreihe** (so Jacob Grimm; heute oft auch ohne Fugen-*s*: *Ablautreihe*). Eine Ablautsreihe enthielt jeweils fünf sog. „Stufen", die nach der Art und Weise, in welcher der ursprünglich

vorliegende Wurzelvokal sich veränderte, unterschieden und benannt werden. In historischen Grammatiken finden sich oft Hinweise auf solche Ablautsstufen, wobei auch ein Unterschied zwischen „quantitativem" und „qualitativem" Ablaut gemacht wird.
Unter „quantitativem Ablaut" versteht man Veränderungen, die
durch die unterschiedliche Dauer und Betonung ein und desselben
Vokals erklärt werden können. Wird ein Vokal gedehnt, so spricht
man von einer „Dehnstufe"; wird er hingegen verkürzt, so spricht
man von einer „Reduktionsstufe" (mit einem sog. „Murmelvokal").
Schließlich kann der Vokal sogar so weit reduziert werden, dass er
gar nicht mehr hörbar ist; dann liegt eine sog. „Schwundstufe" vor.
Die Abwesenheit des Vokals in der Schwundstufe führte oft dazu, dass an der Stelle des geschwundenen ein neuer Vokal gebildet
wurde; in diesem Fall spricht man von einem „Sprossvokal".

Der „qualitative Ablaut" ist demgegenüber nicht mit der unterschiedlichen Tonstärke innerhalb eines Wortes zu erklären; einige
Autoren vermuten, dass er ursprünglich auf unterschiedliche Tonhöhen zurückzuführen war. Beim qualitativen Ablaut erscheint plötzlich
ein gänzlich anderer Vokal an der Stelle der ursprünglichen, beispielsweise *o* statt *e*. Solche Unterscheidungen sind aber nur noch auf
historischer Ebene möglich; während beispielsweise im Gotischen
(einer ostgermanischen Sprache, die uns aus dem 4. Jhd. nach Chris-
tus überliefert ist) die sechs Ablautreihen der starken Verben noch
deutlich erkennbar sind, hat das Neuhochdeutsche kein Ablautrei-
hensystem mehr. Dies ist damit zu erklären, dass die Sprache im Laufe
ihrer Geschichte zahlreiche lautliche Veränderungen erfahren hat,
durch die die ursprünglichen Zusammenhänge verwischt wurden.

Betrachtet man das Neuhochdeutsche synchronisch, d. h. unabhängig von seiner Geschichte, so kann man zunächst drei prinzi-
pielle Möglichkeiten der Ablautbildung bei starken Verben unterscheiden:

– das Verb weist drei verschiedene Vokale auf, z. B.:

bitten – bat – gebeten,
schwimmen – schwamm – geschwommen,
helfen – half – geholfen

– das Verb weist zwei verschiedene Vokale auf, einen für das Präsens, den anderen für Präteritum und Partizip Perfekt, z. B.:

reiten – ritt – geritten,
fliegen – flog – geflogen,
meiden – mied – gemieden

– das Verb weist zwei verschiedene Vokale auf, einen für Präsens und Partizip, den anderen für das Präteritum:

fahren – fuhr – gefahren,
rufen – rief – gerufen,
messen – maß – gemessen.

Insgesamt gibt es im modernen Deutsch etwa 170 Verbstämme, die den Vokalwechsel zur Tempusbildung nutzen. Die drei Formen, die in den obigen Beispielen angegeben werden, um den Lautwechsel zu zeigen, nennt man die **Stammformen** des Verbs; ihre Kenntnis reicht im Allgemeinen aus, um auch alle anderen Formen des entsprechenden Verbs richtig bilden zu können, und sie sind deshalb von besonderer Wichtigkeit, wenn man etwa das Deutsche als Fremdsprache erlernen will.

Für die Bestimmung eines Verbs als stark reicht die Tatsache, dass ein Ablaut vorliegt, allerdings nicht aus; wichtig ist darüber hinaus, dass keine zusätzlichen Veränderungen im Konsonantismus auftreten.[6] Verben wie *bringen – brachte – gebracht* werden deshalb nicht einfach als starke, sondern als „Anomalia" oder → unregelmäßige Verben bezeichnet. Ein zusätzlicher Wechsel im Konsonantismus liegt nur dann vor, wenn er auch in der Aussprache des Konsonanten realisiert wird (z. B. *gehen* [ge:ʲən] *– ging* [gɪŋ]), nicht aber, wenn er nur den orthographischen Konventionen des Deutschen folgt. Deshalb ist *nehmen – nahm – genommen* trotz der unterschiedlichen Schreibweise ein starkes Verb; das *h* dient nur dazu, die Länge des vorausgehenden Vokals zu kennzeichnen, und die Konsonantengemination (Verdoppelung) in *genommen* zeigt nicht etwa eine veränderte Quantität des Konsonanten an, sondern die Kürze des vorausgehenden Vokals.

---

6 Eine Ausnahme bildet der sog. „grammatische Wechsel", wie er in *leiden – litt – gelitten* oder *ziehen – zog – gezogen* vorliegt; dabei handelt es sich um eine ursprünglich regelmäßige Veränderung im Konsonantismus infolge unterschiedlicher Betonungsverhältnisse.

Nicht alle Veränderungen, die im Vokalismus auftreten, dürfen als Ablaut gedeutet werden. In der Geschichte des Deutschen trat nämlich eine weitere Vokalveränderung auf, die als **Umlaut** bezeichnet wird. Der Umlaut unterscheidet sich dadurch vom Ablaut, dass er durch den Einfluss eines Folgelautes verursacht wurde; der nächste Laut, den die Sprecherin zu bilden beabsichtigte, beeinflusste die Aussprache des vorangegangenen. Die meisten Umlaute sind mit dem identisch, was auch in der Orthographie als Umlaut bezeichnet wird; es handelt sich also um die Laute *ä, ö* und *ü*. Nicht mehr ohne weiteres als Umlaut zu erkennen ist dagegen der Wechsel zwischen *e* und *i* (seltener auch: *ö* zu *i, ä* zu *i*), wie er etwa in den Präsensformen einiger starker Verben auftritt:

*ne*h*men/n*i*mmt,*
*ge*b*en/gi*b*t,*
*le*s*en/lie*s*t,*
*erlö*s*chen/erli*s*cht,*
*geb*ä*ren/gebi*er*t* usw.[7]

Hier spricht man statt von „Umlaut" eher von „Hebung" (da die Artikulationsstelle des Vokals gehoben wird).

Als irreführend muss die Aufzählung von 39 dort so genannten „Ablautreihen" in der Duden-Grammatik (1998: 127) angesehen werden; die Liste gibt zwar die auf Ablauten beruhenden Vokalveränderungen der starken neuhochdeutschen Verben richtig wieder; es handelt sich bei diesen 39 Vokalkombinationen jedoch nicht um Ablautreihen im Sinne der von Grimm begründeten historischen Grammatik.

Wie zahlreiche andere nhd. Grammatiken fasst der Duden die starken Verben mit anderen nicht-regelmäßigen Formen zu der

---

[7] Dieser Wechsel wurde von J. Grimm „Brechung" genannt, ein Terminus, der sich für das hier beschriebene Phänomen deshalb nicht erhalten hat, weil Grimm von der irrigen (auf den Befund im Gotischen gestützten) Annahme ausging, das *i* sei der ursprüngliche Vollvokal. Tatsächlich aber nimmt das Gotische hier eine Sonderstellung ein, und die ursprüngliche Vollstufe dieser Verben lautet nicht *i*, sondern *e*. Deshalb wird der Begriff „Brechung" heute nur noch für andere Vokalveränderungen verwendet, die allerdings nur sprachgeschichtlich von Interesse sind und für den synchronischen Bestand des Neuhochdeutschen keine Bedeutung mehr haben.

Gruppe „unregelmäßige Verben" zusammen, was historisch insofern irreführend ist, als diese Verben den regelmäßigen Konjugationstyp älterer Sprachstufen vertreten.

Schwache Verben

Schwache Verben, auch „regelmäßige Verben" genannt, bilden ihr
Präteritum und Partizip mit Hilfe des Dentalsuffixes (von lat.
dens
‚Zahn' und *suffigere* ‚anheften': ‚Nachsilbe mit Hilfe eines an den
Zähnen gebildeten Verschlusslautes') *-t* resp. *-te: lachen – lachte – gelacht, hüpfen – hüpfte – gehüpft; schlängeln – schlängelte – geschlängelt.* Die
überwiegende Mehrheit aller deutschen Verben ist schwach. Im Gegensatz zu den starken sind die schwachen Verben zudem produktiv,
d. h. hier können Neubildungen vorgenommen werden. Derartige
Neubildungen liegen etwa in umgangssprachlichen Wortschöpfungen wie *frusten* (‚frustrieren') oder eindeutschenden Übernahmen
aus dem Englischen wie *dealen* oder *chatten* vor. Präteritumsbildun-
gen sind hier zwar kaum zu beobachten, da sie umgangssprachlich
generell eher selten auftreten, aber die Partizipien *gefrustet, gedealt*
und *gechattet* werden durchaus gebraucht und weisen dann die regelmäßige Bildung mit Dentalsuffix auf.

Partizipien starker und schwacher Verben im Vergleich

Bei der Bildung des Partizips benutzen auch die starken Verben außer dem Ablaut zusätzlich an das Verb angefügte Silben (Affixe).
Beide Verbtypen verwenden das Präfix *ge-* zur Kennzeichnung des
Partizips. Die Silbe *ge-* diente ursprünglich dazu, die Abgeschlossenheit einer Handlung zu kennzeichnen; da das Partizip Perfekt stets
einen abgeschlossenen Vorgang ausdrückt (vgl. *geblüht – aufgeblüht –
gegangen* usw.), wurde *ge-* im Laufe der Sprachgeschichte zu einem
festen Bestandteil dieser Form. Bei Fremdwörtern auf *-ieren* und
bei Verben mit unbetontem, also nicht-trennbarem Präfix wird
allerdings kein *ge-* gebraucht: *kritisieren – kritisiert, zerreißen – zerrissen*
(aber: *reißen – gerissen, abreißen – abgerissen*). Unterschiede in der Verwendung des Präfixes *ge-*, die auf die Verschiedenheiten der Tempusbildung bei starken und schwachen Verben zurückzuführen
wären, treten nicht auf. Die Wahl der Suffixe des Partizips ist demgegenüber davon abhängig, ob das Verb stark oder schwach flektiert
wird: starke Verben benutzen das Suffix *-en*, schwache *-t*. Die beiden

Suffixe -*d*/*t* und -*n* sind sprachgeschichtlich sehr alt und treten nicht nur in den Partizipien des Deutschen, sondern auch im Englischen und in den slawischen Sprachen auf (vgl. engl. *gone, opened*; russ. *osvoboẕhden* ‚befreit', *otkryt* ‚geöffnet').

Unregelmäßige Verben und Suppletivstämme

Unregelmäßige Verben werden in manchen Grammatiken auch als „**gemischte**" Verben bezeichnet. Es handelt sich dabei um Verben, die sowohl vokalische als auch konsonantische Veränderungen aufweisen. Man kann zwei verschiedene Arten von unregelmäßigen Verben unterscheiden:

— Verben, die einen Vokalwechsel und zusätzlich noch ein Dentalsuffix benutzen, also im Grunde eine doppelte Kennzeichnung der Tempusbildung aufweisen, z. B. *brennen – brannte – gebrannt*; *wenden – wandte – gewandt*.
— Verben, die außer dem Vokalwechsel eine Konsonantenveränderung im Stamm aufweisen, z. B. *stehen – stand – gestanden*.[8]

Alle drei Veränderungsmöglichkeiten werden bei *denken* realisiert; hier treten Vokalwechsel (*e–a*), Konsonantenveränderung (*nk–ch*) und Dentalsuffix gemeinsam auf: *denken – dachte – gedacht* (ebenso: *bringen – brachte – gebracht*).

Suppletivstämme (von lat. *supplere* ‚ergänzen', ‚wieder voll machen') sind Ersatzstämme; man spricht dann von Suppletivstämmen, wenn zur Flexion eines Wortes völlig verschiedene Wortstämme verwendet werden. Im heutigen deutschen Verbalsystem gibt es nur einen Fall von Bildung von Suppletivformen: das Verb *sein*. Die Formen dieses Verbs werden in den germanischen Sprachen aus drei verschiedenen Stämmen gebildet, die auf die indoeuropäischen Wurzeln **ues-*, **es-* und **bheu-* zurückgehen:

— **ues*: *war, gewesen* (vgl. engl. *was*)
— **es*: *sein, ist, sind, seid* (vgl. engl. *is*)
— **bheu*: *bin, bist* (vgl. engl. *to be*)

---

[8] Historisch handelt es sich um Suppletivformen: *stehen* und *stand* gehen auf verschiedene Wurzeln zurück.

Beim Verb *sein* werden in allen indoeuropäischen Sprachen Suppletivstämme verwendet.[9]

Trennbare und untrennbare Präfixe

Eine weitere morphologische Unterscheidung ist die zwischen Verben mit trennbaren und solchen mit untrennbaren Präfixen. **Trennbare Präfixe** werden im Präsens und Präteritum vom Verbstamm abgetrennt und stehen dann am Ende des Satzes: *aufstehen: sie steht/ stand auf.* **Untrennbare Präfixe** dagegen bleiben stets mit dem Verb verbunden: *versprechen: er verspricht/versprach es.* Die Trennbarkeit des Präfixes hat Auswirkungen auf die Bildung des Partizip Perfekt und des erweiterten Infinitivs; bei trennbarem Präfix treten die Silben *ge-* und *zu-* zwischen Präfix und Verbstamm: *ankommen – angekommen – um anzukommen* (aber: *versprechen – versprochen – um zu versprechen*). Ob ein Präfix trennbar ist, hängt mit den Betonungsverhältnissen im Verb zusammen: nur betonte Präfixe können abgetrennt werden. Einige Präfixe wie z. B. *ver-, ent-, zer-* sind stets unbetont und damit untrennbar; andere wie z. B. *fort-, auf-, vor-, ab-* sind stets betont und also trennbar. Eine dritte Gruppe von Präfixen kann sowohl betont als auch unbetont gebraucht werden. Z. B.:

Umfahren: Er fuhr den Pfosten um. (Entsprechend mit Partizip: *hat ihn umgefahren*)
Umfahren: Sie umfuhr den Pfosten. (Partizip: *umfahren*)
Übersetzen: Der Fährmann setzte den Fahrgast über. (Partizip: *übergesetzt*)
Übersetzen: Der Fährmann übersetzte den Text. (Partizip: *übersetzt*)
Durchfahren: Der Zug fährt ohne Zwischenhalt durch. (Partizip: *durchgefahren*)
Durchfahren: Wir durchfahren eine liebliche Landschaft. (Partizip: *durchfahren*)
Unterstellen: Sie stellte sich während des Gewitters unter. (Partizip: *untergestellt*)
Unterstellen: Er unterstellte ihr Böswilligkeit. (Partizip: *unterstellt*)

---

[9] In den romanischen und slawischen Sprachen sind dies die Stämme **es-* und **bheu*; vgl. franz. *être – je suis – je fus*, serbokr. *biti – (ja) (je)sam – (ja) bejah.*

Eine Ausnahme von der Regel, dass betonte Präfixe trennbar sind, bilden Verben mit *miss-*; sie sind, unabhängig von den Betonungsverhältnissen, stets untrennbar: *missachten* (unbetont) – *er missachtet, missverstehen* (betont) – *er missversteht.* Bei der Bildung des erweiterten Infinitivs tritt allerdings bei betontem *miss-* das *zu* zwischen Präfix und Stamm: *zu missachten* gegenüber *misszuverstehen.* Zu weiteren Einzelheiten der Präfixbehandlung im Partizip II siehe auch S. 144 f.

3.2.2 Analytische Tempusbildung

Das Deutsche kennt außer den synthetischen auch analytische Tempusbildungen. Das Futur wird einheitlich mit *werden* und dem Infinitiv des Verbs gebildet (bei Futur II mit dem Infinitiv Perfekt); bei Perfekt und Plusquamperfekt hingegen gibt es die Möglichkeit, das Partizip des Verbs entweder mit *haben* oder mit *sein* zu kombinieren. Die überwiegende Mehrheit aller Verben bildet ihr (Plusquam-)Perfekt mit *haben: hat(te) gesehen, hat(te) gesprochen, hat(te) gelacht* usw.

Die Perfektbildung mit *haben* erfolgt immer dann, wenn das Verb → transitiv und/oder imperfektiv ist.

Mit *sein* wird demgegenüber ein Verb verbunden, wenn es sowohl perfektiv als auch → intransitiv ist.

So wird beispielsweise das Verb *brennen* mit *haben* verbunden, weil es imperfektiv ist. Verwandelt es sich dagegen mit Hilfe eines Präfixes in ein perfektives Verb, z. B. in *anbrennen* oder *verbrennen,* so erfolgt die Perfektbildung mit *sein*.

Das Haus hat *gebrannt.*

aber:

Das Haus ist *verbrannt.*
Das Essen ist *mir angebrannt.*

Nur dann, wenn die perfektiven Verben transitiv gebraucht werden, erfolgt eine Perfektbildung mit *haben*:

Die Verletzung ist *verheilt.*

aber:

Der Arzt hat *die Verletzung geheilt.*

Weitere Beispiele für die Abhängigkeit des Gebrauchs von *haben* und *sein* von der Perfektivität resp. Imperfektivität des Verbs sind etwa:

lodern / auflodern: Das Feuer hat *gelodert.*
Das Feuer ist *aufgelodert.*
blühen / erblühen / verblühen: Die Rose hat *geblüht.*
Die Rose ist *verblüht / erblüht.*
stehen / aufstehen: Er hat[10] *am Ufer gestanden.*
Er ist *aufgestanden.*

Die Verben der Bewegung werden als perfektiv verstanden, wenn sie eine Ortsveränderung beinhalten, und bilden daher ihr Perfekt mit *sein*:

Sie ist gelaufen / gewandert / geklettert / geschwommen / gegangen usw.

Beinhaltet die Bewegung hingegen keine Ortsveränderung, so wird *haben* verwendet:

Er hat gezittert / gestrampelt / gezappelt usw.

Oft wird bei Bewegungsverben auch unterschieden, ob es sich um eine zielgerichtete und damit deutlich perfektive oder um eine länger andauernde, eher imperfektive Handlung handelt:

Sie ist über die Bühne getanzt.
Sie hat stundenlang getanzt.

Außer den intransitiven perfektiven Verben gibt es auch zwei Verben, die als Ausnahmen ihr Perfekt mit *sein* bilden, obgleich sie imperfektiv sind bzw. gebraucht werden können. Dies sind die Verben *sein* und *bleiben*: *du bist gewesen / geblieben.*

Im Süddeutschen werden darüber hinaus gelegentlich auch die statischen Verben *sitzen, stehen* und *liegen* mit *sein* statt mit *haben* verbunden.

Schließlich scheint in einigen weiteren Ausnahmefällen die Verbindung des nicht präfigierten Verbs mit *sein* so stark zu sein, dass sie auch bei zusammengesetzten, transitiven Formen gewählt wird:

Er ist das Abkommen eingegangen.
Sie ist ihn endlich losgeworden.

---

[10] Süddeutsch auch: *ist.*

Die Unterscheidung nach Perfektivität/Imperfektivität ist für die analytische Tempusbildung im Deutschen nicht durchgehend ausschlaggebend, sondern stellt nur eine grundsätzliche Regel dar. Insbesondere bei Präfigierung mit *auf-* sind Ausnahmen häufig (vgl. *auflachen, aufschreien, aufblicken, aufhören* usw.)

Die analytische Perfektbildung kann zusammenfassend folgendermaßen dargestellt werden:

	perfektiv	imperfektiv
transitiv	*aufwecken* *ertränken* *sprengen*	*wecken* *tränken* *trinken*
intansitiv	*aufwachen* *ertrinken* *springen* } [+ sein]	*wachen* *schlafen* *blühen*

3.3 Syntaktische Klassifikation

3.3.1 Rektion und Valenz

Unter **Rektion** (von lat. *regere* ‚regieren') versteht man die Fähigkeit eines Wortes, den → Kasus anderer Wörter zu bestimmen, die von ihm abhängig sind. Diese Fähigkeit haben im Deutschen Verben, Adjektive und Präpositionen;[11] man spricht dann davon, dass sie den entsprechenden Kasus **regieren**. So regiert beispielsweise das Verb *zuhören* ebenso wie das Adjektiv *ähnlich* oder die Präposition *mit* den Dativ: *jemandem zuhören, jemandem ähnlich, mit jemandem.*

Außer dieser direkten Rektion eines Kasus gibt es auch die Möglichkeit, dass ein Verb oder ein Adjektiv für die Rektion eine Präposition zu Hilfe nimmt, z. B. *auf jemanden warten, stolz auf etwas.* Diese Erscheinung wird im Folgenden mit dem Begriff „Präpositionalrektion" bezeichnet; Helbig/Buscha (2001: z. B. 268) sprechen in sol-

---

[11] Ursprünglich kam diese Eigenschaft auch Substantiven zu; im modernen Deutsch tritt Rektion beim Substantiv jedoch normalerweise nur noch in Form von präpositionaler Rektion auf (vgl. *Wut auf, Beschäftigung mit* usw.).

chen Fällen von „präpositionalen Kasus" oder „Präpositionalkasus".

Abgesehen von der letztgenannten Möglichkeit können Verben
im Deutschen grundsätzlich die drei → obliquen Kasus regieren.[12]
Manche Verben haben eine einfache Rektion, andere eine doppelte
und einige sogar eine dreifache (letzteres allerdings nur, wenn man
die Präpositionalrektion mit einbezieht). Unter den direkten Rektionen ist die Akkusativrektion die häufigste; demgegenüber ist der
Genetiv nach Verben ausgesprochen selten und kommt in der gesprochenen Sprache kaum noch vor.

Neben der reinen Genetivrektion kann auch eine kombinierte
Rektion von Genetiv und Akkusativ auftreten; Verbindungen von
Genetiv- und Dativrektion oder von Genetiv- und Präpositionalrektion kommen dagegen im Deutschen nicht vor. Sehr viel häufiger als die Genetivrektion ist im Deutschen die Dativrektion;
sie kann sowohl einzeln als auch in Verbindung mit Akkusativ-
und Präpositionalrektion auftreten. Die häufigste Rektionsart ist
schließlich die Akkusativrektion; sie kann einzeln oder in Verbindung mit Genetiv-, Dativ- oder Präpositionalrektion vorkommen,
und einige Verben weisen sogar doppelte Akkusativrektion auf.

nur Genetiv	Genetiv und Akkusativ
gedenken	*bezichtigen*
ermangeln	*anklagen*
sich entsinnen	*versichern*

nur Dativ	Dativ und Akkusativ	Dativ und Präpositionalrektion
helfen	*geben*	*danken* (*jemandem für etwas*)
drohen	*verraten*	*abraten* (*jemandem von etwas*)
gefallen	*schenken*	*aushelfen* (*jemandem mit etwas*)

---

[12] Im Unterschied zum hier gebrauchten Rektionsbegriff, der eine Rektion des
Nominativs nicht vorsieht, sprechen Autoren wie Eisenberg (2001: 281) davon, dass auch das Subjekt vom Verb regiert wird.

nur Akkusativ	doppelter Akkusativ	Akkusativ und Präpositionalrektion
lieben	*lehren*	*hinweisen* (*jemanden auf etwas*)
lesen	*kosten*	*bitten* (*jemanden um etwas*)
waschen	*nennen*	*beschützen* (*jemanden vor etwas*)

Außer den Verben, die eine Präpositionalrektion mit anderen Rektionen verbinden, gibt es auch solche, die ausschließlich Präpositionalrektion aufweisen. Unter diesen kann man diejenigen, die nur eine bestimmte Präposition zulassen, von solchen unterscheiden, bei denen alternativ verschiedene Präpositionen stehen können; schließlich kommen auch Verben vor, die mehr als eine Präpositionalrektion aufweisen. Beispiele für diese Gruppen sind:

mit einer Präposition	mit zwei alternativen Präpositionen	mit mehrfacher Präpositionalrektion
warten auf	*wissen um/von*	*sich rächen* (*an jemandem für etwas*)
eintreten für	*leiden an/unter*	*sich schämen* (*vor jemandem für etwas*)
folgen aus	*kämpfen um/für*	*sich bedanken* (*bei jemandem für etwas*)[13]

Die Unterscheidung zwischen der Präpositionalrektion des Verbs und einer → Adverbialbestimmung fällt manchmal schwer (S. 373 f.).

Das Verfahren der präpositionalen Rektion ist im Deutschen produktiv, d. h. es werden noch neue Verbindungen dieser Art gebildet. Dabei handelt es sich bei vielen Präpositionalrektionen, die in jüngerer Zeit entstanden sind, um Ersatzbildungen für direkte Rektionen. So wird etwa die ursprüngliche Genetivrektion vieler Verben heute durch Präpositionalrektion ausgedrückt: *sich jemandes erinnern* → *sich an jemanden erinnern, sich einer Sache freuen* → *sich über etwas freuen, sich einer Sache schämen* → *sich für etwas schämen.*

Einen Grenzfall der Rektion des Verbs bilden solche Fälle, in denen das Verb außer dem Subjektsnominativ, bei dem man gewöhnlich nicht von Rektion spricht, einen weiteren Nominativ an sich binden kann. Dies ist bei den Verben *scheinen, bleiben, heißen, sein* und *werden* der Fall, vgl. z. B. *Er ist und bleibt ein Trottel.* Helbig/Buscha (2001: 52) sprechen in diesen Fällen davon, dass solche Verben „den

---

[13] Das *sich* bei den letzteren Verben wird für die Bestimmung der Rektion nicht mit berücksichtigt; vgl. → reflexive Verben.

Nominativ (als Prädikativ) regieren". Man kann demgegenüber aber auch die Meinung vertreten, dass der Nominativ als → casus rectus gerade nicht von einem anderen Wort abhängig ist und dass es sich beim Nominativ des Prädikativums um einen Kasus handelt, der nicht vom Verb regiert wird, zumal er auch in Sprachen zu beobachten ist, die kein Kopulaverb benutzen, von dem er überhaupt regiert werden könnte. Für eine solche Auffassung spricht auch, dass der zweite Nominativ einen anderen syntaktischen Status hat als die Objekte. Man erkennt das daran, dass der zweite Nominativ im Unterschied zu allen anderen vom Verb regierten Kasus durch ein unflektiertes Adjektiv ersetzt werden kann: *Er ist und bleibt ein Trottel* → *Er ist und bleibt doof.*

Zifonun et al. (1997: 1242) sprechen außerdem auch den Hilfsverben Rektion zu: die mit ihnen verbundenen Partizipien (z. B. *gekommen* in *Sie ist gerade gekommen*) und Infinitive (z. B. *sehen* in *Wir werden ja sehen*) müssen in diesem Modell als vom jeweiligen Hilfsverb regiert angesehen werden. Eine solche Sichtweise unterscheidet sich vom Rektionsmodell in der bisher vorgestellten Form und geht von einem sehr viel allgemeineren Rektionsbegriff aus; er beschreibt dann die syntaktischen Hierarchien innerhalb analytischer Verbformen und kann genauso auf andere syntaktische Einheiten angewendet werden. „Regieren" steht dann nur allgemein für „übergeordnet sein". Dies entspricht in etwa auch dem Begriff „Rektion", wie er sich als Übersetzung von engl. **government** (vgl. z. B. Chomsky 1995: 109) in deutschsprachigen Publikationen zur Generativen Grammatik findet (vgl. z. B. Grewendorf 2002: 37). Allerdings ist die Rolle der Rektion in der Minimalistischen Theorie gegenüber der zentralen Funktion, die diese Kategorie im als „Rektion und Bindung" bezeichneten Vorgängermodell hatte, deutlich zurückgetreten (vgl. z. B. Chomsky/Lasnik 1995: 29 f., Uriagereka 1998: 581).

Valenz

Verben haben in unterschiedlichem Maße die Fähigkeit, andere Elemente an sich zu binden. Diese Fähigkeit wird als **Valenz** (von lat. *valere* ‚stark sein', ‚vermögen', ‚wert sein') – so bei Tesnière (1959: 218 ff.) oder Brinkmann (1971: 210) – oder auch als **Wertigkeit** (Erben 1996: 62) bezeichnet. Verschiedene Autoren (Tesnière 1980:

161; Erben 1996: 246) vergleichen die Valenz des Verbs mit der Wertigkeit des Atoms: so wie ein Atom entweder eines, zwei, drei oder auch kein anderes Atom an sich binden kann und entsprechend als ein-, zwei-, drei- oder nullwertig bezeichnet wird, können auch Verben unterschiedlich viele Elemente an sich binden und werden entsprechend als ein-, zwei- usw. -wertig bezeichnet. Nullwertige Verben werden dabei häufig auch als **avalente,** einwertige als **monovalente** Verben bezeichnet.

Wie beim Atom spielt es auch beim Verb zunächst keine Rolle, ob die Bindungspotenz (Admoni 1982: 218 spricht auch von „Fügungspotenz") im konkreten Fall realisiert ist oder nicht. Die Wertigkeit wird nach den prinzipiellen Möglichkeiten des Verbs bestimmt, unabhängig davon, ob es sich um obligatorische oder fakultative Ergänzungen handelt. Eine Ausnahme hiervon bilden allerdings Adverbialbestimmungen, die in den frühen Arbeiten der Valenztheorie nur dann der Valenz des Verbs zugerechnet wurden, wenn sie obligatorisch sind. Obligatorisch sind Adverbialbestimmungen beispielsweise nach dem Verb *wohnen*: *Ich wohne in Berlin / unterm Dach / im vierten Stock* usw. (aber nicht: **ich wohne*). Diese Auffassung hat sich aber in der Folge geändert, so dass Obligatorik mittlerweile kein Abgrenzungskriterium mehr darstellt (vgl. hierzu ausführlicher Kapitel 10.6).

Der Begriff der Valenz geht auf das grammatische Modell der Abhängigkeits- oder → Dependenzgrammatik nach Tesnière zurück. In diesem Modell nimmt das Verb die zentrale Stellung im Satz ein, und alle anderen Satzglieder werden als ihm untergeordnet betrachtet. Dabei wird folglich auch das Subjekt als vom Verb abhängiger Satzteil angesehen und muss bei der Bestimmung der Verbvalenz mit berücksichtigt werden.

Als **avalent** können daher nur solche Verben angesehen werden, die ausschließlich das rein grammatische Subjekt *es* (und darüber hinaus keine Objekte) zulassen. Dies ist beispielsweise bei den Witterungsverben der Fall: *es stürmt, es donnert, es wetterleuchtet* usw. Verbindungen wie **das Wetter stürmt, *ich wetterleuchte* o. Ä. sind nicht zulässig; das Subjekt kann also nicht wirklich ausgedrückt werden, und seine Stelle wird nur formal durch das semantisch leere Pronomen *es* eingenommen.

Monovalent oder **einwertig** sind demgegenüber beispielsweise die folgenden Verben: *frieren, kichern, schwimmen*: *Marie-Louise friert,*

Werner kichert usw. *Frieren* kann dabei sowohl persönlich (wie in *Marie-Louise friert*) als auch unpersönlich ausgedrückt werden: *mich friert*. Beim unpersönlichen Gebrauch kann auch zusätzlich ein *es* stehen: *es friert mich*; aber dieses *es* ist, wie schon seine Weglassbarkeit in *mich friert* zeigt, ein rein grammatisches Subjekt: Ein Satz wie **Elfi friert mich* ist nicht zulässig, und bei beiden Gebrauchsweisen bleibt das Verb monovalent. Avalent ist *frieren* demgegenüber, wenn es als Witterungsverb gebraucht wird: *Draußen friert es*. Beispiele für **zwei-wertige** Verben sind etwa *lesen* oder *kennen: Peter liest Liebesromane; Ich kenne ihn.* **Dreiwertig** sind demgegenüber beispielsweise *geben* oder *kosten: Das kostet dich das Leben; Ich gebe dir nichts.* Das Reflexivpronomen → echt reflexiver Verben wird bei der Valenzangabe nicht mitgezählt; ein Verb wie *sich irren* ist daher nur einwertig.

In der Dependenzgrammatik Tesnières wurden ursprünglich nur Teile des Satzes, die aus direkter Kasus-Rektion entstehen, nicht aber Fälle von Präpositionalrektion (wie sie beispielsweise bei *auf jemanden warten* und vielen anderen Verben vorliegt) als sog. Aktanten gewertet und bei der Bestimmung der Wertigkeit berücksichtigt. Tesnière nahm deshalb an, dass es keine höherwertigen als dreiwertige Verben geben könne. Mittlerweile ist es aber insbesondere bei der Beschreibung des Deutschen, das neben der Kasusrektion in zunehmendem Maße Präpositionalrektion aufweist, üblich geworden, auch solche Aktanten mit zu berücksichtigen, die mittels einer festgelegten und meist ihrer ursprünglichen Bedeutung entkleideten Präposition an das Verb gebunden werden (wie im Falle von *warten auf*, → Präpositionalrektion). Helbig/Busca (2001: 523–525) geben deshalb auch Verben mit vier Aktanten, also vierwertige Verben, an, so z. B. *übersetzen* in dem Satz: *Der Schriftsteller übersetzt das Buch aus dem Englischen in das Deutsche* oder *bitten* in *Der Referent bittet die Zuhörer für die Unterbrechung um Verständnis* (Beispiele nach ebd.).

Zur Valenz der deutschen Verben liegen zahlreiche, auch ältere Untersuchungen vor, so z. B. Helbig/Schenkel (1978) und Engel/Schumacher (1978). Insbesondere sowjetische und DDR-Linguisten hatten den Begriff der Valenz schon früh über die Verben hinaus auch auf Adjektive und Substantive ausgedehnt (im Einzelnen siehe dort), da auch diese Wortarten die Fähigkeit haben, in bestimmter Weise – bei Adjektiven durch Kasus- und Präpositionalrektion, bei Substantiven durch Präpositionalrektion – andere Elemente an sich zu binden.

Obwohl der Valenzbegriff in den meisten Grammatiken des Deutschen eine sehr wichtige oder sogar die zentrale Rolle spielt, ist er keineswegs einheitlich definiert. Eisenberg (2001: 34) bestimmt Valenz als eine „besondere Form der Rektion" und betont, dass Valenz „Zahl und Form der Ergänzungen" betrifft: „Benennt man also die Formen aller möglichen Ergänzungen, so ergibt sich die Zahl der Ergänzungen von selbst mit den Rektionseigenschaften" (ebd.: 35). Dabei bleibt allerdings unklar, wie alternative Rektionsmöglichkeiten (wie etwa bei *über/von etwas berichten*) zu zählen sind. Außerordentlich komplex und aus formalen („Formrelationen") wie semantischen und pragmatischen Elementen („Bedeutungsrelationen") zusammengesetzt ist das Valenzkonzept, das die IdS-Grammatik einführt. Da die Valenz weniger am einzelnen Verb als vielmehr an vollständigen Sätzen untersucht wird, findet sich eine ausführlichere Beschreibung dieses Konzepts in Kapitel 10.6.

3.3.2 Weitere Einteilungen nach syntaktischen Kriterien

Persönliche und unpersönliche Verben

Die große Mehrheit aller deutschen Verben gehört zu den sog. **persönlichen** Verben; mit „persönlich" wird dabei ausgedrückt, dass diese Verben mit allen drei Personen verbunden werden können. So kann etwa das Verb *kichern* beliebig mit einer der drei Personen des Singular oder Plural gebraucht werden: *du kicherst, wir kichern* usw. Diesen Verben steht eine kleinere Anzahl von **unpersönlichen** Verben gegenüber, die ausschließlich mit dem Pronomen *es* der dritten Person Singular vorkommen können. Hierzu gehören neben den Witterungsverben wie: *es donnert, blitzt, hagelt, stürmt, schneit, nieselt* usw. einige weitere wie *es graut mir*. Bei unpersönlichen Verben, deren → logisches Subjekt in einem obliquen Kasus steht, kann das grammatische Subjekt *es* sogar ganz weggelassen werden, wenn das logische Subjekt die erste Stelle im Satz einnimmt: *Es graut mir/Mir graut*.

Was unter „unpersönlich" zu verstehen ist, wird nicht überall gleich definiert. Normalerweise ist damit der Fall gemeint, dass das Subjekt keine → Argument-Rolle hat, mit anderen Worten also semantisch leer ist (vgl. z. B. Crystal 1997: 286, Glück 2000: 762). Man spricht dann, unter Verwendung des englischen Begriffs für dieses Phänomen, oft von einem „dummy subject". Daneben gibt es auch eine Definition, die Konstruktionen mit indefinitem, generalisiertem oder „generischem" Agens, also im Deutschen beispielsweise Konstruktionen mit *man*, ebenfalls dazu zählt (so Moreno 1990: 255; zur Diskussion des Problems vgl. auch Hentschel 2003: 143 f.)

Außer den unpersönlichen Verben, die ausschließlich das grammatische Subjekt *es* zulassen, gibt es auch eine Reihe von Verben, die zwar nicht in der 1. oder 2. Person vorkommen, in der dritten jedoch beliebige lexikalische Subjekte haben können. Solche Verben sind beispielsweise *misslingen, blühen* oder *laichen*. Man kann zwar Sätze wie *Der Flieder blüht; Das Unternehmen misslang; der Frosch laicht* usw. bilden; Verbindungen wie **Ich laiche; *du blühst* oder **Wir misslingen* sind hingegen nicht möglich. Einige Grammatiken unterscheiden deshalb Verben dieses Typs von den übrigen und führen sie als gesonderte Klasse unpersönlicher Verben auf. Bei einer solchen Unterteilung stellt sich allerdings die Frage, auf welcher Beschreibungsebene die Phänomene behandelt werden sollen. Der Grund für diese Gebrauchsbeschränkungen liegt in der außersprachlichen Wirklichkeit, also in den von den Verben bezeichneten Sachverhalten begründet. *Laichen* bezeichnet die Tätigkeit der Eiablage bei Amphibien und Fischen, *blühen* bezeichnet eine Erscheinung bei Pflanzen; da Blumen und Frösche normalerweise weder sprechen noch angesprochen werden, kommen hier auch keine persönlichen Wendungen vor. Wenn aber Pflanzen und Tiere in Märchen oder Fabeln als sprechend dargestellt werden oder beispielsweise in der Tier- und Pflanzenhaltung im Alltag angesprochen werden, ist der Gebrauch der ersten und zweiten Person durchaus möglich. Ähnliches gilt für Verben wie *misslingen*: das Verb bezeichnet ein Ereignis, das ausschließlich bei Abstrakta (Plänen, Projekten, Vorhaben, Absichten usw.), nicht aber bei belebten Wesen eintreten kann. Die Beschränkung ist in keinem Fall sprachlicher Natur, und ein Satz wie *„Ich werde misslingen", sagte der Plan und kicherte hämisch* ist grammatisch völlig korrekt.

Auch Verben, die zu den unpersönlichen Verben im eigentlichen Sinne zählen, werden zuweilen mit einem lexikalischen Subjekt verbunden. Dies gilt vor allem für Witterungsverben und ist normalerweise bei metaphorischem Gebrauch der Fall (z.B. *Der Herrscher donnerte: „Ihr Unfähigen!"*), tritt aber gelegentlich auch in nicht metaphorischem Kontext auf, z.B. in Wendungen wie *Dicke Tropfen regneten vom Himmel; Überall blitzten die Apparate der Reporter*. Als unpersönliche Verben, die keinerlei persönlichen Gebrauch zulassen, bleiben also nur sehr wenige Verben übrig, zu denen beispielsweise *grauen* (*mir graut*) gehört.

Daneben gibt es auch einige Verben wie *frieren* oder *schaudern*, die alternativ persönlich oder unpersönlich konstruiert werden können:

> *Sie friert* (*schaudert*) / *Mich friert* (*schaudert*).

Transitive und intransitive Verben

Eine traditionelle Unterscheidung bei Verben ist die zwischen transitiven und intransitiven. **Transitive** Verben (von lat. *transire* ‚übergehen‛) sind solche, die ein Akkusativobjekt bei sich haben können, das bei der sog. Passivtransformation zum Subjekt wird. Verben mit Akkusativobjekten, die nicht zu Subjekten transformiert werden können, werden nicht als transitiv bezeichnet.

Transitive Verben sind also beispielsweise *lesen, verschenken* oder *suchen*:

> *Wir lesen das Buch.* → *Das Buch wird* (*von uns*) *gelesen.*
> *Sie verschenkt die CD.* → *Die CD wird* (*von ihr*) *verschenkt.*
> *Die anderen suchen dich.* → *Du wirst* (*von den anderen*) *gesucht.*

Solche Verben werden auch dann als transitiv bezeichnet, wenn sie im konkreten Satz kein Akkusativobjekt bei sich haben (z. B. *Ich lese gerne*); der Terminus „transitiv" betrifft also die prinzipiellen Möglichkeiten, unabhängig von der konkreten Realisation. Gelegentlich (so bei Helbig/Buscha 2001: 48) wird jedoch der konkrete Gebrauch eines solchen Verbs ohne Akkusativobjekt als „intransitive Verwendung" gesondert bezeichnet.

Eine Reihe von Verben haben zwar Akkusativobjekte bei sich, können jedoch kein Passiv bilden, z. B. *bekommen, enthalten, dauern, kosten*. Sätze wie *Ich habe das Buch bekommen* oder *Das Päckchen enthält ein Buch* können nicht in:

> **Das Buch ist von mir bekommen worden.* oder
> **Das Buch wird von dem Päckchen enthalten.*

transformiert werden. Solche Verben werden als **Mittelverben** oder gelegentlich auch als **pseudotransitive Verben** bezeichnet.

Alle diejenigen Verben schließlich, die kein Akkusativobjekt bei sich haben können, werden demgegenüber als **intransitive Verben** bezeichnet. Intransitiv sind beispielsweise die Verben *helfen, leben, zuhören* usw.

Der Begriff der Intransitivität, wie er hier dargestellt wird, findet sich beispielsweise auch bei Helbig/Buscha (2001: 48) oder Duden (1998:106). Allerdings gibt es auch abweichende Definitionen. So findet sich etwa bei Fanselow (1987: 159), einem Vertreter der Generativen Grammatik, folgende Definition: „Intransitive Verben erlauben kein adjektivisches Partizip, noch regieren sie den Dativ". Verben wie *helfen* oder *zuhören* (die den Dativ regieren und damit traditionell als intransitiv angesehen werden) werden dann als „anscheinend transitiv" (*helfen*; ebd.: 161) bzw. als „durch Präfigierung entstandenes Dativzuweiser-Verb" (*zuhören*; ebd.: 162) eingeordnet. Diese Art der Unterscheidung ist sehr stark dem zugrunde liegenden Modell verhaftet. Autoren mit einem typologischen Ansatz wie z. B. Croft (2001: 132–147) schlagen demgegenüber oft eine Unterscheidung vor, die auf den semantischen Rollen der verschiedenen Mitspieler im Satz beruht. Als intransitiv wird dann nur ein solches Ereignis bezeichnet, das außer einem Subjekt keine weiteren Beteiligten aufweist, also beispielsweise *Sie schwieg*. Transitive Ereignisse sind demgegenüber solche mit zwei Teilnehmenden in den Rollen von Agens und Patiens wie in *Sie betrachtet das Bild*. Verben wie *geben*, die darüber hinaus ein weiteres Objekt beinhalten, heißen ditransitiv; die Objekte haben dann die Rollen ‚Thema' (*theme*) und ‚Ziel' (*goal*; vgl. ebd.: 147): *Sie* (Agens) *gab mir* (Ziel) *das Buch* (Thema). Diese Art von Unterscheidung versucht der Tatsache Rechnung zu tragen, dass die entsprechenden Rollen in verschiedenen Sprachen ganz unterschiedlich kodiert sein können.

Von vielen Verben gibt es sowohl eine transitive als auch eine intransitive Variante. Diese Verbpaare können lexikalisch unterschieden sein, was sich entweder bereits im Infinitiv oder aber in der Formenbildung äußert; in letzterem Fall wird das transitive Verb schwach, das intransitive stark flektiert. So z. B. bei *hängen*: die Stammformen des intransitiven Verbs lauten:

hängen — hing — gehangen,

die des transitiven:

hängen – hängte – gehängt.

In einigen Fällen wird ein und dasselbe Verb sowohl transitiv als auch intransitiv verwendet: z. B. *kochen, baden, lehnen, kippen, stecken* oder *riechen.* Bei intransitiver Verwendung können mit ihnen Sätze wie:

> *Die Suppe kocht.*
> *Ich bade täglich.* oder
> *Er lehnt an der Mauer.*

gebildet werden. Bei transitiver Verwendung bleibt das Verb völlig gleichlautend, aber die syntaktische Struktur des Satzes verändert sich:

> *Ich koche die Suppe.*
> *Ich bade das Kind.*
> *Er lehnt sein Fahrrad an die Mauer.*

In solchen Fällen spricht man gelegentlich auch von **ergativen** Verben, ein Ausdruck, der sich besonders in der englischsprachigen Grammtikschreibung und in generativen Ansätzen findet (vgl. z. B. Radford 1997: 199).

Absolute und relative Verben

Verben, die zusammen mit dem Subjekt bereits einen vollständigen Satz bilden können, ohne dazu noch weitere Satzteile zu benötigen, werden oft als **absolute** Verben bezeichnet. Sätze, die nur aus Subjekt und Prädikat bestehen, können beispielsweise mit den Verben *funkeln* oder *kichern* gebildet werden: *Die Sterne funkeln; Werner kichert.*

Unter dem Begriff **relative** Verben werden dagegen diejenigen Verben zusammengefasst, die zur Bildung eines vollständigen Satzes über das Subjekt hinaus ein weiteres Element benötigen. Sätze wie **Er lehnte* oder **Ich beliefere* sind unvollständig und werden erst durch eine zusätzliche Ergänzung (Adverbialbestimmung resp. Objekt) zu akzeptablen Sätzen des Deutschen:

> *Er lehnte an der Mauer.*
> *Ich beliefere die Firma Müller (mit Ersatzteilen).*

Bei einigen Verben ist die Zuordnung zu einer der beiden Kategorien (absolut oder relativ) insofern problematisch, als die Notwendigkeit einer zusätzlichen Ergänzung von der Gebrauchsweise des Verbs abhängt. Sätze wie *Er lebt* oder *Ich liege* (ohne Ergänzungen wie etwa *in Berlin/im Bett*) sind zwar äußerst selten, können jedoch unter bestimmten Bedingungen durchaus vorkommen:

> *Gott sei Dank, er lebt!*
> *Sitzt du oder liegst du? – Ich liege.*

Reflexive Verben

Bei **reflexiven** Verben (von lat. *reflectere* ‚zurückbeugen‘, ‚rückwärtsbiegen‘), deutsch auch „rückbezügliche Verben" genannt, ist das Objekt der Handlung mit dem Subjekt identisch, z. B. *Ich kämme mich; Er wäscht sich.* Bei solchen Verben steht das → Reflexivpronomen an Stelle des Objektes. Das Reflexivpronomen ist in der 1. und 2. Person mit dem Personalpronomen identisch, unterscheidet sich aber in der 3. Person deutlich von diesem: *Er erschießt ihn/sich.*

Innerhalb der Gruppe der reflexiven Verben stehen die sog. **echten reflexiven Verben** den als **unechte reflexive Verben** oder auch als **reflexiv gebrauchte Verben** bezeichneten gegenüber. Echte reflexive Verben sind solche, bei denen immer ein Reflexivpronomen stehen muss, das durch kein anderes Objekt ersetzt werden kann. Solche Verben sind beispielsweise *sich schämen, sich beeilen, sich sorgen.* Sätze wie **Ich schäme dich, *Du beeilst ihn, *Wir sorgen euch* sind nicht möglich.

Anders ist es bei den unecht reflexiven (oder reflexiv gebrauchten) Verben. Die Sätze *Er hat sich erschossen* und *Er hat ihn erschossen* sind beide korrekt, haben allerdings unterschiedliche Bedeutungen.

Sowohl bei den echten als auch bei den unechten reflexiven Verben kommen Akkusativ und Dativ vor. Echte reflexive Verben mit Akkusativ sind beispielsweise *sich freuen, sich schämen, sich sorgen;* mit Dativ stehen dagegen *sich vornehmen, sich anmaßen, sich ausbitten.* Der Unterschied zwischen den beiden Kasus wird nur in der 1. und 2., nicht in der 3. Person sichtbar: Vgl. *Er nimmt sich viel vor/Sie freut sich* gegenüber *Ich nehme mir viel vor/Ich freue mich.* Echte reflexive Verben, bei denen das Reflexivpronomen im Akkusativ steht, gehören nicht zu den transitiven Verben, da eine Passivtransformation nicht möglich ist: *Ich beeile mich* → **Ich werde (von mir) beeilt; ich schäme mich* → **Ich werde (von mir) geschämt* usw.

Das Reflexivpronomen gilt bei den echt reflexiven Verben als →
lexikalischer Prädikatsteil; es wird also nicht als echtes Objekt gewertet und auch bei der Bestimmung der Valenz nicht mitgezählt.
Zuweilen wird eine reflexive Konstruktion bei an sich nicht reflexiven Verben benutzt, um eine passivähnliche Bedeutung auszudrücken. So ist das Verb *fahren* kein reflexives Verb, es wird aber in *Das
Fahrrad fährt sich sehr leicht* reflexiv gebraucht; der Satz drückt aus,
dass man das Fahrrad leicht fahren kann. Vgl. S. 138.

Reziproke Verben

Reziproke Verben (von lat. *reciprocare* ,in Wechselbeziehung stehen') gleichen äußerlich den reflexiven Verben; im Unterschied zu
diesen ist aber bei den reziproken Verben das Subjekt nicht einfach
mit dem Objekt identisch, sondern es besteht eine Wechselbeziehung zwischen mindestens zwei Personen. Infolgedessen können
reziproke Verben nur im Plural auftreten; man erkennt ihre Eigen-
art, sobald man sie in den Singular umformt. Bei echten und unecht
reflexiven Verben wie *sich schämen* oder *sich waschen* kann das Reflexivpronomen auch im Singular gebraucht werden: *Sie schämten sich –
Jede/r einzelne schämte sich*; *Sie wuschen sich – Jede/r einzelne wusch sich.*
Anders bei Sätzen wie *Sie begegneten sich* oder *Sie verklagten sich*: **Jede/r
einzelne begegnete sich* oder **Jede/r einzelne verklagte sich* sind hier als Paraphrasen nicht möglich. Stattdessen müsste man Singularsätze wie
Er begegnete ihr oder *Jeder verklagte den anderen* bilden.
Häufig wird die Wechselseitigkeit der Bezüge zusätzlich durch
Hinzufügung von *gegenseitig* oder *wechselseitig* verstärkt: *Sie verklagten
sich gegenseitig.* Anstelle des Reflexivpronomens kann auch das ausschließlich reziproke Pronomen *einander* gebraucht werden: *Sie verklagten einander.* Der gleichzeitige Gebrauch von *einander* und einem
Reflexivpronomen ist zwar besonders in der Umgangssprache gelegentlich zu beobachten, gilt aber unter normativen Gesichtspunkten als falsch.
Die Duden-Grammatik unterscheidet „nur reziproke", „teilrezi-
proke" und „reziprok gebrauchte" Verben. Unter „nur reziproken
Verben" werden dabei solche verstanden, „die im Plural ausschließlich reziprok gebraucht werden" (Duden 1998: 110 f.); bei „teilrezi-
proken" gilt dasselbe für eine bestimmte Bedeutungsvariante des
Verbs. Beispiele für nur reziproke Verben sind nach Duden *sich eini-*

gen, sich verfeinden; teilreziprok wären etwa *sich aussprechen* oder *sich vertragen*, die den nicht-reziproken Verben *aussprechen* und *vertragen* gegenüberständen. Reziprok gebrauchte Verben liegen in *sich begrüßen* oder *sich gleichen* vor (vgl. ebd.: 110 f.).

Diese Einteilung, die der Unterscheidung von echt und unecht reflexiven Verben parallel läuft, wirft allerdings einige Schwierigkeiten auf. Zum einen kann das als „nur reziprok" angeführte Verb *sich einigen* auch als einfaches transitives Verb gebraucht werden (z. B. *Die Häuptlinge einigten die verfeindeten Stämme*). Zum anderen ist es bei allen als nur reziprok betrachteten Verben möglich, den Satz durch ein zusätzliches *mit* … zu erweitern: *Wir verbrüderten uns mit unseren Feinden; Sie einigten sich mit ihren Kontrahenten* usw. In solchen Fällen wird es semantisch problematisch, das Pronomen (hier: *uns, sich*) als reziprok aufzufassen.

Eine klare Unterscheidung wie die zwischen echt und unecht reflexiven Verben ist bei den reziproken Verben also nicht ohne weiteres möglich. Auch wenn dies in den Grammatiken häufig nicht eindeutig dargestellt wird, können reziproke Verben als Sonderfall der reflexiven betrachtet werden. Bei beiden Verbtypen ist das Subjekt mit dem Objekt identisch, aber bei den reziproken liegt eine „überkreuzte" Rückbeziehung vor:

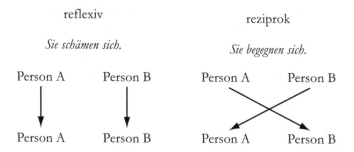

reflexiv   reziprok

Sie schämen sich.   *Sie begegnen sich.*

Person A   Person B   Person A   Person B

Person A   Person B   Person A   Person B

3.4   Funktionsklassen

Nach ihrer syntaktischen Funktion kann man die Verben des Deutschen in folgende Gruppen einteilen:

- Vollverben
- Hilfsverben
- Kopulaverben
- Modalverben
- modifizierende Verben
- Funktionsverben

3.4.1 Voll-, Hilfs- und Kopulaverben

Die überwiegende Mehrheit aller Verben gehört zur Gruppe der
Vollverben, gelegentlich auch **Hauptverben** genannt. Als „Vollverben" werden sie deshalb bezeichnet, weil sie die Funktionen
eines Verbs sozusagen „voll und ganz" wahrnehmen können: sie
bilden das Prädikat eines Satzes. Die anderen Gruppen bilden
demgegenüber gewöhnlich kein selbständiges Prädikat, d. h. sie
können den verbalen Teil des Satzes (in Modellen wie der Phrasenstrukturgrammatik oder der Generativen Grammatik: die Verbalphrase) nicht ohne Zuhilfenahme weiterer Verben (dies gilt für
Hilfs-, Modal- und modifizierende Verben) oder aber anderer, lexikalisch festgelegter Elemente (bei Funktionsverben) ausfüllen.
Ob ein Verb nicht ohne Objekt oder obligatorische Adverbialbestimmung – beides wären in der Dependenzgrammatik „Ergänzungen" (Erben 1996, Engel 1996) bzw. „Komplemente" (Zifonun et al. 1997) – stehen kann, ist dabei nicht ausschlaggebend,
denn solche Ergänzungen sind lexikalisch nicht festgelegt, sondern können inhaltlich frei gewählt werden. Verben wie *wohnen*
oder *geben* sind also Vollverben, obwohl sie Objekte bzw. eine Adverbialbestimmung bei sich haben müssen, um einen vollständigen
Satz zu bilden. Vgl.:

> *Sie wohnt in Karlsruhe/unter dem Dach/auf dem Hügel/hinter den sieben*
> *Bergen/bei den sieben Zwergen* usw.: Vollverb
> *Sie brachte das Problem zur Sprache /*zur Post/*auf die Bank*: Funk-
> tionsverb

Als **Hilfsverben** oder **Auxiliarverben** (gelegentlich auch: **Auxi-
liare**) bezeichnet man Verben, die zur Bildung von analytischen
Verbformen benutzt werden. Im Deutschen gibt es drei Hilfsverben: *sein, haben* und *werden*. *Sein* und *haben* dienen der Bildung von
Perfekt und Plusquamperfekt (*sein* außerdem der Bildung des Zu-

standspassivs),[14] *werden* der Bildung von Futur und Vorgangspassiv.
Die Hilfsverben sind auch miteinander kombinierbar, vgl.:

> *Hier ist wohl seit Jahren nicht Staub gewischt worden.* (*sein* + *werden*, Perfekt Vorgangspassiv)
>
> *Bis dahin wird man wohl eine Lösung gefunden haben.* (*werden* + *haben*, Futur II)
>
> *Bis dahin wird der Schmutz beseitigt worden sein.* (2x *werden* + *sein*, Futur II Vorgangspassiv)
>
> usw.

Bei der Frage, welche Verben als Hilfsverben zu betrachten sind, besteht zwischen verschiedenen Grammatiken mittlerweile weitgehende Einigkeit. Während früher gelegentlich (z. B. Helbig/Buscha 1984: 50 und 122 ff.) auch die Modalverben dazu gerechnet wurden, ist dies inzwischen nicht mehr üblich. Damit bleibt nur noch offen, ob man auch Verben wie *bekommen, erhalten* und *kriegen,* die zur Bildung des sog. → Rezipientenpassivs (wie in *Ich habe das Buch geschenkt bekommen*) verwendet werden können und in dieser Funktion noch nicht vollständig grammatikalisiert sind, zu den Hilfsverben rechnen möchte. Engel (1996: 406) tut dies und führt unter den Hilfsverben (beim ihm „Auxiliarverben" genannt) außerdem auch das für Passivperiphrasen verwendbare *gehören* (wie in *das gehört verboten*) auf. Noch weiter geht Eroms (2000: 137), der nicht nur sämtliche Modalverben, sondern auch die → Kopulaverben zu den Hilfsverben rechnet.

Neben ihrem Gebrauch als Hilfsverben können *sein* und *haben* auch als Vollverben in der Bedeutung ‚existieren' und ‚besitzen' verwendet werden, vgl.:

> *Ich denke, also bin ich.*
>
> *Dagobert hat einen riesigen Geldspeicher.*

Sein hat darüber hinaus die Funktion, als sog. **Kopula** (von lat. *copulare* ‚verbinden') oder **Kopulaverb** zwei Elemente zu verknüpfen, die einander gleichgesetzt oder zugeordnet werden sollen. Diese Funktion hat auch *werden*, wenn es nicht als Hilfsverb eingesetzt wird:

---

[14] Zum Gebrauch von *sein* und *haben* bei der Tempusbildung siehe S. 54 ff.

Er ist krank.
Ich bin zu Hause.
Sie ist Unternehmensberaterin.
Ich werde langsam müde.

Kopulaverben werden von den meisten Grammatiken als eigene Klasse den anderen Verbtypen gegenübergestellt (z. B. Helbig/ Buscha 2001: 45, Eisenberg 2001: 85, Zifonun et al. 1997: 53). Eine Abweichung hiervon stellt die Duden-Grammatik (1998: 92) dar, die *sein* und *werden* bei Gebrauch als Kopulae als Vollverben einordnet. Kopulativkonstruktionen – ob mit oder ohne Verb – übernehmen in manchen Sprachen auch die Funktion, die im Deutschen das Vollverb *haben* (im Sinne von ‚besitzen‘) zum Ausdruck bringt.[15]

Neben *sein* und *werden* kann auch *bleiben* (vgl. z. B. *Er ist und bleibt ein Macho*) als Kopulaverb aufgefasst werden. Welche Verben darüber hinaus noch zu dieser Gruppe gezählt werden, ist von Grammatik zu Grammatik unterschiedlich. Am weitesten fasst Eisenberg (2001: 85) die Gruppe, wenn er schreibt: „Eine ganze Reihe von Verben kommt den Kopulaverben syntaktisch und semantisch ziemlich nahe. Ein adjektivisches Prädikatsnomen nehmen etwa *aussehen, sich dünken, klingen, schmecken*. Ein substantivisches nehmen *heißen* und *sich dünken*." Ob man wirklich in all diesen Fällen von Prädikativa und damit von Kopulaverben im weitesten Sinne sprechen kann, ist allerdings fraglich. Während zwar das Englische in vergleichbaren Konstruktionen ein nicht adverbial markiertes Adjektiv verwendet (*smells nice*) und damit eine solche Interpretation nahezulegen scheint,[16] benutzen andere Sprachen mit strikteren Markierungsregeln ein Adverb (vgl. z. B. serb. *lepo miriše* ‚riecht gut‘). Semantisch liegt in der Tat eine nähere Bestimmung des Aussehens, Schmeckens, Riechens, also des im Verb ausgedrückten Vorgangs, und nicht eine Eigenschaft des Subjektes vor. Dies spricht gegen die Annahme, dass es sich hier um Kopulakonstruktionen handelt.

---

[15] Vgl. z. B. Russisch *U tebja krasivaja kvartira* ‚Du hast eine schöne Wohnung‘, wörtlich: ‚Bei dir schöne Wohnung‘.

[16] Allerdings muss dabei beachtet werden, dass im Englischen synchronisch ein Übergang von markiertem zu nicht makiertem Adjektivadverb zu beobachten ist, wie er im Deutschen bereits abgeschlossen ist, vgl. *she spoke loud and clear, drive slow* usw. Vgl. Quirk/Greenbaum (1998: 138).

3.4.2 Modalverben

Morphologische und syntaktische Eigenschaften

Die sechs Modalverben des Deutschen (*dürfen, können, mögen, müssen, sollen, wollen*) weisen morphologische, syntaktische und semantische Besonderheiten auf. Morphologisch fallen sie durch ihre Endungen in der 1. und 3. Person Singular Präsens Indikativ auf. Die 3. Person ist normalerweise durch das Suffix *-t* markiert; dieses *-t* fehlt bei den Modalverben. Außerdem endet die erste Person Singular nicht wie bei anderen Verben auf *-e*: *ich/sie darf, kann, soll, will, muss, mag* (gegenüber: *ich esse, laufe, sehe; sie isst, läuft, sieht* usw.). Diese Besonderheiten sind damit zu erklären, dass die heutigen Formen des Indikativ Präsens aus dem Präteritum entstanden sind, also aus Formen, die ohne *-t* (bzw. *-e*) gebildet werden (vgl. *ich/sie aß, lief, sah* gegenüber *ich esse, laufe, sehe; sie isst, sieht, läuft*).[17] Das heutige Präteritum der Modalverben, also *durfte, konnte, sollte* usw., ist eine sekundäre Bildung: an den Präteritumsstamm wurde eine weitere Präteritumsendung, das Dentalsuffix der schwachen Konjugation, angefügt.

Bei fünf der Modalverben handelt es sich also um sog. **Präterito-Präsentia** (Sing.: **Präterito-Präsens**), also um Verben, die der Form nach im Präteritum stehen, aber eine präsentische Bedeutung haben. Die Semantik einer solchen Erscheinung lässt sich gut am Beispiel des englischen *to have got* verdeutlichen: Auch hier liegt der Form nach ein Vergangenheitstempus vor, die in diesem Tempus enthaltene Information wird jedoch normalerweise nicht mehr wahrgenommen, sondern die ganze Form wird als ‚haben‘ (statt des ursprünglichen, in der wörtlichen Bedeutung noch durchsichtigen ‚bekommen haben‘) interpretiert. Im Deutschen gibt es außer den Modalverben noch ein weiteres Präterito-Präsens, das Verb *wissen*.[18] Die ursprüngliche Bedeutung der Modalverben lässt sich in den meisten Fällen heute nur noch schwer nachvollziehen, zumal sich im Laufe der Sprachgeschichte zum Teil auch weitgehende semantische Veränderungen

---

[17] Im Fall von *wollen* liegt zwar ursprünglich eine Ableitung aus einem Konjunktiv vor; das Verb hat sich in seinem Formenbestand aber dem der anderen Modalverben angeglichen.

[18] *Wissen* (3. Person Singular: *weiß*) geht auf eine Wurzel **ueid* zurück, die ‚sehen‘ bedeutet und beispielsweise in lat. *videre* (‚sehen‘) oder russisch *videt'* (‚sehen‘) erhalten ist; man ‚weiß‘ also das, was man ‚sah‘.

vollzogen haben. Am einfachsten fällt die Erklärung bei *können*, das ursprünglich die Bedeutung von ‚wissen‘, ‚verstehen‘ hatte und mit den Wörtern *kennen, kund (tun)* und *Kunst* verwandt ist: Man ‚kann‘ (‚weiß‘) also etwas, wenn man es ‚erkannt‘, ‚verstanden‘ hat.

Außer den dargestellten etymologisch-morphologischen Besonderheiten weisen die Modalverben auch im syntaktischen Bereich besondere Eigenschaften auf; allerdings trifft keine dieser Eigenschaften ausschließlich auf die Gruppe der Modalverben zu. Alle sechs Modalverben können mit beliebigen Infinitiven anderer Verben (ohne *zu*) verbunden werden: *ich will schwimmen/fernsehen/ausgehen/arbeiten* ... Die gleiche Konstruktion tritt auch bei den Verben *werden, lassen* und *gehen (fahren)* auf (*ich lasse bitten, ich gehe/fahre einkaufen* usw.). Ferner kann negiertes *brauchen* fakultativ mit und ohne *zu* gebraucht werden: *das brauchst du nicht (zu) glauben.*[19] Nach den Verben *hören* und *sehen* steht ebenfalls ein reiner Infinitiv, zusätzlich aber stets ein Akkusativ, der in einem selbständigen Satz zum Subjekt würde: *ich höre ihn schnarchen (ich höre: er schnarcht).* Diese Art von Konstruktion, ein sog. **A.c.I.** (lat.: *accusativus cum infinitivo* ‚Akkusativ mit Infinitiv‘), kommt bei Modalverben nicht vor.

Auch in der Perfektbildung zeigen die Modalverben Eigentümlichkeiten. Sie bilden, wenn sie mit einem Infinitiv verbunden sind, kein normales Perfekt (Hilfsverb + Partizip II), sondern benutzen statt des Partizips den Infinitiv (sog. **Ersatzinfinitiv**): *ich habe dich nicht beleidigen wollen* (Infinitiv des Modalverbs), aber: *das habe ich nicht gewollt* (Partizip des Modalverbs). Dieselbe Perfektkonstruktion tritt auch bei den Verben *lassen, hören, sehen* auf (*ich habe sie kommen lassen/hören/sehen*).

Einen Imperativ können Modalverben nicht bilden; Formen wie **wolle!* oder **könne!* sind also nicht zulässig, und Kants *Wolle nur, was du sollst, so kannst du, was du willst* muss als individuelle Bildung im Rahmen der „dichterischen Freiheit“ beim Umgang mit der Sprache angesehen werden. Der Konjunktiv Präteritum ist bei allen Modalverben – im Gegensatz zu den meisten anderen Verben – auch umgangssprachlich sehr gebräuchlich, vgl. *ich müsste, ich könnte, ich sollte*

---

[19] Der Unterschied zwischen der Verwendung von *nicht brauchen* mit oder ohne *zu* ist stilistischer Natur; vor allem schriftsprachlich wird meist noch ein *zu* verwendet, während sich der Gebrauch ohne *zu* vorwiegend im informellen Stil eingebürgert hat.

usw. Bei *mögen* hat der Konjunktiv sogar weitgehend den Indikativ verdrängt, der nur noch regional oder aber in der Bedeutung ‚gern haben' gebräuchlich ist. Vgl.:

Ich mag Himbeereis.
Ich mag ein Himbeereis. (regional)
Ich möchte ein Himbeereis.

Die Form *möchte* wird dabei gewöhnlich nicht mehr als Konjunktiv empfunden. Ein Infinitiv *möchten*, wie er gelegentlich (so etwa bei Eisenberg 2001: 90f.) angeführt wird, existiert jedoch noch nicht; das wird deutlich, wenn man die Form in einen Satz zu integrieren versucht, z.B. **Er wird nicht kommen möchten* (vgl. aber *er wird nicht kommen wollen* bzw. – regional – *er wird nicht kommen mögen*).

Die Modalverben weisen Akkusativ-Rektion auf, auch wenn diese bei einigen sehr eingeschränkt ist. Vgl.: *Willst/magst du einen Apfel? Sie kann Japanisch* gegenüber *ich darf/muss/soll es.* Eine Passivtransformation ist jedoch bei Modalverben normalerweise nicht möglich (also nicht **das wird von mir gesollt*). Eine Ausnahme bildet *mögen* in der Bedeutung ‚gern haben'; hier finden sich gelegentlich Passivformen, vor allem, wenn das → Agens durch ein → Indefinitpronomen ausgedrückt wird (z.B. *er wird von keinem/allen/einigen gemocht*). Ebenfalls möglich sind Passivformen, wenn das Agens eine relativ unbestimmte Personengruppe bezeichnet: *Er wird von seinen Kollegen gemocht,* während Einzelpersonen als Agens kaum möglich scheinen: (?) *Er wird von Claudia gemocht.* Eisenberg (2001: 96) führt auch ein Beispiel für die Passivbildung von *wollen* an: *Der Friede wird von allen gewollt.* Solche Bildungen sind jedoch äußerst selten und werden auch nicht von allen Sprechern akzeptiert; wenn überhaupt, dann sind auch sie nur mit einem Indefinitpronomen als Agens möglich (vgl. **Der Friede wird von der Opposition gewollt*). Möglich ist demgegenüber bei *wollen* ein Zustandspassiv (ohne Agens): *Dieser Effekt ist gewollt.* Unabhängig von der Passivfähigkeit der Modalverben selbst kann das vom Modalverb abhängige Vollverb natürlich im Passiv gebraucht werden, vgl.: *Vampire können mit Knoblauch bekämpft werden.*

Die Modalverben teilen alle morphologischen und syntaktischen Eigenschaften, die bisher beschrieben worden sind, jeweils mit anderen Verben des Deutschen. Als Kriterium, um die Modalverben formal von den anderen Verben abzugrenzen, sind diese Besonderheiten daher nur dann geeignet, wenn man alle zusammenfasst.

Semantische Klassifikation

Die gemeinsame semantische Funktion der Modalverben besteht
darin, eine Aussage im Hinblick auf bestimmte Geltungsbedingungen zu modifizieren. Diese Grundfunktion teilen sie mit so genannten modifizierenden Verben wie *lassen* (als Gegenpart zu *dürfen*), *nicht
brauchen* („nicht müssen') und dem Hilfsverb *werden* (in Sätzen wie
Das wird der Postbote sein, der da klingelt, vgl. S. 103 ff.). Diese drei Verben werden auf Grund ihrer großen semantischen Nähe, aber auch
wegen einiger syntaktischer Gemeinsamkeiten von manchen Autoren daher ebenfalls zu den Modalverben gerechnet.

Grundsätzlich kann man für die sechs Modalverben zwei semantische Funktionen unterscheiden, die sich darüber hinaus auch im
Formenbestand unterscheiden: den **subjektiven** oder **epistemischen** (von griech. *epistémé* ‚Wissen') und den **objektiven** oder **deontischen** (von griech. *deont-*, Partizipstamm zu *dei* ‚es ist nötig')
Gebrauch. Diese Unterteilung findet sich in der Mehrzahl der
Grammatiken, wobei die benutzten Bezeichnungen variieren können: bei Helbig/Buscha (2001: 116, 121) ist von „subjektiver" bzw.
„objektiver Modalität" die Rede; Eisenberg (2001: 93) benutzt zusätzlich die Bezeichnung „inferentiell" (subjektiv) und „nicht-infe-
rentiell" (objektiv), Engel (1996: 465, 471) nennt den objektiven
Gebrauch „subjektbezogen", den subjektiven „sprecherbezogen",
und Schanen/Confais (1986: 250) sprechen von „valeur informa-
tive" (objektiv) bzw. „valeur communicative" (subjektiv). Auch die
Duden-Grammatik unterschied bis 1973 zwischen subjektivem und
objektivem Gebrauch, hat diese Unterscheidung aber seit der Ausgabe von 1984 aufgegeben. Die Begriffe „epistemisch" und „deontisch" bzw. ihre englischen Entsprechungen finden sich dagegen
eher in sprachvergleichenden und typologischen Untersuchungen
(vgl. z. B. Palmer 2001, Bybee/Perkins/Pagliuca 1994).

Beim **objektiven** oder **deontischen Gebrauch** der Modalverben
werden sozusagen „objektiv" vorhandene Voraussetzungen oder
Bedingungen für das Zutreffen der im Vollverb enthaltenen Aussage zum Ausdruck gebracht. So drückt etwa der Satz *Er kann lesen*
eine objektiv gegebene, als von der subjektiven Einschätzung der
Sprecherin unabhängig angesehene Möglichkeit aus und lässt sich
durch ‚Er ist befähigt, zu lesen' oder ‚Er hat die Möglichkeit, zu lesen' paraphrasieren (nicht aber durch: ‚Es ist möglich, dass er lesen

kann'). Bei dieser Gebrauchsweise kommen auch verkürzte Formen ohne Infinitiv vor: *sie kann Russisch, ich will ein Himbeereis* usw.

Bei **subjektivem** oder **epistemischem Gebrauch** drückt die sprechende Person demgegenüber aus, welche Bedingungen ihrer Einschätzung nach für das Zutreffen der gesamten Aussage gegeben sind. Ein Satz wie *Er muss krank sein* kann nicht mit ‚Er hat die Verpflichtung, krank zu sein' paraphrasiert werden; eine angemessene Paraphrase könnte hingegen lauten: ‚die Annahme, dass er krank ist, ist zwingend'.

Objektiver (deontischer) Gebrauch	Subjektiver (epistemischer) Gebrauch
Das Kind darf lange aufbleiben.	*Sie dürfte ausgegangen sein.*
Sie kann lateinisch und kyrillisch schreiben.	*Sie könnte schon da sein.*
Ich möchte dir etwas zeigen.	*So mag es gewesen sein.*
Er muss jetzt gehen.	*Er muss krank sein.*
Ich soll dir Grüße bestellen.	*Sie soll verreist sein.*
Sie will morgen wiederkommen.	*Sie will dich gesehen haben.*

In einigen Fällen kann bei subjektivem Gebrauch des Modalverbs sowohl der → Indikativ als auch der → Konjunktiv verwendet werden, während in anderen nur einer dieser beiden Modi gebraucht werden kann:

Subjektiver (epistemischer) Gebrauch	
Indikativ	Konjunktiv
Sie muss zu Hause sein.	*Sie müsste zu Hause sein.*
Er kann es gewesen sein.	*Er könnte es gewesen sein.*
So mag es gewesen sein.	*So möchte es gewesen sein.* (*archaisch*)
Sie soll ausgewandert sein.	—
Er will krank gewesen sein.	—
—	*So dürfte es gewesen sein.*

Subjektiver (epistemischer) und objektiver (deontischer) Gebrauch der Modalverben unterscheiden sich, wie bereits erwähnt, auch im Formenbestand. Während beim objektiven Gebrauch ausschließlich der Infinitiv Präsens des Vollverbs stehen, das Modalverb aber in allen Tempora verwendet werden kann, ist beim subjektiven Gebrauch auch ein Infinitiv Perfekt des Vollverbs möglich, während das Modalverb im Präsens oder (seltener) Präteritum stehen muss. Vgl.: *Es hat so kommen müssen* (Perfekt des Modalverbs und Infinitiv

Präsens des Vollverbs) kann von der Form her nur ein objektiver Gebrauch sein; die Paraphrase lautet entsprechend: ‚Es war notwendig, dass es so kam‘. *So muss es gekommen sein* (Präsens des Modalverbs und Infinitiv Perfekt des Vollverbs) ist demgegenüber eindeutig subjektiv und kann etwa mit ‚ich halte es für notwendig gegeben, dass es so gekommen ist‘ paraphrasiert werden.[20]

Parallele Konstruktionen kommen bei *nicht brauchen* (*so braucht es nicht gewesen (zu) sein*) sowie nach dem Imperativ von *lassen* (*lass es ruhig so gewesen sein*) vor.

In der Grammatik des IdS wird die Unterscheidung von subjektivem und objektivem Gebrauch explizit abgelehnt: „Mit der Annahme von Redehintergründen, die generell sprecher- und interaktionsbezogen, also nicht unabhängig von den interagierenden ‚Subjekten‘ sind, ist diese Redeweise ‚subjektiv‘ versus ‚objektiv‘ nicht vereinbar. Denn auch nicht-epistemische Redehintergründe können dann nicht als ‚objektiv‘ eingeordnet werden." (Zifonun et al. 1997: 1886). Auf diesen eher philosophisch-erkenntnistheoretischen Einwand gegen die übliche Terminologie folgt eine komplexe Aufsplitterung in einerseits epistemische („schlußfolgernd", „interferell"), andererseits in „circumstantielle" („alle zugänglichen Möglichkeiten [kommen] in Betracht"; die Lesart ist abhängig vom Kontext), „normative" („auf zwischenmenschliche soziale Normen, Gesetze, moralische Werte bezogen"), „volitive" („auf Wünsche, das Wollen, die Interessen und Neigungen einzelner bezogen") und „teleogische" („auf die Erreichung von Zielen, Zwecken bezogen") Verwendungen. Bei der Beschreibung des semantischen Systems der Modalverben werden neben *können, müssen, dürfen, sollen, wollen, mögen* und *möchte* auch *sein zu* und *haben zu* sowie *werden* aufgeführt. Bei *werden* wird dabei eine Unterscheidung zwischen „zukunftsbezogen-epistemisch" und „zukunftsbezogen – ohne epistemische Färbung" vorgenommen (ebd. 1901).

Das Wortfeld der Modalverben

Wie das zuletzt angeführte Beispiel bereits zeigt, ergibt sich bei der Untersuchung des Wortfeldes der Modalverben eine Reihe von

---

[20] Seltene Ausnahmen von dieser Regel bilden Wendungen wie *Das muss man einfach gesehen haben!*

Schwierigkeiten. Dies hat dazu geführt, dass manche Grammatiken
(wie z. B. Duden 1998) ganz auf den Versuch verzichten, die Semantik der Modalverben systematisch zu erfassen, und statt dessen jeweils „Varianten" der einzelnen Modalverben mit unterschiedlichen
Funktionen und Bedeutungen aufzählen. Im Gegensatz zu echten
Homonymen wie beispielsweise *Bauer* (‚Landmann'/‚Vogelkäfig')
besteht aber zwischen den so genannten Varianten der Modalverben ein enger inhaltlicher Zusammenhang. Dass dieser semantische
Kern häufig schwer zu erfassen und darzustellen ist, hängt auch damit zusammen, dass diese Verben im Lauf der Sprachgeschichte
eine besonders wechselhafte Entwicklung durchgemacht haben und
dass im heutigen Sprachgebrauch z. T. Reste der alten Bedeutung erhalten sind. So haben etwa *müssen* und *dürfen* sozusagen semantisch
ihre Plätze getauscht: *müssen* bedeutete ursprünglich ‚können', ‚dürfen', während *dürfen* ‚nötig haben' (vgl. *bedürftig*) bedeutete. Ferner
hatte auch *mögen* ursprünglich eine von der heutigen verschiedene
Bedeutung ‚können', die nur noch im subjektiven Gebrauch (vgl. *so
mag – ‚kann' – es gewesen sein*) und in der präfigierten Form *vermögen*
erhalten ist.
　Eine grundlegende Untersuchung zum Wortfeld der deutschen
Modalverben wurde 1949 von Gunnar Bech vorgelegt. Auch er unterschied bei einigen Modalverben verschiedene Bedeutungsvarianten, bemühte sich jedoch um eine Systematisierung. Ähnliche semantische Unterteilungen, wie sie Bech (1949) für den objektiven
Gebrauch der Modalverben vornahm, lagen in vereinfachter Form
implizit auch den älteren Ausgaben der Duden-Grammatik zugrunde. Dort wurde zwischen den Gegensatzpaaren ‚Möglichkeit/
Notwendigkeit' und ‚eigener Wille/fremder Wille' unterschieden
und zusätzlich eine Kategorie ‚Neutralität' im Hinblick auf die jeweilige Opposition hinzugezogen, so dass also beispielsweise *wollen*
durch die Kategorie ‚eigener Wille' sowie durch Neutralität im Hinblick auf das Gegensatzpaar ‚Möglichkeit/Notwendigkeit' beschrieben wurde. Ähnlich konzipierte semantische Gruppen finden sich
auch in modernen typologischen Beschreibungen.[21]

---

[21] So nehmen z. B. Bybee/Perkins/Pagliuca (1994: 177–180) eine semantische
　　Feindifferenzierung zwischen „Agens-orientiert" (mit den Merkmalgrup-
　　pen Verpflichtung, Notwendigkeit, Fähigkeit, Wunsch), „Sprecher-orien-

Die objektiv (deontisch) gebrauchten Modalverben lassen sich eindeutig in drei Paare unterteilen, die mit den Kategorien ‚Möglichkeit' (*können, dürfen*), ‚Notwendigkeit' (*müssen, sollen*) und ‚Wille' / ‚Wunsch' (*wollen, mögen*) erfasst werden können. Untersucht man die weitere Differenzierung dieser Verbpaare, so stellt man Folgendes fest: Im Bereich ‚Möglichkeit' impliziert *dürfen* im Gegensatz zu *können* notwendig eine – wie auch immer geartete – dritte Instanz, auf deren Erlaubnis die Möglichkeit zur Handlung basiert. Der gleiche Unterschied lässt sich bei *müssen* und *sollen* feststellen: auch *sollen* impliziert eine ‚dritte Instanz', auf deren Gebot oder Befehl die Verpflichtung zur Handlung beruht . Auf *wollen* und *mögen* hingegen ist diese Unterscheidung naturgemäß nicht anwendbar, da sich ‚eigener Wille' und ‚dritte Instanz' ausschließen. Der Unterschied zwischen diesen beiden Verben kann als ein Intensitätsunterschied dargestellt werden: *wollen* ist gegenüber *mögen* sozusagen durch das Merkmal ‚+ intensiv' abgegrenzt. Ein Unterschied in der Intensität lässt sich auch bei *müssen* und *sollen* feststellen; hier ist *müssen* das Verb, das gegenüber *sollen* einen höheren Grad an Notwendigkeit ausdrückt. Die Modalverben *müssen* und *sollen* haben somit an beiden zusätzlichen Kriterien teil:

		+ dritte Instanz	+ Intensität
Möglichkeit	*können*	*dürfen*	
Notwendigkeit		*sollen*	*müssen*
Wille	*mögen*		*wollen*

Das Verhältnis der Modalverbpaare untereinander darf dabei allerdings nicht als ein Inklusionsverhältnis missverstanden werden, wie es etwa bei *Pferd* und *Schimmel* vorliegt (jeder Schimmel ist zugleich auch ein Pferd, nicht aber umgekehrt jedes Pferd ein Schimmel). Mit Ausnahme von *wollen* und *mögen*, die eher synonym sind (also vergleichbar etwa mit *Pferd* und *Ross*), können die Modalverbpaare je-

---

tiert" (Imperativ, Prohibitiv, Optativ, Hortativ, Admonitiv, Permissiv; zu den Begriffen siehe unter → Modus) und „epistemisch" (Möglichkeit und Wahrscheinlichkeit) vor.

weils gegenseitig voneinander abgegrenzt werden; vgl. *Ich kann zwar Klavier spielen, aber ich darf nicht (denn das stört die Nachbarn)/Ich darf zwar Klavier spielen, aber ich kann nicht (denn das Klavier ist verstimmt)*;[22] *Ich soll kommen, muss aber nicht unbedingt/Ich muss dir das unbedingt erzählen, obwohl ich nicht soll.*

Beim subjektiven (epistemischen) Gebrauch der Modalverben verändern sich die hier dargestellten semantischen Eigenschaften. Die Kategorie ‚dritte Instanz' kommt hier nur noch bei *sollen*, nicht aber bei *dürfen* zum Tragen (vgl. *sie soll krank sein* gegenüber *sie dürfte krank sein*), und *mögen* kann in dieser Funktion nur in seiner alten Bedeutung ‚können' verwendet werden (*so mag es gewesen sein*).

Aber auch der negierte objektive (deontische) Gebrauch der Modalverben führt zu interessanten semantischen Verschiebungen. Während sich die Negation bei *sollen* auf den abhängigen Infinitiv bezieht, bezieht sie sich bei *müssen* auf das Modalverb selbst. Vgl. *du sollst nicht vor 8°° kommen* → [*du sollst*] [*nicht vor 8°° kommen*], ‚es besteht die Notwendigkeit, dass du nicht vor 8°° kommst', gegenüber *du musst nicht vor 8°° kommen* → [*du musst nicht*] [*vor 8°° kommen*] ,es besteht keine Notwendigkeit, dass du vor 8°° kommst'.[23] Im Bereich der Negation stehen sich somit die Kategorien ‚Verbot' (im Sinne der Notwendigkeit, etwas **nicht** zu tun) und ‚Nicht-Notwendigkeit' gegenüber. Wenn man das Verb *brauchen* mit einbezieht, ergeben sich hier abermals zwei Paare, die sich durch unterschiedliche Grade an Intensität unterscheiden. Hier wird zugleich deutlich, warum negiertes *brauchen* (und nicht auch Formen ohne Negation wie z. B. **ich brauche jetzt (zu) gehen*) in die semantische Gruppe der Modalverben eingedrungen ist. Negiertes *brauchen* besetzt eine sonst vorhandene Lücke im System:

---

[22] Da das deutsche Verb *können* nicht nur ‚Möglichkeit', sondern auch ‚Fähigkeit' ausdrückt (eine Bedeutung, die in anderen Sprachen häufig vom Verb ‚wissen' übernommen wird, vgl. franz. *savoir*), ergeben sich noch weitere Bedeutungsunterschiede.

[23] Umgangssprachlich, vor allem im Norden des deutschen Sprachgebiets, lässt sich dagegen *nicht müssen* gelegentlich auch in der Funktion von *nicht sollen* beobachten.

	Verbot	Nicht-Notwendigkeit
	nicht sollen	*nicht brauchen*
+ intensiv	*nicht dürfen*	*nicht müssen*

Abschließend sei noch die semantische Einteilung von Brinkmann (1971: 381–400) erwähnt. Er stützt sich zwar auf die Arbeit Bechs (1949), versucht aber mit lediglich zwei Unterscheidungen auszukommen:

1. Er unterscheidet Modalverben, „die dem Subjekt eine ausdrückliche Richtung auf den Vollzug des im Verbum ... genannten Prozesses zuschreiben; sie unterscheiden sich nach der Instanz, die für die **Realisierung** als maßgebend angesehen wird." (ebd.: 386). Hierunter fielen also die drei Verben *wollen* (hier ist die Instanz das Ich), *sollen* (hier ist die Instanz das Er) und *dürfen* (hier ist die Instanz nach Brinkmann das Du).
2. „... geht es nicht um die Realisierung, sondern um die **Voraussetzung** für den Vollzug, wobei es offen bleiben kann, ob von den Voraussetzungen Gebrauch gemacht wird." (ebd.). Hierunter fallen die Verben *müssen* und *können*. *Mögen* schließlich nimmt insofern eine Sonderstellung ein, als es sowohl zur ersten (*ich möchte*) als auch zur zweiten (*so mag es gewesen sein*) Gruppe gehören kann.

3.4.3 Modifizierende Verben

Gelegentlich – so etwa in der Duden-Grammatik – werden neben den Modalverben auch die sog. **modifizierenden Verben** gesondert aufgeführt. Damit werden häufig Verben wie *(nicht) brauchen* und *lassen* bezeichnet, die den Modalverben *müssen* und *dürfen* semantisch sehr nahe stehen und ebenso wie diese einen Infinitiv ohne *zu* nach sich haben. *Nicht brauchen* (ausschließlich in dieser negierten Form) hat fast dieselbe Funktion wie *nicht müssen*, und zwar sowohl bei objektivem als auch bei subjektivem Gebrauch; vgl. *du musst nicht abwaschen / du brauchst nicht ab(zu)waschen* (objektiver Gebrauch) und *es muss nicht unbedingt etwas Schlimmes passiert sein / es braucht nicht unbedingt etwas Schlimmes passiert (zu) sein*.

Lassen drückt die Einwirkung des Willens des Subjekts auf ein Objekt aus:

Er ließ mich kommen.
Er ließ mich gehen.

Wie die Beispielsätze zeigen, macht das Verb *lassen* keinen Unterschied zwischen ‚veranlassen‘ und ‚zulassen‘/‚ermöglichen‘, so dass ein Satz wie:

Er ließ mich arbeiten.

ohne Kontext zwei Interpretationen erlaubt: ‚Er gab mir die Möglichkeit, zu arbeiten‘ und ‚Er bewirkte, dass ich arbeitete‘. In beiden Fällen handelt es sich um einen A.c.I.; nur die modale Komponente ist jeweils eine andere. Das Verb *lassen* kann aber auch äußerlich einem A.c.I. gleichende Konstruktionen bilden, die passivisch interpretiert werden müssen:

Er lässt seine Frau beschatten.

In diesem Fall ist die modale Komponente ‚veranlassen‘ (‚Er veranlasste, dass seine Frau beschattet wird‘). Welche Bedeutung jeweils gemeint ist, kann nur anhand des Kontextes entschieden werden; vgl. *sie ließ das Kind baden* ‚sie veranlasste, dass das Kind gebadet wurde‘/‚sie veranlasste, das das Kind badete‘/‚sie ließ zu, dass das Kind badete‘. Bei reflexivem Gebrauch (z. B. *Das lässt sich machen*) liegt schließlich eine modale Passivperiphrase mit der Bedeutung ‚*können* + Passiv‘ (‚Das kann gemacht werden‘) vor.

Andererseits wird unter dem Begriff „modifizierende Verben" (Duden 1998: 92) oder „Modalitätsverben" (Engel 1996: 477) auch eine Gruppe von Verben zusammengefasst, die dazu dienen können, die Aussage eines anderen Verbs in irgendeiner Weise zu modifizieren. Solche Verben sind beispielsweise *pflegen, scheinen* oder *vermögen* (letzteres ist eine → Modifikation von *mögen*); das durch sie modifizierte Verb steht dabei im Infinitiv mit *zu*:

Sie pflegt früh aufzustehen.
Wir scheinen uns misszuverstehen.
Er vermochte kaum zu antworten.

Pflegen hat semantisch kaum Ähnlichkeit mit den Modalverben. Es drückt nur den habituellen Charakter des geschilderten Vorgangs aus. Eine Aussage über die Geltungsbedingungen der im abhängigen Verb ausgedrückten Handlung ist in *pflegen* nicht enthalten. Das

Verb kann daher nur bei sehr weiter Auslegung des Begriffes „modifizieren" oder bei kontrastiver Berücksichtigung der Tatsache,
dass seine Funktion in anderen Sprachen gelegentlich durch einen
verbalen Modus übernommen wird,[24] zu den modifizierenden Verben gerechnet werden.

Scheinen drückt aus, dass es Anzeichen dafür gibt, dass die im abhängigen Verb gemachte Aussage zutrifft. Die Bedeutung von *vermögen* ist mit der von *können* verwandt, bezeichnet aber ausschließlich
die Fähigkeit des handelnden Subjekts (und nicht, wie *können*, auch
die objektiv gegebene Möglichkeit), vgl. **Wo vermag man hier zu essen?*

Eine modifizierende Funktion kann ferner auch das Verb *haben*
übernehmen. Bei positivem Gebrauch entspricht es etwa der Bedeutung von *müssen*, bei negiertem ungefähr der von *nicht dürfen* oder
auch *nicht können*:

Ich habe zu arbeiten.
Sie haben hier nicht zu parken!

Die Gruppe der modifizierenden Verben wird in vielen Grammatiken nicht als eigene Verbklasse aufgeführt. Wenn man den Begriff
aufrechterhalten will, kann man sie syntaktisch als die Menge derjenigen Verben definieren, die andere Verben im Infinitiv (mit oder
ohne *zu*) direkt an sich binden. Neben den bereits genannten wären
dies beispielsweise Verben wie *beginnen, beabsichtigen, aufhören, versuchen* usw. Sie alle modifizieren die im Vollverb ausgedrückte Handlung, wenngleich in sehr unterschiedlicher Weise. Ausschließen
muss man allerdings die reinen A.c.I.-Verben wie *hören* und *sehen* (*ich
hörte jemanden klopfen*), die keinerlei modifizierende Funktion haben,
sondern nur eine Infinitivkonstruktion anstelle eines Nebensatzes
(vgl. *ich hörte, wie jemand klopfte*) an sich binden. Die allen modifizierenden Verben gemeinsame semantische Funktion kann allerdings
nur sehr abstrakt erfasst werden. Es besteht darin, dass im abhängigen Verb Ausgedrückte in jeweils spezifischer Weise im Hinblick auf
seine Gültigkeitsbedingungen (z. B. als ‚möglich') und seine Vor-
kommensform (z. B. ‚wiederholt') beeinflusst wird.

Nicht zu den modifizierenden Verben gehört *sein* mit erweitertem
Infinitiv (vgl. *Die Arbeit ist heute noch zu erledigen*). Die durch diese

---

[24] Vgl. englisch *She would get up at 8°°* oder serbisch *Ona bi ustala u osam sati.*

Konstruktion ausgedrückte modale Passiv-Periphrase (‚die Arbeit muss/kann heute noch erledigt werden') wird gewöhnlich als prädikatives → Gerundivum interpretiert.

3.4.4 Funktionsverben

Bei den **Funktionsverben** handelt es sich um Verben, die ein oder mehrere zusätzliche Elemente zu Hilfe nehmen müssen, um das Prädikat eines Satzes zu bilden. Im Unterschied zu obligatorischen Objekten oder Adverbialbestimmungen, wie sie etwa von den Verben *wohnen* oder *geben* verlangt werden, handelt es sich dabei nicht um inhaltlich frei wählbare, sondern um lexikalisch festgelegte Elemente. Die eigentliche Verbbedeutung ist dabei stark abgeschwächt, und die Bedeutung des gesamten Ausdrucks, des **Funktionsverbgefüges**, wird vom nicht-verbalen Teil getragen. Der Form nach kann es sich dabei um ein Akkusativ-Objekt oder um eine Präpositionalphrase handeln; da aber die Bestandteile des Funktionsverbgefüges eine semantische Einheit bilden, werden diese Elemente gewöhnlich als lexikalischer Bestandteil des Funktionsverbgefüges (und somit als lexikalischer Prädikatsteil und nicht als Objekt oder Adverbialbestimmung) betrachtet. So hat etwa das Verb *bringen* in Wendungen wie:

zur Sprache bringen
in Ordnung bringen
aus dem Konzept bringen

usw. offenbar nicht mehr denselben semantischen Gehalt, den es etwa in *ein Päckchen zur Post bringen* hat. *Zur Sprache bringen* bedeutet ‚ansprechen' und nicht ‚etwas zu einem Ort/einer Person namens Sprache befördern' (ebenso: *in Ordnung bringen* = ‚ordnen', ‚ordentlich/stimmig machen', *aus dem Konzept bringen* = ‚verwirren' usw.).

Als Funktionsverben treten neben *bringen* typischerweise die Verben *kommen, nehmen, stellen* oder *treffen* auf; vgl.:

zur Sprache/in Ordnung/ums Leben kommen usw.
(eine/n) Verlauf/Entwicklung/Rache nehmen usw.

Die Grenze zwischen einem Funktionsverbgefüge und einem normalen Verb, das mit einem Akkusativ oder einem Präpositionalgefüge zu einer gebräuchlichen Wendung verbunden ist, lässt sich manchmal nur schwer ziehen. Es können zwar einige Kriterien für die Abgrenzung von Funktionsverbgefügen angegeben werden; sie treffen indessen regelmäßig nicht für alle Mitglieder dieser Gruppe zu. Solche Kriterien sind:

- Ersetzbarkeit durch ein einfaches Verb: Viele Funktionsverbgefüge sind daran zu erkennen, dass sie durch ein einfaches Verb ersetzt werden können, dessen Stamm mit dem des nominalen Bestandteiles des Gefüges identisch ist: *Rache nehmen = sich rächen, zur Sprache bringen = ansprechen* usw. Diese Ersetzbarkeit hängt damit zusammen, dass es sich bei den substantivischen Teilen des Gefüges in den meisten Fällen um von Verben abgeleitete → *nomina actionis* handelt.
- Eine Pronominalisierung ist nicht möglich: In der Mehrzahl der Fälle kann der nominale Bestandteil des Funktionsverbgefüges nicht durch ein Pronomen oder Pronominaladverb ersetzt werden; vgl. *Sie brachte das Problem zur Sprache/*Sie brachte das Problem dazu.* Infolgedessen kann dieser Bestandteil auch nicht erfragt werden, vgl. **Wozu brachte sie das Problem?*
- Eine Passivtransformation ist nur bei einer beschränkten Anzahl von Funktionsverbgefügen möglich; unzulässig ist sie insbesondere bei vielen Gefügen, deren nominaler Bestandteil formal ein Akkusativ-Objekt darstellt. Vgl.: *Die Ereignisse nahmen ihren Lauf./*Der Lauf wurde von den Ereignissen genommen.*
- Der Artikelgebrauch ist festgelegt: In vielen Fällen gelten feste Regeln für den Artikelgebrauch. So müssen etwa Gefüge wie *in Ordnung bringen, in Anspruch nehmen* oder *in Frage stellen* stets mit Nullartikel stehen, während der bestimmte Artikel beispielsweise in *aufs Spiel setzen, zur Sprache bringen* oder *ums Leben kommen* zwingend ist. Ist der Artikelgebrauch festgelegt, so kann keine Negation mit *kein* erfolgen (vgl. **in keine Frage stellen* usw.), und auch eine Erweiterung durch Attribute ist dann normalerweise nicht möglich (vgl. **in nachdrückliche Frage stellen* usw.). Ist der Artikelgebrauch allerdings frei, so sind Negationen mit *kein* ebenso wie Attribute möglich, vgl.: *Er gab mir keine/eine dumme Antwort.*

Die Klasse der Funktionsverben bzw. der Funktionsverbgefüge ist offen; das Verfahren selbst ist produktiv, d. h. es können jederzeit neue Funktionsverbgefüge gebildet werden. Stilistisch sind Funktionsverbgefüge nicht eindeutig zuzuordnen; viele von ihnen werden in der Umgangssprache verwendet (z. B. *in Ordnung bringen, eine*

Antwort geben usw.), während andere wie z. B. *zur Aufführung gelangen* oder *eine Entwicklung nehmen* eindeutig einem gehobenen Sprachstil zuzuordnen sind. Gehäuft treten Funktionsverbgefüge in Texten auf, die insgesamt zum sog. Nominalstil (Häufung von Substantiven anstelle verbaler Ausdrücke) neigen, also z. B. in wissenschaftlichen oder auch bestimmten journalistischen Texten.

In der Grammatik des IdS wird unter Bezugnahme auf v. Polenz (1987) eine Unterscheidung von Nominalisierungs- und Funktionsverben vorgenommen (Zifonun et al. 1997: 53). Dabei sind Nominalisierungsverben solche, die mit einem Nomen verbunden werden, das aus einem Verb oder Adjektiv abgeleitet ist (z. B. *in Frage stellen*, bei dem *Frage* vom Verb *fragen* abgeleitet ist). Funktionsverben sind eine Untergruppe dieser Nominalisierungsverben, in der Zustands- oder Bewegungsverben den verbalen Bestandteil bilden (z. B. *in Verlegenheit sein/kommen/geraten*).

3.4.5   Andere Funktionsklassen-Einteilungen

Bei Engel (1996: 407) werden zusätzlich zu den hier ausgeführten Funktionsklassen noch „Nebensatzverben", „Infinitivverben" und „Partizipverben" unterschieden. Diese Einteilung geht offenbar in erster Linie von der Valenz des jeweiligen Verbs aus; so werden unter „Nebensatzverben" folgende Verben verstanden, die einen Nebensatz bei sich haben: *bedeuten, finden, sich fragen, es heißt, sich sagen* und *wähnen* (ebd.: 485). Verben wie *denken, meinen, fragen, sagen* (nicht reflexiv) usw., mit anderen Worten die große Gruppe der übrigen *verba dicendi* (und vieler *verba sentiendi*), die im Deutschen ebenfalls regelmäßig mit Nebensatz gebraucht werden, zählt der Autor anscheinend nicht zu dieser Gruppe, so dass die Abgrenzung insgesamt etwas unklar bleibt.

Als „Infinitivverben" werden diejenigen Verben klassifiziert, die den Infinitiv eines anderen Verbs bei sich, „jedoch eine andere Subjektsgröße als dieses haben" (ebd.: 487), also z. B. *bedeuten* in *Sie bedeutete ihm, zu schweigen*. Abweichend von dieser u. E. recht sinnvollen Definition werden allerdings vom selben Autor auch die Verben *fahren* und *gehen* (*ich gehe/fahre einkaufen*) zu dieser Gruppe gerechnet, die ein identisches Subjekt voraussetzen.

Als „Partizipverben" (ebd.: 492) fungieren schließlich die Verben *kommen* und *stehen*, die mit dem Partizip II eines anderen Verbs verbunden werden können (*es steht geschrieben/wer kommt denn da an-spaziert*).

3.5   Wortbildung des Verbs

Zur Bildung neuer deutscher Verben tragen alle drei Haupttypen der → Wortbildung bei, wenngleich die Modifikation durch Präfixe das für das Deutsche charakteristischste und wohl auch produktivste Verfahren darstellt.

Die **Komposition** ist beim Verb relativ selten. Dem **Kompositionstyp V + V** entsprechen einerseits die Zusammensetzungen aus zwei Infinitiven wie *kennen lernen, sitzen bleiben, spazieren gehen*. Solche Verbkompositionen zeigen ein einheitliches Betonungsmuster mit Betonung auf der ersten Silbe und verhalten sich wie trennbare Verben, wobei der erste Infinitiv sozusagen die Rolle des Präfixes übernimmt (vgl. auch Fleischer/Barz 1995: 296). Seit der Rechtschreibreform von 1996 werden sie jedoch grundsätzlich nicht mehr zusammengeschrieben.

Andererseits entsprechen dem Kompositionstyp V + V Verben ohne Infinitivendungen des ersten Elements wie z. B. *mähdreschen*. Sie werden gewöhnlich nicht konjugiert, und dementsprechend herrscht Unsicherheit über ihre Konjugation:

*Ich dresche mäh,
?Ich mähdresche,
Ich habe?mähgedroschen,
Ich habe *gemähdroschen.

Zuweilen wird diskutiert, ob es sich bei diesen Verben um → Kopulativkomposita handelt. Eher ist jedoch anzunehmen, dass beide Elemente in einem Determinans-Determinatum-Verhältnis zueinander stehen.

Zum **Typ S + V** gehören Verben wie *Staub saugen, haushalten, Kopf stehen, seiltanzen, Rad fahren, zähneknirschend, -fletschend* (nur als Partizip Präsens gebraucht). Das Verhältnis zwischen Verb und Substantiv entspricht hier semantisch häufig dem zwischen einem Verb und seinem Objekt. In einigen Fällen wurde die schriftliche Widerspiegelung der Wortbildung, also die Schreibung in einem Wort, durch die Rechtschreibreform wieder aufgehoben, so bei *Staub saugen, Kopf stehen, Rad fahren*, die nunmehr getrennt geschrieben werden. Dass unabhängig von der Schreibweise dennoch eine Wortbildung vorliegt, zeigt beispielsweise die Perfektbildung bei *Rad fahren*: das Perfekt mit *sein* (*ich bin Rad gefahren*) schließt eine Interpretation von *Rad* als Objekt aus, da bei einem transitiven Verb *haben* stehen müsste; vgl. *Ich habe mein Rad zu Schrott gefahren* (vgl. hierzu auch S. 54 ff.).

Zum **Typ A + V** gehören z. B. *sicherstellen, stillsitzen, übel nehmen, voll tanken*. Nach Fleischer/Barz (1995: 299) entsprechen die Bedeutungen dieser Komposita den syntaktischen Beziehungen zwischen einem adverbial oder prädikativ gebrauchten Adjektiv und dem jeweiligen Verb. Abermals ist die Zusammenschreibung bei einer Reihe von bisher als Komposita betrachteten Verben 1996 aufgehoben worden. Die Regel lautet nunmehr: „Ist der erste Bestandteil ein Adjektiv, das gesteigert oder erweitert werden kann, schreibt man getrennt." (Rechtschreib-Duden 2000: 45). Im Einzelfall ist nicht immer ganz leicht zu entscheiden, welcher Schreibweise der Vorzug gegeben werden sollte; so ist z. B. nicht auf Anhieb einsichtig, warum *still* in *stillsitzen* weniger gut gesteigert werden kann als *übel* in *übel nehmen* oder *voll* in *voll tanken*. Zu überlegen wäre dabei natürlich auch, ob die Getrenntschreibung implizieren soll, dass es sich nicht um ein Ergebnis der Wortbildung handelt, sondern um zwei unabhängig voneinander im Satz auftretende Wörter. Die Schreibweise kann hier offensichtlich keine Entscheidungshilfe bieten, sondern es müssten umgekehrt Wortbildungskriterien dabei helfen, die angemessene Schreibweise zu finden.

Auch die **Entwicklung** findet man beim Verb recht häufig.

Desubstantivische Verben sind z. B. *kellnern, eiern, knospen*. Viele desubstantivische Verben sind von komplexen Substantiven abgeleitet. Bei der Bestimmung ist die Wortbildungsgeschichte wichtig. So ist *frühstücken* aus dem Substantiv *Frühstück* entwickelt, welches seinerseits aus *früh* und *Stück* zusammengesetzt ist (nicht etwa aus *früh* und *stücken*). Ebenso leitet sich *langweilen* aus *Langeweile* her, welches seinerseits aus *lange* und *Weile* gebildet ist. Solche Verben sind nicht trennbar (vgl. **ich weile mich lang*) und bilden ihr Partizip II durch Vorstellung von *ge-*: *gelangweilt, gefrühstückt, geohrfeigt*.

Deadjektivische Verben sind beispielsweise *kranken* (,krank sein'), *kränken* (eigentlich: ,krank machen'), *kränkeln* (,etwas krank sein'), *schärfen, bräunen, trocknen* usw. Bei diesem Typ sind die → faktitiven Verben besonders häufig, die ausdrücken, dass der als Objekt genannte Gegenstand mit der Eigenschaft versehen wird, die das zugrunde liegende Adjektiv ausdrückt: *bessern* (,besser machen'), *röten* (,rot machen'), *töten* usw. Eine zweite wichtige Gruppe stellen die → Inchoativa und → Egressiva dar. Sie drücken aus, dass das Subjekt eine bestimmte Eigenschaft annimmt. Beispiele sind *faulen* (,faul werden'), *reifen* (,reif werden'), *welken* usw. Bei einigen Verben ist sowohl eine Zuordnung der Eigenschaft zum Objekt wie zum Subjekt möglich; welche jeweils gemeint ist, hängt dann davon ab, ob das Verb transitiv oder intransitiv gebraucht wird: *heilen* (*die Wunde heilt – sie heilte die Wunde*)*, grünen, gilben.*

Eine **Modifikation** liegt dann vor, wenn das Basiswort innerhalb seiner Wortart zu einem neuen Wort umgestaltet wird. Zu diesem Wortbildungstyp gehören im Deutschen außerordentlich viele Verben. So gibt es zum Verb *stehen* z. B. *abstehen, anstehen, aufstehen, ausstehen, bestehen, beistehen, durchstehen, einstehen, eingestehen, entstehen, erstehen, gestehen, nachstehen, überstehen, umstehen, unterstehen, verstehen, vorstehen, widerstehen, zustehen.* Modifikationen mit Hilfe von Präfixen werden in der lateinischen Schulgrammatik „Komposita" genannt, ein Terminus, der im vorliegenden Handbuch nur für die Bildung neuer Wörter mit Hilfe zweier selbständiger Lexeme verwendet wird. Wie man an dem Beispiel der Präfixmodifikationen von *stehen* sieht, lassen sich die Bedeutungen der neugebildeten Wörter nicht immer ohne weiteres aus den Bedeutungen des Simplex[25] und der jeweiligen Präfigierungen ableiten. So ergibt sich die Bedeutung von *unterstehen* ziemlich genau aus der Bedeutung des Verbs und des Präfixes (,in der Hierarchie unter jemandem stehen'); dagegen ist die Bedeutung von *entstehen* (,werden') oder *gestehen* (,zugeben') nicht aus der Kenntnis der beiden Komponenten vorhersagbar. Weitere Beispiele für die Entstehung solche neuer Bedeutungen durch die Präfigierung sind etwa *stellen* → *abstellen, anstellen, aufstellen, ausstellen, bestellen, darstellen, durchstellen, einstellen, entstellen, erstellen, nachstellen,* (*sich*) *umstellen, überstellen,* (*sich*) *vorstellen, unterstellen, zustellen* oder *gehen* → *abgehen, angehen, auf-*

---

[25] Als „Simplex" (von lat. *simplex* ,einfach') bezeichnet man das unabgeleitete Basismorphem.

gehen, ausgehen, begehen, durchgehen, eingehen, entgehen, ergehen, nachgehen, umgehen, übergehen, vorgehen, zergehen.

Präfigierungen wirken sich semantisch auf die → Aspekte und → Aktionsarten der Verben aus und können daher auch Einfluss auf die Formenbildung haben, vgl. *Die Blume hat geblüht – Die Blume ist erblüht/verblüht* (siehe auch S. 54 ff.). Daneben können auch → Rektion und → Valenz durch die Präfigierung verändert werden, vgl. z. B. *jemandem etwas liefern* gegenüber *jemanden mit etwas beliefern.*

Einen weiteren Typ der Modifikation bildet die Stammerweiterung mit *-l-* (+ Umlaut, wo möglich) wie bei *tröpfeln* < *tropfen.* Weitere Beispiele für diese Art der Wortbildung sind *spötteln, tänzeln, hüsteln, zischeln, lächeln.* Semantisch handelt es sich hier um verbale Diminutiva mit der Bedeutungskomponente ,die Tätigkeit schwach, nur andeutungsweise ausführen'. Der Duden (1998: 478) deutet diese Verben als → Iterativa, was jedoch wenig überzeugend ist, da keines der Beispiele iterativ ist: *Spötteln* bedeutet eben nicht ,oft spotten' (sondern ,ein bisschen spotten'), *tänzeln* nicht ,oft tanzen', *zischeln* nicht ,wiederholt zischen' usw. .

4 Formen des Verbs

Bei den Formen des Verbs unterscheidet man zwischen finiten (von lat. *finitum* ‚abgeschlossen', ‚begrenzt') und infiniten (‚unbegrenzten') Formen. **Finit** nennt man konjugierte Verbformen, also Formen, die nach Person, Numerus, Genus, Modus und Tempus bestimmt sind, z.B. *du kommst, wir sind, ihr bleibt, geh(e)*. – **Infinite** Verbformen (Infinitive, Partizipien und das Gerundivum) sind im Deutschen nur nach Tempus und Genus (verbi) bestimmt, z.B. *sein; laufend, gegangen; zu lesen.*

4.1 Person

Das Deutsche kennt drei grammatische **Personen**; sie werden mit Ordinalzahlen als erste, zweite und dritte Person bezeichnet. Wie die meisten Sprachen unterscheidet das Deutsche zunächst zwischen den Personen, die am Gespräch teilnehmen (erste und zweite Person) und solchen, die nicht daran teilnehmen (dritte Person). Innerhalb derer, die am Gespräch teilnehmen, wird die sprechende Person *(ich)* als erste bezeichnet, die angesprochene *(du)* als zweite.

Genaueres zu Semantik und Gebrauch der grammatischen Personen → Personalpronomen.

4.2 Numerus

Der **Numerus** (Plural: *Numeri*, von lat. *numerus* ‚Zahl') drückt die Anzahl aus. Im Deutschen gibt es zwei Numeri: den **Singular** (von lat. *singularis* ‚einzeln'), dt. *Einzahl,* und den **Plural** (von lat. *pluralis* ‚aus mehreren bestehend'), dt. *Mehrzahl.* Dabei steht der Singular für ‚eins', der Plural für ‚mehr als eins'. In anderen Sprachen gibt es mehr als zwei Numeri. Den **Dual**(is) (von lat. *duo* ‚zwei'), der die Anzahl zwei angibt, kennen etwa viele Indianersprachen, z.B. das Navajo, aber auch das Slowenische oder das Gotische (eine ausgestorbene ostgermanische Sprache), wie überhaupt alle indoeuropäischen Sprachen ursprünglich über einen Dual verfügten. In solchen Sprachen liegt ein dreiteiliges System Singular – Dual – Plural vor.

Die Bedeutung des Plural ist dann natürlich anders als im Deutschen, denn das Bezeichnungsspektrum wird anders aufgeteilt: In einem System mit Dual bedeutet der Plural ‚mehr als zwei'. Es gibt auch Sprachen, die noch weitere Mehrzahlformen haben, etwa einen Trial (Dreizahl), einen Paucal (Numerus für ‚einige') und andere (vgl. dazu ausführlicher Corbett 2000).

Im Deutschen richtet sich der Numerus des Verbs nach dem des Subjekts (→ Kongruenz). In manchen Sprachen ist nicht die grammatische Form des Subjekts entscheidend, sondern die Anzahl der mit dem Subjekt benannten Personen; man nennt das *constructio ad sensum* (lat. Konstruktion nach dem Sinn). Ansätze zu einer semantischen Kongruenz finden sich auch im Deutschen, z. B. in Fällen wie *Die Mehrzahl* [Singular] *der Anwesenden waren* [Plural] *Türken*. Während die semantische Kongruenz im Deutschen nur gewählt wird, wenn das Subjekt ein attributives Substantiv im Plural enthält (hier: *der Anwesenden)*, kann sie in anderen Sprachen auch unabhängig davon gebraucht werden, vgl. engl. *The council* [Singular] *have* [Plural] *agreed.*

4.3   Tempus

Zeit und Tempus

Begrifflich sollten zwei Kategorien klar unterschieden werden: **Zeit** und **Tempus**. Unter Zeit wird hier ein sprachunabhängiger Ablauf – wenn man so will: eine physikalische Dimension – verstanden, der mit Sprache ausgedrückt werden kann. Für die Bezeichnung von Zeit werden im Folgenden deutsche Ausdrücke verwendet: „Gegenwart" für die Zeit, die gleichzeitig mit dem Sprechen verläuft, „Zukunft" für danach und „Vergangenheit" für davor Liegendes. Unter **Tempus** (n., Plural *Tempora*, von lat. *tempus* ‚Zeit') wird demgegenüber die grammatische Kategorie des Verbs verstanden, die den Zeitbezug in einer Sprache ausdrückt. Für die Tempora werden Bezeichnungen lateinischen Ursprungs gewählt.

Die Tempora

Im Deutschen werden traditionell folgende Tempora unterschieden:

— das Präsens *(ich komme)*,
— das Präteritum (früher auch: Imperfekt) *(ich kam)*,
— das Perfekt *(ich bin gekommen)*,
— das Plusquamperfekt *(ich war gekommen)*,
— das Futur (Futur I) *(ich werde kommen)*,
— das Futur II (Futurum exactum) *(ich werde gekommen sein)*.

Synthetische und analytische Tempusbildung

Wie in anderen Bereichen der Morphologie auch unterscheidet man bei der Bildung von Verbformen zwischen synthetischen und analy-tischen[1] Formen.

Synthetisch (von griech. *synthesis* ‚Zusammensetzung‘) werden grammatische Verfahren genannt, bei denen in einem Wort gleich-zeitig sowohl die Wortbedeutung als auch die aktuellen grammati-schen Funktionen ausgedrückt werden. Der Ausdruck der gram-matischen Bestimmung kann entweder durch Veränderungen im Wortinneren (→ Ablaut oder → Umlaut) oder durch Einfügen, Vo-ranstellen oder Anhängen von grammatischen Endungen geschehen. So wird beispielsweise das Tempus bei *kommst/kamst* durch Ablaut *(o/a)*, die Person durch das Suffix *-st* ausgedrückt.

Analytisch (von griech. *analysis* ‚Auflösung‘) sind dagegen dieje-nigen Formen, bei denen die Wortbedeutung und der Ausdruck grammatischer Bestimmungen auf verschiedene Wörter verteilt sind. So findet man beispielsweise im Deutschen als Gegenstück zur synthetischen lat. Form *portaberis* die drei Wörter *wirst getragen werden*. Nur eines davon – *getragen* – drückt den Wortinhalt aus, während die übrigen rein grammatische Funktionen haben. Allerdings sind die Wörter darüber hinaus auch synthetisch verändert worden (aus *tra-gen* wurde *getragen*, aus *werden wirst*). Rein analytische Bildungen, in denen jedes Wort unverändert bleibt und ausschließlich eine entwe-der inhaltliche oder grammatische Funktion übernimmt, findet man im Deutschen nicht, wohl aber in anderen Sprachen, beispielsweise im Japanischen.

Die Termini „synthetisch" und „analytisch" bezeichnen sowohl einzelne Formen als auch Sprachen, in denen diese Verfahren domi-

---

[1] Das Begriffspaar *synthetisch/analytisch* wurde zu Beginn des 19. Jhd. von A. W. Schlegel in die Sprachbeschreibung eingeführt.

nieren; sie werden also auch zur Kennzeichnung von Sprachtypen benutzt. Sprachen, die ausschließlich den einen oder ausschließlich den anderen Bildungstyp aufweisen, sind aber eher selten; meist finden sich beide Möglichkeiten, wobei aber gewöhnlich eine von beiden überwiegt und damit für die Zuordnung einer Sprache zu einem Sprachtyp ausschlaggebend ist.

Analytische Bildungen können im Laufe der Sprachgeschichte zusammenwachsen und zu synthetischen Formen werden, oder es bilden sich umgekehrt neue analytische Formen heraus, die bestehende synthetische Bildungen ersetzen. Dieser Kreislauf, der die gesamte Formenbildung betrifft, lässt sich auch bei Verbformen regelmäßig beobachten (vgl. z.B. Bybee/Perkins/Pagliuca 1994). Es ist daher wenig sinnvoll, mit Engel (1996: 494 f.) anzunehmen, dass die jeweils vorliegende äußere Form ausschlaggebend ist und dass es sich nur bei einer synthetischen Bildung um ein Tempus handeln kann.

Darstellungssystem

Zur Beschreibung der Tempora eignet sich ein Darstellungssystem, das von dem Logiker Hans Reichenbach (1947: 287–298) formalisiert wurde. Viele neuere Grammatiken, so z.B. Helbig/Buscha (2001: 128), Eisenberg (2001: 110) oder Zifonun et al. (1997: 1692) lehnen sich ebenfalls an das dort vorgeschlagene Schema an. Reichenbach nimmt für jede Tempusform drei Punkte an:

– den **Ereigniszeitpunkt** (point of event), abgekürzt E; er bezeichnet den Zeitpunkt, zu dem das Ereignis stattfindet, das durch das Verb ausgedrückt wird
– den **Sprechzeitpunkt** (point of speech), abgekürzt S; er bezeichnet den Zeitpunkt, zu dem die Sprecherin den entsprechenden Satz äußert
– den **Betrachtzeitpunkt** oder **Bezugszeitpunkt** (point of reference), abgekürzt B; er bezeichnet einen Zeitpunkt, im Verhältnis zu dem das Ereignis situiert wird.

Das Verhältnis der drei Punkte zueinander lässt sich auf einem Pfeil darstellen, der die ablaufende Zeit symbolisiert.

Präsens

Als **Präsens** (Betonung auf der ersten Silbe, von lat. *praesens*, ‚da sei-
end‘) bezeichnet man ein Tempus zum Ausdruck der Gegenwart,
oder genauer gesagt: der Gleichzeitigkeit mit dem Sprechzeitpunkt.
In einigen Grammatiken des Deutschen wird allerdings ausdrücklich bestritten, dass das deutsche **Präsens** als Gegenwartstempus
aufgefasst werden kann. Hennig Brinkmann beginnt seine Erörte-
rung des Präsens mit der Bemerkung: „Dass das Präsens kein ‚Gegenwartstempus‘ ist, also nicht die Aufgabe hat, einen Prozess der
Gegenwart des Sprechens zuzuweisen, ist bekannt" (1971: 327).[2]
Die *Grundzüge* (1981: 509) bestimmen das Präsens als allgemeinen
Zeitausdruck: Das Präsens bezeichnet eine allgemeine Zeitlichkeit,
den allgemeinen Zeitverlauf. Ein Geschehen oder Sein wird in der
Zeit verlaufend oder statthabend [sic!] charakterisiert. Eine ähnliche
Auffassung vertritt auch Weinrich (1977), und der Duden (1998:
147) schreibt: „Das Präsens kann allgemein charakterisiert werden
als das Tempus der ‚Besprechung‘." Damit wird einer intuitiv zu-
nächst einleuchtenden Zuordnung des Präsens zum Zeitpunkt des
Sprechens und der Auffassung, dass das Präsens dem Ausdruck der
Gegenwart dient, explizit widersprochen. Zur Begründung wird auf
folgende sprachliche Fakten hingewiesen:

a) Das Präsens kann – im Deutschen wie in anderen Sprachen –
zur Bezeichnung vergangener Ereignisse benutzt werden. Hier lassen sich verschiedene Verwendungstypen unterscheiden, die oft
unter dem Oberbegriff *praesens historicum* (**historisches Präsens**) zusammengefasst werden, und zwar:

– das **szenische Präsens**, z. B. *Komme ich doch gestern nach Hause, was
  sehe ich? Steht da so ein Kerl in meiner Wohnung ...* Beim szenischen
  Präsens werden in lebendigen Schilderungen vergangene Ereignisse im Präsens erzählt.
– das ***praesens historicum*** im engen Sinne, z. B. *Weihnachten 800 wird
  Karl der Große zum Kaiser gekrönt. 1492 entdeckt Columbus Amerika.*

---

[2] Allerdings möchte Brinkmann (1971: 329) den Namen „Gegenwartstempus" für das Präsens, jedoch nur in einem ganz bestimmten Sinn, zulassen;
   dann nämlich, wenn man unter Gegenwart die Gegenwart des jeweiligen Be-
   wusstseins versteht, die auch für Vergangenes und Zukünftiges offen ist.

– das Präsens zur Einleitung von Zitaten: *Goethe sagt: Arbeite nur, die Freude kommt von selbst. In der Bibel heißt es:* ...

Solche Verwendungen des Präsens für vergangene Ereignisse finden sich nicht nur im Deutschen, sondern auch in zahlreichen anderen Sprachen, vgl. z.B. franz. *Je descends du bus et quest-ce que je vois?* oder engl. *Then in comes the barman and tries to stop the fight* (Beispiel nach Leech/Svartvik 1975: 69).

b) Das Präsens kann **zeitlose** Ereignisse ausdrücken. *Bonn liegt am Rhein. Morgenstund hat Gold im Mund. Drei mal drei ist neun.* Auch dies ist keine Besonderheit des deutschen Tempusgebrauchs, sondern kommt ebenso in anderen Sprachen vor, vgl. z.B. franz. *La pluspart des gens détestent les serpents* oder engl. *Most people dislike snakes.*

c) Das Präsens wird benutzt, um allgemeine Fähigkeiten und Gewohnheiten darzustellen, wobei die bezeichnete Handlung zum Sprechzeitpunkt gerade nicht vollzogen wird; man spricht dann auch von einem → habituellen Präsens. So ist es z.B. möglich, jemandem die Wohnung zu zeigen und dabei zu sagen: *Hier schläft Jana, hier schläft Patrick,* auch wenn das zum Sprechzeitpunkt nicht zutrifft, oder man kann jemanden in einem deutsch geführten Gespräch fragen: *Sprechen Sie Französisch?* obwohl evident ist, dass der Angesprochene zum Sprechzeitpunkt nicht französisch spricht. Auch dieser Gebrauch des Tempus ist nicht auf das Deutsche beschränkt; vgl. z.B. franz. *Parlez vous allemand?* oder engl. *Do you speak German?*

d) Das Präsens kann zur Bezeichnung eines zukünftigen Geschehens benutzt werden: *Morgen fahre ich nach Berlin.* Dieser Gebrauch des Präsens lässt sich ebenfalls in zahlreichen anderen Sprachen beobachten, insbesondere dann, wenn das künftige Ereignis als sicher betrachtet wird. Vgl. engl. *I'm travelling tomorrow* oder *My train leaves at 8 o'clock,* franz. *J'arrive dans cinq minutes,* serb. *Sutra putujem* ‚Morgen fahre ich' oder türk. *Yarın gidiyoruz* ‚Morgen gehen wir'.[3]

---

[3] Bybee/Dahl (1998: 109 f.) nennen ferner die folgenden Sprachen, für die sie dasselbe Phänomen nachgewiesen haben: Beja (Hamito-Semitisch; Nordostafrika), Buginesisch (Austronesisch; Indonesien), Makassarisch (Austronesisch; Indonesien), Guaraní (Südamerika), Italienisch, Katalanisch, Klassisches Arabisch, Maltesisch, Persisch, Rumänisch, Spanisch, Schwedisch, Tigrinya (Semitisch; Äthiopien), Yoruba (Niger-Kongo-Sprache; Afrika).

Aufgrund der Möglichkeit, das Präsens auch mit einem anderen Zeitbezug als dem auf die Gegenwart zu verwenden, werden in den Grammatiken oft einzelne Funktionen des Präsens unterschieden. Helbig/Buscha (2001: 130 ff.) führen vier Bedeutungsvarianten auf:

1. Aktuelles Präsens
2. Präsens zur Bezeichnung eines zukünftigen Geschehens
3. Präsens zur Bezeichnung eines vergangenen Geschehens (historisches Präsens)
4. Generelles oder atemporales Präsens.[4]

Bei der semantischen Interpretation des Präsens stehen Meinungen, die ihm eine einheitliche Bedeutung zuschreiben, solchen gegenüber, die hierüber keine expliziten Aussagen machen, es aber faktisch als ambig darstellen, indem sie einzelne Varianten aufstellen. Zur letzteren Gruppe gehören der Duden (1998: 148 f.) und Helbig/Buscha (2001: 130 ff.). Neuere sprachvergleichende und typologische Ansätze bemühen sich demgegenüber um eine einheitliche Funktionsbestimmung des Präsens (vgl. z. B. Comrie 1985, Bybee/Dahl 1987, Bybee/Perkins/Pagliuca 1994).

Eine einheitliche, wenn auch nicht notwendig temporal gefasste Präsensbedeutung nehmen die *Grundzüge* (1981: 590) an, die das Präsens als zeitindifferent betrachten. Auch für Zifonun et al. (1997: 1692) ist beim Präsens die zeitliche Festlegung semantisch offen. Die Auffassung, das Präsens sei als Tempus der Nichtvergangenheit zu verstehen, wird demgegenüber u. a. von Gelhaus (1969), Heringer (1983) und Vater (1983) vertreten. Ballweg (1984) und Grewendorf (1982) und (1984) hingegen betrachten das Präsens als Tempus der Gegenwart.

Zum Problem der Varianten

Begnügt man sich damit, Varianten aufzustellen, so lässt man wichtige Probleme ungelöst und beraubt sich der Einsicht in interessante Strukturzusammenhänge. Eine solche Aufstellung ist zwar faktisch

---

[4] Ähnlich verfährt der Duden (1998: 147 f.), der ebenfalls vier Verwendungsweisen angibt: Bezug auf Gegenwärtiges, Bezug auf allgemein Gültiges, Bezug auf Zukünftiges, Bezug auf Vergangenes, womit er anders gelagerte Viererteilungen früherer Auflagen ersetzt.

nicht falsch, verzichtet aber darauf, den Zusammenhang der Gebrauchsweisen des Präsens zu sehen und zu erklären, welcher semantische Gehalt dieses Tempus eigentlich dazu befähigt, die verschiedenen in den Varianten beschriebenen Funktionen wahrzunehmen. Wichtige Fragen werden so gar nicht gestellt:

- Handelt es sich beim Präsens vielleicht nicht um ein einziges Tempus, sondern um die zufällige lautliche Übereinstimmung von vier semantisch getrennten Formen?
- Wenn ein einheitliches Tempus vorliegt, worin besteht die Gemeinsamkeit?

Die Unterscheidung der genannten vier Varianten ist erkennbar von einem bestimmten Standpunkt aus getroffen worden. Man geht dabei von Zeitabschnitten (Gegenwart, Vergangenheit, Zukunft) der außersprachlichen Wirklichkeit aus, die man nicht in Hinblick auf die Tempora, sondern unabhängig von ihnen festgelegt hat, und stellt dann fest, dass das Tempus Präsens alle drei betreffen kann. Eine solche Perspektive, die von der bezeichneten Wirklichkeit ausgeht und sich fragt, welche sprachlichen Zeichen dafür in Frage kommen, nennt man **onomasiologisch**. Demgegenüber wollen wir die entgegengesetzte Perspektive einnehmen, die nicht von der außersprachlichen Wirklichkeit, sondern vom Zeichen selbst ausgeht. Diese Betrachtungsweise nennt man **semasiologisch**. Dabei gehen wir von der Hypothese aus, dass es eine einheitliche Präsensbedeutung gibt, und fragen unter Berücksichtigung aller Verwendungsweisen, welche das sein könnte. Dafür soll zunächst das Verhältnis des Präsens zu den Tempora der Vergangenheit und dann das zum Futur untersucht werden.

Abgrenzung des Präsens von anderen Tempora

Während die Tempora der Vergangenheit ausdrücken, dass der Ereigniszeitpunkt in der Vergangenheit, also vor dem Sprechzeitpunkt, liegt, drückt das Präsens aus, dass der bezeichnete Akt zum Sprechzeitpunkt noch **nicht vergangen** ist.

Am offensichtlichsten ist dies in dem Fall, den Helbig/Buscha (2001:130) **aktuelles Präsens** nennen. Aber auch für den Fall des **generellen** oder **atemporalen Präsens** (ebd.: 132) ist evident, dass diese Erklärung zutrifft. Man kann nur dann sagen: *Belgrad liegt an der*

Donau, wenn die Aussage zum Sprechzeitpunkt noch gilt, d. h. wenn das ausgedrückte Faktum dann noch nicht Vergangenheit ist. Dass das bezeichnete Ereignis sich möglicherweise auch in die Vergangenheit oder in die Zukunft hinein erstreckt, ist irrelevant. Auszuschließen ist es ohnehin nicht, da ein Zeitpunkt genau genommen keine Ausdehnung hat; andererseits ist kaum ein Ereignis von so kurzer Dauer wie die Zeit der Äußerung, in der von ihm gesprochen wird.

In ähnlicher Weise müssen auch die → habituellen Verwendungen des Präsens interpretiert werden: *Hier schläft Judith* kann auch dann gesagt werden, wenn die Sprecherin Judiths üblichen Schlafplatz zeigt, ohne dass diese zum Sprechzeitpunkt selber schläft, und *Gehst du noch zur Schule?* kann man jemanden auch in den Ferien fragen. Durch das habituelle Präsens wird eine zum Sprechzeitpunkt gültige Aussage über eine bestehende Gewohnheit gemacht.

Anders sind die Fälle des **historischen** Präsens (einschließlich des szenischen Präsens) zu erklären, denn hier werden Geschehnisse dargestellt, die sich vor der Sprechzeit ereignet haben. Es handelt sich dabei häufig um fiktive Standortverschiebungen: im szenischen Präsens (Typ: *Klaut mir doch gestern einer mein Portemonnaie …*) und in einigen Fällen des historischen Präsens tut man beim anschaulichen Erzählen so, als ob die Handlung gerade gegenwärtig sei. Beim szenischen Präsens liegt also ein metaphorischer Tempusgebrauch vor: Der Bezug des Präsens auf die Gegenwart wird dafür nutzbar gemacht, ein Ereignis besonders lebendig und anschaulich zu schildern.

In anderen Fällen des historischen Präsens werden die historischen Ereignisse als noch heute gültige Fakten interpretiert: *Im Jahre 800 wird Karl zum Kaiser gekrönt.* Die gleiche Erklärung gilt auch für die im Präsens gehaltenen Zitateinleitungen: *Schon Aristoteles lehrt …; In der Bibel heißt es …* und für ähnliche Fälle.

Bybee/Dahl (1989: 109 f.) konnten nachweisen, dass der Gebrauch des Präsens statt eines Futurs in sehr vielen, nicht miteinander verwandten Sprachen üblich ist. Dies ist bereits ein deutlicher Hinweis darauf, dass es sich hier nicht um eine zufällige Variante, sondern um eine Grundbedeutung des Präsens handeln muss, die jeweils fruchtbar gemacht wird. In der Untersuchung wurde auch deutlich, dass Präsensgebrauch zur Bezeichnung eines künftigen Geschehens insbesondere dann zu erwarten ist, wenn das künftige

Ereignis als sehr sicher angesehen wird. Das Ereignis wird zwar erst in der Zukunft stattfinden, aber es steht bereits zum Zeitpunkt der Äußerung fest. Auch hier kann also die Bewertung der Aussage als zum Zeitpunkt der Äußerung gültig als Erklärung für den Tempusgebrauch dienen.

Wir fassen daher Präsens als ein Tempus und nicht als eine atemporale Verbform auf. Seine Bedeutung besteht darin, das im Verb ausgedrückte Geschehen auf die Gegenwart zu beziehen. Das Ereignis findet entweder zum Sprechzeitpunkt selbst statt (aktuelles Präsens) oder aber es hat für den Sprechzeitpunkt Gültigkeit, auch wenn es sich vor oder nach dem Sprechzeitpunkt ereignet.[5] Dagegen werden mit den Vergangenheitstempora Ereignisse dargestellt, die sich gerade nicht auf die Gegenwart erstrecken.

Dieser Gegensatz Präsens/Vergangenheitstempora stellt die fundamentale Opposition des deutschen Temporalsystems dar:

Das Präsens umfasst alles, was nicht auf die Vergangenheit beschränkt ist. Eine Trennung zwischen Zukünftigem und Gegenwärtigem ist demgegenüber – wie übrigens in anderen Sprachen häufig auch – nicht strikt vorgeschrieben.[6]

Eine völlig andere als die hier vorgenommene Grundeinteilung der Tempusformen nimmt die Grammatik des IdS (Zifonun et al. 1997) vor. Sie unterscheidet einfache und kompositionale Tempora. Die einfachen Tempora bestehen aus Futur, Präsens und Präteritum; der Begriff „einfach" betrifft also nicht oder jedenfalls nicht nur die → synthetische Tempusbildung, sondern ist auch eine semantische Kategorie.[7] Als Begründung dafür, warum das Futur zu den einfachen Tempora zu rechnen ist, wird angeführt, dass es ana-

---

[5] Das Präsens kann im Deutschen wie in vielen anderen Sprachen auch ein Ereignis bezeichnen, das zu einem Zeitpunkt in der Vergangenheit begonnen hat und in die Gegenwart hinein andauert. Im Unterschied hierzu wird im Englischen für solche Ereignisse nicht das Präsens, sondern das Perfekt (present perfect) gewählt: Dem Deutschen *Ich lebe seit zwei Jahren in Berlin* entspricht engl. *I have lived/I have been living in Berlin for two years.*

[6] Zu einem ähnlichen Ergebnis kommt Thieroff (1992: 100 f.), der das Präsens mit E nicht vor S charakterisiert.

[7] Diese semantische Kategorie entspricht in etwa den absoluten Zeitformen bei Admoni (1982: 185), auf den bei Zifonun et al. (1997) allerdings nicht Bezug genommen wird.

log zum Perfekt (in der IdS-Grammatik: Präsensperfekt) und Plusquamperfekt (dort: Präteritumsperfekt) auch ein Futur II (dort: Futurperfekt) gibt, das sich als kompositionales Tempus auf das Futur I bezieht. Das Futur I lässt sich jedoch in diesem Ansatz nicht im
selben Sinne als kompositionales Tempus (also etwa als Futurprä-
sens, d. h. als Tempus mit einem Bezug zum Tempus Futur) deuten,
und seine Bedeutung auch nicht ohne Weiteres aus seinen Bestandteilen (als aus *werden* und dem Infinitiv des Vollverbs) ableiten (vgl.
ebd.: 1689).

Futur

Man unterscheidet zwei futurische Tempora; beide werden analytisch gebildet. Das **Futur I** (von lat. *futurus* ‚zukünftig‘), oder Futurum, oft einfach nur Futur, zuweilen (zuerst wohl bei Salveit
1960: 47) auch „*werden* mit Infinitiv-Form" genannt, besteht aus einer finiten Form des Verbs *werden* und dem Infinitiv des Vollverbs
(ich werde kommen). Daneben gibt es das **Futur II** *(ich werde gekommen
sein)*, auch Futurum exactum (von lat. *exactum* ‚beendet‘, ‚vollendet‘)
genannt, das aus einer finiten Form des Verbs *werden* und dem Infinitiv Perfekt des Vollverbs gebildet wird *(sie wird angekommen sein)*.

Futur I

Die Bildung des Futurs mit *werden* + Infinitiv ist relativ jung. Im Althochdeutschen und in den frühen und mittleren Phasen des Mittelhochdeutschen wurde zur Bezeichnung zukünftiger Geschehnisse
entweder das Präsens verwendet oder es wurden Umschreibungen
(Periphrasen) mit den Modalverben mhd. *suln* (sollen), *müeʒen* (müssen), *wellen* (wollen) gewählt. Die heutige Futurform mit *werden* + Infinitiv ist aus einer Kombination von *werden* + Partizip Präsens entstanden. Formen wie *ich werde gebende*, wörtlich ‚ich werde zu einer
Gebenden‘ wurden entweder durch Abschleifung (Bech 1901) oder
aber durch morphologische Vermischung mit der Infinitivform
(Kleiner 1925) zum Infinitiv umgestaltet.[8] Eine solche Formenver-

---

[8] Leiss (1985) versucht, die Form historisch durch tschechisches Adstrat
zu erklären. Im tschechisch-deutsch zweisprachigen Böhmen habe sich die
Form *werden* + Infinitiv, analog zum tschechischen *budu* + Infinitiv, zuerst gebildet und von dort auf das ganze deutsche Sprachgebiet ausgebreitet.

mischung, d. h. ein Wechsel von Formen mit und ohne -*d* lässt sich auch an anderer Stelle, nämlich beim → Gerundivum beobachten: *Das Buch ist zu lesen/das zu lesende Buch.*

Die allgemeine Funktion des Futurs als Tempus in einer beliebigen Sprache besteht darin, etwas vorherzusagen, also in einer Prognose. Normalerweise bezieht sich eine solche Prognose auf ein Geschehen, das sich zum Sprechzeitpunkt noch nicht vollzieht. Bei den Tempora der Gegenwart und der Vergangenheit ist das ausgedrückte Geschehen der sprechenden Person entweder direkt zugänglich (Gegenwart) oder in der Erinnerung gegenwärtig (Vergangenheitstempora). Im Unterschied dazu ist zukünftiges Geschehen niemals faktisch gegeben, sondern kann immer nur als etwas Beabsichtigtes, Geplantes oder Vermutetes erfasst werden.[9] Daraus ergibt sich, dass sich beim Futur die Grenzen zwischen Tempus und Modus bis zu einem gewissen Grade verwischen; dies zeigt sich auch in der modalen Komponente, die das Futur in zahlreichen Sprachen aufweist.[10] Die Affinität von temporaler und modaler Komponente des Futurs zeigt sich auch in der historischen Entwicklung der Futurformen in vielen Sprachen. So bildet etwa das Englische seine Futurformen *(I shall/will go)* mit Hilfe der Modalverben ‚sollen‘ und ‚wollen‘. Auch die synthetisch aussehenden Futurformen des Französischen stammen aus analytischen Formen mit modaler Bedeutung: frz. B. *(je) porterai* hat sich aus vulgärlateinisch **(ego) portare habeo*[11] (‚ich habe zu tragen‘, d. h. ‚ich muss tragen‘) entwickelt.

Im Deutschen lässt sich wie in anderen Sprachen auch eine temporale und eine modale Komponente des Futurs beobachten. Eindeutig temporal ist das Futur beispielsweise in *Sobald er das hört, wird*

---

[9] Bybee/Dahl (1989: 103) sprechen davon, dass sich das Futur epistemisch und vielleicht auch ontologisch von den anderen Tempora unterscheidet.

[10] Ein Beispiel hierfür wäre etwa engl. *That will be the postman* oder serbokr. *Biće to poštar* ‚Das wird der Postbote sein‘; vgl. auch franz. *J'aurai laissé mes lunettes en haut.* (‚Ich werde die Brille oben vergessen haben‘; Boylesve, zitiert nach Grevisse 2000: 1299). Dahl (1985: 103–112) konnte in einer empirischen Untersuchung in 64 verschiedenen Sprachen aus unterschiedlichen Sprachfamilien einen solchen modalen Gebrauch des Futurs nachweisen.

[11] Der * vor *ego portare habeo* bedeutet hier nicht eine unzulässige, abweichende Form, sondern, der Notation der historischen Sprachwissenschaft folgend, eine nicht belegte und nur rekonstruierte Form.

er vor Wut platzen, eindeutig modal in *Peter wird inzwischen längst in Köln sein.* Dieses Faktum wird in der Literatur unterschiedlich interpretiert. Helbig/Buscha (2001: 137 f.) nehmen zwei Varianten des Futurs an (eines zur Bezeichnung eines vermuteten Geschehens in der Gegenwart und eines zur Bezeichnung eines zukünftigen Geschehens); ähnlich verfährt auch der Duden (1998: 149).

Es wäre sinnvoll, wenn man für das Futur neben der Feststellung der Varianten auch zu einer möglichst einheitlichen (nicht in unzusammenhängende Varianten aufgesplitterten) Bedeutung finden könnte, die beide Komponenten (die modale wie die temporale) berücksichtigt. Grundsätzlich gibt es dabei zwei Interpretationsmöglichkeiten: Man kann entweder die temporale oder die modale Komponente als die primäre ansehen. Entsprechend kann man die modale Bedeutung von Sätzen wie *Das wird der Postbote sein* als eine aus der temporalen Grundfunktion abgeleitete Gebrauchsweise betrachten, die sich den Prognosecharakter des Futurs zunutze macht, also etwa im Sinne von: ‚Ich sage voraus, dass dies der Postbote ist'; wie beim rein temporalen Gebrauch des Futurs wird sich die Richtigkeit dieser Äußerung erst nach dem Sprechzeitpunkt erweisen. Oder aber man nimmt umgekehrt an, dass sich die modale Komponente der Form mittlerweile zur primären entwickelt hat, und dass somit auch in einer eindeutig zukunftsbezogenen Äußerung wie *Sobald er das hört, wird er vor Wut platzen* deshalb das Futur benutzt werden kann, weil jede Prognose per se eine Vermutung darstellt. Diese Verwendung könnte unterstützt werden durch die futurische Komponente, die jeder Vermutung innewohnt, da sich die Wahrheit der Aussage ja erst in der Zukunft herausstellen wird. Unabhängig davon, welcher Interpretation man den Vorzug gibt, braucht man das Futur also keineswegs als ambig aufzufassen, jedenfalls nicht vom Standpunkt des sprachlichen Zeichens aus, sondern man kann es als einheitliche Form mit einer konstanten Bedeutung verstehen.

Nicht alle Verben können mittels des Futurs eine rein modale Bedeutung (also eine Vermutung mit Gegenwartsbezug) ausdrücken. Insbesondere die meisten perfektiven Verben stellen regelmäßig einen Zukunftsbezug her: *Er wird kommen; Sie wird erschrecken,* ebenso *Sie wird bleiben.* Ferner wird auch das Futur einiger Verben des Sagens gewöhnlich nicht modal gebraucht: *Sie wird (es) ihm mitteilen/vorwerfen/antworten/erwidern.* Umgekehrt wird die *werden* + Infinitiv-Form der beiden rein durativen Verben *sein* und *haben* normalerweise modal gebraucht und ohne besondere Kontextmerkmale auch ausschließlich modal interpretiert; vgl. *Du wirst müde sein/Hunger haben* (modal) gegenüber *Wenn du morgen ankommst, wirst du müde sein/Hunger haben* (temporal und möglicherweise zusätzlich modal). Bei den übrigen durativen Verben wird der modale Gebrauch meist durch temporale Adverbien wie *schon* oder *inzwischen* markiert: *Die Krokusse werden inzwischen schon blühen; Draußen wird es schon dämmern.* Modal werden auch Futur-Formen des Zustandspassivs interpretiert: *Die Tür wird abgeschlossen sein; Sie wird gegen Cholera geimpft sein.*

Futur II

Das Futur II wird mit einer Form des Hilfsverbs *werden*, dem Partizip Perfekt des Vollverbs und dem Infinitiv des Hilfsverbs *sein* oder *haben* gebildet: *Ich werde gegangen sein/gegessen haben.* Es ist historisch noch jünger als das Futur I und hat wie dieses eine modale und eine temporale Variante.

Wenn man die temporale Variante getrennt behandelt, so bedeutet sie, dass ein Ereignis im Verhältnis zu einem in der Zukunft angenommenen Betrachtzeitpunkt in der Vergangenheit liegen wird. Im Reichenbachschen Schema könnte der üblichste Fall folgendermaßen dargestellt werden:

–S–E–B→

Die Zeitpunkte, die in dem Satz *Übermorgen werde ich das Auto repariert haben* impliziert sind, können mit den Adverbien *heute, morgen, übermorgen* folgendermaßen verdeutlicht werden: ‚Heute spreche ich, morgen repariere ich, (zum Betrachtzeitpunkt) übermorgen werde ich repariert haben‘.

Allgemein wird angenommen, dass E nach S liegen muss, doch kann man das bezweifeln. Der Satz *Ob er das Auto jetzt schon fertig hat, weiß ich nicht, aber morgen wird er es bestimmt repariert haben* ist auch dann korrekt, wenn E (die Reparatur) vor S liegt. Genau genommen bestimmen also nur zwei Relationen die Struktur der temporalen Variante des Futur II:

–S–B→ und
–E–B→;

das Verhältnis von E zu S ist irrelevant.

Wie das Futur I hat auch das Futur II Lesarten, die nicht auf Zukünftiges hinweisen, sondern Vermutungen über vergangene Ereignisse ausdrücken. Helbig/Buscha (2001: 139 f.) unterscheiden sogar drei Varianten: Bezeichnung eines vermuteten Geschehens in der Vergangenheit, Bezeichnung eines vermuteten Geschehens in der Vergangenheit mit resultativem Charakter und Bezeichnung eines zukünftigen Geschehens. Die Autoren illustrieren den Unterschied zwischen resultativem und nicht-resultativem Geschehen anhand der Beispielsätze *Er wird die Stadt besichtigt haben* (nicht-resultativ) und *Der Reisende wird sich einen neuen Hut gekauft haben* (resultativ). Wie die Beispiele zeigen, liegt indessen in beiden Fällen ein Resultat vor, das in einem Falle konkret („er hat einen neuen Hut‘), im anderen abstrakt ist („er hat neue Kenntnisse‘); ein Grund für diese Unterscheidung lässt sich nicht erkennen. Perfektive und durative Verben lassen im Futur II zwar unterschiedliche Inferenzen zu: vgl. *Er wird geschlafen haben* (er ist danach auch wieder aufgewacht) gegenüber *Er wird eingeschlafen sein* (er schläft noch). Dieser Unterschied kann jedoch nicht auf das Tempus zurückgeführt werden, sondern liegt in der Semantik der Verben begründet (vgl. auch *Er hat geschlafen* gegenüber *Er ist eingeschlafen)*.

Beim Gebrauch des Futur II überwiegt die modale Variante deutlich vor der rein temporalen, die eher selten auftritt. Dies hängt vermutlich mit der Bedeutung des Infinitivs Perfekt zusammen, der neben der Komponente ‚Abgeschlossenheit‘ ein resultatives Element und damit das Mitverstehen eines aus dem Ereignis folgenden Zustand beinhalten kann: *gegessen haben* („satt sein‘), *gegangen sein* („weg sein‘). Wie schon beim Futur I erläutert wurde, führt die Komponente ‚Durativität‘ eher zu einer modalen Interpretation der Form. In der IdS-Grammatik wird das Futur II in „Futurperfekt“ umbenannt (Zifonun et al. 1997: 1713), weil es als kompositonales Tempus mit Bezug auf das Futur I angesehen wird.

Vergangenheitstempora

Perfekt und Präteritum

Das **Präteritum** (von lat. *praeterire* ‚vorbeigehen‘, wörtl. ‚das Vorbeigegangene‘) wurde früher oft auch **Imperfekt** genannt (von lat. *imperfectum* ‚das Unvollendete‘). Letztere Bezeichnung charakterisierte ursprünglich ein lateinisches Tempus und ist von dort aufs Deutsche übertragen worden, wo sie insofern irreführend ist, als dieses Tempus nicht die Funktion hat, Unvollendetes auszudrücken. Das Präteritum ist eine synthetische Form: *ich war, ich ging, ich machte.* Das **Perfekt** (von lat. *perfectum* 'das Vollendete) ist dagegen eine analytische Form, die mit einem Hilfsverb und dem Partizip Perfekt des Vollverbs gebildet wird: *Du bist gegangen, hast getan.* Beide Formen dienen dazu, Ereignisse, die in der Vergangenheit stattgefunden haben, zu kennzeichnen. Ihnen ist also das Strukturmerkmal

–E–S→

gemeinsam.

Die semantischen Beziehungen zwischen den beiden Tempora und ihren Verwendungsweisen sind aus einer Reihe von Gründen schwer fassbar, was auch dazu geführt hat, dass sich keine einhellige Forschungsmeinung gebildet hat. Die Schwierigkeiten sind:

– Präteritum und Perfekt sind gegeneinander austauschbar. Diese Ersetzungsmöglichkeit ist jedoch nur in einer Richtung vollständig gegeben: Jedes Präteritum kann (wenn man eine Veränderung der Stilebene in Kauf nimmt) in ein Perfekt verwandelt werden; aber nicht jedes Perfekt kann umgekehrt durch ein Präteritum ersetzt werden. So kann etwa in dem Satz *Schiller schrieb Die Räuber im Jahre 1781* das Präteritum durch das Perfekt *Schiller hat Die Räuber im Jahre 1781 geschrieben* ersetzt werden; nicht möglich ist diese Ersetzung aber beispielsweise in dem Satz *Guck mal, es hat geschneit (*Guck mal, es schneite).*

– Im Deutschen findet ein langdauernder Umstrukturierungsprozess statt, bei dem das Perfekt mehr und mehr das Präteritum ersetzt. Deshalb wirkt das Präteritum oft archaischer als das Perfekt.[12]

---

[12] Vergleichbare Beobachtungen kann man auch in anderen Sprachen unseres Kulturkreises machen, z. B. im Französischen, wo das *passé composé* mehr und mehr das *passé simple* verdrängt, oder im Serbischen, wo das analytische Perfekt die synthetischen Formen von Präteritum und Aorist fast vollständig ersetzt hat. Dies entspricht einer allgemeineren Erscheinung, der Ersetzung → synthetischer durch → analytische Formen, die man auch bei der Deklination, der Komparation und auf anderen Sektoren der Konjugation in der indoeuropäischen Sprachengruppe feststellen kann.

– In einigen Sprechlagen des Deutschen, besonders in der familiä-
ren Umgangssprache, hat das Perfekt das Präteritum im ganzen
deutschen Sprachraum schon weitgehend ersetzt. So sagt man
umgangssprachlich kaum noch *Ich rief Klaus an*, sondern man verwendet statt dessen die Form *Ich habe Klaus angerufen*. Dagegen ist
das Präteritum in geschriebener erzählender Prosa das üblichere
Tempus. Helbig/Buscha. (2001: 132 f.) tragen diesem Phänomen
durch das Beschreibungsmerkmal +– *Colloqu* (*Colloqu* steht für
umgangssprachlich) Rechnung.

– Im deutschen Sprachgebiet sind die Verhältnisse nicht einheitlich
geregelt: Im deutschen Sprachgebiet südlich der so genannten
Präteritumslinie (oder Präteritalgrenze), die südlich von Frankfurt in west-östlicher Richtung verläuft, kennt man das Präteritum in den Dialekten gar nicht mehr.[13] Ein Beispiel für diesen
südlichen deutschen Sprachgebrauch bilden die Erzählungen des
alemannischen Schriftstellers J. P. Hebel, die ausschließlich im
Perfekt gehalten sind.

– Die Wahl des Tempus (Perfekt oder Präteritum) hängt auch von
dem betreffenden Verb ab: Hilfsverben, Modalverben und einige
Verben der Bewegung werden häufiger im Präteritum benutzt
als andere. Hier spielt auch die Lautstruktur eine Rolle: Manche
Formen, wie z. B. *du berichtetest, rastetest*, werden, wenn möglich,
vermieden und durch das Perfekt (*du hast berichtet, hast gerastet*) ersetzt. Außerdem werden statt der Präterita einiger Verben, über
deren Form (stark oder schwach) sich die Sprechenden nicht
sicher sind, oft die Perfektformen gewählt: Statt sich zwischen
scholl oder *schallte, backte* oder *buk* zu entscheiden, sagt man *hat
geschallt, gebacken*.

– Das Präteritum gehört in eine höhere Stilebene als das Perfekt.
Da die Sprecherinnen sich dieses Umstandes bewusst sind, lassen sich gelegentlich **hyperkorrekte Formen** beobachten, d. h.
das Präteritum wird in der irrigen Annahme benutzt, man drücke

---

[13] Dieser Präteritumschwund setzte im Oberdeutschen um 1500 ein und voll-
zog sich innerhalb einer kurzen Zeitspanne. Siehe dazu Jacki (1909), Lindgren (1957) oder Weinrich (1977: 281 ff.). In vielen Dialekten, insbesondere
in der Schweiz, ist er vollständig vollzogen; in anderen, so im Schwäbischen,
ist die Präteritumsform von *sein* (*war*) als Einzelfall noch erhalten.

sich damit automatisch vornehmer, stilistisch besser aus, obgleich die Form semantisch nicht passt. Man nennt dies auch das **Ästhetenpräteritum.**

In den Fällen bzw. Kontexten, in denen beide Tempora benutzt werden könnten, lässt sich ein deutlicher Bedeutungsunterschied feststellen. Hier trägt das Perfekt dann eine Bedeutungskomponente ‚Abgeschlossenheit‘: Das Ereignis, das sich in der Vergangenheit abgespielt hat, wird als abgeschlossen (und eventuell in seinem Resultat noch fortwirkend) erfasst, eine Komponente, die das Präteritum nicht aufweist. So fragt jemand seinen Gast, wenn er wissen will, ob er hungrig ist: *Haben Sie schon gegessen?* und nicht *Aßen Sie schon?*, weil es ihm auf das aktuelle Resultat des Vorganges, nicht auf den vergangenen Vorgang selbst ankommt. An den unterschiedlichen Kontexten, in denen die Glieder des Minimalpaares *es schneite – es hat geschneit* stehen können, lässt sich der Bedeutungsunterschied verdeutlichen. *Es schneite* wird in Texten vorkommen, in denen es auf die (vergangene) Ereigniszeit ankommt: *Es schneite, als er ins Freie trat. Erst regnete es, dann schneite es,* während der Vorgang des Schneiens in *Es hat geschneit* als abgeschlossen dargestellt wird. Dabei braucht das Resultat des im Perfekt dargestellten Vorgangs zum Sprechzeitpunkt nicht mehr vorzuliegen *(Heute Nacht hat es geschneit, aber der Schnee ist leider nicht liegen geblieben.).*[14]

In einigen Fällen kann man das gleiche Ereignis, je nachdem, wie man es einordnet, mit dem Präteritum oder mit dem Perfekt ausdrücken. In einem chronologischen Bericht über die Taten von Christoph Columbus wird man sagen: *Er entdeckte 1492 Amerika, segelte zurück nach Spanien, unternahm noch drei weitere Fahrten und starb 1506.* In einem anderen Zusammenhang, wenn es sich darum handelt, das Ergebnis zu betonen, wird man dagegen eher das Perfekt wählen: *Christoph Columbus hat Amerika entdeckt.* Wenn ein Text dem erzählenden Rhythmus des *und dann … und dann* folgt, wobei das Interesse des Hörers oder der Leserin auf die Abfolge eben dieser Fakten gerichtet ist, wird das Präteritum vorherrschen. Wird ein vergangenes Ereignis dagegen als abgeschlossen und als Resultat berichtet, so

---

[14] Um deutlich zu machen, dass beim Perfekt nicht das Ergebnis der Handlung oder des Vorgangs noch vorhanden, wohl aber dessen Relevanz weiterhin gegeben sein muss, wählt Givón (2001: 293) zur Beschreibung des Perfekts den Ausdruck *lingering relevance* (neben *anteriority, perfectivity, counter-sequentiality*).

wird das Perfekt bevorzugt. Vgl. *1248 verlor Friedrich II eine wichtige Schlacht bei Victoria.* Dagegen: *Kannst du mir 20 Mark leihen; ich habe mein Geld verloren. Es regnete, als sie sich auf den Weg machte;* dagegen angesichts einer nassen Straße: *Es hat geregnet* (nicht: **Es regnete*).

Aus der Bedeutungskomponente ‚Abgeschlossenheit' des Perfekts erklärt sich auch der Name Perfekt (von lat. *perfectum* ‚vollendet').

Wenn beide Tempora zum Gebrauch zur Verfügung stehen, gibt es also deutliche Bedeutungsunterschiede zwischen Perfekt und Präteritum, und beiden Tempora müssen eigene Bedeutungen zugeordnet werden. Wenn hingegen das Präteritum gar nicht zur Verfügung steht – etwa, weil es regional nicht mehr gebräuchlich ist oder aber weil die entsprechende Form wie bei *du arbeitetest* aus phonetischen Gründen nur ungern gebildet wird – steht das Perfekt auch nicht in Opposition zum Präteritum, und es wird nicht durch dieses begrenzt und definiert. Es ist dann das Standardtempus für den Ausdruck von vergangenem Geschehen und verliert folglich seinen perfektiven bzw. resultativen Charakter. Die Feindifferenzierung in der Vergangenheit wird dann aufgehoben. Dies ist keine ungewöhnliche Entwicklung; sie lässt sich auch in anderen Sprachen beobachten.[15]

In der Grammatik des IdS (Zifonun et al. 1997) wird die im Deutschen übliche Tempusbezeichnung Perfekt durch die sonst für das Englische gebräuchliche Bezeichnung Präsensperfekt ersetzt. Diese Umbenennung erfolgt aus semantischen Gründen, da es als Tempus aufgefasst wird, das einen Bezug zum Präsens herstellt: Das Präsensperfekt drückt Vergangenheit relativ zu präsentischen Betrachtzeiten aus, also relativ zu Betrachtzeiten beliebiger Länge (ebd.: 1702). Nun wird allerdings an anderer Stelle auch gesagt, beim Präsensperfekt sei die Sprechzeit in den zeitlichen Interpretationszusammenhang einbezogen; von diesem Ansatzpunkt aus gelangt man zu einer Betrachtzeit in der Vergangenheit (ebd.: 353). Diese etwas widersprüchlichen Angaben lassen sich damit erklären, dass zwei verschiedene Betrachtzeiten (tb und tb') angesetzt werden: Im Prä-

---

[15] Bybee/Perkins/Pagliuca (1994: 52) zählen das Deutsche zusammen mit einer ganzen Reihe anderer Sprachen (darunter Französisch, Italienisch, Türkisch) auf, für die sich eine Entwicklung von als *anterior* und *resultativ* beschriebenen Tempora zu einem einfachen Vergangenheitstempus zeigen lässt.

sensperfekt liegt die Betrachtzeit (tb') des tempuslosen Satzrestes vor der Betrachtzeit für das Präsens (tb) (ebd.: 1702). Das Perfekt wird hier also wie auch die anderen analytisch gebildeten Tempora als eine Form aufgefasst, in der zwei verschiedene Tempus-Informationen enthalten sind: die des finiten Verbs (im Falle des Perfekts: Präsens) und die des infiniten Teils der Konstruktion (vgl. ebd.: 1691 und 1701).

Man kann sich natürlich fragen, ob es sinnvoll ist, das Perfekt in Präsensperfekt umzubenennen. Der Begriff ist zwar für das Englische (*present perfect*) geläufig, aber die Verwendungsweise der Tempora in den beiden Sprachen unterscheidet sich beträchtlich, und die Definition, die für das deutsche Präsensperfekt gegeben wird, ist nicht mit der für das Englische kompatibel (vgl. z. B. Quirk/Greenbaum 1998: 42–46). In dieser Hinsicht ist die Umbenennung also eher irreführend als hilfreich. Der abgeschaffte Begriff „Perfekt" hingegen wird gewöhnlich als vergangene Handlung mit Bedeutung für die Gegenwart definiert („a past action with current relevance", Bybee/Pagliuca/Perkins 1994: 61). Der Unterschied des deutschen Präsensperfekts zum Perfekt anderer Sprachen müsste folglich darin bestehen, dass es keinen Bezug auf die Gegenwart, sondern nur auf präsentische Betrachtzeiten nimmt, und dass seine Komposition aus einem Hilfsverb im Präsens und einem Partizip des Vollverbs zu einer besonderen Bedeutungskombination führt. Aber das deutsche Präsens ist ja nichts Besonderes; es funktioniert so wie das Präsens anderer Sprachen auch, die ebenfalls mit Hilfe eines Hilfsverbs im Präsens und eines Partizips der Vergangenheit ihr Perfekt bilden. Unter sprachvergleichenden Gesichtspunkten spricht daher nichts für, aber einiges gegen diese Umbenennung.

Zur Erklärung der einzelnen Perfekt- und Präteritumsvarianten

In den Grammatiken werden mehrere Varianten des Perfekts erwähnt:

– ein Perfekt zur Bezeichnung von Vergangenem (z. B. Duden 1998: 151); bei Helbig/Buscha (2001: 135) wird diese Variante – wie beim Futur II – in zwei aufgeteilt, von denen eine einen zusätzlichen resultativen Charakter aufweist.

– ein Perfekt mit Bezug auf Allgemeingültiges: *Ein Unglück ist schnell geschehen* (Duden 1998: 151); *Ein Fehler ist schnell passiert.*

– ein Perfekt zur Bezeichnung zukünftiger Handlungen (Duden
1998: 151, Helbig/Buscha 2001: 136), das semantisch dem Futur
II entspricht (*Wenn du kommst, haben wir bestimmt schon gegessen*).

Dagegen wird für das Präteritum im Allgemeinen nur eine Verwendungsweise angegeben: es bezeichnet vergangene Sachverhalte (vgl.
z. B. Helbig/Buscha 2001: 132 f.). Erwähnenswert sind aber zwei
Sonderfälle:

– Ein Kellner kann eine Gruppe von Gästen fragen *Wer bekam noch
das Kalbsschnitzel?*, oder man kann jemanden fragen *Wie war noch
gleich ihr Name?* Ein Perfekt (**Wer hat noch das Kalbsschnitzel bekommen? *Wie ist Ihr Name noch gleich gewesen?*) ist hier normalerweise
nicht möglich.[16] Nach der Zeitlogik (Überschneidung mit dem
Sprechzeitpunkt) würde man das Präsens erwarten. Offenbar
handelt es sich darum, dass die Sprecherin gedanklich einen in
der Vergangenheit liegenden Zeitpunkt einnimmt (den der Be-
stellung/der Vorstellung). Die Sprecherin betont, dass die Information bereits in der Vergangenheit gegeben wurde, also längst
zur Verfügung steht, und markiert damit zugleich, dass die Frage
nur aufgrund der Unzulänglichkeit des eigenen Gedächtnisses
gestellt wird; es handelt sich hier offenbar um einen Höflich-
keitsmechanismus, der auch in anderen Sprachen vorliegt (vgl.
z. B. serb. *Kako beše vaše ime?* ‚Wie war Ihr Name?'). In dieser Weise
lassen sich auch Fälle erklären, bei denen Bitten im Präteritum
vorgebracht werden: *Ich wollte nur mal fragen, ob Sie mir nicht fünf
Euro leihen könnten.*[17] Die Sprecherin will so indirekt wie möglich
vorgehen und stellt die Frage, als drücke sie nicht ihren aktuellen
Willen, sondern eine schon vergangene Bittintention aus. Die
Offenheit (d. h. Unabgeschlossenheit) des Präteritums wird in
diesen Fällen stilistisch eingesetzt.[18] Dass es sich nicht – wie man
vermuten könnte – um einen Konjunktiv, sondern um einen In-

---

[16] Möglich ist der Gebrauch des Perfekts in diesen Kontexten allerdings
dann, wenn das Präteritum in der entsprechenden Sprachregion gänzlich ge-
schwunden ist.

[17] Zu den zugrunde liegenden Bittstrategien siehe Weydt (1983) und (1984a).

[18] Die Interpretation Engels (1996: 416), das Präteritum bedeute, dass ein
Sachverhalt ohne Belang sei, lässt sich überhaupt nicht nachvollziehen,
schon gar nicht für Fälle wie *Wie war noch Ihr Name?*

dikativ Präteritum handelt, zeigt auch der Vergleich mit anderen Sprachen, die denselben Mechanismus aufweisen, vgl. engl. *I wondered if you'd like a drink* (Quirk/Grennbaum 1998: 52) oder franz. *Je voulais vous demander quelque chose* (Grevisse 2000: 1291).
– In der erzählenden Prosa ist das Präteritum das Tempus des inneren Monologs. *Gerhard versank in tiefes Nachdenken. War er wirklich außer Gefahr? Oder hatte er etwas übersehen?* Die Erzählerin verzichtet hier nicht auf ihren Standpunkt und gibt die Gedanken ihres Helden wie den gesamten Inhalt der Erzählung in der Vergangenheitsform wieder.

Adverbiale Zeitangaben werden beim Präteritum auf den Ereigniszeitpunkt bezogen *(Vor zehn Minuten kam der Brief an; *Jetzt kam der Brief an)*; beim Perfekt können dagegen Zeitangaben sowohl den Sprechzeitpunkt als auch den Ereigniszeitpunkt markieren: *Heute Mittag habe ich gegessen* und *Jetzt habe ich schon gegessen.*

Plusquamperfekt

Das **Plusquamperfekt** (von lat. *plus quam perfectum* ‚mehr als vollendet‘) ist eine analytische Form und wird mit der Präteritumsform des Hilfsverbs (*sein* oder *haben*) und dem Partizip Perfekt des Vollverbs gebildet: *Sie war gekommen; er hatte geweint.* Der Ereigniszeitpunkt liegt vor dem Betrachtzeitpunkt und diese wieder vor dem Sprechzeitpunkt.

–E–B–S→

Als Eva nach Hause kam, hatte Gerhard schon geputzt: Die Wohnung blitzte nur so. Im Nebensatz ist der Betrachtzeitpunkt bezeichnet: ‚als Eva nach Hause kam‘; der im Hauptsatz bezeichnete Akt (das Putzen) liegt davor. Zeitangaben, die bei einem Plusquamperfekt stehen, können sich sowohl auf den Betrachtzeitpunkt als auch auf den Ereigniszeitpunkt beziehen. In dieser Hinsicht ist der Satz *Der Streit hatte am letzten Dienstag schon angefangen* zweideutig. Er kann bedeuten, dass von einer Zeit am letzten Dienstag die Rede ist, dass aber der Beginn des Streits bereits vorher lag; dann bezieht sich die Angabe auf den Referenzpunkt. Er kann auch bedeuten, dass der Anfang des Streits am Dienstag lag und dass von einer später liegenden Zeit gesprochen wird; dann markiert die temporale Adverbialbestimmung den Ereigniszeitpunkt.

In der Grammatik des IdS wird das Plusquamperfekt in Präteritumsperfekt umbenannt (Zifonun et al. 1997: 1713), da es als kombinatorisches Tempus mit formalem und inhaltlichem Bezug zum Präteritum aufgefasst wird.

Es gibt über das Plusquamperfekt hinaus Ansätze zu einem Doppeltempus der Vergangenheit, bei dem eine Perfekt- oder Plusquamperfektform zusätzlich mit einem Partizip Perfekt von *sein* oder *haben* kombiniert wird. Das doppelte Plusquamperfekt wird vor allem umgangssprachlich gebraucht, um ein Ereignis zu bezeichnen, das abgeschlossen ist und vor einem anderen liegt, das im Perfekt oder im Plusquamperfekt beschrieben wird. *Als er mir sagte, dass er sich die Lampe zum Geburtstag wünschte, hatte ich sie schon längst gekauft gehabt.* Diese Form gilt (noch?) nicht als korrekt. Das Doppel-Perfekt ist im südlichen deutschen Sprachraum durchgehend gebräuchlich und ersetzt dort das Plusquamperfekt, das wegen des fehlenden Präteritums nicht gebildet werden kann: *Ich habe es ihm gesagt gehabt, aber er hat es vergessen. Das habe ich vorher nicht gewusst gehabt.*[19]

4.4   Modus

Es gibt innerhalb einer Sprache meist verschiedene Möglichkeiten, Modalität auszudrücken, d. h. es gibt verschiedene Wortarten oder grammatische Kategorien, mit denen die sprechende Person ihre Einschätzung der Realität oder der Realisierungsmöglichkeit des bezeichneten Sachverhaltes ausdrücken kann. Im Deutschen stehen hierfür → Modalverben und → modifizierende Verben, → Modalwörter und schließlich der **Modus** (Plural: Modi, von lat. *modus* ‚Art‘, ‚Weise‘) des Verbs zur Verfügung.[20] Mit diesen Mitteln kann die sprechende Person z. B. ausdrücken, ob das von ihr Geäußerte real, erwünscht, (un)möglich, an bestimmte Bedingungen geknüpft oder eine fremde, von ihr nur wiedergegebene Äußerung ist.

---

[19] Doppelperfektbildungen dieser Art lassen sich interessanterweise auch in anderen Sprachen beobachten; vgl. serb. *To sam mu bila rekla* ‚Das habe ich ihm gesagt gehabt‘.

[20] Zu den verschiedenen Realisierungsmöglichkeiten der Modalität im deutschen Verbalsystem vgl. auch Erben (1996: 100–118).

Der Modus des Verbs ist eine fest mit der gewählten Verbform verknüpfte Aussage über die Modalität. Im Deutschen gibt es drei verbale Modi: Indikativ, Konjunktiv und Imperativ.

Indikativ und Konjunktiv

Der **Indikativ** (von lat. *indicare* ‚aussagen‘), deutsch auch **Wirklichkeitsform** genannt, ist der häufigste Modus des Deutschen und kann als die unmarkierte Form[21] aufgefasst werden. Indikativische Verbformen sind beispielsweise *ist, läuft* oder *hatte* in Sätzen wie:

> *Zwei und zwei ist vier.*
> *Der Film läuft im Kino „Globus“.*
> *Er hatte schlechte Laune.*

In der modernen Umgangssprache, in der die Formen des sog. → Konjunktiv I nicht mehr gebräuchlich sind, übernimmt der Indikativ zudem die Funktion des Konjunktivs der indirekten Rede. Da die Sprecherin dann, wenn sie nur die Äußerung eines Dritten wiedergibt, normalerweise keine Aussage über die Richtigkeit oder Gültigkeit dieser Äußerung machen kann, wird in solchen Fällen schriftsprachlich gewöhnlich der Konjunktiv gebraucht. Umgangssprachlich ist hingegen der Indikativ der üblichere Modus, vgl.:

> *Er hat gesagt, dass er krank ist.*(statt: *sei*)
> *Sie hat erzählt, dass sie euch gestern getroffen hat.* (statt: *habe*)

Der **Konjunktiv** (von lat. *modus coniunctivus* ‚verbindender Modus‘), deutsch auch **Möglichkeitsform** genannt, wird von uns als die markierte Form aufgefasst. Er enthält eine Einschränkung der Faktizität einer Aussage: Er kann Wunsch, Möglichkeit, kontrafaktisch Angenommenes ausdrücken oder die Wiedergabe einer Äußerung Dritter markieren.

---

[21] Unter einer „unmarkierten“ Form versteht man eine gegenüber anderen merkmalsärmere (in der Phonologie auch: die „natürlichere“ oder „einfachere“) Form. So wird beispielsweise ein nasalierter Vokal als „markiert“ (gegenüber dem „unmarkierten“ nicht-nasalierten Vokal) oder der Singular eines Wortes als „unmarkiert“ (gegenüber dem „markierten“ Plural) aufgefasst.

Wenn der Konjunktiv dem Ausdruck eines Wunsches dient, wird er gelegentlich auch als **Optativ** (von lat. *optare* ‚wünschen') bezeichnet, da es auch Sprachen gibt, die für den Ausdruck von Wünschen einen eigenen Modus haben, der dann so genannt wird. Ein Konjunktiv zum Ausdruck des Wunsches liegt z. B. in Formen wie *Hol's der Teufel* oder *Es lebe das Geburtstagskind* vor. Der als Ersatzform für den Imperativ der 1. Person Plural *(Seien wir ehrlich! Packen wir's an!)* verwendete Konjunktiv wird als **Adhortativ** (von lat. *adhortari* ‚ermahnen', ‚auffordern') bezeichnet.[22] Beide Konjunktive (Optativ und Adhortativ) sind im Deutschen eher selten.

Den Konjunktiv zum Ausdruck der Möglichkeit – z. B. *Wenn sie etwas früher nach Haus käme, könnten wir noch zusammen einkaufen gehen* – nennt man **Potentialis** (von lat. *potens* ‚fähig'). Als **Irrealis** (von lat. *irrealis* ‚nicht wirklich') wird der Konjunktiv bezeichnet, wenn er etwas kontrafaktisch Angenommenes ausdrückt, z. B. *Wenn sie etwas früher nach Hause gekommen wäre, hätten wir noch zusammen einkaufen gehen können.* Zur Wiedergabe einer Äußerung Dritter dient schließlich der **Konjunktiv der indirekten Rede**.

Der Konjunktiv der indirekten Rede wird in der gesprochenen Sprache nach Auffassung einiger Autoren meist dann verwendet, wenn sich der Sprecher ausdrücklich von der wiedergegebenen Äußerung distanzieren will:

> *Er hat gesagt, dass er die Grippe habe / hätte.*
> *Sie hat behauptet, dass sie euch gestern begegnet sei / wäre.*

Demgegenüber weisen Helbig/Buscha (2001: 177) darauf hin, dass ein Zusammenhang zwischen der Distanz zur wiedergegebenen Äußerung und dem Gebrauch des Konjunktivs nicht nachweisbar sei.

In Bezug auf Tempus und Genus ist der Konjunktiv dem Indikativ formal völlig gleichgestellt, d. h. er kann in sämtlichen Tempora (in jeweils beiden Genera) gebildet werden, z. B. (Aktiv):

---

22 Abweichend von dieser allgemein üblichen Definition versteht Engel (1996: 419 f.) unter adhortativem Konjunktiv Konjunktive in Setzungen wie *gegeben sei* …, Konjunktive in Kochrezepten oder in finalen Nebensätzen und erklärt die Bedeutung des Adhortativs mit „es soll der Fall sein" (ebd.: 419).

sie komme (Präsens)										*er wäre gekommen* (Plusquamperfekt)
er käme (Präteritum)										*sie werde kommen* (Futur)
sie sei gekommen (Perfekt)										*er werde gekommen sein* (Futur II)

Die formale Bildung des Konjunktivs

Das Endungsmerkmal des Konjunktivs in allen Personen und Tempora ist ein *-e*: Die Personalendungen lauten *-e, -est, -e, -en, -et, -en*. Der Konjunktiv Präsens wird vom Infinitivstamm des Verbs gebildet: *gehen – sie gehe, nehmen – er nehme,* usw. Deshalb treten Umlaute und *i/e*-Wechsel im Konjunktiv nicht auf: *er nimmt – er nehme, sie trägt – sie trage.*

Schon im Konjunktiv Präsens stimmen bei fast allen Verben[23] einige Formen mit dem Indikativ überein: die 1. Person Singular und Plural, die 3. Person Plural und bei Verben mit *-e*-Erweiterung im Indikativ Präsens wie z. B. *reden–redest* (gegenüber *kommen–kommst,* ohne *e*) auch die 2. Person Singular und Plural. Bei schwachen Verben ist überdies der Konjunktiv Präteritum völlig homonym mit dem Indikativ.

Bei starken Verben ist der Konjunktiv Präteritum am *-e* der Personalendung in der 1. und 3. Person Singular zu erkennen: *ich ritt – ich ritte, sie schrieb – sie schriebe.* Ist der Stammvokal des Präteritumsstammes umlautfähig, so wird er umgelautet: *bot – böte, kam – käme, trug – trüge.* Eine solche Umlautung wird auch beim Konjunktiv Präteritum der Hilfsverben vorgenommen: *war – wäre, hatte – hätte, wurde – würde.* Der Konjunktiv Präsens des Verbs *sein* weicht insofern von der Bildungsregel ab, als er zwar aus dem Infinitivstamm abgeleitet wird, jedoch kein *-e* in der 1. und 3. Person Singular aufweist: *Ich sei – er sei.*

Bei der Bildung des Konjunktivs zusammengesetzter Zeiten wird die Konjunktivform des entsprechenden Hilfsverbs in der gleichen Weise mit dem Partizip oder Inifinitiv des Vollverbs verbunden, wie dies beim Indikativ der Fall ist.

Konjunktiv Perfekt:

er sei gegangen / sie habe geschrieben / er sei betrogen worden

---

[23] Eine Ausnahme bilden die Modalverben sowie *sein* und *wissen.*

Konjunktiv Plusquamperfekt:

  er wäre gegangen/sie hätte geschrieben/er wäre betrogen worden

Konjunktiv Futur:

  er werde gehen/sie werde schreiben/er werde betrogen werden (selten)

Konjunktiv Präsens Passiv:

  es werde darüber verhandelt; das sei bereits beschlossen

Besonders in der Umgangssprache werden Konjunktivformen häufig durch Umschreibungen mit *würde* ersetzt: *würde* + Infinitiv *(er würde kommen)* ersetzt Konjunktiv Präsens, Präteritum und Futur. Konjunktiv Perfekt und Plusquamperfekt werden hingegen gewöhnlich nicht durch *würde*-Umschreibungen ersetzt *(?er würde gekommen sein)*; der Konjunktiv Plusquamperfekt dient aber seinerseits als Ersatz für den Konjunktiv Perfekt, den er auch im gehobenen Stil immer dann ersetzt, wenn sich dessen Formen nicht vom Indikativ unterscheiden lassen.

Statt der Unterscheidung der Konjunktive nach Tempora findet sich in vielen Grammatiken (so z. B. Duden 1998: 156) eine Unterteilung in **Konjunktiv I** und **Konjunktiv II**. Diese Einteilung richtet sich ausschließlich nach der Tempusform, die im finiten Verb vorliegt: Handelt es sich um ein Präsens, so spricht man von Konjunktiv I, bei Präteritum von Konjunktiv II. Entsprechend werden die Formen *sie werde kommen, er komme, sie sei gekommen* als Konjunktiv I gewertet; in *sie käme, er wäre gekommen, sie würde kommen* liegt hingegen Konjunktiv II vor. Die Zusammenfassung von jeweils so unterschiedlichen Formen als Konjunktiv I bzw. II ist höchstens insofern gerechtfertigt, als diese beiden Konjunktiv-Typen unterschiedliche Distributionen aufweisen. Vor allem ist der Konjunktiv I seltener als der Konjunktiv II (in der Umgangssprache kommt er praktisch überhaupt nicht vor); darüber hinaus ist sein Gebrauch im Wesentlichen auf die indirekte Rede sowie auf bestimmte Textsorten (siehe unten) beschränkt.

Interrelation von Tempus und Modus

Modus und Tempus können im Deutschen nicht gleich stark in ein und derselben Verbform zum Ausdruck gebracht werden: wenn ein

Konjunktiv vorliegt, drängt er die Tempusfunktion in den Hintergrund. Dieses Phänomen wird etwa beim Gebrauch des Konjunktivs Präteritum in Wunschsätzen deutlich: *Ich wünschte, er käme endlich* und *Ich wollte, ich wäre reich* sind trotz des vorliegenden Tempus Äußerungen, die keinerlei Bezug zur Vergangenheit aufweisen, sondern sich auf die Gegenwart (bzw. Zukunft) beziehen. Diese mehr oder weniger starke Verdrängung der Tempusbedeutung durch den Konjunktiv stellt keine neuere Entwicklung dar, sondern ist bereits im Mittelhochdeutschen voll ausgeprägt.

Für das Neuhochdeutsche lässt sich feststellen, dass der Gebrauch des Konjunktivs Präsens, abgesehen von der indirekten Rede, im Wesentlichen auf einige stark konventionalisierte Wunschformeln sowie auf Handlungsanweisungen in bestimmten Textsorten wie z. B. Rezepte, Gebrauchsanweisungen u. Ä beschränkt ist.

Wunschformeln:

> *Es lebe …*
> *Hol's der Teufel!*
> *Wohl bekomm's!*

Handlungsanweisungen:

> *Man nehme dreimal täglich 2 Tabletten mit etwas Wasser ein.*
> *Man vergleiche die folgenden Sätze …*

Äußerst formelhaft ist auch der Gebrauch des Konjunktivs Präsens zum **Ausdruck der Möglichkeit** in Redewendungen wie:

> *Komme, was wolle …*
> *Wie dem auch sei …*

Ähnlich formelhaft erstarrt ist der Konjunktiv Präsens auch in textstrukturierenden Wendungen wie *erwähnt sei, festgehalten sei* (z. B. *Abschließend sei noch erwähnt, dass …*).

In der **indirekten Rede** bildet der Konjunktiv Präsens zum Ausdruck der Gleichzeitigkeit gegenüber dem Konjunktiv Präteritum die stilistisch höher stehende Variante und wird daher in der Schriftsprache bevorzugt. Er dient zur Wiedergabe einer Äußerung, die die zitierte Person in direkter Rede im Präsens gemacht hat: *Er sagte: „Ich bin müde".* → *Er sagte, er sei müde.* In der Umgangssprache wird der Konjunktiv Präsens in solchen Fällen häufig – vor allem dann, wenn der Konjunktiv Präsens in den Mundarten der entsprechenden Region nicht mehr erhalten ist – durch den Konjunktiv Präteritum ersetzt *(Er hat gesagt, er wäre müde)*. Schriftsprachlich folgt diese Ersetzung immer dann, wenn sich der Konjunktiv Präsens formal nicht vom Indikativ unterscheiden lässt: *Sie sagten, sie kommen* → *Sie sagten, sie kämen*. Wenn sowohl die Präsens- als auch Präteritumsform als Konjunktiv erkennbar ist, kann der Gebrauch des Präteritums als Markierung verwendet werden, mit der sich die Sprecherin vom Inhalt der wiedergegebenen Rede distanziert. Ob und wie stark diese Distanzierung wahrgenommen wird, hängt auch damit zusammen, welche Formen in der jeweiligen regionalen Varietät des Deutschen vorhanden sind.[24]

Infolge dieses funktionellen Nebeneinanders verschiedener Konjunktiv-Formen gibt es im Deutschen auch keine eindeutige **consecutio temporum** (lat.: ‚Zeitenfolge')[25] in der indirekten Rede. Der Unterschied zwischen Vor- und Gleichzeitigkeit muss aber immer ausgedrückt werden. Bei **Gleichzeitigkeit** (die direkte Rede stand im Präsens) wird Konjunktiv Präsens oder Präteritum, bei **Vorzeitigkeit** (die direkte Rede stand in einem Tempus der Vergangenheit) Konjunktiv Perfekt oder Plusquamperfekt verwendet. Der Unterschied zwischen Konjunktiv Perfekt und Plusquamperfekt bei Vorzeitigkeit entspricht dem zwischen Präsens und Präteritum bei Gleichzeitigkeit: Konjunktiv Perfekt ist die stilistisch höher stehende Variante, aber bei formaler Gleichheit von Konjunktiv und Indikativ (die bei Perfektbildungen mit *haben* auftritt) wird auch schriftsprachlich ein Plusquamperfekt gesetzt. Umschreibungen mit *würde* sind bei Gleich- und Vorzeitigkeit im Allgemeinen nicht üblich;

---

[24] In einigen alemannischen Mundarten – so etwa im Berndeutschen (vgl. Marti 1985: 153) – ist der Konjunktiv Präsens noch lebendig und wird durchgehend durch die Endung *-i* markiert. Hier ist der Gebrauch des Konjunktivs Präteritum entsprechend sehr stark markiert.

[25] Die *consecutio temporum* betrifft Regeln zum Ausdruck zeitlicher Verhältnisse zwischen Haupt- und Nebensatz. Man unterscheidet Vorzeitigkeit, Gleichzeitigkeit und Nachzeitigkeit. Bei Vorzeitigkeit liegt das im Nebensatz ausgedrückte Geschehen zeitlich vor dem des Hauptsatzes, bei Gleichzeitigkeit erfolgt es gleichzeitig, und bei Nachzeitigkeit ereignet sich zuerst das im Hauptsatz, dann das im Nebensatz ausgedrückte Geschehen.

allerdings steht in der Umgangssprache statt des Konjunktivs häufig ein Indikativ.

Gleichzeitigkeit:

Er sagt(e): „Sie schläft noch". → *Er sagt(e), sie schlafe/schliefe noch.*
(oder: → *dass sie noch schlafe/schliefe.*)
→ *dass sie noch schläft.* (umgangssprachlich)

Vorzeitigkeit:

Sie sagt: „Ich habe lange geschlafen". → *Sie sagt, sie habe/hätte lange geschlafen./*
(→ *dass sie lange geschlafen habe/hätte.*)
→ *dass sie lange geschlafen hat.* (umgangssprachlich).

Nachzeitigkeit kann mit einem Konjunktiv Futur (*werde* + Infinitiv) als der stilistisch am höchsten stehenden Variante oder aber mit einem Konjunktiv Präsens oder Präteritum wiedergegeben werden: *Sie sagt(e), sie werde kommen/komme/käme.* Hier ist auch eine Umschreibung mit *würde* möglich, also ganz parallel zu den anderen Fällen (*habe/hatte, sei/wäre*) die Verwendung des Konjunktivs Präteritum des entsprechenden Hilfsverbs: *Sie sagt(e), sie würde kommen.*

Zusammenfassend ergeben sich also folgende Zuordnungen des Konjunktivs der indirekten Rede:

Sie sagt/sagte/hat gesagt/hatte gesagt/wird sagen/wird gesagt haben:	
Perfektbildung mit *sein:*	
„Ich bin müde."	*sie sei müde/sie wäre müde* (gleichzeitig)
„Ich war müde." *„Ich bin müde gewesen."* *„Ich war müde gewesen."*	*sie sei müde gewesen/sie wäre müde gewesen* (vorzeitig)
„Ich werde müde sein."	*sie werde müde sein/sie würde müde sein* (nachzeitig)
„Ich werde müde gewesen sein."	*sie werde müde gewesen sein/* *sie würde müde gewesen sein* (nachzeitig)

Perfektbildung mit *haben:*	
„Ich habe gegessen.“	*sie habe gegessen/sie hätte gegessen*
„Ich hatte gegessen.“	
„Ich werde gegessen haben.“	*sie werde gegessen haben/sie würde gegessen haben*[26]

Der sog. **Konjunktiv des irrealen Vergleichs,** der nach *als* und *als ob* steht, verhält sich in Bezug auf die gewählte Zeitstufe genauso wie der Konjunktiv der indirekten Rede. Vgl.:

> *Er benimmt sich, als ob er allein sei/wäre.*
> *Sie tat so, als ob das ganz einfach gewesen sei/wäre.*
> *Er tat so, als ob man sich nie wiedersehen werde/würde.*

Konjunktive in Konditionalsätzen müssen entweder im Präteritum oder im Plusquamperfekt stehen, wobei das Präteritum eine Möglichkeit (potentialis), das Plusquamperfekt eine kontrafaktische Annahme (irrealis) ausdrückt: *Wenn sie käme, würde ich mich freuen/Wenn sie gekommen wäre, hätte ich mich gefreut*, vgl. aber: **Wenn sie komme ...*

In **Wunschsätzen** können die Konjunktive Präsens, Präteritum und Plusquamperfekt verwendet werden. Der Konjunktiv Präsens ist hier sehr selten und kommt praktisch nur in festen Wendungen *(es lebe ...)* vor; Helbig/Buscha (2001: 184) interpretieren ihn als Ersatzform für den fehlenden Imperativ der 3. Person und nennen ihn daher den „imperativischen Konjunktiv“. Der Konjunktiv Präteritum dient in Wunsch- ebenso wie in Konditionalsätzen dem Ausdruck der Möglichkeit (der Wunsch wird als erfüllbar geäußert), Konjunktiv Plusquamperfekt dem Ausdruck der Irrealität (der Wunsch ist nicht erfüllbar). Vgl.:

> *Dass dich doch der Teufel hole!*
> *Dass dich doch der Teufel holte!*
> *Dass dich doch der Teufel geholt hätte!/Hätte dich doch der Teufel geholt!*

---

[26] Regional/umgangssprachlich finden sich auch Formen mit Doppelperfekt und Doppelplusquamperfekt wie: *sie habe gegessen gehabt, sie hätte gegessen gehabt, sie werde gegessen gehabt haben, sie würde gegessen gehabt haben.*

Engel (1996: 422) nimmt für die Formen des Konjunktivs II als „Hauptbedeutung" u. a. an „für die Gesprächsbeteiligten nicht weiter von Belang" (was angesichts von Beispielsätzen wie *Wenn ich gewusst hätte, dass du schon schläfst, hätte ich nicht mehr angerufen* nicht nachzuvollziehen ist); als „dritte Bedeutung" wird für denselben Konjunktiv in Wunschsätzen allerdings „für die Gesprächsbeteiligten von Belang" angegeben (ebd.: 424). „Belanglosigkeit" wird schließlich auch als Hauptmerkmal der Konjunktiv-II-Verwendung in bestimmten Wendungen wie *Endlich hätten wir's geschafft* genannt (ebd.). U. E. wird schon anhand der Beispiele deutlich, dass Merkmale wie ‚von Belang' oder ‚nicht von Belang' keine dem Konjunktiv II inhärenten Bedeutungsgrößen sind, sondern vom Kontext abhängen.

Inhaltlich sehr schwer zu erklären sind Konjunktive in Sätzen wie *So, da wären wir! Das wäre erledigt! Das hätten wir geschafft!* usw. oder die Antwort *Danke, das wäre alles* auf die Frage *Darf es noch etwas sein?* In all diesen Fällen wird eine Aussage gemacht, deren Faktizität nicht in Zweifel gezogen werden soll; sie ist faktisch und nicht etwa nur möglich oder erwünscht, und sie beruht auch nicht auf Hörensagen. Darüber, warum hier der Konjunktiv gewählt wird, lässt sich nur spekulieren. Es ist aber interessant festzuhalten, dass derselbe Konjunktivgebrauch auch in anderen Sprachen auftritt, vgl. z. B. serbisch *to bi bilo sve* ‚das wäre alles' (vgl. Hentschel 1990).

Konjunktiv, Konjunktiv-Periphrasen und Indikativ in der Umgangssprache

Wie bereits erwähnt, tritt der Konjunktiv der indirekten Rede in der Umgangssprache eher selten auf. In den meisten Fällen ersetzt die Sprecherin ihn durch den Indikativ: *Sie sagte, sie kommt um drei; Er behauptet, dass er jetzt gar nichts mehr versteht.* Die ungebräuchlichste Form ist dabei der Konjunktiv Präsens; Formen wie *er sei, sie verstehe, es freue ihn* kommen außer in festen Wendungen wie *sei's drum* u. Ä. so gut wie nie vor. Dagegen kann der Konjunktiv Präteritum in der indirekten Rede umgangssprachlich durchaus vorkommen: *Er behauptet, dass sie keine Ahnung hätte.*

Wirklich gebräuchlich ist in der Umgangssprache aber nur der Konjunktiv Präteritum bestimmter Verben. Es handelt sich dabei um die Modalverben (*er müsste, sie könnte, wir dürften* usw.), *sein (wir wä-*

ren) und *haben (sie hätten)* sowie gelegentlich in bestimmten Wendungen *kommen, gehen* oder *wissen (käm' das denn in Frage?, Das ginge ja noch, Wenn ich bloß wüsste …).* Da der Konjunktiv Präteritum der Hilfsverben *sein* und *haben* für die Bildung des Konjunktivs Plusquamperfekt benutzt wird, lässt sich letzterer in der Umgangssprache bei allen Verben beobachten: *Wenn ich das geahnt hätte; Hättest du mich doch angerufen* usw. Dieser Konjunktiv ist auch in denjenigen Sprachregionen erhalten, in denen der Indikativ des Präteritums dem → Präteritumschwund zum Opfer gefallen ist.

Am häufigsten sind in der Umgangssprache Konjunktiv-Umschreibungen mit *würde* anzutreffen. Sie können anstelle des optativen und potentialen Konjunktivs sowie zum Ausdruck der Nachzeitigkeit bei indirekter Rede verwendet werden:

> *Wenn sie doch wenigstens mal anrufen würde!*
> *Wenn du mir helfen würdest, wären wir schneller fertig.*
> *Donald hat versprochen, dass er sich um Arbeit kümmern würde.*

Die einzigen Formen, die auch umgangssprachlich gewöhnlich nicht mit *würde* umschrieben werden, sind die Konjunktive Präteritum der Hilfsverben *sein* und *haben*; sehr selten sind auch Umschreibungen der Konjunktive Präteritum der Modalverben. Formen wie *hätte, wäre* oder *müsste, sollte, könnte* usw. sind so gebräuchlich, dass Umschreibungen wie (?) *Er würde sollen* oder (?) *Sie würde haben* praktisch nicht vorkommen. Es gibt allerdings Ausnahmen, so etwa *würde*-Umschreibungen von *wollen* wie in: *Das würd' ich nicht behaupten wollen.* Entsprechend ist auch der Konjunktiv Plusquamperfekt in Wunsch- und Konditionalsätzen (siehe oben), aber auch in der indirekten Rede umgangssprachlich gebräuchlich: *Sie hat gesagt, sie hätt' die ganze Zeit auf uns gewartet* (nicht: **sie würde die ganze Zeit auf uns gewartet haben*); *Ich wäre beinahe zu spät gekommen.* (nicht: **Ich würde beinahe zu spät gekommen sein*).

Imperativ

Der dritte Modus neben Indikativ und Konjunktiv ist der **Imperativ** (von lat. *imperare* ‚befehlen'), auf Deutsch auch **Befehlsform** genannt. Der Formenbestand des Imperativs ist auf die 2. Person Singular und Plural im Präsens beschränkt; für die übrigen Personen stehen z. T. Ersatzformen zur Verfügung.

Der Imperativ der 2. Person Plural ist heute formal mit dem Indikativ identisch, wird jedoch nicht mit dem Personalpronomen verbunden: *ihr kommt her* → *kommt her!* Bei archaischem Sprachgebrauch ist auch eine *-e*-Erweiterung möglich: *gehet hin und tuet Buße.* Bei der 2. Person Singular wird die Personen-Endung *-st* durch ein *-e* ersetzt, wobei das Personalpronomen ebenfalls entfällt:[27] *du gehst* → *gehe!* Das *-e* der Imperativendung wird im modernen Sprachgebrauch allerdings meist weggelassen: *hör mal!, komm mal her!* usw. Ein evtl. Umlaut wird bei der Bildung des Imperativs rückgängig gemacht: *du läufst* → *lauf(e)!* Der Vokalwechsel von *e* zu *i* im Präsensstamm einiger Verben, der historisch ebenfalls einen Umlaut darstellt, bleibt dagegen stets erhalten; die Imperative solcher Verben werden regelmäßig ohne *-e* gebildet: *du liest* → *lies!* Eine Ausnahme bildet der Imperativ *sieh(e)* des Verbs *sehen.* Umgangssprachlich finden sich allerdings immer häufiger Formen wie *nehme, lese*, die jedoch (noch) nicht als korrekt gelten.

Um den Imperativ der Höflichkeitsform zu bilden, die im Deutschen mit der 3. Person Plural identisch ist, wird die entsprechende Form des Konjunktivs Präsens verwendet, und das Personalpronomen wird umgestellt; es steht dann nach (statt vor) dem Verb: *Sie greifen zu* → *Greifen Sie zu!* Dass es sich dabei nicht um einen Indikativ, sondern um den Konjunktiv handelt, zeigt der Imperativ der Höflichkeitsform des Verbs *sein: Sie sind* (Indikativ)/*Sie seien* (Konjunktiv) → *Seien Sie!* Demgegenüber kann in einigen Dialekten auch die Form *Sind Sie!* beobachtet werden. In der Grammatik des IdS wird möglicherweise auf Grund solcher regionaler Befunde gesagt, bei der Ersatzbildung für den Imperativ der Höflichkeitsform sei die „ausdrucksseitige Modusopposition" aufgehoben und es ergebe sich auch keine „funktionale Präferenz für einen der beiden Modi" (Zifonun et al. 1997: 1728): *Seien Sie so nett und ...* stehe gleichberechtigt neben *Sind Sie so nett und ...* Dass diese Behauptung problematisch ist, zeigen Äußerungen wie **Sind Sie nicht so unverschämt!*, die zumindest in den Standardvarianten des Deutschen völlig ungrammatisch sind.

---

[27] Das Personalpronomen kann stehen, wenn die angesprochene Person besonders hervorgehoben wird. Es steht dann meist nach dem Verb: *Sei du bloß still!*

Ferner sieht die IdS-Grammatik auch in Sätzen wie *Sag mir keiner, er hätte nichts gewusst* einen Imperativ (ebd.: 1727) und stellt fest, dass quantifizierende Ausdrücke wie *einer, jemand, wer, keiner* und *niemand* grundsätzlich mit dem Imperativ Singular gebraucht werden könnten. Allerdings ist die Akzeptabilität von Sätzen wie *??Gib doch endlich jemand dem Bettler etwas Geld!* oder *??Nimm sich jeder genug Zeit für die Aufgabe!* außerordentlich fragwürdig. Wenn solche Äußerungen grammatisch sind, dann offenbar nicht im gesamten Sprachgebiet und ganz sicher nicht in der Standardsprache.

Normalerweise werden Imperative im Deutschen mit der → Abtönungspartikel *mal*[28] verbunden; vgl. *Hilf mir mal bitte! Komm doch mal her! Setzen Sie sich doch!* usw. Bildungen ohne *mal,* wie sie in der Schriftsprache üblich sind (Vgl. *Lesen Sie bitte den folgenden Absatz und beantworten Sie dann die nachstehenden Fragen …*), werden in der gesprochenen Sprache vor allem dann gebraucht, wenn es sich um eine Aufforderung zu langfristigem Verhalten handelt (*Sei artig! Bleib bei deinen Grundsätzen* usw.). Werden Aufforderungen zu einmaligem Verhalten so geäußert, so wirken sie meist unfreundlich oder ungeduldig: *Komm her!* (gegenüber: *Komm mal her!), Sieh her!* (gegenüber *Sieh mal her!*) usw.

Als Ersatzformen für den Imperativ können die folgenden Bildungen verwendet werden:

- der reine Infinitiv, z. B. *Bitte nicht rauchen! Einsteigen bitte!*
- das Partizip Perfekt, z. B. *Aufgepasst! Hiergeblieben!* Diese Formen können nicht von allen Verben gebildet werden; Bildungen wie **Geschwiegen!* sind z. B. nicht möglich.
- Indikativformen im Präsens (seltener auch im Futur): *Du kommst sofort hierher! Du wirst jetzt den Mund halten!*
- Umschreibungen mit *werden* und *wohl* bei gleichzeitiger Inversion, also Bildungen, die formal einer mit *wohl* erweiterten Frage im Futur I entsprechen: *Wirst du wohl herkommen!*
- Umschreibungen mit *sollen* sind besonders als Wiederholungen bereits geäußerter Imperative gebräuchlich: *Du sollst sofort herkommen!*

---

[28] Häufig auch *doch,* ferner auch mit anderen Partikeln oder Partikelkombinationen; zum Partikelgebrauch bei Aufforderungen im Einzelnen vgl. Weydt et al. (1983: 96–104).

– Umschreibungen mit *wollen* oder *lassen* dienen als Ersatzformen
für den nicht vorhandenen Imperativ der 1. Person Plural: *Lass(t)
uns heimgehen! Wir wollen heimgehen!*

Mit Ausnahme der letztgenannten Formen sowie der reinen Infinitive, die bei zusätzlichem Gebrauch von *bitte* neutral wirken, sind
solche Ersatzformen als unfreundlich („Befehlston") markiert und
werden im höflichen Umgangston nicht verwendet.

Außer den aufgeführten Ersatzformen werden in manchen
Grammatiken auch weitere genannt. So führt etwa der Duden
(1998: 172) die 1. Person Singular als möglichen Imperativersatz an;
das Beispiel dort: *Ich bekomme ein Rumpsteak mit Salat!* Allerdings handelt es sich hier nicht um eine Imperativparaphrase, sondern eindeutig um einen → indirekten Sprechakt: die Handlung, die von der
angesprochenen Person ausgeführt werden soll, wird gar nicht benannt (denn dann müsste ja nicht *bekommen*, sondern *bringen* verwendet werden). Die Äußerung eines Wunsches kann stets auch als die
indirekte Aufforderung interpretiert werden, diesen zu erfüllen;
Ähnliches gilt auch für andere indirekte Sprechakte wie *Es zieht* (was
in bestimmten Kontexten die Aufforderung darstellen kann, das
Fenster zu schließen).

Auch Interrogativsätze können als höfliche Aufforderungen verwendet werden (*Könnten Sie mir sagen, wie spät es ist?*). Es ist stets höflicher, jemanden nur nach der Möglichkeit der Ausführung einer
Handlung zu fragen, als die Handlung direkt zu fordern (vgl. *Sagen
Sie mir bitte, wie spät es ist!*). Es handelt sich hier um eine grundsätzliche Strategie des höflichen Sprechens, wie sie in allen Sprachen vorzufinden ist (vgl. z. B. Brown/Levinson 2002: 143 f.).

4.5   Genus verbi

Unter dem **Genus verbi** (von lat. *genus*, Plural: *genera* ‚Geschlecht',
‚Art' und *verbi* ‚des Verbs') versteht man eine Kategorie, die das Verhältnis des Verbs zum Subjekt des Satzes, die Richtung der in ihm
ausgedrückten Handlung ausdrückt: In dem Satz *Sie fragt* nimmt das
Subjekt offensichtlich eine andere Stellung ein als in *Sie wird gefragt.*
Die beiden Genera des deutschen Verbs, die in diesen Beispielsätzen auftreten, heißen Aktiv und Passiv. Andere Sprachen, so etwa

das Altgriechische, kennen darüber hinaus noch ein drittes Genus verbi, das → Medium.

Mit **Aktiv** (von lat. *agere* ‚handeln‘) wird diejenige Verbform bezeichnet, in der das Subjekt eines Handlungsverbs zugleich das **Agens** (ebenfalls von lat. *agere, agens* ‚die Handelnde‘) ist.[29] Aktiv handelnde Subjekte liegen beispielsweise in den Sätzen:

Er liest einen Groschenroman.
Sie sortiert die Post.

vor. Die Handlung geht vom Subjekt aus und zielt auf das Objekt, was man etwa so symbolisieren kann:

S ⟶ v ⟶ O

Beim **Passiv** (von lat. *pati* ‚erdulden‘) ist das Subjekt nicht mit dem Agens identisch, sondern es stellt Ziel, Opfer oder den von einer Handlung betroffenen Gegenstand dar:

Der Roman wird gelesen.
Die Post wird sortiert.

In diesem Fall richtet sich die Handlung vom Verb auf das Subjekt des Satzes:

S ⟵ v

Das Agens muss bei Passivkonstruktionen nicht mit ausgedrückt werden; Sätze wie *Die Post wird sortiert* sagen nichts darüber aus, wer die Handlung vollzieht (hier: wer die Post sortiert). Das Subjekt des entsprechenden Aktivsatzes kann aber als sog. **Passiv-Agens** in Erscheinung treten; es wird dann mit Hilfe der Präpositionen *von* oder (seltener) *durch* angeschlossen: *Die Post wird von der (durch die) Sekretärin sortiert.*

Das **Medium** stellt demgegenüber eine Konstruktion dar, die zwischen diesen beiden Ausrichtungen des Verbs steht. Man kann sie etwa so symbolisieren:

S ⟲ v

---

[29] Die in dieser Weise beschriebene Verbform kann auch von Zustands- und Vorgangsverben (die kein Agens kennen) gebildet werden und wird dann ebenfalls als Aktiv bezeichnet (vgl. *Sie bekommt einen Brief; Die Suppe kocht* usw.). Viele Autorinnen interpretieren daher das Aktiv als merkmalloses Glied der Opposition Aktiv/Passiv.

Das Deutsche kennt zwar kein Medium, aber manche Reflexivkonstruktionen funktionieren ähnlich und können daher als Beispiel dienen. Dies wird deutlich, wenn man die Sätze miteinander vergleicht:

Aktiv: *Der Verlag verkauft das Buch.*
      Der Verlag ⟶ *verkauft* ⟶ *das Buch.*

Die Handlung geht vom Verlag aus und betrifft das Buch.

Passiv: *Das Buch wird verkauft.*
       Das Buch ⟵ *wird verkauft.*

Die im Verb ausgedrückte Handlung betrifft das Buch.
Reflexivkonstruktion, die einem Medium ähnelt:

      Das Buch verkauft sich (gut).
      Das Buch ↺ *verkauft sich.*

Die Handlung geht nicht wirklich vom Buch aus, aber sie zielt auch nicht einfach nur auf das Buch; es wird eine mittlere Position zwischen diesen beiden Möglichkeiten eingenommen. Wenn eine solche Verbform in einer Sprache regelmäßig auftritt, spricht man von einem Medium.

Das Passiv im Deutschen

Das Deutsche kennt im Gegensatz zu manchen anderen Sprachen (z.B. zum Lateinischen oder Gotischen) nur eine analytische Passivbildung. Um ein Passiv zu bilden, wird das Partizip Perfekt des Vollverbs mit einer Form des Hilfsverbs *werden* verbunden (sog. → Vorgangspassiv), wie das die bereits angeführten Beispiele zeigen; daneben gibt es auch eine Passivbildung mit *sein* (→ Zustandspassiv). Passivbildungen sind in allen Tempora möglich, wobei die Zeitstufe bei Präsens und Präteritum durch die entsprechende Form des Hilfsverbs *werden* (zu den Tempora des Zustandspassivs siehe S. 132), bei allen anderen Tempora unter zusätzlicher Zuhilfenahme von *sein* und/oder einem zweiten *werden* ausgedrückt wird. Dabei wird das Partizip von *werden* ohne das Präfix *ge-* verwendet (also *worden* statt *geworden*).

Präsens: *Die Post wird sortiert.*

Präteritum: *Die Post wurde sortiert.*

Perfekt: *Die Post ist sortiert worden.*

Plusquamperfekt: *Die Post war sortiert worden.*

Futur: *Die Post wird sortiert werden.*

Futur II: *Die Post wird sortiert worden sein.*

Persönliches und unpersönliches Passiv

Bei der Passivbildung → transitiver Verben kann sich das Akkusativ-Objekt des Aktiv-Satzes (das sog. **Patiens**, von lat. *patiens* ,der Erduldende') in das Subjekt des Passiv-Satzes verwandeln: *Das Krokodil fraß sämtliche Fische auf.* → *Sämtliche Fische wurden (vom Krokodil) aufgefressen.* Passivbildungen dieser Art, die nur bei transitiven Verben möglich sind, werden oft auch als **persönliches Passiv** bezeichnet. Transitive wie intransitive Verben können aber auch ein **unpersönliches Passiv**[30] bilden. Beim unpersönlichen Passiv wird das Subjekt nur formal durch das Pronomen *es* ausgedrückt, das bei entsprechender Satzstellung auch weggelassen werden kann.

(intransitive Verben:)

> *Es wurde viel gelacht.*
> *Dir kann geholfen werden.*

(transitive Verben:)

> *Hier wird wohl überhaupt nie geputzt!*
> *Es wurde emsig gekocht und gebacken, gebraten und gesotten.*

Beim unpersönlichen Passiv muss keiner der an der Handlung Beteiligten, weder Agens noch Patiens, ausgedrückt werden; es ist dann das Verb selbst, die in ihm ausgedrückte Tätigkeit, die im Mittel-

---

[30] Die Bezeichnung „unpersönlich" für diese Passivform entspricht derselben Bezeichnung bei unpersönlichen Verben und anderen als unpersönlich bezeichneten Konstruktionen insofern, als in allen diesen Fällen eine Besetzung der Subjektstelle durch etwas anderes als ein Pronomen der 3. Person (*es* oder in manchen Fällen auch *das*) nicht möglich ist.

punkt der Aussage steht. So besteht die zentrale Information des folgenden Beispielsatzes:

In vielen Ländern wird heute noch gefoltert.

eben in *foltern*; dies war es, was die Sprecherin in erster Linie ausdrücken wollte. Hingegen rückt der Satz:

In vielen Ländern werden politische Gefangene gefoltert

neben dem Verb das Patiens *(politische Gefangene)* ins Zentrum seiner Aussage.[31]

Nicht von allen Verben kann ein unpersönliches Passiv gebildet werden. Die Voraussetzung für die Passiv-Fähigkeit besteht darin, dass das Verb eine Handlung ausdrückt, d. h. ein Agens impliziert – auch wenn dieses im Passiv gerade nicht ausgedrückt werden muss. So können etwa agenslose (unpersönliche) Verben wie z. B. die Witterungsverben kein Passiv bilden:

*Es wird geschneit.

Die Abhängigkeit der Passivfähigkeit vom Vorhandensein einer ‚handelnden Person' ist auch der Grund dafür, warum Verben wie *bekommen* oder *kriegen* (trotz ihrer Akkusativ-Rektion, die eigentlich ein Merkmal transitiver Verben darstellt) nicht passivfähig sind. Sie zeigt sich ferner auch beim unterschiedlichen Gebrauch ein- und desselben Verbs, so beispielsweise bei *schwimmen* (Handlung/Vorgang):

Am Meer herrscht ein reges Treiben, die Badegäste schwimmen und schmoren in der Sonne … → … da wird geschwommen und in der Sonne geschmort …

gegenüber:

Im Meer schwimmen Abfälle, andere schmoren am Ufer in der Sonne … → *Im Meer wird von Abfällen geschwommen, von anderen wird am Ufer in der Sonne geschmort.

---

[31] Eisenberg (2001: 134.) vermutet, dass das Agens, wenn es im Passivsatz genannt wird, „in der Regel rhematisiert" ist. Ob dies wirklich der Fall ist, hängt jedoch wesentlich von der Satzstellung ab. Vgl. *Die Gesetzesvorlage der Regierung wurde vom Parlament in zweiter Lesung mit überwältigender Mehrheit abgelehnt. / Mit überwältigender Mehrheit wurde die Gesetzesvorlage der Regierung vom Parlament in zweiter Lesung abgelehnt. / Vom Parlament wurde die Gesetzesvorlage der Regierung in zweiter Lesung mit überwältigender Mehrheit abgelehnt* usw.

Vorgangs- und Zustandspassiv

Die bisher besprochenen Passiv-Bildungen mit *werden* und dem Partizip des Vollverbs werden als **Vorgangspassiv** bezeichnet (gelegentlich auch: *werden*-Passiv). Damit soll ausgedrückt werden, dass
das im Prädikat geschilderte Geschehen als Vorgang (und nicht als
Zustand) dargestellt wird.

Dem Vorgangspassiv steht im Deutschen das **Zustandspassiv**
(gelegentlich auch als *sein*-Passiv bezeichnet) gegenüber, das dazu
dient, das im Verb ausgedrückte Geschehen als einen Zustand zu
charakterisieren.

> *Ich werde geimpft.* (Vorgang)
> *Ich bin geimpft.* (Zustand)

Das Zustandspassiv lässt sich schon im Althochdeutschen nachweisen. Es ist parallel zum Vorgangspassiv entstanden und stellt eine
selbständige Passivform dar, die in sämtlichen Zeitstufen des modernen Deutsch gebildet werden kann. Die Formen des Zustandspassivs werden, was das Tempus betrifft, nach der jeweils vorliegenden Form des Hilfsverbs *sein* bestimmt:

> *ich bin geimpft* (Präsens)
> *ich bin geimpft gewesen* (Perfekt)
> *ich war geimpft* (Präteritum)
> *ich war geimpft gewesen* (Plusquamperfekt; selten)
> *ich werde geimpft sein* (Futur I; selten)
> *ich werde geimpft gewesen sein* (Futur II; sehr selten).

Das Agens kann beim Zustandspassiv nur sehr beschränkt ausgedrückt werden (vgl. **Ich bin von ihr geimpft*). Interessanterweise ist sein
Ausdruck besonders dann möglich, wenn das Zustandspassiv eine
so eigenständige Bedeutung hat, dass ein ergänzender Zusatz von
worden (also eine Transformierung des Zustandspassivs Präsens/
Präteritum in ein Vorgangspassiv im Perfekt/Plusquamperfekt)
nicht mehr möglich ist, wohl aber eine Umformung in ein Vorgangspassiv derselben Zeitstufe:

> *Das Anwesen ist von Feldern umgeben (*worden). – Das Anwesen wird von*
> *Feldern umgeben.*
> *Die Kneipe war von finsteren Gestalten bevölkert (*worden). – Die Kneipe*
> *wurde von finsteren Gestalten bevölkert.*

Die Straße war von Akazien gesäumt (*worden). – Die Straße wurde von Akazien gesäumt.

Ferner ist der Ausdruck des Agens dann möglich, wenn der im Verb benannte Vorgang, der im vom Passiv ausgedrückten Zustand seinen Abschluss findet, noch deutlich ist. In diesen Fällen ist ein Hinzufügen von *worden* möglich:

> *Das Haus ist von Polizisten umstellt (worden).*
> *Sie ist vom Präsidenten vereidigt (worden).*

Überwiegt hingegen der erreichte Zustand, so kann das Agens nicht ausgedrückt werden:

> *Die Tür ist (*von mir) abgeschlossen.* („Die Tür ist zu').

Ein Zustandspassiv kann nur von transitiven Verben gebildet werden; die Umformung des unpersönlichen Passivs eines intransitiven Verbs in ein Zustandspassiv ist also nicht möglich (vgl. *Es ist viel getanzt worden* vs. **Es ist viel getanzt*). Eine Ausnahme von dieser Regel stellen solche intransitiven Verben dar, bei denen das Objekt der Handlung, das Patiens, im Dativ steht; hier ist ein unpersönliches Zustandspassiv möglich (vgl. *Ist dir damit geholfen?*).

Aus semantischen Gründen kann aber auch nicht von allen transitiven Verben ein Zustandspassiv gebildet werden. Da das Zustandspassiv die Abgeschlossenheit einer Handlung voraussetzt, ist die Bildung dieser Form bei Verben, die eindeutig durativ sind, nicht möglich. Hierzu gehören z. B. Verben der sinnlichen Wahrnehmung wie *sehen* oder *hören*, aber auch eine ganze Reihe weiterer Verben (z. B. *lieben, streicheln, verstehen*):

> *Diese Sendung ist weltweit gehört worden.* /
> **Diese Sendung ist weltweit gehört.*
> *Die Katze ist gestreichelt worden.* /
> **Die Katze ist gestreichelt.*

Das Zustandspassiv kann somit nur von transitiven, nicht durativen Verben gebildet werden. Allerdings sind hier Ausnahmen möglich, wenn die Sprecherin in erster Linie zum Ausdruck bringen will, dass eine Handlung abgeschlossen, erledigt ist. So könnte jemand in einem Kontext, in dem eine Liste mit zu erledigenden Aufgaben bei den verreisten Nachbarn überprüft und abgehakt wird, durchaus sagen: *Also, die Blumen sind gegossen, die Katze ist gefüttert und gestreichelt,*

jetzt muss ich mich noch um die Post kümmern, ohne dass eine solche Äußerung ungrammatisch wäre. Gelegentlich, so etwa bei Helbig/Kempter (1973) oder auch bei
Helbig/Buscha (2001: 156), findet sich die Annahme, dass die Möglichkeit, ein Zustandspassiv zu bilden, vom Grad der Affiziertheit
des Objekts abhängig ist. Zur Begründung der Regel werden Beispiele angeführt wie: **Das Mädchen ist gelobt* (nicht besonders stark
affiziert, daher nicht möglich), aber *Das Mädchen ist verletzt* (stark
affiziert, daher möglich). Aber gegen diese Regel lassen sich unzäh-
lige Gegenbeispiele finden: **Das Kind ist geschlagen,* aber: *Der Feind ist
geschlagen; *Die Pizza ist gebracht,* aber: *Die Pizza ist bestellt; *Der Satz ist
gesprochen,* aber: *Das letzte Wort ist noch nicht gesprochen* usw. Allem Anschein nach ist in erster Linie die Relevanz der Abgeschlossenheit
einer Handlung für die Sprechsituation dafür ausschlaggebend, ob
ein Zustandspassiv gebildet werden kann oder nicht.

Verwechslungsmöglichkeiten

Das Zustandspassiv hat im Präsens und Präteritum dieselbe äußere
Form wie das Perfekt und Plusquamperfekt Aktiv derjenigen Verben, die diese Formen mit *sein* bilden. In beiden Fällen liegt eine Bildung aus *sein* + Partizip vor, vgl. *Das Feuer ist aufgelodert* (Perfekt
Aktiv) gegenüber *Das Feuer ist gelöscht* (Zustandspassiv Präsens). In
solchen Fällen kann der Unterschied erkennbar gemacht werden, indem beispielsweise die Form *worden* hinzugefügt oder ein Vorgangspassiv im Präsens (bzw. statt dessen ein Präsens Aktiv) gebildet wird.
Im Falle von *Das Feuer ist aufgelodert* ist eine Ergänzung mit *worden*
oder ein Vorgangspassiv im Präsens nicht möglich: **Das Feuer ist aufgelodert worden/*Das Feuer wird aufgelodert.* Hingegen kann ein Präsens
Aktiv gebildet werden: *Das Feuer lodert auf.* Folglich handelt es sich
bei der Form *ist aufgelodert* um ein Perfekt Aktiv. Anders bei *Das Feuer
ist gelöscht;* hier ist die Aktiv-Form **Das Feuer löscht* nicht akzeptabel,
wohl aber die Bildungen *Das Feuer ist gelöscht worden* und *Das Feuer wird
gelöscht.* Es handelt sich also um ein Präsens des Zustandspassivs.
  Gelegentlich können auch Verwechslungsmöglichkeiten mit Prädikativen auftreten, die der Form nach Partizipien ähneln, z. B. in *Er
ist unrasiert/ungebildet.* In solchen Fällen zeigt sich jedoch, dass die
Form in keiner Weise auf einen verbalen Ausdruck zurückgeführt
werden kann: Die Verben **unrasieren* oder **unbilden* gibt es nicht, und

demzufolge ist weder eine Interpretation als Perfekt Aktiv noch als Zustandspassiv möglich.

Behandlung des Passivs in verschiedenen Modellen

In der **Dependenzgrammatik** erfährt das Passiv keine spezifische theoretische Deutung; in der Hierarchie der Abhängigkeiten innerhalb des Verbalkomplexes steht zuoberst das tempusbildende Hilfsverb *sein* (so vorhanden), danach folgt das passivbildende Hilfsverb (*werden* oder *sein*), und von diesem ist wiederum das Vollverb abhängig:

Demgegenüber hat die Interpretation des Passivs durch die **Generative Grammatik** zu lebhaften Diskussionen geführt; ein zentraler Kritikpunkt war dabei die Annahme der älteren Version, dass Passiv- und Aktivsätze gleichbedeutende syntaktische Paraphrasen darstellen, die auf eine identische Tiefenstruktur zurückzuführen sind. Die Annahme, dass Aktiv- und Passivsätze nur zwei Oberflächenvarianten einer identischen Tiefenstruktur darstellen, wurde vielfach kritisiert und führt vor allem bei Sätzen mit quantifizierenden Elementen zu Schwierigkeiten. Die bekanntesten Beispiele hierfür sind Sätze wie:

(1 a) *Jeder Anwesende beherrschte zwei Sprachen.*
(1 b) *Zwei Sprachen wurden von jedem Anwesenden beherrscht.*

oder

(2 a) *Jeder liebt jemanden.*
(2 b) *Jemand wird von jedem geliebt.*

Während es sich in (1 a) um zahlreiche verschiedene Sprachen handeln kann, so dass möglicherweise jeder Anwesende zwei andere Sprachen beherrschte, scheint dies in (1 b) ausgeschlossen; dafür eröffnet (1 b) die Möglichkeit, dass die Anwesenden auch drei und mehr Sprachen beherrschten, von denen zwei allen gemeinsam zugänglich waren. In (2 a) wird die allgemeine Liebesfähigkeit gegenüber einem jeweils individuellen Objekt unterstellt; in (2 b) wird hingegen offenbar von einer Person gesprochen, die die Liebe aller auf sich vereinigt hat.

In der Minimalistischen Theorie wird die Passivbildung nur noch als eine einfache Anhebung eines Komplements auf eine höhere Stelle in der syntaktischen Hierarchie interpretiert:

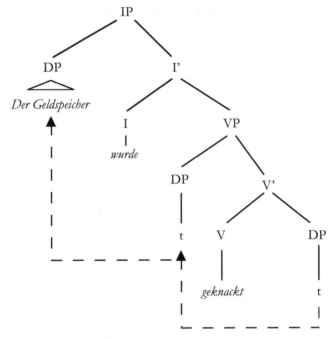

D = Determinator, P = Phrase, I = Flexion (*interflection*),
V = Verb, t = Spur (*trace*)

Die bewegten Elemente – hier die DP *der Geldspeicher*, die zyklisch zunächst in die Position unter VP, dann in die Subjektposition SpecI angehoben wird – hinterlassen Spuren. Die Zuordnung und Interpretation quantifizierende Elemente, die ja für die obigen Beispiele sehr wichtig ist, erfolgt auf einer Ebene, die als LF (= Logical Form) bezeichnet wird. (Näheres zu diesem Syntaxmodell siehe S. 466 ff.)

Die **Lexical Functional Grammar** geht dem gegenüber davon aus, dass die unterschiedlichen Strukturen in den beiden Genera auf unterschiedliche Lexikoneinträge zurückgeführt werden können. Im Lexikon erschiene somit bei *knacken* ein Eintrag, der die Infor-

mationen „Subjekt = Agens, Objekt = Patiens" enthielte; außerdem
wäre dort verzeichnet, dass die Passivierung – die selbstverständlich
auch in der LFG als morphologischer Vorgang aufgefasst wird – zu
einer neuen Rollenverteilung mit „Subjekt = Patiens" führt. Die Annahme einer Anhebungsbewegung, die das Objekt in die Subjektposition überführt, entfällt in diesem Ansatz (vgl. Bresnan 2001).

Dativ-Passiv

Außer den bisher besprochenen Passivformen gibt es ferner das
sog. Dativ-Passiv, das auch als „Adressaten-Passiv", „Rezipienten-
Passiv" (Eisenberg 2001: 132) oder *„bekommen-Passiv"* (Helbig/
Buscha 2001: 167, Zifonun et al. 1997: 1824) bezeichnet wird. Es
wird mit *bekommen, erhalten, kriegen* + Partizip Perfekt gebildet: *Wir
bekommen das Buch geschenkt* (Vorgangspassiv: *Das Buch wird uns geschenkt).* Die Besonderheit dieser Bildung besteht darin, dass nicht
der Akkusativ, sondern der Dativ des Aktivsatzes zum Subjekt des
Passivsatzes wird. Obwohl hier gleich drei potentielle Hilfsverben
miteinander konkurrieren und die so gebildeten Formen gelegentlich als stilistisch minderwertig abgewertet werden, sind Dativ-Pas-
sive sehr regelmäßig bildbar und in dieser Hinsicht sogar dem Zu-
standpassiv überlegen (vgl. hierzu im Einzelnen Hentschel/Weydt
1995). Der Status des Dativ-Passivs war lange Zeit umstritten; in
den letzten Jahren wird es aber zunehmend als eine reguläre Passiv-
form im Deutschen betrachtet (vgl. z. B. Zifonun et al. 1997: 1824
sowie die dort angegebene Literatur).

Passivperiphrasen

Es gibt eine Reihe von Ersatzformen, die zur Umschreibung des
Passivs (Passivperiphrase) verwendet werden können. Die vorliegende Form ist dann zwar Aktiv, ihrem Sinn nach jedoch passivisch;
entsprechend kann sie jeweils in eine Passiv-Form überführt werden. Diese Passiv-Periphrasen enthalten mehrheitlich eine zusätzliche modale Komponente. Passiv-Periphrasen sind:

– *gehören* + Partizip Perfekt (umgangssprachlich): *Das gehört verboten.*
   Die in dieser Form enthaltene modale Komponente lässt sich
   durch *sollen* wiedergeben: *Das sollte verboten werden.* Bei Engel (1996:
   453) wird *gehören* als „Auxiliarverb" zur Passivbildung bezeichnet.

– sein + Infinitiv + *zu*: *Diese Aufgabe ist leicht zu lösen; der Brief ist sofort
  zu beantworten.* Die modale Komponente ist ‚können‘ oder ‚müs-
  sen‘: *Die Aufgabe kann leicht gelöst werden/Der Brief muss sofort beantwortet werden.* Diese Art der Passivperiphrase wird oft als Form
  des → Gerundivums aufgefasst, d. h. als prädikative Entsprechung zu *die leicht zu lösende Aufgabe* usw. Gelegentlich wird auch *es
  gibt* + Infinitiv + *zu* anstelle von *sein* zur Passivperiphrase benutzt. Dann gilt nur die Bedeutung ‚müssen‘: *Es gibt viel zu erledigen* (‚Es muss viel erledigt werden‘).
– *lassen* + *sich* + Infinitiv: *Das Problem lässt sich auf verschiedene Weisen
  lösen.* Die modale Komponente ist ‚können‘: *Das Problem kann auf
  verschiedene Weisen gelöst werden.*
– Reflexivkonstruktionen: *Das Buch liest sich leicht. Die CD verkauft
  sich gut. Es findet sich immer eine Lösung.* Die modale Komponente
  ist ‚können‘; allerdings ist sie oft sehr schwach, wie die folgenden
  Paraphrasierungsversuche zeigen: ‚Das Buch kann leicht gelesen
  werden‘; ‚Die CD kann gut verkauft werden/wird gut verkauft‘;
  ‚Eine Lösung kann immer gefunden werden/wird immer gefunden‘. In einigen Fällen kann die modale Komponente auch völlig
  fehlen. z. B. *Das schreibt sich eigentlich anders, als es hier steht* → ‚Das
  wird eigentlich anders geschrieben‘ (nicht: ‚kann anders geschrieben werden‘). Reflexivkonstruktionen als Passiversatz sind in anderen Sprachen sehr viel häufiger anzutreffen als im Deutschen
  und enthalten dann gewöhnlich keine modale Komponente; man
  kann sie als → Medium interpretieren. Häufig finden sich solche
  Konstruktionen in anderen Sprachen auch dort, wo im Deutschen unpersönliche Wendungen mit *man* dem Passiv vorgezo-
  gen werden, vgl. z. B. französisch: *Cela ne se mange/dit pas,* wörtlich: ‚das isst/sagt sich nicht‘, Serbokroatisch: *Kako se kaže …?,*
  wörtlich: ‚wie sagt sich …?‘ usw.

4.6   Infinite Verbformen

Unter **infiniten** (von lat. *infinitus* ‚nicht abgeschlossen‘) Verbformen versteht man Formen, die keine Angaben über die Person (einschließlich Numerus der Person) enthalten. Die Definition dessen,
was infinite Verbformen sind, ist allerdings außerordentlich uneinheitlich. Gelegentlich finden sich umfassende Einschränkungen wie

„hinsichtlich Person, Numerus, Tempus, Modus und Genus Verbi nicht gekennzeichnet" (Bußmann 2002: 304), die natürlich so auf keinen Fall zu halten sind. So drücken beispielsweise die deutschen Infinitive sowohl Tempus als auch Genus verbi aus: (*er muss wohl*) *betrogen worden sein* enthält das Tempus Perfekt und das Genus Passiv, und türkische Infinitive wie *gelebilmek (için)* ,(um) kommen (zu) können' enthalten auch eindeutig eine Modus-Markierung (Potential). Unter sprachvergleichenden und typologischen Gesichtspunkten ist es daher sinnvoller, eine andere Definition zu Grunde zu legen: Man betrachtet diejenigen Verbformen als infinit, die nicht alleine das Prädikat eines Hauptsatzes bilden können.[32]

Infinite Verbformen des Deutschen sind die Infinitive, die Partizipien und das Gerundivum.

Infinitive

Der **Infinitiv** hat seinen Namen daher, dass er sozusagen die infinite Verbform par excellence ist. Auf Deutsch wird er gelegentlich auch als **Nennform** des Verbs bezeichnet. Gemeint ist damit normalerweise der Infinitiv Präsens Aktiv eines Verbs, der zugleich im allgemeinen auch als Lexikoneintrag verwendet wird, also Formen wie *schimpfen, gähnen, grübeln* usw.

Formenbestand des Infinitivs

Synchronisch gesehen weist das Deutsche drei Infinitiv-Endungen auf: *-en, -eln* und *-ern*. Die häufigste Infinitiv-Endung ist *-en: essen, schlafen, fernsehen* usw. Infinitive auf *-eln* und *-ern* (historisch eigentlich: *-elen, -eren*) treten bei Verben auf, die aus anderen Wörtern abgeleitet sind, wobei diese – meist iterativen oder diminutiven – Ableitungen oft nur noch historisch nachvollziehbar sind. Auf *-eln* enden beispielsweise *lächeln* (vgl. *lachen*), *gründeln* (vgl. *Grund*), *grübeln* (vgl. *graben/grub*); auf *-ern* z. B. *rädern* (vgl. *Rad*), *stochern* (vgl. *Stock/ stechen*), *flimmern* (vgl. *Flamme*). Oft liegt die Endung *-el* bzw. *-er* auch schon in dem Wort vor, aus dem das Verb abgeleitet ist: *wechseln* (vgl. *Wechsel*), *rudern* (vgl. *Ruder*) usw.

---

[32] Auch diese Definition ist nicht perfekt und kann in manchen Sprachen zu Problemen führen; vgl. hierzu auch Bisang (2001).

Der Infinitiv Präsens Aktiv, der in all diesen Formen vorliegt, ist zugleich der häufigste Infinitiv. Neben dem Infinitiv Präsens kann aber auch ein Infinitiv Perfekt gebildet werden, und bei transitiven Verben ist zudem auch ein Infinitiv Passiv (Vorgangs- und ggf. Zustandspassiv, Präsens und Perfekt) möglich. Insgesamt stehen somit folgende Infinitive zur Verfügung:

Infinitiv Präsens Aktiv (alle Verben):

sehen, öffnen, seufzen, ächzen, stöhnen usw.

Infinitiv Präsens Vorgangspassiv (transitive Verben):

gesehen werden, geöffnet werden usw.

Infinitiv Präsens Zustandspassiv (transitive Verben):

geöffnet sein usw.

Infinitiv Perfekt Aktiv (alle Verben)

gesehen haben, geöffnet haben, geseufzt haben, geächzt haben usw.

Infinitiv Perfekt Vorgangspassiv (transitive Verben):

gesehen worden sein, geöffnet worden sein usw.

Infinitiv Perfekt Zustandspassiv (transitive Verben):

geöffnet gewesen sein usw.

Der Duden (1998: 328) setzt darüber hinaus auch einen Infinitiv Futur I und II Aktiv an, der mit den Formen *loben/erwachen werden, gelobt haben/erwacht sein werden* illustriert wird (ebd.). Diese Formen können jedoch im besten Fall als theoretische Konstrukte angesehen werden, denn eine konkrete Anwendung ist – im Gegensatz zu den anderen Infinitiven – nicht möglich. Vgl.

Sie wird/will/muss ...   *loben*
                            gelobt haben
                            gelobt werden
                            gelobt worden sein
                            *loben werden
                            *gelobt haben werden

Aus diesem Grund betrachten wir die postulierten Infinitive Futur I und II als ungrammatisch und nicht als Bestandteile der deutschen Sprache.

Aus der Tatsache, dass Passiv-Infinitive nur bei den → persönlichen Passivformen möglich sind, kann man schließen, dass der Infinitiv zwar kein Subjekt zulässt (ein solches kann nur bei finiten Verbformen stehen), aber dennoch sozusagen ein unsichtbares Subjekt impliziert, das in den Modellen der Generativen Grammatik mit PRO bezeichnet wird. Wie dieses unsichtbare Subjekt im Einzelnen zu verstehen ist, kann aber nur aus dem Kontext des Gesamtsatzes erschlossen werden:

Ich$_i$ habe versprochen, PRO$_i$ pünktlich zu kommen.
Ich habe ihn$_i$ gebeten, PRO$_i$ später zu kommen
Ich$_i$ habe ihn gebeten, PRO$_i$ später kommen zu dürfen

Funktionen des Infinitivs

Reine Infinitive (d. h. Infinitive ohne *zu*) werden

— zusammen mit dem Hilfsverb *werden* zur Bildung des Futurs
— als abhängige Infinitive nach den Modalverben und einigen anderen Verben wie *lassen, nicht brauchen, hören, sehen, gehen* (letztere nur Infinitiv Präsens Aktiv) gebraucht.

Beispiele für eine solche Verwendung des Infinitivs sind: *Sie lässt ausrichten, dass* … (Infinitiv Präsens Aktiv); *Sie soll zuletzt in Chicago gesehen worden sein* (Infinitiv Perfekt Passiv/Zustandspassiv) usw. In allen anderen Fällen steht der Infinitiv mit *zu: Sie bat ihn, endlich still zu sein. Er pflegt sich unmöglich zu benehmen* usw. Dieses Infinitiv-typische *zu* wird als **Infinitiv-Partikel** bezeichnet, da seine einzige Funktion darin besteht, den Infinitiv einzuleiten. „Einleiten" darf hier allerdings nicht wörtlich verstanden werden: Bei präfigierten Verben kann die Partikel auch in das Verb integriert werden, vgl. *einzuschlafen, anzukommen* usw. (siehe auch S. 53 f.).

Da das Deutsche kein **Gerundium** (von lat. *gerere* ‚handeln'), also keine spezielle substantivische Verbform kennt, wird der Infinitiv auch zur Substantivierung von Verben verwendet: *das Schweigen im Walde, das Lächeln der Mona Lisa* usw. Substantivierte Infinitive kommen nur im Singular vor; sie sind Neutra und nehmen außer dem -*s* des Genetivs keine Kasusendungen an. Substantivierte Infinitive

werden auch zur Umschreibung des im Deutschen nicht ausgebilde-
ten → progressiven Aspekts verwendet: *Sie war beim/am Arbeiten.*
  Der Infinitiv eines Verbs kann in derselben Weise wie finite Verbformen andere Satzglieder an sich binden, d.h. er kann durch Objekte und Adverbialbestimmungen ergänzt werden: *Ich habe keine
Lust, mir noch länger solchen Unsinn anzuhören.* Dies gilt nur sehr eingeschränkt für substantivierte Infinitive, die normalerweise (ebenso
wie von Verben abgeleitete Substantive) durch Genetive (→ Genetivus objectivus) und Adjektive attributiv ergänzt werden: *Ich habe
keine Lust zum noch längeren Anhören solchen Unsinns* (vgl. *(?) zum solchen
Unsinn noch länger Anhören* – nur umgangssprachlich). Diese Regel gilt
nicht, wenn das Verb ein → präpositionales Objekt regiert (vgl. *das
Warten auf eine Antwort*); ferner können Genetive, insbesondere umgangssprachlich, in solchen Fällen auch durch die Präposition *von* +
Dativ ersetzt werden *(zum Anhören von solchem Unsinn).*

Partizipien

Partizipien (von lat. *participere* ,teilhaben') sind Verbformen, die sowohl Eigenschaften des Verbs als auch des Adjektivs in sich vereinigen: Sie besitzen die Valenz des zugrunde liegenden Verbs und enthalten Angaben über Tempus und Genus verbi, sie können aber
auch dekliniert, d.h. nach Genus (des Substantivs), Kasus und Numerus verändert werden. Ihre Verwendung entspricht weitgehend
der eines Adjektivs und kann attributiv, adverbial oder auch prädikativ sein (zu den Einschränkungen siehe unten). Auf Grund dieser
Eigenschaften werden die Partizipien in der deutschen Schulgrammatik gelegentlich auch als **Mittelwörter** bezeichnet. Das Deutsche
kennt zwei Partizipien: das Partizip Präsens und das Partizip Perfekt.

Partizip Präsens

Das Partizip Präsens wird in vielen Grammatiken auch als **Partizip
I** bezeichnet. Es ist stets aktivisch und wird durch Anhängen der
Endung *-d* an den Infinitiv gebildet: *seufzen – seufzend, kichern –
kichernd* usw.
  Als Tempus drückt das Partizip I nicht Präsens, sondern ,Gleich-
zeitigkeit' aus. So impliziert der Satz *Er hat ein quiekendes Ferkel unter
dem Arm* die Aussage *Das Ferkel quiekt* (Präsens); *Er hatte ein quieken-*

des Ferkel unter dem Arm hingegen *Das Ferkel quiekte* (Präteritum), *Er wird ein quiekendes Ferkel unter dem Arm haben: Das Ferkel wird quieken* (Futur) usw.

Das Partizip I kann als → Attribut *(ein quiekendes Ferkel)* oder als → prädikatives Attribut *(quietschend öffnet sich die Tür)*, selten auch als Adverbialbestimmung *(Ihre Anfrage betreffend ...)* verwendet werden.[33] Als Prädikativum ist es hingegen normalerweise nicht gebräuchlich (**Die Tür war quietschend. *Das Ferkel war quiekend*). Ausnahmen von dieser Regel können in einigen Fällen beobachtet werden (z. B. *Er ist leidend; Das ist ja schockierend*); allerdings verliert das Partizip dann zugleich die verbale Rektion, vgl. *Er leidet an Gicht – *Er ist an Gicht leidend,* aber: *der an Gicht leidende Pianist;* ebenso: *Der Skandal schockiert uns alle – *Der Skandal ist uns alle schockierend,* aber: *der uns alle schockierende Skandal.* Man kann daher mit einigem Recht vermuten, dass Partizipien des Präsens, die als Prädikative verwendet werden, bereits in die Klasse der Adjektive übergegangen sind.

Abweichend von der hier vertretenen Auffassung werden die Partizipien des Präsens in der Grammatik des IdS grundsätzlich nicht als Verbform, sondern als „durch Wortbildung aus Verben entstandene Adjektive" (Zifonun et al. 1997: 2205) aufgefasst. Begründet wird dies damit, dass „Partizipien I nie als Teile periphrastischer Verbformen verwendet [werden], sondern nur in Kontexten, in denen Elemente der Wortklasse Adjektiv vorkommen." (ebd.: 2206). Diese als Ausschlussgründe genannten Eigenschaften haben die Präsens-Partizipien des Deutschen aber mit denen unzähliger anderer Sprachen vom Lateinischen bis zum Türkischen gemeinsam; man müsste also allen diesen Sprachen die Existenz von Partizipien des Präsens aberkennen. Dass es nicht sinnvoll ist, dies zu tun, zeigen jedoch bereits die oben beschriebenen Unterschiede im Rektionsverhalten von Partizipien und aus Partizipien entstandenen Adjektiven.

---

[33] Gelegentlich ist es schwierig, zu entscheiden, ob das Partizip Präsens als prädikatives Attribut oder als Adverbialbestimmung angesehen werden soll, vgl. *Er sah seufzend aus dem Fenster* → *Er seufzte./Das Hinaussehen war von Seufzen begleitet.* Dies hängt damit zusammen, dass das Partizip so etwas wie ein Nebenprädikat bildet. In dieser Hinsicht ist es mit den sog. Konverben anderer Sprachen verwandt. Vgl. hierzu auch Haspelmath (1995).

Partizip Perfekt

Das Partizip Perfekt, häufig auch als **Partizip II** bezeichnet, kann –
in Abhängigkeit vom Verb – sowohl aktivische als auch passivische
Bedeutung haben. Partizipien intransitiver Verben, also Formen wie
gekommen, erblüht oder *vergangen,* sind aktiv, während Partizipien transitiver Verben wie *geliebt, geschlagen* oder *besetzt* passiv sind. Die
Bildung des Partizips II hängt vom Konjugationstyp und von der
Präfigierung des Verbs ab; die Standardbildung erfolgt durch Voranstellung des Präfixes ge- und Anhängen eines Suffixes (*-en* bei starken, *-t* bei schwachen Verben; zu den Einzelheiten siehe S. 51 f.), also
beispielsweise *heben – ge-hob-en, lachen – ge-lach-t.* Von der Form her
wird im Deutschen beim Partizip Perfekt im Unterschied zu vielen
anderen Sprachen nicht zwischen Aktiv und Passiv unterschieden.
So hat z. B. das Partizip *verwelkt (die verwelkten Geranien)* eine aktivische Bedeutung (vgl. *Die Geranien sind verwelkt),* während das Partizip *verputzt (die verputzte Fassade)* passivisch ist (vgl. *Die Fassade ist
verputzt worden),* ohne dass zwischen den beiden Partizipien ein Unterschied in der Formenbildung bestünde. Ob das Partizip ein Aktiv
oder Passiv ausdrückt, ist nur davon abhängig, ob es sich bei dem
Verb, von dem es gebildet wurde, um ein transitives handelt oder
nicht: Perfekt-Partizipien transitiver Verben sind immer passivisch,
alle anderen sind aktivisch.

Das Partizip Perfekt findet bei der Tempus- (→ Perfekt und Plusquamperfekt) und Genusbildung (→ Passiv) Verwendung und bildet
dann zusammen mit dem jeweiligen Hilfsverb eine Einheit. Darüber
hinaus kann es aber auch als Attribut oder Prädikativum, selten auch
als Adverbialbestimmung verwendet werden: *Die verwelkten Rosen
verbreiteten einen merkwürdigen Geruch. Er blieb lange verstört. Sie sprach die
letzte Silbe sehr betont aus.* Die Tempusbedeutung des Partizips Perfekt
ist wie bei den finiten Perfektformen ,Vergangenheit' und ,Abge-
schlossenheit': Der Vorgang des Verwelkens oder Verstörens ist
abgeschlossen, vergangen. Gleichzeitig kann das Ergebnis des jeweiligen Vorgangs bis in die Zeit gültig sein, die das finite Verb ausdrückt. Insbesondere bei den Perfekt-Partizipien transitiver Verben
kann die passivische Komponente der Bedeutung die temporale in
einigen Fällen so weitgehend überlagern, dass nur noch das Ergebnis der Handlung selbst im Vordergrund steht: *mein geliebter Freund*
(,mein Freund, der von mir geliebt wird'). Dies ist allerdings nicht

die Regel; vgl. *das gerupfte Huhn* (‚das Huhn, das gerupft worden ist‘,
nicht: ‚das gerupft wird‘), *die verlorenen Schlüssel* (‚die Schlüssel, die
verloren worden sind‘, nicht: ‚die verloren werden‘) usw.

Nicht alle Partizipien des Perfekts können als Attribute beim
Substantiv verwendet werden; die Partizipien von Verben, die sowohl → intransitiv als auch → imperfektiv sind, sind von diesem Gebrauch normalerweise ausgeschlossen. Bildungen wie **der gefreute
Freund, *das gelachte Ereignis* usw. sind daher unzulässig. Möglich sind
demgegenüber Bildungen wie *der erfreute Freund* (transitives Verb,
passivisches Partizip) oder *das eingetretene Ereignis* (perfektives Verb,
aktivisches Partizip).

Gerundivum

Als **Gerundivum** oder kurz auch **Gerundiv** (von lat. *gerere* ‚handeln‘) wird eine Form bezeichnet, die sich auch als Partizip Futur
Passiv mit modaler Komponente bezeichnen ließe. Im Deutschen
hat sie die äußere Gestalt eines mit *zu* verbundenen Partizip I: *die zu
erledigende Arbeit, der zu lesende Text* usw. Da das Gerundivum passivisch ist, kann es nur von transitiven Verben gebildet werden. Die in
ihm enthaltene modale Komponente kann mit *müssen* (je nach Kontext auch: *können*) umschrieben werden: *die Arbeit, die erledigt werden
muss.*

Als Adverbialbestimmung ist das Gerundivum nicht gebräuchlich; es kommt nur als Attribut oder als Prädikativum vor. Beim Gebrauch als Prädikativum verliert es die Endung *-d* und kann dann
nur noch semantisch von einem (aktivischen) Infinitiv Präsens unterschieden werden: *Der Text ist zu lesen* (= ‚Der Text muss/kann gelesen werden‘).

5 Das Substantiv

Substantive (von lat. *(verbum) substantivum* ,für sich selbst stehendes (Wort)‘, zu *substantia* ,Beschaffenheit, Bestand‘, und *substare* ,standhalten‘) sind Wörter wie *Flasche, Nashorn, Liebe, Gelehrsamkeit.* Sie werden oft auch als **Nomina** (von lat. *nomen* ,Name‘) bezeichnet; jedoch ist dieser Terminus nicht eindeutig. Außer als Synonym für *Substantiv* dient er auch als gemeinsame Bezeichnung für alle deklinierbaren Wortarten, so dass auch Adjektive und Pronomina darunter gefasst werden. Substantive können im Satz alle syntaktischen Funktionen außer der des Prädikatskerns wahrnehmen. Im Deutschen werden sie im Allgemeinen **dekliniert**.

Die Wortartbedeutung der Klasse *Substantiv* erfasst den von ihm zu bezeichnenden Ausschnitt der außersprachlichen Wirklichkeit als etwas, was dem/der Sprechenden als ein Etwas entgegentritt, das zum „Gegenstand“ des Sprechens gemacht wird (vgl. S. 20 f.). Langacker (2000: 10) spricht von einer „konzeptionellen Vergegenständlichung“.

Deshalb eignet sich das Substantiv besonders für die syntaktische Funktion des Subjekts und des Objekts.

Substantive unterliegen im Deutschen der **Großschreibung**; allerdings ist dabei eine Reihe von speziellen Regeln zu beachten. Schwierig sind diese Regeln besonders bei Substantivierungen, also bei den Wörtern, die syntaktisch die Funktion von Substantiven übernehmen wie beispielsweise Adjektive nach Indefinitpronomina wie *etwas* oder *nichts* (z. B. *etwas Neues, nichts Wichtiges* usw.). Die Festlegungen haben zum Teil willkürlichen Charakter. So schreibt man: *Ich spreche Deutsch* (aber: *Die Vortragende hat deutsch gesprochen*), *Du hast ja Recht* (aber: *Dir kann man nichts recht machen*), *Er hat Schuld* daran (aber: *er ist schuld daran*) usw. In diesem Bereich waren früher Reformbewegungen im Gange, die auf die sogenannte „gemäßigte Kleinschreibung“ zielten; nach dem Vorbild der anderen Sprachen sollten – mit einigen Ausnahmen wie etwa Eigennamen – auch im Deutschen die Substantive klein geschrieben werden. Damit wäre eine Schreibweise wiederhergestellt worden, wie sie schon im Mittelalter herrschte und die auch später noch viel (z. B. auch von Sprachwissenschaftlern wie Jakob Grimm und Hermann Paul) verwendet wurde. Die 1996 erfolgte Rechtschreibre-

form ist diesem Vorschlag jedoch nicht gefolgt, und die Großschreibung aller Substantive wurde für das Deutsche beibehalten,
das damit einen Sonderfall unter den europäischen Sprachen darstellt (vgl. auch S. 490 ff.).

5.1 Klassifikation der Substantive

Die Substantive werden nach semantischen und morphologischen
Kriterien in Unterklassen eingeteilt.

Semantische Einteilungen

Konkreta und Abstrakta

Konkreta (Sing. *das Konkretum*, von lat. *concretum* ,das Zusammenge-
wachsene', ,Verdichtete') nennt man die Substantive, die etwas Ge-
genständliches oder sinnlich Wahrnehmbares bezeichnen. Solche
Konkreta sind z. B. *Büroklammer, Löwe, Hörsaal* und auch Eigennamen wie *Berlin* und *Gertrud*. **Abstrakta** (Sing. *das Abstraktum*, von
lat. *abstractum* ,das Abgezogene' (eine bestimmte Eigenschaft wird
von der komplexen Erscheinung „abgezogen") bezeichnen dagegen Nichtgegenständliches, z. B. reine Begriffe, Vorstellungen, Vorgänge, Relationen. Abstrakta sind etwa *Geist, Boykott, Alter, Taten-
drang, Unverschämtheit.*
  Die Unterscheidung Abstraktum/Konkretum ist nicht unproblematisch.

– Viele Wörter lassen sich auf der Ebene des Sprachsystems nicht
  eindeutig der einen oder anderen Kategorie zuordnen. So ist
  Schule sowohl ein Abstraktum (als Institution) als auch, wenn man
  das Gebäude meint, ein Konkretum.
– Jedes Wort, auch jedes Konkretum, ist in gewisser Weise stets
  auch eine Abstraktion, da jeder Vorgang, bei dem eine Klasse
  von Gegenständen mit einem Wort erfasst wird, ein Abstrak-
  tionsvorgang ist.

Innerhalb der Konkreta unterscheidet man Eigennamen von Gattungsbezeichnungen.

Eigennamen

Eigennamen sind Wörter, mit denen bestimmte Lebewesen oder
Gegenstände individualisierend aus ihrer Gattung herausgehoben
werden. Mit Eigennamen bezeichnet man vor allem Personen, aber
auch Tiere (vor allem Haustiere), geographische Orte, zuweilen
auch Bauten, Hotels, Schiffe:

> *Tarzan, Chita, Berlin, Titanic.*

Eigennamen werden im allgemeinen im Singular gebraucht. Jedoch
gibt es auch unter den Eigennamen einige → Pluraliatantum. Hierher gehören vor allem geographische Begriffe wie *die Alpen, die Pyrenäen, die Malvinen.* Die meisten Eigennamen haben keinen Artikel
(zum Artikelgebrauch siehe S. 232 f.); Ausnahmen bilden die Gruppe
der Gewässer *(die Donau, der Nil, das Tote Meer)*, Berge *(der Drachenfels,
die Zugspitze, das Matterhorn)*, einige Länder *(die Schweiz, die Türkei)* und
Landschaften *(die Dordogne, der Harz, das Banat)*. Bauten und Schiffe
(einschließlich Luft- und Raumschiffe) erhalten ebenfalls Artikel: *der
Louvre, der Kreml, die Titanic, die Enterprise.*

Gattungsbezeichnungen

Im Gegensatz zum Eigennamen, der einzelne Individuen benennt,
ist der Gattungsname (**Appellativum**, von lat. *appellare* ‚benennen‘)
Bezeichnung für eine Klasse (Gattung) von Objekten (→ generischer Gebrauch) und für einzelne Glieder dieser Gattung (→ nicht-
generischer Gebrauch). Gattungsnamen sind z. B. *Affe, Stadt, Käse.*
    Zwischen Eigennamen und Gattungsnamen sind Übergänge
möglich:

– Es kommt vor, dass **Eigennamen** zu **Gattungsnamen** weiterentwickelt werden: *ein Zeppelin, das Mekka der Wagnerfreunde, ein
  wahrer Sherlock Holmes.*
– Es ist üblich, Werke mit dem Namen des Autors zu benennen.
  Der Eigenname funktioniert dann wie ein Gattungsname: *Er hat
  schon 47 Karl Mays gelesen. Sie legt einen Mozart auf. Meinen Marx kenne
  ich auswendig.*
– Eine Verwendung von Eigennamen als Gattungsnamen liegt an-
  satzweise auch dann vor, wenn man fiktiv mehrere Einzelpersonen in einem Individuum unterscheidet: *Das war nicht mehr der Na-
  poleon, der von Erfolg zu Erfolg eilte.*

Gattungsnamen können **generisch** und **nicht-generisch** benutzt werden. Generisch (von lat. *genus* ‚Gattung', ‚die Gattung betreffend') benutzt man ein Substantiv dann, wenn man die ganze Gattung oder Klasse bezeichnet. *Das Pferd wurde von den Spaniern in Amerika eingeführt. Der Hund ist der älteste Begleiter des Menschen.* Daneben steht der nicht-generische Gebrauch, in dem man von einzelnen Individuen der Gattung redet: *Das Pferd steht dort drüben auf der Weide. Ich gehe mit dem Hund spazieren.*

Kollektiva

Eine Untergruppe der Gattungsbezeichnungen sind die **Kollektiva** (Sing. *das Kollektivum*, von lat. *colligere* ‚sammeln') oder **Sammelbezeichnungen**. Ein Kollektivum benennt als Singular eine Mehrzahl von Lebewesen oder Gegenständen: *Herde, Familie, Flotte, Mannschaft.* Die Abgrenzung der Kollektiva ist schwierig. Auf jeden Fall sollte der Begriff nicht so weit gefasst werden, dass darunter jedes Objekt, das wieder aus Einzelteilen besteht, verstanden wird. Er sollte vielmehr auf Wörter beschränkt sein, die eine Vielheit von Gleichartigem bezeichnen. In diesem Sinn gehören Wörter wie *Stadt* und *Bibliothek* nicht zu den Kollektiva, wohl aber Mengenangaben wie *Dutzend, Schock, Anzahl, Haufen.*

Stoffbezeichnungen

Oft werden unter den Konkreta neben den Gattungsbezeichnungen noch die **Stoffbezeichnungen** (bei Eisenberg 2000: 173 als „Mass nouns" bezeichnet) herausgehoben. Diese zeichnen sich durch spezifische Regeln des Artikelgebrauchs aus sowie dadurch, dass sie kaum pluralisiert werden. Zu den Stoffbezeichnungen gehören Materialbezeichnungen wie *Wasser, Leder, Holz, Stahl, Zement.* Dort, wo Stoffbezeichnungen in den Plural gesetzt werden, drückt dies aus, dass verschiedene Sorten des Stoffes gemeint sind: *edle Hölzer, Biere verschiedener Herkunft.*

5.2   Formenbestand des Substantivs

Im Deutschen gehören die Substantive wie die Verben zu den flektierenden Wortarten. Im Gegensatz zu den konjugierenden Verben werden sie jedoch **dekliniert** (von lat. *declinare* ‚abbiegen', ‚abändern', ,beugen'). Deklination umfasst Veränderungsmöglichkeiten nach Kasus, Numerus und Genus. Substantive können nur Kasus und Numerus verändern; ihr Genus ist festgelegt. Zu den deklinierenden Wortarten gehören außer den Substantiven noch Adjektive, Pronomina und Artikel.

Den Numerus drückt das Deutsche durch die Substantivendung (z. B. *Tag – Tage*) und zuweilen durch den **Umlaut** aus. So lautete der Plural von *lamb* (,Lamm') im frühen Ahd. *lambir*. Durch Vorwegnahme der folgenden Vokalqualität („regressive Assimilation") wurde der Stammvokal geschlossener und heller gesprochen: *lambir* wurde zu *lembir* (nhd. *Lämmer*). Dieses Verfahren, den Unterschied zwischen Singular und Plural auch durch Umlaut anzuzeigen, wurde dann generalisiert und auch auf einige Fälle ausgedehnt, in denen in früheren Zeitstufen kein *i* in der Endung gestanden hatte, wie etwa in *Wolf – Wölfe*.

Der Umlaut kann das einzige morphologische Pluralmerkmal sein *(Apfel – Äpfel, Faden – Fäden)* oder den Plural zusammen mit der Endung *(Korb – Körbe)* ausdrücken. Endung und Umlaut sind allerdings nicht die einzigen Merkmale, mit denen Numerus und Kasus eines Substantivs markiert werden können. Man erkennt sie auch an der Form des voranstehenden Artikels und an der des attribuierenden Adjektivs; beide werden ebenfalls dekliniert. In einigen Fällen kann man den Kasus auch an der Wortstellung erkennen. Die Wortstellungsregeln erlauben es im Deutschen grundsätzlich, dass das Akkusativobjekt an erster Stelle im Satz steht: *Den Frosch hat der Storch gefressen.* Wenn jedoch der Akkusativ gegenüber dem Nominativ nicht morphologisch markiert ist, dann gilt die Regel, dass das Subjekt vor dem Objekt steht. In dem Satz *Die Spinne hat die Fliege gefressen* wird also *die Spinne* als Subjekt interpretiert.

Deklination der Gattungsnamen

Starke, schwache und gemischte Deklination

Im Deutschen gibt es zahlreiche verschiedene Flexionsweisen für das Substantiv, über deren sinnvolle Systematisierung in den Grammatiken keine Einigkeit herrscht.[1] Die bekannteste Unterteilung ist

---

[1] Mugdan (1977: 69) unterscheidet sogar 31 verschiedene Typen.

die in **starke**, **schwache** und **gemischte Deklination**. Die Termini
stark und *schwach* stammen von Jacob Grimm; die Begriffe werden
von ihm außer bei der Substantiv- auch bei der Adjektivdeklination und bei der Konjugation verwendet. Die Vorstellung, die bei
Grimm hinter diesen Bezeichnungen steht, ist die eines allgemeinen
Prinzips, das nach Grimm (1880: 653) durchgängig in der deutschen
Sprache zu finden ist:

> „aber es ist in der natur unserer sprache tief enthalten, dasz sie
> einer ursprünglichen und inneren form der flexion im verfolg der
> zeit noch eine andere, äuszerliche hinzufüge, die jene vertreten
> und ersetzen helfe. (...) Wie zu dem ablautenden praet. ein mit
> consonanten gebildetes sich gesellte (...) nicht anders kommt
> zu der alten declination eine neue, durch einschaltung von N er-
> zeugte, beidemal wird die alte einfache aber mächtige flexion
> stark, die jüngere, auf äuszerem hebel beruhende, schwach heis-
> zen dürfen."

Für Grimm ist die starke Flexionsform die jeweils ältere, diejenige, die aus ihrem Inneren heraus, sozusagen aus eigener Kraft,
flektiert. Schon von den Zeitgenossen Grimms wurde das Begriffspaar *stark/schwach* kritisiert, und Grimm hat es in seinen Schriften mehrfach verteidigt, aber auch relativiert (Grimm 1837: 509,
Anm.).

In der Grammatiktradition nach Grimm wurde viel mit diesem
Begriffspaar gearbeitet. In neueren Arbeiten, besonders bei Rettig
(1972), wird es als unangemessen für die synchronische Beschreibung des modernen Deutschen (Vermischung synchronischer und
diachronischer Gesichtspunkte) und als zu ungenau abgelehnt. Seltener findet man Argumente zu seiner Beibehaltung wie etwa bei
Eisenberg (2000: 156). In modernen Grammatiken wird die stark/
schwach-Unterscheidung, soweit sie überhaupt akzeptiert wird, im
Allgemeinen nur auf Maskulina und Neutra, nicht aber auf Feminina
angewandt. Eine Ausnahme bildet der Duden (1998: 223f.), der
zwar in seiner Beschreibung nicht von starken und schwachen Substantiven spricht, diese Bezeichnungen aber in den Tabellen verwendet, dann auch für die Feminina.

Als **stark** gelten die Substantive, die im Genetiv Singular ein *-(e)s*
und im Nominativ Plural kein *-(e)n* haben, z. B. *Tag: des Tages, die Tage*.
Hierzu gehören alle Neutra außer *Herz*, *Hemd* und *Bett*.

Als **schwach** werden dagegen die Substantive bezeichnet, die
im Genetiv Singular und im Plural die Endung *-(e)n* haben, z. B. *der
Hase, des Hasen, die Hasen.*
Daneben gibt es verschiedene Formen **gemischter Deklina-
tion**: *der Staat, des Staat(e)s* (stark), aber *die Staaten* (schwach). Die Feminina werden dabei nicht mit berücksichtigt, weil sie im Genetiv
Singular nie auf *-(e)s* enden: *der Zeitung, der Kuh, der Tochter.* Im Plural
jedoch können sie wie die schwachen Maskulina dekliniert werden
(„konsonantisch", d. h. auf *-en*, z. B. *Frauen*) oder aber stark, d. h. auf
andere Weise: *die Gänse, die Omas, die Mütter.*
Ein Nachteil dieser Klassifizierung ist, dass sie nur eine Zwei-
bzw. Dreiteilung vornimmt und dass die so gebildeten Deklinationsklassen sehr heterogen sind. Mit der Bezeichnung „schwach" oder
„stark" sind Substantive also morphologisch unterbestimmt. Indessen ist das andere Extrem, eine Aufzählung aller 31 Deklinationstypen wie bei Mugdan (1977: 69), verwirrend und umständlich.
Ein Mittelweg besteht darin, die Deklinationsmöglichkeiten für
den Singular und den Plural getrennt zu betrachten. So verfahren Hel-
big/Buscha (2001: 211 ff.) und implizit auch der Duden (1998: 223 ff.).

Singular

Man kann für den Singular drei verschiedene Typen feststellen, für
die sich noch keine einheitlichen Bezeichnungen durchgesetzt haben: Helbig/Buscha (2001: 211) nummerieren sie nur (Typ S1, S2,
S3), der Duden nennt sie, etwas einprägsamer, nach den Genetiv-
Endungen *-(e)s, -(e)n,* und Ø-Singular.

-(e)s	*-(e)n*	Ø
der Tag	*der Hase*	*die Schere*
des Tages	*des Hasen*	*der Schere*
dem Tag(e)	*dem Hasen*	*der Schere*
den Tag	*den Hasen*	*die Schere*

Die wichtigsten Regeln für die Zugehörigkeit zu einem Singulartyp
und für die Bildung der Singularformen sind:

– alle Neutra mit Ausnahme von *Herz* gehören zum *-(e)s*-Typ: *Fenster, Buch, Schiff* usw.

- Maskulina gehören entweder zum *-(e)s- (Fisch, Professor)* oder zum *(e)n*-Typ *(Bär, Kollege)*; daneben gibt es einige Maskulina auf *-(e)ns: Glaubens, Namens.*
- Feminina tragen keine Kasusendungen (Ø-Typ)
- beim *(e)s*-Typ kann entweder die volle Endung *-es (des Grases, des Geständnisses)* oder nur *-s* stehen *(Kindleins, Gärtners)*. In vielen Fällen ist das *(e)* vor der *-s*-Endung fakultativ *(eines Tages/Tags, des Rates/Rats)*. Ein *-e-* steht insbesondere nach betonter, konsonantisch auslautender Silbe sowie regelmäßig nach */s/* (in der Schreibweise auch -x, -ß, -z): *des Tages, des Mannes; des Verhältnisses, des Maßes, des Satzes, des Dachses.* Nicht stehen kann *-e-* bei unbetonten Derivationssuffixen wie z. B. *-er* oder *-chen*: **des Lehreres, *des Kindchenes.*
- im *(e)s*-Typ kann fakultativ im Dativ nach betonter, konsonantisch auslautender Silbe die Endung *-e* stehen: *dem Manne, im Verlaufe,* aber nicht **dem Gartene, *im Zooe.* Diese *-e*-Dative sind selten und werden als archaisch empfunden; erwartet werden sie in vielen feststehenden Wendungen, weil diese nicht jedesmal beim Sprechen neu gebildet, sondern als feste Syntagmen überliefert werden: *jemandem zu Leibe rücken, vorsichtig zu Werke gehen, das Kind mit dem Bade ausschütten.*

Plural

In der Pluralbildung gibt es fünf Typen:

1.	2.	3.	4.	5.
-e-Typ	*-Ø-Typ*	*-en*-Typ	*-er*-Typ	*-s*-Typ
die: Tage	*Ferkel*	*Menschen*	*Kinder*	*Autos*
der: Tage	*Ferkel*	*Menschen*	*Kinder*	*Autos*
den: Tagen	*Ferkeln*	*Menschen*	*Kindern*	*Autos*
die: Tage	*Ferkel*	*Menschen*	*Kinder*	*Autos*

Die wichtigsten Regeln für die Typzugehörigkeit und die Bildung der Pluralformen sind:

Zum -*e*-Typ:

An diesem Typ sind alle drei Genera *(Frösche, Hände, Beine)* beteiligt,
außerdem kommen Fälle mit und ohne **Umlaut** vor: *Frosch – Frösche;
Moor – Moore.* Einige Regelmäßigkeiten in der Umlautbildung, die
man bei synchronischer Beschreibung des Deutschen feststellen
kann, erklären sich aus den Deklinationsklassen des Althochdeutschen:

– Neutra, die ihren Plural auf -*e* bilden, haben nie Umlaut: z. B.
  Moor – Moore
– Feminina mit Plural-*e* haben immer, wenn der Stammvokal es zu-
  lässt, Umlaut: *Wurst – Würste, Laus – Läuse, Sau – Säue.*

Zum Ø-Typ:

Zu diesem Typ gehören die meisten Maskulina und Neutra, insbesondere solche auf -*er, -el, -en* (z. B. *Koffer, Esel, Äpfel, Wagen*) und die
Diminutivformen auf -*chen* und -*lein: Kindchen, Schäflein.* Wie die Beispiele zeigen, treten Formen mit und ohne Umlaut auf.

Zum -*en*-Typ:

Auf -*en* bilden die meisten Feminina ihren Plural (z. B. *Sendungen,
Frauen, Gabeln*[2]), außerdem diejenigen Maskulina, die in Grimms
Terminologie „schwach" genannt werden (die also im Singular be-
reits mit -*en* dekliniert werden) und einige gemischte Maskulina (z. B.
Dorn – Dornen, Fleck – Flecken, Muskel – Muskeln) sowie die Neutra
Herz, Hemd und *Bett.*

Zum -*er*-Typ:

An diesem Typ, bei dem immer, wenn der Vokal das zulässt, umgelautet wird, sind Neutra *(Lämmer, Häuser, Kinder, Löcher, Gesichter)*
und einige Maskulina *(Götter, Wälder, Würmer, Leiber)* beteiligt.

---

[2] Hierher gehört auch *die Partikel – die Partikeln* als grammatischer Begriff. In
den Naturwissenschaften existiert daneben auch der neutrale Terminus *das
Partikel,* der Plural ist dann endungslos: *die Partikel.*

Zum -*s*-Typ:

Diese Pluralbildung, die der in einigen anderen Sprachen wie dem Englischen und den romanischen Sprachen gleicht, ist hauptsächlich bei Wörtern auf Vokal (außer -*e*) üblich: *Autos, Fotos, Sofas, Echos.* Hierzu gehören vor allem Abkürzungen (vgl. *Autos, Fotos, Infos, Loks; AKWs, Pkws, DVDs*) und Neubildungen *(Realos, Spontis, Chauvis, Fundis, Wessis).*

In den letzten Jahren ist häufig zu beobachten, dass ein Apostroph vor ein Plural-*s* gesetzt wird; es finden sich Schreibweisen wie **Video's, *CD's, *Snack's* usw. Dieser Apostroph kann im Gegensatz zum Apostroph beim Genetiv-*s* nicht mit dem Einfluss des Englischen erklärt werden, denn er ist auch im Englischen nicht zulässig. Darüber, wie diese in der Zeitschrift *Der Spiegel* (26/2000) abfällig als „Deppen-Plural" bezeichnete Schreibweise entstanden ist und warum sie sich so schnell verbreitet, lässt sich nur spekulieren. Möglicherweise standen am Anfang Unsicherheiten darüber, wie die Pluralendung an Abkürzungen aus Großbuchstaben wie *CD* oder *DVD* angefügt werden sollte.

Die nach Singular und Plural getrennt vorgenommene Einteilung der Deklinationsarten ist differenzierter als die stark/schwach-Unterteilung und hat den Vorteil, die Vielzahl der Möglichkeiten drastisch zu reduzieren. Sie zeigt aber nicht den Zusammenhang der Singular- und der Pluralbildung im Paradigma. Nicht jeder der drei Singulardeklinationstypen ist nämlich mit jedem der fünf Pluraltypen kombinierbar. Die stark/schwach-Klassifizierung hat dagegen den Vorzug, diesen Zusammenhang ebenfalls zu berücksichtigen.

Sonderfälle

Einige Fremdwörter weisen spezielle Pluralbildungen auf: *Kaktus – Kakteen, Atlas – Atlanten, Drama – Dramen, Komma – Kommata* (neben *Kommas*), *Virus – Viren, Konto – Konten, Matrix – Matrizen, Solo – Soli, Tempus – Tempora* (und mit anderer Bedeutung: *Tempi*).

Gesonderte Erwähnung verdienen auch die **Eigennamen** (Personen- und Ortsnamen).

Insgesamt lässt sich feststellen, dass im Nhd. die Markierung des Singular/Plural-Gegensatzes eine größere Rolle spielt als diejenige der Kasus. Noch im Ahd. wurden die Kasus demgegenüber sehr viel stärker voneinander abgehoben.

Deklination der Eigennamen

Personennamen

Die Personennamen werden im Singular (und das ist natürlich der
häufigste Fall) nach dem *-(e)s*-Typ dekliniert. Das trifft beim Gebrauch zur Bezeichnung der Besitzerin auch auf die Feminina zu,
die als Gattungsnamen nie nach dem *-(e)s*-Schema dekliniert werden und nomalerweise auch als Personennamen keine Endung annehmen, wenn sie nach einer Präposition oder einem Verb mit Genetivrektion gebraucht werden: **Ich kann mich Brigittes nicht entsinnen*,
*wegen Evas (vgl. Hentschel 1994). Bei Maskulina, Neutra und possessiv gebrauchten Feminina wird somit jeweils nur der Genetiv
durch eine Endung markiert; andere Endungen treten nicht auf. Im
Normalfall wird einfach *-s* angehängt: *Marias Buch, Christels An-
kunft, Patricks Auto*. Bei Personennamen, die auf ein phonetisches
-[s] (graphisch *-x, -z, -ß, -s*) wie *Max, Fritz, Hans* ausgehen, wird bei
Voranstellung der Genetiv graphisch durch ein ' gekennzeichnet:
Hans' Geliebte, Aristoteles' Kategorienlehre; zuweilen, besonders umgangssprachlich, wird auch ein Genetiv auf *-ens* gebildet: *Hansens
Geliebte, Fritzens Brötchen, Maxens Krankheit*.[3] Bei Nachstellung wird
meistens die Umschreibung mit *von* + Dativ bevorzugt: *das Brötchen
von Fritz*.

Bei → engen Appositionen erhält nur ein Element das Genetiv-*s*.
Dies ist, wenn ein Eigenname mit Titeln verbunden wird, der Eigenname: *Altbundeskanzler Kohls Vergleiche*. Bei mehreren Namen trägt
der letzte die Kasusendung: *Caspar David Friedrichs Gemälde*. Falls
dem Eigennamen ein Artikel voransteht, der die Kasus/Genus/
Numerus-Angaben schon enthält, verzichtet man im allgemeinen
auf die Genetivendung: *die Abenteuer des Kara ben Nemsi* (aber: *Kara
ben Nemsis Abenteuer*).

Der Apostroph vor der Genetivendung *-s* (z. B. *Ingrid's Imbissbude*)
stellt eine Nachahmung der Schreibweise des *-s*-Genetivs im Englischen dar. Er passt insofern nicht ins orthographische System des

---

[3] Eigennamen, auch maskuline, konnten noch im Mhd. stark und schwach dekliniert werden, und auch die starken bildeten ihren Akkusativ auf *-en: Sifrit –
Sifriden*. Die Endung *-ens* für den Genetiv stellt eine Mischform zwischen
schwacher *(-en)* und starker *(-s)* Genetivendung dar, die sich vor allem in älteren Texten häufig findet (z. B. Goethe, *Werther: Lottens*).

Deutschen, als der Apostroph hier stets eine Auslassung kennzeichnet, die beim Genetiv auf -*s* ja nicht vorliegt. Da er sich aber in den letzten Jahren zunehmend verbreitet hat, wird er inzwischen im Rechtschreib-Duden (2000) als „gelegentlich" mögliche Schreibweise toleriert.

Plurale werden durch Anhängen von -*s* gebildet: *die Kochs.* Dies gilt auch dann, wenn der Name wie im vorliegenden Fall auf eine Berufsbezeichnung oder sonst auf ein Wort zurückgeht, das eine andere Pluralbildung hat (hier: *Köche*)

Ortsnamen

Ortsnamen ohne Artikel sind Neutra. Das wird allerdings nur sichtbar, wenn man sie mit Artikel und/oder Adjektiv verbindet, also atypisch verwendet: *das alte Göttingen, das neblige London.* Sie erhalten im Genetiv ein -*s*: *Amerikas Geschichte, das Klima Deutschlands.* Wenn Ortsnamen auf phonetisches -[s] ausgehen, wird der Genetiv normalerweise durch *von* + Dativ ersetzt: *der Bürgermeister von Paris, die wechselvolle Geschichte von Toulouse.* Ortsnamen mit Artikel bleiben meist endungslos: *der Protest des Irak, die Umweltbehörden der Schweiz.*

Deklination von substantivisch gebrauchten Partizipien und Adjektiven

Substantivisch gebrauchte Partizipien und Adjektive werden zwar syntaktisch wie Substantive behandelt, nicht jedoch morphologisch. Sie werden wie Adjektive stark, schwach oder gemischt (im Sinne der → Adjektivdeklination), also in Abhängigkeit vom Artikel dekliniert: *der Tote – ein Toter, der Abgeordnete – ein Abgeordneter, der Fremde – ein Fremder.* Nur wenige Adjektive sind ganz zu Substantiven geworden und werden, unabhängig vom Artikel, einheitlich wie Substantive dekliniert, z. B. *der Junge, ein Junge, ein Gläubiger, der Gläubiger* (aber *der Gläubige*, im religiösen Sinn).

5.3   Numerus und Genus

Die Nominalflexion erfolgt nach den drei Kategorien Numerus, Kasus und Genus. Dabei ist das Genus fest mit dem jeweiligen Substantiv verknüpft, während Kasus und Numerus flexibel sind und je nach Gebrauch variiert werden.

Numerus

Wie im Verbalsystem enthält das Deutsche auch im Nominalbereich zwei → Numeri: Singular und Plural. Die Mehrzahl aller Substantive kann sowohl im Singular als auch im Plural gebraucht werden. Daneben gibt es aber auch einige Substantive, die entweder nur im Singular oder nur im Plural auftreten können; man spricht dann von **Singulariatantum** und **Pluraliatantum** (Sing.: *das Singularetantum/ das Pluraletantum*, von lat.: *tantum* ‚nur‘: ‚nur singularisch‘/‚nur pluralisch‘). Singulariatantum sind z. B. *Vieh, Obst, Kälte, Vertrauen*; hier sind hauptsächlich Gattungsbezeichnungen und Abstrakta vertreten. Pluraliatantum sind beispielsweise: *Eltern, Leute, Ferien, Nachwehen*. Das Wort *Hose* wird gelegentlich im Plural gebraucht: *Er hatte gestreifte Hosen an* (= ein Paar). Daneben gibt es das archaische Pluraletantum *Beinkleider* sowie die modernen, aus dem Englischen übernommenen Pluraliatantum *Shorts* und *Jeans*.

Genus

Das **Genus** (von lat. *genus* ‚Geschlecht‘, ‚Gattung‘)[4] gehört als Kategorie fest zum Substantiv. Bei der Erklärung dieser Kategorie muss man zunächst zwischen dem **grammatischen Genus** und dem **natürlichen Geschlecht (Sexus)** unterscheiden. Zwischen diesen beiden Größen kann eine inhaltliche Beziehung bestehen; dies muss aber nicht der Fall sein. In den Sprachen der Welt gibt es Genussysteme, die nach semantischen Kriterien vorgehen, und solche, bei denen die äußere Form eines Wortes für die Zugehörigkeit zu einem Genus entscheidend ist; beide Kriterien können auch gemischt vorkommen. Semantisch motivierte Genussysteme können sehr unterschiedliche Kriterien verwenden. So weisen manche Sprachen z. B. ein Genus für ‚belebt‘ und ‚unbelebt‘, andere eines für ‚vernunftbegabt‘ und ‚nicht vernunftbegabt‘ auf. Auch Systeme, die sich nach dem natürlichen Geschlecht richten, müssen nicht unbedingt nach der Dreiteilung ‚männlich‘ – ‚weiblich‘ – ‚geschlechtslos‘ unterscheiden; andere Einteilungen sind möglich. So kommen beispielsweise Zusammenfassungen von ‚weiblich‘ gegen ‚alles, was nicht weib-

---

[4] Man beachte, dass *Genus* im nominalen Bereich etwas anderes als im verbalen bedeutet. Das → Genus verbi betrifft die Aktiv-Passiv-Unterscheidung.

lichen Geschlechtes ist' (also eine gemeinsame Klasse für ‚männlich'
und ‚geschlechtslos') oder umgekehrt von ‚männlich' gegen ‚alles
andere' vor (vgl. hierzu ausführlich Corbett 1999: 13–32).

Viele Sprachen, so z. B. Chinesisch, Finnisch oder Türkisch, kommen ganz ohne ein Genus aus. Um zu entscheiden, ob eine Sprache
ein Genus hat, muss man nach den folgenden Merkmalen suchen:

– Kongruenz: andere Wörter, z. B. Adjektive oder Artikel, müssen
  sich nach dem Genus des Substantivs richten
– Pronomina: Es existieren verschiedene Pronomina, und die Wahl
  des Pronomens muss sich nach dem Genus des Substantives
  und/oder nach dem Geschlecht der Person richten, auf die Bezug genommen wird.

Nur wenn eines oder mehrere dieser Merkmale gegeben sind, hat
eine Sprache Genus. Hellinger/Bußmann (2001) unterscheiden dabei zwischen grammatischem, lexikalischem und referentiellem Genus (englischer Originaltext: *gender*). Das referentielle Genus bezeichnet das Geschlecht des sog. Umweltreferenten, also der Person, auf
die das Wort Bezug nimmt. Lexikalisches Genus ist dann gegeben,
wenn das Geschlecht der Person, die mit einem Wort bezeichnet
wird, bereits in seiner Bedeutung enthalten ist; es spielt insbesondere
bei der Bezeichnung von Verwandtschaftsbezeichnungen eine Rolle
(vgl. *Tante, Tochter; Onkel, Sohn*). Grammatisches Genus schließlich
betrifft die Zuordnung des gesamten Wortschatzes zu Genusklassen,
wie sie in manchen Sprachen, so dem Deutschen, vorliegen.

Im Genussystem des Deutschen spielen sowohl semantische als
auch morphologische und phonologische Kriterien eine Rolle (vgl.
Corbett 1999: 84 sowie die dort angegebene Literatur). Es gibt im
Deutschen drei grammatische Genera: maskulinum (‚männlich'), femininum (‚weiblich'), neutrum (von lat. *neutrum* ‚keines von beiden';
‚sächlich'). Für die meisten Substantive wie *Tisch, Theorie, Heft*, die Gegenstände bezeichnen, besteht kein semantischer Zusammenhang
zwischen Geschlecht und Genus; hier lassen sich aber phonologisch-
morphologische Regeln formulieren, nach denen sich das Genus für
die überwiegende Mehrzahl aller Wörter vorhersagen lässt.[5]

---

[5] Bei derivierten Substantiven lässt sich das Genus meist anhand der Bildung
vorhersagen: Ableitungen auf *-heit* (*Gesundheit, Schönheit*), *-keit* (*Heiterkeit,
Traurigkeit*) und *-ung* (*Gesundheit, Betrachtung*) sind feminin, solche auf *Ge-* (*Ge-*

Im Bereich der Menschen- und Tierbezeichnungen besteht hingegen eine weitgehende, wenn auch keineswegs vollständige Übereinstimmung von Genus und Geschlecht, wenn das semantische Merkmal ‚weiblich' bzw. ‚männlich' schon im Lexem selber enthalten ist. Personenbezeichnungen, bei denen diese Übereinstimmung durchgehend gegeben ist, sind die Verwandtschaftsbezeichnungen wie *Mutter, Tochter, Schwester/Vater, Sohn, Bruder* usw.

Das Genus von Bezeichnungen für Tiergattungen, bei denen ja stets weibliche und männliche Individuen mit eingeschlossen sind, scheint zunächst arbiträr. So heißt es *der Wurm, der Iltis, der Wiedehopf; die Krähe, die Eidechse, die Schnepfe; das Krokodil, das Wiesel, das Pferd* (aber *der Gaul, die Mähre*), ohne dass man auf den ersten Blick besondere semantische Motivationen für die Wahl des Genus feststellen könnte. Wenn jedoch bei Tierbezeichnungen das Geschlecht bereits lexikalisch mit enthalten ist (wie bei *die Bache* oder *der Keiler*), richtet sich das Genus im Allgemeinen danach. Die Bezeichnung für die gesamte Tiergattung sowie für das Junge ist in solchen Fällen meist neutrum. Beispiele für Tierbezeichnungen dieses Typs sind:

Tiergattung: neutrum	*das Pferd*	*das Rind*	*das Schwein*	*das Huhn*[6]
weibliches Tier: femininum	*die Stute*	*die Kuh*	*die Sau*	*die Henne*
männliches Tier: maskulinum	*der Hengst*	*der Stier*	*der Eber*	*der Hahn*
kastriertes männliches Tier: maskulinum	*der Wallach*	*der Ochse*	(*der Bork*)	*der Kapaun*
Jungtier: neutrum	*das Fohlen*	*das Kalb*	*das Ferkel*	*das Küken*

---

birge, Geräusch) neutrum usw. Aber auch die Genuszuweisung bei einfachen Wörtern erfolgt nicht zufällig: Köpcke/Zubin (1996: 478) zeigen anhand von Experimenten mit Kunstwörtern, dass sich je nach Silbenstruktur die Genuszuweisungen bei einsilbigen Wörtern mit einer Treffergenauigkeit von 66–80 % vorhersagen lassen.

Eine solche lexikalische Geschlechtsdifferenzierung findet sich vor allem dort, wo dafür historisch Bezeichnungsnotwendigkeiten vorlagen, also bei Haustieren und wichtigem jagdbarem Wild (vgl. auch: *das Reh, die Ricke, der Rehbock, das Kitz*).

Nach diesen Feststellungen entsteht der Anschein, als stimme das Genus der Lexeme im Bereich der erwachsenen Tiere entweder systematisch mit dem natürlichen Geschlecht überein oder sei ansonsten – vor allem, wenn es nur ein Wort für alle Tiere einer Gattung gibt, wie dies bei *Krähe* oder *Eichelhäher* der Fall ist – beliebig. Gegen den zweiten Teil dieser Behauptung spricht allerdings die Beobachtung, dass große, starke, schöne Tiere eher maskulin sind (Pusch 1984: 35), eklige, kriechende und für unsere Begriffe ästhetisch weniger ansprechende dagegen eher feminin: *der Frosch – die Kröte; der Rabe – die Krähe;* maskulin sind *Tiger, Löwe, Panther,* feminin ist *die Hyäne.* Sehr interessant ist auch die von Köpcke/Zubin (1996: 484) vertretene These, dass die Genuszuweisung bei Tieren mit dem Grad der Ähnlichkeit zusammenhängt, die sie mit dem Menschen haben: je höher diese Ähnlichkeit ist, desto höher ist auch die Wahrscheinlichkeit, dass das Tier mit einem Maskulinum bezeichnet wird. Daher sind große Säugetiere (*Elefant, Tiger, Löwe, Wolf, Bär, Lux*) und Affen (*Orang-Utang, Gorilla, Schimpanse, Bonobo* usw.) als die dem Menschen ähnlichsten Tiere überwiegend Maskulinum, Insekten und Weichtiere (*Fliege, Wespe, Assel, Schnecke, Krake*) als die ihm am wenigsten ähnlichen hingegen überwiegend femininum. Hinter der

---

[6] Das Wort *Huhn* wird heute nicht mehr nur zur Bezeichnung der Gattung, sondern auch zur Bezeichnung des weiblichen Tieres verwendet, das die Eier legt und daher sozusagen die wichtigste Vertretung der Gattung darstellt. Die ursprüngliche neutrale Bedeutung von *Huhn* zeigt sich aber z.B. noch in den Zusammensetzungen *Hühnerhof, Hühnerbrühe, Hühnerleber* oder auch im folgenden mhd. Beispiel, wo *Huhn* mit dem Verb *krähen,* also der Tätigkeit des Hahns, verbunden werden kann: *ez was dennoch sô spæte daz ninder huon da kræte* (aus Wolframs von Eschenbach *Parzival,* zitiert nach Grimm 1877: 1875). Eine Entwicklung in umgekehrter Richtung zeichnet sich bei *Rind/Kuh* ab: Auch hier ist das weibliche Tier, das die Milch gibt, das wichtigste, aber hier übernimmt das Femininum *Kuh* die Bezeichnung für die ganze Gattung. Ein Satz wie *Da sind Kühe auf der Weide* kann daher durchaus eine Gruppe von Rindern bezeichnen, unter denen sich auch ein Stier oder Ochsen befinden.

Genuszuweisung bei Tieren stünde damit ein anthropozentrisches Weltbild, in dem das Maskulinum als das „Default-Genus" (ebenda) den Standardwert bildet: der Mensch als solcher ist ein Mann.

Bei den grundlegenden Bezeichnungen für Menschen wird das natürliche Geschlecht berücksichtigt, und es lässt sich ein ähnliches System wie bei den Haustieren feststellen. Allerdings zeigen sich auch bemerkenswerte Abweichungen:

Genus:	maskulinum	femininum	neutrum
Gesamte Gattung	*Mensch*		
weiblich		*Frau, Dame*	*Weib, Mädchen*
männlich	*Mann, Herr, Junge, Knabe, Bub(e)*		
jung	*Säugling*		*Kind*

Bei *Mädchen* und *Säugling* ist jeweils die Morphologie, also die Endung *-chen* bzw. *-ling*, für das Genus ausschlaggebend. Anders bei *Weib*: nach Erklärungen für das auffällige Neutrum der (ursprünglich nicht abwertenden, sondern dem heutigen *Frau*[7] entsprechenden) Bezeichnung wurde immer wieder gesucht (vgl. die Darstellung der Diskussion bei Grimm 1955, s.v. *Weib*), ohne dass überzeugende Gründe gefunden werden konnten.

Neben den primären Bezeichnungen für menschliche Lebewesen, die stets zugleich das Geschlecht angeben (hierzu gehören z.B. auch sämtliche Verwandtschaftsbezeichnungen wie *Mutter, Schwester, Tochter, Tante, Nichte / Vater, Bruder, Sohn, Onkel, Neffe* usw.) gibt es auch eine Gruppe von personenbezeichnenden Substantiven, die nicht zum primären Wortschatz gehören; hierher gehören z.B. Berufs- und Amtsbezeichnungen wie *Koch, Student, Steinmetz* oder *Präsident*. Sie sind Maskulina, können aber durch entsprechende Suffixe – gewöhnlich durch Anhängen der Endung *-in* – in Feminina verwandelt werden. So wird zu *Student Studentin* gebildet, zu *Koch Köchin*, zu

[7] *Frau* bezeichnet hingegen ursprünglich die Frau gehobenen Standes.

Präsident Präsidentin[8] usw. Solche Modifikationen werden als Motion oder **Movierung** bezeichnet, ein Terminus, der von Pusch (1984: 8–9) für die feministische Linguistik übernommen wurde. Der Begriff selbst findet sich schon in der Grammatikschreibung des 16. Jahrhunderts, wo beispielweise ein Autor wie Oelinger (1574: 32 f.) bereits Beispiele wie *Doctrin* (zu *Doctor*) und *Magistrin* (zu *Magister*) anführt (vgl. Doleschal 2002: 43).[9] Modifikationen in umgekehrter Richtung (wie *Hexe* → *Hexerich*) sind ebenfalls möglich, kommen aber kaum vor.

Problematisch ist hieran, dass im Gebrauch die maskuline und die feminine Form keineswegs gleichberechtigt nebeneinander stehen: feminine Formen können nur zur Bezeichnung weiblicher Personen benutzt werden, während die maskulinen Formen sowohl Frauen als auch Männer bezeichnen können.

Dieses Verhältnis lässt sich in der Terminologie der strukturellen Linguistik als **Neutralisation** beschreiben. Dieser Begriff wurde im Prager Strukturalismus für die Phonologie entwickelt und besagt, dass in bestimmten Kontexten eines von zwei in Opposition stehenden Phonemen, in der Regel das merkmallose, als sogenanntes **Archiphonem** für das andere eintreten kann. Der ansonsten wirksame Gegensatz zwischen beiden Einheiten ist damit aufgehoben, „neutralisiert". Z. B. tritt im Deutschen im Auslaut regelmäßig der stimmlose Konsonant (das merkmallose Glied) für den stimmhaften ein: man spricht das auslautende [*d*] am Ende eines Wortes als [*t*]. Auch in der Wortsemantik gibt es das Phänomen der Neutralisation: wieder tritt in einigen Kontexten das eine Glied als **Archilexem** für das andere ein. Es existiert z. B. eine deutliche Opposition zwischen den Lexemen *Tag* und *Nacht*; in einigen Kontexten aber kann sie neutralisiert werden, und *Tag* tritt dann für ‚Tag und Nacht'

---

[8] Geht bei einem deverbativen Maskulinum dieses Typs das zugrunde liegende Verb auf *-ern* aus, das maskuline Substantiv also auf *-erer*, so fällt bei der femininen Form ein *-er* aus: *der Ruderer*, aber *die Ruderin*, *Rudererin.

[9] „Seine Definition der Movierung (…) lautet: ‚Sunt & substantiva quae moventur, sed per duo tantum genera, ut sunt nomina Virorum, virilium, officiorum, cognominum & consimilia, quae propria seu singularia foeminina non habent: Sed formant genus foemininum addito *in* ad masculinum, vel mutato *e* in *in*.' (Oelinger 1574: 32–33)" (Doleschal 2002: 43).

ein. In Opposition stehen die Begriffe beispielsweise in *Am Tag ar-beitet Onkel Dagobert, in der Nacht die Panzerknackerbande.* Neutralisiert ist die Opposition in *Donald war 14 Tage auf Abenteuer in der Arktis,* denn hier bezeichnet der Begriff *Tag* die Gesamtheit von 24 Stunden, schließt also die Nacht mit ein.

Bei den maskulinen Personenbezeichnungen handelt es sich ebenfalls um neutralisierbare Formen. *Student* bezeichnet nur die männlichen Studierenden in dem Satz: *An der Übung nehmen fünfzehn Studentinnen und fünf Studenten teil.* Dagegen ist in Sätzen wie *Die Freie Universität Berlin hatte damals 62000 Studenten* der lexikalische Gegensatz neutralisiert, und *Student* bezieht sich als Archilexem auf weibliche und männliche Studierende. Diese Neutralisationsmöglichkeit hat missliche Folgen für Frauen: nur bei den femininen Formen können sie wirklich sicher sein, dass sie gemeint sind (Pusch 1984: 102), bei maskulinen ist unklar und von meist verschiedenen interpretierbaren Kontexten abhängig, ob die jeweilige Äußerung auch Frauen bezeichnen soll. Frauen können sich dadurch permanent in ihrer „Identität beschädigt" fühlen, wie Pusch (1984: 26) unter Berufung auf G. H. Mead formuliert. Zudem haben die Frauen ein deutlich geringeres Gewicht bei der Bestimmung von Bezeichnungen für gemischtgeschlechtliche Gruppen: eine Gruppe von ausschließlich weiblichen Studierenden wird *Studentinnen* genannt; tritt aber zu einer solchen Gruppe ein einziger Mann hinzu, so wird die ganze Gruppe als *Studenten* bezeichnet. Kommt dagegen zu einer Gruppe von männlichen Studierenden eine Frau hinzu, so ändert sich an der Bezeichnung gar nichts (Pusch 1984: 43 f.).

Man hat argumentiert, dass hier eine Beliebigkeit der Sprache vorliege, wie sie auch sonst anzutreffen sei, ein „allgemeines Strukturierungsprinzip logischer Natur" (Ulrich 1988: 399), und dass man dies hinnehmen solle, da es sehr ökonomisch sei (Kalverkämper 1979). Doch muss dagegen gesagt werden, dass zumindest die Richtung der Neutralisation keineswegs beliebig ist: als Archilexem gilt regelmäßig das Glied, das als schöner, wertvoller, stärker angesehen wird. Da der Tag für den Menschen wichtiger ist als die Nacht, da der Löwe als stärker und als stattlicher gilt als die Löwin, da die Kuh und nicht der Stier zum Nutzen der Menschen Milch gibt, stellen diese auch die Archilexeme, die die ganzen Gattungen benennen, oder können zumindest als solche benutzt werden (*Kühe auf der Weide* können daher im alltäglichen Sprachgebrauch durchaus auch einen Stier mit bezeichnen). Experimente in verschiedenen Sprachen zeigen zudem, dass mit maskulinen Personenbezeichnungen in erster Linie Männer assoziiert werden, so dass Frauen in der Tat nur in zweiter Linie mit gemeint sind (vgl. z. B. Armbruster 1992, Doleschal/Schmid 2001, Jaworski 1986 sowie Frank 1992: 130–135 und die dort angegebene Literatur). Es kommt hinzu, dass umgekehrt die Männer, die gerne darauf verweisen, dass die Genuswahl beliebig sei, ihrerseits nie mit femininen Formen benannt werden. So wurde z. B. für Männer, die im mit *Krankenschwester* bezeichneten Beruf tätig waren, sogleich die neue Bezeichnung *Krankenpfleger* geschaffen – und in der Folge die Krankenschwester davon abgeleitet als *Krankenpflegerin* bezeichnet.

Selbst bei den Formen wie *der Abgeordnete/die Abgeordnete* oder *der Angestellte/die Angestellte*, die als substantivierte Adjektive der → Adjektivdeklination folgen und im Plural genusneutral sind (Plural maskulinum wie femininum: *die Abgeordneten*), können Probleme auftreten: Der Satz *Die Abgeordneten tanzten mit ihren Frauen* klingt bei weitem natürlicher als *Die Abgeordneten tanzten mit ihren Männern*. Wie sich zeigt, spielt auch bei formal geschlechtsneutralen Substantiven das Weltwissen eine Rolle, und man (und frau) denkt bei Abgeordneten eher an Männer als an Frauen (vgl. zu diesem Problem ausführlich Frank 1992). In welchem Maße die maskuline Form als grundlegend empfunden wird, zeigt auch das Beispiel *Beamter/Beamtin*. Hier handelt es sich ursprünglich ebenfalls um ein substantiviertes Partizip, das der Adjektivdeklination folgt und kein eigenes Genus hat. Das Deklinationsprinzip wird beim Unterschied zwischen *der Beamte* und *ein Beamter* deutlich, aber die mit ihm einhergehende Genusneutralität ist aufgegeben worden, und statt **die Beamte* (wie *die Angestellte, die Abgeordnete*) wird eine Ableitung auf *-in, Beamtin*, gebildet.

Es gab und gibt zahlreiche Vorschläge, das als entmündigend empfundene Bezeichnungssystem zu ändern, bei dem ständig Männer benannt werden und Frauen eventuell mitgemeint sind. Sie verfolgten nicht nur linguistische, sondern auch bewusstseinsfördernde und damit gesellschaftspolitische Ziele. So wurden besonders in der Frauenbewegung schon früh verschiedene Alternativen zum üblichen Sprachgebrauch diskutiert (z. B. Trömel-Plötz et al. 1981), von denen sich einige mittlerweile auch weitgehend durchgesetzt haben:

– **Splitting**: Hierbei werden ausdrücklich beide Geschlechter genannt: *Die Wählerinnen und Wähler, die Bürgerinnen und Bürger dieses
  Landes* etc. Diese Form hat sich gut bewährt. Sie hat nur den
  Nachteil, dass sie – konsequent durchgehalten – recht aufwendig
  sein kann, zumal dann, wenn auf die Personennennungen noch
  Possessivangaben folgen. Da man sich auf feminine Substantive
  im Singular mit *ihr-*, auf maskuline mit *sein-* bezieht, kann es zu
  sehr unökonomischen Ausdrücken kommen. Es könnte sich
  dann etwa ein Satz ergeben wie*: In einer Notlage sollte jede Frau und
  jeder Mann ihrer oder seiner Nachbarin bzw. ihrem oder seinem Nachbarn
  helfen.*
– Viele verwenden deshalb ein **gemäßigtes Splitting**, bei dem die
  Doppelverwendungen sparsam verwendet werden. Entweder
  kann auf neutrale Bezeichnungen ausgewichen werden (z. B.
  wird statt *jeder alle* gesagt), oder feminine und maskuline Formen
  werden – wie in der vorliegenden Grammatik – abwechselnd gebraucht, oder die Inhalte werden durch Verbindungen mit dem
  Substantiv *Person* ausgedrückt (z. B. *Fachperson, Vertrauensperson*).
– Eine Variante, die ursprünglich vermutlich von der Zeitung *taz*
  eingeführt wurde, besteht darin, die feminine Form mit großem
  Ableitungs-*I* zu schreiben (*die StudentInnen*) und als merkmallos zu
  deklarieren, so dass damit auch die männlichen StudentInnen gemeint sind. Beim Sprechen wird vor dem großgeschriebenen I
  oft ein Knacklaut (Glottisverschluss, sog. *glottal stop*) gesprochen,
  wie er auch bei *ver'eisen* (gegenüber *verreisen*) auftritt, um die Form
  vom Femininum Plural zu unterscheiden: *Student'innen.*
– Bei einer anderen Schreibweise wird *-in-* (Plural: *-inn-*) in Schräg-
  strichen oder Klammern eingefügt: Statt *Autorinnen und Autoren*
  wird *Autor/inn/en* oder *Autor(inn)en* geschrieben. Bei endungslosen Pluralformen der maskulinen Substantive wird die feminine
  Pluralendung angehängt: *Einbrecher/innen, Einbrecher(innen).*
– Bei Komposita, die mit *-mann* gebildet werden, setzt sich zunehmend statt des früher üblichen *-männin (Amtmännin) -frau (Amts-
  frau)* durch.
– Insgesamt ist auch zu beobachten, dass zunehmend auf Partizipien ausgewichen wird. Da diese der Adjektivdeklination folgen
  und kein fixes Genus aufweisen, sind sie im Plural genusneutral.
  Solche Formen sind: *Auszubildende* (statt: *weibliche und männliche
  Lehrlinge*), *Studierende* (statt: *Studentinnen und Studenten*), *Teilnehmende*

(statt: *Teilnehmerinnen und Teilnehmer*), *Interessierte* (statt: *Interessentinnen und Interessenten*) usw.

- Es wurde auch vorgeschlagen, die femininen Formen als geschlechtsneutral zu deklarieren und ständig für weibliche und gemischtgeschlechtliche Gruppen zu benutzen. Diese Lösung wurde möglicherweise mehr in bewusstseinsbildender Absicht vorgeschlagen als wirklich in der Hoffnung, sie auf Dauer durchzusetzen.[10]

Der Umgang mit den maskulinen und femininen Formen ist heute in der Praxis sehr unterschiedlich und hängt von einer ganzen Reihe von Faktoren ab. So gibt es Unterschiede nach Textsorte (z. B. offizielles Schreiben/informeller Brief) ebenso wie regionale Tendenzen (beispielsweise wird in der deutschsprachigen Schweiz deutlich häufiger Splitting verwendet als in Deutschland). Eine Untersuchung zum Gebrauch von Maskulina und Feminina in Stellenanzeigen deutscher Zeitungen (Greve/Iding/Schmusch 2002) zeigt, wie auch hier die relative Häufigkeit der verschiedenen Formen in Abhängigkeit von zahlreichen anderen Faktoren schwankt. Insgesamt hat sich aber bereits viel geändert. Stand z. B. früher in deutschen Reisepässen von Frauen wie Männern gleichermaßen: „Der Inhaber dieses Passes ist Deutscher", so steht heute da nur noch neutral: „Staatsangehörigkeit: deutsch".

5.4   Kasus

Das deutsche Substantiv kann vier verschiedene **Kasus** (Singular: *Kasus*, Plural: *Kasūs*, von lat. *casus* ‚Fall') bilden. In der Reihenfolge der traditionellen Grammatik sind dies: Nominativ, Genetiv, Dativ

---

[10] Luise F. Pusch (1984: 62ff.) schlug weiterhin eine Änderung der Bezeichnungen vor: die Personenbezeichnungen sollten für Frauen den Artikel *die* erhalten, für Männer den Artikel *der*, die für beide Geschlechter oder geschlechtsindifferent gebrauchten Substantive den Artikel *das*. Wenn also generell von einer an einer Hochschule im Professor/inn/enrang lehrenden Person die Rede wäre, würde *das Professor* gesagt; wenn feststeht, dass das Professor männlich ist, würde *der Professor,* und wenn es weiblich ist, *die Professor* gesagt. Für den Plural würde *die Professoren* verwendet. Für diesen Vorschlag gilt vermutlich ebenfalls, dass er in erster Linie bewusstseinsbildend wirken sollte.

und Akkusativ. Andere indoeuropäische (aber auch nicht-indoeuro-
päische) Sprachen, so etwa die slawischen oder das Lateinische, kennen demgegenüber noch weitere Kasus. Das Indoeuropäische ver-
fügte ursprünglich über acht Kasus, die in den einzelnen Sprachen
in unterschiedlichem Maße erhalten sind. Im Deutschen nicht erhalten sind:

- **Ablativ** (von lat. *afferre/ablatum* ‚wegtragen'), ein Kasus zur Angabe des Ausgangspunkts einer Entfernung, der auf die Frage *woher?* antwortet. Erhalten ist er im Lateinischen, wo er allerdings
  wegen des Wegfalls anderer Kasus bereits weitere Funktionen
  übernommen hat. Er findet sich aber auch in vielen nicht-indoeuropäischen Sprachen wie z. B. dem Türkischen, dem Finnischen oder dem Mongolischen.
- **Instrumental** (von lat. *instrumentum* ‚das Werkzeug'), ein Kasus
  zur Angabe von Mittel oder Werkzeug, daneben auch des Be-
  gleitumstandes; erhalten z. B. in vielen slawischen Sprachen.
- **Lokativ** (von lat. *locus* ‚der Ort'), ein Kasus zur Ortsangabe, der
  auf die Frage *wo?* antwortet. Im Lateinischen (*domi* ‚zu Hause')
  und in einigen slawischen Sprachen ist er noch in Resten erhalten. Während die indoeuopäischen Spachen ihn weitgehend ab-
  gebaut haben, findet sich dieser Kasus in anderen, nicht-ver-
  wandten Sprachen, so etwa im Türkischen.
- **Vokativ** (von lat. *vocare* ‚rufen'), der Kasus der Anrede; er steht, im
  Gegensatz zu allen anderen Kasus, außerhalb des Satzzusammen-
  hangs, da er ausschließlich zur Anrede (Anrufung) dient. Z. B. im
  Russischen in Rudimenten (*bože moj* ‚mein Gott!'), im Serbischen
  weitgehend erhalten (*dragi Slobodane* ‚lieber Slobodan' usw.).

In anderen, nicht-indoeuropäischen Sprachen können auch noch
weitere Kasus auftreten. Manche Sprachen unterscheiden sechs und
mehr lokale Kasus zur genauen Bezeichnung von räumlichen Relationen (die im Deutschen durch unterschiedliche Präpositionen und
Adverbien wie *in, auf, neben; aus heraus, von herab, von weg* usw. ausgedrückt werden müssen), andere besitzen einen Komitativ (‚Begleit-
Kasus') usw.

Die Funktionen von Ablativ, Instrumental und Lokativ werden
im Deutschen vom Dativ (nach Präposition) übernommen; statt des
Vokativs gebraucht das Deutsche, wie viele andere Sprachen auch,
den Nominativ.

Lange Zeit war es nicht üblich, den Kasus eine eigene Bedeutung zuzuerkennen. Die Grammatiken beschränkten sich darauf, sie als „Flexionskategorie beim Nomen" (Engel 1996: 872) zu beschreiben und darauf hinzuweisen, dass durch sie „die verschiedenen syntaktischen Rollen des Substantivs im Satz gekennzeichnet" (Duden 1998: 220) werden und dass sie als Folge von → Rektion auftreten (ebd.). Als „Äquivalenzklasse bezüglich bestimmter syntaktischer Kontexte" (Zifonun et al. 1997: 1290), jedoch zugleich als „syntaktisch polyfunktional" (ebd. 1291 f.) beschreibt auch die IdS-Grammatik die Kategorie und unterscheidet dann je nach Kasus zwischen sechs (Dativ) und acht (Genetiv, Akkusativ) verschiedene Funktionen dieser Art (ebd. 1293–1295).

Dies war nicht immer so. Grammatiker des 19. und beginnenden 20. Jahrhunderts waren der Überzeugung, dass einem Kasus durchaus eine Bedeutung zukommt, und versuchten diese auch zu erfassen und zu beschreiben.[11] Was in dieser Tradition als Ergebnis des historischen Sprachvergleichs zwischen den indoeuropäischen Sprachen erscheint, findet sich heute in einem anderen Begründungszusammenhang in der kognitiven Linguistik wieder. So betonen Autoren wie Langacker immer wieder, dass Kasusmarkierungen keineswegs als semantisch leere, rein syntaktische Phänomene angesehen werden dürfen (vgl. z. B. Langacker 1991: 235, 2000: 34).[12] Zum gleichen Ergebnis kommen auf einer etwas anderen Grundlage auch Typologen wie Croft (2001: 197–202 et passim).

5.4.1 Nominativ

Der **Nominativ** (von lat. *nominare* ‚nennen'), in der Reihenfolge der traditionellen Kasus auch als „1. Fall", ferner gelegentlich als „Nennfall" oder (gemäß seiner Erfragbarkeit) als „Werfall" bezeichnet, steht als **casus rectus** (lat.: ‚aufrechter – d. h. ungebeugter – Kasus') den übrigen, den sog. **casus obliqui** (lat., eigentlich ‚auf der

---

[11] So enthält beispielsweise die einbändige Grammatik von Brugmann (1904/ 1970) ein 29 Seiten umfassendes Kapitel „Bedeutung der Kasus"; bei Grimm (1898/1989) finden sich die entsprechenden Erläuterungen bei den einzelnen Kasus.

[12] „Case categories generally coalesce around particular role archetypes, which constitute their prototypical values." (Langacker 2000: 35)

Seite liegende")[13], gegenüber. Er kann mit *wer oder was?* erfragt werden, und seine Hauptfunktion besteht darin, das Subjekt eines Satzes zu bilden. Diese Funktion ist es zugleich, über die er definiert
wird: man spricht von einem Nominativ, wenn eine Sprache einen
Kasus aufweist, der das Subjekt markiert, wobei hier natürlich zugleich die Definition dessen, was ein Subjekt ist, vorausgesetzt wird
(vgl. hierzu ausführlich unter 9.3). Er ist häufig zugleich der unmarkierte Kasus, also z. B. im Gegensatz zu den anderen Kasus oft endungslos. In der Dependenzgrammatik Tesnières wird der Subjektsnominativ als „1. Aktant" bezeichnet, und entsprechend trägt er bei
Erben (1996: 260) die Bezeichnung „E_1" („E" steht für „Ergänzung"). Bei Engel (1982: 176) heißt der Subjektsnominativ hingegen
„E_0",[14] bei Engel (1996: 187) aber wiederum „E_{sub}" („Subjekt"). Bei
Zifonun et al. (1997: 1098 et passim) wird ganz parallel hierzu die
Bezeichnung „K_{SUB}" („Subjektskomplement") verwendet.

Außer der Markierung des Subjekts kann der Nominativ noch
einige weitere Funktionen übernehmen. Eine solche Funktion ist
die des sog. „Benennungskasus", eine Gebrauchsweise, die als Stich-
wort in Lexika, aber auch in der gesprochenen Sprache vorkommt,
vgl.: *Sieh nur, ein Reh! Ih, eine Wespe!* usw. Hiermit verwandt sind No-
minativ-Funktionen, die Admoni (1982: 109) als „emotionale" Nominative bezeichnet. Sie liegen z. B. in Ausrufen wie *Mist!* oder *Unsinn!* vor. Ferner dient der Nominativ dazu, den im Deutschen nicht
erhaltenen Vokativ (s. o.) zu ersetzen. Vokativische Nominative liegen z. B. in *Mein lieber Freund!* oder *Liebe Brigitte!* vor.

Schließlich dient der Nominativ als sog. „Gleichsetzungsnominativ" nach bestimmten Verben wie *sein, scheinen, bleiben* oder *werden* im
→ Prädikativum (auch Subjektsprädikativum: *Er ist und bleibt ein Trottel. Du bist mein ältester Freund.* In dieser Funktion wurde er bei Engel
(1982: 185 f.), der die Bezeichnung „Gleichsetzungsnominativ" ab-
lehnt und statt dessen von „Subsumptivergänzung" spricht, als E_7
bezeichnet, während wiederum Erben (1996: 265) den Nominativ

---

[13] Die Bezeichnung „Kasus" ist ursprünglich eine Metapher aus dem Wür-
felspiel, woraus sich auch das ‚auf der Seite liegen' der *casus obliqui* erklärt;
wenn der Nominativ „oben" liegt, müssen alle anderen Kasus „auf der
Seite" liegen.

[14] Diese Bezeichnung gilt allerdings dann nicht, wenn es sich beispielsweise um
ein → Korrelat oder um ein rein → grammatisches Subjekt handelt.

des Subjekts wie den des Prädikativums gleichermaßen mit „E_1"
kennzeichnet. Bei Engel (1996: 28, 187) schließlich ist statt dessen
die Bezeichnung „Nominalergänzung" („E_{nom}") zu finden. Zifonun
et al. (1997: 1105–1114) sprechen hier von „Prädikativkomplemen-
ten" („$K_{PRÄD}$"), wobei allerdings zu beachten ist, dass dieser Terminus keineswegs nur Konstruktionen mit Nominativ umfasst (Näheres hierzu siehe → Prädikativum).

In seiner Funktion als Subjekt und als Prädikativum ist der Nominativ syntaktisch in den Satz integriert; in allen anderen Fällen
steht er außerhalb des syntaktischen Gefüges.

5.4.2 Genetiv

Der **Genetiv** oder **Genitiv** [15] (von lat. *genus,* Genetiv: *generis* ‚das Geschlecht, die Herkunft'), nach der Reihenfolge der traditionellen
Kasus auch als „2. Fall" oder, nach der Erfragbarkeit, auch als „Wes-
Fall" bezeichnet, wird mit *wessen?* erfragt. Die Bezeichnung geht auf
lat. *(casus) genetivus* ‚Herkunftskasus' zurück, eine Bezeichnung, die
als Übersetzung von griechisch *genikē (ptōsis)* ‚die Gattung bezeich-
nender' oder ‚generischer' Kasus verwendet wurde.

Aus historischer und sprachvergleichender Sicht kann die Grundbedeutung des Genetivs grob als partitiv und possessiv beschrieben
werden. Diese Bedeutung hat sich im sog. Teilungsartikel des modernen Französischen (z. B. *donne-moi du pain*) oder auch den partitiven Objektsgenetiven in slawischen Sprachen erhalten (s. u. → par-
titiver Genetiv).

Der Genetiv wird im modernen Deutsch in der Umgangssprache
kaum noch verwendet. In der Schriftsprache finden sich hingegen
nach wie vor Genetive, allerdings fast ausschließlich als Attribute.
Brinkmann (1971: 65) bemerkt in diesem Zusammenhang, dass der
Genetiv „heute … (bis auf Reste) aus dem verbalen Bereich [d. h. als
Objekt eines Verbs] ausgeschieden und dem Substantiv vorbehalten" sei. Die Bezüge, die der attributive Genetiv zu seinem Beziehungswort eingeht, sind außerordentlich vielfältig.

---

[15] Die Bezeichnung *Genitiv* hat sich gegenüber *Genetiv* in neuerer Zeit etwas
    stärker durchgesetzt; wir benutzen in dieser Grammatik jedoch *Genetiv,* da
    der lateinische Stamm auf *e* lautet, das auch in verwandten Fremdwörtern er-
    halten ist (vgl. *generisch, Generation*).

Es ist üblich, verschiedene Typen attributiver Genetive nach semantischen und syntaktischen Kriterien zu unterscheiden:

– **Genetivus possessivus** (lat. ‚besitzanzeigender Genetiv'), bei Zifonun et al. (1997: 2030) als „Genetivus possessoris" bezeichnet: *die Höhle des Löwen, der Schatz des Montezuma* usw. Die Genetive *des Löwen/des Montezuma* geben an, (zu) wem das jeweilige Beziehungswort *(Höhle/Schatz)* gehört. Possessive Genetive sind nicht auf Besitzverhältnisse beschränkt, sondern drücken allgemein ‚Zugehörigkeit' aus, vgl. *die Studentinnen und Studenten der Berliner Hochschulen.* Der possessive Genetiv kann regelmäßig durch ein Possessivpronomen ersetzt werden, z. B. *der Schatz des Montezuma* → *sein Schatz* usw.

– **Genetivus obiectivus** (lat. ‚Objektsgenetiv'): *die Besichtigung des Museums, der Beschützer der Schwachen* usw. Der genetivus obiectivus gibt Elemente wieder, die bei Umwandlung in einen verbalen Ausdruck im Aktiv als → Akkusativobjekt auftreten müssten: *jemand besichtigt das Museum; der, der die Schwachen beschützt.*

– **Genetivus subiectivus** (lat. ‚Subjektsgenetiv'): *Das Geschrei der Kinder, der Untergang des Abendlandes* usw. Den Genetiven *der Kinder/des Abendlandes* käme bei Umwandlung in einen entsprechenden ganzen Satz Subjektsfunktion (→ Subjekt) zu: *Die Kinder schreien/Das Abendland geht unter.*

Genetivus obiectivus und genetivus subiectivus (meist als „Genetivus objektivus" und „subjektivus" deutschen Schreibkonventionen angepasst) kommen nur in Verbindung mit solchen Substantiven vor, die von Verben abgeleitet oder in solche überführbar sind. Bei kontextfreiem Gebrauch kann es vorkommen, dass die beiden Genetive nicht klar zu unterscheiden sind, so etwa in *die Beurteilung des Künstlers* (‚der Künstler beurteilt'/‚der Künstler wird beurteilt') oder *der Verrat des Agenten* (‚der Agent verrät'/‚der Agent wird verraten') usw. Normalerweise gibt aber der Kontext Auskunft darüber, welcher der beiden Genetive vorliegt.

Sowohl objektive als auch subjektive Genetive können durch Possessivpronomina ersetzt werden: *die Besichtigung des Museums* → *seine Besichtigung; das Geschrei der Kinder* → *ihr Geschrei.*

– **Genetivus partitivus** (lat. ‚Teilungs-Genetiv'), auch als **genetivus rei** (lat. ‚Genetiv der Sache') oder **genetivus materiae** (lat.

‚Genetiv des Stoffs') bezeichnet:[16] *der größte Teil der Beute, ein Drittel des Geldes* usw. Der Genetivus partitivus bezeichnet das Ganze (hier: *die Beute, das Geld*), von dem ein Teil (hier: *der größte Teil, ein Drittel*) gemeint ist. Partitive Genetive kommen im modernen Deutschen nur noch in Verbindung mit Substantiven vor, die bereits Teilmengen ausdrücken (*Teil, Drittel, Stück* usw.). Ursprünglich konnten partitive Genetive auch unabhängig von einer solchen Teilangabe auftreten, und partitive Beziehungen bilden vermutlich die Grundbedeutung des Kasus. Grimm (1837: 651) nennt etwa das mhd. Beispiel *des brôtes nemen*, und in einigen indoeuropäischen Sprachen ist dieser Gebrauch erhalten geblieben (vgl. z. B. serb. *daj mi hleba* ‚gib mir von dem Brot'; auch der sog. Teilungsartikel des Französischen gehört historisch hierher). Im modernen Deutsch kann Partitivität durch die Präposition *von* ausgedrückt werden, vgl. *Möchtest du mal von dem Kaviar probieren?* Partitive Genetive können nur in sehr beschränktem Umfang durch Possessivpronomina ersetzt werden: *der größte Teil der Beute* → *?ihr größter Teil; ein Drittel des Geldes* → **sein Drittel.*

- **Genetivus qualitatis** (lat. ‚Genetiv der Eigenschaft'): *ein Mann mittleren Alters, Bücher verschiedenster Art, ein Wort lateinischen Ursprungs* usw. Der qualitative Genetiv ist sehr selten; er dient dazu, besondere Eigenschaften (hier: *Alter, Art*) des Beziehungswortes (hier: *Mann, Bücher*) auszudrücken, und steht immer mit einem zusätzlichen Adjektiv. Syntaktisch erlaubt er eine Umformung in einen → prädikativen Genetiv: *Der Mann war mittleren Alters; Das Wort ist lateinischen Ursprungs* usw. Eine Ersetzung durch ein Possessivpronomen ist dagegen ausgeschlossen (vgl. *ein Wort lateinischen Ursprungs* → **sein Wort*).

- **Genetivus explicativus** (lat. ‚erläuternder Genetiv') oder **genetivus definitivus** (lat.: ‚Definitionsgenetiv'): *die Nacht des Schreckens, die Kunst der Fuge.* Die Begriffe werden meist synonym ge-

---

[16] Ursprünglich wurde unter Genetivus materiae nur die wirkliche Stoffbezeichnung verstanden, wie sie etwa in serbokroatisch *vrata suha zlata* ‚eine Tür aus purem Gold' vorliegt (Beispiel nach Brugmann 1911: 604). Derartige Genetive können im modernen Deutsch nicht mehr gebildet werden, und in Wendungen wie *ein Glas edlen Weines* liegt nicht ein materielles, sondern ein partitives Verhältnis vor (nicht das Glas ist aus Wein, sondern der durch das Glas bemessene Inhalt).

braucht, um Sonderfälle des qualitatis zu bezeichnen, mit dem sie oft auch zusammengefasst werden. Sie drücken eine „nähere Bestimmung und Erläuterung des voranstehenden Gattungsbegriffs" aus (Erben 1996: 153; Beispiel dort: *das Laster des Rauchens*). Entsprechend definieren Brugmann/Delbrück (1911: 602 f.) diesen bei ihnen als „Genetivus definitivus" zusammengefassten Gebrauch als „Verhältnis der Spezies zum Genus" und fügen hinzu: „Man darf darin eine Abart des Gen. qualitatis sehen". In diesen Fällen ist jedoch keine Umformung zu einem prädikativen Genetiv möglich (**Die Nacht war des Schreckens*). Wenn eine Unterscheidung zwischen definitivus und explicativus vorgenommen wird, wird der definitivus als „Sein-Verhältnis" (*das Laster des Rauchens* – ‚Rauchen ist ein Laster') vom „Bedeuten-Verhältnis" des explicativus unterschieden (*ein Strahl der Hoffnung* – ‚der Strahl bedeutet Hoffnung'; vgl. Helbig/Buscha 2001: 497 f.).

Auch qualitative, explikative und definitive Genetive können gewöhnlich nicht durch ein Possessivpronomen ersetzt werden (vgl. *Bücher verschiedenster Art/*ihre Bücher, die Nacht des Schreckens/*seine Nacht* usw.).

In manchen Grammatiken werden die attributiven Genetive noch weiter differenziert. So nehmen etwa Helbig/Buscha (2001: 497 f.) statt der üblichen fünf oder sechs Typen gleich zwölf an. Außer der bereits angeführten Unterscheidung von Genetivus definitivus und explicativus unterscheiden Helbig/Buscha einen Genetivus auctoris (Genetiv der Urheberschaft; bei ihnen: „Genetiv des Schaffens"), der sich auch bei einigen anderen Autoren findet und etwa in *das Werk des Dichters* vorläge. Traditionell wird er meist als Variante des subjektiven Genetivs (‚der Dichter schuf das Werk'), gelegentlich auch als possessivus (‚das Werk gehört zum Dichter') aufgefasst. Zifonun et al. (1997: 2030) verstehen abweichend hiervon unter dem Genetivus auctoris einen Genetiv zur Bezeichnung „für den Urheber, eine Ursache, die Herkunft von etwas" und zählen hierzu auch Fälle wie *eine Tochter reicher Eltern, Früchte des Zorns* und *ein Mann des Volkes* (Beispiele nach ebenda). Das letztgenannte Beispiel findet sich allerdings auf derselben Seite auch für den Genetivus qualitatis.

Bei Helbig/Buscha (2001: 498) wird außerdem ein „Genitiv des Produkts" (*der Dichter des Werkes*) angenommen, der sich auch im

Duden (1998: 668) findet. Ferner gibt es bei Helbig/Buscha (2001: 498) einen „Genitiv des Eigenschaftsträgers (*die Größe des Zimmers*; in anderen Grammatiken als possessivus aufgefasst), einen „Genitiv der Zugehörigkeit" (*die Schule meines Bruders*)[17] und einen „Genitiv des dargestellten Objekts" (*das Bild Goethes*). Eine so weitreichende Feingliederung des attributiven Genetivs ist sicher nicht sinnvoll und führt zu unnötigen Bestimmungsproblemen; von der Mehrheit der Grammatiken des Deutschen ist sie daher auch nicht übernommen worden.

Mit Ausnahme des qualitatis im weiteren Sinne (also einschließlich explicativus und definitivus) können attributive Genetive sowohl vor- als auch nachgestellt werden; die Voranstellung wirkt aber äußerst archaisch und ist kaum noch gebräuchlich (vgl. *des Menschen Schicksal*). Eine Ausnahme bilden die Eigennamen, bei denen das Verhältnis genau umgekehrt ist: sie werden gewöhnlich vorangestellt, und ihre Nachstellung kann archaisch wirken (vgl. *Brandts Rücktritt/der Rücktritt Brandts*). Endet ein Eigenname auf *-s, -z* oder *-x*, wird der Genetiv ohne zusätzlichen Artikel normalerweise nur vorangestellt gebraucht: *Sokrates' Weltanschauung/die Weltanschauung des Sokrates*. Bei Eigennamen zeigt sich aber auch noch eine weitere Besonderheit: auch Feminina, die ja keinen *-s*-Genetiv kennen, können in attributiver Funktion mit *-s* flektiert werden: *Petras Brief, Inges Anruf*. Ein solcher *-s*-Genetiv kann jedoch nicht gebraucht werden, wenn der Genetiv eine andere syntaktische Funktion inne hat: **unweit Inges* (vgl. hierzu auch Hentschel 1994).

Da attributive Genetive in der Umgangssprache selten verwendet werden, wird stattdessen meist die Konstruktion *von* + Dativ gebraucht: *die CDs von meiner Freundin* (statt: *die CDs meiner Freundin*).

Außer in attributiver Funktion kann der Genetiv auch als Objekt beim Verb oder als sog. Objekt zweiten Grades beim Adjektiv auftreten. Solche Fälle sind im modernen Deutsch sehr selten und werden meist als archaisch empfunden, vgl. *Ich entsinne mich seiner; Man verwies ihn des Landes* (Objekt beim Verb); *Er war ihrer nicht würdig* (Objekt zweiten Grades). Der Genetiv nach Verben und Adjektiven wie *bedürfen, bedürftig, ermangeln* usw., wo er das jeweils Fehlende,

---

[17] Traditionell, so etwa bei Brugmann/Delbrück (1911: 599), ist „Zugehörigkeit" ausdrücklich eine Funktion des Genetivus possessivus.

Nicht-Vorhandene ausdrückt, wird gelegentlich auch als **privativ** (von lat. *privare* ‚berauben') bezeichnet. Genetivobjekte beim Verb tragen bei Engel (1982: 176) die Bezeichnung „E$_2$"(ebenso: Erben 1980: 260; dagegen Engel 1996: „E$_{gen}$"), bei Zifonun et al. (1997: 1090) die Bezeichnung „Genetivkomplement" („K$_{GEN}$"); Genetivobjekte zweiten Grades die Bezeichnung „AE$_2$" (Engel 1982: 137) bzw. „e$_2$" (Erben 1980: 289) oder ebenfalls „Genetivkomplement" („K$_{GEN}$") bei Zifonun et al. (1997: 1092).[18]

Ferner kann der Genetiv auch von Präpositionen, Zirkumpositionen oder Postpositionen regiert werden, so z. B. von *wegen, außerhalb, um willen* oder *halber: wegen des Kursverfalls, um des lieben Friedens willen, der Tugend halber.*

Genetive können außer in direkter Abhängigkeit von anderen Elementen des Satzes auch als freie Kasus vorkommen. Ein solcher **freier Genetiv,** auch als **Genetivus absolutus** (lat. ‚losgelöster/unabhängiger Genetiv') bezeichnet, liegt etwa in der Wendung *eines schönen Tages* oder in *frohen Mutes* vor. Absolute Genetive dienen als temporale oder modale → Adverbialbestimmungen. Ihre Anzahl ist beschränkt, und sie sind nicht mehr produktiv, d. h. es können keine neuen Wendungen nach demselben Schema gebildet werden (vgl. **eines Augenblicks*). Der Duden (1998: 643) spricht in solchen Fällen von „Adverbialgenitiv"; im Gegensatz zum Akkusativ wird hier allerdings keine Unterscheidung zwischen absolutem und Adverbialkasus vorgenommen (zu dieser Unterscheidung siehe S. 189 f.).

Wie der Genetivus absolutus ist der **prädikative Genetiv** (→ Prädikativum) nicht direkt von einem anderen Element abhängig, jedoch ist er syntaktisch als Prädikativum wesentlich stärker in den Satz integriert: *Dieses Wort ist lateinischen Ursprungs; Sie war guter Laune* usw. Semantisch ist der prädikative Genetiv mit dem (attributiven) Genetivus qualitatis verwandt. In vielen Grammatiken wird dieser Fall des Genetivgebrauchs nicht erwähnt, so dass etwa in den Dependenzgrammatiken von Engel (1982) oder Erben (1996) keine

---

[18] Bei Tesnière selbst, auf den das bei Engel, Erben und Zifonun et al. verwendete Dependenzmodell ja ursprünglich zurückgeht, werden französische Konstruktionen mit *de* + Substantiv (pronominal z. T. als *en* wiederaufgenommen) wie in *changer de chemise* ‚das Hemd wechseln', die im Deutschen Genetiven in Objektfunktion entsprechen, nicht als Aktanten, sondern als „Angaben" angesehen.

speziellen Bezeichnungen für ihn vorgesehen sind. Gelegentlich, vor allem in älteren Texten, kommen prädikative Genetive auch mit possessivem (bis ins Frühneuhochdeutsche übrigens auch mit partitivem) Sinn vor, vgl. *Bist du des Teufels?*

Insgesamt lässt sich vor allem in der gesprochenen Sprache die Tendenz beobachten, den Genetiv in Objektsfunktion durch eine präpositionale Fügung zu ersetzen: *Sie erinnerte sich kaum an ihn* (statt: *Sie erinnerte sich seiner kaum*). Auch in attributiver Funktion wird statt des Genetivs eine präpositionale Fügung (mit *von*) gebraucht: *der Freund von meiner Schwester* (statt: *der Freund meiner Schwester*). Der Genetiv nach Präpositionen wird durch einen anderen Kasus, meist Dativ, ersetzt: *wegen dem Regen* (statt: *wegen des Regens*). In bestimmten Textsorten, z. B. in Presse- und Fachtexten, kann man hingegen einen zunehmenden Gebrauch des Genetivus subiectivus und obiectivus beobachten, der auf eine gehäufte Verwendung von nominalen statt verbalen Konstruktionen zurückzuführen ist; vgl. *die Verlautbarungen des Bundespresseamtes, die Anhörung der Betroffenen* usw.

5.4.3 Dativ

An dritter Stelle in der traditionellen Reihenfolge der Kasus steht der **Dativ** (von lat. *dare* ‚geben‘), auch als „3. Fall“, oder, gemäß seiner Erfragbarkeit, als „Wem-Fall“ bezeichnet.

Ursprünglich bezeichnete der Dativ eine an der Handlung beteiligte Person, die nicht das eigentliche Ziel der Handlung darstellt, aber zu deren Nutzen, Schaden, Vorteil, Nachteil usw. die Handlung gereicht. Brugmann (1904/1970: 431) hat ihn daher als „Kasus der Beteiligung und des Interesses" bezeichnet, und Vertreter der modernen kognitiven Grammatik wie Langacker (2000: 35) sehen ganz entsprechend die Rolle des „experiencer", also der eine Handlung ‚erfahrenden‘ Person, als prototypisch für diesen Kasus an. Dieses semantische Profil lässt sich am Beispiel des Verbs *geben* (wie auch an seiner lateinischen Entsprechung *dare*) deutlich machen: *Sie gab das Buch ihrer Kollegin.* Das direkte Objekt *(das Buch)* wird einer Transaktion unterzogen, an der außer dem Subjekt *(sie)* noch eine weitere Person *(ihre Kollegin)* beteiligt ist. Sie ist die Nutznießerin der Handlung, sie ‚erfährt‘ sie. Diese ursprüngliche Funktion des Dativs ist in vielen Fällen nicht mehr deutlich; man kann sie aber beispielsweise bei den sog. → freien Dativen noch klar erkennen.

Der Dativ kann, wie im Beispielsatz *Sie gab das Buch ihrer Kollegin*, als Objekt beim Verb stehen; man spricht dann von einem **indirekten Objekt** (im Gegensatz zum direkten, dem Akkusativobjekt). Tesnière nannte das Dativobjekt den „3. Aktanten", Erben (1996: 260) und Engel (1982: 177) sprechen von „E_3" und Engel (1996: 187) schließlich von „E_{dat}".

Als sog. Objekt zweiten Grades steht der Dativ ferner nach Adjektiven wie *ähnlich (Sie ist ihrer Schwester ähnlich)* oder *nahe (der Verzweiflung nahe)*. Engel (1982: 137) nennt solche Dative „AE_3" („A" steht für „Adjektiv"), Erben (1980: 289) „e_3"; bei Engel [8]1996: 592) ist von „Dativergänzung" als Subklasse der „Adjektivergänzungen" die Rede.

Nach einigen Präpositionen (z. B. *zu, mit, nach*) muss regelmäßig der Dativ gebraucht werden; er bildet mit ihnen zusammen entweder eine → Adverbialbestimmung oder ein → Präpositionalobjekt. In Adverbialbestimmungen ist der Gebrauch des Dativs bei lokalen Präpositionen davon abhängig, ob ein Ort − erfragbar mit *wo?* − (und nicht eine Richtung, erfragbar mit *wohin?*) bezeichnet werden soll, vgl. *in der Ecke (stehen), an der Wand (lehnen)* gegenüber *in die Ecke (stellen), an die Wand (nageln)*. Wenn eine ursprünglich lokale Präposition zur Bildung eines Präpositionalobjektes verwendet wird, ist der Kasus festgelegt; z. B. *auf jemanden warten*.

Ohne direkte Abhängigkeit von einem anderen Satzteil kann der Dativ als sog. **freier Dativ** (Admoni 1982: 122: „nicht notwendiges indirektes Objekt") im Satz stehen. Man kann fünf (wenn man die beiden Untertypen commodi/incommodi einzeln zählt, auch sechs) Typen freier Dative unterscheiden:

Dativus commodi/incommodi

Der **Dativus commodi/incommodi** (lat.: Dativ des Vorteils/des Nachteils) gibt unabhängig von der Rektion des Verbs die Person an, zu deren Nutzen oder Schaden sich die Handlung vollzieht. So regieren etwa die Verben *kochen* oder *waschen* keinen Dativ, sondern nur einen Akkusativ: *Er hat Spaghetti gekocht/Sie hat das Auto gewaschen*. Unabhängig von dieser Rektion des Verbs kann der Satz jedoch mit einem freien Dativ erweitert werden: *Er hat ihr Spaghetti gekocht/Sie hat ihm das Auto gewaschen*. Diese Dative geben eine Person an, zu deren Nutzen die Handlung geschieht. Ein Dativus incommodi liegt demgegenüber in den folgenden Beispielsätzen vor: *Er hat ihr das Auto zu Schrott gefahren / Die Spaghetti sind ihm zu Mus verkocht.* Hier gibt der Dativ die Person an, zu deren Nachteil etwas geschieht.

Bei Engel (1996: 193) werden der Dativ commodi wie incommodi als Ergänzungen behandelt, die von Verben abhängig sind. Um die Verben, bei denen solche Ergänzungen auftreten können, zu erfassen, definiert Engel den Dativus commodi als Ergänzung bei „Verben, die ein willkürliches Tun bezeichnen". Der incommodi komme demgegenüber „bei Vorgangsverben vor" und „bezeichnet immer einen Menschen, der eine unerwünschte Handlung ausgeführt hat oder für einen unerwünschten Vorgang verantwortlich ist" (ebenda). Dahinter steht der Versuch, Dativergänzungen (die von einer kleinen, zahlenmäßig erfassbaren Gruppe von Verben regiert sind) und Dativ commodi/incommodi gleich zu behandeln, indem man auch für sie eine klar umgrenzte Gruppe von Verben angibt. Die dabei verwendete Definition ist aber in sich widersprüchlich, da Vorgangsverben keine menschliche Handlung bezeichnen. Dies illustriert zugleich, dass der Versuch der Gleichbehandlung von Dativergänzungen und Dativus commodi/incommodi zu Schwierigkeiten führt.

Zur Unterscheidung von Dativobjekt und Dativus commodi schlagen Helbig/Buscha (2001: 264) eine Ersetzungsprobe vor: immer dann, wenn sich der Dativ durch eine präpositionale Fügung mit *für* ersetzen läßt, liege kein Objekt, sondern ein commodi vor. Vgl. die Dativobjekte in: *Sie schenkte ihm ihre Comics-Sammlung* (*Sie schenkte für ihn ihre Comics-Sammlung*); *Sie schrieb ihm einen Brief* (*Sie schrieb für ihn einen Brief* ist zwar möglich, hat aber eine andere Bedeutung) usw. Wie sich zeigt, lässt sich der Dativ in den obigen Beispielen durch eine Wendung mit *für* ersetzen: *Sie hat das Auto für ihn gewaschen, Er hat für sie Spaghetti gekocht.* Eisenberg (2001: 292) argumentiert gegen diese Ersetzungsprobe, dass „auch viele als Dativobjekte anerkannte Nominale ‚ersetzbar' sind" und zeigt dies am Beispiel des Satzes *Sie kauft ihm / für ihn einen Lolli* (ebenda.). Darüber, ob *kaufen* wirklich einen Dativ regiert, kann man aber unterschiedlicher Ansicht sein, und hier zeigt sich die eigentliche Grundlage des Problems. Wenn ein Dativ regelmäßig zusammen mit einem bestimmten Verb auftritt oder wenn der Ausdruck einer am Geschehen beteiligten, das Geschehen erfahrende Person notwendig zur Semantik des Verbs gehört, wird der Kasus fest in das syntaktische

Schema integriert und so zum Objekt, das nicht mehr durch andere Syntagmen ersetzt werden kann. Dies ist beispielsweise bei *geben* der Fall, dessen Semantik notwendig eine empfangende Person voraussetzt und bei dem ein Dativ in der syntaktischen Struktur obligatorisch ist. Hier liegt eindeutig ein Objekt vor. In anderen Fällen ist dies jedoch nicht so klar. Das liegt oft daran, dass der entsprechende sprachliche Entwicklungsprozess zu einem späteren Zeitpunkt begonnen hat und noch nicht abgeschlossen ist. So war *kaufen* historisch kein Verb, das die Beteiligung einer dritten Person als Empfänger vorgesehen hätte; es bedeutet ursprünglich ‚tauschen‘, ‚handeln‘ (siehe hierzu ausführlich Grimm 1854–1960, s.v. *kaufen*) und implizierte nicht ‚für jemanden erwerben‘. Dass hier eine Ersetzung durch *für jemanden* noch möglich ist, obgleich der Dativ zunehmend als fester Bestandteil der Konstruktionen mit *kaufen* empfunden wird, ist somit ein typisches Sprachwandelphänomen. Das Verb befindet sich auf gutem Weg dazu, ein Dativobjekt zu regieren. Wenn der Wandel abgeschlossen ist, wird auch die Ersetzung durch eine Konstruktion mit *für* nicht mehr möglich sein.

Im Unterschied zum Dativus commodi kann der incommodi nicht durch eine Wendung mit *für* ersetzt werden; hier sind kompliziertere Paraphrasen wie *zum Schaden/Nachteil von* o. Ä. nötig, z. B. *Er hat zu meinem Schaden drei Gläser zerbrochen.* Dort, wo ein Objektsdativ einen Geschädigten ausweist (z. B. *Er hat mir sehr geschadet*), ist eine solche Umschreibung wiederum nicht möglich (**Er hat zu meinem Nachteil geschadet*). Eisenberg (2001: 292) sieht in der Unmöglichkeit, einen incommodi ebenso wie einen commodi durch eine Konstruktion durch *für jemanden* zu ersetzen, ein wichtiges Argument gegen die Existenz dieser beiden freien Dative, die er als Objekte deutet. Allerdings wird dabei nicht berücksichtigt, dass gerade der incommodi noch sehr produktiv ist und auch an unerwarteter Stelle auftreten kann, vgl. *Diese Woche geht aber auch alles schief! Erst habe ich Krach mit meiner Kollegin, dann geht das Auto kaputt, und jetzt ist mir auch noch der Kleine krank geworden!* In so einem Kontext kann ein Dativus incommodi spontan gesetzt werden und ist auch sofort verständlich, obgleich (*krank*) *werden* mit Sicherheit kein Verb ist, das einen Dativ regiert. Ähnliche Fälle liegen vor in: *Das Kind weint, weil ihm der Luftballon geplatzt ist; Gestern ist mir meine Lieblingsvase in tausend Scherben zersprungen* usw., wo ebenfalls ausgeschlossen werden kann, dass die Verben *platzen* und *zerspringen* ein Dativobjekt bei sich haben.

Andererseits muss man natürlich berücksichtigen, dass sich viele
Dativobjekte historisch aus der ursprünglichen Funktion des Dativs
entwickelt haben, die beteiligte Person zu bezeichnen, zu deren Vor-
oder Nachteil eine Handlung gereicht. Eine salomonische Lösung
bestünde daher vielleicht darin, Fälle, in denen der Dativ besonders
häufig auftritt, als eine Übergangsphase zwischen Dativus commodi
und Objektskasus anzusehen.

Dativus possessivus

Der **Dativus possessivus**[19] (lat. ‚besitzanzeigender Dativ‘) oder
Pertinenzdativ (von lat. *pertinere* ‚sich erstrecken auf‘, ‚angehen‘) ersetzt das Possessivpronomen oder den Genetivus possessivus. Bei
Körperteilen ist der possessive Dativ in bestimmten Konstruktionen im Deutschen (zumindest stilistisch) zwingend: *Sie klopfte mir
freundschaftlich auf die Schulter* (‚meine Schulter‘), *Sie mochte ihm nicht
mehr in die Augen sehen* (‚in seine Augen‘), *Alle schüttelten der Preisträgerin
die Hand* (‚die Hand der Preisträgerin‘) usw.[20]
   Bei Engel (1982: 181) wird der possessive Dativ als „Nomener-
gänzung" betrachtet und trägt die Bezeichnung „E_{p3}"; bei Engel
(1996: 630) wird er unter die → Attribute eingeordnet. Demgegenüber bemerkt Erben (1996: 254), dass die Unabhängigkeit des possessiven Dativs vom Verb keineswegs erwiesen sei, also auch eine
Einordnung als Ergänzung in Frage käme. Tatsächlich sind solche
Dative nicht weglassbar: **Sie mochte nicht in die Augen sehen.* Dies hat
jedoch semantische und nicht syntaktische Gründe, wie der Vergleich mit *Sie mochte nicht in den Spiegel sehen* zeigt: ohne die Angabe,
um wessen Augen es sich handelt, ist der erste Satz nicht verständlich, während beim Spiegel keine zusätzlichen Informationen nötig
sind.
   Langacker (2000: 375) analysiert den deutschen Satz *Mir zittern die
Hände* als typisches Beispiel dafür, wie die zu Grunde liegende Ka-

---

[19] Die Duden-Grammtik (1998: 657) versteht abweichend hiervon unter einem
   possessiven Dativ ein Dativobjekt nach Verben wie *gehören* oder ein Dativobjekt 2. Grades nach Adjektiven wie *eigen*.
[20] Im Unterschied zum Deutschen steht in solchen Fällen im Englischen ein
   Possessivpronomen oder ein possessiver Genetiv: *She slapped my shoulder. He
   looked into her eyes* usw.

susfunktion „experiencer" als Bezugspunkt fruchtbar gemacht wird. Bei König/Haspelmath (1998) werden die possessiven Dative als „externe Possessoren" (*possesseurs externes*) bezeichnet und bei Haspelmath (2001: 1498) sogar als typisches Merkmal europäischer Sprachen angeführt (Beispiel dort: *Die Mutter wäscht dem Kind die Haare*). Grundsätzlich kann man den possessiven Dativ syntaktisch als Adverbialbestimmung einordnen, auch wenn eine gewisse semantische Parallele zu einem Attribut erkennbar ist, die sich ja auch in der Ersetzbarkeit durch das Possessivpronomen äußert. Gerade beim Hinweis auf die Ersetzbarkeit durch das Possessivpronomen darf nicht unberücksichtigt bleiben, dass sich vor allem in der Umgangssprache und in vielen Dialekten Possessivpronomen und possessiver Dativ nicht ausschließen, sondern regelmäßig zusammen gebraucht werden: *meinem Vater sein Haus* (Beispiel nach Erben 1980: 156). Dies ist ein deutlicher Hinweis darauf, dass die beiden Phänomene keineswegs äquivalent sind.

Dativus ethicus

Der **Dativus ethicus** (lat.-griech. ‚ethischer Dativ') ist der Dativ der Person, die ein emotionales Interesse an einer Handlung hat; Brugmann (1904/1970: 432) spricht von einer „gemütlichen Beteiligung", Helbig/Buscha (2001: 263) von einem Dativ „der emotionalen Anteilnahme". Dieser Dativ ist im modernen Deutschen relativ selten. Er kann nur durch ein Personalpronomen der 1. oder 2. Person (im Deutschen normalerweise nur der 1. Person) realisiert werden: *Komm mir ja nicht zu spät! Du bist uns gerade der rechte!* Durch den Dativus ethicus wird diejenige Person ausgedrückt, deren Einschätzung der Gesamtsachverhalt unterliegt: ‚Wenn es auf mich ankommt, darfst du auf keinen Fall zu spät kommen'. Bei Engel (1982: 179) wird er als Ergänzung betrachtet und mit „E_{e3}" notiert, bei Engel (1996: 238f.) jedoch im Anschluss an die Abtönungspartikeln unter der Rubrik „existimatorische Angaben" behandelt.[21] Das dort u. a. angeführte Beispiel *Der wird dir noch die ganze Konzeption verwässern* – bei dem es sich u. E. eindeutig nicht um einen Dativus ethicus, sondern um einen Dativus incommodi handelt, da mit *dir* hier die

---

[21] Diese Auffassung ist offenbar von Wegener (1989) beeinflusst, die den ethischen Dativ als „Abtönungspartikel" auffasst und bezeichnet.

Person benannt wird, zu deren Nachteil die Handlung vollzogen wird – ist vermutlich darauf zurückzuführen, dass der Dativ incommodi in der Definition des Autors nur bei Vorgangsverben, nicht aber bei Handlungsverben vorgesehen ist (vgl. ebenda 193 und 866). Es zeigt zugleich, dass auch die Abgrenzung des ethicus von den anderen freien Dativen (und damit aber zugleich die Entscheidung, ob es sich um „Ergänzungen" oder „Angaben" handelt) im Einzelfall offenbar problematisch sein kann.

Dativus iudicantis

Der **Dativus iudicantis** (lat. ,Dativ des Urteilenden') tritt immer da auf, wo eine Eigenschaft oder ein Sachverhalt aus der urteilenden Perspektive einer bestimmten Person zutrifft: *Dir ist wohl langweilig? Das ist mir zu dumm.* Regelmäßig erscheint er bei Adjektiven, die mit *zu* oder *genug* modifiziert werden: *Das ist mir zu klein; Das ist mir nicht groß genug* usw. In älteren Ansätzen wurde der iudicantis oft mit zum ethicus gerechnet. Es handelt sich dabei ursprünglich um eine der Funktionen des ethicus: im ethischen Dativ stand die Person, der das Urteil über einen Sachverhalt oder die Einschätzung desselben, einschließlich der moralischen Beurteilung, zusteht. Die anderen alten Formen des ethicus (vgl. lat. *em tibi lupus in fabula* ,da ist dir der Wolf in der Fabel'), die in anderen Sprachen durchaus noch erhalten sind (vgl. Serbisch *To ti je život* ,das ist dir das Leben'), können im Deutschen nicht mehr gebraucht werden. Da nur der Gebrauch bei Adjektiven mit *zu* im modernen Deutschen noch vollständig erhalten ist und im entsprechenden syntaktischen Kontext regelmäßig auftritt, hat sich hier eine eigene Bezeichnung durchgesetzt.

Finaler Dativ

Der **finale Dativ** (lat. ,Dativ des Zwecks') findet sich zwar in älteren Grammatiken, so etwa bei Brugmann (1904/1970: 432), wird jedoch in neueren normalerweise nicht genannt. Eine Ausnahme bildet die Duden-Grammatik (1998: 658), wo das Beispiel *Er lebt nur seiner Arbeit* angeführt wird. Dieser Dativ kann jedoch ohne Weiteres als Funktion des commodi interpretiert werden: es ist hier nur keine Person, sondern eine abstrakte Größe (die Arbeit), zu deren Nutzen die Handlung ausgeführt wird.

Wie sich zeigt, ist die Existenz von freien Dativen umstritten; die Mehrheit der modernen Grammatiken des Deutschen lehnt sie zumindest teilweise ab. So führen Zifonun et al. (1997: 1337) zwar die Bezeichnungen „Dativus commodi", „Dativus incommodi", „Dativus iudicantis" und „dativus [sic!] ethicus" ein, fahren dann aber fort: „Wenn im folgenden auf diese traditionellen Bezeichnungen zurückgegriffen wird, geschieht dies aus praktischen Gründen. Keineswegs soll damit der abwegigen Vorstellung Vorschub geleistet werden, es ‚gebe' mehrere verschiedene ‚Dative'." (ebd.). Allerdings werden in derselben Grammatik ethicus und iudicantis als „nicht zu den Komplementen zu rechnen" (ebd.: 1089) klassifiziert, (in)commodi und possessivus aber als „Dativkomplemente" angesehen. Zumindest zwei verschiedene Arten von Dativen müssen demnach also auch in diesem Ansatz unterschieden werden.

Im Duden (1998: 657 f.) werden die Dative (in)commodi, der Pertinenzdativ, der ethicus und der finale Dativ zwar aufgeführt, jedoch stehen sie unter der Überschrift „Das Dativobjekt" und sollen also wohl als solche angesehen werden. Eisenberg (2001: 293) wiederum meint: „Von den besprochenen Dativtypen der traditionellen Grammatik erweisen sich nur der Ethicus und der Judicantis nicht als Ergänzungen. Alle übrigen erfüllen die syntaktischen wie die semantischen Bedingungen, die an Argumente zu stellen sind." Engel (1996: 193) rechnet den ethicus zu den Angaben, den Pertinenzdativ zu den Attributen und den (in)commodi zu den Ergänzungen.

Es gibt noch eine weitere Unterscheidungsmöglichkeit zwischen Dativobjekt und freiem Dativ, die in der Auseinandersetzung um die Frage, wie der jeweilige Dativ einzuordnen ist, bislang nicht berücksichtigt wird: Im Unterschied zu Dativobjekten müssen freie Dative stets vor anderen Objekten stehen. „Echte" Dativobjekte können hingegen auch nachgestellt werden (zu den Stellungsbeschränkungen bei Pronomina und rhematischen Satzteilen siehe S. 435, 442 f.). Vgl.

Sie hat den Lolli ihrem Sohn geschenkt.
Sie hat das Manuskript dem Verlag vorgelegt.
Sie hat die Arbeit ihrem Vater aufgehalst.

gegenüber

(?)Sie hat den Lolli ihrem Sohn gekauft.
*Er hat das Mittagessen seiner Freundin gekocht.
*Sie hat die Lieblingsvase ihrem Vater kaputt gemacht.

usw.

Insgesamt sind die Beurteilungen der freien Dative in den verschiedenen Grammatiken recht uneinheitlich und unterscheiden sich je nach verwendetem Modell erheblich.

traditionelle Bezeichnung:	in/commodi	possessivus	ethicus	iudicantis
Beispiel:	*Er hat mir Tee gemacht./Die Vase ist mir kaputt gegangen.*	*Sie klopfte ihm auf die Schulter.*	*Komm mir ja nicht wieder mit faulen Ausreden!*	*Das ist mir jetzt aber wirklich zu dumm.*
Duden (1998)	Untertyp des Dativobjekts	Untertyp des Dativobjekts	Untertyp des Dativobjekts	(nicht erwähnt)
Eisenberg (2001)	Objekt	Objekt	ethicus; keine Ergänzung	iudicantis „von zu + Adj. regiert"
Engel (1996)	Dativergänzung	Attribut	Angabe	(nicht erwähnt)
Zifonun et al. (1997)	Dativkomplement	Dativkomplement	„nicht zu den Komplementen zu rechnen" (1089)	„nicht zu den Komplementen zu rechnen" (ebd.)

Wenn man nicht annehmen will, dass etwa die Möglichkeit oder
Unmöglichkeit, einen Dativ beispielsweise durch eine Konstruktion mit *für* zu ersetzen, rein zufällig ist, dann muss es sich hier um
Phänomene handeln, die innersprachliche Strukturen widerspie-
geln. Die sinnvollste Unterscheidungsmöglichkeit ist daher die Anwendung von Ersetzungs- und Umstellungsproben, durch die die
konkreten Verhältnisse im Deutschen sichtbar gemacht werden
können. Daneben können auch Vergleiche mit anderen indoeuropäischen Sprachen nutzbar gemacht werden. Dabei zeigt sich bald,
dass es sich nicht um Objekte handeln kann. Die syntaktische Interpretation, die den freien Dativen am ehesten gerecht wird, ist die
einer Adverbialbestimmung.

5.4.4 Akkusativ

Die Bezeichnung **Akkusativ** (von lat. *accusare* ‚anklagen‘) ist von
einem lateinischen Verb abgeleitet, das diesen Kasus regiert.[22]

Der wegen seiner Stellung im Kasusparadigma der traditionellen
Grammatik auch als „4. Fall" bezeichnete Kasus kann mit *wen oder
was?* erfragt werden (daher die gelegentlich gebrauchte Bezeichnung
„Wen-Fall"). Er ist ursprünglich der Kasus der Ausdehnung und der
Richtung, der das Ziel, das „direkte Objekt" einer Handlung angibt.
Diese Bedeutung ist bei der Rektion der lokalen Präpositionen noch
deutlich zu erkennen: auf die Frage „wohin?" muss der Akkusativ
stehen (auf die Frage „wo" hingegen der Dativ). Als Kasus, der das
direkte Ziel einer Handlung angibt, ist der Akkusativ der wichtigste
Objektkasus beim Verb: eben der Kasus des „direkten Objektes". In
der Dependenzgrammatik Tesnières wird das direkte Objekt entsprechend als „2. Aktant" bezeichnet (nach dem 1., dem Subjekt);
auf der Basis desselben Modells heißt das Akkusativobjekt bei Engel
(1982: 176 f.) „E_1" (gegenüber „E_0", womit der Subjektsnominativ
bezeichnet wird). Bei Erben (1996: 260) wiederum heißt das Akku-

---

[22] Allerdings handelt es sich dabei ursprünglich um einen Übersetzungsfehler:
Remmius Palaemon gab bei seiner Übertragung der Grammatik des Diony-
sios Thrax den griechischen ‚Verursachungsfall‘ *(aitiatikē)* fälschlich mit
‚Anklagefall‘ wieder. Diese falsche Bezeichnung hat sich bis in die Moderne
erhalten, während der ursprüngliche Name des Kasus in Vergessenheit geraten ist.

sativobjekt „E_4" und trägt damit die Nummer, die der Kasus in traditionellen Grammatiken innehat, und bei Engel (1996: 187) wird mit „E_{akk}" wieder auf die Bezeichnung durch den klassischen Kasusnamen zurückgegriffen.

Nach manchen Verben können zwei Akkusative auftreten. Dabei kann es sich um zwei Objekte handeln (z. B. *jemanden etwas lehren*) oder aber um ein Objekt und einen **Gleichsetzungsakkusativ**. Mit dem Begriff „Gleichsetzungsakkusativ" soll ausgedrückt werden, dass der zweite Akkusativ dem ersten inhaltlich gleichgesetzt wird (vgl. auch → Gleichsetzungsnominativ): *Man nannte ihn den Killer von St. Pauli.* Gleichsetzungsakkusative können nur nach den Verben des Nennens auftreten (*jemanden etwas nennen, heißen, schelten* usw.); sie werden auch als **Objektsprädikativ** (vgl. → Subjektsprädikativ) bezeichnet. Bei Engel (1982: 186) trägt der Gleichsetzungsakkusativ wie auch der Gleichsetzungsnominativ die Bezeichnung E_7 (Engel 1996: 196: „E_{nom}" für „Nominalergänzung"). Erben (1980: 265) bezeichnet den Gleichsetzungsakkusativ (bei ihm: „Seinsbestimmung als ‚Nenn-Akt' eines Agens") ebenso wie das Akkusativobjekt mit „E_4".

Außer von Verben können Akkusative auch als sog. Objekte zweiten Grades von Adjektiven abhängig sein. Ein Adjektiv, das Akkusativrektion aufweist, ist beispielsweise *schuldig: Er ist mir noch einen ganzen Monatslohn schuldig.* Engel (1982: 137) nennt diese Akkusativ-Funktion „AE_1", Erben (1996: 289) „e_4".

Ferner tritt der Akkusativ nach Präpositionen auf, wobei sein Gebrauch entweder festgelegt ist (so etwa nach *für* oder *durch*) oder aber – bei lokalen Präpositionen – davon abhängt, ob die Präposition gerichtet oder ungerichtet gebraucht ist. Zur Richtungsangabe (auf die Frage *wohin?*) steht der Akkusativ: *in den Wald (gehen), unter den Teppich (kehren)* usw. (vgl. aber: *im Wald (spazierengehen), unter dem Teppich (verborgen sein)* usw.)

Ebenso wie Dativ und Genetiv kann der Akkusativ schließlich völlig unabhängig von anderen Elementen im Satz auftreten. Solche **„freien"** oder **„absoluten"** **Akkusative** drücken ursprünglich eine Ausdehnung in Zeit oder (seltener) Raum aus:

Zeit: *den ganzen Monat, jeden Donnerstag, den lieben langen Tag*

Raum: *Die Straße verläuft erst einen Kilometer geradeaus, dann geht es einige hundert Meter in Serpentinen weiter.*

Die Ausdehnung kann dabei auch sehr kurz sein, vgl. *Ich bin selbst erst diesen Augenblick heimgekommen* (der Augenblick dauert noch an), oder es kann sich auch um eine einmalige Ausdehnung in der Zeit handeln (vgl.: *Diesen Montag fahre ich nach Sarajevo*), so dass der ursprüngliche Unterschied zwischen Dauer/Ausdehnung und Zeitpunkt nicht mehr immer nachvollziehbar ist. Allerdings muss zum Ausdruck eines eindeutigen Zeit**punktes** statt des absoluten Akkusativs entweder ein Genetiv (vgl. *eines Tages*) oder aber eine präpositionale Fügung verwendet werden (vgl. *in diesem Augenblick*).

Ein freier Akkusativ kann auch zusammen mit einem nachgestellten Partizip oder Präpositionalgefüge auftreten; er hat dann stets modale Bedeutung. Beispiele hierfür sind:

mit Partizip:

den Kopf gesenkt, die Augen weit aufgerissen, die Faust erhoben etc.

mit Präpositionalgefüge:

den Kopf im Nacken, den Kugelschreiber hinter dem Ohr, den Hut in der Hand etc.

Interessanterweise handelt es sich dabei inhaltlich stets um Beschreibungen von Körperhaltungen (*den Kopf gesenkt*) oder von Objekten in Relation zu Körperteilen (*den Hut in der Hand*). Andere Inhalte scheinen nicht möglich zu sein, vgl. **das Auto geparkt, *den Hut auf dem Ständer*. Die Herkunft dieser Formen, die sich seit dem Mittelhochdeutschen nachweisen lassen, ist nur schwer zu rekonstruieren. Gegen die Annahme, es könne sich dabei um Ellipsen, also Verkürzungen von Vollformen wie *die Faust erhoben habend, den Hut in der Hand haltend* o. Ä. handeln, wendet sich schon Grimm (1898/1989: 1103 f.). Er weist darauf hin, dass die dafür notwendigen vollständigen Phrasen wie *die Augen gesenkt habend* im Deutschen „nicht gewöhnlich" sind und es daher auch nicht sehr wahrscheinlich ist, dass sie die Grundlage verkürzter Formen bilden. Aus diesem und anderen Gründen nimmt er stattdessen an, dass es sich hier um eine Funktion des Akkusativs als absolutem Kasus handelt, wie sie sich auch in anderen indoeuropäischen Sprachen nachweisen lässt.

Während Grammatiker wie Grimm (1898/1989: 1075; 1103 f.) temporale (*den lieben langen Tag*) wie modale Akkusative (*die Augen ge-*

senkt) gleichermaßen als „absolute Akkusative" betrachten, sprechen manche modernen Grammatiken (Duden 1998: 644; Zifonun et al. 1997: 2224f.) nur bei den Fällen mit nachgestelltem Partizip oder Präpositionalgefüge von einem absoluten Akkusativ. Bei temporaler oder lokaler Funktion (*den lieben langen Tag, den ganzen Weg nach Hause*) wird das Phänomen hingegen als „Adverbialakkusativ" (Duden 1998: 642f.) oder „Supplement (Satzadverbiale)" (Zifonun et al. 1997: 1294) bezeichnet.

Eigenschaften	Beispiel	Bezeichnung
abhängig vom Verb	*Der Hamster hat mich gebissen.*	direktes Objekt (traditionelle Grammatik) Akkusativkomplement (K_{AKK}) (Zifonun et al. 1997) E_{akk} (Engel 1996)
abhängig vom prädikativen Adjektiv	*keinen roten Heller wert*	Objekt 2. Grades (traditionelle Grammatik; Duden 1998: 1249) „nicht verbbezogenes Komplement innerhalb von K_{PRD}" (Zifonun et al. 1997))
abhängig von einer Präposition	*Auf in den Kampf!*	Teil eines Gefüges, das verschiedene Funktionen haben kann (Präpositionalobjekt, Adverbialbestimmung; Angabe, Supplement etc.)
von keinem anderen Element abhängig; mit nachgestelltem Partizip oder Präpositionalgefüge; modale Bedeutung	*den Blick gesenkt*	absoluter Akkusativ (Grimm 1898/1989; Duden 1998, Zifonun et al. 1997)

Eigenschaften	Beispiel	Bezeichnung
von keinem anderen Element abhängig; temporale oder lokale Bedeutung	*jeden Freitag* *den lieben langen Tag* *Sie lief einen Meter weiter.*	absoluter Akkusativ (Grimm 1898) Adverbialakkusativ (Duden 1998) Satzadverbiale (Zifonun et al. 1997)

5.5   Wortbildung des Substantivs

An der Bildung von Substantiven haben alle drei Typen Anteil. Es gibt → Kompositionen (z. B. *Straßenbahn, Sehtest, Taugenichts*), → Entwicklungen *(Stille, Krankheit)*, und → Modifikationen *(Gebirge, Pferdchen, Künstler)*.

Komposition

Die substantivische **Komposition** ist relativ häufig und wird von Ausländern als sehr typisch für das Deutsche empfunden. Ein zusammengesetztes Substantiv besteht aus zwei lexikalischen Bestandteilen (die ihrerseits wiederum zusammengesetzt sein können), von denen in der Regel das zweite ein Substantiv ist; dieses bestimmt für das gesamte Wort Genus und Flexionsart. In einzelnen, nicht mehr produktiven Fällen kann das zweite Element auch einer anderen Wortart angehören: *Taugenichts, Vergissmeinnicht.* Bei dem überwiegenden Teil der zusammengesetzten Substantive handelt es sich um Determinativkomposita.

Der Typ V + S ist häufig vertreten. Das verbale Erstglied ist dabei im Allgemeinen nur durch den Verbstamm (ohne Infinitivendung) vertreten: *Weinkrampf, Bindfaden, Kochtopf, Auffahrunfall* usw. Die beiden Elemente treten meistens unverbunden nebeneinander, Fugenelemente wie in *Hängelampe, Nagetier, Bindeglied, Sendebereich* sind deutlich seltener.

Bemerkenswert ist der viel diskutierte Typ des aus A + S gebildeten **Possessivkompositums**, wie er in *Langfinger, Rotkehlchen, Dickkopf* vorliegt. Man nennt ihn als Reverenzerweisung gegenüber der Tradition des großen altindischen Grammatikers Panini auch „bahuvrihi" (altindisch ‚Reis besitzend'). Bei diesem Typ liegt insofern ein Possessivverhältnis vor, als das Wort (z. B. *Dickkopf, Rotkehl-*

chen) nicht das Ausgedrückte selber bezeichnet, also nicht einen dicken Kopf oder ein rotes Kehlchen, sondern den jeweiligen Besitzer, also jemanden, der einen dicken Kopf usw. hat. Solche Bildungen werden auch „exozentrisch" genannt, weil die gemeinten Objekte „außerhalb" des wirklich Gesagten bleiben; Bildungen wie *Blaulicht* und *Grünspecht* werden demgegenüber „endozentrisch" genannt. Gegen die Auffassung, dies sei eine Sonderform der Wortbildung, ist mit Recht (z. B. von Coseriu 1977: 50 und Fleischer/Barz 1995: 125) eingewandt worden, dass es sich, was die Wortbildung angeht, bei diesen Bildungen primär um normale Determinativkomposita handelt, die als solche übertragen gebraucht werden: der Besitzer wird in einem „pars pro toto"-Verfahren mittels eines charakteristischen Körperteils benannt.

Der Typ S + S ist außerordentlich häufig und enthält sowohl feste Verbindungen *(Autobahn, Bahnhof)*, die auch im Lexikon enthalten sind, als auch viele okkasionelle Bildungen (z. B. *Partikelkongress*). Zuweilen tritt ein Fugenelement zwischen die beiden Bestandteile *(Arbeitsamt, Krisenstab*; vgl. S. 34). Fast alle Wörter dieses Typs sind Determinativkomposita, d. h. es besteht zwischen den beiden Elementen eine semantische Determinans-Determinatum-Beziehung. In der Wortbildung selbst wird nur eine sehr allgemeine Subordinationsbeziehung zwischen den beiden Elementen ausgedrückt, die besagt, dass das zweite Glied durch das erste näher bestimmt wird. Grundsätzlich ist dann eine Vielzahl von Bestimmungen möglich[23], von der aber die meisten durch die Umstände oder durch die Fixierung in der Sprachnorm ausgeschlossen werden. So könnte, rein sprachlich gesehen, ein Goldschmied ein Schmied aus Gold sein (vgl. *Goldbarren*), ein Schmied, der golden aussieht (vgl. *Goldschopf*), der Gold enthält (vgl. *Goldgemisch, -feld*), der für Gold bestimmt ist *(Goldzange)* usw. Gerade diese Bedeutungsvagheit verleiht dem Determinativkompositum eine große Flexibilität und eröffnet ihm weite Verwendungsmöglichkeiten in eindeutigen Kontexten. Die meisten Determinativkomposita können in eindeutigen Kontexten auf das Determinatum reduziert werden: Statt *Schreib mir mal eine Ansichtspostkarte* sagt man *Schreib mir mal eine Karte* etc. Nur bei einigen

---

[23] Vgl. dazu Behaghel (1968: 207 ff.); zur Vagheit der Determinativbeziehung Coseriu (1977) und Heringer (1984).

wenigen Wörtern ist das nicht mehr möglich, wie z. B. bei *Bahnhof* (*Der Zug kommt am Bonner *Hof an*) und *Handschuh*.

Während die allermeisten Komposita determinativ sind, lässt sich bei einer zahlenmäßig geringen Anzahl diskutieren, ob es sich um **Kopulativkomposita** handelt. Fleischer/Barz (1995: 128 ff.) nehmen in Fällen, die wir als determinativ auffassen, wie *Kleiderschürze* oder *Waisenknabe,* Kopulativkomposita an. Dagegen kann man substantivische Komposita aus Eigennamen eher als kopulativ auffassen. In *Schleswig-Holstein, (Grammatik von) Helbig/Buscha,* in den Doppelnamen Verheirateter wird semantisch eher ein Koordinations- als ein Subordinationsverhältnis ausgedrückt. Bei Angaben von Städten, denen der Stadtteil angefügt ist, könnte man von einem Determinativverhältnis, bei dem die übliche Reihenfolge umgekehrt ist, sprechen: in *Berlin-Zehlendorf* wird das erste Element durch das zweite näher bestimmt.

Kopulativkomposita können auch im ersten Glied von Determinativkomposita auftreten. Das Determinans dieser Komposita kann seinerseits ein Kopulativkompositum sein. Das ist z. B. der Fall in *Freund-Feind-Denken, SPD-PDS-Koalition, Subjekt-Objekt-Trennung, Arzt-Patient-Verhältnis;* in *CDU/CSU-FDP-Koalition* sind im ersten Teil sogar zwei Kopulativkomposita (*CDU/CSU* und *CDU/CSU-FDP*) vertreten. Normalerweise enthalten die Determinantien dieser Kombinationen jedoch wiederum ein Determinativkompositum wie in *Zuchthausinsasse* und *Abendbrotzeit.* In anderen Fällen kann man weder von einer reinen Kopulativ- noch von einer reinen Determinativzusammensetzung sprechen, da die Reihenfolge ikonisch die Reihenfolge der betreffenden Elemente abbildet. Dies ist z. B. der Fall bei *Boden-Luft-Rakete,* die vom Boden in die Luft fliegt, bei *Rechts-Links-Doublette* im Boxen, wo erst rechts und dann links geschlagen wird, bei *Auf-Ab-Bewegung,* die erst nach oben, dann nach unten erfolgt, und bei *Nord-Süd-Gefälle,* das von Norden nach Süden verläuft.

Der Typ A + S (z. B. *Altmeister, Blaubeere, Rotkohl, Vollmilch*) tritt seltener auf als die beiden bisher genannten. Das adjektivische Element wird ohne Flexionsendungen benutzt. Es ist in dieser Kombination in seiner Bedeutung eingeschränkt, deshalb kann die Zusammensetzung auch nicht immer durch das Substantiv mit dem entsprechenden adjektivischen Attribut ersetzt werden. Ein Altmeister ist nicht ein alter Meister, ein Halbleiter ist kein halber Leiter usw. Das adjektivische Element liegt im allgemeinen im Positiv vor, doch sind auch die anderen Steigerungsformen möglich, besonders, wenn das Adjektiv in adverbialer Funktion zu einem Partizip tritt: *Besserverdienende, Meistbietende.*

Auch andere Wortarten können den Determinativteil des Substantivs stellen, so z.B. Präpositionen in *Nachmittag, Hinterrad, Mitschüler, Unterhose,* Numerale in *Zehnkämpfer* und *Dreisprung.*

Entwicklung

Bei der **Entwicklung** ändert sich die Wortart des Basislexems. Bei den Substantiventwicklungen treten also, betrachtet man nur die Hauptwortarten, Deverbativa und Deadjektiva auf.

Deverbativa

Traditionell unterscheidet man semantisch die

- **nomina actionis** (,der Handlung'). Sie bezeichnen die im Verb ausgedrückte Handlung. Hierzu gehören *Schrei, Kuss, Hopser, Sucherei, Getue.* Auch Fremdwörter wie *Reformation* (von *reformieren*) gehören hierher, obgleich sie nur beschränkt als Produkte deutscher Wortbildungsverfahren angesehen werden können.
- **nomina agentis** (,des Handelnden'). Sie bezeichnen den, der die Handlung ausführt: *Denker* (zu *denken*), ebenso *Mörder, Läufer, Lehrer* usw.
- **nomina instrumenti,** die das Instrument, mit dem eine Tätigkeit durchgeführt wird, benennen: *Wecker, Bohrer, Leuchter, Lenker.*
- **nomina acti,** die das Ergebnis einer Tätigkeit bezeichnen, z.B. *Schutt, Erlös, Graben.*

Zu den Nomina acti gehören auch Konversionen von Verbalstämmen und Infinitiven. Unter einer **Konversion** versteht man die Bildung eines neuen, einer anderen Wortart zugehörigen Wortes, ohne dass sich dabei die äußere Form ändert. Dies ist bei Konversionen aus Infinitiven wie *schreiben* → *das Schreiben* (,der Brief') oder *essen* → *das Essen* (,die Mahlzeit') besonders deutlich. Bei Konversionen aus Verbwurzeln wie in *lauf-* → *der Lauf* oder *schrei-* → *der Schrei* muss man dagegen von der Wurzel ausgehen, die endungslos sonst nur im Imperativ auftritt.

Brinkmann (1971) teilt nicht nur die durch Wortbildung entstandenen, sondern alle Substantive nach syntaktisch-semantischen

Gesichtspunkten ein. Diese Einteilung verbindet er mit der Beschreibung von Wortbildungsverfahren, besonders im Bereich der Entwicklung. Einige seiner Gruppen sollen hier erwähnt werden, da bei ihnen deutlich wird, dass Entwicklungen oft Satzteilfunktionen mit einschließen. Brinkmann benennt unter anderem Subjektsbegriffe, Prädikatsbegriffe und Objektsbegriffe.

Subjektsbegriffe wie *Lehrer, Bäcker, Erbe, Zeuge* bezeichnen den, der als Subjekt die im Verb genannte Tätigkeit ausführt: *der Lehrer lehrt*. Die Mehrzahl der Deverbativa auf *-er* bezeichnen ein dauerndes Verhalten, nicht etwa eine Tätigkeit, die das Subjekt im Augenblick gerade ausführt (Brinkmann 1971: 20). So ist ein *Nichtraucher* nicht einer, der gerade nicht raucht, sondern jemand, der grundsätzlich nicht raucht. Ein *Lehrer* ist nicht die Person, die jemandem gerade etwas beibringt, sondern einer, der den Beruf *Lehrer* hat. Außer mit *-er* können Subjektbegriffe auch mit *-e* (wie *Erbe, Schütze, Bürge, Nachkomme*) oder – wie *Vorsitzender, Gefangener, Gelehrter* – auf der Basis von Partizipien gebildet sein. Außerdem gehört hierher ein nicht mehr produktiver Typ von z. T. archaischen Wörtern auf *Ge-* und *-e* (z. B. *Genosse, Gespiele, Gehilfe*). Wenn ausdrücklich weibliche Personen mit Subjektsbegriffen gemeint sind, wird dies bei den Entwicklungen auf *-er* und *-e* häufig durch das Suffix *-in* ausgedrückt (vgl. auch → Genus). Subjektsbegriffe beziehen sich nicht nur auf handelnde Personen; wie handelnde Personen werden auch die Werkzeuge, die den Vorgang bewirken, behandelt: *Wecker, Bohrer, Zeiger*. Auch dies entspricht der Subjektfunktion, da diese Substantive Subjekte zu den entsprechenden Verben bilden: *der Wecker weckt* etc. Solche Bildungen sind deshalb häufig in Bezug auf die Unterscheidung ‚handelnde Person' – ‚Instrument' zweideutig: *Schläger, Lenker, Bohrer* oder *Träger* können sowohl Personen als auch Instrumente bezeichnen, so dass hier die traditionellen Klassen der nomina agentis und der nomina instrumenti zusammenfallen. Ein heute nicht mehr produktiver Typ auf *-el* enthält fast ausschließlich werkzeugbezeichnende Wörter, deren einzelne Vertreter oft schon mehr oder weniger opak (undurchsichtig) sind: Man erkennt zwar noch, dass der *Deckel* zum (zu)decken dient; bei *Flügel, Griffel, Hebel, Zügel, Würfel, Schlüssel, Meißel* sind die entsprechenden Verben wie z. B. *fliegen, greifen, heben, ziehen, schließen* nicht mehr in jedem Fall sofort erkennbar.

Prädikatsbegriffe sind nach Brinkmann (1971: 30 ff.) solche Deverbativa, die eine „Aussage vom Prädikat aus festhalten". Während

Brinkmann reine Substantivierungen von Verben wie *Ruf* als Vorgangsbegriffe klassifiziert, würde ein Deverbativum wie *Berufung* das dazugehörige Objekt implizieren und damit einen Prädikatsbegriff darstellen. So lassen sich *Ruf – Berufung, Urlaub – Beurlaubung, Verstoß – Verstoßung* als Vorgangsbegriffe vs. Prädikatsbegriffe einander gegenüberstellen.

Innerhalb der Vorgangsbegriffe (Brinkmann 1971: 24 f.) bezeichnen die mit Nullmorphem abgeleiteten Maskulina im Allgemeinen einen zeitlich begrenzten Vorgang: *Schritt, Schrei, Ruf, Klang, Lauf, Schuss.* Die entsprechenden mit *-e* abgeleiteten Feminina bezeichnen eine Dauer, drücken also einen durativen Aspekt aus: *Lage, Ruhe, Suche, Reise.* Neutra auf *Ge- -e* drücken oft aus, dass die Tätigkeit dem „Menschen auf die Nerven fällt" (Brinkmann 1971: 28): z. B. *Gejohle, Getue, Gerenne, Gefrage.* Noch stärker ist diese Komponente bei Bildungen auf *-erei* wie *Fragerei, Lacherei, Lauferei* usw.

Zu den Deverbativa müssen auch die Wörter gerechnet werden, denen nicht ein einfaches Verb, sondern eine verbale Wortgruppe zugrunde liegt, bei der zu dem Verb noch ein Objekt oder eine Adverbialbestimmung hinzutritt. So ist z. B. *Langschläfer* aus *lang schlafen, Schwarzseher* von *schwarz sehen, Wolkenkratzer* von *Wolken kratzen, Gepäckträger* von *Gepäck tragen* und *Nichtraucher* von *nicht rauchen* abgeleitet.

Objektsbegriffe wie *Geschöpf, Gemälde, Erzeugnis, Produkt* schließen eine Objektsbeziehung mit ein, d. h. sie stehen für das Objekt des zugrundeliegenden Verbs: ein *Geschöpf* ist das, was geschaffen wurde, ein *Gemälde* das, was gemalt wurde.

Deadjektiva

Zu den **deadjektivischen** Substantiven gehören z. B. Abstrakta, die mit den Suffixen *-heit* und *-keit* gebildet werden: *Schönheit, Tapferkeit.* Diese Verfahren sind noch produktiv. Dabei wird *-heit* gewählt, wenn die Silbe unmittelbar vor dem Ableitungssuffix betont ist, also bei einsilbigen und endbetonten Adjektiven: *Neuheit, Faulheit, Korrektheit, Geradheit;* auch nach Partizipien und historisch aus Partizipien gebildeten Adjektiven steht *-heit: Vertrautheit, Bescheidenheit.* In allen anderen Fällen wird *-keit* verwendet: *Tapferkeit, Arbeitsamkeit, Beweglichkeit, Einsamkeit.* Nur noch eingeschränkt produktiv sind dagegen Bildungen auf *-ling,* zumeist Personenbezeichnungen: *Fremd-*

ling, Rohling, Schönling, Täubling. Zu den Deadjektiva gehören außerdem die traditionell **nomina qualitatis** genannten Feminina auf *-e* wie *Breite, Tiefe, Weite, Wärme.*

Modifikation

Bei der **Modifikation** bleibt die Wortart erhalten. Das zugrunde liegende Morphem, in diesem Fall das Substantiv, wird durch Affixe *(Kind > Kindheit; Stein > Gestein)*, in einigen Fällen auch durch → Umlaut *(Europa → Europäer)* verändert. Wir greifen aus der großen Anzahl von Modifikationstypen die Diminutiva und Augmentativa, die Kollektiva und die (semantisch heterogenen) Modifikationen auf *-er* und die Abstrakta auf *-heit, -keit, -tum* als die wichtigsten heraus.

Diminutiva und Augmentativa

Diminutiva

Von vielen Substantiven können mit Hilfe der Suffixe *-chen* und *-lein* sog. **Diminutiva** oder Verkleinerungsformen gebildet werden: *Männchen, Männlein.* Der Begriff „Diminutivum" ist inzwischen üblicher als die ursprüngliche Bezeichnung **Deminutivum**, die auf lat. *deminuere* ‚verkleinern' – *nomen deminutum* ‚verkleinertes Wort' zurückgeht. Diminutiva drücken nicht einfach nur die ‚Kleinheit' eines Gegenstandes oder Lebewesens aus, sondern enthalten darüber hinaus eine positive emotionale Komponente, die ungefähr mit ‚Zuwendung' oder ‚Sympathie' (des Sprechers gegenüber dem bezeichneten Objekt) oder mit ‚Ungefährlichkeit' oder auch ‚Vertrautheit' (des bezeichneten Objekts) wiedergegeben werden könnte. Daher wird normalerweise auch ein sehr kleines Nagetier der Gattung rattus nicht als **Rättchen* oder **Rättlein* bezeichnet (vgl. aber *Mäuschen, Mäuslein*), und auch Formen wie **Küchenschäbchen, *Giftschlänglein* oder **Stechmücklein* werden bestenfalls in ironischer Absicht gebildet (vgl. aber *Glückskäferchen* usw.). Andererseits kann man, beispielsweise einem Kind gegenüber, mit den Worten *Guck mal, ein Pferdchen* durchaus auf ein ausgewachsenes Pferd verweisen; das Tier wird dann nicht als ‚klein', sondern sozusagen als ‚Sympathieträger' oder auch als ‚ungefährlich' markiert.

Mit dieser semantischen Eigenschaft der Diminutiva hängt auch zusammen, dass sie fast ausschließlich von Konkreta gebildet wer-

den; Ableitungen wie *Ängstlein oder *Freudchen kommen nicht vor,
und ein Liebchen ist entsprechend eben nicht eine ‚kleine Liebe‘, sondern eine geliebte Person. Seltene Ausnahmebildungen wie Mütchen
oder Schläfchen sind auf feste Redewendungen beschränkt: sein Mütchen kühlen, ein Schläfchen halten. Möglich sind ferner Diminutiva von
Maßeinheiten wie Stündchen, die dann offenbar als konkrete, faßbare
Größen gesehen werden. Nicht üblich sind Diminutiva von Sam-
melbegriffen (*Läubchen, *Gebirglein usw.; vgl. aber Blättchen, Berglein
usw.). Ferner sind Diminutiva von exotischen Tieren (?Elefäntchen,
?Tigerlein, ?Nilpferdchen usw.) nicht gebräuchlich, was vermutlich auf
das Fehlen der Komponente ‚Vertrautheit‘ zurückzuführen sein
dürfte. Für diese Vermutung spricht auch, dass solche Bildungen
ausnahmsweise dann möglich sind, wenn sie als Bezeichnungen
(Kosenamen) für eine nahestehende Person verwendet werden:
Wach auf, du Faultierchen (aber: ?Das Faultierchen hing am Baum und
schlief) oder wenn sie in einem Kinderbuch gebraucht werden, in
dem beispielsweise von einer Tigerfamilie erzählt wird. Schließlich
werden Diminutiva im Allgemeinen nicht von solchen Substantiven gebildet, die ihrerseits bereits ein Ableitungssuffix enthalten
(*Schmetter-ling-chen; vgl. auch Zwerglein, aber nicht *Zwerginlein).
   Diminutiva sind stets neutrum. Für ihre Bildung wird der Nominativ Singular zu Grunde gelegt, an den das Diminutiv-Suffix
angehängt wird; umlautfähige Stammvokale werden dabei normalerweise umgelautet: Katze → Kätzchen, Wort → Wörtchen, Kuss → Küss-
chen, Frau → Fräulein. In seltenen Fällen kommen auch Diminutiva
von Pluralformen vor, so etwa in Kinderlein, Eierchen, Männerchen u. Ä.
Diese Bildungen scheinen nur bei Pluralformen auf -er aufzutreten.
Endet ein Substantiv auf -e oder -en, so fällt diese Endung aus: Kanne
→ Kännchen, Garten → Gärtchen; die Substantivendung -el wird zu -e
verkürzt oder fällt ganz aus, wenn das Suffixes -lein verwendet wird
(Wurzel → Würzelein, Spiegel → Spieglein). Außerdem gibt es auch Di-
minutivbildungen mit dem erweiterten Suffix -elchen (-elein): Blümel-
chen, Büchelchen, Sächelchen, Wägelchen; Blümelein.
   Insgesamt ist -chen heute das gegenüber -lein häufigere Ab-
leitungs-Suffix für Diminutiva. Daneben gibt es aber auch die dia-
lektalen Diminutiv-Suffixe -le, -el, -erl, -li und -(s)ken. Während
-(s)ken vorwiegend im niederdeutschen Sprachraum gebraucht wird
(Hölzken, Männeken, Stöcksken), sind die Endungen -le und -li für
den alemannischen Sprachraum typisch (vgl. badisch Hutzelweible,

schweizerisch *Müesli* usw.); *-(e)l* und *-erl* schließlich finden sich hauptsächlich im bayrisch-österreichischen Raum *(Dirndl, Maderl)*. Auch die Endung *-i*, die vornehmlich zur Bildung familiärer Kosenamen *(Mutti, Vati, Hansi)* verwendet wird, kann zu den Diminutiva gerechnet werden.

Augmentativa

Den Gegensatz zu den Diminutiva bilden die **Augmentativa** (von lat. *augmentare* ‚vermehren‘); sie bezeichnen nicht die ‚Kleinheit‘, ‚Vertrautheit‘ usw. einer Sache oder eines Lebewesens, sondern im Gegenteil dessen ‚Größe‘, ‚Fremdheit‘ oder sogar ‚Bedrohlichkeit‘. Im Deutschen ist im Gegensatz zu anderen Sprachen kein durchgehendes Bildungsverfahren für Augmentativa vorhanden. Die einzige morphologische, zugleich jedoch eng begrenzte Möglichkeit zur Bildung von Augmentativa besteht in der Verwendung des Präfixes *Un-*: *Unmenge, Unsumme, Untiefe, Unzahl*. Da dieses Präfix jedoch gleichzeitig verwendet werden kann, um den semantischen Gehalt eines Wortes zu negieren (*unschön, unsicher* usw.), ist sein Gebrauch zur Bildung von Augmentativa im Wesentlichen auf die genannten Beispiele beschränkt. *Untiefe* ist dabei bereits doppeldeutig und kann sowohl eine ungeheure Tiefe als auch eine besonders flache Stelle im Wasser bezeichnen.

Andere Sprachen, so beispielsweise das Italienische oder das Serbische, weisen systematische Möglichkeiten zur Bildung von Augmentativa auf, die dann völlig parallel zu den Diminutiva gebildet werden können. Dabei werden die unterschiedlichen emotionalen Konnotationen der beiden Formen besonders deutlich: Diminutiva wie *leptirić moj* (‚mein kleiner Schmetterling‘) oder *golubić* (‚Täubchen‘) sind Kosenamen, während Augmentativa wie *majmunčino* (‚du Riesen-Affe‘) oder *zmijurino* (‚du Riesen-Schlange‘) als Beleidigungen verwendet werden können; mit *kućica* (‚Häuschen‘) kann jemand liebevoll auch ein dreistöckiges Bauwerk (vorzugsweise das eigene) bezeichnen, während sich das Augmentativum *kućetina* durchaus auf ein real nicht besonders großes Gebäude beziehen kann, beispielsweise ein Haus, das der Sprecherin aus irgendwelchen Gründen missfällt (etwa, indem es ihr die Sicht versperrt).

Die fehlende systematische Möglichkeit zur Augmentativbildung kann im Deutschen gelegentlich durch Bildungen mittels *riesen-* oder *über-* ersetzt werden *(Riesenmenge, Überfülle)*, die häufig als Augmentativa bezeichnet werden; aber auch diese Möglichkeit ist begrenzt, und sie ist außerdem nicht nur auf Substantive, sondern auch auf Adjektive anwendbar *(riesengroß, übervoll)*. Besonders weit fasst der Duden (1998: 506 f.) den Begriff des Augmentativs; er rechnet auch Bildungen wie *Spitzenfilm, Kolossalszene, Makrofauna* oder *Biereifer* zu dieser Kategorie. Um eine gewisse Vergleichbarkeit zwischen den Sprachen zu gewährleisten, sollte die Verwendung des Begriffs „Augmentativum" u. E. aber auf echte Augmentativa beschränkt bleiben, d. h. auf systematische Bildungen des semantischen Gegensatzes zum Diminutiv; *Biereifer* und *Makrofauna* gehören mit Sicherheit nicht dazu. Aber auch Ersatzbildungen wie *Riesenaffe* sind keine echten Augmentativa; so würde beispielsweise auch niemand für das Englische die Existenz von Diminutiva (außer im Bereich der Eigennamen) nur deshalb postulieren, weil sich die entsprechenden Formen des Deutschen mit Hilfe von Umschreibungen auch in dieser Sprache ausdrücken lassen. Diminutiva wie Augmentativa lassen sich ihrerseits problemlos mit Umschreibungen wie *riesig* oder *winzig* verbinden (vgl. z. B. dt. *ein winziges Mäuschen, ein Mini-Käferchen* oder serb. *ogromna kućetina* ‚ein riesiges Riesenhaus'); auch dies zeigt, dass es sich bei der Bildung eines Diminutivs/Augmentativs und dem Ausdruck von ‚Kleinheit' oder ‚Größe' durch andere sprachliche Mittel um zwei verschiedene Phänomene handelt.

Kollektiva und Modifikationen auf *-er*

Zu den **Kollektiva** gehören z. B. durch *Ge-* eingeleitete und umgelautete Neutra wie *Geäst, Gebälk, Gehörn, Gesträuch, Gewölk*; auf *-e* enden *Gebirge* (zu *Berg*) und *Gefilde* (zu *Feld*). Brinkmann (1971: 35) rechnet sie zu den „Gesamtbegriffen". Dieser Typ ist nicht mehr produktiv. Kollektiva sind auch einige Modifikationen auf *-heit* wie *Christenheit, Menschheit*.

Die Gruppe der Modifikationen auf *-er* ist sehr heterogen. Man findet u. a.:

– Bezeichnungen für Fahrzeuge wie *Bomber, Frachter, Dampfer.*
– Personenbezeichnungen nach Berufen und Beschäftigungen: *Fußballer, Eisenbahner, Stahlwerker, Handwerker*; bei Fremdwörtern sind diese häufig durch *-k-* oder *-ik-* erweitert: *Chemie > Chemiker*, ebenso *Satiriker, Symphoniker, Historiker, Alkoholiker.*

- Eine Variante zu den -*er*-Modifikationen (Fleischer/Barz (1995: 156f.) stellen die Modifikationen auf -*ler (Hinterwäldler, Dörfler, Zuchthäusler, Sportler)* und auf -*ner (Harfner, Pförtner, Rentner)* dar.
- Bewohner- oder Herkunftsnamen: *Kölner, Berliner*; sie gehören nach Brinkmann (1971: 24) ebenfalls zu den Subjektsbegriffen. Wenn sie auf Vokal ausgehen, wird, um einen Hiatus[24] zu vermeiden, oft ein Konsonant, meist -*n*-, eingeschoben: *Amerikaner, Afrikaner*, aber: *Tokiote*.
- Bezeichnungen von Tierklassen auf der Basis eines substantivischen attribuierten Ausdrucks: *Paarhufer, Spalthufer, Zwölfender, Kurzdärmer*.

---

[24] Unter Hiat oder Hiatus (von lat. *hiatus* ‚Kluft') versteht man das Aufeinandertreffen zweier Vokale in zwei aufeinander folgenden Silben. Dies wird in vielen Sprachen als unschön empfunden und gemieden, z. B. frz. **la amie > l'amie*.

6 Das Adjektiv

Das **Adjektiv** (von lat. *adiectum* ‚das Hinzugefügte', Übersetzung des gleichbedeutenden griech. *epitheton*) wird in der deutschen Terminologie auch „Artwort", „Eigenschaftswort" und „Beiwort" genannt. Adjektive sind Wörter wie *gut, schnell, leise, grün* usw. Ihre semantische Funktion besteht darin, etwas als ‚Eigenschaft von etwas' auszudrücken.

6.1 Semantische Klassifikationen

Relative (und absolute) Adjektive

In semantischer Hinsicht unterscheidet man relative und absolute Adjektive. **Relative** Adjektive drücken Qualitäten aus, die dem bezeichneten Gegenstand nur in Bezug auf andere Gegenstände zukommen. *Klein* ist beispielsweise ein relatives Adjektiv, denn es gibt keine Klasse von an sich kleinen Gegenständen. Ein kleiner Elefant ist nur mit normalen Elefanten verglichen klein; im Vergleich mit einem Bernhardiner oder einer Ameise ist er immer noch ein großes Tier. Eisenberg (2001: 236) nimmt an, dass als Bezugspunkt der relativen Adjektive immer eine Vorstellung von der durchschnittlichen Eigenschaft der betreffenden Gegenstände dient. Dies trifft sicher in den meisten Fällen zu, kann aber nicht verabsolutiert werden, wie man leicht sieht, wenn man Beispiele wie *Dieser Kreis ist groß, und dieser ist klein* betrachtet; es gibt eben keine durchschnittliche Größe für Kreise. Im Gegensatz zu den relativen Adjektiven ordnen **absolute** Adjektive den benannten Gegenständen Eigenschaften zu, die nicht auf Vergleichen mit anderen Objekten beruhen, sondern ihnen an sich zukommen. So kann man von einem Blatt sagen, dass es grün ist, unabhängig davon, welche Farbe andere Gegenstände des Kontextes haben.

Da der Begriff „relatives Adjektiv" nicht einheitlich verwendet wird, sei auf weitere Verwendungen hingewiesen. Helbig/Buscha (2001: 281) verwenden „relatives Adjektiv" anders. Sie unterscheiden relative und qualitative Adjektive. Qualitativ sind bei ihnen Adjektive wie *groß, klug* und *heilbar*, die die Merkmale eines Objektes „direkt durch die eigentliche Bedeutung" ausdrücken (ebd.). Relativ sind dagegen *väterlich* (in: *väterliches Haus*), *bulgarisch, gestrig*, also Adjektive, die lexikalisch ein Merkmal eines Objekts durch dessen Beziehung zu einem anderen Referenzobjekt ausdrücken, so *väterlich* durch Bezug auf *Vater, gestrig* durch Bezug auf *gestern*. Der Duden (1998: 258) nennt diesen Typ „relational" („eine Zugehörigkeit bezeichnend"; Beispiele: *afrikanisch, französisch, katholisch*) bzw. „klassifizierend" („eine Klasse bzw. einen Typus bezeichnend"; Beispiele: *römisch, polizeilich, wissenschaftlich*). Die so definierten relativen Adjektive lassen sich im Allgemeinen nicht graduieren (**gestriger*, am **gestrigsten*), und viele können nicht prädikativ gebraucht werden (**Die Zeitung ist gestrig*). Es handelt sich um abgeleitete Adjektive (→ Entwicklungen), und Admoni (1982: 146) verweist mit einem gewissen Recht darauf, dass hier die etymologische Aussage über das Entstehen des Wortes und seine semantische Funktion vermischt werden. Bei Eisenberg (2001: 239) werden sie ebenfalls unter Wortbildungsaspekten eingereiht und als eine Gruppe unter den „desubstantivischen Adjektiven" angeführt.

Eine weitere, diesmal syntaktische Bedeutung von „relativ" findet man bei Behaghel (1923: 144), der als „relativ" die Adjektive bezeichnet, die für sich keinen vollständigen Sinn ergeben und deshalb auch syntaktisch weitere Ergänzungen fordern. Relativ in diesem Sinn sind Adjektive wie *gleich, wert* und *ähnlich*. **In dieser Hinsicht ist König Gunther ähnlich* (aber *In dieser Hinsicht ist König Gunther Donald Duck ähnlich*). In die gleiche Richtung geht die Verwendung des Begriffes im Duden (1998: 267), der in Analogie zu den → absoluten und relativen Verben die Adjektive, die einen Kasus regieren, als relativ, die anderen als absolut bezeichnet (→ Rektion des Adjektivs).

Dimensionsadjektive

Nach semantischen Eigenschaften sind auch die **polaren Adjektive** oder **Dimensionsadjektive** benannt. Sie nehmen Graduierungen auf einer Skala, einer so genannten Dimension, vor. Dabei besetzen zwei Adjektive, die in Opposition zueinander stehen (*groß – klein, lang – kurz, billig – teuer*), die beiden Endpunkte einer Skala der auszudrückenden Eigenschaft. Das Adjektiv, das das uneingeschränkte Vorhandensein der Eigenschaft ausdrückt, gilt als unmarkiert und funktioniert zugleich als „neutralisierte" Form, die verwandt wird, wenn es rein um die betreffende Eigenschaft geht, ohne dass ausgedrückt würde, dass sie in starkem Maße vorhanden sein muss. So fragt man selbst nach dem „Alter" von Säuglingen *Wie alt ist er denn?* (nicht ** Wie jung ist er denn?*) und erkundigt sich nach einem kurzen Weg: *Wie weit (*nah) ist es von Tübingen bis Lustnau?*

6.2   Syntaktische Funktionen

Es gibt drei verschiedene syntaktische Verwendungsweisen des Adjektivs:

- attributiv: *die schnelle Läuferin*
- prädikativ: *die Läuferin ist schnell*
- adverbial: *sie läuft schnell*

Im Deutschen wird das attributiv verwendete Adjektiv im Allgemeinen dekliniert; prädikativ und adverbial verwendete Adjektive bleiben dagegen endungslos.

Attributive Verwendung

Das attributive Adjektiv tritt – im Gegensatz etwa zum Französischen *(un ami fidel)* – im Normalfall vor sein Bezugssubstantiv *(ein treuer Freund)* und richtet sich in Kasus, Numerus und Genus nach ihm. Allerdings treten gelegentlich auch unflektierte Adjektive in attributiver Funktion auf. Sie kommen vor allem in feststehenden Wendungen vor, sind als solche überliefert und spiegeln Regeln einer nicht mehr aktuellen Grammatik wider: *jung Siegfried, Russisch Brot, halb Frankreich.* Unflektiert werden Adjektivattributive auch bei der selteneren Nachstellung gebraucht: *Hänschen klein, Röslein rot, Bei einem Wirte wundermild.* Moderne Varianten des unflektierten attributiven Adjektivs sind z. B. *Fußball total, Henckell trocken* (Nachstellung) oder *Kölnisch Wasser, Irisch Moos* (Voranstellung), die in der Werbung eingesetzt werden. Zifonun et. al (1997: 1991) bewerten nachgestellte unflektierte Adjektive entweder als „leicht archaisierendes Stilelement" *(Röslein rot)* oder aber sie interpretieren sie, so im Fall von *Forelle blau* und *Spaghetti italienisch,* nicht als Attribute, sondern als elliptische Adverbialkonstruktionen. Diese letztere Annahme, die sich sonst nirgends findet, ist allerdings problematisch, und sie ist auch nicht unwidersprochen geblieben (vgl. beispielsweise Dürscheid 2002: 72 f.).

Einige Adjektive sind grundsätzlich unveränderlich und bleiben daher auch bei attributiver Verwendung unflektiert. Hierher gehören die von Ortsnamen abgeleiteten Adjektive auf *-er*: *Berliner Dialekt, Kölner Humor*. Bei diesen Adjektiven handelte es sich ursprünglich um den Genetiv Plural von Substantiven, die die Einwohner der betreffenden Orte bezeichneten. So bedeutete *der Kölner Dom* ‚der Dom der Kölner‘ (d. h. der Einwohner Kölns) mit vorangestelltem Genetivattribut. *Kölner* wurde dann als Adjektiv interpretiert, blieb aber undekliniert und wird auch weiterhin in Befolgung des etymologischen Prinzips, also des Prinzips, Wörter so zu schreiben, dass ihre Herkunft noch erkennbar ist, groß geschrieben. Zu den unflektierbaren Adjektiven gehören ferner auch einige Farbbezeichnungen wie *rosa, lila, beige, orange*. Umgangssprachlich findet man hier allerdings auch Ansätze zur Deklination, oft mit *n*-Erweiterung, wie *ein orang(en)es Kleid, ein lilaner Rock*.

Prädikative Verwendung

Das prädikativ verwendete Adjektiv bildet in den meisten Fällen zusammen mit der Kopula *sein*, zuweilen auch mit anderen Kopulaverben wie *werden, bleiben, scheinen, wirken* usw. das Prädikat. *Donald ist/ scheint/wirkt/bleibt weiterhin optimistisch*. Innerhalb des Prädikats stellt es das → Prädikativ. Prädikative Adjektive werden im Deutschen nicht flektiert. Im Sprachvergleich stellt man fest, dass das Deutsche in Bezug auf die Veränderung der Adjektivflexion zwischen Sprachen wie dem Englischen, die ihre Adjektive weder attributiv noch prädikativ verändern *(the intelligent girl, the girl is intelligent)* und Sprachen wie dem Französischen steht, die in beiden Fällen flektierte Formen verwenden: *la fille intelligente* und *la fille est intelligente*.

Helbig/Buscha (2001: 60; 280) nennen Prädikate, die mit *sein* und einem Adjektiv gebildet werden, „stative Prädikate“ und unterscheiden sie von den „Prozessprädikaten“, die mit *werden* gebildet werden. Prozessprädikate sind bei einigen Adjektiven nicht möglich: **Er wird tot*, während (sieht man von wenigen idiomatischen Verbindungen wie *inne/gewahr werden* ab) alle Adjektive, die prädikativ verwendet werden können, stative Prädikate bilden können.

Gelegentlich werden auch prädikative Adjektive dekliniert; sie müssen dann allerdings mit Artikel gebraucht werden. Dabei ist der Gebrauch des unbestimmten Artikels der seltenere Fall und gehört einer höheren und leicht archaischen Stilebene an: *Der Schatten dieser Esche ist wohl ein sparsamer* (Stifter). Demgegenüber kommen mit dem bestimmten Artikel gebrauchte deklinierte prädikative Adjektive auch umgangssprachlich vor; sie können dann allerdings als Substantivierungen aufgefasst werden: *Willi ist der kleine mit dem Bart. Sie sind Schwestern; Biljana ist die große, Jasna die kleine.* Auch der prädikative Superlativ kann in flektierter Form mit bestimmten Artikeln verwendet werden: *Sie war am schnellsten / die schnellste.*

Adjektive werden innerhalb der Generativen Grammatik mit den Merkmalen [+N, +V] beschrieben (N steht für Nomen, V für Verb). Diese Notation lässt sich so verstehen, dass Adjektive einerseits die syntaktischen Eigenschaften von Nomina (nämlich die Fähigkeit, Kasus, Genus und Numerus auszudrücken), andererseits die von Verben (sie können Kasus zuweisen) in sich vereinigen (vgl. z. B. Uriagareka 1998: 147). In Sprachen, die keine Kopula verwenden, können Adjektive selbständig das Prädikat eines Satzes bilden (vgl. z. B. russ. *ja bol'na* – wörtlich: ,ich krank' [femininum]).

Zur prädikativen Verwendung des Adjektivs gehört auch der Gebrauch als → prädikatives Attribut mit Subjektbezug wie in *Er kam gesund in Berlin an* oder mit Objektbezug wie in *Dieser Tee macht dich groß und stark.* Zum Unterschied zwischen prädikativen Attributen und Adverbialien vgl. im Folgenden.

Adverbiale Verwendung

Im Standardfall der **adverbialen** (von lat. *ad verbum*, ,zum Verb/Wort') Verwendung bezieht sich das Adjektiv auf ein Verb. Man spricht dann syntaktisch von einem **Adjektivadverb**:

> *Donald singt falsch.*

Der Bezug auf das Verb lässt sich leicht durch die folgende Umformung feststellen: Das Adjektiv kann dem substantivierten Infinitiv, nicht aber dem Subjekt prädikativ oder attributiv zugeordnet werden:

> *Donalds Singen ist falsch. / Das falsche Singen*
> (aber nicht: **Donald ist falsch*)[1]

---

[1] Der Duden (1998: 262) nennt diese Umformung die „Attributsprobe".

Mit Hilfe dieser Umformung kann einerseits zwischen echten Adverbien und Adjektivadverbien unterschieden werden: Adverbien sind undeklinierbar und lassen daher eine Verwendung als vorangestelltes Attribut nicht zu (vgl. *Er singt gern* → **Das gerne Singen*).

Andererseits lässt sich so auch feststellen, ob es sich um ein adverbial gebrauchtes Adjektiv oder um ein sog. **prädikatives Attribut** (Helbig/Buscha 2001: 465 f.; *Grundzüge* 1981: 390; bei Duden (1998: 644) als „prädikatives Satzadjektiv mit Bezug auf das Subjekt oder das Akkusativobjekt" bezeichnet) handelt. Prädikative Attribute können sich, wie aus dieser Bezeichnung hervorgeht, nicht nur auf das Subjekt, sondern auch auf das Akkusativobjekt beziehen:

Wir verspeisten das Fleisch roh.

Vgl. *Das Fleisch war roh.* (aber nicht: **Wir waren roh.* oder **Das Verspeisen war roh.*)

gegenüber:

Wütend verließ er den Raum.

Vgl. *Er war wütend.* (nicht: **Das Verlassen war wütend./*Der Raum war wütend.*)

Der unterschiedliche syntaktische Bezug des nicht-attributiven Adjektivs wird im Deutschen nicht wie in anderen Sprachen durch jeweils verschiedene Endungen gekennzeichnet; in allen Fällen wird die endungslose Form des Adjektivs gebraucht. Im Falle des Objektbezugs ist die Stellungsmöglichkeit des Adjektivs allerdings gegenüber der des Adverbials und des subjektbezogenen Gebrauchs eingeschränkt: prädikative Attribute mit Objektbezug müssen entweder im Vorfeld (selten; emphatisch) oder aber **nach** dem Beziehungswort stehen. Im Unterschied zu den anderen beiden Typen können sie dabei auch nach solchen Objekten stehen, die beispielsweise durch einen unbestimmten Artikel als → Rhema gekennzeichnet sind:

Roh verschlang er ein ganzes Dutzend Eier.
Er verschlang ein ganzes Dutzend Eier roh.

Vgl. aber:

?*Er verschlang ein ganzes Dutzend Eier gierig.
*Er verschlang roh ein ganzes Dutzend Eier.[2]

Zwischen adverbialen und subjektbezogenen Adjektiven gibt es demgegenüber keine Unterschiede in den Stellungsmöglichkeiten. Dies hängt vermutlich damit zusammen, dass im Deutschen nicht syntaktisch unterschieden wird – und auch in den wenigsten Fällen semantisch eindeutig unterschieden werden kann – ob sich das Adjektiv auf das Subjekt oder aber auf das Verb bezieht. So kann in:

Er sang lustlos mit.

nicht eindeutig festgestellt werden, ob *Er war lustlos* oder *Das Singen war lustlos* gemeint ist. Eindeutige Fälle wären demgegenüber:

Ich schreibe ihm schnell ein paar Zeilen. (= das Schreiben ist schnell)
Das Paket ist unversehrt angekommen. (= das Paket war unversehrt)

Adjektive, bei denen keine eindeutige Zuordnung zum Subjekt oder Objekt vorliegt, werden generell als → Adverbialbestimmungen behandelt.

Außer auf Subjekt (prädikatives Attribut zum Subjekt), Objekt (prädikatives Attribut zum Objekt) oder Prädikat (Adjektivadverb) können sich unflektierte Adjektive aber auch auf andere Satzteile beziehen, beispielsweise auf ein anderes Adjektiv (unabhängig von dessen Funktion):

Sie war außergewöhnlich heiter.
Er sprach unnatürlich laut.

Besonders häufig werden in solchen Funktionen Adjektive wie *fürchterlich, schrecklich, besonders, ungewöhnlich* usw. (umgangssprachlich auch *irre, toll* usw.) sowie adjektivisch gebrauchte oder adjektivierte Partizipien (*erschreckend, ausgesprochen, unerwartet, verblüffend* usw.) verwendet. Semantisch handelt es sich also in erster Linie um Wörter, die die Wirkung des Beziehungswortes beschreiben und damit in gewis-

---

[2] Akzeptabel wäre dieser Satz, wenn er bedeutete: ‚Er verschlang ein ganzes Dutzend Eier auf rohe Art und Weise'.

ser Weise graduierend sind.[3] Syntaktisch handelt es sich dabei nicht um selbständige Satzglieder, sondern um untergeordnete Elemente und damit um Attribute. Vom Paradigma her könnten sie auch mit (attributiv gebrauchten) Adverbialbestimmungen gleichgesetzt werden, da Adverbialbestimmungen in derselben Funktion gebraucht werden können:

Sie war in der ihr eigenen, unbekümmerten Weise heiter.
Er sprach im Verhältnis zu den anderen laut.

Im Unterschied zu solchen Präpositionalphrasen können jedoch beim Gebrauch von Adjektiven nicht zusätzlich → Intensivpartikeln wie *sehr* beim Beziehungswort stehen:

*Er sprach unnatürlich sehr laut.

aber:

Er sprach im Verhältnis zu den anderen sehr laut.

Dies spricht dafür, die Funktion solcher Adjektive als graduierend aufzufassen und sie damit auch syntaktisch wie → Intensivpartikeln zu behandeln.

Distributionsbeschränkungen

Während die Mehrzahl der Adjektive in allen drei Funktionen vorkommen kann, gibt es Gruppen, die auf bestimmte Verwendungsweisen beschränkt sind.
Nur attributiv werden z. B. verwendet:

– deadverbiale Adjektive, die die räumliche oder zeitliche Situation ausdrücken wie *heutig, hiesig, gestrig, der obere, untere, die heutige Zeitung, *Die Zeitung ist heutig, die obere Grenze, *Die Grenze ist/verläuft ober.* Eisenberg (2001: 239) erklärt die Beschränkung damit, dass deadverbiale Adjektive auf *-ig* in Wirklichkeit keine Kurzform wie *heutig* kennen, sondern nur mit Deklinationsendung auftreten; für die Kurzform tritt das Adverb ein (vgl. *Die Zeitung ist von heute; Die Grenze ist oben.*)

---

3 Zum sprachübergreifenden Phänomen des Gebrauchs negativer, Schmerz und Erschrecken ausdrückender Adjektive wie *schrecklich, fürchterlich* etc. in der Funktion von Intensivpartikeln vgl. Hentschel (1998b).

– die schon erwähnten, ursprünglich von Genetiven abgeleiteten Ortsnamenadjektive auf *-er* wie *Kölner, Berliner: der Kölner Humor (*Sein Humor ist Kölner)*
– eine Reihe von Adjektiven, die in einer bestimmten Bedeutung nicht prädikativ verwendet werden können: vgl. *ein starker Raucher* gegenüber *Der Raucher ist stark*. Ähnlich *väterlich (väterlicher Besitz, *Der Besitz ist väterlich), eisern (der eiserne Topf, *Der Topf ist eisern,* aber *Sein Wille ist eisern)* oder *nervös (nervöse Zuckungen, *Die Zuckungen sind nervös)*.

Nur prädikativ werden unter anderem folgende Adjektive verwendet: *meschugge, quitt, futsch, gram, barfuß, entzwei.*

Engel (1996: 767) bezeichnet die ausschließlich prädikativ verwendbaren Adjektive als „Kopulapartikeln". Dahinter steht die Vorstellung, dass Partikeln durch das Merkmal ‚nicht flektiert' definiert seien. Man sollte diesem terminologischen Vorschlag nicht folgen, da die Wortart der → Partikeln vor allem dadurch gekennzeichnet ist, dass diese Wörter keine → kategorematische Bedeutung haben (was auf die rein prädikativen Adjektive nicht zutrifft). Auch die Begründung, dass diese Adjektive „nicht attributiv verwendbar" (Engel 1996: 556) seien, trifft nur bedingt zu. In eine ähnliche Richtung geht die Begründung für die dort als „Adkopula" bezeichnete Wortart bei Zifonun et al. (1997: 986), wenn sie davon sprechen, dass „die Adkopula (...) Grundausdruck der Kategorie Prädikat" ist, „Komplement der Kopula und auf diese Funktion spezialisiert" (ebd.: 55). Indessen können Adjektive dieses Typs zwar nicht als Attribut beim Substantiv stehen, wohl aber als → prädikatives Attribut verwendet werden (vgl. *Sie ging barfuß durchs nasse Gras*)[4]. Insgesamt liegt bei den ausschließlich prädikativ verwendbaren Adjektiven also nur eine Distributionsbeschränkung vor, wie sie auch bei den rein attributiven Adjektiven vorliegt.

---

[4] Zifonun et al. (1997: 55) sprechen hier von adverbialer Verwendung: „(...) gelegentlich findet sich adverbialer Gebrauch *(sie geht barfuß)*". Dies ist allerdings insofern höchst problematisch, als sich das Adjektiv bzw. – in der Terminologie der IdS-Grammatik – die Adkopula gar nicht auf das Verb, sondern auf das Subjekt des Satzes bezieht: nicht das Gehen, sondern die gehende Person ist barfuß.

Nur adverbiale Verwendungen von Adjektiven kommen naturgemäß nicht vor, da diese Lexeme dann als Adverbien eingeordnet würden.

6.3 Formenbestand des Adjektivs

Deklination

Wie Substantive, so können auch die Adjektive dekliniert werden; sie richten sich bei attributivem Gebrauch in Kasus, Genus und Numerus nach ihrem Beziehungswort. Im Unterschied zu Substantiven, die in Bezug auf ihr Genus festgelegt sind, kann jedes Adjektiv alle drei Genera annehmen: *ein fremder Mann / eine fremde Frau / ein fremdes Kind.*

Die Deklinationsendung des Adjektivs richtet sich aber nicht nur nach dem Beziehungswort; sie ist auch davon abhängig, ob das Adjektiv zusammen mit dem bestimmten, dem unbestimmten oder dem Nullartikel verwendet wird.

Die Deklinationsform nach Nullartikel, die außerdem auch nach Zahlwörtern[5] und den endungslosen Formen einiger Pronomina wie *viel, manch* oder *welch* (archaisch) auftritt, wird die **starke Adjektivdeklination** genannt. Die **schwache** Deklination wird hingegen nach dem bestimmten Artikel benutzt. Wie schon die entsprechenden Einteilungen in „stark" und „schwach" beim Verb und beim Substantiv geht auch diese Begriffswahl auf Jakob Grimm zurück. Das ohne Artikel gebrauchte Adjektiv ist insofern „stark", als es die Markierung des jeweils vorliegenden Kasus, Numerus und Genus alleine übernehmen muss, eine Aufgabe, die im Fall der „schwachen" Deklination weitgehend der bestimmte Artikel übernimmt: *merkwürdiger Mensch* (stark) − *der merkwürdige Mensch* (schwach). Entsprechend weist die starke Adjektivdeklination einen größeren Formenreichtum auf als die schwache:

---

[5] Das gilt nicht durchgehend, wenn das Zahlwort selbst dekliniert ist; dann können (seltene) Fälle von schwacher Deklination auftreten: *zweier klugen Frauen Ansicht.*

Singular:

	starke Endungen	schwache Endungen
Maskulinum:	*(roter Saft)*	*(der rote Saft)*
Nominativ	-er	-e
Genetiv	-en	-en
Dativ	-em	-en
Akkusativ	-en	-en
Femininum:	*(frische Milch)*	*(die frische Milch)*
Nominativ	-e	-e
Genetiv	-er	-en
Dativ	-er	-en
Akkusativ	-e	-e
Neutrum:	*(dunkles Bier)*	*(das dunkle Bier)*
Nominativ	-es	-e
Genetiv	-en	-en
Dativ	-em	-en
Akkusativ	-es	-e
Plural (alle Genera):	*(kühle Getränke)*	*(die kühlen Getränke)*
Nominativ	-e	-en
Genetiv	-er	-en
Dativ	-en	-en
Akkusativ	-e	-en

Die schwache Deklination tritt außer nach dem bestimmten Artikel auch nach den Pronomina *dieser, jener, jeder, jeglicher, derjenige, derselbe* und *jedweder* (archaisch) auf.

Nach dem unbestimmten Artikel (der nur einen Singular hat) sowie nach *kein*, den Possessivpronomina und deklinierten Formen der Indefinitpronomina *viel-, manch-, all-* usw. werden Endungen aus beiden Deklinationstypen gebraucht; man spricht deshalb von einer **gemischten Adjektivdeklination**. Der Plural der gemischten Deklination ist mit dem der schwachen identisch, während der Singular folgende Formen aufweist (die mit der starken Deklination übereinstimmenden Formen sind mit +, die der schwachen entsprechenden mit − gekennzeichnet):

	Maskulinum	Femininum	Neutrum
Nominativ	*–er* (+)	*–e* (+/–)	*–es* (+)
Genetiv	*–en* (+/–)	*–en* (–)	*–en* (+/–)
Dativ	*–en* (–)	*–en* (–)	*–en* (–)
Akkusativ	*–en* (+/–)	*–e* (+/–)	*–es* (+)

Nach einigen Indefinitpronomina kann die Deklinationsform des folgenden Adjektivs schwanken. Hierzu gehören z. B. *ander-* und *sämtlich-*:

> *neben anderem wertlosen Papier* (aber auch: *neben anderem wertlosem Papier*)
> *die Beantwortung sämtlicher schwierigen (schwieriger) Fragen*

Auch nach *solch-*, *viel-* oder *wenig-* können solche Schwankungen auftreten.

Die unterschiedlichen Endungen der Adjektive können damit erklärt werden, dass die vollständige Markierung von Kasus, Genus und Numerus jeweils nur einmal vorgenommen werden muss. Wenn sie bereits im Artikel ausgedrückt wird, muss das Adjektiv nicht mehr seinerseits sämtliche Informationen enthalten. Der gemischte Formenbestand nach dem unbestimmten Artikel kann damit darauf zurückgeführt werden, dass der unbestimmte Artikel in der Form *ein* gleichzeitig den Nominativ Maskulinum und Neutrum sowie den Akkusativ Neutrum ausdrückt; genau diese Fälle sind es, in denen die starke Deklinationsendung des Adjektivs verwendet wird.

Dieses Grundprinzip, die notwendigen Endungen nur einmal auszudrücken und danach solche zu gebrauchen, die sozusagen als „siehe im Vorigen" interpretiert werden können, erklärt auch das Auftreten von bestimmten Fehlern, die man gelegentlich beobachten kann. So treten bei Anreden häufig Fälle auf wie: *Liebe Studierenden! Sehr geehrte Abgeordneten!* (statt: *Liebe Studierende! Sehr geehrte Abgeordnete!*). Hier handelt es sich zwar zum Teil nicht um Adjektive im engeren Sinne, sondern um → Partizipien, aber da diese der Adjektivdeklination folgen, gelten dieselben morphologischen Prinzipien: die Nominativ-Plural-Endung der starken Deklination wird nur beim ersten Gebrauch eingesetzt; danach wird der Nominativ Plural als markiert angesehen, und das zweite Wort in der Kette wird nur noch „siehe im Vorigen" markiert.

Einen Versuch, den Formenbestand der Adjektivdeklination mit Hilfe der Markiertheitstheorie, des Typus der am häufigsten artikellos auftretenden Substantive und der Prosodie andererseits zu erklären, unternimmt Eisenberg (2000: 171 ff.). Während die schwache Adjektivdeklination mit *-e* und *-en* „die unspezifischsten Suffixe, die das Flexionssystem des Deutschen hat" (ebd.: 173), verwendet, wird für die starke Adjektivdeklination die Natur der Mehrzahl artikellos gebrauchter Substantive herangezogen, bei denen es sich um → Stoffbezeichnungen (bei Eisenberg: „Mass nouns") handle, die wiederum überwiegend einsilbig seien und daher stark deklinierten. Auch die Prosodik wird zur Erklärung mit herangezogen (vgl. ebd.: 174).

Komparation

Adjektive können nicht nur dekliniert, sondern auch gesteigert werden; diese Steigerung nennt man **Komparation** (von lat. *comparare* ‚vergleichen'). Sie kann in gewisser Hinsicht mit der Bildung von Diminutiva und Augmentativa beim Substantiv verglichen werden und drückt aus, in welchem Maße die im Adjektiv bezeichnete Eigenschaft gegeben ist.

Traditionell wird die Komparation als eine Form der → Flexion angesehen. Dies ist jedoch nicht unproblematisch, denn man könnte sie auch als eine Form der Wortbildung interpretieren. Statt also die Veränderung von *stark* → *stärker* → *am stärksten* als eine Flexion aufzufassen, könnte man auch von einem Wortbildungsverfahren sprechen, das *stark* modifiziert. In der Tat entspricht die Komparation sehr gut der Definition der → Modifikation; die morphologische Veränderung von *stark* zu *stärker* ähnelt in folgenden Punkten der von *Apfel* zu *Äpfelchen* (zum Status der Diminutivbildung siehe auch weiter unten) und von *braun* zu *bräunlich*: es entsteht eine neue, semantisch modifizierte Form, die der gleichen Wortklasse angehört und die ihrerseits wieder flektiert, in diesem Fall dekliniert werden kann. Die Änderung erfolgt mittels eines unveränderlichen Suffixes, das nur die eine Funktion hat, eben diese Änderung vorzunehmen, und nicht – wie viele Flexionsendungen – mehrere grammatische Bestimmungen in einer Form ausdrückt. Auch die Tatsache, dass beide Änderungen, Komparation und Deklination, nacheinander am Ende des Wortes auftreten, kann man als Argument dafür auffassen, die Komparation als Wortbildungsverfahren zu betrachten; allerdings kommen agglutinierende Endungen im Deutschen gelegentlich auch in der Flexion vor (vgl. *lachtest*, wo *-t-* für Präteritum, *-st* für die zweite Person Singular steht).

Eisenberg (2001: 176 f.) spricht sich dafür aus, die Komparation als Flexion zu interpretieren. Er führt dafür an, dass

- die Formenbildung regelmäßig und auf sämtliche Adjektive anwendbar ist,
- es keine morphologisch einfachen gesteigerten Formen gibt,
- es kaum Tendenzen zur Lexikalisierung gibt.

Hohe Regelmäßigkeit ist für die Wortbildung in der Tat untypisch und spricht dagegen, dass es sich um ein Wortbildungsphänomen handelt. Die Bewertung dieser Regelmäßigkeit der Bildung ist jedoch ganz unterschiedlich und führt in anderen Fällen, so etwa bei den → Diminutiva oder auch bei den Präsens-Partizipien (dies allerdings nur bei Zifonun et al. 1997: 2205) nicht dazu, dass das Verfahren aus der Kategorie der Wortbildung ausgeschlossen würde. Es ist auch kein Wesensmerkmal der Wortbildung, morphologisch einfache Formen hervorzubringen, während solche in der Flexion häufig auftreten (etwa bei den Stammformen starker Verben) und auch bei der Komparation nicht ausgeschlossen sind (vgl. *gut – besser – am besten, viel – mehr – am meisten*). Für die endgültige Entscheidung wären weitere Gesichtspunkte nötig, zu denen sicher die Tatsache gehört, dass es sich bei der Komparation um eine grundsätzlich in allen Sprachen vorhandene Ausdrucksmöglichkeit handelt, die in machen Sprachen mit morphologischen, in anderen mit syntaktischen Mitteln ausgedrückt wird (vgl. z. B. Hentschel 2002: 106 f.). Dies spricht dagegen, hier Wortbildung anzunehmen.

Ein ähnlicher Fall liegt im Deutschen in der Bildung von → Diminutiva vor. Beide Verfahren (Komparation und Diminuierung) stehen in gewisser Weise an der Grenze zwischen Flexion und Wortbildung. Dennoch steht die Komparation der Flexion insofern näher, als sie, anders als der Wechsel von *Pferd* zu *Pferdchen* oder auch von *braun* zu *bräunlich*, besonders im Komparativ zu einer Veränderung der Distribution des betreffenden Wortes führt, was für eine grammatische und nicht wortbildende Funktion spricht. So kann *Pferdchen* in den gleichen syntaktischen Kontexten wie *Pferd* stehen, wohingegen *größer* nicht in allen Fällen syntaktisch mit *groß* austauschbar ist: *Dagobert ist reicher (*reich) als Donald.* In dieser Hinsicht besteht eine Parallelität zur Flexion, deren Einzelformen auch nicht gegeneinander austauschbar sind: *Das Ende des Tages/*der Tag.*

Bei der Komparation unterscheidet man drei Stufen:

- den **Positiv** (von lat. *gradus positivus* ‚positiver/gegebener Grad'), deutsch auch „Grundstufe" genannt; er bezeichnet die einfache Gegebenheit der Eigenschaft, z. B. *schön.*
- den **Komparativ** (von lat. *gradus comparativus* ‚vergleichender Grad'), deutsch auch „Vergleichsstufe" genannt; er bezeichnet die im Vergleich zu einem anderen Objekt in höherem Maße gegebene Eigenschaft, z. B. *schöner.*
- den **Superlativ** (von lat. *gradus superlativus* von *super* ‚nach oben' + *latus* ‚getragen' ‚der hoch hinaufgetragene Grad'), deutsch auch „Höchststufe" genannt; er bezeichnet eine Eigenschaft, die im Vergleich mit anderen Objekten im höchsten Maße gegeben ist, z. B. *der schönste.* Dieselbe Form kann auch verwendet werden, um eine in besonders hohem Maße gegebene Eigenschaft zu bezeichnen, ohne dass Vergleichsobjekte vorlägen; dann spricht man von einem **Elativ** (von lat. *gradus elativus* ‚der emporgehobene Grad'), z. B. *liebste Mutter.*

Im Grunde können alle Adjektive gesteigert werden; die Beschränkungen sind sehr gering und ausschließlich semantischer Natur. So können etwa Adjektive wie *kupfern, nackt, schriftlich* oder *diesseitig* normalerweise deshalb nicht gesteigert werden, weil die in ihnen ausgedrückte Eigenschaft entweder vorhanden oder nicht vorhanden, nicht aber in unterschiedlichem Maße vorhanden sein kann. Dennoch können in bestimmten Kontexten auch bei solchen Eigenschaftsbezeichnungen Steigerungen vorgenommen werden, z. B. A: *Das will ich schriftlich!* B: *Hast du doch schon! In dreifacher Ausfertigung! Noch schriftlicher geht's ja gar nicht!*

Zur Bildung von Komparativ und Superlativ

Der Komparativ wird durch Anhängen des Suffixes *-er* an das Adjektiv gebildet: *schön – schöner, mutig – mutiger.* Umlaute werden dabei nur bei einer beschränkten Zahl von einsilbigen Adjektiven verwendet, so bei *alt, groß, klug, dumm* und einigen anderen. Eine kleine Anzahl ebenfalls einsilbiger Adjektive wie *fromm, glatt, schmal* sowie das zweisilbige *gesund* lassen Bildungen mit und ohne Umlaut zu. Das Adjektiv *hoch* verändert zusätzlich seinen Auslautkonsonanten (den es aber auch bei der Deklination verändert): *hoch – höher.*

Der Superlativ wird durch Hinzufügung der Endung *-(e)st* gebildet. In attributiver Funktion steht er normalerweise in Verbindung mit dem bestimmten Artikel: *der schönste Mann, die klügste Frau.* Als Prädikativum kann er sowohl mit bestimmtem Artikel *(Emil ist der schönste)* als auch in fester Verbindung mit *am* und der Endung *-en* gebraucht werden: *Ulla ist am klügsten.* Diese Form wird auch zur Bildung von Adverbialbestimmungen verwendet: *Ich habe selbst am lautesten gelacht.*

Als Elativ können ferner Steigerungsformen auf *-(e)st* (ohne Artikel) sowie mit *auf das* oder *aufs* + *-ste* gebraucht werden: *gefälligst, herzlichst, freundlichst, aufs herzlichste, auf das freundlichste.* Daneben stehen auch einige Formen auf *-stens: bestens, schnellstens, meistens,* die nur adverbial verwendet werden können.

Einige Adjektive bilden ihre Steigerungsformen mit Hilfe von → Suppletivstämmen: *gut – besser – am besten, viel – mehr – am meisten.* Eine Veränderung des Auslautkonsonanten im Superlativ weist das Adjektiv *nahe* auf: *am nächsten.*

Zum Gebrauch der Steigerungsformen

Positiv und Komparativ können mit Hilfe der Konjunktionen *wie* und *als* mit Vergleichsobjekten verbunden werden. Beim Positiv steht immer *wie,* beim Komparativ *als: Er ist schön wie die Sünde; Er ist so schön wie Apoll; Sie ist klüger als er.* Der Superlativ wird – als Elativ – häufig ohne abwägenden Vergleich verwendet. So ist die *liebste Mutter* nicht die liebste unter mehreren Müttern der sprechenden Person, sondern zugleich die einzige, die aber ‚in besonderem Maße lieb' ist. Ähnlich grüßt jemand, der *aufs herzlichste* grüßen lässt, nicht in diesem Fall herzlicher als in anderen, sondern nur in besonderem Maße herzlich.

Beim Komparativ können Fälle beobachtet werden, in denen sozusagen eine Negativsteigerung, eine Steigerung gegenüber dem jeweiligen Antonym, vorliegt. So geht es einem Kranken, dem es *besser* geht, nicht etwa ‚mehr als gut', sondern nur ‚besser als schlecht'; und eine *jüngere Frau* ist nicht jünger als eine andere, die jung ist, sondern ‚weniger alt'. Ähnlich: *eine längere Strecke* (‚eine weniger kurze Strecke'); *eine größere Summe* (‚eine weniger kleine Summe'); *ein kleinerer Umweg* (‚ein weniger großer Umweg') u. Ä.

Ersatzbildungen

An Stelle der regulären Steigerungsformen können auch Ersatzbildungen, vor allem für den Elativ, auftreten. Dafür werden entweder Intensivpartikel wie *sehr, überaus, gar* (archaisch) oder neudeutsch *voll, irre, total* verwendet: *sehr schön, überaus klug, gar artig, total laut, voll teuer,* oder, besonders umgangssprachlich, wortbildende Elemente: *riesengroß, superschnell, hyperschlank, federleicht, megareich.* Sprachübergreifend scheint der Gebrauch von steigernden Elementen wie *fürchterlich, schrecklich* usw. (z. B. *schrecklich nett, terribly nice*) zu sein (vgl. Hentschel 1998b).

Diese Ersatzbildungen und die Bildung regulärer Superlative schließen sich gegenseitig aus: **am sehr schnellsten, *der superschnellste.*

6.4   Rektion

Neben vielen Adjektiven wie *rot, schlau* oder *lauwarm,* die keine → Rektion haben (man kann sie in Analogie zu den Verben absolute Adjektive nennen, so etwa Duden 1998: 267)[6] gibt es eine Anzahl von Adjektiven, die einen Kasus regieren (in dieser Terminologie: relative Adjektive): *dem reichen Onkel dankbar, der Tat schuldig, den Verehrer los, auf ihren Vater sauer* (Präpositionalrektion). Im Unterschied zu den Verben, die häufig eine mehrfache Rektion haben, regieren Adjektive im Allgemeinen nur einen Kasus; doppelte Rektion wie im Fall von *schuldig (Sie war ihm noch einen Euro schuldig)* trifft man beim Adjektiv nur selten.

---

[6] Der Duden verwendet allerdings beim Adjektiv den Begriff „Rektion" nicht, sondern spricht nur von Valenz sowie von Adjektiven „mit" bzw. „ohne" Ergänzung". Es ist fraglich, ob der Begriff „absolutes Adjektiv" hier überhaupt empfohlen werden soll, da er auch für andere grammatische Eigenschaften verwendet wird und da der Gegenbegriff „relatives Adjektiv" ebenfalls mit unterschiedlichen Bedeutungen gebraucht wird (siehe dazu S. 201 f.).

Man kann zwischen einer festen und einer schwankenden Rektion beim Adjektiv unterscheiden. Eine **feste Rektion** liegt dann vor, wenn das Adjektiv immer einen bestimmten Kasus regiert. Dabei kann es sich um den Genetiv, den Dativ, den Akkusativ oder um einen präpositionalen Kasus handeln.

Genetivrektion weisen die Adjektive *bar, bedürftig, würdig, froh, bewusst* u. a. auf: *Er wurde seines Lebens nicht mehr froh; er war sich des Problems nicht bewusst.* Wie in anderen Bereichen der Grammatik wird auch hier der Gebrauch des Genetivs aufgegeben, sei es, dass das betreffende Adjektiv als archaisch empfunden und entsprechend seltener benutzt wird, sei es, dass es zunehmend eine andere Rektion annimmt, so dass eine schwankende Rektion entsteht: so wird z. B. neben *froh* + Genetiv *froh über* gebraucht.

Dativrektion liegt z. B. bei *ähnlich, willkommen, egal* oder *behilflich* vor: *Du bist mir willkommen. Das ist mir egal. Sie war mir behilflich.* Die Dativrektion ist die häufigste unter den Kasusrektionen beim Adjektiv.

Akkusativrektion tritt bei den prädikativen Adjektiven *wert, los* und *leid* sowie gelegentlich nach *satt* auf: *Das ist keinen Pfifferling wert. Endlich ist sie ihn los. Ich bin den Unsinn leid / satt.* Ferner kommt der Akkusativ zur Kennzeichnung der räumlichen oder zeitlichen Ausdehnung bei Adjektiven wie *alt, jung, hoch, tief, lang, breit* vor: *Das Kind ist einen Monat alt; Die Strecke ist einen Kilometer lang* usw. Da der Akkusativ aber auch als → absoluter oder adverbialer Kasus dem Ausdruck der räumlichen und zeitlichen Ausdehnung dient und die Akkusative nach Adjektiven wie *alt, hoch* usw. nicht mit *wen (oder was)*, sondern nur mit *wie* erfragt werden können (vgl. *Wen / was war sie los?* gegenüber * *Wen / was ist sie alt?*), handelt es sich hier nicht um Rektion (vgl. hierzu ausführlicher S. 368 f.).

Eine sehr große Anzahl von Adjektiven bedient sich einer Präposition, um andere Elemente an sich zu binden. Beispiele für **Präpositionalrektion** beim Adjektiv sind: *böse auf, schuld an, zufrieden mit, zornig über* usw. Hierher gehören auch zahlreiche deverbative Adjektive, darunter viele Partizipien: *interessiert / gebunden an; ersichtlich / gebürtig aus; aufgebracht / beschämt / erbittert / erfreut über; besessen / abhängig von; befugt / berechtigt zu; wütend auf.*

Eine **schwankende Rektion** liegt dagegen dann vor, wenn die Rektion des Adjektivs wechselt. Dies tritt besonders in den Fällen auf, in denen sich neben einer alten Genetivrektion eine Ersatzrektion gebildet hat. So wird beispielsweise das Adjektiv *froh* meist nur noch in feststehenden Wendungen mit Genetivrektion benutzt *(des Lebens nicht mehr froh sein/werden)*; im freien Gebrauch verwendet man dagegen heute fast nur noch die Präpositionalrektion mit *über: froh über eine Sache*. Auch der Akkusativ kann in der Rektion den Genetiv ersetzen, z. B. bei *überdrüssig* oder *müde: eine Sache/einer Sache müde/ überdrüssig sein*.

In einigen Fällen liegt auch eine **alternative Rektion** vor, und zwar dann, wenn das Adjektiv je nach seiner Rektion verschiedene Bedeutungen annimmt. Semantische Unterschiede beim Gebrauch verschiedener Rektionen liegen z. B. bei den Adjektiven *taub* oder *bekannt* vor: *taub auf beiden Ohren/taub gegen Ermahnungen; jemandem bekannt/mit jemandem bekannt*. Einen semantischen Unterschied zwischen der Verwendung mit und ohne Rektion gibt es ferner beim prädikativen Gebrauch von *böse*: vgl. *Er ist böse* (= ,bösartig') gegenüber *Er ist ihr böse*.[7] Helbig/Buscha (2001: 290) nehmen auch in Fällen wie *Der Schriftsteller ist ihr/mit ihr bekannt* und *Der Schriftsteller ist im Ausland nicht bekannt* einen Fall von dreifacher alternativer Rektion an. Dies ist insofern problematisch, als zum einen kein Bedeutungsunterschied des Adjektivs vorliegt und es sich zum anderen bei *im Ausland* nicht um ein regiertes, sondern um ein freies Glied, und zwar um eine nicht obligatorische lokale Adverbialbestimmung handelt. Aber auch bei Fällen obligatorischer Adverbialbestimmungen, die mit Präpositionen eingeleitet werden, liegt nicht notwendigerweise eine Rektion vor. Hier gilt derselbe Unterschied, der auch zwischen → Präpositionalobjekten und obligatorischen Adverbialbestimmungen beim Verb gemacht wird (vgl. S. 373 f. und S. 368 f.). Charakteristisch für die Rektion ist, dass eine bestimmte Präposition, allenfalls eine kleine und beschränkte Zahl von Präpositionen, durch das Adjektiv gefordert wird. Bei Adjektiven wie *heimisch (Der Vogel ist im Norden/auf der Insel/am Meer heimisch)*, bei denen die Präpositionen dazu dienen, eine beliebige Lokalangabe einzuleiten, nehmen wir im Gegensatz zu Helbig/Buscha (2001: 289) keine Rektion an. Aus dem gleichen Grund kann man auch für die Adjektive

---

[7] Attributiv gebrauchtes *böse* weist demgegenüber normalerweise keine Rektion auf, und Formulierungen wie *?... und der auf mich böse Jürgen ist natürlich nicht gekommen*, die sich in seltenen Fällen beobachten lassen, gelten als inkorrekt.

angestellt, ansässig, wohnhaft usw. nicht von Rektion sprechen (wohl aber von → Valenz).

Sehr flexibel in Bezug auf die Rektion ist *voll* (mit der Variante *voller*). Archaisch regiert es den Genetiv (*voll süßen Weines*) und kann auch nachgestellt werden (*innigster Rührung voll*). Bei Nomina mit Attributen ist Genetiv- und Dativ-, aber auch Präpositionalrektion möglich: *voll tiefsten Mitleids, voll tiefem Mitleid, voll von tiefem Mitleid.* Wenn die regierte Nominalphrase nicht attribuiert ist, steht oft die ausführliche Variante *voller* (ursprünglich eine starke maskuline Nominativform, die mit dem Bezugswort des Adjektivs kongruierte): *voll(er) Übermut.* Im modernen Sprachgebrauch ist bei *voll,* wenn es ohne Präposition und ohne Attribut gebraucht wird, die Dativrektion oft nicht mehr zu erkennen: *voll Gerümpel,* aber *voll altem Gerümpel.* Gelegentlich, so z. B. bei Schröder (1986: 194 f.), wird *voll* zu den Präpositionen gerechnet. Wenn man das akzeptiert, muss man allerdings in Kauf nehmen, dass diese Präposition ihrereseits eine Präpositionalrektion hat: vgl. *voll Wein* gegenüber *voll von Wein.*[8]

6.5   Wortbildung des Adjektivs

Der größte Teil der deutschen Adjektive gehört nicht dem primären Wortschatz an, sondern ist nach bestimmten Wortbildungsverfahren aus Basiswörtern gebildet worden. Wir unterscheiden wieder die drei Wortbildungstypen Komposition, Entwicklung und Modifikation.

Komposition

Bei der → Komposition werden zwei lexikalische Einheiten zu einem neuen Wort zusammengefügt. Dabei ist die zweite Komponente ein Adjektiv, so dass, betrachtet man wieder nur die Hauptwortarten Substantiv, Verb und Adjektiv, die die allermeisten Kompositionen liefern, die Typen S + A, V + A und A + A entstehen. Oft werden auch die Komposita mit Partizipien hierher gerech-

---

[8] Präpositionalrektion von Präpositionen gibt es, z. B. bei *bis: bis zum Ende* (vgl. 9.1 Rektion der Präpositionen).

net: mit Partizip I: *flügelschlagend, wutschnaubend, zähneknirschend*; mit
Partizip II: *wutentbrannt, hochbegabt, handgestrickt.* Hier stellt sich die
Frage, wie die Wortbildungsgeschichte vor sich gegangen ist. Einerseits kann man annehmen, dass von einem Verb ein Partizip gebildet
wird und dass dies dann mit dem ersten Element ein Determinativkompositum bildet. Dabei trägt man dem Faktum Rechnung, dass
es Verben wie **hochbegaben, *wutschnauben* usw. nicht gibt, von denen
sie Partizipien sein könnten. Andererseits könnte man auch annehmen, dass die Bildung einen viel abstrakteren Charakter hat und von
einem Syntagma ausgeht, das zwei lexikalische Elemente enthält,
und dass von diesem Syntagma dann mittels eines dem Partizip äh-
lichen Suffixes ein Adjektiv gebildet wird.[9] Wortbildungsverfahren,
die nicht auf einem Einzelwort, sondern auf einer Wortgruppe beruhen, lassen sich auch anderweitig beobachten, beispielsweise bei
Entwicklungen wie *einarmig*, bei denen nicht erst zu *Arm* das Adjektiv **armig* und dann zu diesem die Komposition *einarmig* gebildet
wird; vielmehr ist eher anzunehmen, dass von dem ganzen Syntagma *ein + Arm* ein Adjektiv auf -ig gebildet wird.

   Zum Typ S + A gehören z. B. *realitätsfern, hundemüde, blutrot, arbeitslos.* Das erste und das zweite Element stehen hier in einem Determinativverhältnis. Dabei stehen für die im einzelnen gemeinte semantische Verbindung ganz verschiedene Paraphrasen zur Verfügung,
z. B. ,*fern von der Realität‘, ,rot wie Blut‘* usw. Diese semantische Ausfül-
lung ist dem Kontext (im weiteren Sinne) überlassen und muss in
den meisten Fällen, da lexikalisiert, gelernt werden. Sie wird durch
das situationelle Wissen und das Weltwissen gesteuert, das die sprechende Person ihrem Gegenüber unterstellt. Der Wortbildungstyp
selber enthält diese Information noch nicht, sondern drückt nur
sehr abstrakt aus, dass das erste Element das zweite determiniert. In
arbeitslos ist ein Determinatum *los* enthalten, das als primäres Adjektiv allenfalls prädikativ benutzt wird *(Sie ist ihn endlich los, *die ihn lose
Frau).* Häufig wird bei diesem Typ ein Fugenelement benutzt: *-(e)n-*
wie in *schokolad*en*braun, -(e)s-* wie in *hilfs*bereit, sieg*es*bewusst. Zu den

---

[9] Das wäre eine Konstruktion, mit der man auch englische, ganz analog den
   Partizipien ähnelnde Wortbildungen erklären könnte, wie *lionhearted* ‚löwen-
   beherzt‘, *blue-eyed, one-armed.* Auch hier gibt es entsprechende Verben wie **to
   blue-eye* nicht.

Komposita gehören auch Bildungen mit *-fähig* wie *schuldfähig* und *handlungsfähig*.[10]

Zum Typ V + A gehören *schreibfaul, dankenswert, lobenswert.* Dabei können volle Infinitivformen und endungslose Stämme das erste Glied bilden, und es können Bildungen mit und ohne Fugenelement auftreten. Diejenigen Fälle, in denen das erste Glied einen Infinitiv enthält (z. B. *dankenswert*) könnte man auch mit einem gewissen Recht dem Typ S + A zuordnen, da der Infinitiv die Funktion der Verbnominalisierung übernimmt.

Der Typ A + A *(hellgelb, rotgrün)* enthält sowohl Wörter, die als Determinativ- als auch solche, die als Kopulativkomposita interpretiert werden können. Bei *hellgelb* handelt es sich sicher um ein Determinativkompositum, da *hell* eine nähere Bestimmung von *gelb* darstellt. *Rotgrün* dagegen kann zweifach interpretiert werden: als ein ins Rote gehendes Grün (Determinativkompositum) und als eine Farbmischung aus Rot und Grün; in *ein rotgrün gestreiftes Tischtuch* liegt beispielsweise ein Kopulativkompositum vor.

Die Komposita werden zuweilen nicht in einem Wort geschrieben, sondern die einzelnen Elemente werden durch Bindestrich miteinander verbunden. Dies ist beim Typ S + A und V + A selten, tritt aber recht häufig beim Typ A + A *(rot-grüne Koalition)* auf und dort besonders bei kopulativen Zusammensetzungen. Insgesamt kann man den Bindestrich als ein Signal dafür werten, dass die einzelnen Elemente mit gleichem Gewicht, gleicher Funktion und mit einer gewissen Selbständigkeit an der Synthese des neuen Wortes teilhaben.

Entwicklung

Bei der Entwicklung wird mittels eines Nullmorphems oder eines formal repräsentierten Morphems ein neues Adjektiv auf der Grundlage eines Nichtadjektivs gebildet. Im Folgenden werden vor allem Desubstantiva und Deverbativa besprochen.

Desubstantiva sind außerordentlich häufig. Zu ihrer Bildung stehen mehrere Entwicklungsmorpheme zur Verfügung, denen man

---

[10] Fleischer (1983: 253) behandelt Komposita mit *-fähig* genau wie Bildungen auf *-bar, -lich, -sam*, also als Entwicklungen. Doch ist *fähig* ohne Frage ein selbständig vorkommendes Adjektiv und kein Suffix wie die anderen.

relativ systematisch spezifische semantische Funktionen zuordnen kann. Sie sind auch noch produktiv und bringen zahlreiche okkasionelle, d. h. ad hoc gebildete und deshalb nicht als feste Größen ins Lexikon eingehende Neuwörter hervor. Vielfach werden auf der Basis eines Lexems mit Hilfe verschiedener Suffixe mehrere Wörter abgeleitet, die auch als Korrelationen bezeichnet werden. Da sich hier Wortbildungsverfahren mit semantischen Bestimmungen verbinden lassen, seien an dieser Stelle einige erwähnenswerte Typen aus der inhaltsbezogenen Grammatik Hennig Brinkmanns (1962) vorgestellt. Diese sind zwar nicht auf den sekundären (durch Wortbildungsverfahren geschaffenen) Wortschatz beschränkt, sollen aber an dieser Stelle behandelt werden, da sie die semantische Seite der Adjektiventwicklung besonders gut erkennen lassen.

Bildungen auf *-en/ern* wie *silbern, golden, wollen, hölzern* gehören bei Brinkmann (1962: 119) zu den **Orientierungswörtern** und geben Auskunft über den Stoff, aus dem der Gegenstand besteht. Im Gegensatz dazu gehören die Entwicklungen auf *-ig* zu den **Eindruckswörtern**; sie halten den von dem Gegenstand hervorgerufenen Eindruck fest (Brinkmann 1962: 121 f.). Zu den gerade genannten Beispielen von Orientierungswörtern lassen sich die Eindruckswörter *silbrig, goldig, wollig, holzig* bilden. Sie drücken nicht aus, dass etwas aus dem betreffenden Stoff besteht, sondern sie nennen diesen Stoff als die Ursache eines Eindrucks. So ist etwas Silbriges nicht aus Silber, sondern es sieht aus wie Silber, *wollig* bedeutet ‚im Eindruck ähnlich wie Wolle' usw. Die **Eigenschaftswörter**[11] können ebenfalls mit *-ig* gebildet werden. Häufig sind sie nicht auf der Grundlage eines Einzelwortes, sondern einer Wortgruppe gebildet. Brinkmann (1962: 123) spricht in diesen Fällen von einer **Zusammenbildung**. Eigenschaftswörter, die zugleich Zusammenbildungen sind, liegen in *rotbäckig, dickköpfig, hochnäsig, weitmaschig* vor. Sie als einfache Komposita anzusehen verbietet sich schon deshalb, weil das zweite Element systematisch nicht einzeln vorkommen kann: **bäckig, *köpfig, *näsig* usw. Zu den einfachen Eigenschaftswörtern gehören nach Brinkmann (1962: 125) auch Desubstantiva, die die Form eines Partizips haben: *gestreift, geblümt* (aber: Eindruckswörter *streifig, blumig*),

---

[11] Ein – wie auch Brinkmann sieht – problematischer Begriff, da er der deutsche Terminus für die gesamte Klasse der Adjektive ist.

gezackt, betagt, usw. Hier stellt sich wieder das bereits erwähnte Problem, ob man als Entwicklungsbasis hierzu nicht-realisierte Verben annehmen soll (etwa **zacken, *betagen* usw.), zu denen realisierte Partizipien vorliegen; damit wäre also eine Stufe des Wortbildungsprozesses übersprungen. **Eignungswörter** beurteilen nach Brinkmann (1962: 126 ff.), ob der betreffende Gegenstand für einen Vorgang zugänglich ist oder nicht. Sie gehen auf *-bar, -sam, -lich* aus. Zu diesem Typus gehören besonders Deverbativa (siehe im Folgenden). Brinkmann (1962: 127) schreibt zwar, dass Eignungswörter sowohl von Substantiven als auch von Verben gebildet werden können, doch finden sich in diesem Typ nur wenig Desubstantiva *(jagdbar, fruchtbar; furchtsam, wegsam)*. Weitere Wörter auf *-bar* wie z. B. *fehlbar, schiffbar, nutzbar, dankbar*, werden zwar von Brinkmann und auch von Fleischer (1983: 253) als Desubstantiva angesehen, es handelt sich jedoch bei näherer Betrachtung eher um Deverbativa, die nicht von verbalen Basen mit Infinitivendungen, sondern von endungslosen Formen abgeleitet sind, nämlich von *fehl-, schiff-, nutz-, dank-*.

Modifikation

Bei der Modifikation wird das Grundwort durch ein Morphem (z. B. ein Prä- oder Suffix) verändert, es wechselt aber seine Wortart nicht: *grün > grünlich, schön > unschön, treu > getreu*. Die Modifikation ist im Bereich des deutschen Adjektivs nur schwach ausgebildet.

Einige Adjektive werden durch Suffixe modifiziert. Mittels des Suffixes *-ig* wird zu *voll völlig* und zu *faul faulig* gebildet. Viel weiter trägt der Typ nicht mehr. Weitere Bildungen, die man diesem Typus zuordnen kann, z. B. *irrig, spitzig, untertänig, fettig*, können auch, und mit größerem Recht, als Deverbativa oder Desubstantiva (zu *irren, Spitze, Untertan, Fett*) betrachtet werden. Modifikationen auf *-lich* drücken oft eine gewisse Abschwächung der bezeichneten Eigenschaft aus; so die Farbadjektiva *schwärzlich, bräunlich, rötlich,* ferner *süßlich, schwächlich, dümmlich, ältlich*.

Zu den mit Präfixen gebildeten Modifikationen gehören die extrem seltenen Bildungen auf *ge-* wie *streng > gestreng, treu > getreu* und die mit *un-* negierten Adjektive: *untreu, unfrei, unschön, unschuldig*. Basis dieser Gruppe sind auch ursprüngliche Partizipien, darunter solche, deren Verb synchron nicht realisiert ist, z. B. *unverwandt, unbedarft, unerfahren*. Einige dieser Adjektive, so *unwirsch, ungeschlacht, unbändig* sind so weit lexikalisiert, dass das zugrunde liegende Adjektiv nicht mehr alleine vorkommt. Umgekehrt ist die lexikalische Negation mit *un-* insbesondere bei Partizipien des Passivs wie z. B. bei *gelesen* > *ungelesen, gekämmt* > *ungekämmt* usw. aber nach wie vor produktiv (vgl. Hentschel 1998a).

Schließlich seien noch aus dem Griechischen und dem Lateinischen stammende Präfixe wie z. B. *mono-, poly-* und *inter-* genannt, die meistens mit Fremdwörtern verbunden werden: *polychrom, *polyfarbig.* Präfixe wie *super-* und *extra-* dagegen modifizieren auch deutsche Adjektive: *superschnell, extralang.*

7 Artikel, Pronomina, Numeralia

7.1 Artikel

Der Artikel (von lat. *articulus* ‚Gelenkchen‘) tritt im Deutschen in drei verschiedenen Formen auf: als **bestimmter Artikel** *(die Frau)*, als **unbestimmter Artikel** *(eine Frau)* und als sogenannter **Nullartikel** *(Frau/Frauen)*. Artikel gibt es keineswegs in allen Sprachen, auch nicht in allen indoeuropäischen. Keinen Artikel hat z. B. das Lateinische, und auch die meisten slawischen Sprachen kennen ihn nicht. In den germanischen Sprachen ist er verhältnismäßig jung: das Gotische kannte ihn erst in Ansätzen. Im Deutschen bildete sich in althochdeutscher Zeit aus dem Demonstrativpronomen der bestimmte und aus dem Zahlwort *ein* der unbestimmte Artikel heraus. Auch in anderen Sprachen entstand der Artikel aus dem Demonstrativpronomen und dem Numerale, so in den romanischen Sprachen, wo er sich aus *ille/illa* (> französisch *le/la*) und *unus/una* (> französisch *un/une*) gebildet hat. Im Deutschen steht der Artikel dem Substantiv, das er begleitet, als selbständiges Morphem voran, in anderen Sprachen folgt er ihm in Form eines unselbständigen Morphems, also einer Endung, die an das Substantiv oder auch an das Adjektiv angehängt wird. So wird z. B. im Schwedischen der bestimmte Artikel an das Substantiv angehängt: *hund* (‚Hund‘) – *hunden* (‚der Hund‘), während der unbestimmte Artikel vorangestellt wird. Artikel in Form von unselbständigen Morphemen gibt es auch in den anderen skandinavischen Sprachen sowie beispielsweise im Rumänischen oder im Bulgarischen. Nicht alle Sprachen, die Artikel kennen, haben sowohl bestimmte als auch unbestimmte; so gibt es etwa im Türkischen zwar einen unbestimmten Artikel, nicht aber auch einen bestimmten.

Im Deutschen wird der Artikel dekliniert. Er richtet sich dabei in Kasus, Numerus und Genus nach seinem Beziehungswort. Da das Genus eines Substantivs normalerweise an der Form nicht zu erkennen ist und da Numerus und Kasus oft nicht in den Deklinationsendungen markiert sind, werden diese grammatischen Determinationen häufig nur am Artikel deutlich (z. B. *des Hasen – der Hasen*). Im Deutschen nimmt damit der Artikel zusätzlich die Funktion wahr, die Kasus/Numerus/Genus-Markierung der Nominalgruppe zu unterstützen. In reiner Form tritt der Artikel dagegen z. B. im Englischen auf, wo die Artikel *the* und *a* nicht dekliniert werden.

In manchen Grammatiken wird der Begriff des Artikels sehr weit gefasst. Eisenberg (2000: 168) rechnet neben dem bestimmten und dem unbestimmten Artikel als sog. Possessivartikel auch die Wörter *mein*, *dein* und *sein* (*ihr*, *unser* und *euer* werden bei der Aufzählung nicht erwähnt) sowie den sog. Negationsartikel *kein* zu dieser Klasse. Die Gründe hierfür sind rein distributiv: als Artikel werden alle diejenigen Wörter gewertet, die nicht in derselben äußeren Form auch selbständig auftreten können. Helbig/Buscha (2001: 320 ff.) arbeiten mit dem Terminus „Artikelwörter", worunter außer den Artikeln alle attributiven Demonstrativ-, Possessiv-, Interrogativ- und Indefinitpronomina fallen. Das wichtigste Argument für die Etablierung einer Klasse von Artikelwörtern ist bei ihnen, dass sich Artikel und Pronomina gegenseitig ausschließen: **der dieser*, **ein mein Buch*. Dies gilt allerdings nicht für alle Sprachen. So tritt z. B. im italienischen *la mia casa* (wörtl. ‚das mein Haus') zum Possessivpronomen ein bestimmter Artikel hinzu, im türkischen *bir arkadaşım* (wörtl. ‚ein mein Freund') ein unbestimmter. Außerdem weisen nicht alle Sprachen Artikel auf, wohl aber Demonstrativa, Possessivmarkierungen etc. Der Begriff „Artikelwörter" wäre aber zur Beschreibung solcher Wörter in artikellosen Sprachen wenig geeignet. Um Probleme dieser Art zu umgehen, wird der Begriff „Artikel" hier auf den bestimmten, den unbestimmten und den Nullartikel beschränkt und zugleich festgehalten, dass der Artikel im Deutschen nicht zusammen mit attributiv gebrauchten Pronomina auftreten kann.

Bei Zifonun et al. (1997: 1929 ff.) wird der Artikel unter den Determinativen aufgeführt. Dies entspricht der Einteilung, die man meist auch in sprachübergreifenden Beschreibungen vornimmt, wobei **Determinative** oder Deteminierer als übergeordnete Klasse angesehen werden, zu denen die Artikel als eine Untergruppe gehören. Die Grenze zwischen Artikel und anderen determinierenden Elementen wie z. B. dem Demonstrativum oder dem Zahlwort kann im Einzelfall fließend sein, wenn eine Sprache zwar Ansätze zur Entwicklung eines Artikels zeigt, ihn aber noch nicht vollständig grammatikalisiert hat.

Eine der Funktionen des Artikels ist die sogenannte **Aktualisierung**. Sie besteht darin, einen Begriff, der ja potentiell unendlich viele Anwendungsmöglichkeiten hat (insofern als er beliebige Gegenstände der betreffenden Klasse bezeichnen kann), auf das im Einzelfall bezeichnete Objekt anzuwenden.

*Apfel ist rot.
Der/Ein Apfel ist rot.

Da die Begriffe, die die Sprache bereithält, im aktuellen Sprechen durch den Artikel auf Gegenstände bezogen werden, hat man es als Funktion des Artikels definiert, den Übergang von der *langue* (Vorrat an Begriffen) zur *parole* (jeweiliges Sprechen über individuelle Gegenstände) zu bewerkstelligen (Bally 1969, Coseriu 1975a). In den artikellosen Sprachen erfolgt natürlich ebenfalls eine Anwendung von Begriffen auf die damit gemeinten Gegenstände, aber dieser Vorgang wird entweder nicht explizit markiert oder mit anderen Mitteln ausgedrückt. Auch in Sprachen, die den Artikel kennen, ist der Artikel nicht das einzige sprachliche Element, das die Aktualisierung leisten kann; andere Morpheme können diese Funktion ebenfalls wahrnehmen, so etwa verschiedene Pronomina (z. B. *dies-, mein-, kein-*). Wenn sie benutzt werden, verzichtet das Deutsche konsequent auf den bestimmten Artikel *(mein Haus, *das mein Haus)* und kann auch die Kombination mit dem unbestimmten Artikel (wie in türk. *bir arkadaşım* ‚ein mein Freund‘) nur durch Umschreibungen des Typs *einer meiner Freunde* ausdrücken.

Formenbestand

Man unterscheidet drei Formen des Artikels: den bestimmten Artikel *(der/die/das)*, den unbestimmten Artikel *(ein/eine/ein)* und den Nullartikel.[1] Im Plural fallen Nullartikel und unbestimmter Artikel formal zusammen. Die Funktionen der verschiedenen Artikelformen erschließen sich am besten, wenn man zwei Bedeutungspaare unterscheidet (vgl. Bickerton 1981: 146 ff.):

---

[1] Als „Nullartikel“ bezeichnet man das Fehlen des Artikels in Sprachen, die über einen Artikel verfügen. Anders als in artikellosen Sprachen hat also die Abwesenheit des Artikels hier eine spezifische semantische Funktion. Diese Möglichkeit, den Nullartikel einzusetzen, ist nicht in allen Artikelsprachen gleich ausgebildet, wie beispielsweise ein Vergleich des Deutschen mit dem Französischen zeigt: *Eigentum ist Diebstahl; La propriété, c'est le vol.*

Spezifisch – unspezifisch und identifizierbar – unidentifizierbar.

Das Begriffspaar „spezifisch" – „unspezifisch" soll an den beiden möglichen Interpretationen des Satzes *Ich schenke Renate zum Geburtstag ein Buch* verdeutlicht werden. In der **spezifischen** Lesart besagt der Satz: ‚Ich schenke Renate ein spezifisches Buch (z. B. eines, das ich schon gekauft habe)'. Gemeint ist also ein bestimmtes, nicht ein beliebiges, nicht ‚irgendein' Buch. Allgemein formuliert: „Spezifisch" wird ein Ausdruck dann benutzt, wenn er sich auf feststehende Gegenstände bezieht, die der Sprecherin (aber nicht auch dem Hörer) bekannt sind. In der **unspezifischen** Lesart des Satzes dagegen habe ich erst vor, ein Buch für Renate auszusuchen. Ich habe noch kein bestimmtes im Sinn: der Gegenstand, auf den ich mich beziehe, ist mir also selbst noch nicht bekannt.

Die zweite semantische Opposition besteht in dem Unterschied „identifizierbar" – „nicht-identifizierbar". Die Identifizierbarkeit bezieht sich dabei auf den von der Sprecherin angenommenen Kenntnisstand des Hörers. Der Unterschied lässt sich am Beispiel des bestimmten und des unbestimmten Artikels im folgenden Satz zeigen:

Dagobert bewacht den Tresor. (identifizierbar)
Dagobert bewacht einen Tresor. (unidentifizierbar)

Im ersten Satz handelt es sich um einen Tresor, der vom Hörer aufgrund von Faktoren, die in der Gesamtheit der Kommunikationssituation liegen, identifiziert werden kann (nach Einschätzung der Sprecherin). Im Einzelfall könnte z. B.:

– im Text bereits von dem Tresor die Rede gewesen oder
– dem Hörer aus anderer Quelle bekannt sein, um welchen Tresor es sich handelt.

Im zweiten Satz ist die Rede von einem Tresor, von dem die Sprecherin annimmt, dass der Hörer ihn noch nicht identifiziert hat.

Identifizierbar sind also Gegenstände, die im gemeinsamen Redeuniversum (Weltwissen, Diskurswelt) der Sprecherin und des Hörers unverwechselbar gegeben sind. Dies können auch „generische Gegenstände" sein. Stoffnamen und Abstrakta können ebenfalls Identifizierbares betreffen, da Abstrakta und Stoffe nicht mit anderen, gleichartigen Einheiten verwechselt werden können.

Geld stinkt nicht.
(Die) Seide ist teuer.

Unidentifizierbar sind dagegen Objekte, bei denen der Hörer nicht weiß, welches aus einer Auswahl von Objekten gemeint ist (wie im Fall von *Ich schenke dir zum Geburtstag ein Buch*).

Die beiden Begriffspaare lassen vier Kombinationen zu, auf die sich die Formen des Artikels wie folgt verteilen:

	spezifisch	nicht spezifisch
identifizierbar	bestimmter Artikel **(1)**	Nullartikel **(2)**
nicht identifizierbar	unbestimmter Artikel	
	(3a)	**(3b)**

Beispiele und Kommentare:

Fach (1):

> *Die Sonne scheint am Firmament.*
> *Der Dinosaurier ist ausgestorben.*

Hier sind die spezifischen und nach Meinung der Sprecherin für den Hörer identifizierbaren Objekte einzuordnen. Sie haben in der Regel den bestimmten Artikel.

Fach (2):

> *Ich trinke gern Wein.*
> *Geld beruhigt.*

Hierhin gehören die Fälle des unspezifischen, aber identifizierbaren Referenzgegenstandes. Wein und Geld sind jederzeit als solche identifizierbar. Das Beispielpaar

> a) *Donald ist bäuchlings ins Wasser gefallen* und
> b) *Donald hat Angst vor Wasser.*

kann den Unterschied zwischen identifizierbaren spezifischen und identifizierbaren nicht-spezifischen Gegenständen verdeutlichen. In b) geht es sehr allgemein um den Stoff Wasser, an welchem Ort und bei welcher Gelegenheit er auch immer auftritt. Donalds Angst gilt beliebigem Wasser, nicht einer bestimmten Teilmenge. In a) dagegen ist durch den individuell geschilderten Vorfall schon eine Spezifizierung eingetreten: Man kann als Individuum in einem Einzelfall nicht in unspezifisches Wasser fallen. Es zeigt sich hier, wie eine gegenseitige Abhängigkeit von Wortbedeutung und Artikelgebrauch besteht. Anders als von Wasser kann man von einer als lexikalischer Einheit abgegrenzten Wassermenge nicht als nicht-spezifisch sprechen: *Donald ist in einen/den See gefallen* (aber: **in See*).

Fach (3 a):

> *Es war einmal ein kleines Mädchen.*
> *Hanna schenkt Gerda ein Buch* (ein spezifisches).

Fach (3 b):

> *Hanna schenkt Gerda ein Buch* (ein beliebiges).
> *Kennen Sie ein gutes Hotel in der Nähe?*

In den Fällen, in denen der Referenzgegenstand vom Hörer nicht identifiziert werden kann, steht unabhängig von Spezifizität oder Nicht-Spezifizität der unbestimmte Artikel.

Typische Fälle:

Vor dem Hintergrund dieses Erklärungsschemas sollen nun die wichtigsten Fälle der drei Artikelformen aufgeführt und erläutert werden. Es muss aber berücksichtigt werden, dass in der Norm des Deutschen viele Fälle in einer Weise geregelt sind, für die auch andere Lösungen hätten gefunden werden können. Ein Vergleich mit anderen Artikelsprachen zeigt, dass diese in der Realisierung anders verfahren, obgleich sie auf der Systemebene über die gleichen Artikelfunktionen verfügen.

Folgende Regeln für das Deutsche fassen also die systematische Funktionsbestimmung zusammen und ergänzen sie.

Der bestimmte Artikel

Der **bestimmte Artikel** wird **bei Gattungsnamen** benutzt:

- wenn der benannte Gegenstand zuvor eingeführt wurde. Die Einführung des bislang Unbekannten geschieht mit dem unbestimmten Artikel: *Es war einmal ein kleines Mädchen.* Die Fortsetzung des Gesprächs über den nunmehr in das Redeuniversum eingeführten und damit identifizierbaren Gegenstand erfolgt mit dem bestimmten Artikel: *… Eines Tages sagte das Mädchen …*
- wenn es in dem Redeuniversum nur einen einzigen in Frage kommenden Gegenstand gibt, so dass kein anderer gemeint sein kann. *Die Sonne schien* kann in einem Roman stehen, ohne dass die Sonne vorher erwähnt worden wäre. In einem Science-Fiction-Roman dagegen, in dem ein Planet zwei oder mehrere Sonnen hat, müsste beim erstmaligen Gebrauch der unbestimmte Artikel stehen
- beim → generischen Gebrauch. In dem Satz *Das Pferd wurde von den Spaniern in Amerika eingeführt* kann und muss der bestimmte Artikel benutzt werden, da es nur eine einzige Gattung ‚Pferd‘ gibt und dieses deshalb nicht verwechselt werden kann
- bei Abstrakta, wenn sie auf Gesamtheiten bezogen sind, da hier keine Verwechslung mit beliebigen anderen Vertretern der Klasse möglich ist: *Sie widmete sich ganz der Wissenschaft; die Buchdruckerkunst.* Eine dem generischen Gebrauch ähnliche Verwendung ist die des bestimmten Artikels bei Maßeinheiten: *Das Jahr hat 365 Tage; 80 Kilometer die Stunde; zweimal die Woche; 3,80 EUR das Kilo.* Hier geht es nicht um eine individuelle Menge *Kilo*, vielmehr wird die einzelne Maßangabe stellvertretend für alle genannt.

Der bestimmte Artikel bei Eigennamen: Der Eigenname setzt bereits eine Identifizierung voraus. Es handelt sich bei Eigennamen also gar nicht darum, dass bestimmte Gegenstände zunächst klassenmäßig (als Mitglieder einer Gattung) erfasst und dann sprachlich durch die Aktualisierung individualisiert würden. Deshalb ist der Artikel hier redundant; Eigennamen werden also im Regelfall ohne Artikel benutzt: *Ralf schläft noch.*

Dennoch können Eigennamen mit dem Artikel verbunden werden. Zum einen kann man Eigennamen wie Gattungsnamen behandeln, indem man in einem Namensträger fiktiv mehrere unterscheidet. In diesen Fällen kann der bestimmte Artikel (wie in *das alte Berlin; das Belgrad der Türkenzeit; der junge Goethe*) wie auch der unbestimmte (z. B. *In den letzten Jahren ist ein völlig neues Kreuzberg entstanden*) verwendet werden. Zum anderen werden Vornamen in der Umgangssprache häufig mit dem bestimmten Artikel gebraucht, der dann dazu dient, die Identifizierbarkeit der gemeinten Person zu unterstreichen: ugs. *Die Petra kommt heute etwas später.* Ähnlich ist es bei Nachnamen ohne Attribute (wie Titel, Vornamen, *Herr, Frau*). Besonders die Nachnamen von Künstlerinnen werden fast immer mit Artikel gebraucht: *die Dietrich, die Lollobrigida:* vgl.: *In Casablanca spielt *Bergmann/die Bergmann die weibliche Hauptrolle.* Hier hat der Artikel auch die Funktion, das Genus zu markieren und damit zu verdeutlichen, dass es sich um eine Frau handelt.

Der bestimmte Artikel steht außerdem:

– bei geographischen Eigennamen, die im Plural stehen: *die Pyrenäen, die Alpen, die Anden, die USA, die Niederlande, die Azoren*
– bei einigen geographischen Eigennamen im Singular: *die Schweiz, die Türkei, der Atlas, der Harz.*

Der Singular des bestimmten Artikels kann mit der vorangehenden Präposition zu einem Wort, einem sogenannten **Porte-manteau-Morphem**[2] verschmelzen. Porte-manteau-Morpheme kommen im Deutschen vor allem als Verschmelzungen von Präpositionen, die den Dativ regieren, und des bestimmten Artikels vor: *am, beim, zum, überm, vom, zur.* Aber auch Verschmelzungen mit dem Akkusativ Neutrum sind durchaus üblich, z. B. *ans, durchs, ins, ums.* Die Verschmelzungen sind unterschiedlich akzeptabel. In einigen Fällen sind sie obligatorisch *(ums Leben kommen)*, in anderen fakultativ, in wieder anderen dagegen werden sie als nur umgangssprachlich zugelassene Varianten gewertet: *unterm Weihnachtsbaum.*

---

[2] „Porte-manteau-Morphem" ist ein strukturalistischer Ausdruck und bezeichnet Fälle, in denen ein einziges Morphem der Ausdrucksseite funktionell zwei Morphemen entspricht. Der Begriff (von frz. *porte-manteau* ‚Kleiderständer, -haken') stammt von dem amerikanischen Strukturalisten Ch. Hockett (1947). Weitere Beispiele für Porte-manteau-Morpheme: in frz. *du* steht das *du* für die Präposition *de* und den folgenden Artikel *le*.

Der unbestimmte Artikel

Der unbestimmte Artikel drückt wie der bestimmte eine Hinwendung des Begriffs auf den Gegenstand aus, markiert ihn aber als einen, der bislang im gemeinsamen Redeuniversum von Sprecherin und Hörer noch nicht identifizierbar ist. Er kennzeichnet ihn also implizit als einen von mehreren in Frage kommenden. Der unbestimmte Artikel im Singular kann deshalb auch nur auf zählbare Objekte angewandt werden. *Wasser* – **ein Wasser*[3], **ein Gold*. Das Objekt, das von einem Substantiv mit unbestimmtem Artikel bezeichnet wird, kann außerdem auch exemplarisch angeführt werden. Es steht dann gleichsam stellvertretend für alle Mitglieder der Klasse:

Ein Indianer kennt keinen Schmerz.

Für die Verwendung des unbestimmten Artikels ist letztendlich nur der Kenntnisstand des Hörers ausschlaggebend. Ob die Sprecherin an ein spezifisches, ihr bekanntes Objekt denkt oder ob sie von einem beliebigen spricht, wird im unbestimmten Artikel nicht ausgedrückt. Der Satz *Frau Meier sucht einen dreijährigen schwarzen Pudel* kann im Prinzip entweder ausdrücken, dass Frau Meier, nicht aber der Hörer, diesen Hund kennt und nur wissen will, wo er sich gerade aufhält, oder dass sie einen ihr noch unbekannten Hund sucht, der diesen Ansprüchen genügt. Zuweilen (z. B. Vater 1982: 67, 69; 1984: 333) wird die Meinung vertreten, *ein* sei immer ein Numerale, das die Einzahl ausdrückt, und deshalb nicht zu den Artikeln zu rechnen. In der Tat hat sich der unbestimmte Artikel im Deutschen wie in den meisten anderen Sprachen aus dem Zahlwort entwickelt (vgl. Lehmann 1995: 52f., Heine/Kuteva 2002: 220f.). Gegen die Auffassung, Artikel und Numerale seien nach wie vor identisch, sprechen jedoch zahlreiche Gründe (vgl. dazu ausführlicher Thieroff 2000: 172–178 und Weydt 1985: 347f.), von denen im Folgenden die wichtigsten aus dem Bereich der formalen Unterschiede zwischen Artikel und Numerale aufgeführt werden sollen:

---

[3] *Ein Wasser* kann aber z. B. bei einer Bestellung im Café durchaus gesagt werden. Es steht dann für ‚ein Glas Wasser‘, also für ein zählbares Objekt.

– Das Numerale wird mit vorangestelltem *nicht* verneint, die Negation des unbestimmten Artikels – wie auch des Nullartikels – erfolgt dagegen mit *kein*:

Hast du eine Schwester? –
Ich habe keine Schwester. (Artikel)
Ich habe nicht nur eine Schwester, sondern sogar zwei. (Numerale)

– Im Unterschied zum Numerale weist der Artikel eine unbetonte Kurzform auf, die in der Umgangssprache regelmäßig zu beobachten ist:

Hast du 'ne Schwester? (Artikel)
Ich hab' nur eine Schwester, nicht zwei. (Numerale)
*Ich hab' nur 'ne Schwester, nicht zwei.

– Bei unbestimmten Mengenangaben wie *ein bisschen, ein wenig* können keine parallelen Formen mit Numeralia wie **zwei bisschen,* **zwei wenig* gebildet werden.

Der Nullartikel

Wenn der Nullartikel im Singular auftritt, handelt es sich im Normalfall darum, dass ein identifizierbares, nicht spezifisches Objekt bezeichnet wird. *Meine Schwester hat Angst vor Wasser, Donald braucht immer Geld.*

Im Plural übernimmt der Nullartikel zusätzlich die Funktionen des unbestimmten Artikels; er bezeichnet dann nicht-spezifische und nicht-identifizierbare Referenzobjekte. Folgende Regeln verdeutlichen und ergänzen diese Prinzipien[4]:

– Bei Eigennamen steht im Regelfall kein Artikel.
– Bei Wörtern, die nicht-zählbare Objekte bezeichnen (Abstrakta und Konkreta), ist der unbestimmte Artikel nicht möglich. Zur Bezeichnung der Gesamtheit oder einer spezifischen Teilmenge dient der bestimmte Artikel. Will man eine unspezifische Teilmenge bezeichnen, so wird der Nullartikel verwendet: *Sie trank wieder mal Bier.* Dies gilt auch, wenn unbestimmte Mengenanga-

---

[4] Die folgenden Regeln gelten nicht in allen Varianten des Deutschen. Besonders der bayerisch-österreichische Sprachraum verwendet oft den unbestimmten Artikel anstelle des Nullartikels.

ben oder andere Attribute dem Substantiv vorausgehen: *viel Bier, wenig Milch, nichts Gutes, weicher Stoff, sie studiert Philosophie* (... *die Philosophie* würde den Anspruch implizieren, die ganze Philosophie zu studieren). Wenn zuweilen bei Wörtern dieser Kategorie doch ein unbestimmter Artikel gebraucht wird, so erklärt sich das damit, dass der bezeichnete Gegenstand in dem betreffenden Kontext als zählbar aufgefasst wird, z. B. als eine bestimmte Portion: *eine Milch, ein Kaffee*, oder als eine Sorte des betreffenden Materials: *ein Holz* (d. h. ‚eine Holzart‘), *das besonders hart ist; eine Wissenschaft* (d. h. ‚ein Wissenschaftszweig‘), *die ernst genommen werden will*.

– Der Nullartikel findet sich auch bei Abstrakta sowie in relativ festen Verbindungen:

> *Er hat Hunger; Eva hat Vertrauen zu Peter; Geschenke machen Freude; auf See, auf Dienstreise, auf Fahrt, an Bord, auf Trebe, vor Angst, aus Versehen* usw.

Hier dient das betreffende Substantiv nicht zur Bezeichnung eines spezifischen Objektes, sondern es ist integrierter Teil einer festen Adverbialbestimmung oder eines Funktionsverbgefüges. Falls jedoch mit solchen Ausdrücken explizit auf spezifische Objekte verwiesen wird, kann der Artikel gesetzt werden:

> *auf der letzten Dienstreise; Ich habe einen mordsmäßigen Hunger.*

– Ähnlich wird in Gleichsetzungssätzen zur Angabe von Berufen oder Nationalitäten usw. kein Artikel gesetzt, da nicht eine Person bezeichnet, sondern eine Eigenschaft angegeben werden soll:

> *Franz ist Bayer.*

Allerdings kann in solchen Sätzen auch ein Artikel gebraucht werden. Der Unterschied zwischen den Sätzen

> *Ulla ist Ärztin* und
> *Ulla ist eine Ärztin.*

besteht darin, dass im zweiten Satz eine Person in ihrer Eigenschaft als Ärztin neu eingeführt wird. Der Satz antwortet beispielsweise auf die Frage: *Wer ist Ulla?* Im artikellosen Satz wird dagegen einer bereits bekannten Person ein Beruf zugeordnet. Dieser Satz antwortet z. B. auf die Frage: *Was macht Ulla?*

– Metasprachliche Wendungen, in denen vom Begriff und nicht von der Sache, die er bezeichnet, die Rede ist, brauchen keinen Artikel:

Unter „Abtönungspartikel" versteht man …; Birne wird mit B geschrieben.

– Absolute Genetive in modaler Funktion:

erhobenen Hauptes, eilenden Schrittes.

– Schließlich kommen artikellose Substantive in bestimmten emphatischen Ausrufen vor:

Mist! Feuer! Schluss jetzt! Ende! Scheiße! Ruhe!

Es handelt sich dabei nicht um Ellipsen; man sieht das daran, dass diese Ausrufe, wenn man den Artikel ergänzt, inakzeptabel werden: **Das Ende! *Die Ruhe!* usw.

7.2   Pronomina

Die Bezeichnung **Pronomen** (von lat. *pro* ‚für' + *nomen* ‚Namen/ Nomen'; Plural: *Pronomina* oder *Pronomen*), dt. auch „Fürwort", bezeichnet die syntaktische Möglichkeit dieser Kategorie, für ein Nomen einzutreten. Ein Nomen wie beispielsweise *Buch* kann – je nach Kontext – durch Pronomina wie *es, meins, dieses* usw. ersetzt werden. Die Pronomina charakterisieren die Objekte, die sie bezeichnen, nicht kategorematisch, indem sie sie einer inhaltlichen Klasse als Ausschnitt aus der außersprachlichen Wirklichkeit (z. B. der Klasse der Bücher) zuordnen. Vielmehr situieren sie das Objekt im Sprechkontext. Sie haben statt einer kategorematischen eine → deiktische Bedeutung und eine substantivische oder adjektivische → Wortartbedeutung. Der Begriff „Pronomen", wie er hier verwendet wird, legt damit eine Definition von „Nomen" im weiteren Sinne, als Überbegriff für Substantive und Adjektive, zu Grunde: prosubstantivische und proadjektivische Funktionen werden damit zusammengefasst. Substantivische Pronomina sind beispielsweise *ich, dir, sie,* adjektivische *dieser* (in *dieser Film), mein* (in *mein Buch), ihre* (in *ihre Absicht).* Pronomina werden dekliniert; adjektivische Pronomina können im Gegensatz zu den Adjektiven nicht kompariert, substantivische im Gegensatz zu den Substantiven normalerweise nicht von Adjektiven oder Artikeln begleitet werden.

Die grammatische Terminologie zur Bezeichnung der Pronomina ist recht uneinheitlich. Helbig/Buscha sprechen nur dann von
Pronomina, wenn sie substantivisch sind, attributiv gebrauchte
(Proadjektive) heißen bei ihnen „Artikelwörter" (Helbig/Buscha
(2001: 320 ff.) und werden in der Grammatik an anderer Stelle behandelt. In der romanischen Grammatiktradition gelten ebenfalls
nur die substantivischen als Pronomina, die adjektivischen werden
als „Adjektive" (z. B. *adjectif démonstratif*) bezeichnet. In Standardgrammatiken des Englischen wie Quirk/Greenbaum (1998: 101)
hingegen werden die beiden Typen mit explizitem Hinweis auf ihre
enge Verflechtung zusammengefasst. Schanen/Confais (1986: 421)
fassen in ihrer Grammatik die substantivischen und adjektivischen
Pronomina zu einer Gruppe zusammen und nennen sie *substituts*; in
diese Gruppe gehören bei ihnen aber auch die deiktischen Adverbien (z. B. *so, damals, dort*), die hier also als Proadverbien aufgefasst
werden. Der Duden (1998: 326) benutzt den Terminus „Pronomen" im Unterschied zu früheren Ausgaben neuerdings ebenfalls
sowohl für adjektivische als auch für substantivische Proformen,
und auch in dieser Grammatik soll der Terminus „Pronomen", wie
schon erwähnt, sowohl für den substantivischen als auch für den
adjektivischen Gebrauch der betreffenden Wörter beibehalten
werden. Diese Entscheidung vereinfacht die sprachwissenschaftliche Verständigung, da sich noch kein anderer Terminus für adjektivische Pronomina durchgesetzt hat; außerdem trägt sie der Tatsache Rechnung, dass die meisten Pronomina auch proadjektivisch
verwendet werden können, und erspart es somit, ihre Beschreibungen zweimal an verschiedenen Stellen der Grammatik durch-
zuführen.

In der Generativen Grammatik werden Pronomina als Deter-
minatoren oder Determinative (engl. *determiners*) bezeichnet, wobei
prenominale (Proadjektive) und pronominale (Prosubstantive) unterschieden werden (vgl. z. B. Radford 1997: 41). Zur selben Klasse
werden auch die Artikel gerechnet. Determinative werden in den
neueren Modellen der Generativen Grammatik als so grundlegend
betrachtet, dass der Begriff NP (für Nominalphrase, engl. *noun
phrase*) durch DP (Determinativphrase, engl. *determiner phrase*) ersetzt
wurde. Damit soll jedoch nicht gesagt werden, dass in jeder DP auch
ein Pronomen realisiert werden muss; im Gegenteil, es kann sogar
die ganze DP nur durch eine leere Kategorie (engl. *empty category*)

ohne phonetische Realisation repräsentiert sein. Im Falle eines leeren Subjekts (Nullsubjekt, engl. *null subject*) unterscheidet man dabei
zwei Typen: pro und PRO. Mit **pro** wird das verborgene Subjekt
eines selbständigen Satzes bezeichnet; es tritt in Sprachen wie dem
Italienischen oder dem Serbischen auf, die das Subjekts-Personal-
pronomen regelmäßig nicht ausdrücken (vgl. ital. *ti amo*, wörtl. ‚dich
liebe‘, serb. *volim te*, wörtl. ‚liebe dich‘) und daher auch als **pro-drop-
Sprachen** bezeichnet werden. **PRO** bezeichnet hingegen ein phonetisch nicht realisiertes Subjekt, das in abhängigen Konstruktionen, also etwa bei Infinitivkonstruktionen auftritt: *Ich habe keine
Lust,* [PRO] *ins Kino zu gehen.*

Nach semantischen und syntaktischen Kriterien kann man folgende Pronomina unterscheiden: Personalpronomina, Possessivpronomina, Reflexivpronomina, Demonstrativpronomina, Relativpronomina, Interrogativpronomina, Indefinitpronomina.

7.2.1 Personalpronomina

Das **Personalpronomen** des Deutschen *(ich, du, er/sie/es; wir, ihr,
sie)* ist immer substantivisch und kann nach vier Kategorien bestimmt werden: Person, Genus, Numerus und Kasus. Es übernimmt die Funktion eines selbständigen Subjekts oder Objekts
und kann ferner in vokativischer Funktion auftreten *(Hallo, Sie
da!).*

Person

Wie schon bei den Kategorien des Verbs dargestellt, unterscheidet man im Deutschen drei Personen. Die „erste Person", *ich*, bezeichnet die Sprecherin, die „zweite", *du*, den Angesprochenen, die
„dritte", *er/sie/es*, eine/n Dritte/n oder ein Drittes, über das gesprochen wird. Innerhalb der Personalpronomina unterscheiden die
Grundzüge (1981: 644) zwischen **deiktischen** und **Stellvertreter-
Pronomina**. Die deiktischen Pronomina *(ich, du, wir, ihr, Sie)*, also
die Pronomina der ersten und der zweiten Person, sind Bezeichnungen für die Gesprächspartner/innen und durch Bezug auf sie definiert. Die sog. Stellvertreter-Pronomina (Pronomina der dritten
Person) vertreten hingegen nicht notwendigerweise die an der
Kommunikationssituation beteiligten Personen; sie differenzieren
im Singular nach dem Genus und unterliegen anderen Attribuie-

rungsregeln (vgl. *Ich Armer habe immer Pech* gegenüber: **er Armer ...*[5]).
Ähnliche Unterscheidungen finden sich auch in anderen Grammatiken, so etwa im Duden (1998: 330f.), der die Personalpronomina der 1. und 2. Person mit deiktischen Funktionen von denen der 3. Person unterscheidet, deren Funktion als anaphorisch beschrieben wird.

Höflichkeitsform

Das Pronomen *Sie* ist für die respektvolle Anrede reserviert; es ist formal mit der dritten Person Plural identisch und wird mit einer entsprechenden finiten Verbform verbunden: *Immer kommen Sie zu spät.* Diese Form wird vor allem zwischen Erwachsenen gebraucht, die

- sich nicht gut kennen,
- nicht miteinander verwandt sind,
- eine gewisse Distanz wahren.

Die Geschichte des Deutschen weist verschiedene Phasen der respektvollen pronominalen Anrede auf. In einer ersten Phase wurde, auch gegenüber Einzelpersonen, statt des Singulars *du* die Pluralform *ir* gebraucht; der erste Beleg findet sich schon im 9. Jahrhundert (Otfrid von Weißenburg). Die anredende Person bezeugt dabei ihren Respekt, indem sie die angesprochene behandelt, als ob sie nicht nur eine, sondern mehrere Personen sei. Als der besondere Ausdruck der Höflichkeit dieser Form sich in der Sprechroutine abschwächte, trat neben die *ihr*-Form im Frühnhd. die Anrede in der dritten Person Singular, die wegen ihrer Indirektheit besonderen Respekt ausdrückte (*Der Herr Pfarrer hört ja wohl, dass ich ein Christ bin* Simplicissimus). Die *er/sie*-Form gewann nun den Status des vornehmen, hochgestellten Sprechens. Als sich ihre spezifisch höfliche Konnotation wiederum abgenutzt hatte, wurde die *er/sie*-Form wiederum – wie zuvor schon das *du* – pluralisiert, wodurch die noch heute übliche *Sie*-Anrede entstand. Die singularische dritte Person wurde als Anrede für niedrigere Gesprächspartner, vor allem für Bedienstete, noch einige Zeit beibehalten.

---

[5] *Er Armer* ist dann möglich, wenn die Form als Anrede benutzt wird, wie sie etwa noch im 18. Jahrhundert zu finden war: *Er Armer nehme sich etwas Brot.* Vgl. hierzu auch Thieroff (2000: 234).

Sie (dritte Person Plural) wird seit dem 16. Jahrhundert als Anrede benutzt. Es stand zunächst neben pluralischen Anreden in der dritten Person wie *Euer Gnaden.* Beide wurden hochgestellten Personen gegenüber verwendet. Im folgenden Jahrhundert konnte es schon ohne eine solche implizite Anrede gebraucht werden. Über die verschiedenen Abstufungen schreibt Adelung, ein Grammatiker des 18. Jahrhunderts, in seinem *Umständlichen Lehrgebäude der Deutschen Sprache:* „… redet man sehr geringe Personen mit Ihr, etwas bessere mit Er und Sie, noch bessere mit dem Plural Sie und noch vornehmere wohl mit dem Demonstrativo Dieselben oder auch mit abstracten Würdenamen, Ew. Majestät, Ew. Durchlaucht, Ew. Excellenz u.s.f. an" (Adelung 1782 Bd. 2: 684).

Die Grenze zwischen dem Gebrauch der *du*-Form und der *Sie*-Form ist in ständigem Wandel und zeigt zahlreiche regionale und gruppenspezifische Besonderheiten. So setzte in Hochschulkreisen mit der „Studentenbewegung" der späten sechziger Jahre des 20. Jahrhunderts eine starke Duz-Bewegung ein, die danach wieder leicht zurückgenommen wurde. Auch zuvor haben sich immer wieder Duz-Gemeinschaften gebildet, in denen sich alle Beteiligten grundsätzlich duzten, um ein Zusammengehörigkeitsgefühl zum Ausdruck zu bringen: Sportvereine, politische Parteien, die „Wandervögel", Soldaten niederer Ränge, Verbindungsstudenten einschließlich der „Alten Herren" usw. Entscheidungsprobleme tauchen im Bereich des Personalpronomens auf, wenn man eine Gruppe anredet, deren Mitglieder man zum Teil duzt und zum Teil siezt. Wer eine Doppelanrede bei jeder Verbform vermeiden will, muss sich für eine Form entscheiden und dazu bei der Beurteilung der Situation abwägen, ob die Faktoren, die für das Duzen, oder die, die für das Siezen sprechen, überwiegen.

Besonderheiten im Gebrauch der Person

Zuweilen wird die 1. Person Plural zur Anrede benutzt. Diese Sprechweise gilt z. B. als typisch für die wohlmeinend-herablassende Frage einer Ärztin:

Na, wie fühlen wir uns denn heute?

oder die Aufforderung eines Lehrers an kleine Kinder:

So, jetzt holen wir alle unsere Hefte aus der Mappe!

Dabei tritt metaphorisch die erste Person für die zweite ein. Auf diese Weise will die Sprecherin suggerieren, dass sie an dem Befinden/Handeln des Angeredeten Anteil nimmt.

Interessant ist auch der Gebrauch des *du* statt des *ich* oder des hier ebenfalls möglichen *man* in verallgemeinernden Aussagen:

> *Es ist immer dasselbe: Du arbeitest und arbeitest und kommst doch auf keinen grünen Zweig.*

In sehr traditionellen Redeweisen haben sich archaische *du*-Anreden erhalten. So wird in Leichenreden oft geduzt, und in Gebeten spricht man Gott bei allem Respekt nicht mit *Sie*, sondern mit *du* an.

Numerus

Auch das Pronomen kennt Singular und Plural. Die Plurale der Personalpronomina sind → Suppletivstämme: *ich – wir, du – ihr, er – sie* (bei pluralischem *sie* handelt es sich ursprünglich um ein Maskulinum, siehe im Folgenden unter Genus). Dass die Personalpronomina im Singular und Plural aus verschiedenen Wurzeln stammen, lässt sich in vielen Sprachen beobachten, muss aber nicht notwendig so sein; es gibt auch Sprachen, die nur Pluralmarkierungen an die Singularpronomina anfügen, so etwa das Chinesische.

Wir ist nicht einfach eine Pluralisierung von *ich*: nur selten sprechen mehrere Personen choral gleichzeitig und verweisen dabei auf sich als Gruppe, wenngleich dies z. B. in einem Lied möglich ist *(Wir lieben die Stürme, die eiskalten Wogen)*. Die Funktion der ersten Person Plural ist vielmehr, die sprechende und mindestens eine weitere Person zu benennen. Diese weitere Person kann die angesprochene sein: *Sollen wir ins Kino gehen?* oder eine dritte: *Nachher kommt Hans, dann gehen wir ins Kino.* Auch der Plural der zweiten Person, *ihr*, ist nicht einfach eine Vermehrung der Angesprochenen. *Ihr* wird in allen Fällen angewandt, in denen die angesprochene und mindestens eine weitere Person (außer der sprechenden) bezeichnet werden; dabei muss diese weitere Person nicht anwesend sein und direkt angesprochen werden. Der Plural der dritten Person *(sie)* bezeichnet Dritte, von denen niemand selbst spricht oder angesprochenen wird. Bei Mischungen gilt daher als Regel, dass die erste Person über die anderen Personen dominiert *(Du und ich, wir gehen fort; mein Freund und ich, wir …)*; die zweite Person dominiert über die dritte: *du und deine Mutter, ihr …*

Genus

Genusunterschiede kennt das Personalpronomen im Deutschen nur noch in der dritten Person Singular: *er, sie, es*. Noch im Althochdeutschen wurden auch im Plural drei Genera unterschieden: *siê* (mask.), *siô* (fem.), *siu* (neutr). Die moderne Pluralform geht auf die Form des Maskulinums zurück.

Kasus und Deklination

Personalpronomina werden in allen vier Kasus dekliniert. Die Deklination ist unregelmäßig und greift auf → Suppletivstämme zurück: *ich, meiner, mir, mich*. Im Genetiv finden sich gelegentlich auch die veralteten Kurzformen *mein, dein, sein*: *Wir gedachten sein* statt *Wir gedachten seiner*.

7.2.2 Possessiva

Sehr eng mit dem Personalpronomen verwandt ist das Possessivpronomen – kurz **Possessivum** – (Plural: **Possessiva**, von lat. *possidere* ‚besitzen‘), deutsch auch „besitzanzeigendes Fürwort" genannt. Etymologisch stellt es den Genetiv des Personalpronomens dar, wie auch heute noch an den Formen zu erkennen ist: *ich – meiner* → *mein, du – deiner* → *dein* usw.[6] Entsprechend seiner Herkunft aus einem Genetiv ist die Funktion dieses Pronomens nicht auf die Besitzanzeige (vgl. auch Genetivus possessivus) beschränkt, sondern es kann auch die dem → Genetivus subiectivus und → obiectivus entsprechenden Verhältnisse ausdrücken: *seine Verurteilung, Ihr Schreiben vom ...* Das Pronomen kann sowohl substantivisch als auch adjektivisch gebraucht werden. Das adjektivische Possessivpronomen kommt nur attributiv vor (der prädikative Gebrauch *Du bist mein* ist archaisch oder dialektal). Dabei entsprechen seine Deklinationsendungen im Plural denen eines starken Adjektivs, im Singular denen des unbestimmten Artikels: *mein Freund, deine Schwester, unser*

---

6 Im Russischen ist das Possessivpronomen auch synchronisch noch in einigen Fällen als Genetiv des Personalpronomens erhalten und somit indeklinabel (russ. *ego, e'ë, ix*). Das französische Possessivpronomen der dritten Person Plural *leur* stammt dagegen aus dem Genetiv des Demonstrativpronomens *illorum*.

Haus. Das Possessivpronomen der dritten Person drückt auch das Genus der besitzenden Person aus *(seine/ihre Kinder)*. In *seine Mutter* wird im Possessivpronomen zugleich ein „Besitzer" (*sein* verweist auf *er*) und eine „Besessene" (das *-e* an *seine* zeigt, dass es sich um ein Femininum handelt) ausgedrückt. Somit enthält das deutsche Possessivum in der dritten Person zwei verschiedene Genusangaben und macht gleichzeitig den Unterschied, den das Englische mit *her/ his*, sowie auch den, den das Französische mit *son/sa* macht.

Für den substantivischen Gebrauch stehen zwei verschiedene Formen zur Verfügung, die sich in der Stilebene unterscheiden. Umgangssprachlich wird der Nullartikel und die Endung der starken Adjektivdeklination verwendet: *Wem gehört ...? Das ist meiner/meine/ mein(e)s*. In gehobener Sprache kann auch der bestimmte Artikel und die Endung *-e* (Plural: *-en*) gebraucht werden, wobei (schon archaische) Stammerweiterungen auf *-ig-* auftreten können: *Es ist der mein(ig)e/die mein(ig)e/das mein(ig)e; Es sind die mein(ig)en*.

7.2.3 Reflexiva

Das **Reflexivpronomen**, kurz **Reflexivum** (Plural: Reflexiva, von lat. *reflectere* ‚zurückwerfen'), deutsch auch „rückbezügliches Fürwort" genannt, ist ebenfalls eng mit dem Personalpronomen verwandt. Eine Form in ausschließlich reflexiver Funktion gibt es nur in der dritten Person; sie lautet für alle drei Genera, für Dativ und Akkusativ, Singular und Plural *sich*. In der 1. und 2. Person ist das Reflexivum gleichlautend mit den entsprechenden Formen des Personalpronomens *(mir/mich, dir/dich, uns, euch)*. Eine eigene Genetivform gibt es nicht, zumal reflexive Genetive äußerst ungebräuchlich sind; will man sie aber gebrauchen, so wird auch hier der Genetiv des Personalpronomens verwendet: *?Er gedachte seiner selbst; ?Sie entsann sich ihrer selbst in der Kindheit*. Um den Bezug zu verdeutlichen, wird dabei zusätzlich das Demonstrativum *selbst* verwendet.

Normalerweise bezieht sich das Reflexivum auf das Subjekt des Satzes. Diese Regel kann aber in einigen Fällen, besonders bei Infinitivkonstruktionen, durchbrochen werden: *Sie bat ihn, sich nicht darüber zu ärgern*. In solchen Fällen bezieht sich das Reflexivum auf das unausgesprochene Subjekt des Infinitiv-Satzes: nicht die Sprecherin, sondern der Angesprochene soll sich nicht ärgern. Schwierig wird der Bezug allerdings, wenn das Pronomen nicht direkt vom Infinitiv, sondern von einer Präposition regiert wird:

Sie hörte jemanden hinter ihr/sich keuchen.
Er sah jemanden die Treppe zu ihm/sich heraufkommen.

In solchen Fällen ist der Rückbezug nicht eindeutig geregelt; jedoch wird normalerweise das Personalpronomen verwendet, wenn es sich um ein Präpositionalobjekt handelt, das sich auf das Subjekt des übergeordneten Satzes bezieht *(Er hörte jemanden auf ihn schimpfen;?Sie sah jemanden auf sich warten)*. Das Reflexivpronomen würde hier einen Bezug auf das zu ergänzende Subjekt des Infinitivs ausdrücken: *Er hörte jemanden auf sich schimpfen:* ‚Er hörte, wie jemand auf sich selbst schimpfte‘. Umgekehrt wird im Allgemeinen das Reflexivum für den Rückbezug auf das Subjekt des übergeordneten Satzes verwendet, wenn es innerhalb eines freien (adverbialen) Satzteils steht: *Sie hörte jemanden hinter sich keuchen.*

Das Reflexivum wird auch als **Reziprokpronomen** gebraucht (→ reziproke Verben). In diesen Fällen kann es manchmal durch *einander* ersetzt werden: *Sie liebten sich – Sie liebten einander. Einander* wird daher gelegentlich als Reziprokpronomen bezeichnet.

7.2.4 Demonstrativa

Demonstrativpronomina, kurz: **Demonstrativa** (Singular: Demonstrativum, von lat. *demonstrare* ‚bezeichnen‘), deutsch auch „hinweisende Fürwörter" genannt, haben die Funktion, gleichsam als sprachliche Zeigefinger auf etwas hinzuweisen: *Der war's! Dieser dort!* In der Umgangssprache wird vor allem das Demonstrativpronomen *der, die, das* verwendet. Es kann adjektivisch – im Unterschied zum Artikel dann mit besonderer Betonung – und substantivisch gebraucht werden: *Das ist wahr; Den kenne ich nicht; Ach so, den Aufsatz meinst du!* In gehobener Sprache wird dieses Demonstrativum vor allem im Neutrum sowie vor Relativsätzen verwendet: *Das ist richtig; Das ist der, den ich meine.* Während die Formen des adjektivisch gebrauchten Pronomens denen des bestimmten Artikels entsprechen, weist das substantivisch gebrauchte eigene Langformen auf: *dessen* (Genitiv Singular Maskulinum/Neutrum), *denen* (Dativ Plural, alle Genera) sowie *derer* und *deren* (Genitiv Singular Femininum und Genitiv Plural, alle Genera). Der Unterschied zwischen *deren* und *derer* besteht vermutlich darin, dass *deren* anaphorisch (rückverweisend), *derer* kataphorisch (vorausweisend) ist: *Für die Angehörigen derer, die bei dem Unglück ums Leben gekommen waren, wurde ein Hilfsfond eingerichtet. Die Verletzten und deren Angehörige sollen ebenfalls unterstützt werden.* Allerdings widerspricht Bærentzen (1995) dieser Hypothese und führt den Gebrauch von *deren/derer* in Fällen, wo sie als Attribut zu einem Substantiv gebraucht werden, ausschließlich auf die Stellung vor oder nach dem Beziehungswort zurück: bei attributivem Gebrauch wird *deren* stets vor-, *derer* stets nachgestellt.

Wegen der Formengleichheit mit dem Plural ist die Verwendung von *derer/deren* für den Genitiv Singular Femininum relativ ungebräuchlich; diese Form wird gewöhnlich durch den Genitiv eines Substantivs oder durch das Possessivum ersetzt: Das *derer* in *Er erinnerte sich derer, die er vor vielen Jahren kennengelernt hatte* würde vermutlich als Plural aufgefasst werden. Bei Bezug auf einen Singular Femininum wäre daher z. B. die Ersatzform *Er erinnerte sich der Frau, die er … zu* wählen. Vgl. auch *Susanne und deren Kinder → Susanne und ihre Kinder.*

In derselben Bedeutung wie *der/die/das* als Demonstrativum kann *dieser/diese/dies(es)* verwendet werden. Umgangssprachlich kommt es fast nur adjektivisch vor, während es in einem gehobenen Stil sowohl adjektivisch als auch substantivisch gebraucht werden kann:

Dieses ewige Hin und Her geht mir auf die Nerven.
Er rief nach seiner Mutter, und diese antwortete ihm sofort.

Das leicht archaische Demonstrativum *jener/jene/jenes* verweist im Gegensatz zu *dieser/diese/dies(es)* ursprünglich auf einen von der Sprecherin etwas weiter entfernten Ort. Dieser Unterschied wird in Texten der Gegenwart noch genutzt, wenn auf zwei nacheinander genannte Gegenstände oder Personen Bezug genommen werden soll: *Old Shatterhand saß neben Winnetou, und während dieser schweigend zuhörte, berichtete ihm jener von den Ereignissen der letzten Tage.* Mit *dieser* wird dann der im Text näher liegende (also zuletzt genannte), mit *jener* der etwas weiter entfernte Bezugspunkt bezeichnet. Außerhalb der Schriftsprache ist *jener,* das sowohl adjektivisch als auch substantivisch gebraucht werden kann, so gut wie nicht anzutreffen.

Die Identität einer Person oder eines Gegenstandes mit einem zuvor genannten kann durch das Demonstrativum *derselbe, dieselbe, dasselbe* (substantivisch oder adjektivisch) ausgedrückt werden. Dieses Pronomen ist aus dem bestimmten Artikel und dem alten Pronomen *selb-* zusammengesetzt; beide Teile werden dekliniert, wobei *selb-* die Endungen eines schwachen Adjektivs annimmt: *desselben, demselben, denselben* usw. Bei Verschmelzung des Artikels mit bestimmten Präpositionen kommt es zur Trennung von Artikel und *selb,* die dann auch orthographisch realisiert wird: *derselbe Augenblick,* aber: *im selben Augenblick, zur selben Zeit, am selben Ort* usw. Das Pronomen kann durch *ein und* verstärkend erweitert werden: *Das hat ein und derselbe Mann getan.* Außer in Verbindung mit dem bestimmten Artikel ist das Pronomen *selb-* noch in den Formen *selber* und *selbst* erhalten. Bei *selber* handelt es sich um einen erstarrten Nominativ Singular Maskulinum, bei *selbst* um einen erstarrten Genetiv Singular mit zusätzlichem Dentalsuffix; beide Formen sind indeklinabel. Sie stehen immer nach dem Beziehungswort (entweder unmittelbar danach oder auch durch andere Elemente des Satzes von ihm getrennt) und betonen dessen Identität mit sich selbst im Sinne eines ,diese/r und kein/e andere/r':

> *Johannes hat seinen neuen Pullover selbst gestrickt.*
> *Die Königin selbst begab sich an den Ort des Geschehens.*
> *Er weiß selber nicht, was er will.*[7]

Selbst und *selber* sind bedeutungsgleich, gehören jedoch verschiedenen Stilebenen an; *selber* bildet die umgangssprachliche Variante und wird in gehobener Sprache gewöhnlich vermieden. Veraltet und nur noch schriftsprachlich gelegentlich anzutreffen ist ferner die erweiterte Form *selbig*. Aus derselben Wurzel stammt auch das mundartlich (neualemannisch, badisch) gebräuchliche Pronomen *seller* ,dieser'. Demonstrativ ist ferner das Pronomen *solch*. Es kann sowohl undekliniert vor dem unbestimmten Artikel *(solch ein Zufall)* als auch mit den Endungen der gemischten Adjektivdeklination nach dem unbestimmten Artikel gebraucht werden: *solch ein Zufall/ein solcher Zufall*. Umgangssprachlich wird *solch* durch *so* (ebenfalls mit dem unbestimmten Artikel) ersetzt. Als Demonstrativa können auch Demonstrativadverbien wie *dort, hier, dann* aufgefasst werden.

---

[7] Vorangestelltes *selbst (selbst die Königin)* gehört nicht zu den Demonstrativa, sondern zu den → Fokuspartikeln.

7.2.5 Relativa

Relativpronomina, kurz **Relativa** (Singular **Relativum**, von lat.
referre – Partizip: *relatum* – ‚zurückbringen', ‚beziehen auf', ‚wiederholen'), sind nebensatzeinleitende Pronomina; auf Deutsch werden
sie gelegentlich auch als **bezügliche Fürwörter** bezeichnet. Es gibt
zwei Relativpronomina: das aus dem Demonstrativum abgeleitete
und mit ihm gleichlautende *der/die/das* und das aus dem Interrogativum abgeleitete und mit ihm gleichlautende *welcher/welche/welches*.
Die Relativpronomina sind selbständig (also Substantiväquivalente)
und können nicht adjektivisch gebraucht werden. Umgangssprachliche Ansätze zum adjektivischen Gebrauch wie in *?Inge ist jetzt mit
Gerhard befreundet, welche Tatsache Fritz sehr zu schaffen macht* gelten unter normativen Gesichtspunkten als inkorrekt. Das Relativpronomen richtet sich in Genus und Numerus nach seinem Beziehungswort, im Kasus hingegen nach seiner Funktion in dem von ihm
eingeleiteten Attributsatz: *Der Baum, der im Garten steht* (Subjekt); *Der
Baum, den wir gepflanzt haben* (Objekt); *Der Baum, in dessen Schatten ich
liege* (Attribut) usw. Wie das Demonstrativum unterscheidet auch das
Relativpronomen im Gen. Sg. Fem. und im Gen. Pl. zwischen *derer*
und *deren*. Im Gen. Sg. Fem. wird *deren* attributiv, *derer* in Satzglied-
funktion gebraucht: *Seine alte Großmutter, derer er sich kaum noch entsinnen konnte und deren Tagebuch er nun in Händen hielt* … Im Plural hingegen wird in beiden Fällen *deren* bevorzugt *(die meisten Güter, deren
der Mensch* bedarf; Beispiel nach Bærentzen 1995: 200). Bærentzen
(1995: 200 f.) unterscheidet neben der attributiven Funktion beim
Substantiv, wo das Relativpronomen nur vorangestellt auftritt und
daher als *deren* realisiert wird (vgl. hierzu auch unter 7.2.4 *deren/derer*
als Demonstrativum), drei weitere Funktionstypen: nach Präposition (*Verfahrensweisen, innerhalb derer*), als Objekt eines Verbs (*deren er
bedarf*) und als Genetivus partitivus (*deren viele*) und zeigt, dass für
den Gebrauch von *deren/derer* in diesen Fällen der Funktionstyp ausschlaggebend ist.

   Welch- ist gegenüber *der/die/das* das seltenere Relativpronomen.
Es wird vor allem dann verwendet, wenn ein Aufeinandertreffen
mehrerer gleichlautender Formen vermieden werden soll: *Das Kind,
das das Unglück überlebt hat* → *Das Kind, welches das Unglück überlebt hat.*
Im Genetiv Singular Maskulinum/Neutrum ist *welch-* als Relativpronomen nicht gebräuchlich: **der Tote, welches wir gedenken.* Nach De-

monstrativa, Indefinitpronomina und nach Superlativen im Neutrum wird nicht *das* oder *welches*, sondern *was* als Relativpronomen benutzt: *das, was du mir erzählt hast; alles, was wir gesehen haben; das Interessanteste, was ich je erlebt habe* usw. Im Genetiv steht in diesen Fällen *wessen* (nur als Objektkasus): *alles, wessen man ihn beschuldigt*; gelegentlich findet man auch *dessen (alles, dessen man ihn beschuldigt)*. Eine Dativform von *was* steht nicht zur Verfügung. Nach Präpositionen wird sie durch ein → Pronominaladverb auf *wo-* ersetzt: *das, wovon du mir erzählt hast; alles, womit er zu tun hat*. Ebenso wird mit Präpositionen verfahren, die den Akkusativ regieren: *Alles, wofür wir gekämpft haben*.

Wo und *wohin* können ferner zum lokalen relativischen Anschluss verwendet werden: *der Ort, wo wir als Kinder immer spielten; in Rom, wohin er sich zurückgezogen hatte*. Solche relativisch gebrauchten Interrogativa werden gelegentlich auch als **Relativadverbien** (Eisenberg 2001: 271) bezeichnet. Mundartlich wird auch der Nominativ des Relativpronomens (Singular und Plural, alle Genera) durch *wo* ersetzt: *der Mann, wo das behauptet hat*. Daneben lassen sich dialektal auch Doppelformen wie *der wo, die wo* usw. beobachten. Eine solche Verwendung von *wo* ist allerdings in der normierten Standardsprache inakzeptabel.

Gleichlautend mit Interrogativa sind auch die folgenden Relativpronomina und -adverbien:

- *Wer* und *was* stehen nach ausgefallenem Beziehungswort: *Wer den Schaden hat, …; Was man verspricht, muss man auch halten.*
- *Weshalb, weswegen* und *warum* stehen nach Substantiven aus dem Wortfeld der Kausalität *(der Grund, warum …)*; im Nebensatz erfüllen sie die Funktion einer kausalen Adverbialbestimmung. Vor allem umgangssprachlich können sie auch ganze Sätze wiederaufnehmen: *Er rührte keinen Finger im Haushalt, weshalb sie ihn schließlich verließ* (sogenannter → weiterführender Nebensatz). In dieser Funktion wird auch *was* benutzt: *Sie machte ihm viele Komplimente, was er aber nach einer Weile durchschaute.*
- *Wie* bildet einen relativischen Anschluss, wenn im übergeordneten Satz ein *so* steht oder ergänzt werden kann: *Er verhält sich so, wie sie es befürchtet hat.*
- Relativisches *wie* steht in der Funktion einer modalen Adverbialbestimmung: *Sie erinnerte sich daran, wie er sich benommen hatte; Er verhält sich so, wie sie es befürchtet hat; die Art, wie …*

7.2.6 Interrogativa

Unter dem Begriff **Interrogativa** (Sg. *Interrogativum,* von lat. *interro-gare* ‚fragen‘) auch **Fragepronomina** genannt, fassen wir die eigentlichen **Interrogativpronomina** *wer, was, welcher* sowie die **Interrogativadverbien** *wo, warum, wann* usw. zusammen. Sie leiten direkte oder indirekte → Bestimmungsfragen ein. Dabei fragt man mit *wer* nach Personen, mit *was* nach Sachen, Sachverhalten usw. Der Genetiv zu *wer* und *was* lautet *wessen* (veraltet *wes*), einen Dativ gibt es nur für *wer.* Der Akkusativ ist nur für die Form *wen* vom Nominativ unterschieden; im Falle von *was* ist er wie bei allen Neutra gleichlautend mit dem Nominativ. *Wer/was* hat keine Pluralformen; anders als in anderen Sprachen, wie z. B. im Spanischen, fragt man auch nach mehreren Personen mit der Singularform *wer (Wer hat das gemacht?;* span. *¿Quienes han echo eso?).* Soll betont werden, dass die Frage mehreren Personen oder Gegenständen gilt, so kann *wer/was alles* benutzt werden: *Wer kommt alles zu deinem Geburtstag? Was hast du alles eingekauft?*

Mit *wer* kongruieren maskuline Formen, so das Possessivpronomen *sein: Wer hat sein Geld noch nicht abgeholt?* Frauen haben kritisch auf diese Kongruenz hingewiesen, die besonders, wenn sich *wer* eindeutig auf eine Frau bezieht *(Wer möchte seinen Mann mitbringen?)* als paradox bis diskriminierend empfunden wird.

Für Präposition + *was* wird die Kombination *wo* + Präposition benutzt. Statt *Auf was wartest du eigentlich?* (was umgangssprachlich durchaus geläufig ist) sagt man *Worauf wartest du eigentlich?* Die Interrogativadverbien *wo, warum, wann, wie* usw. fragen nach Adverbialbestimmungen. Ihnen stehen auf der Seite der Demonstrativa entsprechende Adverbien gegenüber, z. B. *wo – da; warum – darum; wie – so.*

Außer *welch* sind alle Interrogativa selbständig und können nicht adjektivisch gebraucht werden. *Welch-* lässt sowohl substantivische als auch adjektivische Verwendungen zu: *Welcher gefällt dir besser? Welchen Anzug soll ich anziehen?* Der selbständige Gebrauch von *welch-* kann allerdings auch als elliptisch aufgefasst werden: *Hier sind zwei Äpfel: Welchen willst du? (= Welchen Apfel willst du?)*

Wie *solch* kann auch *welch* vor dem unbestimmten Artikel gebraucht werden; es bleibt dann unverändert, dient in solchen Fällen allerdings nicht zum Ausdruck einer Frage, sondern eines Ausrufs: *Welch ein Zufall!* Der unbestimmte Artikel kann auch fehlen, und der Satz kann dann als Ausruf oder als Frage verstanden werden: *Welch*

glücklicher Zufall (Frage oder Ausruf). Vgl. aber: *Welcher glückliche Zufall (führt dich hierher)?* (nur Frage). Umgangssprachlich wird *welch* meist durch *was für ein* ersetzt: *Was für ein Zufall führt dich hierher? Was für ein Zufall!*
Als Attribute können ferner *wessen* und *wie viel(e)* gebraucht werden, wobei letzteres flektiert werden kann: *Wessen Akte ist das? Wie viele Kinder hast du? Wie* kann auch in anderen Fällen als Attribut in Verbindung mit Adjektiven benutzt werden. Man fragt dann nach dem Ausmaß der bezeichneten Qualität: *wie weit?, wie lang? Wie* und Adjektiv können ferner zum Ausdruck des Staunens verwendet werden: *Wie kalt es geworden ist!*

7.2.7 Indefinitpronomina und -adverbien

Unter dem Begriff **Indefinitpronomen** (von lat. *pronomen indefinitum* ‚unbestimmtes Fürwort‘), deutsch auch **unbestimmtes Fürwort** genannt, wird traditionell eine sehr heterogene Gruppe von Wörtern zusammengefasst. Es handelt sich um substantivische und adjektivische Pronomina und Pro-Adverbien, die das semantische Merkmal gemeinsam haben, eine unbestimmte Menge, Art, Eigenschaft, Zeit, unbestimmte Umstände usw. auszudrücken. Darüber, welche Wörter zu dieser Gruppe gezählt werden sollen, herrscht in den Grammatiken große Uneinigkeit; Thieroff (2000: 218) kommt bei der Untersuchung von *Grundzüge* (1981), Duden (1998), Eisenberg (2001), Engel (1996), Helbig/Buscha (1987) und Zifonun et al. (1997) zu dem Ergebnis, dass „insgesamt nicht weniger als 40 verschiedene ‚Indefinita‘ in diesen sechs Grammatiken besprochen werden", es aber „lediglich fünf Indefinita gibt, die in allen sechs Grammatiken auftauchen, nämlich *einiger, etlicher, jeder, mancher* und *mehrere*".
Es gibt Versuche, einige von ihnen zu semantischen Untergruppen zusammenfassen, ohne damit jedoch die ganze Gruppe einheitlich erfassen zu können. Solche Untergruppen sind beispielsweise:

Quantifizierende Indefinitpronomina (zur Angabe einer Menge):

– zählbare, identifizierbare Mengen:

   alle, sämtliche. Sämtliche kann nur für Teilmengen verwendet werden, *alle* hingegen auch für generelle Aussagen: *alle/sämtliche Abiturienten dieses Jahrgangs ...*, aber: *alle/*sämtliche Menschen ...*

- zählbare, nicht identifizierbare Mengen:
  viele, ein paar, einige, etliche, wenige

- nicht zählbare Mengen:
  ein bisschen, wenig

- Negativpronomina und -adverbien:
  nichts, niemand, kein, nirgends, nie(mals)

Negativpronomina und -adverbien werden jedoch von vielen Grammatiken explizit nicht zu den Indefinitpronomina gerechnet, sondern als eigene Klasse angesehen (so etwa bei Helbig/Buscha 2001: 545; unter den Indefinita aufgeführt werden sie dagegen z. B. bei Duden 1998: 356, 358).

Indefinitpronomina im engeren Sinne

Auf diese Gruppe beschränken die *Grundzüge* (1981: 678 ff.) den Begriff Indefinitpronomen. Das hierbei angenommene gemeinsame Merkmal ist das der Nicht-Kognoszierbarkeit: der Sprecher geht davon aus, dass der Hörer die gemeinte Teilmenge nicht identifizieren kann. Hierzu gehören:

> *jemand, etwas, manch, irgendjemand, irgendetwas.*

Als **indefinite Distributivpronomen** bezeichnen die *Grundzüge* (1981: 666 f.)

> *irgendein, irgendwelche, jeder, wer auch immer.*

Sie unterscheiden sich von den eigentlichen Indefinitpronomina z. B. durch ihre unterschiedliche Fähigkeit, als Antworten auf Fragen zu dienen: *Wen soll ich fragen? – Irgendjemanden / *Jemanden; Was soll ich machen? – Irgendetwas / *Etwas* (vgl. hierzu ausführlicher *Grundzüge* 1981, ebenda).

Als **ausgrenzende Indefinitpronomina** könnte man *ander* und *sonstig* bezeichnen; als Indefinitadverbien kämen *irgendwann, irgendwo* in Frage. Das Pronomen *man* schließlich stellt so etwas wie ein **generalisierendes indefinites Personalpronomen** dar.

Das Indefinitpronomen *man* leitet sich aus dem gleichlautenden *Mann* ab. Es hatte ursprünglich die Bedeutung ‚irgend ein Mann' oder ‚jeder beliebige Mann'. In jüngerer Zeit ist diese synchronisch noch gut nachvollziehbare Etymologie des Pronomens von Feministinnen wieder verstärkt ins Bewusstsein gerufen worden, und das Pronomen wurde in Publikationen der Frauenbewegung durch *frau* ersetzt. Auch das Indefinitpronomen *jemand* wird in solchen Texten gelegentlich durch *jefrau* ersetzt; auch hier ist die Ersetzung etymologisch gerechtfertigt, wenngleich sich die Verwandtschaft mit *Mann* hier synchronisch weniger gut nachvollziehen lässt als beispielsweise bei *jedermann*. *Jemand* bedeutet ursprünglich ‚irgend ein Mann‘; mhd. *ieman*, ahd. *ioman/eoman* zu *io/eo* ‚immer‘; (vgl. nhd. *welcher Mann auch immer*) wie auch *niemand* ‚nicht irgend ein Mann‘ oder ‚kein Mann‘ bedeutet. Das auslautende *-d* ist erst später hinzugetreten.

Umgangssprachlich können auch die Interrogativa *wer* und *welch* als Indefinitpronomina verwendet werden:

> *Da muss sich wer vorgedrängelt haben.*
> *Wenn kein Wein da ist, hol ' ich uns welchen.*

Auch *einer* ist als Indefinitpronomen eher umgangssprachlich:

> *Wenn mir noch mal einer dumm kommt …*

Es ersetzt das hochsprachliche *jemand*.

Die verschiedenen Grammatiken gehen nicht nur bei der Abgrenzung und Einteilung der Indefinitpronomina, sondern auch bei der Bezeichnung derjenigen Wörter, die sie nicht zu dieser Klasse rechnen, sehr uneinheitlich vor. So ordnen etwa Helbig/Buscha (2001: 230) *ander* als „zurückweisendes Demonstrativum“ und zugleich als „unbestimmtes Zahladjektiv“ (ebenda: 303) ein, während der Duden (1998: 279) *ander* nur als „unbestimmtes Zahladjektiv“ bezeichnet. Nun gilt aber im Rahmen der Rechtschreibung die Regel, dass den Pronomina nach Indefinitpronomina im Neutrum wie *etwas, nicht, viel* usw.[8] im Gegensatz zu Adjektiven nicht groß geschrieben werden, und der Rechtschreibduden (2000) behandelt *ander* weiterhin als Pronomen (vgl. *etwas Schönes*, aber: *etwas anderes*). Die Definition dessen, was ein Pronomen ist, ist für die richtige Schreibung ausschlaggebend; angesichts der großen Uneinigkeit in diesem Bereich, wie sie hier sogar zwischen verschiedenen Ausgaben der Duden-Reihe

---

[8] Die Liste der in Frage kommenden Ausdrücke lt. Rechtschreibduden (2000: 51) lautet: „*alles, etwas, nichts, viel, wenig*“

sichtbar werden, stellt dieses Definitionsproblem sicher eine Schwierigkeit für den Erwerb und die Vermittlung der Regeln dar.

Den quantifizierenden Indefinitpronomina, die als Quantoren oder Quantifikatoren (englisch: *quantifiers*) bezeichnet werden, wird von verschiedenen Seiten, so auch in der Generativen Grammatik, besonderes Interesse entgegengebracht. Ihre Besonderheit besteht darin, dass sie sich zwar syntaktisch wie Argumente des Prädikats verhalten (also z. B. als Subjekte oder Objekte in Erscheinung treten), semantisch jedoch ihrerseits als Prädikate (im logischen Sinne) interpretiert werden müssen.

Quantoren haben einen bestimmten Geltungsbereich (Skopus), der sich nicht unbedingt nur auf ihre direkte Nachbarschaft beschränken muss, wie die folgenden Sätze zeigen:

> *Ihr habt mir beide sehr geholfen.*
> *Wir können uns doch sicher alle irgendwie einigen.*

Hier steht *ihr* im Skopus von *beide* und *wir* im Skopus von *alle*, obgleich sie jeweils an verschiedenen Stellen im Satz stehen. In der Generativen Grammatik wird dieses Verhalten der Quantoren als Beleg dafür gewertet, dass das Subjekt innerhalb der VP generiert und dann angehoben wird. Dies soll am Beispiel des einfachen Satzes *Ihr seid beide gekommen* gezeigt werden:

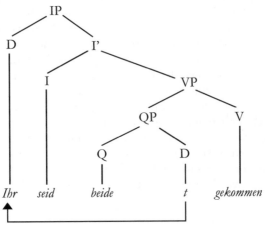

IP = Interflection, D = Determiner, Q = Quantifier,
V = Verb; P = Phrase; t = trace

Die Graphik soll zeigen, dass das komplette Subjekt – hier eine QP, also eine Phrase mir einem Quantor – innerhalb von VP entstanden ist; dann wurde das Pronomen nach links bewegt, also innerhalb der Hierarchie des Satzes angehoben, während der Quantor an der alten Stelle blieb. An der Stelle des Pronomens bleibt eine leere Spur *t*.

Deklination

Bei *all, manch* und *viel* existieren sowohl deklinierte als auch undeklinierte Formen. Die undeklinierten Formen von *all* und *manch* stehen immer vor dem Artikel; *all* steht vor dem bestimmten Artikel oder einem Possessiv- oder Demonstrativpronomen; *manch* vor dem unbestimmten Artikel, dem Indefinitpronomen *einer* oder auch bei Nullartikel:

all das Durcheinander, all ihre Bemühungen, all dies
manch einer, manch trauriger Augenblick, manch ein freundliches Wort

Bei *all* können stattdessen auch deklinierte Formen verwendet werden *(alle ihre Bemühungen)*; vor dem bestimmten Artikel sind sie allerdings im Singular nicht gebräuchlich: **alles das Durcheinander*, und auch im Plural in diesem Fall nur umgangssprachlich üblich: *alle die Leute*.

Viel bleibt endungslos, wenn es selbständig als Neutrum oder in adverbialer Funktion gebraucht wird:

Ich habe dir viel zu erzählen. Er dachte viel an sie.

Anstelle des endungslosen Neutrums kann auch die deklinierte Form *vieles* verwendet werden:

Er erzählte ihr vieles.

Man, das nur im Singular vorkommt, kann mit Hilfe der Suppletivformen *einem* (Dativ) und *einen* (Akkusativ) dekliniert werden; in der Schriftsprache werden diese Formen allerdings gewöhnlich vermieden. Vgl.:

Was einem so alles passieren kann!

7.3   Numeralia

Die **Numeralia** (von lat. *numerus* ‚Zahl') (Singular: *das Numerale; Numerale* wird gelegentlich auch für den Plural verwendet) werden in der deutschen Terminologie auch „Zahlwörter" genannt. Man unterscheidet die folgenden Typen: Kardinalia (*ein, zwei, hundert*), Ordinalia (*erstens, zweiter, die dritte* usw.), ferner Bruchzahlen (*Viertel, Drittel*), Einteilungszahlen, Gattungszahlen (*zweierlei, dreierlei*), Kollektivzahlen, Vervielfältigungszahlen (*doppelt, dreifach*), Wiederholungszahlen (*viermal, dreimalig*), indefinite Zahlen (*mehrmalig, vielfach, mancherlei*); vgl. hierzu auch im Folgenden.

Neben dieser funktionellen Einteilung lassen sich die Numerale auch formal nach Wortbildungskriterien klassifizieren in:

– einfache *(eins, acht, hundert)*,
– mit Suffix gebildete *(dreißig, zweitens)*,
– Komposita *(einhundert)*,
– Zahlenverbindungen *(eine Million)*.

Manche Grammatiken, so etwa Helbig/Buscha (2001: 290ff.), sehen Numeralia als Adjektive an und nennen sie dementsprechend oft auch „Zahladjektive". Allerdings ist es keineswegs so, dass sich alle Zahlwörter wie Adjektive verhalten, und insbesondere die Kardinalia zeigen hier regelmäßig Abweichungen. Der Duden (1998: 267) trägt diesem Sachverhalt insofern Rechnung, als er in der Überschrift von „Zahladjektiven u. Ä." spricht und in der nachfolgenden Besprechung auch Substantive als Zahlwörter anführt (ebd: 269). Im Hinblick auf Morphologie und Syntax verhalten sich Numeralia meist auch innerhalb ein und derselben Sprache nicht einheitlich: einige von ihnen kongruieren wie Adjektive in Genus und Kasus mit dem Beziehungswort, während sich andere wie selbständige Nomina verhalten und einen attributiven Genetiv oder eine Präpostionalphrase mit *von* (wie in *Tausende von Ameisen*) nach sich ziehen. In Anlehnung an Corbett (1978: 358) hat Hurford (1987: 187) aufgezeigt, dass man Kardinalia auf einer Skala zwischen eindeutiger Adjektivität einerseits und eindeutiger Substantivität andererseits einordnen kann. Dabei ist die allem Anschein nach universelle Tendenz zu beobachten, dass ein Zahlwort um so mehr adjektivische Eigenschaften hat, je niedriger die bezeichnete Zahl ist, und sich um so mehr wie ein Substantiv verhält, je höher sie ist. Dieses Phänomen ist auch im Deutschen zu beobachten. Zahlen sind nicht nur in grammatischer Hinsicht eigentümlich; sie sind auch die einzigen sprachlichen Zeichen, die selbst in Sprachgemeinschaften mit Buchstaben-Schriften wie der deutschen graphisch durch Wort-Zeichen *(2, 3, 4)* kodiert werden.

Die Mehrzahl der Numeralia im Deutschen kann zwar attributiv verwendet werden, unterscheidet sich aber in ihrem Flexionsverhalten deutlich von den Adjektiven. Bei einigen Zahlwörtern, z. B. *die Million, die Milliarde,* handelt es sich hingegen eindeutig um Substantive; sie stehen regelmäßig mit Artikel und können einen Plural bilden *(zwei Millionen).* Dagegen sind Numeralia wie *erstens* oder *dreifach* Adverbien. Aus diesen Gründen scheint es durchaus sinnvoll, die Kategorie der Numeralia aufrechtzuerhalten.

Kardinalia (Singular: *das Kardinale*) (von lat. *cardinalis* ‚wichtig‘, ‚Haupt-‘), werden auch **Kardinalzahlen** oder **Grundzahlen** genannt. Kardinalzahlen sind z. B. *eins/ein, zwei, drei, fünfzehn, eine Million.* Nur *ein* wird stets dekliniert; es weist bei der substantivischen gegenüber der adjektivischen Verwendung teilweise unterschiedliche Formen auf (vgl. substantivisch *einer/eine/ein(e)s* gegenüber adjektivisch *ein/eine/ein).* Die übrigen Kardinalia werden nur gelegentlich in flektierter Form gebraucht, wobei die Häufigkeit, mit der Flexionsendungen auftreten, mit zunehmender Höhe der Kardinalzahl abnimmt. Substantivisch gebrauchte Kardinalia werden in einigen festen Wendungen *(auf allen vieren, ein Grand mit dreien)* sowie nach *zu (zu zweien;* vgl. aber *zu zweit)* stets flektiert. Auch nach anderen Präpositionen, die den Dativ regieren, kommen gelegentlich flektierte Formen vor *(Mit zweien habe ich schon gesprochen; Bei dreien war ich schon; Nach zweien habe ich mich erkundigt* usw.). Weitere Dativ-Formen liegen beispielsweise in *Dreien habe ich das Manuskript schon gegeben* oder *Zweien aus der Gruppe traue ich nicht so recht* vor. Der Genetiv wird fast nur noch von *zwei* gebildet *(nach Ansicht zweier Kommissionsmitglieder; ?nach Ansicht dreier Kommissionsmitglieder; *nach Ansicht vierer Kommissionsmitglieder).*

Eine Sonderstellung nimmt die Nebenform *beide* ein. Sie kann substantivisch und adjektivisch und sowohl singularisch als auch pluralisch gebraucht werden. *Beide (Eltern); Willst du lieber Honig oder Marmelade? – Beides! Beide* setzt im Gegensatz zu *zwei* voraus, dass die gemeinten Referenzgegenstände bereits bekannt und identifiziert sind. *Ein König hatte zwei (*beide) Töchter. Beide (*Zwei) waren sehr schön.*

Die *Grundzüge* (1981: 675 f.) bezeichnen deshalb *beide* mit einem gewissen Recht als „Dualpronomen".

Die Kardinalia, auf denen die anderen Numeralia beruhen, spiegeln in ihrer Wortbildung noch das Duodezimalsystem (Zwölfersystem) wider, das inzwischen bei den meisten Maßeinheiten und in der Zahlenschreibung durch das Dezimalsystem ersetzt worden ist:[9] Nicht nur die Zahlen von *eins* bis *zehn*, sondern auch *elf* und *zwölf* werden mit einfachen Wörtern benannt, und erst ab 13 folgen Komposita.[10] Als Reste der alten Duodezimalzählweise gibt es noch *Dutzend, Schock* (‚60‘) und *Gros* (‚12 mal 12‘), die gelegentlich als **Kollektivzahlen** bezeichnet werden.

Ordinalia (Singular, ungebräuchlich: *das Ordinale*, von lat. *ordo* ‚Ordnung‘), auch **Ordinalzahlen** oder **Ordnungszahlen** genannt, geben eine bestimmte Stelle in einer Reihe oder Abfolge an: *der erste, die zweite, das dritte* ... Sie werden substantivisch und adjektivisch gebraucht. Im Unterschied zu Adjektiven müssen sie auch bei prädikativem Gebrauch flektiert werden: *Sie wurde zweite (*sie wurde zweit*; vgl. aber: *Er wurde rot/*roter*). *Erst-, dritt-,* und *siebt-* sind formal unregelmäßig. Zu den Ordinalia gibt es Adverbien auf *-ens: erstens, zweitens* usw.; diese Adverbien werden auch **Einteilungszahlen**[11] genannt.

Bruchzahlen (wie *Viertel, Sechstel*) werden mit der Endung *-tel* (aus *Teil*) gebildet; bei Zahlen auf *-ig* wird noch ein Fugen-*s* eingeschoben (*dreißig* → *Dreißigstel*). Sie drücken den Nenner eines Bruches aus und werden als Substantive behandelt. Eine Bruchzahl zu *eins (Eintel)* wird nur in mathematischen Kontexten gebildet. Zu *zwei* gibt es eine substantivische *(Hälfte)* und eine adjektivische *(halb)* Suppletivform.

---

[9] Nach dem Duodezimalsystem sind die Zeiteinheiten geordnet: 60 (5 × 12) Sekunden ergeben eine Minute, 60 Minuten eine Stunde, 2-mal zwölf Stunden einen Tag, zwölf Monate ein Jahr.

[10] Andere Sprachen verwenden ab 11 regelmäßige Wortbildungen (vgl. lat. *undecim, duodecim*; it. *undici, dodici*; ähnlich in slawischen Sprachen).

[11] Unter „Einteilungszahlen" werden aber auch andere, im Deutschen nicht durch eigenständige Bildungen vertretene Zahlwörter mit der Bedeutung ‚je ein‘, ‚je zwei‘ usw. verstanden, wie sie etwa das Lateinische (*singuli, bini* usw.) aufweist (sogenannte „Distributiva").

Wiederholungszahlen (**Iterativa**) drücken ein zeitliches Nacheinander aus. Sie werden durch Suffigierung mit *-mal* gebildet und sind Adverbien. Zur adjektivischen (vor allem attributiven) Verwendung werden sie mit *-ig* erweitert: *vier* → *viermal* → *viermalig.* Im Gegensatz zu den Wiederholungszahlen kennzeichnen die **Vervielfältigungszahlen** (**Multiplikativa**) auf *-fach* eine nicht als nacheinander gesehene Mehrheit: einen *dreifachen Fehler* begeht man, wenn man in einer Handlung in mehr als einer Hinsicht etwas falsch macht (Vervielfältigungszahl); einen *dreimaligen Fehler* begeht man, wenn man mehrere Male hintereinander (Wiederholungszahl) etwas falsch macht. Neben der Vervielfältigungszahl *zweifach* gibt es die wesentlich häufigere einfache Form *doppelt.*

Gattungszahlen wie *einerlei, zweierlei, dreierlei* bezeichnen die Anzahl von Klassen, zu der die benannten Gegenstände gehören (z. B. *dreierlei Fleisch*).

Ferner werden Wörter wie *einzeln, viel, etwas, ein bisschen* gelegentlich statt als Indefinitpronomina als **unbestimmte Zahlwörter** oder **Indefinitnumeralia** unter die Numeralia eingeordnet. Zu diesen gehören auch mit Indefinitpronomen gebildete Wiederholungs-, Vervielfältigungs- und Gattungszahlen wie *mehrmalig, manchmal, mehrfach, allemal, allerlei, keinerlei, mancherlei.*

8   Adverbien

Die Wortart **Adverb** (Plural: *Adverbien,* von lat. *ad verbum* ‚zum Verb/ Wort') ist nach einer ihrer Hauptfunktionen benannt worden: Adverbien bezeichnen die Umstände näher, unter denen sich eine im Verb ausgedrückte Handlung oder ein Vorgang vollzieht (daher auch die deutsche Bezeichnung „Umstandswort"). Adverbien sind Wörter wie *dort* oder *heute*; sie treten typischerweise zu Verben hinzu *(Ich komme heute),* können aber auch bei Substantiven, Adjektiven oder anderen Wortarten stehen *(das Haus dort, die heute bessere Stimmung, die dort besonders schwierige Lage* usw.).

Morphologie

Morphologisch sind Adverbien u. a. dadurch gekennzeichnet, dass sie keine Deklination aufweisen. Auch ihre Komparationsfähigkeit ist sehr eingeschränkt; nur sehr wenige von ihnen sind komparierbar, zum Teil nur mit Hilfe von → Suppletivstämmen (vgl. *gern/lieber/am liebsten, oft/öfter/am häufigsten* usw.).

Diese Eigenschaften treffen aber nur auf die „echten" Adverbien zu. In manchen Grammatiken (z. B. Götze/Hess-Lüttich 2002: 19) werden auch adverbial gebrauchte Adjektive als Adverbien bezeichnet – also beispielsweise das Wort *scheu* in *Er lächelte scheu* – und diese sind selbstverständlich komparierbar und in nicht-adverbiellen Gebrauchsweisen auch deklinierbar. Solche adverbial gebrauchten Adjektive, die normalerweise nicht als Adverbien, sondern als adverbiale Adjektive (so z. B. bei Zifonun et al. 1997, Duden 1998) oder auch als Adjektivadverbien (so z. B. Homberger 2003) bezeichnet werden, sind im heutigen Deutsch endungslos. Das war nicht immer so; vgl. noch mhd. *hart – harto* (Adv.). In vielen anderen Sprachen werden sie nach wie vor durch spezielle Endungen gekennzeichnet, z. B. engl. *happy/happily,* franz. *clair/clairement,* russ. *bistrij/bistro* usw.

Die unterschiedlichen Einschätzungen dessen, was unter einem Adverb zu verstehen sei, hängen damit zusammen, dass einmal die syntaktische Funktion, nämlich die → Adverbialbestimmung, und einmal eine auf diese Funktion spezialisierte Wortart gemeint ist. Im Folgenden soll unter „Adverb" ausschließlich die Wortart verstanden werden; adverbiell gebrauchte Adjektive werden im Unterschied dazu als „Adjektivadverbien"[1] bezeichnet.

Bei der Beantwortung der Frage, ob man Adverbien zu den flektierbaren oder zu den unflektierbaren Wortarten rechnet, spielt natürlich auch die Frage eine Rolle, ob man die Komparation als eine Form der Flexion ansieht (vgl. S. 213 ff.). Da aber nur eine verschwindende Minderheit von Adverbien überhaupt komparierbar ist, kann diesem Kriterium ohnehin nur geringes Gewicht beigemessen werden. Insgesamt muss man also die Adverbien des Deutschen zu den unflektierbaren Wortarten zählen. Aus diesem Grund rechnen einige Grammatiken die Adverbien zusammen mit den Präpositionen und Konjunktionen zu den Partikeln oder einer gemeinsamen Klasse von „Unflektierbaren" (Duden 1998: 360). Adverbien haben aber → kategorematische oder → deiktische Bedeutungen; das unterscheidet sie von der großen Gruppe der Partikeln, die lediglich → synkategorematische Bedeutungen haben.

Von einigen Adverbien können mittels des Derivationssuffixes *-ig* Adjektive abgeleitet werden: *dort – dortig, heute – heutig, hier – hiesig.*[2]

Semantische Einteilung

Nach Art der Umstände, die sie bezeichnen, können Adverbien in semantische Gruppen eingeteilt werden, über deren Definition jedoch kaum Einigkeit besteht. Solche Gruppen sind:

– **Interrogativadverbien** (Adverbien der Frage): *wo, wann, wie, warum* usw. Sie können entweder als eigene Kategorie aufgefasst oder aber den semantischen Gruppen zugeordnet werden, auf die sie sich jeweils beziehen (also *wie* den Modaladverbien, *wo* den Lokaladverbien usw.).

---

[1] Die Bezeichnungen für adverbial gebrauchte Adjektive sind sehr unterschiedlich und reichen von „Adverb" (Götze/Hess-Lüttich 2002: 19) bis zu „Satzadjektiv" (Duden 1998: 644). Am häufigsten finden sich die Bezeichnungen „adverbiales Adjektiv" und „Adjektivadverb".

[2] Beim Wechsel von *r* und *s* handelt es sich um einen Fall des sogenannten „Rhotazismus" (von griech. *rho* ,r'; ,r-Wechsel'), eines Übergangs eines stimmhaften *s* [z] zu *r*, der auch in anderen indoeuropäischen Sprachen vorkommt (vgl. lat. *genus, generis*).

– **Kausaladverbien** (Adverbien des Grundes): Zur Angabe eines Grundes können die aus einem Pronomen und einer Präposition (Postposition) zusammengesetzten Adverbien *deshalb, deswegen* oder das → Pronominaladverb *darum* verwendet werden. Ferner kann auch das aus dem Adverb *da* und dem Affix *her* (das ursprünglich ebenfalls ein Adverb war, als solches jedoch nur noch in der festen Wendung *hin und her* erhalten ist) zusammengesetzte, in seiner Grundbedeutung lokale Adverb *daher* zur Angabe des Grundes dienen.

– **Konsekutivadverbien** (Adverbien der Folge): *infolgedessen, ander(e)nfalls, demzufolge.* Diese Adverbien sind aus Pronomina und präpositionalen Ausdrücken zusammengesetzt; sie werden normalerweise zu den → Konjunktionaladverbien gerechnet.

– **Konzessivadverbien** (Adverbien der Einräumung): *trotzdem, gleichwohl, indessen.* Auch diese Adverbien werden meist zur Gruppe der Konjunktionaladverbien gerechnet; *trotzdem* und *indessen* sind ebenfalls aus Präposition und Pronomen zusammengesetzt.

– **Modaladverbien** (Adverbien der Art und Weise): *gern, jählings, solchermaßen.* Zu dieser semantischen Gruppe würde auch die Mehrzahl der Adjektivadverbien gehören. Als Modaladverbien werden gelegentlich auch Wörter wie *etwa* oder *äußerst* behandelt, die hier zu den → Fokus- bzw. Intensivpartikeln gerechnet werden, da sie nie mit Bezug auf Verben auftreten können. Ein Zwitter ist demgegenüber *sehr*, das sowohl als Intensivpartikel (*sehr schön*) als auch als Modaladverb (*Sie schätzte ihn sehr*) fungieren kann.

– **Instrumentaladverbien** (Adverbien des Mittels): Diese Kategorie ist durch die → Pronominaladverbien *dadurch* und *damit* vertreten. Da Instrumentalität im Deutschen mit denselben Elementen gekennzeichnet wird, die auch für Modalität verwendet werden, wird sie oft zur Modalität und die entsprechenden Adverbien also zu den Modaladverbien gerechnet.

– **Lokaladverbien** (Adverbien des Ortes): *hier, überall, rückwärts, daheim* usw. Zu den Lokaladverbien gehören auch die beiden alten Adverbien *hin* und *her*, die jedoch nur noch in der festen Wendung *hin und her* erhalten sind und ansonsten als Präfixe (*herkommen, hingehen*) oder Suffixe (*dahin, hierher*) gebraucht werden.

Gelegentlich werden die Lokaladverbien nach verschiedenen Gesichtspunkten weiter unterteilt. Bei Helbig/Busca (2001:

311 f.) wird zunächst danach unterschieden, ob sie einen Ort oder eine Richtung angeben (vgl. *dort/dorthin, heim/daheim* usw.). Die Richtungsadverbien werden ferner danach unterteilt, ob sie den Ausgangs- oder Endpunkt einer Bewegung bezeichnen (vgl. *dorthin/dorther*). Diese Unterscheidungen werden in vielen Sprachen auf einer anderen Ebene des Systems, nämlich durch eigene Kasus realisiert. Auch im Deutschen gibt einen Kasus zur Angabe des *wo*, den Dativ (*im See*), der den alten Lokativ abgelöst hat, und einen anderen für das *wohin* (Akkusativ: *in den See*). Für die Angabe des *woher*, ursprünglich die Aufgabe des Ablativs, tritt wie für das *wo* der Dativ ein (*aus dem See, vom See*).

Bei Zifonun et al. (1997: 1150–1167) erfolgt dagegen eine Unterteilung nach völlig anderen Kriterien, die als „Perspektive", „Dimension", „Verankerung" und „verlagernd" versus „nicht-verlagernd" bezeichnet werden. Bei der Perspektive wird unterschieden zwischen „auf den Sprecherort bezogen" (also z.B. *her*) und einem Ansatz „bei inhärenten Eigenschaften eines Objekts" (z.B. *daneben*). Bei der Dimension geht es um die Unterscheidung vertikal/horizontal, und mit Verankerung ist gemeint, ob ein Adverb „beim Sprecherort verankert" ist (z.B. *diesseits*) oder anderswo (z.B. *jenseits*). Die Unterscheidung „verlagernd"/„nicht-verlagernd" schließlich entspricht der Unterscheidung gerichtet/ungerichtet. Direkte Auswirkungen auf die sprachliche Realisierung hat nur dieser letztgenannte Unterschied, welcher der Unterscheidung von Ort und Richtung bei Helbig/Buscha entspricht.

— **Temporaladverbien** (Adverbien der Zeit): *meistens, damals, morgen* usw. Auch hier sind ähnlich wie bei den Lokaladverbien weitere semantische Unterteilungen, etwa nach dem Zeitpunkt (*jetzt, dann*), der Dauer (*immer, seither, fürderhin*), der Wiederholung (*freitags, nachts*) u.a.m. möglich.

Syntaktische Einteilung

Die Adverbien können aufgrund ihres syntaktischen Verhaltens in mehrere Untergruppen aufgeteilt werden:

— deiktische Adverbien,
— relationale Adverbien,
— Modaladverbien,
— Satzadverbien.

Für diese Unterteilung sind die folgenden drei Fragen wichtig:

- Kann das Adverb den Fokus[3] der Negation tragen, d. h. kann es selbst negiert werden (z. B. *gern – nicht gern*)?
- Kann das Adverb erfragt werden (z. B. *Wo? – Dort*)?
- Kann das Adverb in einem verneinten Satz stehen, ohne selbst negiert zu sein? Um dies festzustellen, ist es am einfachsten, das Adverb an den Anfang eines negierten Satzes zu stellen, z. B. *Trotzdem gab sie nicht auf* (*Trotzdem* ist nicht negiert).

Deiktische Adverbien

Mit **deiktischen Adverbien** sind diejenigen Adverbien gemeint, die auf einen Ort oder einen Zeitpunkt in der außersprachlichen Wirklichkeit verweisen, der durch sein Verhältnis zur Sprechsituation bestimmt ist; solche Adverbien sind etwa *hier* oder *jetzt*. Für diese Untergruppe lassen sich alle drei Fragen mit „ja" beantworten.
   Diese Adverbien können:

- negiert werden: *Ich wohne nicht hier (sondern dort); Das ist nicht gestern gewesen (sondern heute).*
- erfragt werden: *Wo wohnst du? – Hier. Wann war das? – Gestern.*
- in einem negierten Satz stehen, ohne selbst Träger der Negation zu sein: *Hier fühle ich mich nicht wohl (sondern unwohl)*; vgl.: *Nicht hier fühle ich mich wohl (sondern dort); Gestern bin ich nicht weggegangen (sondern zu Hause geblieben)*; vgl.: *Nicht gestern bin ich weggegangen (sondern vorgestern).*

Relationale Adverbien

Mit **relationalen Adverbien** sind solche Adverbien gemeint, die eine Eigenschaft bezeichnen, die nur im Verhältnis zu anderen besteht; solche Adverbien sind beispielsweise *oft, rückwärts, mitunter.* Sie sind, semantisch wie in ihrem syntaktischen Verhalten, eng mit den deiktischen Adverbien verwandt; allerdings ist ihre Erfragbarkeit stark eingeschränkt, vgl.: *Wann kommt sie? – (?)Oft. (?)Mitunter. Wohin geht er? Wie geht er? – (?)Rückwärts.*

---

[3] Der Fokus (von lat. *focus* ‚Herd', ‚Brennstätte') bildet das Zentrum eines Geltungsbereiches.

Was das syntaktische Verhalten betrifft, so ist die semantische Zugehörigkeit zu einer der hier behandelten Gruppen wichtiger als die morphologische Herkunft eines Adverbs; relationale Adjektivadverbien wie *selten* verhalten sich also syntaktisch genauso wie ihre „echten" Kollegen.

Innerhalb der Gruppe der deiktischen und relationalen Temporaladverbien gibt es ferner eine Untergruppe, die nicht den Fokus der Negation tragen kann. Es sind dies solche Adverbien, die einen **Zeitraum** bezeichnen, dessen Anfangs- oder Endpunkt unbestimmt ist, also mit *bis* oder *seit* gebildete Adverbien wie *bislang, seitdem, bisher* usw., vgl.:

> *Ich habe nicht seitdem mit ihr gesprochen* gegenüber
> *Ich habe seitdem nicht mit ihr gesprochen.*

Mehrteilige Adverbiale mit *bis* oder *seit* können demgegenüber den Fokus der Negation durchaus tragen, wenn der in ihnen enthaltene **Zeitpunkt** (und nicht der **Zeitraum**) im Vordergrund der Information steht. Vgl.:

> *Ich habe nicht seit gestern gewartet (sondern schon seit vorgestern – sondern erst seit heute)*
>
> gegenüber
>
> *Ich habe sie nicht seit gestern gesehen.*

Auch die Erfragbarkeit der mit *seit* und *bis* gebildeten Adverbien ist problematisch; *bislang* und *bisher* sind gar nicht erfragbar, *seitdem* und *seither* nur bei Wiederaufnahme ihres ersten Bestandteils:

> *Bis wann? –? Bisher; *Bislang.*
> *Seit wann? – (?) Seitdem;? Seither.*

Modaladverbien

Die nächste syntaktische Gruppe fällt mit der semantischen Untergruppe der **Modaladverbien** zusammen. Modaladverbien können zwar verneint und erfragt werden; sie können jedoch nicht innerhalb eines negierten Satzes stehen, ohne selbst Träger der Negation zu sein.

– Negation:
Das macht man nicht so (sondern anders) (echtes Adverb).
Er spricht nicht langsam (sondern schnell) (adverbial gebrauchtes Adjektiv).
– Erfragbarkeit:
Wie macht man das? – So (echtes Adverb).
Wie spricht er? – Schnell (adverbial gebrauchtes Adjektiv).
Die Erfragbarkeit echter Modaladverbien kann gelegentlich, so etwa bei *gern*, nicht ganz eindeutig sein:
Wie macht er das? – (?) Gern.
– Gebrauch in einem negierten Satz, ohne selbst Träger der Negation zu sein:
*Gern kommt sie nicht zu spät.[4]
*Schnell spricht er nicht.[5]

Satzadverbien

Schließlich gibt es noch eine recht heterogene Gruppe von Adverbien und Partikeln, die weder erfragt noch negiert werden können, die jedoch problemlos innerhalb negierter Sätze stehen können, ohne selbst Träger der Negation zu sein:

Negation:

*Er ging nicht leider.
*Sie schwieg nicht gleichwohl.

Erfragbarkeit:

Wie ging er? – *Leider.
Wie schwieg sie? – *Gleichwohl.

Gebrauch in einem negierten Satz, ohne selbst Träger der Negation zu sein:

Leider ging er nicht (sondern blieb).
Gleichwohl schwieg sie nicht (sondern sprach).

---

[4] Bei nachdrücklicher Betonung auf *gern* ist dieser Satz natürlich möglich; dann bezieht sich die Negation jedoch auf das Adverb.
[5] Auch dieser Satz ist bei der Betonung auf *schnell*, auf das sich die Negation dann aber bezieht, natürlich möglich.

Hierzu gehören die → Konjunktionaladverbien wie z. B. *trotzdem,*
gleichwohl sowie eine Gruppe weiterer Adverbien und Partikeln, etwa
die anderenorts (Weydt/Hentschel 2002) als „Situativpartikeln" bezeichneten Partikeln *immerhin, allerdings, jedenfalls* usw. Auch die modalen Satzadverbien *leider, glücklicherweise, womöglich* usw. und das temporale *schon* gehören syntaktisch zu dieser Gruppe, die wir hier wegen
ihres Bezuges auf den ganzen Satz als **Satzadverbien** zusammengefasst haben, obwohl es sich größtenteils um Partikeln handelt.

Einige Partikeln dieser Gruppe werden von manchen Autoren als
„**Rangierpartikeln**" bezeichnet. Damit sind solche Partikeln gemeint, die „im Vorfeld (…) stehen können (…), jedoch nicht als
Antwort auf irgendwelche Fragen gebraucht werden können"
(Engel 1996: 763). Dies trifft allerdings auf sämtliche hier als Satzadverbien zusammengefassten Partikeln und Adverbien zu. Ferner
„bezeichnen sie die Einstellung des Sprechers zum verbalisierten
Sachverhalt" (Engel/Mrazović 1986: 915). Rangierpartikeln sind
nach Engel (1996: 763) Wörter wie *jedoch, gottlob, eigentlich, überhaupt,*
schätzungsweise u. a. Wie die Beispiele zeigen, enthält die Liste auch
die Konjunktion/das Konjunktionaladverb *jedoch* und das Adjektiv/
die Abtönungspartikel *eigentlich*. Insgesamt ist die Gruppe der Rangierpartikeln so heterogen, dass die Etablierung einer solchen Klasse nicht nachvollziehbar ist.[6]

Pronominaladverbien

Unter **Pronominaladverbien** versteht man eine Gruppe von Adverbien, die aus den Adverbien *da, hier* oder *wo* und einer Präposition
bestehen: *darauf, hierauf, hiermit, wofür, dagegen* usw. Bei Zusammensetzungen mit *da-* und *wo-*, also mit Adverbien, die auf einen Vokal
enden, wird, wenn die folgende Präposition ebenfalls mit einem Vokal beginnt, als Bindungselement ein *-r-* eingeschoben: *da* + *auf*
→ *darauf; wo* + *auf* → *worauf*.

Pronominaladverbien sind Proformen und erfüllen die syntaktische Funktion von:

---

[6] Bei Clément/Thümmel (1975: 127 ff.) wurden abweichend von dieser Terminologie unter Rangierpartikeln Partikeln wie *nur, einzig, auch, ferner, sogar,*
selbst, noch usw. verstanden (vgl. → Fokuspartikeln). Ähnliche Einteilungen
fanden sich früher bei Eisenberg (1986: 207; dort auch „Gradpartikeln").

— Adverbialbestimmungen: *Sieh einfach im Kühlschrank nach, du findest darin alles, was du brauchst.*

oder

— Präpositionalobjekten: *Ich warte auf ihren Brief* → *Ich warte darauf.*

Der Begriff „Pronominaladverb" für diese Wortgruppe beruht darauf, dass sie Präpositionalphrasen, also Fügungen aus Präposition und Substantiv, ersetzen, indem sie die Präposition wiederholen, das Substantiv aber durch eines der drei Adverbien *da, hier* oder *wo* ersetzen. Insofern sind sie tatsächlich Proformen für Substantive, also Pro-Nomina. Als Adverbien oder besser Pro-Adverbien können sie ebenfalls fungieren; typisch ist ihr Gebrauch aber gerade bei präpositionaler Rektion. In Bezug auf Erfragbarkeit und Negierbarkeit verhalten sich Pronominaladverbien wie deiktische Adverbien.

Pronominaladverbien können nicht verwendet werden, wenn das zu ersetzende Nomen belebt ist: dann muss es durch ein Personalpronomen ersetzt werden, das mit der entsprechenden Präposition eingeleitet wird: *Ich warte auf meine Freundin* → *Ich warte auf sie.* Die Kategorie ‚Belebtheit' umfasst Menschen und Tiere (aber nicht Pflanzen). In Einzelfällen kann der Gebrauch des Pronominaladverbs bzw. der Präposition mit Personalpronomen davon abhängen, ob die Belebtheit oder eher der Objektcharakter des Bezeichneten im Vordergrund steht:

Die Biologin N. erforscht das Leben der Ameisen. Sie hat sich viele Jahre lang mit ihnen beschäftigt.

gegenüber:

Sie haben Ameisen in der Küche? XY-Spray macht Schluss damit!

Zur Bezeichnung von Personengruppen können – im Gegensatz zur Bezeichnung einzelner Personen – in lokalen Adverbialbestimmungen auch Pronominaladverbien verwendet werden, vgl.:

Am Busbahnhof stand eine Reisegruppe. Ich stellte mich dazu.

aber:

Da kommt ja endlich meine Reisegruppe! Ich warte schon seit Stunden auf sie.

Offenbar werden lokale Adverbialbestimmungen mit Personen, wenn es sich dabei um eine Gruppe Unbekannter handelt, in erster Linie als Ortsangaben empfunden, so dass die Kategorie ‚Belebtheit' nicht zum Tragen kommt.

Mit *hier-* gebildete Pronominaladverbien *(hierfür, hiermit)* sind in der Umgangssprache eher selten. Die ursprüngliche Unterscheidung der Nähegrade zwischen *hier* und *da* wird auch bei den Pronominaladverbien zunehmend zugunsten von *da* aufgegeben, und Bildungen mit *hier* finden sich fast nur noch in offiziellen (institutionellen) performativen Sprechakten wie *Hiermit eröffne ich die Sitzung; Hiermit taufe ich dich auf den Namen … u. Ä.*

Pronominaladverbien mit *wo-* kommen als Interrogativa und Relativa vor. Sie können sowohl Fragen als auch Relativsätze und weiterführende Nebensätze einleiten: *Worüber ärgerst du dich denn so?/Das, worüber ich mich am meisten ärgere, ist …; Er hatte gerade die Prüfung bestanden, wozu ich ihn beglückwünschte.* Als relativische Anschlüsse kommen sie häufig nach demonstrativem *das* und nach Indefinitpronomina wie *vieles, alles, manches* u. a. vor.

Generell ist die Verwendung von Pronominaladverbien (und damit auch ihre Bildung) nur bei präpositionaler Rektion festgelegt; in allen anderen Fällen ist der Gebrauch nicht völlig einheitlich. Einige präpositionale Fügungen, die nicht als Präpositionalobjekte vorkommen (also z. B. Bildungen mit *ohne* oder *wegen*), können demgegenüber gar nicht durch Pronominaladverbien ersetzt werden *(*darohne, *dawegen)*. Bildungen mit *da-* sind am häufigsten, während solche mit *hier-* oft nur dann möglich sind, wenn eine präpositionale Rektion vorliegt; vgl.:

Hierunter verstehen wir im Folgenden …
Hiergegen erhebe ich Einspruch

aber nicht:

unter dem Tisch → **hierunter*
gegen den Hintergrund → **hiergegen*

Neben den bisher dargestellten Pronominaladverbien gibt es noch eine weitere Gruppe von Wörtern, die mit demselben Begriff bezeichnet werden könnten (und dies in den *Grundzügen* 1981: 691 auch werden): es handelt sich dabei um aus einem Pronomen und einer Präposition gebildete Adverbien wie *deshalb, deswegen, demzu-*

folge, infolgedessen, trotzdem, dessenungeachtet usw. Für diese Wortgruppe
liegt bisher kein allgemein üblicher Terminus vor; meist werden sie
zu den → Konjunktionaladverbien gerechnet. Ihre syntaktischen Eigenschaften wie Erfragbarkeit und die Fähigkeit, Fokus der Negation zu sein, sind nicht einheitlich und hängen vermutlich davon ab,
wie stark sie im synchronischen Bewusstsein noch als pronominale
Fügungen wahrgenommen werden. Negierbar sind *deshalb* und *deswegen*; vgl.: *Ich bin doch nicht deshalb/deswegen sauer! (sondern aus einem
ganz anderen Grund)*. Bei den übrigen ist eine Negation nur möglich,
wenn sie als Wiederholungen Zitatcharakter tragen; vgl.:

> *Ich bin trotzdem nicht sauer* (Negiert ist der Satz, nicht das Adverb)
> **Ich bin nicht trotzdem sauer.*

gegenüber:

> *Bist du trotzdem sauer? – Ich bin nicht „trotzdem" sauer, das hat damit gar
> nichts zu tun!*

Solche aus Pronomen und Präposition gebildeten Adverbien stehen
somit an der Grenze zwischen den Adverbien und den Partikeln im
weiteren Sinne.

9   Partikeln im weiteren Sinne

Unter dem Oberbegriff **Partikeln** (von lat. *particula*, Diminutiv zu *pars* ‚Teil‘: ‚Teilchen‘)[1] oder „Partikeln im weiteren Sinne" werden in den verschiedenen Grammatiken die unterschiedlichsten Wortarten zusammengefasst. Altmann (1976: 3) verwendet den Begriff „Partikel" für sämtliche unflektierbaren Wortarten einschließlich der Interjektionen (bei ihm: „Interjektionspartikeln"). Noch weiter geht Engel (1996: 767): er rechnet außer den von Altmann erfassten Wortarten auch noch sog. „Kopulapartikeln" hinzu, eine Wortart, die in anderen Grammatiken gewöhnlich als (nur prädikativ gebrauchte) Adjektive behandelt wird; an anderer Stelle zählt er darüber hinaus generell alle unflektierbaren Wörter, so auch *Milch, lauter, prima, lila, etwas, nichts* (Beispiele nach ebenda: 18) zu den Partikeln.

Solche und ähnliche Einteilungen (vgl. z. B. Bußmann 2002: 498) erheben das morphologische Kriterium der Unveränderlichkeit zum Definitionsmerkmal.

Die Flektierbarkeit ist indessen ein äußerst unsicheres Kriterium der Wortklasseneinteilung, bei dem man in Kauf nehmen muss, dass die erarbeiteten Definitionen im besten Fall jeweils nur für einzelne Sprachen Gültigkeit haben. Wenn man Partikeln generell und sprachübergreifend als unflektierbare Wörter definieren wollte, so wären beispielsweise auch die Adjektive des Englischen Partikeln, und es gäbe sogar Sprachen wie beispielsweise das Chinesische, die ausschließlich aus Partikeln bestünden. Eine solche Definition wäre offenkundig unsinnig. Aber selbst, wenn man die Definition der Partikeln anhand des Kriteriums der Unflektierbarkeit auf das Deutsche beschränkt, stößt man auf Probleme. Zum einen ist es wenig überzeugend, Substantive wie *Milch* oder Adjektive wie *lila* zu den Partikeln zu rechnen, obgleich sie sich weder in ihrem syntaktischen Verhalten noch in semantischer Hinsicht von anderen Substantiven oder Adjektiven unterscheiden. Zum anderen kommt es in der gesprochenen Sprache in zahlreichen Dialekten vor, dass beispielsweise Konjunktionen mit Konjugationsendungen versehen werden

---

[1] Während es in der Physik auch *das Partikel* (Plural: *die Partikel* oder die *Partikeln*; ‚Elementarteilchen‘) gibt, ist das Wort in der Sprachwissenschaft stets femininum und bildet den Plural ausschließlich auf *-n*.

(z. B. *wennst, wennste*), ohne dass sie deshalb von der Klasse der Partikeln in die der Verben übergehen würden.

Es scheint daher sinnvoll, bei der Definition der Partikeln auf grundlegende semantische Aspekte zurückzugreifen: auf die Unterscheidung von kategorematischen (lexikalischen), deiktischen, kategoriellen und synkategorematischen Bedeutungen (vgl. S. 17 ff.). Auf dieser Grundlage können zunächst „Partikeln im weiteren Sinne" als Synkategorematika, also als Wörter ohne kategorematische und ohne kategorielle Bedeutung definiert werden.

Mit einer solchen Definition können beispielsweise die sog. Kopulapartikeln (Terminus bei Engel 1996: 767) aus der Gruppe der Partikeln ausgeschlossen werden. Sie haben eindeutig sowohl eine lexikalische als auch eine kategorielle Bedeutung: Wörter wie *barfuß, gram* oder *quitt* gliedern in der außersprachlichen Wirklichkeit Vorhandenes aus, und sie tun dies, indem sie es als ‚Eigenschaft' beschreiben. Die Zuordnung dieser speziellen Formen zu der Gruppe der Adjektive (vgl. S. 209) ist ihrem Beschreibungsgegenstand somit nicht nur auf Grund paradigmatischer Gesichtspunkte, sondern vor allem wegen ihrer grundlegenden semantischen Eigenschaften völlig angemessen.

Adverbien wie *gern, erfreulicherweise* oder *hoffentlich* haben eine lexikalische Bedeutung, während solche wie *dort, heute, hier* eine deiktische Bedeutung haben. Insofern, als Adverbien außersprachlich Gegebenes als ‚Eigenschaften von Umständen' (und eben nicht als ‚als Objekt gegeben' oder ‚Vorgang in der Zeit') ausgliedern, kann man ihnen durchaus auch eine Wortartenbedeutung zuschreiben. Die Schwierigkeit bei der Einordnung der Adverbien rührt in erster Linie daher, dass sie neben ihrer Wortartenbedeutung keinen einheitlichen Bedeutungstyp aufweisen. Entsprechend verhalten sie sich auch syntaktisch nicht einheitlich.

Interjektionen stellen ihrerseits eine relativ heterogene Wortart dar. Zu ihnen können, je nach Einteilung, emotionale Äußerungen wie *pfui, huch* oder *aua*, Onomatopoetika wie *kikeriki, miau* oder *ticktack* oder auch Kurzformen wie *kreisch* oder *ächz* gezählt werden. Diese drei Typen weisen jeweils spezifische Eigenschaften auf. Die letztgenannte, für den Comic-Strip typische Art verfügt offensichtlich über eine lexikalische Bedeutung und auch über eine ganz deutliche verbale Wortartenbedeutung, was nicht verwunderlich ist, denn es handelt sich ja um Kurzformen von Verben. Onomatopoetika wie *kracks* erfassen ebenfalls etwas in der außersprachlichen Wirklichkeit Gegebenes (eben ein Geräusch); sie tun dies allerdings auf eine spezifische Art und Weise, die sie von anderen Wörtern unterscheidet. Auch die emotionalen Interjektionen von *aua* bis *ojemine* geben Reales (Gefühle wie Schmerz, Ekel, Erschrecken, Freude usw.) wieder, wenngleich in anderer Weise, als dies entsprechende Substantive oder Adjektive tun. Als Partikeln im Sinne der obigen Definition kommen diese Interjektionen somit nicht in Frage, denn sie gehören offensichtlich nicht zu den synkategorematischen Wortarten. Problematisch ist dagegen die Ausgrenzung von Interjektionen wie *hm* oder *na*; diese können in bestimmten Funktionen durchaus den Charakter von Partikeln annehmen, so etwa bei *na dann!* oder *hm-hm* im Sinne von 'ja' (siehe hierzu ausführlicher S. 326 ff.).

Solche Gründe haben explizit oder implizit dazu geführt, dass sich die Definition von Partikeln als allen unflektierbaren Elementen der Sprache auf Dauer nicht durchsetzen konnte und durch differenziertere Beschreibungen ersetzt wurde. Allerdings sind die Abgrenzung der Partikeln als Gesamtgruppe, die Binnendifferenzierung und die Bezeichnungen für die Teilgruppen nach wie vor äußerst uneinheitlich. So fasst beispielsweise der Duden die Partikeln zunächst gemeinsam mit Adverbien, Präpositionen und Konjunktionen unter dem Oberbegriff „Unflektierbare" (Duden 1998: 360) zusammen; als „Partikeln" selbst werden dann die folgenden Klassen aufgeführt (ebenda: 377–383): „Gradpartikeln" (*ziemlich, äußerst*), „Fokuspartikeln" (*selbst, besonders*), „Modalpartikeln" oder „Partikeln der Abtönung" (*ja, denn, halt*), „Gesprächspartikeln" (*also, nicht wahr, nein*), Interjektionen (*aua, kikeriki, zack*) und Negationspartikeln (*nicht, keinesfalls*). Auch in den *Grundzügen* (1981: 682) werden alle diese Wortarten nach ihrer morphologischen Eigenschaft als „Unflektierbare" bezeichnet, aber nur die „Modalpartikeln" (Abtönungspartikeln) tragen den Namen „Partikeln". Helbig/Buscha (2001: 420–424) hingegen verwenden den Begriff „Partikeln" für Abtönungspartikeln, Gradpartikeln (womit hier aber abweichend vom Duden Partikeln wie *nur, selbst* usw. gemeint sind) und die sog. Steigerungspartikeln (dies ist dieselbe Gruppe, die der Duden Gradpartikeln nennt, also Wörtern wie *ziemlich, höchst* usw.). Etwas umfangreicher ist die Gruppe der Partikeln bei Zifonun et al. (1997: 56–60) mit Intensivpartikeln (die den „Gradpartikeln" des Duden bzw. den „Steigerungspartikeln" bei Helbig/Buscha entsprechen), Gradpartikeln (der Begriff entspricht dem Gebrauch bei Helbig/Buscha), Negationspartikeln, Modalpartikeln (abweichend von den bisher genannten Grammatiken sind damit hier Wörter wie *vielleicht, sicherlich* usw. gemeint), Abtönungspartikeln und Konnektivpartikeln (*gleichwohl, dennoch*).

Im Folgenden soll zunächst ein Überblick über die größtmögliche Gruppe gegeben werden, die als Partikeln im Sinne der oben gegebenen Definition, also als Wörter mit synkategorematischer Bedeutung, bezeichnet werden können (vgl. auch Hentschel/Weydt 2002).

Zu den Partikeln im weiteren Sinne gehören im Deutschen folgende Wortarten:[2]

Präpositionen verbinden sich stets fest mit einem nominalen Element, mit dem zusammen sie einen Satzteil bilden. Als Bestandteile dieses Satzteils sind sie notwendig und unverzichtbar.

Konjunktionen haben primär die syntaktische Funktion, Sätze oder Satzteile zu verknüpfen.

Konjunktionaladverbien bilden eine heterogene Gruppe von Wörtern, die der semantischen Verknüpfung von Sätzen dienen; nicht alle sind Partikeln.

Modalwörter dienen dem Ausdruck der Wahrscheinlichkeit, die dem im Satz ausgedrückten Sachverhalt zugesprochen wird.

Abtönungspartikeln stellen den Bezug einer Äußerung zu ihrem Kontext her und drücken die Einstellung der Sprecherin zum Gesagten aus.

Intensivpartikeln modifizieren den durch ein anderes Wort ausgedrückten Inhalt, den sie verstärken oder abschwächen.

Fokuspartikeln sind dadurch definiert, dass sie zusammen mit ihrem Skopus den Fokus des Satzes bilden.

Antwortpartikeln dienen als Antworten auf Entscheidungsfragen.

Negationspartikeln dienen der Verneinung.

Sämtliche Partikeln werden im Folgenden ausführlich besprochen.

---

[2] In anderen Sprachen gibt es noch andere Typen, etwa Fragepartikeln, Existenzmarker, Attributmarker u. a. m. (vgl. Hentschel/Weydt 2002).

9.1   Präpositionen

Unter dem Begriff **„Präposition"** (von lat. *praepositio* ‚Voranstellung') werden oft auch die **Postpositionen** (von lat. *postpositio* ‚Nachstellung') und die **Zirkumpositionen** (von lat. *circum* ‚um herum') mit erfasst; der neutrale Begriff für alle drei Typen lautet **Adposition** (von lat. *ad* ‚bei'). Adpositionen verbinden sich immer mit einem nominalen Element, also mit einem Substantiv (einschließlich der substantivierten Verben und Adjektive) oder Pronomen; sie bilden notwendige Bestandteile von Satzteilen. Im Deutschen ist die Voranstellung der häufigste und damit typische Fall. Präpositionen im wörtlichen Sinne sind Wörter wie *in, auf, um, zu, trotz*. Beispiele für die selteneren Postpositionen wären etwa *halber, zuliebe*; eine Zirkumposition ist *um ... willen*.

Präpositionen dienen dazu, das Verhältnis zwischen zwei Elementen auszudrücken; sie werden daher auf Deutsch gelegentlich auch als **Verhältniswörter** bezeichnet. Der Ausdruck einer räumlichen oder zeitlichen Relation kommt am häufigsten vor; es können aber auch kausale, instrumentale, modale usw. Verhältnisse bezeichnet werden. Im Deutschen regieren Präpositionen normalerweise einen oder auch mehrere Kasus. Die Rektion kann jedoch nicht als allgemeines Definitionskriterium für Präpositionen dienen, da viele Sprachen gar keine oder wie das Französische oder das Englische nur rudimentäre Kasusmarkierungen aufweisen, aber trotzdem über Präpositionen verfügen.

Präpositionen können nach folgenden Kriterien unterteilt werden:

– nach ihrer historischen Entstehung und dem Grad ihrer Grammatikalisierung
– nach ihrer Semantik, d.h. nach der Art des Verhältnisses, das sie ausdrücken
– nach ihrer Rektion (nur in Sprachen, die Kasusmarkierungen aufweisen).

Herkunft und Grad der Grammatikalisierung

Alle Präpositionen sind aus anderen Wortklassen entstanden, und viele von ihnen gehören nach wie vor in anderer Verwendung noch anderen Wortklassen an. Bei manchen ist der Grammatikalisierungsprozess, der zur Entstehung der Präposition führt, noch durchsichtig, oder er ist sogar noch nicht abgeschlossen. Sehr gut sichtbar ist der Entwicklungsgang beispielsweise bei *während (während unseres Aufenthaltes)*: es handelt sich dabei um ein ursprüngliches Partizip vom Verb *währen*, das zugleich auch als Konjunktion Verwendung findet *(während wir uns dort aufhielten)*. In *dank* (z. B. *dank deiner Hilfe)* oder *trotz (trotz aller Widrigkeiten)* liegen ebenfalls noch gut sichtbar ursprünglich Substantive vor, in *infolge (infolge der Inflation)* ein Substantiv mit Präposition *(in Folge)*, in *links (links der Donau)* ein Adverb usw. Die Übergänge zwischen den Wortarten sind oft noch nicht ganz abgeschlossen; dies spiegelt sich gelegentlich auch in der Rechtschreibung wider, so beispielsweise im Falle von *aufgrund*, wo sowohl die Zusammenschreibung als auch die Getrenntschreibung *auf Grund* möglich ist, durch die die noch junge Präposition wieder in ihre ursprünglichen Bestandteile zerlegt wird. Aber auch Präpositionen, denen man es nicht so leicht ansehen kann, stammen ursprünglich aus anderen Wortarten und sind das Ergebnis von Grammatikalisierungsprozessen, die aber weit länger zurück liegen: *bei* stammt aus derselben Wurzel wie das Verb *bauen* (so wie auch franz. *chez* mit lat. *casa* verwandt ist), *für* (vgl. got. *faura, faúr*) stammt aus derselben Wurzel wie *vorn* und das Wort *Fürst* usw.

Semantik

Bei der semantischen Einteilung von Präpositionen ist zu beachten, dass nur eine Minderheit von ihnen ausschließlich zu einem einzigen Bedeutungsbereich gehört. Die meisten Präpositionen geben Verhältnisse wieder, die sich erst im Kontext des jeweiligen Gebrauchs konkretisieren. So drückt beispielsweise *bei* so etwas wie ein ‚Nebeneinander' oder ‚gemeinsames Vorkommen' aus. Seine primäre Funktion ist lokal, aber im konkreten Fall kann es außer lokal *(beim Haus)* auch temporal *(bei Morgengrauen)*, konditional *(bei Regen fällt die Veranstaltung aus)* oder modal *(Die neue Lampengeneration erzeugt bei gleichem Energieverbrauch die doppelte Helligkeit)* sein.

    Final (von lat. *finis* ‚Ziel', ‚Zweck') ist z. B. *zwecks* und die Zirkumposition *um … willen (um des lieben Friedens willen)*.

    Kausal (von lat. *causa* ‚Grund') im engeren Sinne, also begründend, sind z. B. die auch als Postposition verwendbare Präposition *wegen* (wegen dieses Vorfalls/dieses Vorfalls wegen), die Präposition *dank (dank deiner Hilfe)* oder die Postposition *halber (der Einfachheit halber)*.

Konditional (von lat. *conditio* ‚Bedingung') ist z.B. *bei* in *Bei Regen findet das Konzert im Saal statt.*

Konzessiv (von lat. *concedere* ‚einräumen') ist z.B. *trotz (trotz aller Widrigkeiten)*.

Lokal[3] (von lat. *locus* ‚Ort') sind z.B. die Präpositionen *in, auf, unter, neben, bei, hinter, über* usw. Die lokalen Präpositionen bilden die größte Gruppe und zugleich auch die Grundlage für viele andere semantischen Klassen, so etwa die temporalen (sog. Raum-Zeit-Metapher).

Modal (von lat. *modus* ‚Art', ‚Weise') oder **instrumental** (von lat. *instrumentum* ‚Werkzeug') ist z.B. *mit (mit freundlichen Grüßen* – modal; *mit Kohle heizen* – instrumental). Unter den weiten Begriff „modal" wird auch die Präposition *von* eingereiht, wenn sie nicht lokal *(von Osten)* oder temporal *(von 17:00 bis 19:00 Uhr)* gebraucht wird, sondern beispielsweise dem Ersatz → attributiver Genetive oder dem Ausdruck des Passiv-Agens dient: *In die Wohnung von meiner Freundin ist eingebrochen worden. Kann ich noch ein bisschen von dem Kuchen bekommen? Die Antenne wurde vom Blitz getroffen* etc.

Temporal (von lat. *tempus* ‚Zeit') sind z.B. *in (in einer Stunde), um (um 7 Uhr), nach (nach dem Essen)* usw.

Darüber hinaus werden gelegentlich weitere semantische Unterteilungen vorgenommen, so etwa bei Helbig/Buscha (2001: 361 f.), wo zusätzlich adversative *(entgegen, wider)*, distributive *(pro, à)*, konsekutive *(zu)*, kopulative *(außer, neben)*, partitive *(von)* und restriktive *(außer, ohne)* Präpositionen sowie solche des Urhebers *(durch, seitens)*, des Bezugspunktes *(für)*, des Ersatzes *(anstatt)*, des Minimums *(ab)* u.a.m. aufgeführt werden.

Präpositionen dienen zusammen mit dem nominalen Element, das sie regieren, zur Bildung von → Adverbialbestimmungen, → Attributen und → Präpositionalobjekten bei Verben und Adjektiven (→ Objekte zweiten Grades). Bei der Bildung von Präpositionalobjekten und → Rektionsattributen verlieren sie oft gänzlich ihre Bedeutung und erfüllen nur noch syntaktische Funktionen; vgl. z.B. *auf* in *auf jemanden warten* und in *meine Wut auf ihn.*

---

[3] Zur weiteren Erläuterung der verwendeten semantischen Kategorien siehe auch unter Konjunktionen, S. 293 ff.

Rektion

Genetiv-Rektion

Wie schon bei Verben und Adjektiven, so ist auch bei den Präpositionen ein Rückgang der Genetiv-Rektion zu beobachten. Einige
Präpositionen mit Genetiv-Rektion wie z. B. *angesichts, jenseits* oder
kraft werden inzwischen als archaisch empfunden und nur noch in
sehr gehobenem Stil verwendet. Gleiches gilt für die Postpositionen
halber und für die Zirkumposition *um … willen*. Diese Präpositionen
sind umgangssprachlich nur noch in einigen festen Wendungen gebräuchlich: *um Gottes willen, kraft seines Amtes, um des lieben Friedens willen*. Bei *diesseits* und *jenseits* wird meist zusätzlich die Präposition *von*
(mit Dativrektion) gebraucht *(jenseits von Eden)*, oder es werden die
Ersatzformen *auf dieser Seite / auf der anderen Seite* verwendet.

Ein Wechsel des Kasusgebrauchs in Abhängigkeit davon, ob eine
Adposition vor- oder nachgestellt wird, lässt sich bei *entlang* sowie
als Abweichung vom präskriptiven Standard auch bei einigen anderen wie z. B. *gemäß, entsprechend, nahe* beobachten (Belege für solche
Gebrauchsweisen finden sich z. B. bei Di Meola 2002: 110). Dabei
gilt die Regel, dass die Präposition den Genetiv *(entlang des Weges)*, die
Postposition hingegen den Akkusativ regiert *(den Weg entlang)*. Wenn
eine Präposition auch als Postposition gebraucht werden kann,
spricht man von einer **Ambiposition** (von lat. *ambi* ‚zu beiden Seiten‘).

Die Präposition *wegen*, die ebenfalls den Genetiv regiert, wird inzwischen in der gesprochenen Sprache zunehmend vorangestellt
und mit Dativ gebraucht. Ursprünglich konnte sie sowohl vor- als
auch nachgestellt werden; die Nachstellung ist heute allerdings
nur noch in der festen Verbindung mit dem Personalpronomen
gebräuchlich *(meinetwegen)*, während Bildungen wie *des Geldes wegen*
archaisch wirken. Bei Voranstellung der Präposition wird der Gebrauch des Genetivs gegenüber dem des Dativs als stilistisch höher-
stehend empfunden: vgl. *wegen des Regens / wegen dem Regen*. Bei der
archaischeren Nachstellung ist demgegenüber nur Genetiv möglich
(des Regens wegen / *dem Regen wegen).

Bei artikellosen Substantiven ist der Genetiv Plural nicht vom
Nominativ und Akkusativ zu unterscheiden, während der Dativ
normalerweise – außer bei Pluralbildung auf *-s* – durch die Endung
-(e)n gekennzeichnet ist (vgl. S. 153 f.). In diesen Fällen wird auch

in der gehobenen Sprache nach Präpositionen, die den Genetiv regieren, ein Dativ gebraucht. Vgl.:

Die Techniker schützten sich mittels ihrer Spezialanzüge vor der Radioaktivität. (Genetiv, an der Endung des Possessivpronomens erkennbar)

*Die Techniker schützten sich mittels Spezialanzüge vor der Radioaktivität. (Der Genetiv wird, da nicht als solcher erkennbar, als falsch empfunden)

Die Techniker schützten sich mittels Spezialanzügen vor der Radioaktivität. (Ersatzbildung mit Dativ)

Insgesamt lässt sich die Tendenz beobachten, dass die Genetiversetzung im Plural häufiger auftritt als im Singular. Im Singular wird sie besonders dann vermieden, wenn infolge Artikel- oder Attributgebrauchs keine Verwechslungsmöglichkeit mit einem anderen Kasus gegeben ist. So wird im Singular die Bildung *längs dem Fluss* meist noch als unkorrekt empfunden und durch die Genetivrektion *längs des Flusses* ersetzt; im Plural hingegen sind die Formen *längs der Flüsse* (Genetiv) und *längs den Flüssen* (Dativ) bereits gleichberechtigt.

In einigen Fällen ist aber auch umgekehrt ein Übergang von ursprünglicher Dativ- zur Genetivrektion zu beobachten. Hierher gehören Präpositionen wie *dank, trotz, samt* oder *binnen* (vgl. Di Meola 2002: 107f.). Insgesamt handelt es sich bei diesem Kasuswechsel um einen Entwicklungsprozess, der in Zusammenhang mit Herausbildung und schließlichen Grammatikalisierung der Präpositionen gesehen werden kann. Bei den angeführten Beispielen handelt es sich ja um Wörter, die entweder bis vor Kurzem oder nach wie vor zugleich anderen Wortarten angehören. Letzteres ist bei *dank/Dank* oder *trotz/Trotz* besonders deutlich: die Person, der mein Dank oder Trotz gilt, steht beim entsprechenden Verb (*jemandem danken, trotzen*) wie auch beim Gebrauch des Substantivs normalerweise im Dativ (vgl. *Dank sei dir! Ihm zum Trotz*). Der Übergang in eine andere Wortart, der zugleich einen Übergang von einer offenen zu einer geschlossenen Wortklasse, von einer → kategorematischen zu einer → synkategorematischen Bedeutung impliziert, geht dann mit einem Wechsel des Kasusgebrauchs einher. In anderen Fällen kann zunehmender Genetivgebrauch, der anstelle eines zu erwartenden Dativs zu beobachten ist, als hyperkorrekte Form interpretiert werden; siehe hierzu im Folgenden.

Dativ-Rektion

Dativrektion ist bei Präpositionen außerordentlich häufig. Ausschließlich mit Dativ stehen *ab, aus, außer*[4], *bei, dank, entgegen, gegenüber, gemäß, mit, mitsamt, nach, samt, seit, von, zu, zufolge* sowie die Postposition *zuliebe*. Meist mit Dativ, gelegentlich aber auch mit Genetiv,
wird die Präposition *binnen* gebraucht. *Gemäß, gegenüber, nach* und *zufolge* können sowohl vor- als auch nachgestellt werden: *dem Verneh-
men nach / dem Haus gegenüber / den Vorschriften gemäß* usw.
    Allerdings ist zu beobachten, dass sich bei einigen Präpositio-
nen mit Dativrektion zunehmend ein ersatzweiser Gebrauch des
Genetivs zeigt, der nicht mit einem Wortartenwechsel erklärt werden kann, da sie schon lange als Präpositionen etabliert sind und
der Grammatikalisierungsprozess längst abgeschlossen ist. Hierzu
gehören *außer, entgegen, gemäß, (mit)samt* und *zufolge*. Erklärbar ist
diese Verschiebung vom Dativ auf den Genetiv – der aus norma-
tiver Sicht hier als falsch gewertet werden muss – möglicherweise
damit, dass der Genetiv einer höheren Stilebene angehört und entsprechende Formen daher in stärkerem Maße als „schriftsprachlich korrekt" empfunden werden, auch wenn sie es gar nicht sind.
Es würde sich damit also um sog. hyperkorrekte Bildungen handeln.
    Dativ-Rektion tritt ferner regelmäßig bei lokalen Präpositionen
mit doppelter Rektionsmöglichkeit auf, wenn sie zur Orts- (und
nicht zur Richtungs-)Angabe dienen, also auf die Frage *wo?* antworten. Solche Präpositionen sind z. B. *in, an, auf, unter, vor, hinter*:
in der Packung, vor dem Haus usw. Dieses Prinzip der Doppelrektion
gilt für die überwältigende Mehrheit der lokalen Präpositionen,
mit denen sowohl Richtung als auch Ort ausgedrückt werden können. Eine Ausnahme bildet die Präposition *zu*, die unabhängig davon, ob sie gerichtet (*ich komme zu dir*) oder ungerichtet (*zu Hause*)
gebraucht wird, immer den Dativ regiert. Der Dativ steht ferner
auch zur Angabe der räumlichen wie zeitlichen Herkunft, also auf

---

[4] Bei der Wendung *außer Landes* liegt nicht die Präposition *außer* mit Genetiv
   vor, sondern eine erstarrte Wendung mit dem alten Adverb *außer* ‚außen',
   was auch an der Bedeutung (‚außerhalb des Landes') erkennbar ist. Vergleichbare Bildungen mit *außer* und anderen Substantiven sind nicht möglich, vgl. **außer Deutschlands, *außer Dorfes* usw.)

die Fragen *woher?* und *seit wann?* und daher nach den Präpositionen
ab, aus, von, seit.[5]

Akkusativ-Rektion

Ausschließlich den Akkusativ regieren die Präpositionen *durch, für,
gegen, ohne, um, wider: wider den tierischen Ernst, für meinen Freund* usw.
Zur Angabe der Richtung (nicht des Ortes), also auf die Frage *wohin?* steht ferner bei den lokalen Präpositionen mit Doppelrektion
der Akkusativ, z. B. *in die Kneipe.*

Sonderfälle der Rektion

Die Prä- und Postposition *entlang* lässt sowohl Genetiv- als auch Dativ- und Akkusativrektion zu. Bei Voranstellung wird entweder Genetiv oder Dativ verwendet: *entlang des Flusses/entlang dem Fluss*; bei
Nachstellung steht Dativ oder (häufiger) Akkusativ: *dem Fluss entlang/den Fluss entlang.*
    Bei Helbig/Buscha (2001: 377, 381), aber auch in anderen Grammatiken sowie in Lexika, werden *je, per, pro* und oft auch *à* als Präpositionen aufgeführt, die ausschließlich Akkusativ-Rektion zulassen.
In der Praxis kommen diese Präpositionen vor allem zusammen mit
Substantiven ohne Artikel und auch ohne Attribut vor, so dass sich
der vorliegende Kasus in den meisten Fällen nicht bestimmen lässt
(vgl. *pro Kopf, per Luftfracht, je kg, drei Briefmarken à 80 Pfennig*). Um
festzustellen, welcher Kasus vorliegt, müssen Beispiele mit Kasusmarkierungen gefunden werden, also z. B. schwach deklinierte Maskulina oder Substantive mit Adjektivattribut. Dabei zeigt sich, dass
der Kasusgebrauch schwankt:

Pro Hase wurde eine Abschussprämie von drei Euro gezahlt. (Nominativ;
der Dativ/Akkusativ müsste *Hasen* lauten)
Pro abgeschossenem Hasen wurden drei Euro ausgezahlt. (Dativ)
Pro abgeschossenen Hasen wurden drei Euro ausgezahlt. (Akkusativ)

Empirische Beobachtungen zeigen, dass die meisten Sprecher im
unattribuierten Fall (wie in *pro Hase*) parallel zu starken Maskulina

---

[5] Hier hat der Dativ die Funktion des indogermanischen Ablativs übernommen, der im Deutschen nicht erhalten ist.

eine endungslose Form bevorzugen, während sie beim Vorliegen eines Attributs zwischen Dativ und Akkusativ schwanken und im Falle von *per* sogar den Dativ vor dem Akkusativ bevorzugen (vgl. Hentschel 1989b).

Zur Behandlung von *als* und *wie*

Die beiden Präpositionen *wie* und *als* werden in einigen Grammatiken als „Gliedkonjunktionen" (*Grundzüge* 1981: 701) oder „Satzteilkonjunktionen" (Duden 1998: 403) nicht in die Klasse der Präpositionen, sondern in die der Konjunktionen eingeordnet. Tatsächlich können *als* und *wie* zur Einleitung von Nebensätzen verwendet werden *(Als ich nach Hause kam / Wie sich gezeigt hat)*; dies gilt aber auch für andere Präpositionen (z. B. *während*). *Als* und *wie* können deshalb in Wendungen wie *Er verdient sein Geld als Taxifahrer* oder *kalt wie Eis* nicht einfach ebenfalls als subordinierende Konjunktionen aufgefasst werden. Oft wird auch damit argumentiert, dass *als* und *wie* deshalb nicht zu den Präpositionen zu rechnen seien, weil sie keine Rektion aufweisen; diese Argumentation ist aber höchst problematisch. Zum einen wird die Wortklasse damit auf Sprachen begrenzt, die über Kasus verfügen; zum anderen ist aber auch in solchen Sprachen nicht automatisch sichergestellt, dass jede Präposition jederzeit auch einen Kasus verlangt.[6]

Eine Präposition ist im Grunde nichts anderes als die Entsprechung einer subordinierenden Konjunktion auf Satzteilebene: Präpositionen dienen der Unterordnung von Nomina, so wie subordinierende Konjunktionen der Unterordnung ganzer Sätze dienen. Dies zeigt sich besonders deutlich bei Wörtern mit Doppelfunktionen als Konjunktion bzw. Präposition wie z. B. *während (während wir uns unterhielten / während des Gesprächs)*. Als Konjunktionen, die auf Satzteilebene fungieren, kommen somit nur koordinierende, nicht

---

[6] So regieren die türkischen Postpositionen *gibi* ‚wie', *ile* ‚mit', *kadar* ‚so viel wie' und *için* ‚für' beim Gebrauch mit Personalpronomina, Demonstrativpronomina und dem Interrogativpronomen *kim* ‚wer' im Singular den Genetiv. Stehen die Pronomina jedoch im Plural oder bezieht sich die Postposition auf ein Substantiv, steht keine Genetivendung (vgl. Kornfilt 1997: 423f.). Es ist sicher wenig sinnvoll, aufgrund solcher Befunde von einem Wortartwechsel bei diesen Postpositionen auszugehen.

aber subordinierende Konjunktionen in Frage; letztere gehen bei einer solchen Verwendung definitionsgemäß in die Klasse der Präpositionen über. Wenn man diese grundsätzliche, funktionale Unterscheidung von subordinierenden Konjunktionen und Präpositionen zu Grunde legt, ist die Annahme einer zusätzlichen Klasse von Konjunktionen zur Unterordnung von Satzteilen bei *als* und *wie* wenig sinnvoll. Andererseits können die beiden Wörter aber auch nicht als koordinierende Konjunktionen gewertet werden, da die durch sie verbundenen Elemente syntaktisch nicht gleichwertig sind, worauf z. B. auch schon Admoni (1982: 136) hinweist.

Die Präposition *als* findet auch bei der präpositionalen Rektion von Verben Verwendung (vgl. *sich erweisen als, jemanden / etwas betrachten als, bezeichnen als* usw.). Im Unterschied zu den meisten anderen Präpositionen kann sie außer Substantiven und Pronomina auch Adjektive an sich binden: *der Vorschlag erwies sich als undurchführbar*; Dies kommt aber auch bei *für* vor, über deren Status völlige Einigkeit besteht: *ich halte den Vorschlag für undurchführbar*. Auf Parallelen zwischen *als* und *für* verweisen z. B. auch Erben (1980: 201) oder Brinkmann (1971: 146).

Ferner dienen *als* und *wie* zum Ausdruck des Vergleichs nach Komparativ *(als)* und Positiv *(wie)*; in dieser Funktion wurden sie früher gelegentlich auch als „Vergleichspartikeln" bezeichnet.

außer und *bis*

Besondere Eigenschaften haben ferner die Präpositionen *außer* und *bis*. Zu beiden können weitere Präpositionen hinzutreten *(außer bei Regen, bis zum Ende)*; bei *bis* ist dies mit einigen Ausnahmen *(bis München, bis Mitternacht)* sogar regelmäßig der Fall *(bis auf, bis zu, bis in* usw.). Präpositionen können normalerweise nicht weggelassen werden, ohne dass der Restsatz ungrammatisch wird; dies gilt für *außer* und *bis* nur bedingt. Wenn es zusammen mit anderen Präpositionen gebraucht wird, ist *außer* unter rein syntaktischen Gesichtspunkten stets weglassbar, wobei sich allerdings die Bedeutung grundlegend ändert: *außer bei Regen* → *bei Regen*. *Bis* ist hingegen auch beim Vorliegen einer zweiten Präposition nicht immer syntaktisch weglassbar, da der verbleibende Rest ungrammatisch sein kann. Weglassbar ist es z. B. in: *Sie fuhr bis nach Moskau* (→ *Sie fuhr nach Moskau*), nicht weglassbar in: *Er aß bis auf ein paar Krümel alles auf* (→ **Er aß auf ein paar Krümel alles auf*).

Außer und *bis* können sich nicht nur mit (Pro-)Nomina, sondern auch mit anderen Wortarten verbinden: mit Adjektiven, Adverbien, *außer* auch mit Verben. Vgl.: *Sie wirkte nachdenklich bis traurig/außer traurig auch nachdenklich; Bis gestern hat es nicht geregnet/außer gestern hat es nicht geregnet; Die Schauspieler mussten außer singen auch tanzen.*

Präpositionen in der Generativen Grammatik

Innerhalb der Generativen Grammatik haben Präpositionen die Eigenschaft, Kasus (als Kategorie, nicht als morphologischen Kasus) zuzuschreiben: „Präpositionen sind zweistellige Prädikate (‚Beziehungswörter'). Sie haben ihr Objekt innerhalb der Präpositionalphrase. Ein konfigurationell bestimmtes Subjekt innerhalb der Präpositionalphrase gibt es nicht." (Stechow/Sternefeld 1988: 64). Gelegentlich werden sie in dieser Funktion, ein Substantiv zu regieren, auch als „transitiv" bezeichnet (so Radford 1997: 34f).[7] Präpositionen bilden den Kopf einer Präpositionalphrase, deren Struktur folgendermaßen angenommen werden kann:

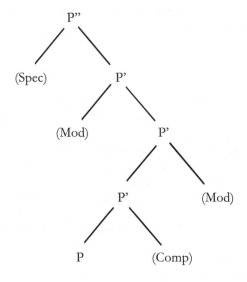

_____

[7] Davon unterschieden wird im Englischen ein „intransitiver" Gebrauch von Präpositionen, wie er etwa in *He went inside* vorliegt (vgl. Radford 1997: 34).

Dabei kann die Spec (Specifier)-Position beispielsweise von Maßeinheiten wie *zwei Meter*, die Mod (Modifier)-Position von Attributen wie *tief, weit* eingenommen werden; Comp steht für Complement
(vgl. z. B. Rauh 2002: 3). Konkret könnte so beispielsweise folgende
Präpositionalphrase gebildet werden:

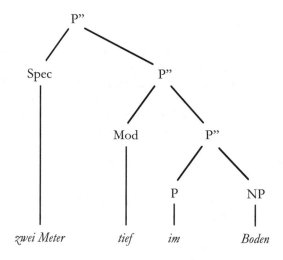

Einzelne Sprachen verhalten sich im Hinblick auf ihre Präpositionen unterschiedlich. Dabei kann zwischen denjenigen Sprachen, die
das sog. **preposition-stranding** zulassen (Chomsky 1981: 293,
1986: 39), und solchen unterschieden werden, deren Präpositionen
fest an ihr Beziehungswort gebunden sind, wie dies etwa im Deutschen der Fall ist.[8] Vgl.:

The university (that) she works at.
Die Universität, an der sie arbeitet.
*Die Universität, der sie arbeitet an.

Auch im Englischen sind Konstruktionen mit „gestrandeten" Präpositionen nicht immer gleich gut akzeptabel; am ehesten sind sie
zulässig, wenn die Präposition direkt hinter dem Verb steht, wie dies

---

[8] Ansätze zu einer Auflösung dieser festen Verbindung zeigen sich etwa in
Sätzen wie: *Da weiß ich nichts von; Da habe ich nichts mit zu tun.*

auch im obigen Beispielsatz der Fall ist. Das führt zu der Annahme, dass die Kombination aus Verb und Präposition möglicherweise als eine neue Verbbedeutung reanalysiert wird (vgl. auch Chomsky 1995: 334).

9.2   Konjunktionen

Konjunktionen (von lat. *coniungere* ‚verbinden') sind Wörter, die Sätze oder Satzteile miteinander verbinden. Sie haben selbst keinen Satzgliedwert (→ Satzglied) und können nicht erfragt werden. Neben ihrer syntaktischen Funktion, Elemente miteinander zu verknüpfen, können sie auch die Art der Beziehung zwischen diesen Elementen semantisch bestimmen (z. B. als eine temporale oder adversative).

Konjunktionen werden nach folgenden Hauptgesichtspunkten eingeteilt:

– syntaktisch: verbinden sie Elemente derselben syntaktischen Ebene oder ordnen sie Elemente anderen unter? (koordinierende vs. subordinierende Konjunktionen)
– morphologisch: bestehen sie aus einem oder mehreren Wörtern? (ein- vs. mehrteilige Konjunktionen)
– semantisch: welche Art von Beziehung drücken sie aus? (temporal, kausal, konsekutiv usw.).

Daneben gibt es weitere Möglichkeiten der Klassifikation, z. B. danach, ob ein Wort ausschließlich als Konjunktion oder auch in anderen Funktionen auftreten kann (wie beispielsweise *während*, das als Konjunktion wie auch als Präposition gebraucht werden kann), oder auch nach der Herkunft (so handelt es sich etwa bei *während* ursprünglich um das Partizip Präsens des Verbs *währen*).

9.2.1   Koordinierende und subordinierende Konjunktionen

Koordinierende (von lat. *coordinare* ‚anreihen') Konjunktionen verbinden zwei syntaktisch gleichwertige Sätze oder Satzteile:

Donald und Daisy streiten sich.
Donald schnattert aufgeregt, und Daisy hört ergeben zu.

Koordinierende Konjunktionen sind beispielsweise *oder*, *aber* oder *und*. Sie stehen an der „Nahtstelle" zwischen den zu verbindenden Elementen, das heißt da, wo der erste Satz oder der erste Satzteil aufhört und der zweite einsetzt. Auf die Satzstellung haben sie im Deutschen keinerlei Auswirkungen und besetzen auch nicht das → Vorfeld, obgleich sie an erster Stelle im Satz stehen können. Wenn man sie weglässt, bleibt die Wortfolge folglich unverändert: *Donald schnattert aufgeregt, Daisy hört ergeben zu.* In der Dependenzgrammatik und in Grammatiken, die auf diesem Modell basieren, werden koordinierende Konjunktionen auch als „Konjunktoren" bezeichnet (z. B. bei Zifonun et al. 1997: 2384).

Subordinierende (von lat. *subordinare* ‚unterordnen') Konjunktionen leiten hingegen → Nebensätze ein. Als Nebensätze gelten solche Sätze, die im Satz die Funktion eines Satzteiles haben, also Subjekt-, Objekt-, Adverbial-, prädikative und Attributsätze. Anstelle des Nebensatzes kann auch ein einfacher Satzteil in derselben Funktion stehen: vgl. *weil es regnete/wegen des Regens.* Gelegentlich (so bei Helbig/Buscha 2001: 390–398) wird der Begriff „Konjunktion" ausschließlich zur Bezeichnung koordinierender Konjunktionen verwendet, während die subordinierenden als „Subjunktionen" (ebenda: 398) bezeichnet werden. Daneben findet sich auch der aus der Dependenzgrammatik stammende Begriff „Subjunktor" (z. B. Zifonun et al: 1997: 2240).

Nebensätze weisen im Deutschen eine besondere Wortstellung auf: wenn sie von einer Konjunktion eingeleitet werden, steht das finite Verb an letzter (statt, wie im Hauptsatz, an zweiter) Stelle. Daraus kann man umgekehrt die Definition ableiten, dass im Deutschen immer dann eine subordinierende Konjunktion vorliegt, wenn ihre Verwendung eine Endstellung des finiten Verbs erforderlich macht:

Donald ist mal wieder sauer. (Hauptsatzstellung)
Daisy ärgert sich darüber, dass Donald mal wieder sauer ist. (Nebensatzstellung)

Neben der rein syntaktischen Definition des Nebensatzes als Satzglied im übergeordneten Satz gab es in der Vergangenheit auch Ansätze, den Nebensatz semantisch oder auf der Basis der Sprechakttheorie zu definieren (vgl. Harris 1989).

Dass die genaue Unterscheidung von Haupt- und Nebensätzen

durchaus grundsätzliche Probleme mit sich bringt, sollen die folgenden Beispiele veranschaulichen:

(1) *Dagobert hat nie Zeit, weil er immer auf sein Geld aufpassen muss.*
(2) *Dagobert hat nie Zeit, denn er muss immer auf sein Geld aufpassen.*
(3) *Dagobert hat nie Zeit, er muss ja immer auf sein Geld aufpassen.*
(4) *Wegen der ewigen Aufpasserei auf sein Geld hat Dagobert nie Zeit.*

Rein syntaktisch gesehen handelt es sich nur bei (1) um ein Gefüge aus Haupt- und Nebensatz; die Beispiele (2) und (3) bestehen jeweils aus zwei gleichwertigen Hauptsätzen, wobei (2) eine Konjunktion enthält, (3) hingegen nicht (sog. → asyndetische Reihung). (4) schließlich ist ein Hauptsatz, der eine Adverbialbestimmung enthält.

In (1), (2) und (3) liegen jeweils zwei Sätze vor, die durch die gleiche inhaltliche Beziehung verknüpft sind: immer enthält der zweite Satz die Begründung für den ersten. In den Sätzen (1) und (2) wird diese kausale Beziehung zudem explizit durch eine Konjunktion ausgedrückt. Der Unterschied in der Satzstellung (Verb-Zweitstellung vs. Verb-Endstellung), der zwischen den beiden Sätzen besteht, ist eine Besonderheit des Deutschen; wenn man für das übereinzelsprachliche Problem der Unterscheidung von Haupt- und Nebensätzen (und damit von koordinierenden und subordinierenden Konjunktionen) nicht ein ausschließlich auf das Deutsche anwendbares Kriterium als Lösung vorschlagen will, hilft dieser Satzstellungsunterschied nicht weiter. Hinzu kommt eine weitere Schwierigkeit: es lässt sich beobachten, dass *weil*-Sätze im modernen gesprochenen Deutsch zunehmend zu Hauptsatzstellung tendieren *(Wartet nicht auf mich, weil ich komm' eh wahrscheinlich erst später)*; dasselbe Phänomen lässt sich auch bei konzessiven Sätzen mit *obwohl* beobachten. Es muss natürlich gefragt werden, ob sich der Status solcher Sätze und damit auch der sie einleitenden Konjunktion durch die veränderte Stellung ändert. Es scheint, dass die Grenzen zwischen Haupt- und Nebensatz (und damit auch den Konjunktionen) in der Sprache selbst eher fließend als genau festgelegt sind (siehe dazu Hentschel 1989 a; vgl. auch S. 429 f.).

In den Standardgrammatiken des Deutschen gilt jedoch weiterhin die traditionelle (und rein einzelsprachliche) Unterscheidung nach Satzstellung; ihr zufolge handelt es sich bei *weil* um eine subordinierende, bei *denn* hingegen um eine koordinierende Konjunktion. In vieler Hinsicht ist diese Definition auch durchaus sinnvoll; so ist es beispielsweise für den Unterricht in Deutsch als Fremdsprache äußerst wichtig, zwischen den durch die verschiedenen Konjunktionen hervorgerufenen Satzstellungen zu unterscheiden. Darüber hinaus gibt es aber auch weitere Unterschiede zwischen *denn* und *weil*, so etwa den, dass *denn* ausschließlich für nachgestellte Begründungen verwendet werden kann, während *weil* (ebenso wie *da*) sowohl vor- als auch nachgestellte Kausalsätze einleiten kann:

> *Donald tobt, weil Daisy mit Gustav ausgegangen ist.*
> *Weil Daisy mit Gustav ausgegangen ist, tobt Donald.*

vs.:

> *Donald tobt, denn Daisy ist mit Gustav ausgegangen.*
> **Denn Daisy ist mit Gustav ausgegangen, tobt Donald.*

Ferner weisen *weil*-Sätze eine stärkere Bindung an den Hauptsatz auf; sie können durch das Korrelat *deshalb* antizipiert und vom Hauptsatz aus verneint werden:

> *Donald tobt deshalb, weil Daisy mit Gustav ausgegangen ist.*
> *Donald tobt nicht, weil Daisy mit Gustav ausgegangen ist, sondern …*

Beides ist bei *denn*-Sätzen nicht möglich:

> **Donald tobt deshalb, denn Daisy ist mit Gustav ausgegangen.*
> **Donald tobt nicht, denn Daisy ist mit Gustav ausgegangen, sondern denn …*

Dass es sich bei *denn* tatsächlich um eine koordinierende, bei *weil* um eine subordinierende Konjunktion handelt, legt der unterschiedliche Bezug von *denn*- und *weil*-Sätzen nahe, wie etwa das folgende Beispiel zeigt:

> (1) *Ich vermute, dass sie zu Hause bleibt, denn sie ist krank.*
> (2) *Ich vermute, dass sie zu Hause bleibt, weil sie krank ist.*

Der *denn*-Satz in Beispiel (1) kann sich nur auf den Hauptsatz *(ich vermute)* beziehen, der *weil*-Satz in Beispiel (2) hingegen kann sowohl die Begründung für den Hauptsatz als auch für den Nebensatz *(dass sie zu Hause bleibt)* ausdrücken. In (2) kann also sowohl gemeint sein ‚ich vermute es, weil sie krank ist' als auch ‚sie bleibt zu Hause, weil sie krank ist'.

Wenn man annimmt, dass es sich bei *denn* um eine koordinierende, bei *weil* hingegen um eine subordinierende Konjunktion handelt, dann erklärt sich dieser Unterschied leicht: die koordinierende Konjunktion verbindet zwei Hauptsätze, von denen der zweite (der *denn*-Satz) den ersten begründet. *Weil* als subordinierende Konjunktion hingegen leitet einen kausalen Nebensatz ein, der sowohl direkt dem Hauptsatz als auch dem Objektsatz untergeordnet sein kann.

Ein weiterer interessanter Unterschied in der Funktion von *denn* und *weil* zeigt sich beim Gebrauch von Modalverben im (ersten) Hauptsatz. Vgl.:

(1) *Sie muss zu Hause sein, denn sie ist krank.*
(2) *Sie muss zu Hause sein, weil sie krank ist.*

In (1) wirkt das Modalverb epistemisch oder subjektiv, d. h. der Satz drückt eine Vermutung aus; in (2) hingegen wird das Modalverb deontisch oder objektiv aufgefasst. Der subjektive Gebrauch von Modalverben scheint sich mit *weil* nicht vereinbaren zu lassen; vgl.:

Er muss schon weg sein, denn ich sehe kein Licht mehr.
*Er muss schon weg sein, weil ich kein Licht mehr sehe.[9]

Infinitivkonjunktionen

Einen Sonderfall der subordinierenden Konjunktionen stellen die sogenannten **Infinitivkonjunktionen** wie *um zu, ohne zu, anstatt zu* dar. Sie dienen zur Einleitung sog. erweiterter Infinitive, die oft auch als Infinitiv-Sätze bezeichnet werden:

Sie ist gekommen, um uns zu helfen.

Auch die Infinitivpartikel *zu*, die erweiterte wie einfache Infinitive einleiten kann, wird gelegentlich zu den subordinierenden Konjunktionen gerechnet (z. B. Helbig/Buscha 2001: 424; Terminus dort: „Infinitiv-Subjunktion"):

Sie freut sich(,) uns helfen zu können.

Ob man diese Elemente zu den Konjunktionen rechnet, hängt naturgemäß davon ab, ob man Infinitivkonstruktionen als eine Art von Sätzen betrachtet oder aber als eine Konstruktion, die nicht mit

---

[9] Dieser Unterschied existiert auch in Sprachen, die Haupt- und Nebensätze nicht durch unterschiedliche Wortstellung markieren. Vgl. hierzu sowie zur gesamten Fragestellung Hentschel (1989 a).

einem Nebensatz gleichgesetzt werden darf (so etwa Zifonun et al. 1997: 2158). Die Tatsache, dass Infinitivkonstruktionen und Partizipialkonstruktionen (die jedoch kein eigenes Verbindungsglied benutzen) kein finites Verb enthalten, stellt in Sprachen wie dem Deutschen eine Besonderheit dar, die von der Norm, nämlich dem Vorliegen eines Finitums, abweicht. In anderen Sprachen, so etwa im Türkischen oder Japanischen, ist es hingegen der Normalfall, dass Nebensätze nur ein verkürztes Verb oder ein sog. Konverb, nicht aber eine vollständige finite Verbform enthalten.

9.2.2 Mehrteilige Konjunktionen

Mehrteilige Konjunktionen bestehen, wie der Name schon sagt, aus mehreren Teilen; dabei muss es sich aber nicht bei allen Bestandteilen wiederum um Konjunktionen handeln. Im Sinne der Definition liegt eine Konjunktion dann vor, wenn ein Wort ausschließlich zur Verknüpfung von Elementen verwendet wird, ohne selbst Satzgliedwert zu haben oder Teil eines Satzgliedes zu sein. Damit haben echte Konjunktionen auch nicht die Möglichkeit, das Vorfeld eines Satzes zu besetzen. Bei mehrteiligen Konjunktionen kommt es aber häufig vor, dass einer der Bestandteile sich syntaktisch wie ein Adverb verhält und das Vorfeld besetzen kann, so z. B. bei *zwar – aber*: *Zwar regnete es / es regnete zwar, aber wir gingen trotzdem spazieren.*

Bei den mehrteiligen (meist zweiteiligen) Konjunktionen lassen sich zwei Typen unterscheiden: solche, deren Teile auf die zu verknüpfenden Elemente verteilt werden (z. B. *entweder ... oder*), und solche, deren Bestandteile gemeinsam in derselben Hälfte der Verknüpfung stehen (z. B. *auf dass*). Letztere sind ausschließlich subordinierende Konjunktionen. Unter den mehrteiligen Konjunktionen, die auf die zu verknüpfenden Elemente verteilt werden, kommen hingegen sowohl koordinierende als auch subordinierende vor.

Koordinierend sind:

> *entweder – oder*
> *weder – noch*
> *sowohl – als auch*

Sowohl – als auch ist eine reine Satzteilkonjunktion; sie kann Sätze nur dann miteinander verbinden, wenn es sich um gleichgeordnete Nebensätze handelt:

Sie hatte sowohl Hunger als auch Durst.
Er klagte sowohl, dass er Hunger habe, als auch, dass er durstig sei.

aber nicht:

*Sowohl hatte er Hunger, als auch war er durstig.

Demgegenüber können *entweder – oder* und *weder – noch* Satzglieder wie auch ganze Sätze (Haupt- wie Nebensätze) miteinander verknüpfen. Dabei ist jeweils der erste Teil der Konjunktion relativ frei im Satz beweglich und kann auch das Vorfeld besetzen. Nur im Falle von *entweder*, nicht bei *weder* ist auch ein Gebrauch am Satzanfang ohne Auswirkung auf die weitere Satzstellung möglich, wie dies für koordinierende Konjunktionen kennzeichnend ist. Der zweite Teil der Konjunktion muss hingegen stets am Anfang des zweiten Verknüpfungselementes stehen; im Falle von *oder* bleibt die Satzstellung unberührt, während *noch* das Vorfeld besetzt:

Entweder du rufst jetzt sofort ein Taxi, oder wir verpassen das Flugzeug.
Entweder rufst du jetzt sofort ein Taxi, oder wir verpassen das Flugzeug.
Du rufst jetzt entweder sofort ein Taxi, oder wir verpassen das Flugzeug.
Weder brauchte sie Hilfe, noch bat sie um Rat.
Sie brauchte weder Hilfe, noch bat sie um Rat.

Subordinierend sind:

je – desto
so – dass

So – dass kann sowohl getrennt als auch ungetrennt auftreten. Bei getrenntem Gebrauch steht *so* in der Funktion einer Intensivpartikel im Hauptsatz, während *dass* den Nebensatz einleitet. Vgl.:

Sie war so müde, dass sie sich kaum noch konzentrieren konnte.

vs.:

Sie war sehr müde, so dass sie sich kaum noch konzentrieren konnte.

Bei *je – desto* ist es der erste Teil, der einen Nebensatz einleitet, während der zweite zu Beginn des Hauptsatzes steht, wo er zusammen mit einem Adjektiv im Komparativ das Vorfeld besetzt. Die Besonderheit dieser Konjunktion besteht darin, dass sie nur zusammen mit Komparativen auftreten kann:

Je länger sie sich kannten, desto weniger hatten sie sich zu sagen.

Mehrteilige Konjunktionen, die stets innerhalb desselben Nebensatzes stehen müssen, sind beispielsweise:

als ob
auf dass
wenn auch (so doch)

Bei *als ob* und dem archaischen *auf dass* können die beiden Teile der Konjunktion nicht voneinander getrennt werden:

Man benahm sich so, als ob nichts geschehen wäre.

Bei *wenn auch* hingegen kann der zweite Teil vom ersten entfernt im Satz stehen; die Reihenfolge *auch wenn* ist ebenfalls möglich. Wenn der von der Konjunktion eingeleitete Nebensatz vorangestellt wird, enthält der folgende Hauptsatz ein *doch* und kann zusätzlich durch *so* eingeleitet werden:

Wenn auch nichts gegen den Plan einzuwenden war, (so) hatten doch alle ein ungutes Gefühl.
Wenn gegen den Plan auch nichts einzuwenden war …
Auch wenn gegen den Plan nichts einzuwenden war …

Wenn auch hat ferner die Eigenschaft, dass es eingeschobene Adverbialbestimmungen, also quasi verkürzte Nebensätze, einleiten kann:

Er erhob sich, wenn auch zögernd, als die Nationalhymne erklang.
Sie gab ihm die Hand, wenn auch ungern.

Bei Voranstellung solcher Adverbiale folgt wiederum ein *(so) doch:*

Wenn auch ungern, (so) gab sie ihm doch die Hand.

9.2.3 Semantische Klassifikation

Die meisten Konjunktionen drücken nicht nur eine syntaktische, sondern auch eine inhaltliche Beziehung aus. Für den Ausdruck rein syntaktischer Beziehungen stehen die Konjunktionen *dass* und *ob* zur Verfügung. *Dass* leitet einen untergeordneten → Assertionssatz (Aussagesatz), *ob* einen Interrogativsatz (Fragesatz) vom Typ → Entscheidungsfrage ein:

Donald hat ausnahmsweise Glück gehabt. Das freut Daisy.
→ *Dass Donald ausnahmsweise Glück gehabt hat, freut Daisy.*

„Hat alles geklappt?", fragte sie.
→ *Sie fragte, ob alles geklappt habe.*

Die übrigen Konjunktionen lassen sich demgegenüber in folgende semantische Gruppen unterteilen, wobei einzelne Konjunktionen mehreren verschiedenen Gruppen angehören können:

Additive oder kopulative Konjunktionen

Additive (von lat. *addere* ‚hinzufügen') oder **kopulative** (von lat. *copulare* ‚verknüpfen') Konjunktionen sind koordinierend. Die sozusagen „klassische" additive Konjunktion ist *und*; ferner gehören *sowie, sowohl – als auch* und das beide Glieder der Verknüpfung negierende *weder – noch* zu dieser Gruppe.[10] Für *und* gilt, dass es nicht nur ganze Sätze und gleichwertige Satzteile miteinander verbinden kann, sondern auch Sätze, die einen oder mehrere Teile gemeinsam haben:

> *Sie kam spät nach Hause und ging gleich ins Bett.* (gemeinsames Subjekt *sie*)

Bei abgekürzten Wörtern kann *und* sogar Morpheme verbinden:

> *Man muss die Vor- und Nachteile genau abwägen.*

Diese Möglichkeit besteht für *sowie* nur dann, wenn bereits zwei vorausgehende Teile durch *und* verbunden sind (wie überhaupt *sowie* vorzugsweise Elemente anschließt, die an dritter oder höherer Stelle in einer Aufzählung stehen):

> *Es gibt Kurz- und Mittel- sowie Langstreckenraketen.*

Helbig/Buscha (2001: 412) rechnen auch die subordinierende Infinitivkonjunktion *um zu* in bestimmten Gebrauchsweisen zu den kopulativen Konjunktionen, nämlich dann, wenn sie an die Stelle eines mit *und* angeschlossenen Satzes tritt:

> *Sie kam nach Hause und ging gleich wieder weg.*
> *Sie kam nach Hause, um gleich wieder wegzugehen.*

---

[10] Die Aufzählungen der Konjunktionen erheben hier wie im Folgenden keinen Anspruch auf Vollständigkeit.

Die Ersetzung von *und* durch *um zu* ist allerdings nur dann möglich, wenn der durch *und* angeschlossene zweite Satz dasselbe Subjekt hat und in unmittelbarer zeitlicher Aufeinanderfolge zum ersten steht. Auch verwandelt sich die inhaltliche Beziehung der beiden Sätze von einem bloßen Nebeneinander zu einer Art Pseudo-Finalität: ,Sie kam zu keinem anderen Zweck nach Hause als zu dem, gleich wieder wegzugehen'; deshalb werden solche Wendungen auch oft als stilistisch unsauber bewertet. Nicht durch *um zu* ersetzbar ist *und* etwa in: *Die Patienten saßen im Wartezimmer und schwiegen/*Die Patienten saßen im Wartezimmer, um zu schweigen.* Aus diesen Gründen scheint uns die Zuordnung solcher Gebrauchsweisen von *um zu* zu den additiven resp. kopulativen Konjunktionen wenig sinnvoll.

Adversative Konjunktionen

Adversative Konjunktionen (von lat. *adversus* ,entgegengesetzt', ,feindlich', Konjunktionen zum Ausdruck des Gegensatzes) sind ebenfalls koordinierend; es handelt sich um die Konjunktionen *aber, allein, doch, jedoch, sondern* und *nur.*

Für *sondern* gilt, dass es nur auf einen negierten Satz oder Satzteil folgen kann:

> *Sie war nicht traurig, sondern wütend.*
> *Sie hatte keinen Hunger, sondern sie war durstig.*

Ebenso wie *und* kann es Sätze verbinden, die einen oder mehrere Satzteile gemeinsam haben; im Gegensatz zu *und* wird es dann durch ein Komma abgetrennt:

> *Sie ließ sich nicht entmutigen, sondern bemühte sich weiterhin.* (gemeinsames Subjekt)

Sondern und *aber* unterscheiden sich in ihren Verwendungsmöglichkeiten. *Sondern* muss immer dann stehen, wenn der negierte, also unzutreffende Teil des Satzes durch einen anderen, zutreffenden ersetzt wird:

> *Sie lebt nicht in Serbien, sondern in Slowenien.*

Wird hingegen der negierten Aussage eine andere entgegengesetzt, die nur allgemein im Widerspruch zu ihr steht, so wird *aber* verwendet:

Sie ist keine Deutsche, aber sie lebt in Deutschland.

Steht bei der vorausgehenden Negation zusätzlich die Fokuspartikel *nur*, so muss *sondern* stehen, wobei ein *auch* oder ein *sogar* folgt:

Sie war nicht nur sehr klug, sondern auch außergewöhnlich attraktiv.
Sie war nicht nur gut, sondern sie war sogar besser als alle anderen.[11]

Die beiden seltenen Konjunktionen *allein* (archaisch) und *nur* dienen vor allem dazu, ganze Sätze adversativ zu verknüpfen, können aber auch verkürzte Sätze und Satzteile anschließen. *Nur* wird überdies in den meisten Fällen nicht als Konjunktion (also ohne Einfluss auf die folgende Satzstellung), sondern als Konjunktionaladverb verwendet:

Man kämpfte mit allen Mitteln gegen das Feuer, allein es ließ sich nicht löschen.
Er kämpfte mit allen Kräften, allein vergebens.
Sie ist besser als ihre Kollegen, nur sie hat sämtliche Vorurteile gegen sich.
... nur hat sie sämtliche Vorurteile gegen sich.
Das Haus liegt sehr schön, nur etwas einsam.

Die Möglichkeit, sowohl als Adverb das Vorfeld des Satzes zu besetzen als auch als Konjunktion außerhalb desselben zu stehen, haben auch *doch* und *jedoch:*

Sie sparten eifrig, (je)doch die Inflation machte alle Bemühungen zunichte.
... (je)doch machte die Inflation alle Bemühungen zunichte.

Doch, jedoch und *nur* können als Adverbien außer im Vorfeld auch im Mittelfeld des Satzes stehen. Bei *doch* muss dabei allerdings berücksichtigt werden, dass das Adverb auch in der Bedeutung der Antwortpartikel *doch* gebraucht werden kann (vgl. *Die Erde bewegt sich nicht – Sie bewegt sich doch!*), und die Stellungsmöglichkeiten von *nur* sind dadurch begrenzt, dass das Wort auch als Fokuspartikel fungieren kann:

... die Inflation machte jedoch alle Bemühungen zunichte.
*... die Inflation machte nur alle Bemühungen zunichte.

---

[11] Zum Unterschied zwischen *sondern* und *aber* vgl. auch Kunzmann-Müller (1989) und Lang (1989).

Vgl. aber:

> ... *die Inflation machte nur ihre Bemühungen zunichte.* („und nicht die anderer")

Aber schließlich kann zwar nicht das Vorfeld besetzen, aber durchaus im Mittelfeld des Satzes stehen:

> ... *aber die Inflation machte alle Bemühungen zunichte.*
> *... *aber machte die Inflation alle Bemühungen zunichte.*
> ... *die Inflation machte aber alle Bemühungen zunichte.*

Darüber hinaus kann *aber* auch in Stellungen auftreten, die sonst nachgestellten Attributen vorbehalten sind:

> ... *die Inflation aber machte alle Bemühungen zunichte.*

Hier fungiert *aber* offenbar als eine Art Fokuspartikel zu *Inflation*; vgl. auch *oder aber.*

Helbig/Buscha (2001: 613) rechnen auch das subordinierende *während* zu den adversativen Konjunktionen; der Duden (1998: 406) führt es unter der Überschrift „restriktive oder adversative Konjunktionen zur Kennzeichnung der Einschränkung und des Gegensatzes" auf, ohne zu spezifizieren, ob eine Einschränkung oder ein Gegensatz vorliegt. Tatsächlich hat das ursprünglich temporale *während* oft die Funktion, das Nebeneinander von zwei gegensätzlichen Sachverhalten auszudrücken: *Während einige das Vorgehen der Polizei für gerechtfertigt halten, verurteilen es andere.* Solche Verknüpfungen lassen sich weder durch eine adversative Konjunktion wie *aber (jedoch, allein ...)* noch durch eine konzessive wie *obwohl (obgleich, wenngleich ...)* adäquat ersetzen (vgl. *Einige halten das Vorgehen der Polizei für gerechtfertigt, aber andere verurteilen es/obwohl andere es verurteilen*). Die ursprüngliche temporale Komponente scheint noch sehr stark wirksam zu sein, und oft lässt sich ohne Kontext nicht entscheiden, ob ein Satz eine rein zeitliche oder aber eine adversative/konzessive Beziehung ausdrückt. Vgl.:

> *Sie geht arbeiten, während er auf die Kinder aufpasst.*

Der Status der Konjunktion *während* lässt sich daher nur schwer bestimmen. Es sollte aber berücksichtigt werden, dass in der (international üblichen, vgl. Harris 1989) traditionellen Terminologie adversative Konjunktionen gerade dadurch gekennzeichnet sind, dass sie koordinieren. Der Unterschied zwischen adversativen und konzessiven Konjunktionen ist ohnehin fließend: adversative Konjunktionen verknüpfen zwei gleichermaßen zutreffende Sachverhalte, von denen der erste den zweiten nicht erwarten lässt; konzessive Konjunktionen drücken aus, dass die Aussage des Hauptsatzes unabhängig von der (ebenfalls gültigen) Aussage des Nebensatzes besteht (klassisches Beispiel: *Obwohl es regnete, gingen wir spazieren*). *Während* verknüpft zwei Aussagen, die beide zutreffen; ist die Verbindung nicht eindeutig temporal, so wird die Betonung des Nebeneinanders der beiden Sachverhalte zugleich als Hinweis auf einen möglichen (meist eher schwachen) Widerspruch verstanden.

Disjunktive oder alternative Konjunktionen

Disjunktive (von lat. *disiungere* ‚trennen‘) oder **alternative** (von lat. *alternare* ‚abwechseln‘) Konjunktionen, also Konjunktionen zum Ausdruck einander ausschließender Sachverhalte, sind koordinierend. Ihre Anzahl ist begrenzt: neben *oder* und *beziehungsweise* gibt es noch das zweiteilige *entweder – oder*. *Oder* verhält sich syntaktisch in jeder Hinsicht wie *und*: es kann ganze Sätze (in diesem Fall enthält der erste Satz oft ein *entweder*), Sätze mit gemeinsamen Satzteilen und Satzteile (die auch elliptisch auf Silben verkürzt sein können) verknüpfen:

> *Entweder du kommst jetzt mit, oder ich gehe alleine los.* (ganze Sätze)
> *Sie liest viel oder schreibt Briefe.* (zwei Prädikate)
> *Sie liest Micky-Maus-Hefte oder andere Comics.* (zwei Objekte)
> *Hat das nun eher Vor- oder Nachteile?* (zwei Silben)

Finale Konjunktionen

Finale Konjunktionen (von lat. *finis* ‚Zweck, Ziel‘, Konjunktionen zur Angabe des Zweckes oder der Absicht) sind subordinierend. Die Gruppe der finalen Konjunktionen umfasst *damit* und *auf dass* (archaisch) sowie die Infinitivkonjunktion *um zu* (vgl. auch S. 141). Gelegentlich (vor allem umgangssprachlich) kann auch *dass* mit finaler Bedeutung vorkommen:

> *Sie stellte das Radio ab, damit sie sich besser konzentrieren konnte.*
> *Sie stellte das Radio ab, um sich besser konzentrieren zu können.*
> *Sei vorsichtig, dass du nicht überfahren wirst.*

Instrumentale Konjunktionen → Modale Konjunktionen

Kausale Konjunktionen

Kausale Konjunktionen (von lat. *causa* ‚der Grund', Konjunktionen zur Angabe des Grundes) können subordinierend oder koordinierend sein (vgl. hierzu ausführlich S. 286 ff.). Viele Grammatiken ordnen auch konditionale, konzessive, konsekutive und finale Konjunktionen als im weitesten Sinne kausal (d. h. Grund, Ursache, Folge, Gegengrund usw. bezeichnend) ein. Hier sollen aber nur die im eigentlichen Sinne kausalen, d. h. die zur Bezeichnung des Grundes dienenden Konjunktionen als kausal bezeichnet werden. Es handelt sich dabei um die Konjunktionen *weil, da,* und *denn.*[12]

> *Weil er dringend Geld brauchte, wandte sich Donald an Onkel Dagobert.*
> *Da er dringend Geld brauchte, wandte sich Donald an Onkel Dagobert.*
> *Donald wandte sich an Onkel Dagobert, denn er brauchte dringend Geld.*

Nebensätze, die mit den beiden subordinierenden Konjunktionen *weil* und *da* eingeleitet sind, können dem Hauptsatz vorausgehen. Mit *denn* eingeleitete kausale Hauptsätze hingegen müssen stets an zweiter Stelle stehen.

Gelegentlich kann das auch zur Erweiterung von *da* (seltener auch *weil*) verwendbare *zumal* in der Funktion einer kausalen Konjunktion auftreten:

> *Donald wandte sich an Onkel Dagobert, zumal er Geld brauchte.*

Zumal setzt voraus, dass es außer dem genannten noch weitere Gründe gibt.

Konditionale Konjunktionen

Konditionale Konjunktionen (von lat. *conditio,* ‚die Bedingung', Konjunktionen zur Angabe der Bedingung) sind subordinierend. Neben den ausschließlich konditionalen Konjunktionen *falls* und *sofern* (archaisch auch nur: *so*) kann auch das ursprünglich temporale *wenn* konditional verwendet werden:

---

[12] Zum Unterschied von *da, denn* und *weil* vgl. Pasch (1983), zu *denn* und *weil* Hentschel (1989 a).

Falls (sofern, wenn) Sie Fragen haben, wenden Sie sich an uns!

Auch *bevor* und *ehe* können in Satzgefügen stehen, zwischen deren (stets negierten) Teilen ein konditionales Verhältnis besteht:

Bevor du dich nicht entschuldigt hast, rede ich kein Wort mehr mit dir.

Die Bedingtheit wird jedoch nicht durch die – auch hier temporale – Bedeutung der Konjunktion ausgedrückt, sondern ergibt sich schon aus dem Sinn der Teilsätze *(du entschuldigst dich nicht – ich rede kein Wort mehr mit dir)*. Solche Sätze implizieren die Gültigkeit eines positiven Gefüges mit *sobald: Sobald du dich entschuldigt hast, rede ich wieder mit dir.*

Bei *wenn* kann oft nur anhand des Kontextes bestimmt werden, ob eine temporale oder konditionale Beziehung ausgedrückt werden soll, da die Konjunktion beide Möglichkeiten impliziert. Vgl.:

Wenn Brigitte morgen kommt, gib ihr bitte diese Unterlagen.

Der *wenn*-Satz kann sowohl temporal als auch konditional gemeint sein, je nachdem, ob das Kommen von Brigitte vorausgesetzt wird oder aber nur eine Möglichkeit darstellt. In anderen Sprachen, beispielsweise im Englischen, müssen Temporalität und Konditionalität dagegen stets mit unterschiedlichen Konjunktionen *(when/if)* ausgedrückt werden.

Konsekutive Konjunktionen

Konsekutive Konjunktionen (von lat. *consecutio*, ‚die Folge‘, Konjunktionen zur Angabe der Folge) sind subordinierend. Es handelt sich dabei um die beiden zweiteiligen Konjunktionen *so dass* und *als dass*; gelegentlich kann auch *dass* alleine in dieser Funktion auftreten (vor allem bei vorausgehendem *derartig, solch-* oder *solchermaßen*). *So dass* kann sowohl getrennt, verteilt auf über- und untergeordneten Satz, als auch zusammen im untergeordneten auftreten:

Sie war so müde, dass sie sich nicht mehr richtig konzentrieren konnte.
Sie war müde, so dass sie sich nicht mehr richtig konzentrieren konnte.
Sie war derartig müde, dass sie sich nicht mehr richtig konzentrieren konnte.

Als dass setzt voraus, dass ein *zu* vorhergegangen ist; im mit *als dass* eingeleiteten Konsekutivsatz steht normalerweise der Konjunktiv:

Sie war zu müde, als dass sie sich noch richtig hätte konzentrieren können.

Bei vorausgehendem *zu* kann auch die Infinitivkonjunktion *um zu* in konsekutiver Bedeutung gebraucht werden:

Sie war zu müde, um sich noch richtig konzentrieren zu können.

Konzessive Konjunktionen

Konzessive Konjunktionen (von lat. *concedere* ‚einräumen‘, Konjunktionen der Einräumung, d. h. des unwirksamen Gegengrundes) sind subordinierend. Es handelt sich dabei um die Konjunktionen *obwohl, obgleich, obschon, obzwar, wenngleich, wiewohl* und um das zweiteilige *wenn auch*. Das in der Duden-Grammatik (1998: 407) als konzessive Konjunktion verzeichnete, in dieser Funktion sehr archaische *ob* benötigt ebenfalls ein folgendes *auch* (noch archaischer auch: *zwar*), um konzessiv fungieren zu können. Gleichfalls in Verbindung mit *auch* können ferner *wie, so, so sehr, so viel, so wenig* und andere Verbindungen von *so* + Adjektiv konzessive Bedeutung annehmen:

Sie stritten sich, obwohl (obgleich, obzwar …) sie keinen Grund dazu hatten.
… wenn (ob) sie auch keinen Grund dazu hatten.
… so wenig Grund sie auch dazu hatten.
… so müde sie auch waren.

In der Umgangssprache wird ferner das Konjunktionaladverb *trotzdem* häufig als Konjunktion gebraucht (siehe auch S. 308):

Sie hatten keinen Grund dazu, aber sie stritten sich trotzdem. (Konjunktionaladverb)
Trotzdem sie keinen Grund dazu hatten, stritten sie sich. (Konjunktion)

Wie das Beispiel zeigt, steht *trotzdem* als Adverb in dem Satz, der trotz des Gegengrundes gültig ist (und nicht in dem Satz, der den Gegengrund ausdrückt!). Als Konjunktion hingegen leitet es den Satz ein, der den Gegengrund enthält. *Trotzdem* illustriert damit nicht nur den Übergang eines Adverbs in die Wortklasse der Konjunktionen, wie er sich im Laufe der Sprachgeschichte in vielen Fällen vollzogen hat, sondern zeigt durch den Wechsel in seiner Stellung auch deutlich den Satzgliedcharakter des Konzessivsatzes: er steht an Stelle einer konzessiven Adverbialbestimmung.

Modale Konjunktionen

Modale Konjunktionen (von lat. *modus* ‚Art, Weise', Konjunktionen
zur Angabe der Art und Weise) sind eine relativ heterogene Gruppe
subordinierender Konjunktionen. Im engen Sinn modal, d. h. zur
Angabe der Art und Weise, der Begleitumstände einer Handlung
dienend, sind *indem, wie, ohne dass* und die Infinitivkonjunktion *ohne
zu*; die beiden letztgenannten dienen zur Angabe fehlender Begleitumstände:

> *Sie hörte zu, indem sie dabei nervös mit den Fingern trommelte.*
> *Wie sie ganz richtig bemerkt hatte, enthielt die Formel einen Fehler.*
> *Sie ging vorbei, ohne ihn zu erkennen.*

Als ‚modal' im weiteren Sinne können aber auch **instrumentale**
(von lat. *instrumentum* ‚das Werkzeug', also Konjunktionen zur Angabe des Mittels) und Konjunktionen zur Kennzeichnung des **Vergleichs** (**Komparation**) sowie der **Spezifizierung** angesehen werden:

instrumental: *indem:*

> *Sie zerkleinerte das Eis, indem sie mit dem Hammer darauf einschlug.*

Vergleich: *wie, als ob, als wenn, je – desto:*

> *Er sieht aus, wie sein Vater im selben Alter auch ausgesehen hat.*
> *Sie tat, als ob sie nichts gemerkt hätte.*
> *Je später es wurde, desto unruhiger wurde er.*

Wie die Beispiele zeigen, leitet *wie* (das oft mit den Korrelaten *so*
oder *genauso* auftritt) einen realen Vergleich ein, *als ob* hingegen
einen irrealen (ebenso: *als wenn*). Irreale Vergleiche können auch
von *als* alleine eingeleitet werden; der Konjunktion muss dann ein
Konjunktiv folgen, und sie besetzt wie ein Adverb das Vorfeld des
Satzes: *Sie tat (so), als hätte sie nichts gemerkt.* Die zweiteilige Konjunktion *je – desto* kann nur mit Komparativ stehen (*je* leitet den
Neben-, *desto* den Hauptsatz ein); gelegentlich steht statt *desto* auch
umso. Helbig/Buscha (2001: 407) sprechen von einer **proportio-
nalen** Konjunktion. Das dort ebenfalls als proportionale Konjunktion aufgeführte *je nachdem* kann Sätze nicht selbständig einleiten, sondern tritt zusammen mit Interrogativa oder *ob* auf: *Je
nachdem, was verlangt wurde …/ Je nachdem, wie spät es morgen wird …*

usw. Es ist somit eher als Adverb anzusehen, das einen Attribut-satz fordert; man könnte möglicherweise auch von einem adver-bialen Korrelat sprechen.

Spezifizierung: *insofern als:*

> *Er hatte insofern Glück, als er bei dem Unfall nicht verletzt wurde.*

Nach dem Korrelat *insofern* kann *als* einen spezifizierenden Neben-satz einleiten. Auch bei der Wendung *das heißt* kann man Ansätze zu einer Grammatikalisierung in Richtung auf eine modale (spezi-fizierende) Konjunktion sehen; Helbig/Buscha (2001: 394) füh-ren es als spezifizierende Konjunktion auf. Die Entwicklung führt hier vom eingeschobenen, selbständigen kleinen Satz (traditionell durch zwei Kommata abgetrennt) zur Konjunktion (zunehmend ohne das zweite Komma). Syntaktisch liegt in dem auf *das heißt* fol-genden Satz eigentlich ein Prädikativum vor, das als eingeleiteter oder als uneingeleiteter Nebensatz auftreten kann: *Sie ist krank, das heißt, dass sie nicht kommen kann/das heißt, sie kann nicht kommen.* Wenn man *das heißt* als Konjunktion betrachten wollte, so läge hier im Ge-gensatz zu allen anderen modalen Konjunktionen eine koordinie-rende Konjunktion vor. Es ist jedoch plausibler, anzunehmen, dass die vollständige Grammatikalisierung und der Übergang in die Wortklasse der Konjunktionen hier noch in weiter Ferne liegt und auf dem Wege dorthin auch weitere Änderungen nicht ausge-schlossen sind.

Temporale Konjunktionen

Temporale Konjunktionen (von lat. *tempus* ‚Zeit', Konjunktionen zum Ausdruck zeitlicher Verhältnisse) sind ausschließlich suboridi-nierend; sie leiten Adverbialsätze zur Angabe der Zeit ein. Man kann sie zusätzlich in vorzeitige, gleichzeitige und nachzeitige unterteilen. **Vorzeitig** bedeutet, dass das im Nebensatz (also in dem von der Konjunktion eingeleiteten Satz) ausgedrückte Ereignis **vor** dem des Hauptsatzes, **nachzeitig** hingegen, dass es erst **nach** dem des Hauptsatzes eintritt; bei **Gleichzeitigkeit** verlaufen die beiden Er-eignisse simultan:

vorzeitig: *nachdem, seit(dem), als* …
gleichzeitig: *als, wenn, während, sooft* …
nachzeitig: *bevor, bis, ehe, als* …

Die Konjunktion *als* drückt zwar gewöhnlich Gleichzeitigkeit aus,
kann aber auch zum Ausdruck von Vor- und Nachzeitigkeit verwendet werden:

> *Als Herta in Belgrad war, regnete es.* (gleichzeitig)
> *Als endlich alle da waren, konnte die Sitzung beginnen.* (vorzeitig)
> *Kaum waren die letzten eingetroffen, als die ersten schon wieder gehen mussten.* (nachzeitig)

Als kann ausschließlich mit Tempora der Vergangenheit stehen; es bezeichnet einmalige oder als Einheit gesehene Ereignisse oder Zeiträume in der Vergangenheit. Dagegen bezeichnet temporal gebrauchtes *wenn* mit Vergangenheitstempus eine wiederholte Handlung:

> *Als ich in Hamburg ankam* … (einmaliges Ereignis)
> *Als ich noch jeden Morgen um 5⁰⁰ Uhr aufstehen musste* … (einheitlicher Zeitraum)
> *Wenn ich in Hamburg ankam* … (wiederholte Handlung im Sinne von ‚jedes Mal, wenn‘)
> *Wenn ich um 5⁰⁰ Uhr aufstehen musste* … (‚jedes Mal, wenn‘)

Wenn mit Präsens oder Futur bezeichnet demgegenüber ein einmaliges Ereignis:

> *Wenn Biljana kommt, essen wir.*

Eine Besonderheit der Konjunktion *bevor* besteht darin, dass sie in
Abhängigkeit davon, ob sie mit Negation steht oder nicht, unterschiedliche zeitliche Verhältnisse zwischen Haupt- und Nebensatz
ausdrückt. Dabei geht ein negierter Nebensatz mit *bevor* stets auch
mit einem negierten Hauptsatz einher:

> (1) *Bevor diese Angelegenheit nicht erledigt ist, übernehmen wir keine weiteren Aufträge.*
> (2) *Bevor wir gehen, muss ich noch schnell den Brief zu Ende schreiben.*

In (1) ist das zeitliche Verhältnis auf der wörtlichen Ebene ein
gleichzeitiges: im gleichen Zeitraum, in dem die Angelegenheit nicht
erledigt ist, werden keine weiteren Aufträge übernommen. Logisch

impliziert ist aber ein Verhältnis der Vorzeitigkeit, das für die jeweils positiven Sachverhalte zutrifft: zuerst muss die Angelegenheit erledigt sein, dann werden weitere Aufträge übernommen. In (2) ist das Verhältnis umgekehrt: zuerst erfolgt das im Hauptsatz ausgedrückte Geschehen (das Briefschreiben), dann tritt das Geschehen des Nebensatzes (das Gehen) ein.

9.3   Konjunktionaladverbien

Unter **Konjunktionaladverbien** (in den *Grundzügen* (1981: 691) als „Pronominaladverbien" bezeichnet) versteht man eine Gruppe von Wörtern wie *deshalb, trotzdem* oder *indessen*. Syntaktisch verhalten sie sich wie Adverbien, obgleich ihre Funktion auf Textebene darin besteht, Sätze miteinander zu verknüpfen und sie unter funktionalen Gesichtspunkten daher den Konjunktionen ähneln. Morphologisch handelt es sich bei der Mehrzahl von ihnen um Bildungen aus einer Präposition und einem Pronomen *(vgl. des-wegen, trotz-dem, in-dessen)*, was auch der Grund ist, warum sie in den *Grundzügen* (1981: 691) als „Pronominaladverbien" bezeichnet werden. Diese Herkunft ist in unterschiedlichem Maße synchronisch nachvollziehbar. Am deutlichsten ist sie bei den kausalen Konjunktionaladverbien *deshalb* und *deswegen* wahrnehmbar, die als einzige der Gruppe auch negierbar sind *(ich bin doch nicht deshalb/deswegen gekommen!*; vgl. auch S. 264 ff.).
   Der Unterschied zwischen einer „echten" Konjunktion und einem Konjunktionaladverb wird im Deutschen bereits durch die Wortstellung deutlich: Konjunktionen bewirken entweder die Endstellung des finiten Verbs (subordinierende Konjunktionen), oder aber sie stehen am Anfang eines Hauptsatzes, ohne die Stelle vor dem finiten Verb, das → Vorfeld, zu besetzen (koordinierende Konjunktionen). Konjunktionaladverbien besetzen demgegenüber entweder das Vorfeld, oder sie stehen satzintegriert, d. h. innerhalb des Satzes:

> *Ich habe den Film nicht gesehen; deshalb kann ich dir nichts Genaueres darüber sagen.* (besetzt das Vorfeld)
> *...; ich kann dir deshalb nichts Genaueres darüber sagen.* (satzintegriert)

Die Abgrenzung von Konjunktionaladverbien gegen Konjunktionen allein aufgrund von Stellungskriterien ist so nur für das Deutsche möglich; beide Wortarten bestehen aber auch in anderen Sprachen.[13] Unabhängig von der Wortstellung im Satz weisen Konjunktionaladverbien folgende Eigenschaften auf:

– Im Unterschied zu subordinierenden Konjunktionen können Konjunktionaladverbien nie im ersten der beiden verknüpften Sätze stehen. Vgl.:

   Er war den ganzen Tag müde, weil er schlecht geschlafen hatte.
   Weil er schlecht geschlafen hatte, war er den ganzen Tag müde.
   Er hatte schlecht geschlafen. Deshalb war er den ganzen Tag müde.

aber:

   *Deshalb war er den ganzen Tag müde. Er hatte schlecht geschlafen.

– Während nie mehr als eine Konjunktion desselben Typs (ko- bzw. subordinierend) einen Satz einleiten kann, können mehrere Konjunktionaladverbien sowie auch Kombinationen aus Konjunktionen und Konjunktionaladverbien gleichzeitig auftreten:

   ... weil sie indessen trotzdem nicht aufgeben wollte. (subordinierende Konjunktion und zwei Konjunktionaladverbien)
   ... aber deshalb wollte sie trotzdem nicht aufgeben. (koordinierende Konjunktion und zwei Konjunktionaladverbien).

Bei der Anwendung sowohl sprachübergreifender Definitionen als auch der für das Deutsche spezifischen Wortstellungseigenschaften auf konkrete Einzelfälle zeigt sich, dass die Grenze zwischen Konjunktionen und Konjunktionaladverbien fließend sein kann. Dies ist nicht weiter verwunderlich, da sich Konjunktionen aus Konjunktionaladverbien entwickeln können, was insbesondere in den folgenden Fällen deutlich wird.

aber
Obgleich *aber* durchweg ausschließlich als koordinierende Konjunktion aufgefasst wird, kann es im Deutschen sowohl satzintegriert als auch zusammen mit einer anderen koordinierenden Konjunktion *(oder)* gebraucht werden. Vgl.:

---

[13] So unterscheiden beispielsweise Quirk/Greenbaum (1998: 141) für das Englische die Konjunktionaladverbien (bei ihnen: „conjuncts") von den Konjunktionen.

*Die Zuschauer wurden aufgefordert, Ruhe zu bewahren oder aber den Ge-
richtssaal zu verlassen.*
*Er bemühte sich um eine Lösung, seine Anstrengungen führten aber zu kei-
nem Ergebnis.*

Eine solche Verwendung ist beispielsweise für englisch *but*, französisch *mais*, russisch *no*, serbisch *ali* usw. ‚aber' jeweils nicht möglich,
und auch andere deutsche koordinierende Konjunktionen *(und,
denn, oder)* lassen diese Möglichkeit nicht zu. Es ist daher zu fragen,
ob *aber* mit der Zuordnung zu den koordinierenden Konjunktionen
bereits vollständig beschrieben ist oder ob hier nicht eine Zugehörigkeit zu zwei verschiedenen Wortklassen (Konjunktion und Konjunktionaladverb) angenommen werden sollte. Die Zugehörigkeit
zur übergeordneten Klasse der Adverbien ist dabei die sprachgeschichtlich ältere (vgl. Grimm/Grimm 1854 s. v. *aber*); bei der Weiterentwicklung und Grammatikalisierung zur Konjunktion ist sie
nicht vollständig erhalten geblieben. Im Unterschied zu anderen
Konjunktionaladverbien kann *aber* daher nicht das Vorfeld besetzen:

*aber führten seine Anstrengungen zu keinem Ergebnis.

Auch in Verbindung mit *oder* verhält es sich nicht wie ein Konjunktionaladverb: es besetzt nicht das Vorfeld und lässt sich nicht unabhängig von der Konjunktion *oder* im Satz verschieben, d. h. es weist
die Eigenschaften eines Attributs von *oder* auf. Vgl.:

… oder aber du versuchst, dich gütlich mit ihnen zu einigen.
*… oder du versuchst aber …

gegenüber:

oder du versuchst trotzdem …

doch, jedoch, indessen
Doch, jedoch und *indessen* können sowohl als Konjunktion als auch als
Konjunktionaladverb verwendet werden:

… (je)doch / indessen seine Anstrengungen führten zu keinem Ergebnis.
… (je)doch / indessen führten seine Anstrengungen zu keinem Ergebnis.

Doch und *jedoch* können bei satzintegriertem Gebrauch unterschiedliche Bedeutungen übernehmen: während die Bedeutung von *jedoch*

unabhängig von seiner Stellung im Satz unverändert bleibt, kann satzintegriertes, betontes *doch* (zu unterscheiden von der unbetonten → Abtönungspartikel) die Bedeutung der Antwortpartikel haben und einen direkten Widerspruch zu einem zuvor geäußerten, negierten Satz ausdrücken: *Ich hatte doch Recht!*

trotzdem
Auch im Falle von *trotzdem* zeigt sich der noch im Verlauf befindliche Grammatikalisierungsprozess deutlich. Aus der Präposition *trotz* (die wiederum aus dem Substantiv *Trotz* abgeleitet ist) und dem Demonstrativum *dem*[14] wurde zunächst ein adverbiales Element gebildet, das aufgrund des deiktischen Charakters seines zweiten Bestandteils besonders gut geeignet war, auf etwas zuvor Gesagtes zu verweisen. So entstand das Konjunktionaladverb:

> *Ich habe mich unheimlich beeilt. Trotzdem bin ich zu spät gekommen*
> *... Ich bin trotzdem zu spät gekommen.*

Die adversative Bedeutung des Konjunktionaladverbs wurde auch dafür genutzt, auf einen Gegensatz hinzuweisen, der erst in der Folge genannt wurde. Hier stand *trotzdem* neben reinem *trotz* (vgl. *trotz dies mein freund ist, so ist ... doch*; Grimm1854–1960, s. v. *trotz*), *trotz dass* und *trotzdem dass*. So entstand die Konjunktion *trotzdem*, die zwar noch nicht als standardsprachlich akzeptiert wird (vgl. Duden 1998: 407), aber in der Umgangssprache häufig anzutreffen ist:

> *Trotzdem ich mich unheimlich beeilt habe, bin ich zu spät gekommen.*

9.4   Modalwörter

Modalwörter wie *vielleicht, wahrscheinlich, eventuell, sicherlich* usw. dienen dazu, den Wahrscheinlichkeitsgrad einer Äußerung anzugeben, und graduieren den Bereich zwischen ‚völlig sicher' und ‚unmöglich'. Der Terminus „Modalwort" für diese Klasse ist relativ weit verbreitet und wird u. a. von Admoni (1982: 209f.), Helbig (2001: 31), Helbig/Buscha (2001: 430ff.), Hentschel/Weydt (2002) ver-

---

[14] Die Bildung mit dem Dativ *dem* weicht von der Standardrektion von *trotz* mit Genetiv ab und zeigt damit eine Bildung, wie sie sonst vor allem in der modernen Umgangssprache zu beobachten ist.

wendet. Demgegenüber spricht der Duden (1998: 372) von „Kommentaradverbien", Eisenberg (2001: 228) rechnet sie zu den Modaladverbien, Zifonun et al. (1997: 58) rechnen sie zu einer Klasse der „Modalpartikeln". Das bei der überwiegenden Mehrheit der Benennungen vorhandene Element „Modal" im Namen weist darauf hin, dass die semantische Funktion dieser Wörter die philosophische Kategorie der Modalität betrifft, also die Bedingungen, die für die Gültigkeit der Proposition gelten. Die Funktionen der Modalwörter entsprechen in gewisser Hinsicht denen, die im verbalen Bereich durch den → epistemischen (subjektiven) Gebrauch der Modalverben wahrgenommen wird; vgl. *so muss es gewesen sein – so ist es sicher gewesen.*

Modalwörter können nicht mit Bestimmungsfragen erfragt werden

Wie kommt er? – *Vielleicht

Sie können aber die Antwort auf eine Entscheidungsfrage bilden:

Kommt sie morgen auch? – Vielleicht.

Dies unterscheidet sie von modalen Adverbien wie *gern*, bei denen die Erfragbarkeit zwar auch beschränkt sein kann, die aber nur in Ausnahmefällen die Antwort auf eine Entscheidungsfrage bilden können, nämlich wenn dabei die eigentliche Antwort aus dem Kontext erschlossen werden kann; ihr Gebrauch muss daher als elliptisch gedeutet werden.

Kommt sie morgen? *Gern.
Kommst du morgen? Gern (= Ja, ich komme gern).[15]

Von den modalen Adverbien unterscheidet die Modalwörter auch, dass sie nicht selber den **Skopus** (von griech. *scopos* ‚Ziel'; der Skopus eines Elementes ist der Teil des Satzes, auf den es sich bezieht) einer Negation bilden können:

*Er kommt nicht vielleicht.

---

[15] Dieser Gebrauch von *gern* setzt zugleich voraus, dass der Interrogativsatz *Kommst du morgen?* als Aufforderung interpretiert wird. Wenn es sich um den Sprechakt einer Frage handelt, ist *gern* als Antwort nicht möglich.

Sie können aber in einem negierten Satz stehen:

Wahrscheinlich kriegt der böse Wolf die Schweinchen wieder nicht.

Da sie dazu dienen, Wahrscheinlichkeiten anzugeben, sind sie vor allem mit der ontischen Bedeutung des Aussagesatzes verträglich:

Sie kommt vielleicht.

und können ferner in Entscheidungsfragen vorkommen:

Heißt du vielleicht Rumpelstilzchen?
Kommst Du eventuell selber mit?

Diese Fragen lassen sich paraphrasieren als *Ist es vielleicht so, dass …* und drücken aus, dass der Satzinhalt als Möglichkeit in Betracht gezogen wird.

Schlecht oder gar nicht verträglich sind Modalwörter mit der ontischen Bedeutung von Befehlssätzen, Bestimmungsfragen, Wunsch- und Ausrufesätzen:

*Komm vielleicht her!
*Wie heißt du vielleicht?
(?)Wenn nur vielleicht bald alles vorbei wäre!
*Hast du möglicherweise aber einen Bart!

Die Gruppe der Modalwörter wird bei Helbig/Buscha (2001: 434–436) oder Admoni (1982: 209 ff.) allerdings weiter gefasst, als wir das tun. Sie umfasst bei Helbig/Buscha auch Wörter wie *angeblich, leider, leichtsinnigerweise*, die nicht die Modalität im erwähnten Sinn betreffen, sondern stattdessen ein bewertend-emotionales Urteil über den geäußerten Sachverhalt wiedergeben und die wir zu den → Situativpartikeln zählen.

9.5   Abtönungspartikeln

Unter **Abtönungspartikeln** (Terminus von Weydt 1969) versteht man Partikeln wie *ja, denn, doch, wohl*, wenn sie in bestimmten Kontexten vorkommen, z. B.: *Das ist ja unerhört! Wie heißt du denn? Mach doch kein so böses Gesicht! Warum hat er das wohl getan?* Sie werden gelegentlich auch **Modalpartikeln** genannt. Gegen diesen Terminus kann man einwenden, dass „mit der ‚Modalität' die Funktion der

Abtönungspartikeln nur sehr vage beschrieben ist und außerdem eine Vermengung mit den ‚Modalwörtern' vermieden werden soll" (Helbig 2001: 31). Die Abtönungspartikeln sind stets – und das unterscheidet diese Klasse von anderen Wortarten – Sonderverwendungen von Wörtern, die primär andere Funktionen haben.[16] So ist z. B. *aber* primär eine koordinierende adversative Konjunktion in: *Sie ist klein, aber stark.* Als Abtönungspartikel funktioniert *aber* hingegen in dem Ausruf: *Du hast aber heute wieder rumgetrödelt!* Da beide *aber* ganz offensichtlich miteinander zusammenhängen und deshalb auch in der Darstellung, z. B. in einem Wörterbuch, nicht isoliert voneinander stehen sollten, kann man von *aber* als einer **abtönungsfähigen** Konjunktion sprechen. In der folgenden Liste sind die wichtigsten abtönungsfähigen Wörter zusammen mit je einem Beispiel für nicht abtönenden Gebrauch (NA) und für ihren Gebrauch als Abtönungspartikel (AP) aufgeführt.

aber

>NA *Sie ist klein, aber stark.*
>AP *Seid ihr aber groß geworden!*

auch

>NA *Hanna hat die Prüfung bestanden und Fritz auch.*
>AP *Haben Sie auch nichts vergessen?*
>AP *Warum auch?*

bloß / nur

>NA *Ich habe ihm bloß / nur meine Meinung gesagt.*
>AP *Wo habe ich bloß meine Brille?*
>AP *Mach bloß keinen Fehler!*

denn

>NA *Er kennt den Mörder, denn er hat die Tat gesehen.*
>AP *Sprechen Sie denn Japanisch?*
>AP *Wie heißt du denn?*

---

[16] Eine Ausnahme von dieser Regel stellt die Abtönungspartikel *halt* insofern dar, als sie mit dem Verb *halten* oder dem Substantiv *Halt* nicht verwandt ist.

doch

>NA *Alles war still, doch dann ging das Gewitter los.*
>AP *Das musst du doch zugeben!*

eben

>NA *Ich bin eben erst gekommen.*
>AP *Das geht eben nicht anders.*

eigentlich

>NA *Der eigentliche Grund*
>AP *Wie heißt du eigentlich?*

einfach

>NA *Die Aufgabe ist einfach.*
>AP *Ich hatte einfach keine Lust mehr.*

etwa

>NA *Etwa 80 Demonstranten*
>AP *Du hast doch nicht etwa das Fenster aufgelassen?*

erst

>NA *Sie kommt erst morgen wieder.*
>AP Dialog: *Mein Bruder ist stark. – Und meiner erst!*

halt

>NA *Halt! Keinen Schritt weiter!*
>AP *Einkaufen kostet halt viel Zeit.*

ja

>NA *Kommst du mit? – Ja.*
>AP *Ich weiß ja, dass das nicht einfach ist.*
>AP *Hau ja ab!*

mal

>NA *Es war (ein)mal ein kleines Mädchen.*
>AP *Komm mal her!*

nur

NA *Er kann Englisch nur lesen, nicht sprechen.*
AP *Was soll ich nur tun?*

ruhig

NA *Die See war ruhig.*
AP *Komm ruhig rüber.*

schon

NA *Es ist schon fünf Uhr.*
AP *Du hast schon Recht.*

vielleicht

NA *Vielleicht kommt sie morgen.*
AP *Das war vielleicht langweilig!*

wohl

NA *Ich fühle mich wohl.*
AP *Wer hat das wohl geschrieben?*

Abtönungspartikeln haben eine Menge von semantischen, syntaktischen und pragmatischen Eigenschaften. Dennoch ist in der Linguistik bisher keine Einigkeit über die Abgrenzung der Wortart erreicht worden. Das hängt damit zusammen, dass man in dem Maße,
in dem man die Zahl der definitorischen Eigenschaften vergrößert,
den Umfang der betreffenden Klasse einschränkt, und umgekehrt.
Zu den einzelnen Abgrenzungs- und weiteren Benennungsversu-
chen siehe ausführlich Helbig (2001: 31 ff.) sowie Hentschel/Weydt
(2002).

Semantik

Abtönungspartikeln haben die Funktion, das Gesagte im Kontext
der Rede zu situieren. Sie geben dem Gegenüber Informationen darüber, in welchem Zusammenhang ein Satz geäußert wurde und ermöglichen es ihm, ihn pragmatisch einzuordnen. Man kann ihre Bedeutung in Form eines Metakommentars, eines Kommentars über
die Äußerung, paraphrasieren. Der Typ von Information, der mit
Abtönungspartikeln gegeben wird, soll im Folgenden an einem einfachen Beispiel illustriert werden.

Die Abtönungspartikeln *ja* und *aber* können beide in erstaunten Ausrufen stehen, die die Form von Assertionssätzen haben. Wenn jemand eine Tasse Kaffee angeboten bekommt, zu schnell zu trinken anfängt und sich dabei den Mund verbrennt, kann er erschreckt sagen: *Aua, der ist ja heiß!*, aber auch *Aua, der ist aber heiß!* Der Unterschied zwischen diesen beiden Äußerungen besteht darin, dass sie unterschiedliche Arten des Erstaunens ausdrücken. In dem Satz mit *ja* äußert die sprechende Person Erstaunen darüber, dass der im Satz beschriebene Sachverhalt (also die Proposition des Satzes) überhaupt zutrifft. Im obigen Beispiel würde das bedeuten: Sie ist erstaunt, dass der Kaffee heiß ist, denn sie hatte nicht heißen, sondern beispielsweise bereits auf Trinktemperatur abgekühlten oder sogar lauwarmen Kaffee erwartet. Mit *aber* drückt sie dagegen aus, dass sie zwar heißen Kaffee erwartet hatte, aber in geringerem Ausmaß: nicht s̲o̲ heiß. *Ja* signalisiert somit Erstaunen über das ‚dass‘, *aber* über das ‚wie (sehr)‘ des ausgedrückten Sachverhaltes. Es sei bemerkt, dass diese beiden Merkmale der Partikeln und die von ihnen ausgedrückte genauere Strukturierung des Staunens in sich noch keine positiven oder negativen Werturteile enthalten. Diese werden zwar im Redekontext fast immer auftreten, aber sie ergeben sich aus dem Kontext und sind nicht konstante Bedeutungselemente der Partikeln, die in dieser Hinsicht neutral sind. So kann die erstaunte Bemerkung *Du kannst ja kochen!* am Tisch einer Person, die sich immer darüber beklagt hat, nicht einmal ihr Frühstücksei selbst zubereiten zu können, freundlich und anerkennend wirken; in einer anderen Situation, etwa anlässlich der wiederholten Teilnahme an einem mehrgängigen Menü, könnte sie dagegen beleidigend sein.

Von den primären Bedeutungsmerkmalen der Partikeln müssen also die **pragmatischen Wirkungen** unterschieden werden, die mit ihnen erreicht werden können. Wenn Eva bei Hans eingeladen ist und das gute Essen mit dem Ausruf lobt: *Du kannst ja kochen!*, so kann das durchaus als misslungenes Kompliment wirken, da Hans aufgrund der Partikel *ja* mitversteht, dass Eva anfangs nur geringes Vertrauen in seine Kochkunst hatte. Pragmatische Effekte werden durch das Ineinandergreifen von Partikelbedeutung, ontischer Satzbedeutung und gesamter Situation in einem aktiven Interaktionsprozess zwischen Sprecherin und Hörer hergestellt. Aus diesem Grund sind sie schwer vorherzusagen. In einigen Fällen lassen sich generelle Regeln über pragmatische Effekte von Partikeln in bestimmten syntaktischen Kontexten aufstellen. Dazu gehören:

- *Denn* in Bestimmungsfragen wirkt meist freundlich: *Warum weinst du denn?*
- *Denn* bringt eine erstaunte Komponente in Entscheidungsfragen hinein: *Können Sie denn Japanisch?*
- Bei Ausrufen über ein Ereignis in der Vergangenheit sollte man eher *vielleicht* als *aber* wählen: *Das Fest gestern war vielleicht langweilig!*
- Negativ-rhetorische Bestimmungsfragen werden mit *auch* gebildet: *Warum sollte ich auch arbeiten (wo ich doch im Lotto gewonnen habe)?*

Diese Regeln haben zwar nur den Charakter von Faustregeln, gelten aber für die Mehrzahl der Fälle; sie können zu didaktischen Zwecken eingesetzt werden (z. B. im Bereich Deutsch als Fremdsprache); sie lassen sich rational begründen und aus den primären Bedeutungen der Partikeln ableiten (ein Beispiel hierzu siehe unten).

Semantische Beschreibungen von Abtönungspartikeln können auf verschiedenen Abstraktionsebenen vorgenommen werden.

- Eine Partikel kann in ihrem einmaligen Auftreten in einem bestimmten individuellen Text erfasst werden. Das ist natürlich für das Erstellen einer Grammatik wenig sinnvoll, da die Ergebnisse dann nicht generalisierbar sind und da kaum zu unterscheiden ist, welche Rolle der Partikelbedeutung und welche den übrigen Elementen ihres Kontextes zukommt; man findet aber solche Bestimmungen zuweilen in konversationsanalytischen Arbeiten, wenn die Funktion einer Partikel für einen bestimmten Dialog bestimmt wird.
- Man kann die **Einzelbedeutung** einer Partikel als die Bedeutung, die sie systematisch in einem bestimmten syntaktischen Kontext innehat, charakterisieren. Man wird dazu zweckmäßigerweise Serien von Beispielen heranziehen, die sich nur in den Abtönungspartikeln unterscheiden (Minimalpaare), und nach dem konstitutiven, invarianten Beitrag der einzelnen Partikel fragen. Eine solche Serie wäre:

Wie hieß er denn?
> *eigentlich?*
> *wohl?*
> *doch?*
> *bloß?*
> *nur?*
> *schon?*

— Abstrakter ist die Frage nach der **übergreifenden Bedeutung** einer Abtönungspartikel. Sie gilt den gemeinsamen semantischen Merkmalen, die allen Vorkommen einer Abtönungspartikel gemeinsam sind.

— Und schließlich kann man nach dem semantischen Zusammenhang zwischen der Abtönungspartikel und der Primärform fragen, nach der **Gesamtbedeutung** der abtönungsfähigen Partikel.

Je abstrakter die Ebene ist, auf der man die Beschreibung ansetzt, desto erklärungsstärker wird diese insofern, als sie den Zusammenhang zwischen den einzelnen Vorkommen aufdeckt, desto mehr Details müssen aber auch vernachlässigt werden. Je spezifischer die Beschreibung angelegt ist, desto mehr semantische Einzelheiten lassen sich feststellen, desto mehr gerät aber der Zusammenhang mit den übrigen Vorkommen aus dem Blickfeld.

Zur Einzelbedeutung der Abtönungspartikel *aber* im assertivischen Ausrufesatz gehört beispielsweise, dass *aber* zum Ausdruck des Staunens über den quantitativen Umfang (das ‚wie sehr') eines Sachverhalts gebraucht wird und dass der Inhalt des Satzes normalerweise nicht nur der Sprecherin, sondern auch dem Hörer bereits bekannt ist (z. B. *Unser neuer Chef ist aber pingelig!*). Letzteres ist z. B. bei *vielleicht* nicht der Fall; mit *vielleicht* werden Sachverhalte kommentiert, von denen die Sprecherin annimmt, dass der Hörer sie noch nicht kennt, die also im selben Sprechakt erst mitgeteilt werden (vgl. z. B. *Mein neuer Chef ist vielleicht pingelig!*)[17]

---

[17] Zu einer genauen Darstellung der semantischen Unterschiede der Abtönungspartikeln *aber* und *vielleicht* in Bezug auf den Unterschied von „Ich-Fakten" (nur der Sprecherin bekannte Sachverhalte) und „Wir-Fakten" (der Sprecherin und dem Hörer bekannte Sachverhalte) und in Bezug auf weitere

Die übergreifende Bedeutung der Abtönungspartikel *denn* besteht darin, zu signalisieren, dass die betreffende Äußerung eine Reaktion auf das Verhalten (meist, aber nicht notwendig, das sprachliche) des Gegenübers ist. Aus diesem Grunde wird man auf die Frage *Soll ich Sie nicht lieber mit dem Wagen hinbringen?* eher eine Nachfrage wie *Ist es denn so weit?* als *Ist es eigentlich so weit?* äußern.

Die Frage nach der Gesamtbedeutung einer Partikel bringt in einigen Fällen durchaus interessante Einsichten. Beispielsweise werden in einer Darstellung der Gesamtbedeutung von *aber* die gemeinsamen Züge von *aber* (Konjunktion) und *aber* (Abtönungspartikel) deutlich. Die Gesamtbedeutung von *aber* besteht darin, dass es zwei Elemente x und y verbindet; dabei kann aus x eine Folgerung z gezogen werden, die nicht zutrifft. So ist es bei der adversativen Konjunktion: *Ellen ist klein, aber stark* ist so zu verstehen: die Sprecherin antizipiert, dass der Hörer aus Ellens geringer Körpergröße (Element x) auf mangelnde Stärke (z) schließen könnte. Dieser Schluss ist falsch: sie ist stark (Element y). Die Abtönungspartikel *aber* in *Ihr seid aber groß geworden!* lässt sich analog erklären durch „Das letzte Mal, als ich euch gesehen habe, wart ihr noch klein. Da ich euch so in Erinnerung behalten habe, erwartete ich euch als kleine Kinder. Das war falsch; richtig ist stattdessen: ihr seid groß geworden". In anderen Fällen ist der Zusammenhang zwischen Primärbedeutung und Abtönungsbedeutung weniger deutlich; er wird sehr abstrakt, ungreifbar und erscheint vage. So mag es z. B. noch eine Gesamtbedeutung von *schon* geben, in der sich Elemente des temporalen Adverbs *schon* (z. B. *schon gestern*) und der Abtönungspartikel *schon (Was kann mir schon passieren?)* nachweisen lassen. Sie sind aber kaum spürbar, schlecht zu vermitteln und viel weniger ausgeprägt als die semantischen Funktionen der Abtönungspartikel bzw. des Adverbs.

Syntax

Abtönungspartikeln sind in ihrer Distribution auf bestimmte Satztypen (z. B. Entscheidungsfrage, Bestimmungsfrage, Imperativsatz usw.) beschränkt, vgl.:

Unterschiede siehe Weydt/Hentschel (1981) und (1983) und Weydt/Harden/Hentschel/Rösler (1983).

Komm doch! Was willst du eigentlich?

vs.

*Komm eigentlich! *Was willst Du doch?

Abtönungspartikeln sind nicht vorfeldfähig (→ Vorfeld), aber relativ frei im → Mittelfeld distribuierbar:

> *Ulla hat doch ihrer Freundin das Buch geschenkt.*
> *Ulla hat ihrer Freundin doch das Buch geschenkt.*
> *Ulla hat ihrer Freundin das Buch doch geschenkt.*
> **Doch hat Ulla ihrer Freundin das Buch geschenkt.*

Die Beispiele machen zugleich deutlich, dass die Abtönungspartikel vor dem → Rhema steht. Wenn allerdings das finite Verb das Rhema des Satzes bildet, kann die Partikel diese Position vor dem Verb nicht einnehmen und steht meistens am Ende des Satzes.[18]

Abtönungspartikeln sind nicht erfragbar, können nicht die Antwort auf eine Entscheidungsfrage und keinen selbständigen Satz bilden. Häufig werden sie kombiniert *(Was ist denn eigentlich passiert? Kannst du mir mal eben helfen? Das ist ja denn doch wohl ein bisschen zu viel!)*. Dabei ist die Reihenfolge ihrer Anordnung keineswegs beliebig, vielmehr unterliegt sie genauen Regeln. Die meisten theoretisch denkbaren Permutationen sind nicht möglich: **Was ist eigentlich denn passiert?* (vgl. auch Thurmair 1991).

In historischer Hinsicht lässt sich feststellen, dass die Abtönungspartikeln schon lange ihren Platz in der deutschen Sprache haben. Hentschel (1986) hat exemplarisch das Auftreten von *ja, doch, halt* und *eben* als Abtönungspartikeln für das Ahd. und Mhd. nachgewiesen. Dafür, dass diese Partikeln schon in den germanischen Vorstufen des Deutschen auftraten, spricht zum einen, dass die übrigen germanischen Sprachen wie das Norwegische, Schwedische, Dänische, Niederländische ebenfalls über einen großen Reichtum an Partikeln verfügen, die ähnlich wie die Abtönungspartikeln funktionieren, und zum anderen, dass schon das Gotische, eine ausgestorbene germanische Sprache, Abtönungspartikeln aufwies (vgl. Hentschel 1986).

---

[18]   Zur Stellung der Abtönungspartikel und zum Zusammenhang mit der Thema-Rhema-Gliederung siehe Hentschel (1986: 230–237).

Abtönungspartikeln sind wie andere Wörter einem starken Bedeutungs- und Funktionswandel unterworfen. Man kann dialektale Unterschiede im Partikelgebrauch feststellen, jedoch kaum schichtspezifische.

Abtönungspartikeln tauchen besonders in der gesprochenen Rede, im Dialog auf, und dort vor allem dann, wenn die Sprechenden versuchen, persönliche Beziehungen zueinander aufzunehmen. Sind diese einmal etabliert und ändert sich an der aktuellen Sprechsituation nichts mehr, so wird im weiteren Text auf Abtönungspartikeln verzichtet. Wird z. B. in einer Unterrichtsstunde eine Bildbeschreibung geübt, so mag der Lehrer zwar mit einer partikelhaltigen Frage beginnen: *Was ist auf diesem Bild denn zu sehen?*, die weiteren Fragen wird er dann aber partikellos stellen: *Und was ist oben zu sehen? Wer ist noch auf dem Bild?* usw. Coseriu (1980 a) sieht hier eine Parallele zum Gebrauch der Substantivkomposita und der Präfixverben. Das Gemeinsame an allen dreien ist seiner Ansicht nach, dass sie Informationen enthalten, auf die verzichtet wird, wenn der Kontext sie überflüssig macht. So ist es im Deutschen üblich, die Richtung im Verbpräfix auszudrücken: *Das Kind ist hingefallen.* Wird aber bereits anderweitig deutlich, wohin das Kind gefallen ist, z. B. *auf den Boden*, so wird auf das Präfix verzichtet: *Das Kind ist auf den Boden (*hin)gefallen.* Ähnlich ist es bei den Substantivkomposita: Durch → Determinativkomposita werden Präzisierungen vorgenommen: *Fahrkarte* ist genauer als *Karte*; aber wenn der Kontext schon erkennen lässt, um welche Art von Karte es sich handelt, wird auf das Determinans verzichtet: *Lass uns mal auf der Karte (?Landkarte) nachsehen, wo Wittenberg liegt.* Aufgrund dieser analogen Verwendungsarten interpretiert er das Deutsche (genau wie das klassische Griechisch) typologisch als „Situationssprache".

9.6   Intensivpartikeln

Unter dem Begriff **Intensivpartikeln** fassen wir eine Untergruppe derjenigen Partikeln zusammen, die oft auch als „Gradpartikeln" bezeichnet werden (so etwa im *Duden* 1998: 378). Der Begriff „Gradpartikel" wird allerdings sehr uneinheitlich verwendet: während Altmann (1976: 7) und Helbig/Buscha (2001: 422) nur die hier unter → Fokuspartikeln behandelten Partikeln darunter verstehen, umfasst die Gruppe beispielsweise nach Engel (1996: 765) sämtliche hier als Fokus- und Intensivpartikeln eingeordneten Partikeln. Da der Begriff also nur zusammen mit einer zusätzlichen Literaturangabe sinnvoll ist, soll hier auf seinen Gebrauch ganz verzichtet werden. Stattdessen werden die beiden Partikelgruppen, die alternativ oder auch gemeinsam unter dieser Bezeichnung zusammengefasst werden, entsprechend ihrer Funktion als Intensivpartikeln bzw. Fokuspartikeln bezeichnet.

Die Bezeichnung „Intensivpartikeln" lehnt sich an den englischen Begriff *intensifier* an (Quirk/Greenbaum 1998: 220 ff.). Sie dienen dazu, die „Intensität" eines von einem anderen Wort ausgedrückten Inhaltes zu verstärken oder abzuschwächen. Es handelt sich dabei um Partikeln wie: *sehr, ziemlich, ganz, recht, überaus, zutiefst, höchst* usw.; umgangssprachlich treten auch Formen wie *irre* oder *echt* in dieser Funktion auf.

Nach ihrer Bedeutung kann man die Intensivpartikeln in verstärkende (*sehr, höchst,* umgangssprachlich *irre* usw.) und abschwächende (*ziemlich, etwas, einigermaßen* usw.) unterteilen. Mit Ausnahme von *sehr* und *besonders* können bei Intensivpartikeln normalerweise keine Negationen stehen; vgl. *nicht sehr/besonders nett* gegenüber **nicht ziemlich müde* oder **nicht höchst traurig.*

Die Partikel *ganz* gehört sowohl zu den verstärkenden als auch zu den abschwächenden Partikeln; welche Funktion ihr jeweils zukommt, hängt von den semantischen Eigenschaften der mit ihr verbundenen Wörter ab. Verstärkend wirkt sie beispielsweise in *ganz einfach, ganz toll, ganz harmlos, ganz traurig* usw.; abschwächend hingegen in *ganz interessant, ganz nett, ganz hübsch, ganz unterhaltsam* (vgl. hierzu Pusch 1981).

Am häufigsten stehen Intensivpartikeln bei Adjektiven, während ihre Verwendung bei Substantiven ausgeschlossen ist. Einige von ihnen kommen auch in Verbindungen mit Verben vor:

Ich bin ziemlich/sehr müde.
Sie hat sich ziemlich/sehr geärgert.

Intensivpartikeln müssen zusammen mit ihrem Beziehungswort erfragt werden; ist das Beziehungswort ein Verb, ist die Partikel nur schwer erfragbar, während bei einem Adjektiv als Beziehungswort die Wiederholung desselben in der Frage erforderlich ist:

Wie hat sie sich geärgert? – (?)Sehr/Ziemlich
Wie müde bist du? – Sehr/Ziemlich

Die Möglichkeit der Verwendung von Intensivpartikeln bei Verben ist beschränkt; Sätze wie *Das hat Donald ganz geärgert* oder *Er hat zutiefst geschimpft* sind nicht möglich. Es können folgende Grundregeln angenommen werden:

– Einige Intensivpartikeln, so etwa *zu, höchst* oder das nur mit komparierten Adjektiven gebrauchte *weit(aus)*, können generell nicht mit Bezug auf Verben verwendet werden.
– Damit eine Intensivpartikel benutzt werden kann, muss der im Verb ausgedrückte Prozess (Vorgang oder Handlung) semantisch graduierbar sein; so kann man zwar beispielsweise etwas *sehr* oder *zutiefst* lieben, genießen oder verabscheuen, nicht aber schreiben, sagen oder essen.
– Intensivpartikeln wie *ganz* oder *völlig*, die das semantische Merkmal ‚Abgeschlossenheit‘ besitzen, können mit den meisten perfektiven Handlungsverben verwendet werden: *Das Gebäude wird noch völlig verfallen. Er hat die Angelegenheit ganz vergessen.* Im Falle von *ganz* ist der Gebrauch auch bei einigen Verben aus der Gruppe der Vorgangs- resp. Zustandsverben (*leben, wohnen*) möglich: *Sie wohnt jetzt ganz in Paris.* Nicht hiermit verwechselt werden darf der Gebrauch von *ganz* und *völlig* als prädikative Attribute wie in: *Der Wolf verschlang Rotkäppchen ganz* (= ‚Rotkäppchen war ganz‘; vgl. auch *Er aß den Apfel roh*).
– Die einzig mögliche Kombination von Intensivpartikeln ist die von *zu* und *sehr*, die es ermöglicht, den semantischen Gehalt von *zu* auch auf ein Verb zu beziehen: *zu sehr lieben.*

Intensivpartikeln, die ein hohes Maß ausdrücken, dienen häufig dem Ausdruck der Emphase. Insofern ist es wenig verwunderlich, dass die Klasse produktiv ist und immer wieder neue Elemente hervorbringt. Interessanterweise gehören dazu nicht nur im Deutschen, sondern auch in zahlreichen anderen, auch außerindoeuropäischen Sprachen Ausdrücke des Schreckens wie *schrecklich* oder *furchtbar* auch zum Ausdruck einer positiven Hervorhebung: *Das ist schrecklich/furchtbar nett von Ihnen!* (vgl. Hentschel 1998b). Dasselbe Prinzip liegt auch der Intensivpartikel *sehr* zugrunde, die mit gotisch *sair* ‚Schmerz‘ verwandt ist und auf mittelhochdeutsch *sêre* ‚schmerzlich, gewaltig, heftig‘ zurückgeht (vgl. auch *versehrt*).

9.7   Fokuspartikeln

Der Name **Fokuspartikel** lehnt sich an die englischen Bezeichnungen „focusing adjunct" bzw. „focusing adverb" (Quirk/Greenbaum 1998: 211) an. Unter „Fokus" (von lat. *focus* ‚Brennpunkt', ‚Herd') versteht man das Zentrum einer Aussage, also den Teil des Satzes, der den höchsten Mitteilungswert hat. Die Fokuspartikeln stellen eine recht umfangreiche und relativ heterogene Gruppe von Partikeln dar; zu ihnen gehören *allein, auch, ausgerechnet, bereits, besonders, bloß, einzig, eben, erst, genau, gerade, insbesondere, lediglich, noch, nur, schon, selbst, sogar, wenigstens* usw. Sie verdanken ihren Namen der Eigenschaft, mit ihrem → Skopus eine gemeinsame Konstituente zu bilden, die den Fokus des Satzes darstellt. Vgl. z. B.:

Nur Petra hat einen Brief bekommen

Der Skopus von *nur* ist *Petra,* beide zusammen bilden den Fokus des Satzes.

vs.

Petra hat nur einen Brief bekommen (und kein Paket)

Der Skopus von *nur* ist *Brief,* beide bilden zusammen den Fokus des Satzes.

Die Fokuspartikel lässt sich nicht erfragen, kann aber zusammen mit ihrem Skopus die Antwort auf eine Frage bilden: *Wer hat einen Brief bekommen? – Nur Petra.* Die übliche Bezeichnung für Fokuspartikel, „Gradpartikel", erklärt sich durch die Annahme, dass diese Gruppe von Partikeln immer graduierend sei, wie z. B. Altmann (1976: 1 f.) für *nur, auch, sogar* als Kerngruppe der Gradpartikeln angibt. Die Bezeichnung ist jedoch insofern unglücklich, als nur einige dieser Partikeln graduierende Funktion haben; Partikeln wie *auch* oder *einzig* sind nicht graduierend, gehören aber in die gleiche Gruppe. Die semantische Funktion von Fokuspartikeln besteht darin, Beziehungen zu anderen → Propositionen als denen, in denen sie selbst stehen, herzustellen, wobei diese Propositionen explizit geäußert oder nur implizit mitgemeint werden können. Die Fokuspartikeln implizieren also Alternativen zu ihrem Beziehungselement und schließen sie als mögliche Werte in einem größeren Zusammenhang ein oder aus. Wenn die implizierten Werte ausgeschlossen werden, handelt es sich um „restriktive", wenn sie eingeschlossen werden, um „additive" Partikeln (vgl. Quirk/Greenbaum 1998: 211, 289).

Zu den **additiven Partikeln** (auch „inklusive" genannt, z. B. König (1991) und (1993), gehören z. B. *auch, gleichfalls, sogar.* Die Elemente, die den Skopus dieser Partikeln bilden, werden durch sie einer größeren Gruppe oder Menge zugeordnet, für die dieselbe Proposition gilt. Im Satz *Sogar* Fritz *hat mitgeholfen* bildet *Fritz* den Skopus; *sogar* impliziert, dass außer Fritz noch weitere Menschen geholfen haben.

Restriktive Partikeln (auch „exklusive"), sind demgegenüber z. B. *nur, einzig, allein.* Sie zeigen an, dass ihr Skopus das einzige Element ist, auf das die Proposition zutrifft. So drückt *nur* in *Nur* Hans *hat diese Aufgabe richtig gelöst* aus, dass die Proposition ‚X hat das Problem richtig gelöst' nur auf das Individuum Hans zutrifft.

Die Fokuspartikel muss nicht in unmittelbarer Nachbarschaft des Fokus stehen: vgl. *Ich habe den Film auch gesehen,* wo *ich* den Skopus von *auch* darstellt.

9.8   Antwortpartikeln

Unter **Antwortpartikeln** versteht man Wörter, die als zustimmende oder ablehnende Antwort auf eine Entscheidungsfrage verwendet werden:

Hast du schon gegessen? – Ja / Nein.

Viele Sprachen, z. B. das klassische Latein und das moderne Chinesisch, kennen keine Antwortpartikeln. Bei der Antwort wird dann ein Teil des Satzes wiederholt, der die Frage bildete; im Beispiel *Hast du schon gegessen?* könnte also eine Antwort wie *Habe ich.* oder auch der ganze Satz *Ich habe gegessen* gegeben werden. Da Antwortpartikel anstelle eines ganzen Satzes stehen können, nennt man sie auch **Satzäquivalente**. Der Gebrauch der Antwortpartikel schließt allerdings nicht aus, dass zusätzlich ein ganzer Satz als Antwort auftritt:

Ja, ich habe schon gegessen.

Die Antwortpartikel muss stets außerhalb des Satzes stehen; gewöhnlich steht sie am Anfang der Äußerung, in seltenen Fällen kann sie auch nach ihr stehen:

Gegessen habe ich schon, ja.

Zur Beantwortung negierter Entscheidungsfragen stehen die beiden Antwortpartikeln *nein* und *doch* zur Verfügung.[19] Mit *nein* wird die Negation bestätigt, mit *doch* wird sie zurückgewiesen (d. h. der positive Sachverhalt als zutreffend bezeichnet):

Hast du denn noch nicht gegessen? – Nein. / Doch.

Wenn es sich bei der verneinten Frage um eine → rhetorische oder um eine Vergewisserungsfrage handelt, kann sie auch wie eine positive Entscheidungsfrage beantwortet werden. Vgl.:

Sind Sie nicht Frau Lehmann? – Ja, die bin ich.

Außer auf Entscheidungsfragen kann man mit diesen Partikeln auch auf Aussagesätze oder Aufforderungen antworten; vgl.:

Ich gehe jetzt. – Ja, ist gut / Nein, warte noch einen Moment.
Komm mal bitte her. – Ja, sofort.
Ich finde die Platte einfach toll. – Doch, da hast du recht!

In solchen Fällen scheint *doch* dazu zu dienen, einer nicht ausgesprochenen, aber denkbaren oder vermuteten Negation entgegenzuwirken; ein solcher Gebrauch ist hauptsächlich in der Umgangssprache zu beobachten. Vor allem als Reaktion auf Aufforderungen, aber auch auf Fragen findet sich ferner die Kombination *ja doch*, die Ungeduld ausdrückt.

Als seltenere, nachdrücklichere Form von *ja* steht auch *jawohl* (und als Variante hierzu *jawoll*) zur Verfügung. Als Antwort auf Aufforderungen kann ferner unter bestimmten Voraussetzungen die Wendung *sehr wohl* gebraucht werden, die an ein soziales Gefälle zwischen den Sprechern gebunden ist; im alltäglichen Sprachgebrauch kommt sie so gut wie nie vor.

---

[19] Nicht in allen Sprachen, die über Antwortpartikeln verfügen, gibt es wie im Deutschen ein ‚doch'. Wenn nur ‚ja' und ‚nein' zur Verfügung stehen, wird sprachintern geregelt, welche von beiden Antwortpartikeln als positive Antwort auf eine negierte Frage dienen kann. Im Englischen wird in solchen Fällen beispielsweise mit *yes* geantwortet.

Umgangssprachlich können Antwortpartikeln auch durch eine Reihe anderer Elemente ersetzt werden, so etwa durch *m-hm* oder *m-m* mit entsprechender Intonation oder aber durch den Gebrauch von Wörtern wie *klar, sicher, logisch, allerdings* usw. Im Deutschen ist – im Gegensatz zu manchen anderen Sprachen – vor allem eine Ersetzung der positiven Antwortpartikel *ja* zu beobachten.

9.9   Die Negationspartikel *nicht*

Die Partikel *nicht* dient zur Negation und wird deshalb gelegentlich gesondert als **Negationspartikel** aufgeführt. Sie nimmt diese Aufgabe jedoch aus zwei Gründen nicht ausschließlich wahr: zum einen kennt das Deutsche – außer in Dialekten – keinen doppelten Ausdruck der Negation, und *nicht* kann nur gebraucht werden, wenn nicht bereits ein negiertes Indefinitpronomen wie *niemand, nichts* oder *niemals* steht. Zum anderen ist die Negationspartikel *nicht* mit dem unbestimmten Artikel, dem Nullartikel oder Indefinitpronomina normalerweise nicht vereinbar. Im letzteren Fall steht das entsprechende negierte Pronomen (**nicht etwas = nichts, *nicht jemand = niemand* usw.), in den erstgenannten Fällen wird hingegen *kein* gebraucht:

*Ich habe nicht ein Taschentuch dabei. – Ich habe kein Taschentuch dabei.
*Ich habe heute Post nicht bekommen. – Ich habe heute keine Post bekommen.

vgl. aber:

Ich habe das Taschentuch nicht dabei.
Ich habe die Post heute nicht bekommen.

Handelt es sich bei *ein* nicht um den unbestimmten Artikel, sondern um das Zahlwort, so steht hingegen *nicht*:

Ich habe nicht ein Stück Brot im Haus!

Artikellosigkeit oder unbestimmter Artikel führen nicht in allen Fällen zu *kein* statt *nicht*: wenn es sich z. B. um eine feste Wendung (etwa ein Funktionsverbgefüge), einen geographischen Eigennamen oder eine Fügung mit *als* oder *wie* handelt, so steht gewöhnlich *nicht*:

Er kann nicht Schreibmaschine schreiben.
Er verhielt sich nicht wie ein Vertreter.
Sie erkannte ihn nicht als Vater an.
Sie wohnt nicht mehr in Berlin.

usw.

Auch wenn die Sprecherin die Wahl eines Wortes korrigieren will, kann *nicht* mit dem unbestimmten oder dem Nullartikel auftreten, besonders bei Präpositionalobjekten:

> *Es handelt sich hier nicht um ein Virus, sondern um ein Bakterium.*

Außerdem bleibt *nicht* immer dann erhalten, wenn die Negation eine rhetorische Funktion hat, also typischerweise bei rhetorischen, tendenziösen oder Vergewisserungsfragen. Dies liegt daran, dass die Negation hier nicht auf der wörtlichen Ebene wirksam wird; nicht die in der Frage enthaltene Aussage wird negiert, sondern der Fragecharakter der Äußerung (vgl. Hentschel 1998a). Vgl.:

> *Hättest du nicht Lust mitzukommen?*
> (aber: **Ich habe nicht Lust mitzukommen.*)
> *Sollten wir nicht langsam mal eine Pause machen?*
> (aber: **Wir sollten jetzt nicht eine Pause machen.*)
> *Wer hat nicht schon mal eine schlaflose Nacht verbracht?*
> (aber: **Sie hat nicht eine schlaflose Nacht verbracht.*)

9.10   Interjektionen

Die **Interjektionen** nehmen in der Grammatikschreibung vielfach eine Sonderstellung ein. Zu der großen und sehr heterogenen Gruppe der Interjektionen gehören z. B. *ach, aua, wau wau, muh, na, grübel, boing, hm, pst, hauruck, hurra, ruckzuck.* Der Name Interjektion (von lat. *interiectio* ‚das Dazwischenwerfen') erklärt sich dadurch, dass diese Elemente entweder selbständig zwischen Sätze eingestreut (z. B. *Aua! Jetzt habe ich mir schon wieder auf den Finger gehauen!*) oder unintegriert in Sätze eingefügt werden können *(Habe nun, ach, Philosophie ... studiert ...).* Eines der Hauptprobleme bei der Beschreibung von Interjektionen besteht darin, dass die heterogene Menge von Wörtern, die unter dem Begriff subsummiert wird, nicht wirklich zu einer einheitlichen Wortklasse zusammengefasst werden kann.

Charakteristika

Wichtige Charakteristika von Interjektionen, die allerdings nicht von allen geteilt werden, sind:

– **Phonetisch/phonologisch**: Viele Interjektionen weisen Laute auf, die nicht dem Phonemsystem der betreffenden Sprache entsprechen. Im Deutschen werden z. B. beim Tadel unphonologische Schnalzlaute (meist als *ts, ts, ts* geschrieben) geäußert, und im Italienischen tritt ein /ö/-Laut als Interjektion auf, der ansonsten als Phonem nicht vorkommt (Trabant 1983: 74). Auch werden vorhandene Phoneme in Kombinationen artikuliert, die nach den Regeln der kombinatorischen Phonologie der Sprache nicht gebildet werden dürften. Im Deutschen gehören hierzu die /ui/-Kombination in *pfui* und vokallose Kombinationen wie *psst, brrr, grrr*. Ferner ist bei den deutschen Interjektionen der Tonhöhenverlauf distinktiv, was ansonsten im Deutschen nicht vorkommt.[20] Ehlich (1987) weist das u. a. an den Interjektionen *ah, hm, oh* nach, die je nach Verlauf der Tonhöhe ganz unterschiedliche Bedeutungen haben. Er unterscheidet fünf distinktive Tonhöhen. Da unser graphisches System keine Notationsmöglichkeiten für Laute außerhalb des phonologischen Systems und für Tonhöhen vorsieht, ist es sehr schwer, z. B. eine verneinende Interjektion *ng – ng* oder Interjektionen, die man mit *hm* nur andeutungsweise beschreiben kann, schriftlich eindeutig wiederzugeben (Ehlich 1979).
– **Morphologisch**: Interjektionen werden nicht flektiert oder grammatisch verändert. Sie weisen oft Bildungsweisen auf, die ansonsten im System nicht oder fast nicht benutzt werden, so etwa Reduplikationen *(toi, toi, toi; hopphopp; halihalo)*. Die Intensität wird oft durch Lautstärke und Länge ikonisch ausgedrückt (z. B. die Aufforderung, ruhig zu sein, durch entsprechend lautes und langes *schschsch*).
– **Syntaktisch**: Interjektionen können vollkommen autonom auftreten. Wenn sie in Sätzen erscheinen, werden sie meist einge-

---

[20] Dieses Phänomen erscheint sonst in typologisch ganz anderen Sprachen, z. B. im Chinesischen oder in vielen afrikanischen Sprachen; solche Sprachen werden als „Tonsprachen" bezeichnet. Allerdings hat auch mindestens eine indoeuropäische Sprache, das Serbische, phonologisch relevante Töne.

schoben, ohne dass sich die Satzkonstruktion ändert: *Der, na, Peter hat vorhin angerufen*. *Na* dient hier als Signal dafür, dass der/ die Sprechende gerade nachdenkt und versucht, sich an den Namen zu erinnern. Dieses Merkmal kommt indessen nicht allen Interjektionen zu: Einige, wie z. B. *schwupps*, werden topologisch wie Adverbialbestimmungen behandelt; sie sind vorfeldfähig: *Schwupps / schnell steckte Dagobert den Taler ein; Dagobert steckte den Taler schwupps / schnell ein*. Interjektionen können im Allgemeinen nicht erfragt werden; Ausnahmen bilden diejenigen, die hier onomatopoetische Interjektionen genannt werden: *Wie macht die Katze? – Miau*. Interjektionen haben normalerweise keine Attribute bei sich. Fries (1988 b: 7 f.) weist jedoch darauf hin, dass im Ahd. und im Mhd. viele Interjektionen noch eine Rektion aufwiesen, die sie heute weitgehend verloren haben: *o weh der bitteren Pille, ha des Gräuels, weh dir, pfui dich, pfui über dich*.

– **Semantisch**: Die Interjektionen unterliegen nicht der für Sprachen üblichen „**doppelten Gliederung**" („double articulation", Martinet 1964) des Sprechens. Während eine Äußerung wie *Ich habe mir wehgetan* auf einer ersten Ebene der Organisation aus einzelnen Lauten besteht, die selbst noch keine Bedeutung haben und auf einer zweiten (der „zweiten Gliederung") aus einzelnen bedeutungstragenden Elementen (*Ich + habe + mir* usw.) bestehen, die erst zusammen eine Äußerungsbedeutung ergeben, sind Äußerungen wie *aua!*, die mit Interjektionen gemacht werden, nicht in weitere bedeutungstragende Einheiten untergliedert. Interjektionen können unmittelbar pragmatische „Bedeutungen", „Sinn" (Coseriu 1980a) tragen. Sie sind holophrastisch und repräsentieren den zu übermittelnden Inhalt auf der Inhaltsseite ungegliedert. Der Unterschied zwischen der Interjektion *Pfui!* und dem vorwurfsvollen Ausruf *Das tut man aber nicht!* oder *Das ist ja ekelhaft!* besteht darin, dass in der Interjektion die pragmatische Bedeutung ‚Tadel' oder ‚Ekel' als einheitlicher Inhalt unmittelbar, nicht über einzelne Wörter und dann über eine Satzbedeutung vermittelt, ausgedrückt wird. Trabant (1983: 73) spricht deshalb davon, dass Interjektionen keine Zeichen wie die normalen Wörter seien, bei denen eine unterschiedliche Gliederung von Inhalts- und Ausdrucksebene vorliege, sondern direkt interpretierbare Symbole.

Die Verbreitungsgebiete einiger Interjektionen fallen nicht mit den Verbreitungsgebieten der einzelnen Sprachen zusammen. So ist z. B. *au* nicht nur im Deutschen Ausruf des Schmerzes, sondern auch im Niederländischen, Dänischen, Rumänischen, Neugriechischen, ein Laut *aïe* dagegen in den romanischen Sprachen. Der Schnalzlaut (etwa *ts*) wird im Mittelmeerraum in ganz verschiedenen Sprachen zum Ausdruck der Negation benutzt.

Die Sprache entwickelt sich auf dem Gebiet der Interjektionen besonders rasch. So repräsentieren viele noch in Standardwerken angegebene Beispiele kaum mehr den aktuellen Sprachgebrauch. Der Duden (1984: 382) listete unter der Rubrik „Freude" noch *ei, hei, heisa, juchhe, juhu, juchhei, juchheisa, juchheirassa, juchheirassassa, heidi, heida, hurra, holdrio* und unter „Liebkosung, Zärtlichkeit" *ei, eia, eiapopeia* auf: im Duden (1998: 382) sind davon nur noch *heisa, juchhe* und *juchhu* übrig geblieben.

Einteilung der Interjektionen

Die bisher angeführten Charakterisierungen von Interjektionen sind insofern unbefriedigend, als sie immer nur auf Teilgruppen anwendbar sind. Dem kann man dadurch begegnen, dass innerhalb der Interjektionen mehrere Klassen unterschieden werden, über die sich dann genauere Aussagen machen lassen. Wir unterteilen die Interjektionen daher nach morphologischen, syntaktischen und semantischen Eigenschaften in vier große Gruppen: in Vollinterjektionen, Onomatopoetika, adverbiale und Lexeminterjektionen.[21]

Interjektionen, auf die alle oben angeführten phonetisch/phonologischen, morphologischen, syntaktischen und semantischen Sondermerkmale zutreffen, stellen so etwas wie den Prototyp der Interjektion dar; sie sollen daher als **Vollinterjektionen** bezeichnet werden (vgl. Hentschel/Weydt 1993). Nach ihrer kommunikativen Funktion kann man sie in drei Gruppen unterteilen, wobei sich die im Folgenden verwendete Terminologie an Jakobson (1960) anlehnt:

---

[21] Zu den hier vorgenommenen Einteilungen vgl. durchgehend Hentschel/ Weydt (1995).

- Emotive Interjektionen wie *aua, huch, igitt* dienen dem Ausdruck
  von Gefühlen. „Die emotive Schicht der Sprache findet sich
  am reinsten in den Interjektionen verwirklicht." (Jakobson 1960:
  89). Man kann sie noch weiter nach der Art der ausgedrückten
  Emotion unterscheiden. Einige Interjektionen sind dabei sehr
  differenziert und haben konstante Funktionen *(aua)*, andere, wie
  z. B. *ah* oder *o*, sind sehr vielseitig einsetzbar und können je nach
  Kontext eine reiche Skala von unterschiedlichen Gefühlen ausdrücken. So kann z. B. *o!* für Betroffenheit, für Freude oder auch
  für Mitgefühl stehen. Auch bei den Interjektionen gibt es aber
  vermutlich so etwas wie eine Grundbedeutung; bei *o* könnte das
  ‚Überraschung' sein, die dann, je nach Kontext, eben freudig
  oder erschreckt ist oder dem/r anderen Anteilnahme signalisieren kann.
- Phatische[22] Interjektionen wie *hmm, hallo* dienen der Herstellung
  und Aufrechterhaltung des Kontakts zwischen Sprecherin und
  Hörer. *Hallo* und *hm, hm* werden bei Jakobson (ebenda: 91) als
  Beispiele angeführt, mit denen die phatische Funktion der Sprache illustriert wird. Sie haben vor allem die Funktion, die Verbindung zum Gesprächspartner nicht abreißen zu lassen. Besonders
  wichtig ist dies bei Telefongesprächen, bei denen die entsprechenden physischen Signale wie Blickkontakt und Körperhal-
  tung nicht wahrgenommen werden können.
- Konative Interjektionen wie *pfui! pst!* richten sich als Aufforderungen an den Hörer und sind im weitesten Sinne mit Imperati-
  ven vergleichbar (vgl. etwa *pst!* / *sei ruhig!*). Hierher gehören auch
  die an Tiere gerichteten Interjektionen wie *putputput* (Geflügel)
  oder *hü, brrr* (Pferde).

Eine zweite große Gruppe bilden die **onomatopoetischen Interjektionen** oder **Onomatopoetika**. Sie dienen der Nachahmung
von Tierstimmen und Geräuschen, wobei sie sich allerdings nach
dem Lautsystem der jeweiligen Sprache richten. So sagen Hunde auf
Deutsch *wau, wau*, auf Englisch *arf, arf*, auf Thailändisch *hông hông*.
Semantisch lassen sich Onomatopoetika in Tierlaute (*miau, muh,*

---

[22] Im Anschluss an Malinowski (1923) spricht man Äußerungen (rein) phatische (von griech. *phatis* ‚Rede') Funktionen zu, wenn sie nur sozialen Zwecken dienen (z. B. Aufrechterhalten des Dialogs).

kikeriki usw.) und Geräusche aus anderen Quellen (*gluck-gluck, boing, platsch, ticktack* usw.) unterscheiden. Bei den Verben des Sagens und bei *machen* können onomatopoetische Interjektionen auch in Objektposition auftreten: *Die Katze sagt miau; Die Uhr macht ticktack.* Im Unterschied zu echten Objekten werden sie normalerweise jedoch nicht mit *was,* sondern mit *wie* erfragt: *Wie sagt die Katze? Wie macht die Uhr?* Aus Onomatopoetika können mit einer gewissen Regelmäßigkeit Verben abgeleitet werden, vgl. z.B. *miau – miauen.* Dieses Phänomen ist keineswegs auf das Deutsche beschränkt, sondern tritt auch in anderen Sprachen auf; vgl. z.B. entsprechend zu deutsch *miau – miauen* serbisch *miao – miaokati,* türkisch *miyav – miyavlamak* usw.

Die dritte Gruppe wird von den **adverbialen Interjektionen** wie *schwupps, schwuppdiwupp, holterdipolter, hopphopp, bums, rums, kracks, schwapps* usw. gebildet, die so genannt werden, weil sie sich im Hinblick auf die Satzstellung wie Adverbien verhalten und das Vorfeld besetzen können: *Zack hatte er eine Ohrfeige sitzen; Rumms ging die Bombe hoch.* Im Normalfall sind sie nicht erfragbar. Die Grenze zwischen adverbialen Interjektionen und Onomatopoetika ist fließend: viele adverbiale Interjektionen haben onomatopoetische Wurzeln, und viele Onomatopoetika lassen sich als adverbiale Interjektion verwenden. Auch adverbiale Interjektionen können in andere Wortarten übergehen (vgl. z.B. *zack – Zickzack* u.Ä.).

Besonders in Comics und in der Jugendsprache oder auch im Internet-Chat (vgl. Hentschel 1998) und anderen Sondersprachen tritt schließlich die Gruppe der **Lexeminterjektionen** auf, die Formen wie *ächz, kicher, kreisch, grins, seufz* usw. umfasst. Der Name ist darauf zurückzuführen, dass es sich um verkürzte Verben handelt, sie also eindeutig eine → lexikalische Bedeutung aufweisen (vgl. Hentschel/ Weydt 1995).

10   Die Struktur des Satzes

„**Syntax**" (von gr. *syntaxis* ‚Zusammenstellung', ‚Anordnung') nennt man den Teil der Grammatik, der die Verknüpfung der einzelnen Wörter zu übergeordneten Einheiten, also z. B. zu Sätzen, behandelt. Erst durch diese Verknüpfung erhält eine Wortgruppe ihren Sinn, wie anhand des englischen Syntagmas *the horse he came in on* illustriert werden kann. Wörtlich ins Deutsche übertragen, ergibt sich die sinnlose Kette *das Pferd er kam in auf*. Diese Wortkette ist auf Deutsch sinnlos, weil sie die syntaktischen Bezüge zwischen den Elementen nicht ausdrücken kann. Ein sinnvolles deutsches Äquivalent wäre etwa *das Pferd, auf dem er (herein)gekommen ist*. Wie sich zeigt, werden im Deutschen andere Mittel benutzt, um dieselbe Art von Bezügen (hier: attributiv) zwischen Wortgruppen herzustellen. Aufgabe der beschreibenden Syntax ist es, die Beziehungen zwischen den einzelnen Elementen aufzuzeigen und die Mittel zu erfassen, mit denen diese Beziehungen hergestellt werden.

10.1   Satz und Text

Eine der Basiseinheiten, die eine Syntax zu beschreiben hat, ist naturgemäß der Satz. Es wäre also wünschenswert, genau zu definieren, was ein Satz ist. Dazu müsste man Kriterien angeben können, mit denen man in beliebigen Texten entscheiden kann, wo ein Satz beginnt und wo er endet, was ein Satz ist und was nicht. Über diese Punkte herrscht jedoch bei weitem keine Einigkeit; im Gegenteil, die Satzdefinition gehört zu den unlösbaren Problemen der Linguistik.

Im Jahre 1894 erschien die erste Auflage des Buches *Was ist ein Satz* von J. Ries, der bald weitere Auflagen folgten. Darin werden 140 verschiedene und miteinander konkurrierende Definitionen des Satzes vorgelegt. 1935 legte E. Seidel seine *Geschichte und Kritik der wichtigsten Satzdefinitionen* vor; diese enthält 83 zusätzliche Definitionen. In der Folge ist das Problem in verschiedenster Weise diskutiert und weiterentwickelt worden. In den letzten Jahren hat man allerdings davon Abstand genommen, es weiter zu verfolgen, was offensichtlich mit einer Verlagerung der Interessen der Linguistik auf andere Fragestellungen zusammenhängt.

Die Definitionsprobleme scheinen vor allem darin zu bestehen, dass wir zwar intuitive Vorstellungen vom Inhalt des Begriffes
„Satz" entwickelt haben, dass die davon abgeleiteten Definitionen
aber auf verschiedenen Ebenen liegen und nicht immer zusammenfallen. Solche unterschiedlichen Ebenen der Betrachtung liegen beispielsweise vor, wenn man den Satz auffasst als:

a) logisch-kognitive Einheit,
b) philosophisch-logische Einheit,
c) oberste grammatische Einheit,
d) relativ selbständigen syntaktischen Komplex,
e) grammatische Einheit mit Prädikat und Subjekt,
f) Ausdruck einer vollständigen Mitteilung,
g) Entsprechung eines Sprechaktes,
h) intonatorisch bzw. durch Satzzeichen abgeschlossene Einheit,
i) sprachliche Einheit, die von einem Verb bestimmt wird,
j) sprachliche Einheit, die ein finites Verb enthält.

Im Idealfall, der zugleich der Normalfall ist, stimmen die für die Bestimmung relevanten Satzmerkmale auf allen Ebenen überein. Problematisch sind aber die „Grenzfälle", bei denen auf einigen Ebenen Merkmale vorhanden sind, auf anderen hingegen nicht. Diese
Grenzfälle zeigen, dass es unmöglich ist, zu eindeutigen Satzbestim-
mungen zu kommen, wenn man alle Ebenen gleichzeitig berücksichtigt. Es kommt also in einer stringenten Definition notwendigerweise ein gewisses stipulatives[1] Element hinzu: man muss sich
für eine Definitionsebene entscheiden.

Die IdS-Grammatik (Zifonun et al. 1997: 86 f.) entscheidet sich
dafür, einen grundsätzlichen Unterschied zwischen einer „kommunikativen Minimaleinheit" einerseits und einem „Satz" andererseits
zu machen. Dabei gilt für Sätze die strikte Forderung nach Finitheit:
„Sätze enthalten ein finites Verb" (ebd.: 86). Alle anderen Konstruktionen, die zwar syntaktisch abgeschlossene, selbständige Äußerungen darstellen und mit denen auch Sprechhandlungen vollzogen
werden können, die aber eben kein finites Verb enthalten, sind demgegenüber kommunikative Minimaleinheiten. In dieser Definition

---

[1] „Stipulativ": ‚definitorisch festgelegt', von lat. *stipulare* ‚eine Abmachung
treffen'.

ist *Rauchen Sie bitte in diesen Räumen nicht!* ein Satz (und zugleich eine kommunikative Minimaleinheit), *Bitte in diesen Räumen nicht rauchen!* hingegen ist kein Satz (sondern nur eine kommunikative Minimaleinheit).

Das Beispiel *Rauchen Sie bitte nicht!* vs. *Bitte nicht rauchen!* zeigt, dass es bei einer solchen Definition vorkommen kann, dass die nichtsatzförmige Konstruktion um einiges idiomatischer und in vielen Kontexten pragmatisch deutlich angemessener ist als der Satz. Um diesem Umstand Rechnung zu tragen und die Tatsache mit zu berücksichtigen, dass auch Syntagmen ohne finites Verb komplexen Stellungsregeln folgen müssen, wird im Folgenden ein anderes Kriterium verwendet: das der syntaktischen Selbständigkeit. Es erlaubt, auch Fügungen, die nur aus Partikeln bestehen wie *Aber vielleicht doch nicht gar so sehr* (Kafka)[2], Aufforderungen mit Infinitiven oder selbständige Ausrufe als Sätze zu betrachten. Zugleich werden dabei komplexe Satzgefüge als Einheiten aufgefasst, auch wenn ihre Inhalte mehrere → Propositionen zum Ausdruck bringen. Diese Definition kann z. B. folgende, im schriftlich fixierten Text gewöhnlich durch Punkte abgetrennte Segmente subsumieren:

– Satzäquivalente wie z. B. die Einwort-Antworten *Ja; Nein; Doch* und Einwort-Kommentare des Typs *Allerdings!; Eben.*
– Interjektionen und Wortgefüge, die Interjektionscharakter haben: *Aua; O Graus; Ach du grüne Neune.*
– Abgeschlossene und offensichtlich in sich geordnete Kombinationen von Partikeln im weiteren Sinn, wie man sie beispielsweise in dem schon erwähnten Satz von Kafka *Aber vielleicht doch nicht gar so sehr* findet, oder Kombinationen von Partikeln und anderen Wortarten wie in *Warum denn nun das schon wieder?*

Ein Satz kann auf einer anderen Beschreibungsebene stets zugleich auch als Sprechakt beschrieben werden; Satztyp und Sprechakt müssen sich dabei nicht entsprechen. So kann ein Satz, der vom → Satzmodus her ein Interrogativsatz ist, auf Sprechaktebene eine Bitte *(Kannst du bitte mal das Fenster zumachen?)*, eine Drohung *(Willst du eins in die Fresse haben?)* oder eine Beleidigung *(Was fällt Ihnen überhaupt ein?)* darstellen. Um Missverständnisse darüber zu vermeiden, welche der

---

[2] Zur Syntaktizität solcher Sätze siehe Weydt (1969: 74 ff.).

beiden Beschreibungsebenen im Einzelfall gemeint ist, werden in dieser Grammatik für die Bezeichnung der → Satzmodi Komposita mit *-satz* verwendet, die zur weiteren Verdeutlichung auch mit lateinischen Begriffen verknüpft werden: *Frage-* oder *Interrogativsatz*, *Aussage-* oder *Assertionssatz*, *Befehls-* oder *Imperativsatz*, *Ausrufe-* oder *Exklamationssatz*. Dagegen haben Sprechaktbezeichnungen die Form eines einfachen Wortes und werden ausschließlich auf Deutsch benannt: *Frage, Aussage, Bitte, Befehl, Versprechen* usw.[3]

In jeder Sprache gibt es immer auch Erscheinungen, die über den Satz hinausgehen. Die Grammatik einer Sprache muss daher mehr als eine Summe von Einzelsätzen beschreiben. Zu den **transphrastischen** (*trans-phrastisch* ,satzübergreifend') Einheiten der Grammatik gehören beispielsweise zweiteilige Konjunktionen wie *zwar* – *aber*, Aufzählungen von Gliederungspunkten *(erstens – zweitens – drittens …)* und alle → anaphorisch und → kataphorisch gebrauchten Elemente. Solche Phänomene stehen im Zentrum textgrammatischer Ansätze.

Wichtig ist in diesem Zusammenhang auch der Hinweis, dass sich die Einheiten, in die man Texte segmentieren kann (Phonem, Silbe, Morphem, Wort, Satzglied, Satz, Text), keineswegs gegenseitig ausschließen. So kann ein Phonem zugleich eine Silbe sein, manchmal auch ein Morphem oder sogar ein ganzes Wort. Ein Satz kann wiederum aus einem einzigen Wort bestehen, und in besonderen Fällen kann dieser Einwortsatz auch einen Text bilden. Bei Hjelmslev und Coseriu, die beide auf dieses logische Inklusionsverhältnis aufmerksam machen, wird dies durch eine Anekdote illustriert: Ein wortkarger Römer schrieb seinem Freund: „Rus eo" (,Ich fahre aufs Land'). Dieser schrieb ihm zurück: „I" (,Fahre!'). Dies ist ein Brief und somit ein vollständiger, abgeschlossener Text, der zugleich ein Phonem, eine Silbe, ein Morphem, ein Wort und einen Satz darstellt.

In den meisten Fällen setzt sich ein Satz aber aus mehreren Elementen zusammen, die in bestimmten syntaktischen Relationen und Abhängigkeitsverhältnissen zueinander stehen und dem Satz gemeinsam seine Struktur geben. Diese Elemente können, je nach Art des zugrunde liegenden Grammatikmodells, in unterschiedlichster

---

[3] Nur bei der Spezifizierung des Interrogativsatzes in Entscheidungs- und Bestimmungsfrage wird auf den Zusatz *-satz* verzichtet, da diese Termini stets auf grammatische, nicht auf sprechakttheoretische Bestimmungen verweisen.

Weise bestimmt und benannt werden. Trotz zahlreicher neuer theo-
retischer Ansätze ist die traditionelle Einteilung der Satzteile nach
wie vor weit verbreitet und vor allem international, auch und gerade
im Sprachvergleich, mit am geläufigsten. Sie unterscheidet folgende
Elemente des Satzes:

- Subjekt
- Prädikat
- Objekt
- Adverbialbestimmung
- Attribut; ferner manchmal auch zusätzlich:
- Prädikativum.

Die Bezeichnung „Satzteil" wird meist – so auch in der vorliegenden
Grammatik – benutzt, um beliebige Konstituenten (von lat. *consti-
tuere* ‚aufstellen, einsetzen'; ‚Bestandteile') des Satzes zu bezeichnen,
und zwar unabhängig davon, ob es sich dabei um selbständige oder
unselbständige Teile des Satzes handelt. Ausschließlich selbständige
Teile des Satzes bezeichnet demgegenüber der Terminus „Satzglied", der entsprechend nur für Subjekte, Objekte, Adverbialbestimmungen (Eisenberg 2001: 48) oder zusätzlich auch für Prädikate (*Grundzüge* 1981: 180) verwendet wird. Unselbständige Teile
des Satzes wären demgegenüber die Attribute; da sie Teile von Satzgliedern darstellen, werden sie als **Satzgliedteile** oder **Gliedteile**
(*Grundzüge* 1981: 184) bezeichnet.

Im Zusammenhang mit der Bestimmung syntaktischer Strukturen
ist oft von **Phrasen** die Rede; der Begriff findet sich in unterschiedlichen Ansätzen. Gemeint ist damit ein Syntagma, also ein strukturell
zusammenhängendes Gebilde, das aus einem oder mehreren Wörtern
bestehen kann. Benannt werden Phrasen jeweils nach ihrem Kern
oder „Kopf", also dem Teil, der für die Natur der Phrase ausschlaggebend ist. Man unterscheidet **Nominalphrasen** (abgekürzt NP – eine
NP wäre z. B. *antike Münzen*), **Verbalphrasen** (VP, z. B. *ist verloren gegangen*), **Präpositionalphrasen** (PP, z. B. *in der Zwischenzeit*), **Determina-
tivphrasen** (DP, z. B. *die Forschungslage*), **Adjektivphrasen** (AV, z. B.
wirklich interessant), **Adverbialphrasen** (ADVP, z. B. *sehr gern*).

Im Folgenden wird dargestellt, wie Satzteile der traditionellen
Grammatik im Einzelnen zu bestimmen sind, welche Funktionen
sie im Satz erfüllen und durch welche Wortarten sie vertreten werden können.

10.2 Prädikat

Das Wort **Prädikat** (von lat. *praedicare* ‚laut ausrufen‘, ‚aussagen‘) ist im 16. Jhd. aus dem Lateinischen entlehnt worden. Boethius, ein römischer Philosoph, hatte es benutzt, um das griech. *rhema* im Lateinischen wiederzugeben. Prädikat bedeutet also ‚das Ausgesagte‘. In der Tradition der Grammatikschreibung und der Logik stellen Prädikat und Subjekt ein Paar von Begriffen dar, die sich gegenseitig bedingen und definieren. Subjekt steht für das, worüber etwas ausgesagt wird, für den Satzgegenstand, Prädikat für die Aussage darüber. In deutscher Terminologie heißt das Prädikat auch **Satzaussage**. Der Begriff des Prädikats ist eng mit dem des Verbs verbunden. In der französischen Grammatiktradition wird terminologisch nicht zwischen Verb und Prädikat unterschieden (beides heißt „le verbe"), und auch der Duden (1998: 677) spricht vom „Verb – bezogen auf den Satz kann man auch sagen: das Prädikat" als dem „strukturellen Zentrum des Satzes". Ebenso definiert Eisenberg (2001: 45) das Prädikat als „die größte Form eines Verbs", die an einer bestimmten Stelle in der Satzstruktur steht. Allerdings setzt eine solche Betrachtungsweise voraus, dass jedes Prädikat auch ein Verb enthält. Im Französischen wie im Deutschen ist dies der Fall; es gibt aber eine große Zahl von Sprachen, wo dies nicht so ist (vgl. Hengeveld 1992). In Sprachen wie dem Russischen, Türkischen oder Mongolischen, um nur einige Beispiele zu nennen, kann man Sätze bilden, deren wörtliche Übersetzung beispielsweise ‚Sie Studentin‘ oder ‚Bei mir Buch‘ lauten würde und in denen keine Verben enthalten sind. Eine Definition des Prädikats ausschließlich über das Verb ist daher problematisch.

Da aber im Deutschen jedes Prädikat auch ein Verb enthalten muss, kann man hier das Verb als den Kern einer jeden Prädikation betrachten. Darüber, was über das finite Verb hinaus noch zum Prädikat gehört, besteht in den Grammatiken keine Einigkeit. Am weitesten gefasst ist der Begriff, wenn er in Anlehnung an den Prädikatsbegriff in der Logik definiert wird; er umfasst dann sämtliche Teile des Satzes mit Ausnahme des Subjektes. Eine solche Prädikatsdefinition ist indessen inpraktikabel, da der Begriff dann viel zu umfassend und undifferenziert würde und sowohl in Bezug auf Form als auch auf Inhalt äußerst ungleichartige Phänomene unter einem einzigen Namen zusammenfassen müsste (zur Kritik einer solchen Auffassung vgl. Quirk/Greenbaum 1998: 11). Der weiteste in den

Grammatiken gebräuchliche Begriff von Prädikat ist daher etwas enger gefasst: er bezeichnet neben dem Verb auch die von ihm abhängigen Glieder. Dem entspräche ungefähr der „Prädikatsverband" bei Duden (1998: 678), der das Verb und seine → Ergänzungen beinhaltet.

Demgegenüber wird bei der engsten möglichen Fassung des Begriffs unter „Prädikat" nur das Verb verstanden; dazu gehören bei analytischen Bildungen die finite und die infinite Verbform, nicht aber beispielsweise der von einem Modalverb abhängige Infinitiv (so etwa noch bei Eisenberg 1986: 65). Bei einer solchen engen Begriffsfassung wird auch das → Prädikativum nicht als Teil des Prädikats angesehen. Diese enge Definition des Prädikats führt jedoch ebenfalls zu unbefriedigenden Konsequenzen. Man erhält dabei als Prädikate unvollständige verbale Elemente, die nicht Träger einer Aussage sind, sondern eindeutig nur eine Modifikation derselben beinhalten (vgl. *er dürfte schon angekommen sein*, wo das Prädikat nach dieser Auffassung nur aus der Form *dürfte* bestünde). Dies ist vermutlich der Grund, warum beispielsweise Eisenberg (2001: 45) abweichend von früheren Darstellungen den vom Modalverb abhängigen Infinitiv als Teil des Prädikats betrachtet.

Aber auch der Ausschluss des → Prädikativums ist nicht unproblematisch, da dieses – und nicht die Kopula – für die gesamte Struktur des restlichen Satzes verantwortlich ist. So ist der Dativ *mir* in *Bist du mir böse?* vom Prädikativum *böse*, nicht von *bist*, abhängig (es handelt sich dabei um ein sog. → Objekt zweiten Grades).

In den meisten Grammatiken wird daher ein Mittelweg eingeschlagen. Dabei werden dem Prädikat sowohl abhängige verbale Teile als auch das → Prädikativum zugerechnet.

Ein- und mehrteilige Prädikate

Wenn das Prädikat nur aus einer finiten Verbform besteht, liegt ein **einteiliges Prädikat** vor, so z. B. in *Ich komme morgen; Martha schläft*. Daneben gibt es **mehrteilige Prädikate**; sie enthalten notwendigerweise eine finite Verbform, zu der dann noch eine weitere Konstituente hinzutritt. Diese ist entweder ein **grammatischer** oder ein **lexikalischer Prädikatsteil**. Grammatische Prädikatsteile bestehen aus den „nicht-finiten, aber verbalen Teilen" (Helbig/Buscha 2001: 448) des Prädikats; gemeint sind damit nur die Infinitive und

Partizipien, die mit einem finiten Teil zusammen eine analytische Verbform bilden, nicht die trennbaren Präfixe wie z. B. *weg* in *Er geht ... weg.* In *Das Buch ist verkauft worden* ist *verkauft worden* grammatischer Prädikatsteil.

Neben dem grammatischen kann auch ein **lexikalischer Prädikatsteil** zusammen mit dem finiten Verb das Prädikat bilden. Dies können sein:

- Substantive (*Sie fährt* Rad),
- Adjektive (*Er lacht sich* schief),
- trennbare Präfixe (*Ich gehe aus München* weg),
- nicht finite Teile von Funktionsverbgefügen (*Sie brachte das Problem* zur Sprache),
- Infinitive (*Sie lernten sich in Italien* kennen),
- Reflexivpronomina echt reflexiver Verben (*Ich freue* mich)

Prädikativum

Das Prädikativum ist ebenfalls ein nicht-finiter, jedoch nicht zum Verb gehörender Teil des Prädikats. Je nachdem, ob es sich auf das Subjekt oder auf das Objekt bezieht, spricht man von einem **Subjektsprädikativum** (*Hans ist ein unverbesserlicher Optimist*) oder von einem **Objektsprädikativum** (*Er nennt sie öffentlich eine Leuchte der Wissenschaft*).

Das Subjektsprädikativum ist der weitaus häufigere Fall, sozusagen der Standardfall des Prädikativums. Es tritt nach dem Verb *sein* oder nach anderen → Kopulaverben wie *bleiben, werden, heißen* auf. Eine traditionelle Bezeichnung für das Prädikativum ist **Prädikatsnomen**; dabei ist der Begriff „Nomen" nicht auf das Substantiv beschränkt, sondern fasst auch das Adjektiv. Da Kopulaverben ebenso wenig wie Modalverben in der Lage sind, das Prädikat alleine zu bilden, sollte das Prädikativum logischerweise zu den grammatischen Prädikatsteilen zählen; allerdings müsste man dann die Einschränkung aufgeben, dass diese ausschließlich verbaler Natur sein dürfen.

Die Duden-Grammatik (1998: 638 f., 650), die den Begriff des Prädikativums nicht benutzt,[4] spricht bei prädikativen Substantiven

---

[4] Allerdings nennt die Übersicht der Satzglieder (Duden 1998: 632 und 650) „Prädikative" als eine von drei Kategorien neben „Ergänzungen" und „Adverbialien".

(wie in *Sie ist Studentin*) und bei flektierten Adjektiven (wie in *Dieser Irrtum war ein sehr folgenschwerer*) von einem **prädikativen Nominativ** oder **Gleichsetzungsnominativ**. Im Unterschied dazu wird das nicht flektierte Adjektiv in prädikativer Funktion, wie es etwa in *Das ist aber seltsam* vorliegt, nicht als Gleichsetzungsnominativ angesehen, sondern als prädikatives **Satzadjektiv** zusammen mit den adverbial gebrauchten Adjektiven in die Gruppe der sog. Satzadjektive eingeordnet (ebd. 639, 644). Nach Duden (1998: 626 f.) ist der Gleichsetzungsnominativ nicht Teil des Prädikats, sondern bildet zusammen mit dem Prädikat den sogenannten Prädikatsverband.[5] Das Prädikat auf die Kopula zu beschränken ist eine unglückliche Entscheidung. Da Begriffe wie Subjekt und Prädikat übereinzelsprachlich definiert werden müssen, würde daraus folgen, dass zahlreiche Sprachen wie das Russische, das Arabische oder auch Dialekte des amerikanischen Englisch, in denen regelmäßig Sätze ohne Kopula (also wörtlich übersetzt so etwas wie ‚Das Wetter schön‘) auftreten, damit zugleich Sätze ohne Prädikat bilden würden. Das aber ist nicht akzeptabel, da das Prädikat auch in diesen Fällen die Prädikation, die Aussage des Satzes, enthält und es zudem widersprüchlich wäre, einem Satz vom Typ *Der Baum grünt* ein Prädikat zuzusprechen, einem Satz *Der Baum (ist) grün* aber nicht. Es ist daher im Allgemeinen üblich, das Prädikativum als Teil des Prädikats aufzufassen.[6]

Zur Behandlung des substantivischen Subjektsprädikativums in anderen Modellen siehe auch → Nominativ.

Das Subjektsprädikativum kann folgende Formen aufweisen:
– Substantiv (mit und ohne Erweiterung):

Maria $\left\{ \begin{array}{l} \textit{ist Volleyballspielerin} \\ \textit{bleibt wohl Witwe} \\ \textit{wird noch ein richtiger Sozialfall} \end{array} \right.$

---

[5] Der Prädikatsverband ist im Duden (1998: 678) die Einheit, die vom Prädikat und seinen Ergänzungen gebildet wird.

[6] „Zum Prädikat rechnet man herkömmlicherweise auch das ‚Prädikatsnomen‘“ (Erben 1980: 315, Anm.). „Das Prädikativ (…) wird meist als nichtfiniter und nicht-verbaler Teil des Prädikats aufgefasst …“ (Helbig/Buscha 2001: 450).

– Adjektiv: *Donald ist optimistisch; Das kann ja heiter werden.* Das prädikative Adjektiv kongruiert im Deutschen (im Gegensatz z. B.
zu den romanischen oder slawischen Sprachen) nicht mit dem
Subjekt. Der Duden (1998: 644 f.) fasst das prädikative Adjektiv
unter dem weiteren Begriff **Satzadjektiv**[7].

– ein Adverb oder ein Präpositionalgefüge: *Ich bin hier/in der Stadt;
Männer sind halt so.* Sonderfälle dazu sind:

– Präpositionalphrasen des Typs *Der Wein ist vom letzten Jahr; die Angelegenheit ist von höchster Wichtigkeit.*

– Genetivkonstruktionen des Typs *Wir waren guten Mutes/bester
Laune/guter Dinge.*

– Ein weiterer Fall von Prädikativen liegt in Passivsätzen wie *Er
wird ein Lügner genannt* vor. Sie entsprechen dem zweiten Akkusativ eines doppelten Akkusativs in Aktivsätzen: *Jemand nennt ihn
einen Lügner.*

– Das Prädikativum kann auch aus einem Nebensatz bestehen;
man spricht dann von einem → Prädikativsatz. Er kann als Relativsatz auftreten, wie z. B. in *Er wurde, was sein Vater immer hatte
werden wollen,* oder als Konjunktionalsatz wie in *Das Gefühl war, als
stürzte ich in einen Abgrund.*

Zwar herrscht im Allgemeinen die Reihenfolge Subjekt – Kopula –
Prädikativum, doch ist sie nicht verbindlich. Im Einzelfall kann es
deshalb Schwierigkeiten bereiten, zu bestimmen, welches Glied als
Subjekt und welches als Prädikativum anzusehen ist. In den Sätzen
Ein altes Ekel bist du; Eine sagenhafte Schlamperei ist das wieder würde man
die vorangestellten Nominative als Prädikativa und die Pronomina
du, das als Subjekte bezeichnen. Im ersten Fall lässt sich diese Interpretation damit begründen, dass Subjekt und Prädikat in der Person
übereinstimmen müssen. Das kann in einigen Fällen auch als Probe
verwendet werden: Man formt den betreffenden Satz so um, dass
eines der Glieder in einer anderen Person steht. Um also festzustel-

---

[7] „Satzadjektiv" ist laut Duden (1998: 644 f.) jedes im Kasus nicht markierte
Satzglied, das im Kern ein Adjektiv aufweist. Unter diesen Terminus fallen
neben dem prädikativen Adjektiv nach Kopulaverben (welches Prädikatsteil
ist) auch das subjekt-bezogene Adjektiv (Subjektsprädikativum) in Sätzen
wie *Er kam blau nach Hause* sowie adverbial gebrauchte Adjektive *(Sie näht ge-
schickt)* und adverbiale Bestimmungen vom Typ *über kurz oder lang.*

len, welches Glied in dem Satz *Ein munterer Knabe ist er* Subjekt und
welches Prädikativum ist, probiert man, ob *ist er* durch *bist du* oder
durch *bin ich* ersetzt werden kann. Das mit dem finiten Teil des Prädikats in der Person übereinstimmende Element ist das Subjekt. Ein
weiteres Kriterium ist die → Thema-Rhema-Gliederung des Satzes.
Das Subjekt ist im Standardfall das Thema, das Prädikativum das
Rhema. Personalpronomina wie *er* und Demonstrativa wie *das* sind
ebenso wie Satzteile mit bestimmtem Artikel normalerweise thema-
tisch, da sie sich auf Bekanntes oder Vorerwähntes beziehen. So
kann man auch das Prädikativum im folgenden Satz bestimmen: *Ein
fürchterliches Ekel ist dieser Kerl!* Offensichtlich handelt es sich bei *dieser
Kerl* um eine vorerwähnte Größe und damit um das Subjekt des Satzes, während *ein fürchterliches Ekel* die neue, rhematische Information
und damit das Prädikativum darstellt.

Einen Überblick über die Bezeichnungen von bei Kopulae auftretenden nominalen Prädikativa in den verschiedenen Grammatiken
gibt die nachfolgende Tabelle:

Autor/ Begriff:	z. B.: *ist nett*	z. B.: *ist Studentin*
Eisenberg (2001)	adjektivisches Prädikatsnomen	substantivisches Prädikatsnomen
Engel (1982)	Qualitativergänzung/ Adjektival- ergänzung/ E8	Subsumptiv- ergänzung/Nominaler- gänzung/ E7
Engel (1988)	Adjektivalergänzung, Eadj	Nominalergänzung / Enom
Duden (1998)	Satzadjektiv	Gleichsetzungs- nominativ
Helbig/Bu- scha (2001)	Prädikativ/ prädikativ gebrauchtes Adjektiv	Prädikativ
Zifonun et al. (1997)	Prädikativkomplement KPRD	Prädikativkomplement KPRD

Das **Objektsprädikativum** (z. B. *Sie nennt ihn einen Bücherwurm*) bezieht sich auf das Akkusativobjekt und ist ebenfalls ein nichtverbaler Prädikatsteil. Es kann nur nach den Verben des Nennens (*jemanden etwas nennen, heißen, schelten* usw.) auftreten und wird auch als → Gleichsetzungsakkusativ bezeichnet. Nach Helbig/Buscha (2001: 453) steht das Objektsprädikativum auch nach den Verben *finden* und *halten für*. Diese beiden Verben gehören zwar semantisch in dieselbe Gruppe, stellen aber insofern Sonderfälle dar, als *finden* nur mit Adjektiven verbunden wird (vgl. **Ich finde ihn einen Trottel*, aber: *Ich finde ihn trottelig*) und *halten für* eine präpositionale Rektion aufweist. Das Objektsprädikativum darf nicht mit dem → prädikativen Attribut zum Objekt (wie in *Sie fand ihren Kollegen betrunken vor*) verwechselt werden, das bei anderen Verben als denen des Nennens auftritt und keine Gleichsetzung ausdrückt.[8] Das Objektsprädikativum kann als Adjektiv (*Der Wolf nennt die Schweinchen entzückend*), als Substantiv (*Donald nennt Dagobert einen alten Geizhals*) und zuweilen auch als Adverbial (*Sie findet ihn ganz in Ordnung*) realisiert werden. Zifonun et al. (1997: 1106) fassen die Subjekts- und Objektsprädikativa als formal äußerst heterogene, aber semantisch gut zu erfassende Gruppe folgendermaßen zusammen: „Prädikative fungieren als Prädikate über den durch Subjekt oder Akkusativkomplement denotierten Gegenstand, wirken also semantisch gesehen wie einstellige Verben." Treten wie in *Ich bin mir meiner Sache ganz sicher* (Beispiel nach ebenda 1110) weitere Komplemente hinzu, so werden diese als sekundäre, „nicht-verbbezogene Komplemente innerhalb von K_{PRD}" angesehen (ebenda).

Kongruenz

Unter **Kongruenz** (von lat. *congruere* ,übereinstimmen', ,entsprechen') versteht man die Übereinstimmung zweier Konstituenten in einem oder mehreren gemeinsamen morphologischen Merkmalen, wobei sich die kongruierende Konstituente nach einer anderen rich-

---

8 Der Begriff „Objektsprädikativum" sollte auch nicht mit dem ähnlich klingenden Begriff „Objekt zum Prädikativum" verwechselt werden. Das „Objekt zum Prädikativum" (Helbig/Buscha 2001: 458 f.), in der vorliegenden Grammatik als → „Objekt zweiten Grades" bezeichnet, ist ein von einem prädikativen Adjektiv abhängiges Objekt (z. B. hängt von dem Adjektiv *bewusst* in *Er war sich seiner unangenehmen Lage bewusst* ein Genetivobjekt ab).

tet, mit der sie „kongruiert". Im Deutschen kongruiert das Prädikat, genauer gesagt, der finite Prädikatsteil, zumindest im Numerus mit dem Subjekt. In dem Satz *Der Hund bellt* fordert der Singular des Subjekts einen Singular im Prädikat: **Der Hund bellen*.[9] Diese Regel wird im Deutschen ziemlich strikt eingehalten. Es gibt allerdings auch einige Fälle, in denen der Numerus des Subjekts nicht mit dem des Prädikats übereinstimmt. Das ist besonders der Fall, wenn das Subjekt von einer Mengenangabe im Singular gebildet wird: *Eine Menge Taler standen für Donald auf dem Spiel*. Hier ist jedoch nicht das allgemeine Prinzip, dass das Prädikat mit dem Subjekt übereinzustimmen habe, verletzt, sondern das Subjekt wird trotz seiner singularischen Form semantisch als pluralisch aufgefasst, und deshalb steht das Prädikat folgerichtig im Plural. Man spricht dann von einer *constructio ad sensum* (lat.: ‚Konstruktion nach dem Sinn'), einer *Synesis* (griech.: ‚Einsicht, Verstand') oder einer Konstruktion *katà synesin* (griech.: ‚nach dem Verstand'). In den Fällen, in denen mehrere Subjekte im Singular ein gemeinsames Prädikat haben, kann es im Numerus des Prädikats zu Schwankungen kommen. In Sätzen wie *Nicht nur Hans, sondern auch Maria war/waren von dem Diebstahl betroffen* oder *Direktorin Meier nebst Gemahl wird/werden zum Tee erwartet* kann man im Prädikat Singular oder Plural verwenden, je nachdem, ob mehr ein Individuum oder die Gruppe in den Blick genommen werden bzw. ob *nebst* als Konjunktion (wie *und*) oder als Präposition (wie *mit*) interpretiert wird. Im Deutschen spielt die *constructio ad sensum* eine geringere Rolle als in anderen Sprachen; vgl. z. B. engl. *The police have arrived* gegenüber *Die Polizei ist gekommen*. Die meisten Grammatiken (z. B. der Duden 1998: 726 und Helbig/Buscha 2001: 536.) bezeichnen auch die Übereinstimmung von Subjekt und Prädikat in Bezug auf die Person als Kongruenz. Regeln wie die, dass nach einem Subjekt *du* das finite Verb in der zweiten Person stehen muss (*Du kommst, *du kommt*), nach einem Substantiv jedoch in der dritten Person *(Der kleine Wolf kommt, *kommst)* werden von ihnen als Kongruenzregeln aufgefasst. Ganz ähnlich setzt auch Chomsky (1995: 231) für Substantive ein Merkmal „3. Person" an, dem das Verb dann per Kongruenz entsprechen muss. Eisenberg (2001:

---

[9] Während im Modell der Dependenzgrammatik eine Abhängigkeit des Subjekts vom Prädikat postuliert wird, sind die Abhängigkeitsverhältnisse zwischen Subjekt und Prädikat hier genau umgekehrt.

282 f.) hingegen fasst den Kongruenzbegriff enger und möchte ihn strikt auf die Übereinstimmung in Flexionsmerkmalen beschränken, die den betreffenden Wortarten zukommen. Da ‚Person' keine Flexionskategorie des Substantivs ist, kann man dieser Auffassung zufolge bei der Personenangleichung nur dann von Kongruenz sprechen, wenn das Subjekt durch ein Personalpronomen gebildet wird.

Zur Behandlung des Prädikats in den verschiedenen Grammatikmodellen

Das Prädikat wird in den Grammatiken recht unterschiedlich behandelt. Während in den traditionellen Grammatiken Subjekt und Prädikat als gleichberechtigte und sich gegenseitig bedingende und voraussetzende Einheiten gesehen werden, nimmt in der Dependenzgrammatik das Prädikat, genauer: das den Kern des Prädikats bildende Verb eine herausragende Stellung ein. Zur Problematik dieser Annahme siehe unter → Dependenzgrammatik.

Die Generative Grammatik kennt keinen Prädikatsbegriff im klassischen Sinne. In den älteren Varianten (Aspects-Modell) entsprach die Verbalphrase (VP) dem, was im Duden 1998: 678) als „Prädikatsverband" bezeichnet wird, d. h. dem finiten Verb und den von ihm abhängigen Elementen. VP stand im Strukturbaum auf einer Ebene neben der Subjekts-NP (Nominalphrase); beide waren gleichermaßen von S (Satz) dominiert, so dass sich hier die klassische Unterteilung in Subjekt und Prädikat wiedererkennen ließ:

Satz (S)

Subjekt (NP)　　　　　　　Prädikat (VP)

In den neueren Modellen tritt nun eine weitere Kategorie auf, INFL oder kurz I (für engl. *inflection* ‚Flexion'); sie umfasst die beiden Größen Agr (für engl. *agreement* ‚Kongruenz') und T (für engl. *tense* ‚Tempus'), betrifft also den Ausdruck von Tempus, Person und Numerus.[10] Die

---

[10] Chomsky (1995: 377) stellt zwar die Existenz von Agr zumindest im Bereich der Subjektkongruenz zur Diskussion; da die meisten Autoren wie z. B. Grewendorf (2002) oder Radford (1997) jedoch bei der Annahme einer solchen Kategorie bleiben, wird sie hier ebenfalls angenommen.

von der Kategorie I gebildete Phrase IP steht hierarchisch sowohl über den verbalen Teilen des Satzes (VP) und auch über dem Subjekt. Dies hängt damit zusammen, dass in ihr ja die Kongruenz mit dem Subjekt enthalten ist, wobei das Subjekt selbst zunächst ebenfalls in VP generiert wird.

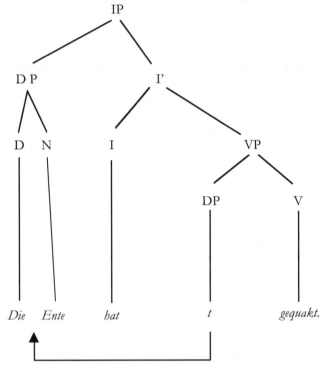

(D = Determinativ (hier. Artikel), V = Verb, N = Nomen,
t = Spur (*trace*), I = Flexion, P = Phrase)

Diese Annahme wird dann verständlicher, wenn man das unterschiedliche Verhalten von finiten gegenüber infiniten Verben in Betracht zieht: Infinite Verben, wie sie etwa in Infinitivkonstruktionen auftauchen, weisen keinen Subjektsnominativ zu. Ihr Subjekt ist entweder die leere Kategorie PRO (etwa in *Ich*$_i$ *beabsichtige* PRO$_i$ *zu kommen*), oder aber das Subjekt erscheint im Akkusativ (sog. AcI-

Konstruktion), wie dies etwa in *Ich höre ihn kommen* der Fall ist. Die in I enthaltenen Merkmale sind somit ausschlaggebend für die gesamte Struktur des Satzes.

10.3 Subjekt

Das Wort **Subjekt** wurde im 16. Jahrhundert aus dem Lateinischen entlehnt. Das lateinische Verb *subicere*, aus dessen Partizip Perfekt Passiv (*subiectum*) der Begriff gebildet wurde, hat die Bedeutung ‚darunter legen, zugrunde legen‘, und das Subjekt wäre somit das, was ‚daruntergelegt‘ oder ‚zugrunde gelegt‘ ist. Boethius hatte das Wort *subiectum* bei seiner Aristoteles-Übersetzung verwendet, um das griechische *hypokeimenon* (‚das Zugrundeliegende‘) ins Lateinische zu übertragen. Es handelte sich also ursprünglich um einen Begriff aus der Philosophie, und in dieser Wissenschaft ist er auch von Aristoteles über Descartes und Kant bis hin in die Moderne heimisch geblieben. Was aber bedeutet das, ‚was zugrunde gelegt ist‘, oder auch das, ‚von dem etwas ausgesagt wird‘, wie eine weitere Definition des Subjektbegriffs lautet, für die Grammatik?

Die grammatischen Bezeichnungen „Subjekt“ und „Prädikat“ gehen auf die Vorstellung zurück, dass in einem Satz eine logische Beziehung zwischen zwei Ausdrücken geschaffen wird: einem „Gegenstand“ im weitesten Sinne wird eine „Aussage“ zugeordnet. Entsprechend lautet die deutsche Übersetzung der beiden Begriffe auch **Satzgegenstand** und Satzaussage. Das Subjekt eines Satzes ist also keineswegs automatisch mit dem → Agens, dem Handelnden, identisch, sondern es bezeichnet denjenigen Satzteil, auf den die im Prädikat gemachte Aussage zutrifft. Dennoch ist die häufige Annahme, dass Subjekt und Agens identisch seien, nicht zufällig: der Ausdruck des Agens ist eine prototypische Funktion des Subjekts, die auch in der kognitiven Linguistik angenommen wird (vgl. Langacker 2000: 28).

Auch wenn das spontane Verständnis dessen, was ein Subjekt ist, meistens leicht fällt, ist eine sprachübergreifende Definition für „Subjekt“ alles andere als trivial. Dies liegt daran, dass nicht alle Sprachen im selben Sinne wie das Deutsche über ein Subjekt verfügen.

Man kann grundsätzlich zwei Typen von syntaktischen und semantischen Rollen unterscheiden, die ein Subjekt in Sprachen wie dem Deutschen übernehmen kann. Es kann einen Handlungsträger (S) bei einem Verb bezeichnen, das kein direktes Ziel als Objekt der Handlung impliziert:

> *Petra* (Nominativ)   *lacht.*
> S   (intransitives Geschehen)

oder es kann den Ausgangspunkt (A) einer auf ein Ziel (P) gerichteten Tätigkeit bezeichnen:

> *Petra* (Nominativ)   *pflückt*   *Äpfel* (Akkusativ)
> A   (transitives Geschehen)   P

Sprachen wie das Deutsche benutzen ein und denselben Kasus, um A und S[11] zu kodieren – einen solchen Kasus nennt man Nominativ – und einen zweiten, den man Akkusativ nennt, um P zu markieren. Aber Sprachen wie beispielsweise das in Australien gesprochene Dyirbal benutzen ein und denselben Kasus, um S und P zu kodieren (einen solchen Kasus nennt man Absolutiv), und einen anderen für A (diesen Kasus nennt man Ergativ). Sätze auf Dyirbal sehen daher beispielsweise so aus:

> *nguma*   *banaganyu*
> Vater-Absolutiv   zurückkam
> S
> ‚Vater kam zurück'

> *nguma*   *yabungu*   *buran*
> Vater-Absolutiv   Mutter-Ergativ   sah
> P   A
> ‚Mutter sah Vater'

(Beispiele nach Faarlund 1988: 201)

Wenn man nun Sprachen wie Dyirbal und Deutsch miteinander vergleicht, stellt man fest, dass es nicht ohne weiteres möglich ist, eine beiden gemeinsame Definition für „Subjekt" zu finden. Aus diesem

---

[11] Diese Bezeichnungen gehen auf einen Vorschlag von Comrie (1981: 104 f.) zurück, der sich weitgehend durchgesetzt hat; vgl. z. B. Croft (2001: 137 et passim). Sie sind mnemotchnisch motiviert: S steht für „Subjekt", A für „Agens", P für „Patiens". Vgl. hierzu auch Croft (1996: 102 und 2001: 134–161).

Grund werden Sprachen wie das Deutsche – für die „Subjekt" recht
gut definiert ist – oft als „Subjektsprachen" bezeichnet (manchmal
auch als „Akkusativsprachen" oder auch als „Nominativsprachen",
also nach den beiden Kasus, die für die Markierung der Rollen im
Satz zuständig sind), während man Sprachen wie das Dyirbal als
„Ergativsprachen" bezeichnet.

In der Konstituentenanalyse (IC-Analyse) oder in der Phrasenstrukturgrammatik bilden Subjekt und Prädikat zwei gleichberechtigte Teile des Satzes (S); sie stehen entsprechend in zwei Klammern:

(Subjekt)   (Prädikat)

z. B.

(Donald)   (schnattert)

oder werden als gleichwertige Teile eines Baumgraphen dargestellt:

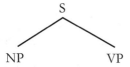

(NP = Norminalphrase, VP = Verbalphrase)

bzw.:

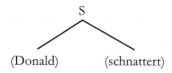

In der Dependenzgrammatik spielt das Subjekt hingegen eine ganz
andere Rolle; bei Tesnière ist es als sog. „1. Aktant" vom Prädikat
abhängig und steht mit den Objekten (2. und 3. Aktant) und Adverbialbestimmungen („Angaben") auf einer Ebene. Nur die Zählung
(„1. Aktant" gegenüber den Objekten mit den Nummern 2 und 3)
könnte noch als Hinweis auf seinen Sonderstatus gewertet werden,
kann aber ebenso als Widerspiegelung der normalen Wortfolge im

Französischen angesehen werden. So hat etwa der Satz *Donald liebt Daisy* das folgende Stemma:

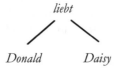

In modernen Dependenz-Ansätzen wie etwa bei Eroms (2000: 183–190) werden die unbestreitbaren Sondereigenschaften des Subjekts wie z. B. die Kongruenz des finiten Verbs mit seinem Numerus zumindest diskutiert; letztere wird dabei als „Mikrovalenz" (ebd.: 183) bezeichnet. Um diesem Phänomen Rechnung zu tragen, schlägt Eroms (ebd.: 185) die Annahme eines Beziehungsgeflechts vor, das er folgendermaßen darstellt:

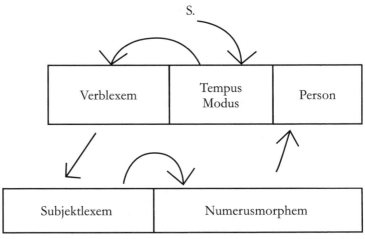

(Graphik nach Eroms 2000: 185)

Im Unterschied zur Dependenzgrammatik wird das Subjekt im Minimalistischen Modell der Generativen Grammatik nicht mit den Objekten (die als „Komplemente" bezeichnet werden) gleichgestellt, sondern unterscheidet sich in wesentlichen Punkten von ihnen. Es wird zwar wie sie innerhalb der VP generiert, gelangt dann aber durch Anhebung auf eine höhere Ebene der syntaktischen Hierarchie. Warum diese Annahme gemacht wird, zeigt sich vielleicht am deutlichsten, wenn man einen Satz mit → expletivem *es* demselben Satz ohne *es* gegenüberstellt:

Es ist niemand gekommen.
Niemand ist gekommen.

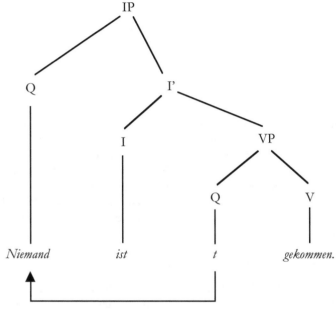

(Q = Quantor, V = Verb, t = Spur (*trace*), I = Flexion (*interflection*),
P = Phrase)

Es wird angenommen, dass das Subjekt – hier ein sog. Quantor, daher abgekürzt mit Q – in beiden Sätzen an derselben Stelle generiert wird. Im Satz *Niemand ist gekommen* wird es dann aber aus seiner ursprünglichen Position heraus und in die sog. Spezifikatorposition[12] der gesamten, sozusagen um das flektierte Verb herum gebildeten Phrase IP angehoben. Das *t* im Baumgraphen soll dabei anzeigen,

---

[12] Ein Spezifikator ist ein Element, durch das ein anderes näher bestimmt, also spezifiziert wird. So steht beispielsweise der Artikel in der Spezifikatorposition zum zugehörigen Substantiv.

dass das Subjekt bei der Bewegung an der Stelle, wo es ursprünglich
gestanden hat, eine Spur (engl. *trace*) hinterlässt. Wenn das Subjekt
generiert wird, wird ihm auch eine thematische Rolle zugewiesen,
beispielsweise als Agens oder Rezipient. Diese Zuweisung erfolgt
aber nicht über das Verb alleine, wie dies in der Dependenzgrammatik angenommen wird, sondern es ist die gesamte Prädikation einschließlich der Objekte, die darüber entscheidet, welche Rolle dem
Subjekt zugewiesen wird. Man kann das anhand der folgenden beiden Sätze erläutern:

> *Ich koche die Suppe.*
> *Die Suppe kocht.*

Während das Subjekt von *Ich koche die Suppe* eindeutig agentivisch
ist, also eine willentliche Tätigkeit ausführt, ist das Subjekt von *Die
Suppe kocht* ein sog. Experiencer, also ein Jemand oder ein Etwas,
dem eine Handlung widerfährt. Die Generative Grammatik folgert
daraus, dass diese unterschiedliche Rollenzuweisung nicht durch das
Verb alleine erfolgen kann, sondern erst aus dem Zusammenspiel
des Verbs mit den übrigen Teilen des Satzes. Beim Subjekt handelt
es sich daher um ein sog. **externes Argument**, dem das Verb nur
indirekt eine → Theta-Rolle zuweist.

Die grammatische Form des Subjekts

Das grammatische Subjekt eines Satzes steht immer im Nominativ
und kann daher mit einer aus *wer oder was* und dem Prädikat gebildeten Frage erfragt werden. Bei dem Teil des Satzes, der die Antwort
auf diese Frage bildet, handelt es sich um das Subjekt, und zwar unabhängig von der Anzahl der beteiligten Wörter oder ihrer Zugehörigkeit zu einer bestimmten Wortkategorie. Subjekte sind zwar häufig Substantive, müssen es aber keineswegs sein; andere Wortarten
wie Pronomina, Adjektive, infinite Verbformen, Gruppen verschiedener Wörter oder auch ganze Sätze können diese Funktion ebenso
übernehmen. Die folgenden Beispiele veranschaulichen den Ein-
satz unterschiedlicher Wortarten als Subjekt eines Satzes:

– Substantive und Pronomina:

> *Mein alter Schaukelstuhl quietscht fürchterlich.* (Substantiv)
>
> *Wer war das?* (Pronomen; Interrogativum)

– Numeralia:

Drei waren krank, und zwei fehlten unentschuldigt.

– Adjektive:

Adjektive können einfach unverändert als Subjekte gebraucht oder aber explizit substantiviert werden. Im letzteren Fall können sie dann auch durch Artikel und Attribute erweitert werden:

Rot ist eine auffällige Farbe.
Das dunkle Grün gefällt mir besonders gut.

– Verben:

Auch reine Infinitive können das Subjekt eines Satzes bilden. Wenn sie nicht mit *zu* erweitert sind, werden sie dabei als **substantivierte Infinitive** betrachtet:

Lesen ist meine Lieblingsbeschäftigung.

Substantivierte Infinitive können einen Artikel bei sich haben. Ein Objekt können sie hingegen normalerweise nicht an sich binden; wenn das ursprüngliche direkte Objekt des Verbs mit ausgedrückt werden soll, so wird es entweder im Genetiv oder mithilfe der Präposition *von* als → Attribut angeschlossen, oder es wird ersatzweise ein Infinitiv mit *zu* gewählt. Die folgenden Beispiele zeigen die Möglichkeiten:

Substantivierter Infinitiv mit Artikel:

Das Wandern ist des Müllers Lust.

mit ursprünglichem direktem Objekt als Genetivattribut:

Das Lesen dieser Grammatik ist grässlich langweilig.

mit durch *von* angeschlossenem Attribut:

Das Lesen von Micky-Maus-Heften ist entschieden spannender.

mit unverändertem Präpositionalobjekt:

Das Warten auf die Testergebnisse war nervenaufreibend.

Vor allem in der Umgangssprache finden sich aber auch reine Infinitive mit (vorangestellten) Akkusativobjekten, und auch Dativ- und Präpositionalobjekte sowie Adverbialbestimmungen kommen in dieser Position vor:

Comics lesen macht Spaß.
Auf eine Lösung warten kostet Geduld.
Abends immer in der Kneipe rumhängen und diesem Gerede zuhören ist auf
Dauer langweilig.

Genetivobjekte kommen hingegen nicht vor, da sie auf der entsprechenden Stilebene nicht gebräuchlich sind.

Statt eines substantivierten Infinitivs kann auch ein Infinitiv mit *zu* als Subjekt stehen. Infinitive mit *zu* sind im Gegensatz zu den substantivierten ganz normale Verbformen, was auch durch die Kleinschreibung ausgedrückt wird; sie können keine Artikel oder Attribute bei sich haben, dafür aber Objekte und Adverbien:

Micky-Maus-Hefte zu lesen ist ihre Lieblingsbeschäftigung.
Regelmäßig abzuwaschen war ihm zu anstrengend.

Soll ein Infinitiv Perfekt als Subjekt verwendet werden, steht immer ein *zu*:

Zum Erfolg beigetragen zu haben war ihr wichtiger als genannt zu werden.

Infinitive, die mehr als ein reines *zu* bei sich haben, heißen **erweiterte Infinitive**.

Häufig werden Infinitive mit *zu* als verkürzte Nebensätze aufgefasst (siehe auch S. 428). Tatsächlich lassen sie sich in vielen, jedoch nicht in allen Fällen durch *dass*-Sätze ersetzen. Vgl.:

Dass sie zum Erfolg beigetragen hatte, war ihr wichtiger …

aber gewöhnlich nicht:

(?) *Dass er regelmäßig abwusch, war ihm zuviel*
(?) *Dass sie Micky-Maus-Hefte las, war ihre Lieblingsbeschäftigung.*

Gelegentlich kommen auch Partizipien als Subjekte vor, so z. B.:

Frisch gewagt ist halb gewonnen.
Aufgeschoben ist nicht aufgehoben.

Man kann sich allerdings fragen, ob hier nicht in Wirklichkeit ein metasprachlicher Gebrauch vorliegt, paraphrasierbar etwa durch: ‚Das Wort *aufgeschoben* bedeutet nicht dasselbe wie das Wort *aufgehoben*'. Außerhalb von Redewendungen kommen Partizipien als Subjekte nur in substantivierter Form vor; sie sind dann meist erweitert (z. B. *Das soeben Erlebte gab ihr sehr zu denken*).

– Andere Wortarten in Subjektfunktion:
Außer den im Vorigen genannten können auch sämtliche anderen Wortarten[13] als Subjekt auftreten, sobald sie metasprachlich verwendet werden. Eine metasprachliche Verwendung liegt u. a. dann vor, wenn über ein Wort in seiner Eigenschaft als Wort gesprochen werden soll, etwa, um seine Bedeutung oder seine Verwendung, Wirkung etc. zu erklären.:

> *Aber drückt einen Gegensatz aus.*
> *Dein ständiges aber macht mich ganz nervös.*

– Nebensätze:
Subjekte können einerseits durch Nebensätze (→ Attributsätze) erweitert werden:

> *Eine gute Freundin von mir, die ich schon seit der Schulzeit kenne, ist jetzt nach Timbuktu ausgewandert.*

Andererseits können Nebensätze auch selbst das Subjekt bilden; man spricht dann von einem **Subjektsatz**. Allerdings haben nicht alle Nebensätze diese Fähigkeit: normalerweise können nur durch *dass*, durch *ob* oder durch Interrogativa eingeleitete Nebensätze die Subjektfunktion übernehmen.[14]

> *Dass es dir inzwischen besser geht, freut mich wirklich.*
> *Warum er das getan hat, ist mir ein Rätsel.*
> *Ob sie das weiß, ist nicht sicher.*

---

[13] Darüber hinaus können auch alle anderen sprachlichen Elemente, also z. B. Suffixe, Präfixe, Morpheme, Phoneme usw. bei metasprachlichem Gebrauch als Subjekte auftreten, so z. B. *-ung ist ein Suffix, -st ist die Endung der 2. Person Singular* usw.

[14] Daneben können Relativsätze, deren Beziehungsort ausgefallen ist, dieselbe Aufgabe wahrnehmen, vgl.: *Der da drüben kommt, ist mein Onkel Edgar.* (Zu ergänzen wäre ggf.: *Der Mann, der da drüben kommt ...* oder *Derjenige, der ...* Ferner kommen gelegentlich auch *wenn*-Sätze in Subjektfunktion vor; in diesen Fällen ist jedoch ein zusätzliches *es* oder *das* im Hauptsatz zwingend erforderlich: *Es macht mich schon wütend, wenn ich dich nur sehe* (siehe dazu S. 357).

Sätze mit *es* in Subjektposition

Expletives *es*

Das Subjekt des Satzes:

> *Es hängt ein Pferdehalfter an der Wand.*

scheint auf den ersten Blick sozusagen doppelt vorhanden zu sein: bevor das *Pferdehalfter* selbst genannt wird, wird es durch ein *es* vertreten. Dieses *es* hat verschiedene Namen; es wird als „Expletivum" (Grewendorf 2002: 174) oder „expletives *es*" (Zifonun et al. 1997: 1082), als „Platzhalter" (Duden 1998: 636; Helbig/Buscha 2001: 241) oder als „Vorfeld-*es*" (Eisenberg 2001: 175) bezeichnet. Da es sich eingebürgert hat, in vergleichbaren Fällen in anderen Sprachen wie z. B. im Englischen (dort ist das entsprechende Element *there*, vgl. *There is someone knocking at the door*) ebenfalls den Begriff „expletive" zu benutzen (vgl. z. B. Radford 1997: 151), soll hier im Folgenden ebenfalls von expletivem *es* die Rede sein. Expletives *es* kann nur am Satzanfang, im → Vorfeld, vorkommen:

> *Es hängt ein Pferdehalfter an der Wand*

aber nicht:

> **An der Wand hängt es ein Pferdehalfter.*

Besonders häufig tritt das expletive *es* bei so genannten absoluten (in der Valenztheorie: monovalenten oder einwertigen) Verben auf, d. h. bei solchen Verben, die außer dem Nominativ des Subjekts keine weiteren Kasus bei sich haben. Solche Verben sind z. B. *kommen, sein* oder *herrschen* (im Sinne von ‚vorhanden sein'):

> *Es kamen viele Möpse.*
> *Es waren Hirten auf dem Felde.*
> *Es herrschte ein unbeschreibliches Durcheinander.*

Der Beispielsatz *Es hängt ein Pferdehalfter an der Wand* könnte – ohne *es* – auch lauten:

> *Ein Pferdehalfter hängt an der Wand.*

oder:

> *An der Wand hängt ein Pferdehalfter.*

Zwischen diesen Sätzen besteht offensichtlich kein inhaltlicher, sondern nur ein stilistischer Unterschied: expletives *es* dient hauptsächlich dazu, dem Subjekt des Satzes, das in solchen Fällen stets auch dessen → Rhema darstellt, zusätzliches Gewicht zu verleihen.

Das expletive *es* steht zwar an erster Stelle und scheint daher auf den ersten Blick das Subjekt des Satzes zu sein. Es ist jedoch in Wirklichkeit syntaktisch sehr wenig in den Satz integriert: die → Kongruenz des Prädikats richtet sich nicht nach dem *es*, sondern nach dem nachfolgenden Subjekt des Satzes. Steht dieses im Plural, so nimmt auch das Prädikat eine Pluralendung an, wie die Beispiele *Es kamen viele Möpse* und *Es waren Hirten auf dem Felde* zeigen.

Korrelat-*es*

Das Pronomen *es* kann nicht nur als expletives Element dienen, sondern es kann auch syntaktische Stellvertreterfunktionen für Subjektsätze erfüllen. Man spricht dann normalerweise von einem **Korrelat** (Duden 1998: 636; Eisenberg 2001: 176; Helbig/Buscha 2001: 241; Zifonun et al. 1997: 1082). In diesen Fällen kann *es* auch dann stehen, wenn das Vorfeld bereits anderweitig besetzt ist:

> *Es macht Donald besonders wütend, dass Daisy mit Gustav ausgegangen ist.*
> *Besonders wütend macht es Donald, dass Daisy mit Gustav ausgegangen ist.*
> *Donald macht es besonders wütend, dass Daisy mit Gustav ausgegangen ist.*

Das Korrelat *es* kann aber nicht stehen, wenn der Subjektsatz selbst das Vorfeld besetzt:

> *Dass Daisy mit Gustav ausgegangen ist, macht Donald besonders wütend.*
> **Dass Daisy mit Gustav ausgegangen ist, macht es Donald besonders wütend.*

In solchen Fällen kann der Subjektsatz nur durch das Demonstrativpronomen *das* wiederaufgenommen werden:

> *Dass Daisy mit Gustav ausgegangen war, das macht Donald besonders wütend.*

Diese Konstruktion stellt jedoch keine Besonderheit der Subjektsätze dar; ebenso können auch alle anderen Subjekte durch Demonstrativa wieder aufgenommen werden: *Die Zeitung, die ist heute gar nicht gekommen* usw. Auch zeigt die Satzstellung mit *das* vor dem finiten Verb *macht* ganz deutlich, dass hier eine verdoppelnde Wie-

deraufnahme vorgenommen wurde: da der Nebensatz die erste
Stelle vor dem Verb bereits belegt, dürfte hier normalerweise kein
weiteres Element stehen.

In einigen Grammatiken (so z. B. bei Helbig/Buscha 2001: 590 f.)
wird *das* in solchen Funktionen völlig parallel zu *es* behandelt. Gegen
eine solche Interpretation spricht allerdings, dass seine Funktion
eindeutig demonstrativ ist und völlig parallel zu anderen pronominalen Wiederaufnahmen des Subjektes interpretiert werden kann:

> *Dass du zu spät kommst, das ärgert mich.*
> *Dein Zuspätkommen, das ärgert mich.*

Zudem ist *das* gegenüber dem Gebrauch von *es* deutlich stilistisch
markiert. Vgl.:

> *Es freut mich, dass du doch noch gekommen bist.*
> *Das freut mich, dass du doch noch gekommen bist.*

Schwierigkeiten treten demgegenüber bei der Interpretation von *es*
+ *wenn*-Satz auf: *Es macht mich schon wütend, wenn ich dich nur sehe.* Hier
ist eine pronominale Wiederaufnahme auch bei Voranstellung des
Nebensatzes zwingend: *Wenn ich dich nur sehe, macht es mich schon wütend (*Wenn ich dich nur sehe, macht mich schon wütend).* Einerseits kann
man den *wenn*-Satz nicht als gewöhnliche Adverbialbestimmung interpretieren, da er (obgleich nicht zur Rektion des Verbs gehörig)
weder weglassbar noch durch eine präpositionale Fügung (wie etwa
bei deinem Anblick) ersetzbar ist. Andererseits kann man den *wenn*-
Satz auch nicht einfach als Subjektsatz auffassen, da er ohne ein zusätzliches Pronomen (*es* oder *das*) nicht als Subjekt fungieren kann.

Grammatisches und logisches Subjekt

Die ursprüngliche Definition des Subjektes lautete, dass es sich dabei um denjenigen Teil des Satzes handelt, über den etwas ausgesagt
wird. Dies trifft aber im folgenden Beispiel nicht zu:

> *Es graut ihm.*

Der Nominativ *es* bildet zwar das **grammatische Subjekt** des Satzes; aber es ist die im Dativ gebrauchte 3. Person Maskulinum, über
die wirklich etwas ausgesagt werden soll. Ein solches „inhaltliches"
Subjekt, das zwar nicht im Nominativ steht, aber den eigentlichen

Gegenstand zur Aussage bildet, nennt man **logisches**, manchmal auch **psychologisches Subjekt**. Mit dieser Bezeichnung wird ausgedrückt, dass zwar nicht von der Form her, wohl aber von den logischen Beziehungen oder vom psychologischen Interesse her ein Subjekt vorliegt. Das grammatische Subjekt spielt demgegenüber eine völlig untergeordnete Rolle und kann sogar weggelassen werden, sobald das logische Subjekt im Vorfeld steht:

Mich friert.
Mir ist unheimlich.
Dir wird sicher kalt sein.
Mir graut vor dir.

Konstruktionen dieses Typs sind keineswegs auf das Deutsche beschränkt, sondern kommen auch in vielen anderen Sprachen vor; sie enthalten dann allerdings normalerweise kein Element, das die grammatische Subjektfunktion übernimmt. Die im Deutschen mögliche Verwendung von *es* in der Funktion eines Subjekts solcher unpersönlicher Konstruktionen wird nicht in allen Grammatiken mit einer eigenen Bezeichnung versehen; mehrheitlich bleibt sie namenlos. Helbig/Buscha (2001: 243) sprechen in solchen Fällen von einem „formalen Subjekt".

Obligatorisches *es* bei unpersönlichen Verben

Es kommt auch vor, dass ein Satz ausschließlich ein grammatisches, jedoch kein logisches Subjekt aufweist. Dies ist besonders bei der Beschreibung von Naturphänomenen häufig der Fall:

Es regnet in Strömen.
Draußen dämmert es schon.
Er sei nach Timbuktu ausgewandert, hieß es überall.

Das Pronomen *es* erfüllt in diesen Fällen nur formal die Funktion eines Subjektes; es kann nicht durch ein anderes Wort ersetzt werden (vgl. **Das Wetter regnet in Strömen*). Da diese Sätze weder ein logisches Subjekt enthalten noch Passiv-Konstruktionen darstellen, kann das *es* hier nicht weggelassen werden. Im letzten Beispiel *(Er sei nach Timbuktu ausgewandert, hieß es überall)* stellt der uneingeleitete Nebensatz keinen Subjektsatz, sondern ein → Prädikativum dar (vgl. andere Konstruktionen mit dem Verb *heißen*, z. B. *Sie heißt Katja*). Auch dieses Vorkommen von *es* bezeichnen Helbig/Buscha (2001: 242) als „formales Subjekt".

Es bei unpersönlichem Passiv:

Schließlich kommen auch Sätze vor, die weder ein grammatisches noch ein logisches Subjekt enthalten. Es handelt sich dabei in den meisten Fällen um Passivsätze mit unpersönlichem Passiv, deren Vorfeld durch ein anderes Satzglied besetzt ist:

> *Bis in die Morgenstunden wurde diskutiert.*
> *Angesichts der akuten Gefahr musste sofort gehandelt werden.*
> *Weil das Quorum nicht erfüllt war, konnte nicht abgestimmt werden.*

Ein *es* kann hier die formale Funktion des Subjektes nur dann übernehmen, wenn es zugleich die erste Stelle im Satz einnimmt:

> *Es wurde bis in die Morgenstunden diskutiert.*

Dieses *es* bei unpersönlichen Passivsätzen wird manchmal ebenso wie das expletive *es* behandelt und dann ebenfalls als „Platzhalter-*es*" bezeichnet (Duden 1998: 175, Helbig/Buscha 2001: 241).

In der **IC-Analyse** hätten solche Sätze ohne Subjekt beispielsweise die folgende Klammerung:

> ((*Bis*) ((*in*) ((*die*) (*Morgenstunden*)))) ((*wurde*)(*diskutiert*))).

und es ergäbe sich folgender Phrasenstruktur-Baumgraph:

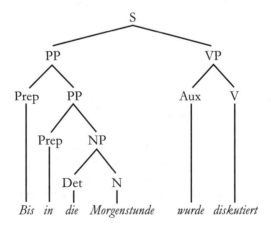

In der Minimalistischen Syntax wird angenommen, dass die passive Verbform dem Subjekt keine → Theta-Rolle zuweist. Wird, wie dies beim unpersönlichen Passiv der Fall ist, auch kein Komplement hinzu gefügt, so gibt es kein Element, das in die Subjektposition angehoben werden könnte. Die Subjektposition kann dann wahlweise mit einem formal die Bedingungen eines Subjekt erfüllenden Element wie *es* besetzt werden, oder aber die Adverbialbestimmung wird in diese Position bewegt:

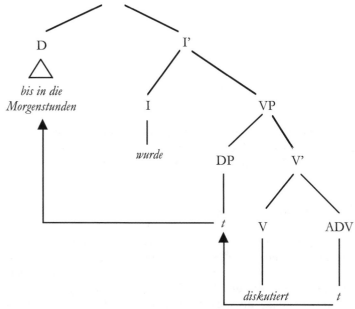

(D = Determinativ, I = Flexion (engl. inflection), V = Verb, ADV = Adverbial, P = Phrase)

Bei einer Darstellung des Satzes in einer Dependenzgrammatik schließlich ergäbe sich folgende Struktur:

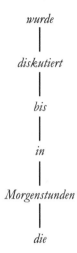

wurde

|

diskutiert

|

bis

|

in

|

Morgenstunden

|

die

Es läge somit ein Satz vor, in dem vom Verb nur eine Angabe (d. h. ein Satzglied, das auch bei allen anderen Elementen des Satzes auftreten kann) abhängig ist, aber keinerlei Ergänzung.

10.4   Objekte

Das **Objekt** (von lat. *obicere* ‚entgegenwerfen, entgegensetzen‘/ *obiectum* ‚entgegengesetzt‘) steht dem Subjekt in der Philosophie wie auch in der Grammatik als Gegenstand und Ziel des Wahrnehmens, Erkennens, Denkens und Handelns gegenüber. Das grammatische Objekt bildet das – direkte oder indirekte – Ziel des im Verb ausgedrückten Vorgangs. Bei Sprachen mit Kasusmarkierung steht es in einem → obliquen Kasus, der entweder vom Verb direkt oder unter Zuhilfenahme einer Präposition regiert wird; im letzteren Fall spricht man von einem Präpositionalobjekt.

Man kann die Objekte im Deutschen somit danach unterscheiden, welcher Kasus vorliegt (Akkusativ-, Dativ-, Genetivobjekt) oder ob die Rektion mittels einer Präposition erfolgt (Präpositionalobjekt); diese Objekttypen sollen im Folgenden noch genauer behandelt werden. Darüber hinaus gibt es auch die Möglichkeit, Objekte nach semantischen Kriterien zu unterteilen, und zwar:

– Das **affizierte** Objekt (von lat. *afficere* ‚antun, versehen mit‘) erfährt durch die im Verb ausgedrückte Handlung eine Veränderung, z. B. *Sie streicht die Fenster.*

– Das **effizierte** Objekt (von lat. *efficere* ‚bewirken‘) entsteht erst als
Ergebnis der im Verb ausgedrückten Handlung, z. B. *Sie schreibt einen Brief.*

– Das **innere** oder **kognate** Objekt (von lat. *cognatus* ‚blutsver-
wandt, übereinstimmend‘) wiederholt nominal das im Verb bereits Ausgedrückte, z. B. *den Schlaf des Gerechten schlafen, einen schwe-
ren Kampf kämpfen.* In der Rhetorik wird eine solche Verbindung
auch **Figura etymologica** genannt.

– Das sog. **verkappte** Objekt kann nicht im syntaktischen, sondern ausschließlich im semantischen Sinne als Objekt aufgefasst
werden, z. B. *Außer einer Scheibe Brot habe ich heute noch nichts gegessen.*
Formal liegt hier ein Attribut vor, das nicht ohne Beziehungswort (hier: *nichts*; möglich wären an derselben Stelle auch *wenig,
kaum etwas, nur Obst* usw.) stehen kann. Inhaltlich wird jedoch
mitverstanden, dass *eine Scheibe Brot* ebenfalls der Handlung ‚essen‘ unterzogen wurde.

Außer semantischen spielen bei der Definition der folgenden beiden
Objekttypen auch syntaktische und typologische Aspekte eine Rolle:

– Das **direkte** Objekt ist bei einer prototypischen Handlung mit
zwei Beteiligten[15] das „Gegenüber“ des handelnden Subjekts
und als → Patiens unmittelbar von der Verbalhandlung betroffen, z. B. *Der Löwe hat den Großwildjäger gefressen.* Bei der Definition
des direkten Objekts, die nicht immer ganz einheitlich ist, über-
schneiden sich semantische (das unmittelbare Betroffensein)
und syntaktische Kriterien (die enge syntaktische Beziehung zum
Verb). In der modernen Universalienforschung wird das direkte
Objekt mit der abstrakten Größe P (für *Patiens*) gleichgesetzt, die
bei „transitiven Ereignissen“ neben dem Agens vorhanden ist
(vgl. Croft 2001: 147). Der Kasus des direkten Objekts ist in
Sprachen wie dem Deutschen der Akkusativ.

---

[15] Langacker (2000: 24) definiert den prototypischen Fall – bei ihm: das „kano-
nische Ereignis“ –, als einen, der zwei „Rollenarchetypen, nämlich Agens
und Patiens“ umfasst [„The canonical event model (…) subsumes two role
archetypes, namely agent and patient.“].

– Das **indirekte** Objekt ist von der im Verb ausgedrückten Handlung nur mittelbar betroffen, es bezeichnet entweder einen „nonfocal participant" (Langacker 2000: 25) oder das zweite Objekt bei sog. ditransitiven Verben (Croft 2001: 143), z. B. *Sie gab <u>dem Hamster</u> einen halben Keks.* Als indirekte Objekte gelten sämtliche Dativobjekte. Die Frage, ob auch andere unmittelbar vom Verb regierte Objekte, also etwa Genetivobjekte, oder darüber hinaus auch präpositionale Objekte zu den indirekten Objekten zu zählen sind (wie Eisenberg 1986: 90 vorgeschlagen hatte), wird in den Grammatiken nicht einheitlich beantwortet. Die Entscheidung ist davon abhängig, ob man im indirekten Objekt primär eine semantische (wie z. B. Quirk/Greenbaum 1998: 13), eine kognitiv-universelle (wie z. B. Croft 2001: 147) oder eine syntaktische Kategorie (wie z. B. *Grundzüge* 1981: 585) sieht und wie man diese Kategorien im Einzelnen definiert.

Die Darstellung des Objekts in den verschiedenen Grammatikmodellen ist unterschiedlich. Häufig wird das Objekt als Teil des Prädikats im weiteren Sinne aufgefasst (die Duden-Grammatik fasst beispielsweise Prädikat und Objekte als „Prädikatsverband" zusammen). In der IC-Analyse bzw. Phrasenstrukturgrammatik erscheint das Objekt zusammen mit dem Verb auf derselben Ebene. Der Satz *Der Frosch singt sein Lied* hätte somit die folgende Klammerstruktur:

((*Der*)(*Frosch*))((*singt*)((*sein*)(*Lied*))).

und das folgende Stemma:

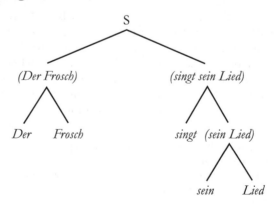

bzw.:

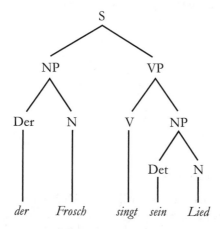

Ein ganz paralleler Baumgraph entsteht auch bei der Darstellung mit den Mitteln der Generativen Grammatik:

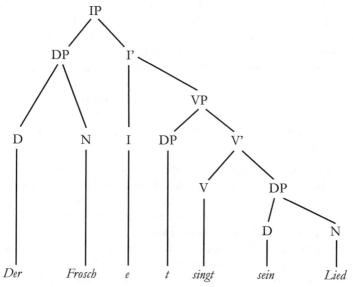

I = Flexion (*inflection*), D = Determinativ, N = Nomen, V = Verb,
P = Phrase, t = Spur (*trace*), e = leeres Element (*empty element*)

In der **Dependenzgrammatik** hängt das Objekt als Aktant bzw. Ergänzung hingegen in gleicher Weise wie das Subjekt vom Verb als dem obersten Knoten ab:

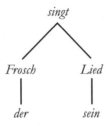

10.4.1 Akkusativobjekt

Akkusativobjekte bilden zugleich den im Deutschen (aber auch in anderen indoeuropäischen Sprachen bzw. generell in sog. Subjektsprachen) am häufigsten auftretenden Objekttyp. Sie sind als → direkte Objekte sozusagen das direkte Gegenstück zum Subjekt, in das sie in den meisten Fällen auch mittels einer Passivtransformation überführt werden können. In der Dependenzgrammatik Tesnières heißen sie „2. Aktant" und in den deutschen Versionen je nach Autor E_1 (Engel 1977) oder E_4 (Erben 1996). Jüngere deutsche Versionen sind von der Praxis, die Ergänzungen zu nummerieren, wieder abgerückt und benutzen statt dessen Bezeichnungen wie E_{akk} (Akkusativergänzung; Engel 1996) oder K_{akk} (Akkusativkomplement; Zifonun et al. 1997). Erfragt werden können Akkusativobjekte ihrem Kasus entsprechend mit einer aus dem Prädikat und *wen oder was* gebildeten Frage. Sämtliche Wortarten und Wortgruppen, die als Subjekte vorkommen, können auch als Akkusativobjekte verwendet werden, also etwa:

– Substantive und durch Attribute (einschließlich Nebensätze) erweiterte Substantive wie in den Beispielen *Ich kann diesen alten Schaukelstuhl nicht ausstehen* oder *Letzten Sommer habe ich Onkel Edgar, der vor Jahren nach Australien ausgewandert ist, um dort sein Glück zu machen, endlich einmal kennen gelernt.*
– Pronomina wie in *Sie kennt ihn gut. Ich weiß alles. Das glaube ich nicht* (hier liegen ein Personalpronomen, ein Indefinitpronomen und ein Demonstrativpronomen als Akkusativobjekte vor). Reflexivpronomina bei echt reflexiven Verben wie z. B. *sich freuen* gelten nicht als Objekte, sondern als lexikalische Prädikatsteile.

– Numeralia wie in *Von meinen neuen Kollegen kenne ich erst zwei/jeden zweiten/ein Drittel.*
– substantivierte Adjektive und Partizipien wie in *Ich trage am liebsten Blau. Dieses dunkle Rot mag ich nicht besonders* oder *Er wiederholte das bereits Gesagte.*
– substantivierte Infinitive mit und ohne Artikel und Attribut wie in *Sie verabscheut das ewige Kochen und Putzen.* Für den Anschluss von ursprünglichen Objekten an den substantivierten Infinitiv gelten dieselben Regeln, die schon beim Gebrauch substantivierter Infinitive als Subjekte angeführt wurden (vgl. S. 353).
– erweiterte Infinitive wie in *Ich habe vor, ihm gründlich die Meinung zu sagen.* Auch das → Korrelat-*es* kann hier auftreten: *Ich verabscheue es, zu spät zu kommen.*
– Nebensätze wie in *Sie erfuhr, dass der Zug Verspätung hatte* oder *Ich verstehe nicht, warum du das gemacht hast.* Aufgrund ihrer Funktion im Satz werden solche Sätze **Objektsätze** genannt. Auch hier kann gelegentlich ein Korrelat stehen: *Ich hasse es, dass du ständig zu spät kommst.* In beiden Fällen – sowohl bei erweiterten Infinitiven als auch bei Nebensätzen – ist das Korrelat eher selten und scheint vorwiegend bei solchen Verben vorzukommen, die einen emotionalen Vorgang ausdrücken, also etwa *hassen, verabscheuen, bedauern, lieben, bevorzugen.* Nach den Verben des Sagens können ferner auch uneingeleitete Objektsätze mit Verb-Zweitstellung auftreten (*Sie sagte, sie komme sofort*); zu ihrem Status vgl. S. 429 f.
– metasprachlich gebrauchte andere Wortarten oder auch -teile wie in *Gewöhn' dir bitte dein ewiges „ja aber" ab* oder *Ich mag dein süddeutsches „gell"* sowie direkte Rede wie in *Sie sagte: „Ich komme gleich".*

Korrelat und doppelte Akkusativobjekte

Es kann, wie sich zeigt, beim Akkusativobjekt im Unterschied zum Subjekt nur Nebensätze und erweiterte Infinitive als Korrelat vertreten, nicht aber expletiv auf Substantive verweisen. Andererseits können aber durchaus zwei Akkusativobjekte im selben Satz auftreten, wenn auch nur nach wenigen Verben: *abfragen, kosten, lehren.* *Kosten* kann trotz des doppelten Akkusativs kein Passiv bilden:

Deine Unvorsichtigkeit wird dich noch das Leben kosten.
**Du wirst von deiner Unvorsichtigkeit noch das Leben gekostet.*
**Das Leben wird dich noch von deiner Unvorsichtigkeit gekostet.*

Bei *abfragen* und *lehren* ist hingegen eine Passivtransformation möglich, wobei wahlweise eines der beiden Akkusativobjekte zum Subjekt des entsprechenden Passivsatzes werden kann. Wenn der Akkusativ der Sache zum Subjekt wird, kann der Akkusativ der Person
nicht in den Passivsatz übernommen werden. Umgekehrt ist die
Übernahme des Akkusativs der Sache in den Passivsatz bei einem
persönlichen Subjekt hingegen möglich:

> *Sie fragt mich Grammatik ab. / Sie lehrt mich Grammatik.*
> *Ich werde von ihr Grammatik abgefragt / gelehrt.*
> *Grammatik wird (von ihr) abgefragt / gelehrt.*

aber nicht:

> **Grammatik wird mich abgefragt / gelehrt.*

Verwechslungsmöglichkeiten: Objektsprädikativum und
absoluter Akkusativ

Nicht in allen Fällen, in denen ein doppelter Akkusativ steht, handelt es sich um zwei Objekte. Nach den Verben des Benennens (*nennen, rufen, heißen, schimpfen*) steht ein Objekt und ein → Gleichsetzungsakkusativ. Bei der Passivtransformation von Sätzen wie:

> *Sie nannte ihn einen Betrüger*

zu

> *Er wurde von ihr ein Betrüger genannt*

ergeben sich statt der beiden Akkusative zwei Nominative, von denen der erste (*er*) Subjektfunktion hat und der zweite als Prädikativum fungiert. Dieselbe Funktion hat auch der Gleichsetzungsakkusativ im Aktiv-Satz, der deshalb auch als **Objektsprädikativum**
(gegenüber dem **Subjektsprädikativum**, das im Passiv-Satz vorliegt) bezeichnet wird.

Ebenfalls nicht mit Objekten verwechselt werden dürfen absolute Akkusative zur Angabe zeitlicher Ausdehnungen, wie sie etwa
in *den ganzen Tag* vorliegen. Solche Akkusative stehen unabhängig
vom Verb und stellen keine Objekte, sondern Adverbialbestimmungen dar (in der Terminologie der Dependenzgrammatik: keine Ak-
tanten/Ergänzungen, sondern Angaben). Vgl.:

	arbeitete	
	wartete	
Sie	*tanzte*	*den ganzen Tag.*
	grübelte	
	las	

Etwas schwieriger ist die Einordnung von Akkusativen, die der Angabe der räumlichen Ausdehnung dienen (*einen Kilometer, den ganzen Weg*). Sie kommen vorwiegend bei den Verben der Bewegung sowie den Adjektiven der Ausdehnung (vgl. Objekte zweiten Grades, S. 276 f.) vor:

> *Er schwimmt täglich einen Kilometer (weit).*
> *Donald hüpfte und sprang den ganzen Weg nach Hause.*
> *Es ging einen Kilometer/den ganzen Weg zu Fuß weiter.*

Während Helbig/Buscha (2001: 262) und die *Grundzüge* (1981: 367) solche Akkusative als Adverbialbestimmungen einordnen und die Duden-Grammatik von „Adverbialakkusativen" spricht, bezeichnet Engel (1996: 196) sie als „Expansivergänzungen" (E_{exp}); andere Grammatiken äußern sich gar nicht zu diesem Problem. Ursprünglich stand der freie Akkusativ auf die Frage *wie lange*, und zwar unabhängig davon, ob eine zeitliche oder räumliche Ausdehnung ausgedrückt werden sollte. Während der Akkusativ zur Angabe von (auch kurzen) Zeiträumen noch völlig üblich ist (vgl. *nächsten Monat, diesen Augenblick* usw.), sind räumliche Akkusative auf einige wenige Kontexte beschränkt. Dadurch geraten sie zunehmend in die Nähe der echten Rektion; als Objekte können sie indessen nicht aufgefasst werden. Dies zeigt auch die Tatsache, dass etwa die Verben *hüpfen* und *springen* aus dem obigen Beispiel nicht mit anderen Akkusativen verbunden werden können (also etwa **die Straße hüpfen* und **den Pfad springen*); ferner können solche Akkusative nicht wie Objekte mit *wen oder was* und dem Verb, sondern nur mit *wie lange* oder *wie weit* erfragt werden; vgl. **Wen oder was hüpfte und sprang Donald?*

10.4.2 Dativobjekt

Die Funktion des Dativobjekts, das in der Dependenzgrammatik einheitlich als „3. Aktant" (Tesnière) bzw. als E_3 (Engel, Erben) oder als Dativkomplement/K_{dat} (Zifonun et al. 1997) und von der generativen Grammtik gelegentlich auch als „sekundäres Objekt" (*secon-*

dary object) bezeichnet wird, kann nur durch Substantive und ihre Pro-Formen übernommen werden. Erweiterte Infinitive oder Nebensätze kommen mit Ausnahme seltener Fälle von Relativsätzen ohne Beziehungswort nicht als Dativobjekte vor, und alle anderen Wortarten müssen, wenn sie als Dativobjekt verwendet werden sollen, substantiviert (und damit in die Klasse der Substantive überführt) werden.

> *Ich schließe mich dem Antrag an.* (Substantiv)
> *Sie hilft ihm.* (Pronomen)
> *Erzähl das, wem du willst.* (Relativsatz ohne Beziehungswort)
> *Er stimmte dem bereits Gesagten im Wesentlichen zu.* (substantiviertes Partizip)
> *Ich kann diesem Rot nichts abgewinnen.* (substantiviertes Adjektiv)

Dass-Sätze mit dem Demonstrativum *dem* als Korrelat werden gewöhnlich vermieden, sind aber gelegentlich möglich. Sie lassen sich jedoch ebensogut als Attribute zu *dem* wie als Objektsätze mit Korrelat interpretieren:

> *Ich kann dem nichts abgewinnen, dass wir die Abstimmung verschieben sollen.*

Neben Verben wie *helfen, zuhören* oder *widersprechen*, die ausschließlich Dativobjekte an sich binden, gibt es viele transitive Verben wie *geben, raten* oder *anvertrauen*, die außer dem Akkusativobjekt noch ein zusätzliches Dativobjekt nach sich ziehen. Außer in Kombination mit einem Akkusativobjekt kann ein Dativobjekt auch zusammen mit einem Präpositionalobjekt auftreten (etwa bei *fehlen an, danken für* oder *antworten auf*). Bei Verben, die ausschließlich den Dativ regieren, ist das Objekt gewöhnlich obligatorisch, während es in den anderen Fällen sowohl obligatorisch (wie etwa bei *geben*) als auch fakultativ sein kann (wie z. B. bei *überbringen* oder *liefern*).

Bei Passivtransformationen bleibt das Dativobjekt erhalten:

> *Er brachte ihr die Post.* → *Die Post wurde ihr gebracht.*

Dativobjekt und freier Dativ

Die Grenzen zwischen Dativobjekt und → freiem Dativ sind gelegentlich fließend, und auch die verschiedenen Grammatiken sind sich in der Einteilung nicht immer einig. Prinzipiell gilt, dass ein Dativ nur dann als Objekt aufgefasst werden kann, wenn er vom Verb verlangt wird und nicht einen freien Zusatz zu beliebigen Verben bildet wie etwa in:

Ich mache/brate/koche/brutzle dir schnell ein Ei.

Zu den Funktionen der freien Dative und den Unterscheidungsmöglichkeiten im Einzelnen siehe ausführlicher S. 178 ff.

10.4.3 Genetivobjekt

Der Genetiv ist als Objekt-Kasus außerordentlich selten geworden und kommt fast nur noch auf einer sehr gehobenen, archaischen Stilebene sowie in einigen wenigen festen Wendungen vor. In der Dependenzgrammatik Tesnières sind solche Objekte nicht vorgesehen; vergleichbare Fälle im Französischen (*il change de chaussures*) werden von ihm nicht als Aktanten, sondern als Angaben eingestuft. Die deutschen Vertreter der Dependenzgrammatik sehen in Genetivobjekten hingegen Ergänzungen, die als E_2, E_{gen} (Engel 1982, 1996) oder Genitivkomplemente/K_{gen} (Zifonun et al. 1997) bezeichnet werden.

Genetivobjekte können normalerweise nur durch Substantive (einschließlich der substantivierten Formen anderer Wortarten) und Pronomina repräsentiert werden:

Archaischer Stil

Man bezichtigte ihn des Verrates.
Sie konnte sich seiner nicht entsinnen.

Feste Wendungen

Er erfreut sich bester Gesundheit.
Man verwies sie des Landes.

Im Unterschied zu Dativobjekten werden Relativsätze ohne Beziehungswort bei Genetivobjekten gewöhnlich vermieden. Vgl.:

Gib das, wem du willst, aber:
(?)*Sie entsann sich mühelos, wessen sie wollte.*

Dagegen sind Relativsätze nach dem Demonstrativum *dessen/derer* als Korrelat möglich, und auch andere Nebensätze sowie erweiterte Infinitive können so gebraucht werden:

Sie entsann sich dessen, was er ihr gesagt hatte.
Sie entsann sich dessen, dass er noch zu kommen beabsichtigte.
Sie bezichtigte ihn dessen, seine Ideale verraten zu haben.

Wegen ihres Bezuges auf das Demonstrativum können solche Nebensätze und erweiterten Infinitive auch als Attribute angesehen werden. Gelegentlich treten jedoch auch Fälle ohne korrelierendes Element im Hauptsatz auf:

Sie konnte sich nicht entsinnen, wann sie ihn zuletzt gesehen hatte.
Sie bezichtigte ihn, seine Ideale verraten zu haben.

Ein solcher Gebrauch ist nicht bei allen Verben mit Genetivrektion möglich. Man kann daher argumentieren, dass Verben wie *sich entsinnen* oder *bezichtigen* eine doppelte Rektion aufweisen und satzförmige Objekte, also Nebensätze bzw. erweiterte Infinitive, auch als direkte Objekte regieren können.

Genetivobjekte können entweder als einziges Objekt oder zusammen mit Akkusativobjekten vorkommen. Außer bei *gedenken, bedürfen, entsagen, entraten* und dem völlig veralteten *harren* kommen allein stehende Genetivobjekte nur bei reflexiven Verben vor. In den meisten Fällen wird statt eines Genetivobjekts im modernen Deutsch ein Präpositionalobjekt verwendet, wobei das Verb manchmal auch verändert oder ein Funktionsverbgefüge gebildet wird (*sich jemandes erinnern* → *sich an jemanden erinnern; jemandes gedenken* → *an jemanden denken; jemanden einer Sache beschuldigen* → *jemandem die Schuld an etwas geben usw.*).

10.4.4 Präpositionalobjekt

Bei Präpositionalobjekten erfolgt die Rektion des jeweiligen Kasus nicht direkt durch das Verb, sondern wird durch Zuhilfenahme einer Präposition vorgenommen. Diese Präposition ist nicht frei wählbar, sondern fest mit dem Verb verbunden, auch wenn einzelne Verben die Wahl zwischen zwei Präpositionen zulassen (aber eben nur zwischen diesen beiden und nicht beispielsweise zwischen sämtlichen lokalen Präpositionen, wie dies etwa bei einer lokalen Adverbialbestimmung der Fall ist). Auch diese Objektart war in der Dependenzgrammatik Tesnières noch nicht vorgesehen, wurde aber von den deutschen Vertretern des Modells als E_4 (Engel 1982; 1996: E_{prp}) bzw. E_5 (Erben 1996, Heringer 1972) und neuerdings auch als Präpositivkomplement/K_{prp} (Zifonun et al. 1997) eingeführt.

Präpositionalobjekte werden durch Substantive (einschließlich substantivierter Formen anderer Wortarten), Pronomina (einschließlich Pronominaladverbien) und Nebensätze sowie durch erweiterte Infinitive mit einem Pronominaladverb als Korrelat realisiert:

> *Die Polizei ging gegen die Demonstranten/gegen sie vor.*
> *Sie beschäftigt sich mit Forschungsarbeiten/damit.*
> *Hast du daran gedacht, Katzenfutter zu besorgen?*
> *Ich warte darauf, dass du endlich kommst.*

Da sich solche Nebensätze und erweiterten Infinitive auf das Pronominaladverb im Hauptsatz beziehen (in den obigen Beispielsätzen: *daran, darauf*), können sie auch als Attribute dieses Pronominaladverbs aufgefasst werden.

Bei einigen Verben mit Präpositionalrektion können *dass*-Sätze und erweiterte Infinitive auch ohne ein korrelierendes Element stehen:

> *Ich rate dir (dazu), nicht auf ihn zu hören.*
> *Er bat sie (darum), dass sie ihm helfen möge.*
> *Ich freue mich (darüber), dass du gekommen bist.*

vgl. auch:

> *Ich hoffe, dass sie kommt./Ich hoffe auf ihr Kommen.*

Solche Verben lassen somit außer der präpositionalen auch eine direkte Rektion zu, die aber auf Nebensätze und Infinitive beschränkt ist. Entsprechend sollten diese Nebensätze nicht als Präpositionalobjekte, sondern als direkte Objekte aufgefasst werden.

Präpositionalobjekte können als einziges mögliches Objekt im Satz (*warten auf*) oder zusammen mit Akkusativ- (*jemanden um etwas bitten*), Dativ- (*jemandem für etwas danken*) oder anderen Präpositionalobjekten (*sich an jemandem für etwas rächen*) vorkommen.

Abgrenzung von Adverbialbestimmungen

Gelegentlich kann Unklarheit darüber bestehen, ob ein Präpositionalobjekt oder eine Adverbialbestimmung vorliegt. Die Abhängigkeitsverhältnisse und damit die Struktur des Satzes sind, zumindest in der traditionellen Grammatik, aber auch in generativen Grammatik, bei diesen beiden Satzteilen völlig unterschiedlich: Adverbialbe-

stimmungen sind frei gestaltbare Satzteile, während Präpositionalobjekte direkt vom Verb abhängig sind. Die Unterscheidung von
„fakultativ" gegenüber „obligatorisch" kann hier nicht weiterhelfen,
da es sowohl obligatorische Adverbialbestimmungen (z. B. bei *wohnen*) als auch fakultative Präpositionalobjekte (z. B. *sich rächen an/für*)
gibt. In der Darstellung durch die Dependenzgrammatik werden
Adverbialbestimmungen und präpositionale Objekte zwar unterschiedlich bezeichnet, beide aber strukturell als vom Verb als dem
obersten Knoten des Satzes abhängig dargestellt; zudem werden
viele Adverbialbestimmungen ebenso wie Präpositionalobjekte zu
den → Ergänzungen gerechnet (siehe hierzu ausführlich S. 389 ff.),
während in jeder Hinsicht fakultative Adverbialbestimmungen zu
den → Angaben zählen.

Der wichtigste Unterschied zwischen präpositionalen Objekten
und Adverbialbestimmungen besteht in der Praxis darin, dass im
Falle von Präpositionalobjekten keine oder nur eine höchst eingeschränkte Wahlmöglichkeit für die Präposition besteht und dass die
Präposition, die bei der Nennung des Verbs mitgenannt werden
kann (*warten auf*), meist nicht mehr ihre ursprüngliche Bedeutung
hat. In vielen Fällen wird die Unterscheidung schon dadurch erleichtert, dass die präpositionale Wendung ohne das Verb keinen
Sinn ergibt: *auf den Brief* bezeichnet in *Ich warte auf den Brief* (anders als
in *Ich muss noch den Absender auf den Brief schreiben*) keine Ortsangabe,
sondern eben das Objekt von *warten*.[16]

10.4.5 Objekte zweiten Grades

Objekte können nicht nur von einem Verb, sondern auch von einem
prädikativen Adjektiv abhängig sein:

> *Er ist ihr böse.*
> *Dieses Buch ist keinen Pfifferling wert.*
> *Er war des Diebstahls verdächtig.*
> *Das Kind ist auf ihre Hilfe angewiesen.*

usw.

---

[16] Bei der Angabe des → Agens in Passivsätzen (z. B. *von einem Hund* in *Er wurde
von einem Hund gebissen*) handelt es sich nicht um ein Präpositionalobjekt, sondern um eine (fakultative) Adverbialbestimmung.

Man spricht dann auch von einem „Objekt zweiten Grades" (Duden 1998: 694[17]), einem „Objekt zum Prädikativ" (Helbig/Buscha 2001: 458) oder einem „nicht-verbbezogen Komplement innerhalb von K_{PRD}" (Zifonun et al. 1997: 1110; K_{PRD} = Prädikativkomplement). Mit „zweiten Grades" ist gemeint, dass nicht das Verb, also die Kopula, sondern das Adjektiv über die Rektion entscheidet.

Die Rektion des Adjektivs kann in einigen Fällen auch dann noch zum Tragen kommen, wenn es nicht prädikativ, sondern attributiv verwendet wird. Dies ist nur dann möglich, wenn zwischen der attributiven und der prädikativen Verwendung kein Bedeutungsunterschied besteht, wie dies etwa bei *böse* (*die böse Fee* / *die Fee war (auf) uns böse*) der Fall ist. In solchen Fällen ist der attributive Gebrauch entweder unmöglich (**die uns böse Fee*) oder zumindest ungebräuchlich (*?die auf uns böse Fee*). Problemlos möglich ist aber z. B.:

der des Diebstahls verdächtigte Angeklagte
die ihm eigene Angewohnheit
das auf ihre Hilfe angewiesene Kind
die Kummer gewohnten Arbeiter

usw.

Die Beurteilung der Struktur von Sätzen mit einem adjektivischen Prädikat und davon abhängigem Objekt ist in den einzelnen Grammatiken äußerst unterschiedlich.[18] Strittig ist vor allem die Frage, ob das Objekt ausschließlich vom Adjektiv (so z. B. Duden 1998: 694 f.) oder von Adjektiv und Kopula gemeinsam (so z. B. *Grundzüge* 1981: 233) abhängig ist. Diese letztere Zuordnung wird vor allem von Vertretern der Dependenzgrammatik befürwortet, in deren Modell ja stets ein Verb den obersten Knoten des Satzes bildet. Die Tatsache, dass viele Adjektive ihre Valenz völlig unabhängig davon geltend machen können, ob sie attributiv oder prädikativ gebraucht werden, lässt eine zwingende Zuordnung zum Verb allerdings wenig überzeugend erscheinen. Eroms (2000: 209) spricht daher von „Valenzstufungen" und ordnet das Adjektiv unter der Kopula, das vom Adjektiv regierte Objekt unter dem Adjektiv an.

---

[17] Die Bezeichnung „Objekt 2. Grades" erscheint nur in den Satzbauplänen (Duden 1998: 694 f.).

[18] Vgl. hierzu Eisenberg (2001: 87 f.), der die Behandlung in verschiedenen Grammatiken darstellt und diskutiert.

Wenn attributiv gebrauchten Adjektive Rektion ausüben, werden die regierten Elemente nicht als Objekte, sondern als Attribute aufgefasst. Es handelt sich dann um → Rektionsattribute.

Akkusativobjekte zweiten Grades

Auch bei Objekten zweiten Grades können wiederum Akkusativ-, Dativ-, Genetiv- und Präpositionalobjekte unterschieden werden. Allerdings sind hier Akkusativobjekte außerordentlich selten; sie kommen nur nach den Adjektiven *gewohnt, leid, los, wert,* gelegentlich auch nach *müde* und *satt* vor. In den drei letzteren Fällen ersetzt der Akkusativ ehemalige Genetive, und auch an Stelle von *los* steht noch das veraltete *ledig* + Genetiv zur Verfügung. Problematisch ist die Einordnung von Akkusativen nach den Adjektiven der räumlichen wie zeitlichen Ausdehnung (*hoch, tief, lang, breit, dick, weit, groß, alt*). Helbig/Buscha (2001: 288) beurteilen solche Akkusative zwar als Teil der Adjektivrektion, aber nicht als Objekte zweiten Grades, sondern als Adverbialbestimmungen; andere Grammatiken nehmen zu diesem Problem nicht oder nicht explizit Stellung. Vermutlich liegt hier ein Übergang zwischen freiem und abhängigem Akkusativ vor: in dem Maße, in dem freie Akkusative, besonders bei Raumangaben, seltener werden und überwiegend nur noch in Verbindung mit bestimmten anderen Wörtern auftreten, entwickelt sich der Kasus von einem absoluten zu einem Rektionskasus. Dass dieser Prozess noch nicht abgeschlossen ist, zeigt indessen auch die Erfragbarkeit; anders als z. B. bei *leid* oder *gewohnt* (*wen oder was bis du leid/gewohnt?*) ist eine Erfragung der Akkusative bei den Adjektiven der räumlichen und zeitlichen Ausdehnung nicht mit *wen oder was,* sondern nur mit *wie* möglich (*wie hoch/weit/alt?* usw.). Der Duden (1998: 694) bezeichnet Akkusative dieses Typs als „Artergänzung zweiten Grades".

Dativobjekte zweiten Grades

Unter den reinen Kasusobjekten zweiten Grades sind die Dativobjekte die häufigsten. Sie stehen nach einer Vielzahl von Adjektiven, wobei sie in einigen Fällen zugleich das → logische Subjekt des Satzes bilden:

Arbeiten ist Donald zuwider.
Das ist mir egal.
Sei mir nicht böse.

usw.

Genetivobjekte zweiten Grades

Genetivobjekte sind unter den Objekten zweiten Grades zwar noch
häufiger als Akkusativobjekte, es zeichnet sich hier aber ebenfalls
(wie bei den Genetivobjekten der Verben) ein Rückgang ab.

Ich bin mir dessen bewusst.
Sie ist der Tat verdächtig.
Er ist des Lesens nicht kundig.

usw.

Präpositionalobjekte zweiten Grades

Präpositionalobjekte sind die häufigsten Objekte zweiten Grades.
Hier seien nur einige Beispiele aufgeführt:

Er war starr vor Schreck.
Er ist zu allem imstande.
Bist du böse auf mich?
Sie ist bei allen beliebt.
Sie ist für solche Fragen nicht zuständig.
Er war wie von einer fixen Idee besessen.

usw.

Der Duden (1998: 695 f.) bezeichnet präpositional angeschlossene
Objekte nach prädikativen Adjektiven in der Überschrift und den
Satzbauplänen als „Präpositionalobjekt" bzw. „Präpositionalobjekt
2. Grades", im weiteren Text als „Artergänzung".

Objekte bei Substantiven?

Auch Substantive, insbesondere (aber nicht ausschließlich) solche,
die von Verben abgeleitet sind, können Rektion aufweisen; dabei

handelt es sich im Deutschen[19] stets um eine präpositionale Rektion. Vgl.:

Bitte an (Person)/*um* (Gegenstand)
Wut (*Zorn*) *auf*
Entsetzen über
Vertrauen auf/in
Glaube an

usw.

In der vorliegenden Grammatik werden solche Fügungen als → Rektionsattribute unter den Attributen aufgeführt; es gäbe aber durchaus gute Gründe dafür, sie zu den Objekten zu rechnen. Vor allem dann, wenn das Substantiv in prädikativer Funktion auftritt, also beispielsweise in einem Satz wie *Der einzige Grund war seine Angst vor Strafe*, ist die Ähnlichkeit des syntaktischen Aufbaus mit solchen Konstruktionen, in denen Adjektive das Prädikativum bilden, sehr deutlich.

10.5   Adverbialbestimmungen

Adverbialbestimmungen (von lat. *ad verbum* ‚zum Wort/Verb'), auch **Adverbiale** oder **Umstandsbestimmungen** genannt, sind Satzglieder, die Umstände angeben, unter denen sich das im Satz ausgedrückte Geschehen vollzieht. Die Bezeichnung „Adverbialbestimmung" darf nicht zu der Annahme verleiten, dass sich die so benannten Satzglieder ausschließlich auf das Verb des Satzes beziehen; normalerweise beziehen sie sich auf den ganzen Satz, in Einzelfällen aber auch nur auf das Verb. Adverbialbestimmungen liegen vor in:

Sie ist für ein paar Tage verreist.
Ich bin gestern schon angekommen.
Nehmen Sie jeden Morgen ein Bad?

usw.

---

[19] In anderen Sprachen können auch andere Fälle von Substantivrektion beobachtet werden, so etwa im Russischen oder im Serbischen häufig Dativrektion; vgl. z. B. serb. *moj poklon Draganu* ‚mein Geschenk für Dragan'.

Man kann Adverbialbestimmungen nach folgenden Kriterien unterteilen:

- danach, ob sie fakultativ oder obligatorisch sind (syntaktisch)
- nach der Art der Umstände, die sie ausdrücken (semantisch)
- nach ihrer äußeren Form (morphologisch).

Fakultative und obligatorische Adverbialbestimmungen

Die überwiegende Mehrheit aller Adverbialbestimmungen ist fakultativ; d. h. auch ohne die jeweilige Adverbialbestimmung liegt ein grammatisch richtiger und vollständiger Satz vor. Vgl.:

> *Sie ist für ein paar Tage verreist. / Sie ist verreist.*

Obligatorische Adverbialbestimmungen kommen nur nach einigen wenigen Verben und Adjektiven wie *wohnen, sich verhalten, wohnhaft* oder prädikativ gebrauchtem *gebürtig* vor:

> *Sie wohnt in München. / *Sie wohnt.*
> *Er verhält sich falsch. / *Er verhält sich.*
> *Sie ist in München wohnhaft. / *Sie ist wohnhaft.*
> *Er ist aus Ungarn gebürtig. / *Er ist gebürtig.*

Genau genommen handelt es sich hier nicht so sehr um ein grammatisches als vielmehr um ein semantisches Phänomen; da unser Weltwissen uns sagt, dass jeder Mensch (irgendwo) geboren oder wohnhaft ist (und sei es auf einer Parkbank) und sich irgendwie verhalten muss, ist eine solche Äußerung ohne zuzätzliche Angaben sinnlos und verstößt damit gegen allgemeine pragmatische Prinzipien der Kommunikation (vgl. Grice 1968 sowie Coseriu 1973).

Was die Form betrifft, so ist sie bei obligatorischen Adverbialbestimmungen – im Unterschied zu Präpositionalobjekten, mit denen sie möglicherweise verwechselt werden könnten – im Rahmen der semantischen Bedingungen völlig frei wählbar:

> *Sie wohnt in München / bei München / hinter München / unter dem Dach /*
> *neben mir / hier / sehr komfortabel / beengt / wie eine Fürstin ...*
> *Er verhält sich falsch / wie ein Trottel / als ob er von nichts wüsste ...*

Einige Verben, die normalerweise obligatorische Adverbialbestimmungen verlangen, können unter speziellen Kontextbedingungen auch ohne diese vorkommen, vgl.:

> *Meine Güte! Das dauert vielleicht!*

Gelegentlich findet sich auch eine dreifache Unterteilung in „freie", „fakultative" und „obligatorische" Adverbialbestimmungen (Helbig/Buscha 2001: 461). „Freie" Adverbialbestimmungen sind dann diejenigen, die völlig verbunabhängig gewählt werden können, während es sich bei den „fakultativen" in diesem Sinne um Lokalbestimmungen handelt, die semantisch durch das Verb vorgegeben sind; dies wäre beispielsweise beim Verb *fahren* (*ich fahre nach Berlin*) der Fall. Außer durch die Tatsache, dass sie bei einigen Verben und Adjektiven gebraucht werden müssen, bei anderen hingegen stehen können (und man folglich unterschiedliche hierarchische Strukturen annehmen kann), unterscheiden sich obligatorische, fakultative und freie Adverbialbestimmungen allerdings weder in ihrer äußeren Form noch in ihrem inhaltlichen Gehalt.

Bei Engel (1996: 194–196) werden sowohl obligatorische als auch im Sinne von Helbig/Buscha „fakultative" Adverbialbestimmungen als → Ergänzungen betrachtet. Engel unterscheidet dabei zwischen „Direktivergänzungen" (lokale Adverbialbestimmungen zur Angabe der Richtung, z. B. *nach Belgrad*), „Situativergänzungen" (ungerichtete lokale Adverbialbestimmungen, z. B. *in Belgrad*) und „Expansivergänzungen". Unter letzteren werden lokale, modale und temporale Adverbialbestimmungen der Ausdehnung zusammengefasst, z. B. *um zehn Kilo* in *er nahm um zehn Kilo ab, einen halben Meter* in *der Baum wuchs jährlich etwa einen halben Meter* oder *lange* in *die Sitzung dauerte lange* (Beispiele nach Engel 1996: 196). Bei Heringer (1973: 257) werden obligatorische Adverbialbestimmungen mit E_5 notiert; Erben (1996: 260) unterscheidet sie demgegenüber ausdrücklich von den Präpositionalobjekten und spricht von „unentbehrlichen Adverbialergänzungen" (E_{adv}). Als Ergänzungen stehen sie auf einer Stufe mit den Objekten und unterscheiden sich grundsätzlich von freien Adverbialbestimmungen, die den „Angaben" zugeordnet werden. In der IdS-Grammatik (Zifonun et al. 1997: 1099) wird ebenfalls eine grob den „fakultativen" und „obligatorischen" Adverbialbestimmungen entsprechende Klasse von „Adverbialkomplementen" (K_{ADV}) angesetzt, unter denen wiederum die folgenden Typen unterschieden werden (vgl. ebd.: 1099–1105):

– Situativkomplemente (K_{SIT}): unter diesem Begriff werden ungerichtete lokale sowie temporale Adverbialbestimmungen zusammengefasst, also solche, die auf die Fragen *wo?* und *wann?* antworten (z. B. *Wer hat auf meinem Stühlchen gesessen?* / *Diesen Montag beginnt der Sommerschlussverkauf*; Beispiele nach ebd.: 1099 f.)

– Direktivkomplemente (K_{DIR}): hiermit sind gerichtete lokale und ggf. auch temporale Adverbialbestimmungen gemeint, also solche, die auf die Fragen *wohin?* antworten (z. b. *Wir wandern ohne Sorgen singend in den Morgen*; Beispiel nach ebd.: 1103).

– Dilativkomplemente (K_{DIL}): dieser Begriff umfasst lokale, temporale und modale Adverbialbestimmungen zum Ausdruck von Dauer und Umfang (z. B. *Argentinien erstreckt sich über 33 Breitengrade.* / *Das dauert ja heute wieder ewig!* / *Sie müssen mindestens einen Zentner abnehmen*; Beispiele nach ebd.: 1104 f.)

Adverbialkomplemente werden als „autonom kodierte" Komplemente aufgefasst, was bedeutet, dass sie in derselben Form und Bedeutung auch als freie Adverbiale (oder, in der Terminologie des Valenzmodells der IdS-Grammatik: als Supplemente) verwendet werden können. Ob man es also mit einem Komplement oder einem Supplement zu tun hat, hängt allein von der Verbvalenz ab. In Einzelfällen kann die Entscheidung darüber schwierig sein, ob eine Adverbialbestimmung als „in der Verbbedeutung angelegter Parameter" (ebd.: 1099) anzusehen ist oder nicht. So wird beispielsweise beim Verb *wandern* angenommen, dass es ein Direktivkomplement, nicht aber ein Situativkomlement zu sich nimmt; somit läge in *Ich wandere nach Kandersteg* ein Komplement, in *Ich wandere im Berner Oberland* aber ein Supplement vor (vgl. ebd.: 1103).

Semantische Unterteilung der Adverbialbestimmungen

Nach der Art der Umstände, die von ihnen ausgedrückt werden, können folgende Typen von Adverbialbestimmungen unterschieden werden:

– **Finale Adverbialbestimmungen** (auch Finalbestimmungen oder Umstandsbestimmungen des Zwecks/der Absicht genannt): *zu diesem Zweck, zwecks besserer Sicht, zur Erleichterung der Arbeit, um ihm einen Gefallen zu tun* usw.

– **Instrumentale Adverbialbestimmungen** → Modale Adverbialbestimmungen.

– **Kausale Adverbialbestimmungen** (Kausalbestimmungen, Umstandsbestimmungen des Grundes): *deinetwegen, aus purem Trotz, auf Grund schlechter Sichtverhältnisse, weil er keine Lust hatte* usw.

- **Konditionale Adverbialbestimmungen** (Konditionalbestimmungen, Umstandsbestimmungen der Bedingung): *unter bestimmten Umständen, beim Auftreten von Störfällen, falls es regnet* usw.
- **Konzessive Adverbialbestimmungen** (Konzessivbestimmungen, Umstandsbestimmungen der Einräumung): *trotz aller Hindernisse, obwohl nicht alle da waren* usw.
- **Konsekutive Adverbialbestimmungen** (Konsekutivbestimmungen, Umstandsbestimmungen der Folge): *zum Piepen, zum Einschlafen (langweilig); so dass keiner entkommen konnte* usw.
- **Lokale Adverbialbestimmungen** (auch als Lokalbestimmungen oder Umstandsbestimmungen des Ortes bezeichnet): *hier, in München, auf dem Schrank, ins Bett, wo die bunten Blümlein blühen* usw.
- **Modale Adverbialbestimmungen** (Modalbestimmungen, Umstandsbestimmungen der Art und Weise): *gern, mit Vergnügen, unter allgemeinem Beifall, indem sie sich verbeugte* usw. Hierzu gehören auch die instrumentalen Adverbialbestimmungen wie etwa in *Er verletzte sich mit dem Brotmesser.*
- **Temporale Adverbialbestimmungen** (Temporalbestimmungen, Umstandsbestimmungen der Zeit): *heute, eines Tages, vor vielen Jahren, jeden Morgen, als sie ankam* usw.

Wie die Beispiele zeigen, können Adverbialbestimmungen unter anderem auch durch Nebensätze (Adverbialsätze) realisiert werden.

Die Form von Adverbialbestimmungen

Adverbialbestimmungen können verschiedene äußere Formen aufweisen. Möglich sind:

Adverbien oder adverbial gebrauchte Adjektive

Adverbien sind schon als Wortart für die Funktion der Adverbialbestimmung sozusagen prädestiniert; in gleicher Weise können aber auch adverbial gebrauchte Adjektive verwendet werden:

> (*Ich arbeite*) *sonntags.*
> (*Sie spricht*) *gut* (*Arabisch*).
> (*Er lachte*) *hämisch.*

Die Bezeichnungen für Adjektive in adverbialer Funktion sind unterschiedlich:

Grammatik	Bezeichnung der Form
Duden (1998)	adverbiales Adjektiv
Knaur (2002)	Adverb, unechtes Adverb, Adjektivadverb
Erben (1980)	adverbiales Beiwort, Adverb
Eisenberg (2000)	Adjektiv (als Adverbial)
Grundzüge (1981)	AdjG (für „Adjektivgruppe")
Homberger (1999)	Adjektivadverb
IdS-Grammatik (1997)	Adverbiales Adjektiv

Solche Adverbialbestimmungen können auch durch weitere adverbiale Adjektive, Fokuspartikeln oder Intensivpartikeln attribuiert werden:

> (*Es sprach*) *unnatürlich laut.*
> (*Sie kann*) *außerordentlich / sehr gut* (*Arabisch*).
> (*Er lachte*) *ziemlich hämisch.*

Präpositionale Fügungen

Die neben dem Adverb häufigste Form, in der Adverbialbestimmungen auftreten, ist die Verbindung Präposition + Substantiv:

> (*Sie aß*) *ohne Appetit.*
> (*Er arbeitet*) *in Bonn.*

Auch solche Fügungen können selbstverständlich durch verschiedene Attribute erweitert werden:

> (*Er schläft*) *am hellichten Tage.*
> (*Ein Unfall konnte*) *nur durch die Geistesgegenwart aller Beteiligten* (*verhindert werden*).

Substantive in absoluten Kasus

Auch Substantive im Genetiv oder Akkusativ, der nicht von einem anderen Element des Satzes abhängig ist, können als Adverbialbestimmungen gebraucht werden. Sie werden hier auf Grund dieser fehlenden Abhängigkeit zusammenfassend als „absolute Kasus" bezeichnet. Beispiele dafür sind:

Eines Tages (*war es dann so weit*).
Gesenkten Blickes (*ging er hinaus*).
Meines Erachtens (*geht das so nicht*).
(*Sie rannte*) *den ganzen Weg* (*nach Hause*).
Kommenden Freitag (*habe ich keine Zeit*).
Letztes Mal (*hast du aber etwas anderes gesagt!*)

Absolute Genetive sind selten und auch nicht mehr produktiv, d. h.
es können keine neuen Wendungen mehr nach ihrem Muster gebildet werden. Ihre Bedeutung kann sowohl temporal (*eines Tages*) als
auch modal (*gesenkten Blickes*) sein; im Falle von *Weg* (*er ging seiner
Wege; da kam der Wolf des Wegs und sprach Rotkäppchen an*) liegt darüber
hinaus eine lokale Adverbialbestimmung vor. Die Anzahl der Substantive, die absolute Genetive bilden können, ist relativ begrenzt:
bei temporalen Genetiven kommen *Morgen, Mittag,* (*Nach-/Vormittag*), *Abend, Tag, Nacht* und evtl. noch die Wochentage (*eines Montags
im Mai*) in Frage,[20] bei modalen Genetiven sind *Blick, Erachten, Gewissen, Haupt, Schritt, Sinn*, evtl. auch einige weitere wie z. B. *Kopf*
möglich. Während temporale Genetive sowie der lokale Genetiv
des/seines Weg(e)s stets einen Artikel (oder, in letzterem Fall, ersatzweise ein Possessivum) bei sich haben (*des Nachts, eines schönen Tages*),
stehen modale Genetive ohne Artikel, aber immer mit Attribut.
Diese Attribute sind nur bei *Schritt* bis zu einem gewissen Grade frei
(vgl. *eiligen/hastigen/langsamen/schleppenden/unsicheren ... Schrittes*); in
den anderen Fällen stehen jeweils nur einige wenige zur Auswahl (*gesenkten/erhobenen Hauptes, gesenkten/niedergeschlagenen Blickes, heiteren/
finsteren Sinnes, reinen/guten/schlechten Gewissens*), und bei *Erachten*
schließlich kann nur ein Possessivum stehen (*meines/deines* usw. *Erachtens*). Der Duden (1998: 643) spricht in allen diesen Fällen von
„Adverbialgenitiv".

Absolute Akkusative können ihrer Bedeutung nach lokal (*den ganzen Weg*) oder temporal (*letztes Mal*) sein; ersteren wird von Engel
(1994: 196) als „Expansivergänzung" („E_{exp}") bei Verben der Bewe-

---

[20] Absolute Genetive bzw. Analogbildungen dazu liegen ursprünglich auch in
Formen wie *mittwochs* (‚des Mittwochs'), *mittags* (‚des Mittags') oder *nachts*
(Analogbildung, da es sich bei *Nacht* um ein Femininum handelt) vor; sie
werden aber heute als Adverbien empfunden und eingeordnet, was sich auch
in der Rechtschreibung niederschlägt (Kleinschreibung).

gung ein eigener Status zuerkannt (vgl. *Sie joggt wöchentlich zehn Meilen/Sie joggt täglich*). Bei modalen Adverbialbestimmungen im Akkusativ, wie sie etwa in *die Augen niedergeschlagen* oder *den Hut in der Hand* vorliegen, handelt es sich strukturell nicht um Objekte zum Partizip (hier: *niedergeschlagen*) oder um Ellipsen (etwa für: *den Hut in der Hand haltend*); vgl. hierzu ausführlicher S. 188 f. Absolute Akkusative kommen sehr viel häufiger vor als absolute Genetive und sind in ihrer temporalen Variante auch noch in beschränktem Umfang produktiv; vgl. etwa:

Jedes verdammte Rockkonzert haben wir denselben Ärger!

Manche Grammatiken, so Duden (1998: 644) und Zifonun et al. (1997: 2224 f.) sprechen nur dann von einem absoluten Akkusativ, wenn der Kasus zusammen mit einem Partizip oder einer weiteren Adverbialbestimmung auftritt, also bei modalen Adverbialbestimmungen wie z.B. *den Kopf gesenkt/den Kopf im Nacken*, während sie Fälle ohne solche Elemente (z.B. *den lieben langen Tag*) als Adverbialakkusativ (Duden 1998: 642 f.) bzw. „Supplement (Satzadverbiale)" (Zifonun et al 1997: 1294) bezeichnen.

Partizipien

In einigen seltenen Fällen kommen auch Partizipialkonstruktionen als Adverbialbestimmungen in Frage:

Ihre Anfrage betreffend, müssen wir Ihnen folgendes mitteilen …[21]

Bei der Mehrzahl der Partizipialkonstruktionen weist aber das Partizip einen deutlichen Subjektbezug auf; in Fällen wie:

Fröhlich pfeifend reparierte sie das Auto.
Völlig verwirrt hörte er zu.

handelt es sich nicht um Adverbialbestimmungen, sondern um → prädikative Attribute.

---

[21] Nach den neuen Regelungen der Zeichensetzung können Partizipialkonstruktionen dieser Art zur Verdeutlichung durch Komma abgetrennt werden, müssen aber nicht.

Nebensätze und erweiterte Infinitive

Auch Nebensätze können die Funktion von Adverbialbestimmungen übernehmen; man spricht dann von **Adverbialsätzen**. Tatsächlich besteht hierin die Funktion der meisten Nebensätze, vgl.:

> *Während er den Abwasch machte, reparierte sie das Auto.*
> *Weil alle schon da waren, konnten wir etwas früher anfangen.*
> *Wenn du Fragen hast, kannst du mich jederzeit anrufen.*

usw.

Ebenso kommen → Infinitivsätze als Adverbialbestimmungen in Frage:

> *Donald ging zum Geldspeicher, um Onkel Dagobert anzupumpen.*
> *Onkel Dagobert warf Donald hinaus, ohne ihm einen Kreuzer zu geben.*

10.6 Komplemente und Supplemente, Ergänzungen und Angaben

Bisher war überwiegend von Subjekten, Objekten und Adverbialbestimmungen die Rede und damit von einer Terminologie und auch von Unterscheidungskriterien, die in der traditionellen Grammatik begründet liegen. Indirekt findet sich diese Unterscheidung aber auch in der Generativen Grammatik wieder: In der Minimalistischen Syntax wird zwischen zwei Argumenttypen, nämlich dem externen Komplement (dem Subjekt) und den internen Komplementen (den Objekten), sowie den sog. Adjunkten (*adjuncts*; den Adverbialbestimmungen) unterschieden (vgl. z.B. Radford 1997: 163). Subjekte wie Objekte sind Argumente des Verbs bzw. der Prädikation, denen bestimmte semantische Rollen wie z.B. Agens oder Patiens zugewiesen werden.

Uriagereka (1998: 511) gibt folgende Definition für ein Komplement: „Ein syntaktischer Gegenstand a ist dann und nur dann ein Komplement der minimalen, nicht-maximalen Projektion eines Kopfes H, wenn a eine Schwester von H ist". „Minimale Projektion" bedeutet, dass das betreffende Element kein weiteres Element dominiert; nicht-maximal bedeutet, dass es noch eine weitere Projektion (z.B. VP zu V) gibt. „Schwesternschaft" ist folgendermaßen definiert: „Die syntaktischen Gegenstände a und b, wobei a $\neq$ b, sind dann und nur dann Schwestern, wenn für jeden syntaktischen Gegenstand g, der a enthält, gilt, dass er auch b enthält, und umgekehrt." (ebd.; Übersetzung E. H.). Einfacher ausgedrückt könnte man auch sagen: eine Schwester ist eine Ko-Konstituente. Man kann sich diese Verhältnisse am Baumgraphen von *Der Frosch singt sein Lied* (hier der Einfachheit halber nur: *singt sein Lied*) verdeutlichen:

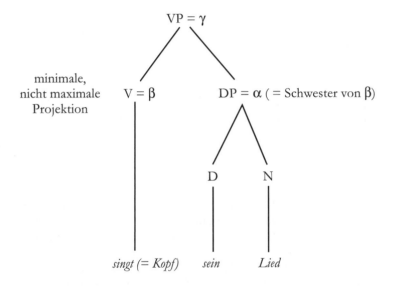

Adjunkte sind demgegenüber nur so etwas wie freiwillige Zusätze, die zu Phrasen hinzugefügt werden können; der Terminus impliziert damit Adverbialbestimmungen ebenso wie Attribute. Sie werden im Schema links an den Kopf angefügt, zu dem sie gehören, und haben keinerlei Einfluss auf die hierarchische Struktur des Satzes, wie das folgende Beispiel (für den Teilsatz: ... *singt sein Lied laut*) zeigt:

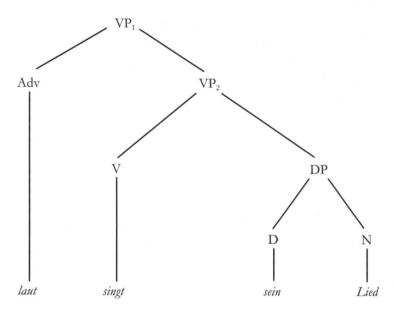

Die diesem Modell zugrunde liegenden Definitionen für Argumente und Adjunkte sind allerdings nicht dafür geeignet (und auch nicht dafür gedacht), die entsprechenden Elemente in einem beliebigen Satz zu identifizieren. Um mit ihrer Hilfe eine korrekte Beschreibung vorlegen bzw. den Baumgraph richtig zeichnen zu können, muss man bereits wissen, welche Teile des Satzes welche Rolle innehaben. Dennoch gibt es auch in der Minimalistischen Theorie einige sichere Merkmale, die zur Unterscheidung von Argumenten und Adjunkten herangezogen werden können. So ist beispielsweise die Zuweisung von semantischen Rollen oder von Kasus durch das Verb bei einem Adjunkt, das eine Modifikation darstellt, von vorneherein ausgeschlossen. Der Unterschied im syntaktischen Verhalten von Adjunkten und Argumenten, der sich in den Einzelsprachen unterschiedlich manifestiert, wird auch als „Adjunkt-Argument-Asymmetrie" bezeichnet (vgl. z.B. Martin/Uriagereka 2000: 10 sowie die dort angegebene Literatur).

In der Dependenzgrammatik gibt es eine solche Asymmetrie nicht, denn valenzgebundene und nicht valenzgebundene Teile sind gleichermaßen vom Verb abhängig. Dennoch spielt hier die Defini-

tion dessen, was eine vom Verb eröffnete Leerstelle und was ein
freier Zusatz ist, eine wichtige Rolle. Zifonun et al. (1997) legen ihrer Unterscheidung zwischen „Komplementen" – wie hier die sonst
meist als „Ergänzungen" bezeichneten, vom Verb in den Satz eingeführten Elemente heißen – und „Supplementen", also den freien
Zusätzen (sonst meist als „Angaben" bezeichnet), ein komplexes,
multidimensionales Valenzkonzept zugrunde, in dem „Formrelationen" mit semantischen und pragmatischen „Bedeutungsrelationen"
zusammenwirken (ebd.: 1030 f.).

Bei den Formrelationen werden **Fixiertheit, Rektion, Konstanz** und **Kasustransfer** angesetzt. Fixiertheit bedeutet, dass
ein Element nicht weglassbar ist; mit „Rektion" ist hier wie sonst
auch das Zuweisen eines Kasus durch das Verb gemeint (ebd.:
1031–1035). Konstanz ist dann gegeben, wenn die Rektion mittels
einer bestimmten Präposition und nur dieser erfolgt, wie z. B. bei
denken an. In diesem Fall liegt auch Kasustransfer vor, denn die Präposition *an* könnte auch mit Dativ stehen, wird beim Gebrauch mit
dem Verb *denken* aber nur mit Akkusativ gebraucht. Kasustransfer
liegt außerdem auch dann vor, wenn nicht eine bestimmte Präposition, sondern der Kasus festgelegt ist, also z. B. der Dativ in Ortsangaben bei Verben wie *wohnen* (ebd.: 1035–1037).

Neben diesen formalen Kriterien gibt es auch semantische, die
als **Sachverhaltsbeteiligung, Perspektivierung, Sachverhaltskontextualisierung** und **autonome Kodierung** bezeichnet werden. Von Sachverhaltsbeteiligung ist bei Elementen die Rede, die
auch dann mitverstanden werden, wenn sie weggelassen werden,
wie dies im Satz *Sie las gerade* der Fall ist, der impliziert, dass es ein Etwas gibt, das gelesen wird (ebd.: 1038 u.1046). Mit Perspektivierung
ist das Ausmaß gemeint, in dem ein Element in den Vordergrund
der Äußerung gerückt wird: *schenken* perspektiviert den verschenk-
ten Gegenstand stärker als *beschenken*. Sachverhaltskontextualisierung bezeichnet die Verankerung eines Geschehens im räumlichen
oder zeitlichen Zusammenhang, seine Bedingtheit etc. Eine kausale,
temporale und lokale Sachverhaltskontextualisierung liegt in *Infolge
eines Verkehrsstaus verpassten wir gestern in Mannheim den Zug* vor (Beispiel nach ebd.: 1039). Der Beispielsatz enthält zugleich Elemente,
bei denen autonome Kodierung vorliegt: sie können mit derselben
Bedeutung auch in anderen Kontexten verwendet werden.

Um Komplemente sicher bestimmen zu können, werden drei

Testverfahren angewandt: der Reduktions-, der Folgerungs- und der Anschlusstest. Beim Reduktionstest wird das zu bestimmende Element weggelassen; ergibt sich ein ungrammatischer Satz oder einer mit einer anderen Bedeutung, wie dies etwa bei *Die Sitzung beginnt um 5 Uhr* vs. *Die Sitzung beginnt* (Beispiel nach ebd.: 1045) der Fall ist, so handelt es sich um ein Komplement (hier ist also *um 5 Uhr* ein Komplement). Mit dem nächsten, dem Folgerungstest, werden Elemente erfasst, die weglassbar sind und daher beim Reduktionstest nicht als Komplemente bestimmt werden können.

Mit der Testfrage: „Folgt die Phrase in indefiniter Version aus dem Ausdruck?" (ebd.: 1047) soll überprüft werden, ob es eine subklassenspezifische Variable gibt, die regelmäßig zusammen mit dem fraglichen Verb auftritt und daher sozusagen logisch aus ihm gefolgert werden kann. Ein Beispiel hierfür wäre *Die Preise steigen;* indefinite Folgerung: *Die Preise steigen um einen bestimmten Betrag.* Daher muss *um einen bestimmten Betrag* als Komplement eingeordnet werden (Beispiel nach ebd.: 1047). Mit Hilfe des Anschlusstests, der ebenfalls für weglassbare Elemente verwendet werden kann, soll die Differenzierung gegenüber den Supplementen weiter verfeinert werden. Hier wird überprüft, ob das weggelassene Element mit *und das … * an den verbleibenden Rest angehängt werden kann, was beispielsweise bei **Er liest, und das ein Buch* oder **Er schenkt ein Buch, und das seiner Freundin* nach Auffassung der Autorinnen und Autoren zu inakzeptablen, bei *Karl schimpfte, und das auf die Regierung* hingegen zu einem akzeptablen Satz führt (Beispiele nach ebd.: 1053 f.). Ist eine solche Anknüpfung nicht möglich, so handelt es sich um ein Komplement.

Unterschieden nach ihrer Form und Funktion im Satz werden die folgenden neun bzw., wenn man die drei Untergruppen mitzählt, 12 Komplementklassen: Subjekte (K_{sub}), Akkusativkomplemente (K_{akk}), Dativkomplemente (K_{dat}), Genitivkomplemente (K_{gen}), Präpositivkomplemente (K_{prp}), Adverbialkomplemente (K_{ADV}) mit den drei Untergruppen Situativkomplement (K_{sit}), Direktivkomplement (K_{dir}) und Dilativkomplement (K_{dil}), Prädikativkomplemente (K_{PRD}), AcI-Komplemente (K_{AcI}) sowie Verbativkomplemente (K_{vrb}). Zu den Dativkomplementen zählen sämtliche Dative mit Ausnahme des ethicus und des iudicantis (vgl. ebd.: 1088–1090). Adverbialkomplemente sind im Gegensatz zu Präpositivkomplementen „autonom, nämlich ‚adverbial', kodierend" (ebd.: 1099) und können auch aus Adverbien bestehen. Ungerichtete lokale (also auf die Frage „wo?" antwortende) Adverbialkomplemente werden mit temporalen Bestimmungen zu den Situativkomplementen zusammengefasst; gerichtete lokale Bestimmungen (die also auf die Frage „wohin?" antworten) werden demgegenüber als Direktivkomplemente bezeichnet. Dilativkomplemente sind Bestimmungen der Dauer („wie lange?") oder des räumlichen Ausmaßes („wie weit?"), wie sie etwa in den Sätzen (…) *ein Ereignis, das sich häufig über einen längeren Zeitraum erstreckt* und *Argentinien erstreckt sich über 33 Breitengrade* vorliegen (Beispiele nach ebd.: 1104). Prädikativkomplemente, die nach einer Kopula oder einem „kopulaähnlichen Verb" (ebd.: 1106) auftreten, werden als formal sehr heterogen, aber semantisch gut erfassbar beschrieben. Treten wie in *Ich bin mir meiner Sache ganz sicher* weitere Komplemente (→ Objekte zweiten Grades) hinzu, so werden diese als sekundäre, „nicht-verbbezogene Komplemente innerhalb von K_{PRD}" angesehen (ebd.: 1110). Als „periphere Komplementklassen" werden AcI- (Beispiel: *Lasset die Kindlein zu mir kommen*) und Verbativkomplemente (Beispiel: *Für uns alle heißt es jetzt (zu) sparen*) aufgeführt, bei denen Infinitive als Komplemente eingesetzt werden. Steht jedoch ein Verbum finitum wie beispielsweise in: *Ich frage mich, ob das korrekt ist*, so handelt es sich nicht um ein Verbativkomplement (sämtliche Beispiele nach ebd.: 1117 f.).

Bei Engel (1996) ist die Zahl der Ergänzungen mit insgesamt 25 deutlich höher als im bisher vorgestellten Modell. Beim Verb können neben dem Subjekt (E_{sub}), das auch als Nominativergänzung bezeichnet wird, der Akkusativergänzung (E_{akk}), Genetivergänzung (E_{gen}), Dativergänzung (E_{dat}) und der Präpositivergänzung (E_{prp}), die den verschiedenen Objekttypen der traditionellen Grammatik entsprechen, auch Situativergänzungen (E_{sit}), Direktivergänzungen (E_{dir}) und Expansivergänzungen (E_{exp}) auftreten. Daneben sind Nominalergänzungen (E_{nom}), Adjektivalergänzungen (E_{adj}) und Verbativergänzungen (E_{vrb}) zu unterscheiden. Beispiele für diese Ergänzungskategorien wären: *Er biss aus Angst* (E_{sit}), *Meine Tante rief aus Magdeburg an* (E_{dir}), *Sie hat um zwei Pfund zugenommen* (E_{exp}), *Er hat sich als Betrüger erwiesen* (E_{nom}), *Sie hat sich anständig benommen* (E_{adj}) oder *Ich frage mich, ob sie nicht doch recht hat* (E_{vrb}) (Beispiele nach ebd.: 187).

10.7 Attribute

Attribute (von lat. *attribuere* ‚zuteilen', ‚als Eigenschaft beilegen')
sind keine selbständigen Satzteile („Satzglieder"), sondern stets von
anderen Teilen des Satzes abhängig: von einem Subjekt, Objekt,
Prädikativum, einer Adverbialbestimmung oder von einem anderen
Attribut. Sie sind normalerweise freie Zusätze, die zu einem anderen
Teil des Satzes hinzugefügt werden, um ihn näher zu bestimmen.
Das Beziehungswort, das näher bestimmt wird, nennt man auch
→ Determinatum, das Attribut → Determinans.

In den einzelnen Grammatiken werden Attribute recht unterschiedlich definiert. Helbig/Buscha (2001: 492) beispielsweise bestimmen Attribute als Satzteile, die „grundsätzlich (auf) eine potentielle Prädikation (…), d. h. auf eine prädikative Grundstruktur"
zurückgeführt werden können, wobei es sich jedoch nicht um eine
Prädikation zum Verb handeln darf.[22] Eine ähnliche Begriffsbestim-
mung findet sich in den *Grundzügen* (1981: 185), wo Attribute auf Relativsätze zurückgeführt werden. Durch diese Definition werden
z. B. Artikel als Attribute ausgeschlossen; eine Zurückführung von
der Nichtraucher auf die Prädikation **Nichtraucher ist der* ist nicht möglich. Bei Adjektiven, die nicht prädikativ gebraucht werden können
(z. B. *der untere Rand / letztere Behauptung*, aber nicht: **Der Rand ist un-
ter(er)* oder **Die Behauptung ist letzter(e)*), müssen zur Prädikation
dann jeweils andere, prädikative Formen verwendet werden (also
z. B. *Der Rand ist unten* oder *Die Behauptung ist (im Kontext) die letzte*).
Eine Schwierigkeit ist allerdings die Interpretation von *stark* in *der
starke Raucher* oder *alt* in *die alten Römer*, bei denen aus semantischen
Gründen keine Zurückführung auf *Der Raucher ist stark* oder *Die Römer sind alt* möglich ist; im Falle von *der starke Raucher* ist dagegen sogar eine Prädikation zum zugrunde liegenden Verb semantisch angemessen (*Das Rauchen ist stark*). Auf dieses Problem sowie darauf,
dass es sich selbstverständlich in allen diesen Fällen trotzdem um
Adjektivattribute handelt, weist auch bereits Erben (1996: 171) hin.

In manchen Grammatiken wird das Attribut über sein Beziehungswort definiert, das dann als Substantiv oder zumindest als no-

---

[22] Dies erläutern sie an dem Beispielsatz *Das kleine Kind schläft fest*, bei dem das
Attribut *(kleine)* auf die Prädikation *Das Kind ist klein*, das Adverb *fest* hingegen auf die Prädikation *Sein Schlaf ist fest* zurückgeführt wird.

minale Wortart angegeben wird (so z. B. Admoni 1982: 265 oder
Eisenberg 2001: 47). Damit wären Hinzufügungen zu Adverbien,
wie sie z. B. in *verdächtig oft* oder *ungewöhnlich gern* vorliegen, keine Attribute. Da sie aber andererseits auch keine selbständigen Satzglieder sind (und somit nicht etwa als Adverbialbestimmungen klassifiziert werden können), entstünde durch ihren Ausschluss eine
Gruppe von unselbständigen Satzteilen, die von der syntaktischen
Terminologie nicht erfasst ist. Hier wird daher vorgeschlagen, alle
nicht-selbständigen Zusätze zu beliebigen Satzteilen (mit Ausnahme des Verbs) als Attribute einzuordnen, wie dies beispielsweise
auch Conrad (1978: 43) tut. Der Duden (1998: 659) schließt sich dieser Definition zwar ebenfalls grundsätzlich an, verwendet dann
aber, „um hier Verwirrungen zu vermeiden", den Terminus „Glied-
teil". Demgegenüber spricht die IdS-Grammatik zusammenfassend
von „appositiven Erweiterungen" (mit denen allerdings nur Attribute bei Nominalphrasen gemeint sind; vgl. Zifonun et al. 1997:
2037), obgleich bei der Beschreibung einzelner von ihnen, so etwa
bei den Adjektiven, auch der Terminus „Attribut" Verwendung findet (ebd.: 1991).

Attribute können somit bei Substantiven, Adjektiven und Adverbien (als nähere Bestimmungen zu Subjekten, Objekten, Prädikativa, Adverbialbestimmungen oder anderen Attributen) vorkommen. Das häufigste und typische Beziehungswort des Attributs ist
das Substantiv. Aber auch Adjektive können durch Relativsätze, Partikeln, Adverbien, Adjektive und Präpositionalgefüge attribuiert
werden:

*Sie hatte besonders/wirklich/in ungewöhnlichem Ausmaß schwere Be-
denken*

Auch Adverbien können so attribuiert werden, allerdings ist diese
Möglichkeit nur bei einem Teil uneingeschränkt vorhanden:

Das tue ich besonders/wirklich/in jeder Hinsicht gern/oft.
Das tue ich besonders/*wirklich/*in jeder Hinsicht heute.

10.7.1 Kongruierende Attribute

Attribute, die prinzipiell in Genus, Kasus und Numerus mit ihrem
Beziehungswort übereinstimmen, werden im Folgenden als kongruierende Attribute zusammengefasst. Die nachfolgende Einteilung

hat in der vorliegenden Form nur für das Deutsche Gültigkeit, da in anderen Sprachen andere Kongruenzregeln gelten.

Das Adjektivattribut

Der sozusagen „klassische" Fall des Attributs ist das Adjektiv, das zur näheren Bestimmung eines Substantivs verwendet wird. Es ist dabei ohne Bedeutung, welche Funktion das Substantiv als Beziehungswort des Attributs im Satz innehat. So ist etwa das Adjektiv *schwer* in *eine schwere Entscheidung* immer ein Attribut zu *Entscheidung*, ganz unabhängig von der Satzteilfunktion, die das Beziehungswort *Entscheidung* erfüllt:

> *Es war eine schwere Entscheidung.* (Attribut zum Prädikativum)
> *Eine schwere Entscheidung stand ihr bevor.* (Attribut zum Subjekt)
> *Sie musste eine schwere Entscheidung treffen.* (Attribut zum Objekt)
> *Nach einer schweren Entscheidung ...* (Attribut zur Adverbialbestimmung)
> *Der Geldspeicher Dagobert Ducks, des Millionärs,* (Attribut zum Attribut *Dagobert Ducks*)

Partizipien (Präsens wie Perfekt) können in gleicher Weise wie Adjektive als Attribute verwendet werden. Bei Perfektpartizipien ist zu beachten, dass nur solche attributiv gebraucht werden können, die entweder passivisch oder aber zu einem Verb mit perfektiver → Aktionsart gebildet sind:

> *nach getaner Arbeit* (Perfekt Passiv)
> *ein Strauß verwelkter Nelken* (Perfekt Aktiv, perfektives Verb)
> *der lachende Vagabund* (Präsens Aktiv)

In manchen Fällen können Adjektivattribute auch nach ihrem Beziehungswort stehen; diese Verwendungsweise ist im modernen Deutsch allerdings äußerst selten. Beispiele hierfür wären Goethes *Röslein rot* oder das Kinderlied *Hänschen klein*, aber auch eine Bezeichnung wie *Forelle blau* oder *Wahlkampf pur*. Im Gegensatz zu vorangestellten Adjektiv-Attributen, die sich normalerweise in Kasus, Genus und Numerus nach dem Beziehungswort richten, bleiben nachgestellte Adjektive regelmäßig endungslos und gehören somit nicht zu den kongruierenden Attributen. Eine weitere Ausnahme bilden unflektierbare Adjektive wie *rosa* oder *Berliner* (vgl. S. 204).

Ferner kommen in sehr alten Texten gelegentlich auch vorangestellte flektierbare Adjektive in unflektierter Form vor (*jung Siegfried*); diese Form wird mitunter auch als Stilmittel in modernen
Texten, etwa als Werbemittel (*Irisch Moos*), verwendet.

Adjektivische Pronomina und Numeralia als Attribute

Wie Adjektiva können auch Pronomina als Attribute verwendet
werden, und zwar → Demonstrativa, → Possessiva, → Interrogativa
und → Indefinitpronomina, z. B.

> *diese / unsere / welche / einige Ergebnisse*

Possessiva können gelegentlich auch nachgestellt werden und sind
dann, ebenso wie nachgestellte Adjektive, undekliniert; es handelt
sich dabei jedoch, wie schon beim Adjektiv, um einen archaischen
Sprachgebrauch, der nicht mehr produktiv ist: *Liebste mein.*

Auch → Numeralia können attributivisch verwendet werden.
→ Kardinalia können dabei nur beschränkt dekliniert werden (*zwei*
und *drei* vor allem im Genetiv, andere Deklinationsformen sind
archaisch; ferner werden *hundert, tausend* und die substantivischen
Numeralia *Million, Milliarde, Trilliarde* usw. dekliniert). Demgegenüber werden → Ordinalia immer dekliniert:

> *zwei Freundinnen / zweier Freundinnen*
> *von hunderten / tausenden verschiedenen Menschen*
> *die dreizehnte Fee*

Im Allgemeinen werden Pronomina als Attribute aufgefasst. Die
Argumente, die im Folgenden dagegen aufgeführt werden, den
Artikel als Attribut zu betrachten, treffen jedoch teilweise auch auf
Pronomina zu, und die Zuordnung kann im Einzelfall problema-
tisch sein.

Der Artikel

Die Frage, ob es sich beim Artikel ebenfalls um ein Attribut handelt,
wird von den verschiedenen Grammatiken nicht einheitlich behandelt. Während etwa der Duden (1998: 661) den Artikel unter der
Überschrift „Gliedteile" zusammen mit allen anderen Attributen behandelt (ihnen dabei allerdings zusammen mit den Pronomina den
besonderen Status zuweist, das sog. Begleiterfeld zu bilden), wird

seine Interpretation als Attribut z. B. bei Helbig/Buscha (2001: 493) ausgeschlossen. Die Entscheidung darüber, ob im Artikel ein Attribut vorliegt oder nicht, hängt natürlich nicht zuletzt auch von der Definition des Attributs ab (siehe S. 392 f.). Unabhängig von dieser Definition nimmt der Artikel jedoch in mehrfacher Hinsicht eine Sonderstellung ein. Es handelt sich bei ihm um ein grammatisches Morphem, das im Deutschen frei ist, in anderen Sprachen, so etwa im Rumänischen oder im Mazedonischen (und in Ansätzen auch in den skandinavischen Sprachen) aber auch gebunden sein kann:

Dänisch:

| *bil* | ,Auto' | *biler* | ,Autos' |
| *bilen* | ,das Auto' | *bilerne* | ,die Autos' |

Mazedonisch (lateinische Umschrift):

| *kultura* | ,Kultur' | *kulturata* | ,die Kultur' |
| *jazik* | ,Sprache' | *jazikot* | ,die Sprache' |

Rumänisch:

| *om bun* | | ,guter Mensch' |
| *omul bun / bunul om* | | ,der gute Mensch' |

Die komplexen Funktionen des Artikels (Näheres hierzu siehe S. 227 f.) werden in Sprachen, die keinen Artikel kennen, durch andere morphologische oder syntaktische Mittel wie z. B. Satzstellung oder Kasusgebrauch mit übernommen. Dies gilt für andere Elemente, die in attributiver Stellung beim Substantiv auftreten können, niemals. Zwar können beispielsweise Possessiva auch als gebundene Morpheme auftreten (vgl. z. B. Türkisch *kitabim* ,Buch-mein', wo das Possessivum als gebundenes Morphem *-im* realisiert ist); völlig fehlen, wie dies beim Artikel der Fall ist, können sie jedoch nicht.

Distributiv betrachtet steht der Artikel im Deutschen an derselben Stelle wie pronominale oder Adjektivattribute; wie diese richtet er sich im Deutschen in Genus, Kasus und Numerus nach dem Beziehungswort. Allerdings zeigt sich auch hier bereits eine Besonderheit: die Deklinationsform des Adjektivs muss sich nach der Art des jeweils vorliegenden Artikels richten. Außerdem können Artikel und Pronomina im Deutschen nicht gleichzeitig gebraucht werden (*das mein Brüderchen*; vgl. aber ital. *il mio fratello*).

10.7.2 Nicht-kongruierende Attribute

Genetivattribute

Genetivattribute können possessiv, subjektiv, objektiv, partitiv, explikativ oder qualitativ sein (siehe S. 172 ff.):

> *die Höhle des Löwen* (possessiv)
> *das Verhalten des Bundeskanzlers* (subjektiv)
> *die Untersuchung des Vorfalls* (objektiv)
> *der größte Teil der Schmiergelder* (partitiv)
> *die Kunst des dreifachen Saltos* (explikativ)
> *Gelder verschiedenster Provenienz* (qualitativ)

Attributive Genetive können auch vorangestellt werden; in den meisten Fällen wirkt eine solche Stellung jedoch archaisch. Vgl.:

> *des Löwen Höhle / des Bundeskanzlers Verhalten / des Geldes größter Teil* usw.

In der Umgangssprache, teilweise aber auch schon auf anderen Stilebenen, können attributive Genetive durch eine präpositionale Wendung mit *von* + Dativ ersetzt werden:

> *das Geld von meiner Freundin*

Genetivattribute des objektiven und subjektiven Typs werden in der Grammatik des IdS zu den Komplementen gerechnet (vgl. Zifonun et al. 1997: 1972 f.).

Rektionsattribute

Während der → Genetivus objectivus ein Akkusativobjekt ersetzt, müssen Dativobjekte oder präpositionale Objekte mit Hilfe der Präpositionen *an / für* (Dativobjekte) oder derjenigen Präposition ausgedrückt werden, die beim entsprechenden verbalen Ausdruck steht:

> *der Brief an meine Freundin* (vgl. *ich schreibe meiner Freundin einen Brief*)
> *mein Geschenk für ihn* (vgl. *ich schenke ihm etwas*)
> *mein Ärger über sein Verhalten* (vgl. *ich ärgere mich über sein Verhalten*)
> *meine Wut auf ihn* (vgl. *ich bin auf ihn wütend*).

Solche attributiven Präpositionalphrasen stehen in direkter und sehr enger Abhängigkeit von ihrem Beziehungswort. Sie kommen vor allem bei Substantiven vor, die von Verben oder Adjektiven abgeleitet sind, und stellen dann so etwas wie eine Rektion beim Substantiv dar; wir nennen sie daher **Rektionsattribute**. Wenn ein Attribut angefügt werden soll, so muss dies in der jeweils festgelegten Weise geschehen, mit einer Präposition, die nicht frei wählbar ist und die oft – ganz genauso wie bei von Verben abhängigen Präpositionalobjekten – ihre ursprüngliche Bedeutung verloren hat (so etwa *auf* in *meine Wut auf ihn*); vgl. hierzu auch S. 372 ff. Deshalb rechnet Engel (1994: 112) sie zu den → Ergänzungen und nicht zu den → Angaben. Solche Attribute können nicht in derselben äußeren Form als selbständige Adverbialbestimmungen verwendet werden. Allerdings können sie gelegentlich auch in anderer Stellung als direkt beim Beziehungswort vorkommen (vgl. auch → prädikative Attribute):

Auf ihn war meine Wut besonders groß.

In der Grammatik des IdS werden Attribute dieses Typs als „Nomenkomplemente" zu den Komplementen, d. h. also zu den valenzabhängigen Teilen des Satzes, gerechnet (vgl. Zifonun et al. 1997: 1975–1978).

Zu den Rektionsattributen gehören darüber hinaus auch die von attributiven Adjektiven und Partizipien regierten Elemente: vgl. *der des Mordes verdächtige Angeklagte* (Kasusrektion), *die mit ihm befreundete Studentin* (Präpositionalrektion).

Adverbialattribute

Im Unterschied zu den vorgenannten Attributen handelt es sich bei **Adverbialattributen** um Attribute, die in derselben äußeren Form und mit derselben Bedeutung auch als Adverbialbestimmungen gebraucht werden können.

Vgl.:

Das Haus verwittert auf dem Hügel. (Adverbialbestimmung/Ortsangabe)
Das Haus auf dem Hügel verwittert. (Attribut/Ortsangabe)

Vgl. aber:

Die Angst vor der Prüfung bedrückte ihn sehr. (Attribut/Rektionsattribut)
Vor der Prüfung bedrückte ihn die Angst sehr. (Adverbialbestimmung/temporal)

Adverbialattribute können bei Substantiven, Adjektiven oder Adverbien stehen:

> *Die Fete am Samstag war vielleicht doof!* (temporal, beim Substantiv)
> *Das Konzert in der Waldbühne ist ausverkauft.* (lokal, beim Substantiv)
> *Die Verspätungen wegen des Nebels brachten den ganzen Flugplan durcheinander.* (kausal, beim Substantiv)
> *Ihre trotz aller Rückschläge gute Laune* ... (konzessiv, beim Adjektiv)
> *Die bei gutem Wetter draußen stattfindende Veranstaltung* ... (konditional, beim Adverb)

usw.

Auch Adverbien können in derselben Funktion gebraucht werden:

> *Das Haus dort*
> *Die Fete gestern*
> *Ihre trotzdem gute Laune*

usw.

Prädikative Attribute

Adjektivische **prädikative Attribute** (auch „Prädikatsadjektive" genannt) ähneln in Form und Satzstellung den → Adjektivadverbien; sie beziehen sich aber nicht auf das Verb, sondern auf Subjekt oder Objekt:

> *Sie kam gesund an.* (Subjektbezug; Paraphrase: ‚Sie war gesund', nicht: *‚Das Ankommen war gesund')
> *Der Wolf verschlang die Großmutter unzerkaut.* (Objektbezug; Paraphrase: ‚Die Großmutter war unzerkaut', nicht: *‚Das Verschlingen war unzerkaut' oder *‚Der Wolf war unzerkaut')

Anstelle eines Adjektivs kann auch ein Partizip, eine Präpositionalphrase oder ein → absoluter Genetiv in gleicher Funktion verwendet werden:

> *Sie ging belustigt / in guter Stimmung / frohen Mutes heim.* (Subjektbezug)
> *Sie fand ihn betrunken / in beklagenswertem Zustand / frohen Mutes vor.* (Objektbezug)

Subjektbezogene prädikative Attribute sind frei im Satz beweglich, während objektbezogene entweder direkt nach ihrem Beziehungswort oder aber im Vorfeld (selten, empathisch) stehen müssen. Vgl.:

> *Frohen Mutes schaltete sie den Fernseher ein./Sie schaltete frohen Mutes den Fernseher ein./Sie schaltete den Fernseher frohen Mutes ein.*

gegenüber:

> *Sie traf ihren Kollegen frohen Mutes an.*
> *Frohen Mutes traf sie ihren Kollegen an!* (nur mit besonderer Betonung; zu ergänzen wäre etwa: *und nicht, wie erwartet, in bedrückter Stimmung*)

Infinitive als Attribute

Auch Infinitive können als Attribute gebraucht werden. Attributiv gebrauchte Infinitive stehen mit *zu*, werden immer nachgestellt und können ihrerseits Objekte und/oder Adverbialbestimmungen bei sich haben. Da erweiterte Infinitive satzwertig sind, kann man sie allerdings auch als Sonderform der attributiven Nebensätzen betrachten (vgl. hierzu im Folgenden):

> *ihre Absicht, ihm bei der Prüfung zu helfen.*

Partikeln als Attribute

Fokuspartikeln, Intensivpartikeln und Modalwörter können ebenfalls attributiv gebraucht werden:

> *nur heute*
> *sehr unerfreulich*
> *die möglicherweise negativen Testergebnisse*

usw.

Bei Substantiven können ausschließlich Fokuspartikeln gebraucht werden (vgl. *nur Friedolin/*sehr Friedolin*), während bei Adjektiven und Adverbien alle drei genannten Partikeltypen auftreten können.

Sätze als Attribute (Attributsätze)

Der typischste Fall eines attributiven Satzes ist der **Relativsatz**. Au-ßer durch die Relativpronomina *der/die/das* (oder *welcher/welche/wel-ches*) können Relativsätze auch durch ursprüngliche Interrogativa in relativischer Funktion eingeleitet werden:

> *Donald, der mal wieder pleite war. ...*
> *Derjenige, welcher ...*
> *Alles, was du hier siehst ...*
> *Die Art, wie sie spricht ...*
> *Der Ort, wo es geschah ...*

Darüber hinaus fungieren auch *dass*-Sätze, uneingeleitete Neben-sätze, erweiterte Infinitive und indirekte Fragesätze, die von Sub-stantiven oder Adjektiven abhängig sein können, als Attribute:

> *Seine Behauptung, dass er von nichts gewusst habe/von nichts gewusst zu haben/er habe von nichts gewusst, erwies sich als falsch.*
> *Die Frage, ob/wann/warum wir diese Forderung erfüllen sollten ...*
> *Froh, dass alles so glimpflich verlaufen war, kehrten sie zurück.*
> *Es war fraglich, ob/wann/wie/warum ...*

Bei Adjektiven zeigt sich mitunter noch recht deutlich, dass es sich bei diesen Attributen ursprünglich um → Objekte zweiten Grades handelt; häufig tritt zusätzlich ein → Korrelat auf. Wenn das Adjek-tiv im Prädikativum steht, kann der *dass*-Satz als Objektsatz zweiten Grades oder aber als Attribut zum Korrelat interpretiert werden (siehe hierzu S. 367 f.). Vgl.:

> *Froh (darüber), dass alles so glimpflich verlaufen war ...*
> *Sie waren froh (darüber), dass alles so glimpflich verlaufen war.*

Entsprechende Attribute können nur bei bestimmten Adjektiven stehen, aber auch die Attribuierung von Substantiven durch einen *dass*-Satz, einen uneingeleiteten Nebensatz oder einen erweiterten Infinitiv bzw. durch einen indirekten Fragesatz ist nur bei einer be-schränkten Zahl von Substantiven möglich. Dies weist darauf hin, dass es sich auch hier um valenzbedingte Attribute handelt. Ent-sprechend zählen Zifonun et al. (1997: 1978 f.) diese Attribute zu den sog. Nomenkomplementen.

10.7.3 Appositionen

Eine besondere Form des Attributs stellt die **Apposition** (von lat. *appositio* ‚der Zusatz') dar. Eine Apposition ist z. B. *der ewige Verlierer* in *Donald, der ewige Verlierer*. Man versteht unter einer Apposition gewöhnlich ein besonders eng mit seinem Beziehungswort verbundenes Attribut, das

— durch ein Substantiv repräsentiert wird (morphologisches Kriterium)
— dieselbe Referenz aufweist, d. h. dasselbe Objekt der außersprachlichen Wirklichkeit bezeichnet (semantisches Kriterium).
— direkt bei seinem Beziehungswort steht und im Satz nicht frei beweglich ist (syntaktisches Kriterium).

Das Kriterium der identischen Referenz wird verständlich, wenn man Attribute wie *rot* in *das rote Tuch* oder *von Loch Ness* in *das Ungeheuer von Loch Ness* genauer betrachtet: *rot* bezeichnet eine Eigenschaft, *Tuch* hingegen einen Gegenstand; beide sind also nicht referenzidentisch. Ebenso handelt es sich bei *Loch Ness* um einen geographischen Ort, der keineswegs mit dem dort befindlichen Objekt *Ungeheuer* identisch ist. Referenzidentisch sind hingegen *Freundin* und *Regina* in *meine Freundin Regina*; beide Wörter bezeichnen dieselbe Person.

Bei Sprachen mit Kasusmarkierungen kommt hinzu, dass die Apposition gewöhnlich im selben Kasus wie ihr Beziehungswort steht. Sie kann aber auch, z. B. bei Titeln oder Verwandtschaftsbezeichnungen, ganz ohne Kasusmarkierung bleiben (d. h. der Form nach mit dem Nominativ identisch sein): *Doktor Frankensteins Experimente* (nicht: **Doktors Frankensteins Experimente*) oder *Onkel Dagoberts Geld* (nicht: **Onkels Dagoberts Geld*). Ferner kommt es vor, dass eine Apposition im Dativ statt – wie das Beziehungswort – im Genitiv steht, und zwar besonders dann, wenn der Genitiv von einer Präposition abhängig ist: *Wegen des Sturms, einem wahren Orkan, kamen die Bergungsmaßnahmen nur langsam voran.*[23] In solchen Fällen kann die Apposition auch im Nominativ stehen: *wegen des Sturms, ein wahrer Orkan*; der eigentlich zu erwartende Genitiv ist jedoch äußerst selten und wirkt archaisch: *wegen des Sturms, eines wahren Orkans.*

---

[23] Vgl. die Beispielsammlung bei Schanen/Confais (1986: 562).

Appositionen können weggelassen werden oder ihr Beziehungswort im Satz substituieren (*meine Freundin Regina meint* .../*meine
Freundin meint* .../*Regina meint* ...); sie können aber nicht unabhängig
von diesem frei im Satz bewegt werden (im Falle von *Regina meint,
meine Freundin,* ... liegt keine Apposition, sondern eine Parenthese
vor).

Die Auffassungen davon, was unter einer Apposition zu verstehen ist, sind sehr unterschiedlich. So definiert beispielsweise Eisenberg (2001: 250) die Apposition als „eine ‚Beifügung' zu einem substantivischen Nominal, die den Begriffsumfang des Nominals nicht
verändert". Die Eigenschaft „verändert den Begriffsumfang nicht",
also mit anderen Worten Nicht-Restriktivität (vgl. S. 424), wird gelegentlich (so auch ebd.) mit dem Begriff „appositiv" (als Gegenbegriff zu „restriktiv") bezeichnet. Eisenberg vermutet, dass dies der
„Kern des traditionellen Begriffs von Apposition" ist (ebd.); dem
widersprechen wiederum beispielsweise Quirk/Randolph (1998:
276 f.), die ausdrücklich zwischen restriktiven und nicht-restriktiven
Appositionen unterscheiden. Zifonun et al. (1997: 2042) definieren
„Appositionen" wie folgt: „Appositionen sind im prototypischen
Fall vollständige Nominalphrasen oder – eingeschränkter – deter-
minativlose Nominalgruppen, die appositiv auf eine vorangehende
NP bezogen sind und im Kasus mit ihr kongruieren." Auch hier
wird die Nicht-Restriktivität der Apposition als wichtiges Merkmal
hervorgehoben (vgl. ebd.: 2040 f.).

Der Duden nimmt folgende Bedingungen für das Vorliegen einer
Apposition an: „1. Kern der Apposition ist grundsätzlich ein Substantiv. 2. Grundsätzlich folgt die Apposition ihrem Beziehungswort. 3. Die Apposition stimmt mit ihrem Beziehungswort im
Kasus überein", wobei zur letztgenannten Bedingungen auch Ausnahmen auftreten können (Duden 1998: 663 f.). Im Einzelnen werden dann die folgenden Typen unterscheiden: „lockere Apposition"; „Apposition nach Maß- und Mengenausdrücken (partitive
Apposition; enge Apposition I)" und „Juxtaposition (enge Apposition II)" (ebd.: 673 f.). Mit partitiven Appositionen sind dabei Fälle
wie *ein Glas Oliven, eine Art grünliche Raupe, wir Europäer, du armer Kerl,*
mit Juxtapositionen Fälle wie *die Stadt Rom, die Universität Hamburg*
oder *Whisky pur* (Beispiele nach ebd.) gemeint. Abgesehen von der
Frage, ob in Fällen wie *wir Europäer* überhaupt eine partititive Relation und nicht gerade Referenzidentität vorliegt, spielt das Krite-

rium der Nicht-Restriktivität hier ebenso wenig eine Rolle wie das der Referenzidentität. Wie sich zeigt, werden ferner auch nachgestellte Adjektive als Appositionen zugelassen. Grundsätzlich ausgeschlossen werden dagegen vorangestellte Attribute, also auch Vornamen wie in *Rainer Maria Rilke* (ebd.: 675 f.). Damit nähert sich die Defintion sehr an Engel (1996: 806) an, der Appositionen schlicht als „nachgestellte Attribute" definiert. Danach wäre jedes nachgestellte Attribut zugleich eine Apposition, vorangestellte Appositionen hingegen wären per definitionem ausgeschlossen. Dabei werden allerdings enge Appositionen (als „Nomen varians" und „Nomen invarians" bezeichnet, ebd.: 610) ausdrücklich nicht zu den Appositionen gerechnet. Ein weiteres Problem stellt die Behandlung von sog. „situativen Appositionen" (Engel 1994: 808; 1982: 158) dar; ein Beispiel hierfür wäre *Katarina, im Rausch jugendlicher Begeisterung* (ebd.). Solche Einschübe sind aber frei im Satz beweglich (vgl. *Katarina, im Rausch jugendlicher Begeisterung, sang lauthals mit/Im Rausch jugendlicher Begeisterung sang Katarina lauthals mit/Katarina sang im Rausch jugendlicher Begeisterung lauthals mit*). Dieser Befund zeigt, dass es sich eben nicht um ein Attribut, sondern um eine Adverbialbestimmung handelt (vgl. demgegenüber den Bedeutungsunterschied zwischen *Das Bild dort gefällt mir nicht* – Attribut, erfragbar durch: „welches Bild?" – und *Das Bild gefällt mir dort nicht* – Adverbialbestimmung, erfragbar durch: „Wo gefällt dir das Bild nicht?"). Bestenfalls wäre, allerdings nur in bestimmten Kontexten, noch eine Interpretation als prädikatives Attribut möglich. Darüber hinaus widerspricht die Beweglichkeit des Satzteils der bei Engel (1982: 157) selbst angeführten Regel, dass eine Apposition stets unmittelbar bei ihrem Beziehungswort steht.

Aus solchen Definitionen ergeben sich eine Reihe von Problemen. Zum einen scheinen sie nicht nur unterschiedliche, sondern auch recht willkürliche Grenzen zu ziehen, so dass man sich fragen kann, warum man überhaupt eine Klasse „Appositionen" annehmen soll; zum anderen stimmen sie nicht mit den international üblichen Definitionen überein und sind daher nur auf das Deutsche anwendbar. Vor allem Stellungskriterien wie „nachgestellt" sind höchst problematisch, da Sprachen ganz verschiedene Stellungsregeln für dieselben syntaktischen Elemente aufweisen können. Grundsätzlich kann man hier wie in anderen Fällen auch bezweifeln, ob es sinnvoll ist, eine Apposition im Deutschen als etwas ganz anderes zu definieren als im Englischen, Französischen usw. Hier wird normalerweise als Bedingung für das Vorliegen einer Apposition Referenzidentität angenommen, so etwa im Standardwerk der englichen Grammatik *A comprehensive grammar of the English language* (Quirk/Greenbaum/Leech/Svartvik 1993: 1301; vgl. auch die Definition bei Crystal 1997 s. v. *apposition*) oder im *Grand Larousse de la langue française* (1971: 210), wo sogar auf einen Ministerialbeschluss zum Gebrauch des Wortes *l'apposition* verwiesen wird. Diese sprachübergreifende Definition soll auch hier zu Grunde gelegt werden, zumal in ihr der ursprüngliche Grund dafür deutlich wird, warum überhaupt ein besonderer Terminus für einen bestimmten Typ von Attribut gewählt wurde.

Enge Appositionen

Als **enge Appositionen** bezeichnet man oft solche Appositionen, die weder (schriftlich) durch Kommata noch (mündlich) durch Sprechpausen von ihrem Beziehungswort abgetrennt werden. Es handelt sich dabei meist um Vornamen, Verwandtschaftsbezeichnungen, Titel oder Berufe: *Donald Duck, Tante Daisy, Doktor Frankenstein, Lehrer Lämpel*. Welcher Teil dabei die Apposition (Determinans) und welcher das Beziehungswort (Determinatum) darstellt, wird bei der Flexion deutlich: im Unterschied zur lockeren Apposition wird das Determinans bei der engen Apposition nicht flektiert (vgl. *Donald Ducks, Tante Daisys*). Die Reihenfolge verändert sich, wenn ein Artikel oder ein Possessivum hinzutritt. Vgl. *Onkel Dagobert* (Determinans/Determinatum; Genetiv: *Onkel Dagoberts*) gegenüber *sein Onkel Dagobert* (Determinatum/Determinans; Genetiv: *seines Onkels Dagobert*). In seltenen Ausnahmefällen werden beide Nomina wie bei der lockeren Apposition parallel flektiert (vor allem bei der Anrede *Herr*, vgl. *Herrn Kochs Geburtstag*); vor allem umgangssprachlich kommen solche Parallelflektionen gelegentlich auch bei anderen schwachen Maskulina vor (vgl. (?)*Kollegen Kochs Ausführungen* gegenüber *Kollege Kochs Ausführungen* o. Ä.).

Auch wenn mehrere enge Appositionen nebeneinander gebraucht werden, wird nur der Kern der Konstruktion flektiert; vgl. *Daniel Düsentriebs/des Erfinders Daniel Düsentrieb*. Wie sich zeigt, können enge Appositionen sowohl vor- (z. B. *Daniel* zu *Düsentrieb*) als auch nachgestellt (z. B. *Dagobert* zu *sein Onkel*) werden. Nachstellung

erfolgt immer dann, wenn das Beziehungswort einen Artikel oder
ein anderes Attribut bei sich hat.

Enge Appositionen können auch bei Personalpronomina (nur
1. und 2. Person sowie Höflichkeitsanrede *Sie*, z. B. *ich Kamel, du Un-
glücksrabe, Sie Rohling*) gebraucht werden. Sie sind stets nachgestellt
und können im Unterschied zu anderen engen Appositionen flektiert werden: *mir Unglücksraben, dich Angsthasen.* (Ausnahme: beim
Anredepronomen *Sie* können im Dativ keine engen Appositionen
gebraucht werden: **Ihnen Rohling*).

Lockere Appositionen

Wird die Apposition durch Komma oder Sprechpause vom Beziehungswort getrennt, so spricht man von einer **lockeren Apposition.** Lockere Appositionen werden immer nachgestellt: *Gundel
Gaukeley, die Hexe,* (vgl. aber: *die Hexe Gundel Gaukeley,* enge Apposition). Sie kommen auch bei Personalpronomina vor: *du, Donald*;[24]
Sie, liebe Mitglieder usw. In den meisten Fällen werden lockere Appositionen parallel zum Beziehungswort flektiert (*der Besen Gundel Gau-
keleys, der Hexe*). Dies gilt jedoch nicht für lockere Appositionen
beim Personalpronomen (*dich, lieber Kollege*), bei denen es sich allerdings genau genommen nicht um echte Appositionen handelt,
obgleich manche Grammatiken dies annehmen, sondern um paren-
thetische (vokativische) Einschübe. Sie werden nicht in den Satzzu-
sammenhang integriert und sind völlig frei im Satz beweglich, ohne
etwa Rücksicht darauf nehmen zu müssen, ob das Vorfeld schon anderweitig besetzt ist (vgl. *damit, lieber Kollege, meine ich besonders dich /
damit meine ich besonders dich, lieber Kollege / damit meine ich, lieber Kollege,
besonders dich*).

Anschlüsse mit *als* und *wie*

In manchen Grammatiken (so etwa Duden 1998:664 oder Grundzüge 1981: 292) werden auch durch *als* und *wie* eingeleitete Attribute
als Appositionen aufgefasst, also z. B. in *Ich kann Erwin Erpel als Sän-*

---

[24] In diesem Fall – der ja nur beim Gebrauch als Anrede außerhalb des Satzzu-
sammenhangs auftritt – wäre allerdings zu diskutieren, ob es sich beim Pronomen *du* hier nicht um so etwas wie eine Vokativmarkierung handelt.

ger nicht ausstehen oder *Wir suchen eine Mitarbeiterin wie Katja.* Sie unterscheiden sich jedoch in mehrfacher Hinsicht von Appositionen:

- Sie sind nicht referenzidentisch. Durch *wie* und *als* werden Eigenschaften attribuiert, die dem Referenzobjekt des Beziehungswortes zukommen, aber gerade nicht als mit diesem identisch ausgedrückt werden; vgl. die echten Appositionen *wir suchen eine Mitarbeiterin, Katja* und *ich kann Erwin Erpel, den Sänger, nicht ausstehen. Wie Katja* drückt demgegenüber einen Vergleich aus, und durch *als Sänger* wird das Beziehungswort auf eine spezifische Rolle festgelegt; die Aussage des Satzes bezieht sich nur auf das solchermaßen eingeschränkte Beziehungsobjekt.
- Bildungen mit *als* sind unabhängig von ihrem Beziehungswort frei im Satz beweglich (*Als Sänger kann ich Erwin Erpel nicht ausstehen/Erwin Erpel kann ich als Sänger nicht ausstehen*). Echte Appositionen, die von ihrem Beziehungswort getrennt werden, können nur außerhalb der Satzkonstruktion stehen (Parenthese), vgl. *Gundel, die Hexe, ritt auf ihrem Besen./Gundel ritt auf ihrem Besen, die Hexe/(?)Gundel ritt, die Hexe, auf ihrem Besen,* aber nicht: **Gundel ritt die Hexe auf ihrem Besen* oder **Die Hexe ritt Gundel auf ihrem Besen.*
- Bildungen mit *wie* können im Unterschied zu allen anderen Appositionen nicht bedeutungsgleich als Prädikativa zum Beziehungswort auftreten; vgl. *Gundel, die Hexe* → Gundel ist eine Hexe (bedeutungsgleich) gegenüber *eine Mitarbeiterin wie Katja* und *Katja ist eine Mitarbeiterin* oder *die Mitarbeiterin ist Katja* (nicht bedeutungsgleich).
- Appositionen sind syntaktisch nebengeordnet, d.h. sie stehen auf derselben Ebene wie ihr Beziehungswort. In *als* und *wie* liegen hingegen auf Satzteilebene wirksame Konjunktionen vor, die der Unterordnung von Satzgliedern dienen (siehe S. 282).

10.7.4 Attribute in verschiedenen Grammatikmodellen

Die Dependenzgrammatik stellt die syntaktische Abhängigkeit des Attributs von seinem Beziehungsort beispielsweise so dar:

Allerdings sind nicht alle Attribute so einfach strukturiert. Schon dann, wenn ein Artikel oder Pronomen hinzutritt, ergeben sich etwa für eine Dependenzgrammatik des Deutschen Probleme. Eine Wendung wie *diese langweilige Grammatik* würde durch eine **IC-Analyse** folgendermaßen geklammert:

(*Diese*((*langweilige*)(*Grammatik*)))

Der entsprechende Baumgraph hätte dabei folgende Form:

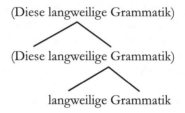

In der Dependenzgrammatik nach Tesnière hätte das Attribut in sich die folgende Struktur:

Da sich jedoch im Deutschen die grammatische Form des Adjektivs danach richtet, ob ein (und wenn ja, welches) „Determinativ" (Artikel, Possessivum usw.) gebraucht wird, ist diese Darstellungsform in modernen Dependenzgrammatiken des Deutschen allerdings geändert worden. Alternativ stehen z.B. die folgenden beiden Diagramme zur Verfügung:

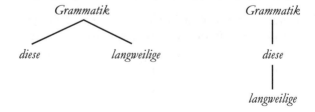

Darüber hinaus gibt es auch Ansätze, bestimmte determinierende Elemente, insbesondere den Artikel, aber auch Demonstrativa, direkt an das Substantiv anzuschließen (so z.B. bei Eroms 2000: 255–266), so dass Strukturen der folgenden Art entstehen:

Aber außer solchen adjektivischen und pronominalen Attributen müssen natürlich auch beispielsweise attributierte Nomina (im Deutschen im Genitiv oder mittels einer Präposition angeschlossen) in der Beschreibung berücksichtigt werden.

In der Generativen Grammatik gehören Attribute als Modifikatoren zu den Adjunktionen und sind damit Elemente, deren Hinzufügung keinen Einfluss auf den hierarchischen Aufbau des Satzes hat (vgl. z.B. Uriagereka 1998: 529). Sie erscheinen in Spezifikator-Positionen innerhalb der DP. Der hier als Rektionsattribut bezeichnete Attributtyp sowie objektive und subjektive Genetive können jedoch auch als Argumente aufgefasst werden. Vgl:

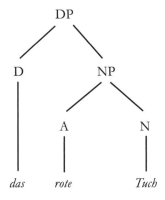

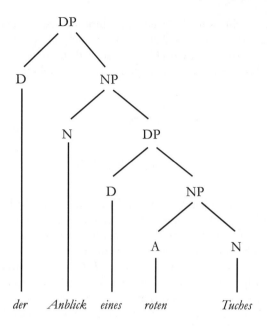

D = Determinator, N = Nomen, A = Adjektiv, P = Phrase

11 Satzarten und Wortstellung

11.1 Satztypen

Hauptsätze und Nebensätze

Sätze, die ihrerseits wieder aus Sätzen bestehen, nennt man **zusammengesetzte Sätze, komplexe Sätze** oder **Perioden.** Innerhalb einer Periode unterscheidet man zwischen Haupt- und Nebensätzen.

Hauptsätze

Hauptsätze (auch **Matrixsätze** genannt) sind Sätze, die nicht ihrerseits Teile eines anderen Satzes bilden. Ihnen sind alle anderen Teilsätze unter- oder nebengeordnet. Dagegen sind **Nebensätze** (oder **eingebettete** oder **Konstituentensätze**) dadurch definiert, dass sie in einem anderen, somit übergeordneten die Funktion eines Satzteils übernehmen. Der Terminus „Hauptsatz" ist in den Grammatiken nicht eindeutig definiert. Einerseits bezeichnet er den „Obersatz" oder „Stammsatz" in einem komplexen Satzgebilde und umfasst auch dessen notwendige Satzglieder, also auch obligatorische Nebensätze; andererseits steht er in der Opposition „Hauptsatz" – „Nebensatz" und bezeichnet nur die Elemente, die übrigbleiben, wenn man von den Nebensätzen absieht. In dem Satz *Dass die meisten Gäste erst spät gingen, konnte nur bedeuten, dass der Abend ein voller Erfolg gewesen war* kann man als Hauptsatz einerseits den ganzen Satz angeben, denn die beiden *dass*-Sätze sind obligatorische Bestandteile des Gefüges. Andererseits kann man auch nur *konnte nur bedeuten* als Hauptsatz betrachten, nämlich jene Teile, die nicht ihrerseits zu einem Nebensatz gehören. Man erhält dann einen unvollständigen Hauptsatz (gelegentlich auch als „Obersatzrest" bezeichnet). Im Folgenden wird der Begriff „Hauptsatz" in diesem letzteren Sinne verwendet.

Ein komplexer Satz, der aus mehreren Hauptsätzen besteht, ist eine **Satzreihung**; einen komplexen Satz mit Haupt- und Nebensätzen nennt man ein **Satzgefüge.** Ein **Schaltsatz** liegt dann vor, wenn in einen Ausgangssatz ein Satz – meist unverbunden – eingefügt wird, der einen Metakommentar über das Gesagte enthält: *Das Ministerium hat nämlich – das muss man erst einmal merken – seinen Berech-*

nungen ganz falsche Zahlen zugrunde gelegt. Es handelt sich dabei nicht um eine koordinative Verknüpfung, da die beiden Sätze nicht gleichberechtigt nebeneinander stehen; vielmehr stellt der Schaltsatz einen parenthetischen Einschub in den Ausgangssatz dar. Schaltsätze können in Haupt- und Nebensätze eingefügt werden, sie können Haupt- und Nebensatzstellung haben und auch in verkürzter Form auftreten. In *Wenn Donald – das ist ja sein großer Traum – einmal einen Schatz finden sollte, ...* ist der Schaltsatz in einen Nebensatz eingefügt. In *Das Ganze passt mir – ehrlich gesagt – gar nicht* ist der Schaltsatz auf eine Partizipialkonstruktion reduziert, in *Er hat seinen Geschäfts„freund" – wie man so schön sagt – gelinkt* hat der Schaltsatz die Form eines Nebensatzes.

Satzreihen oder Satzgefüge, die durch → Konjunktionen miteinander verbunden sind, nennt man **syndetisch** (von gr. *syndetikos* ‚zum Zusammenbinden geeignet'). Eine syndetische Reihung liegt beispielsweise in *Oma Duck arbeitet den ganzen Tag, und Franz Gans faulenzt nur* (verbindende Konjunktion: *und*), ein syndetisches Gefüge in *Wenn er heute nicht kommt, kommt er eben morgen* (verbindende Konjunktion: *wenn*) vor. Daneben kommen, wenn auch seltener, **asyndetische** Verbindungen vor: *Oma Duck arbeitet den ganzen Tag, Franz Gans faulenzt nur. Kommt er heute nicht, kommt er eben morgen.*

Satzmodi

Man unterscheidet bei der Einteilung der Hauptsätze die folgenden **Satztypen**:

— **Aussage-** oder **Assertionssätze**: *Ich komme morgen.*
— **Frage-** oder **Interrogativsätze**, die unterteilt werden in:
     Entscheidungsfragen: *Kommt sie morgen?*
     Bestimmungsfragen: *Wann kommt er?*
— **Aufforderungs-** oder **Imperativsätze**: *Komm morgen!*
— **Ausrufe-** oder **Exklamationssätze**: *Kommst du aber spät!*
— **Wunsch-** oder **Optativsätze**: *Käme sie doch! Wenn er doch käme!*

Das, was einen Assertionssatz von einem Interrogativsatz (und den anderen Satztypen) unterscheidet, nennt man **Satzmodus**. Gelegentlich ist auch von **Satzmodalität** oder von der ontischen Bedeutung (Coseriu 1973: 83) eines Satzes die Rede. Die Sätze *Maja geht schon mal vor. – Geht Maja schon mal vor? – Maja, geh schon mal vor!* haben dieselbe **propositionale Bedeutung** (oder **Proposition**), aber sie unterscheiden sich im Satzmodus und darüber hinaus auch in der pragmatischen Handlung oder **Illokution**, die mit ihnen vollzogen wird. Der Modus betrifft die Art der Existenz, die dem bezeichneten Sachverhalt im Satz (der Proposition) durch die verwendete Form zugeschrieben wird, also z. B. als ‚ausgesagt' oder als ‚in Frage gestellt'.

Im Bereich der Satztypen ist die Trennungslinie zwischen grammatischen und pragmatischen Einheiten, also zwischen dem Satzmodus und der Illokution, sehr problematisch, und sie wird in der Literatur unterschiedlich gezogen. Das hängt damit zusammen, dass die Form sozusagen in erster Linie zu dem Zweck existiert, eine bestimmte Sprechhandlung zu ermöglichen; dass also beispielsweise der primäre Daseinszweck des Satzmodus eines Imperativsatzes darin besteht, den Vollzug der Sprechhandlung der Aufforderung möglich zu machen. Dieses Zusammenwirken von grammatischer Form und primärem Gebrauchszweck kann aber zugleich auch als Basis für die Definition verwendet werden: Unter Satzmodi sollen hier nur solche Satzarten verstehen, für die primäre morphologische oder syntaktische Formen zur Verfügung stehen, die durch ihre grammatische Form auf den Ausdruck bestimmter Handlungen spezialisiert sind. Satzmodus und Illokution stehen dabei aber keineswegs in einem Eins-zu-eins-Verhältnis zueinander. So kann z. B. die Handlung „Aufforderung" nicht nur mit einem dafür prädestinierten Imperativsatz wie in *Setzen Sie sich doch!* ausgedrückt werden, sondern sie kann auch mit Hilfe von ganz anderen Satzmodi realisiert werden: *Darf ich Sie bitten, Platz zu nehmen?* oder *Möchten Sie sich nicht setzen?* sind Interrogationssätze vom Typ Entscheidungsfrage; *Warum setzen Sie sich nicht einen Augenblick zu uns?* ist ein Interrogationssatz vom Typ Bestimmungsfrage; *Ich möchte Sie bitten, Platz zu nehmen; Du wirst dich sofort setzen* sind Assertionssätze. In solchen Fällen, in denen Satzmodus und Handlungstyp einander nicht direkt zugeordnet sind, spricht man von einem **indirekten Sprechakt**.

Einen Überblick über die verschiedenen Begriffe, mit denen die grammatische Form und die pragmatische Funktion einer Äußerung bezeichnet werden, gibt die folgende Tabelle (nach Hentschel 1998: 170):

Form	Funktion
Satzmodus	Illokution
wörtliche Bedeutung	Sprechhandlung
Formtyp	Funktionstyp
Strukturtyp	Handlungstyp
Satztyp	Illokutionstyp
sentence type	speech act
grammatischer Modus	illokutiver Typ
syntaktischer Modus	semantischer Modus
Satzart	–
ontische Bedeutung	–
–	illokutionäre Rolle

Es empfiehlt sich, den Unterschied zwischen diesen beiden Ebenen auch dann in der Terminologie zum Ausdruck zu bringen, wenn von einzelnen Satzmodi (z. B. Interrogativsatz) oder sprachlichen Handlungen (z. B. Frage) die Rede ist. In der vorliegenden Grammatik werden für die Formseite Komposita mit *-satz* (z. B. *Aussagesatz* oder *Assertionssatz*, *Fragesatz* oder *Interrogativsatz*) benutzt. Eine Abweichung von diesem Schema stellen allerdings die Termini „Entscheidungsfrage" und „Bestimmungsfrage" dar, die ebenfalls Satztypen bezeichnen, nämlich zwei Arten von Interrogativsätzen. Zur Bezeichnung der Handlungen werden demgegenüber einfache → Nomina actionis wie *Aufforderung, Aussage, Frage* verwendet.

Der **Assertionssatz** (von lat. *asserere* ‚etwas zu etwas erklären'), auch **Aussagesatz** oder **Deklarativsatz** (von lat. declarare ‚erklären', ‚verkünden') genannt, drückt die Proposition als ‚faktisch' oder ‚gegeben' aus. Dabei wird im normalen Kommunikationsprozess implizit immer unterstellt, dass Sprecherin oder Sprecher nicht lügen, dass sie also einen Sachverhalt aussprechen, den sie für wahr halten oder von dem sie zumindest glauben, dass er durch die Äußerung hergestellt wird (letzteres ist in sogenannten performativen Äußerungen wie *Hiermit taufe ich dich auf den Namen … * der Fall). Für

die Grundbedeutung des Satzmodus sind der objektive Wahrheits-
gehalt der Proposition oder die pragmatische Funktion, die die Äußerung im konkreten Fall erfüllt, jedoch nicht von Bedeutung: ein
Assertionssatz bleibt auch im Falle einer Lüge oder in der Funktion
einer Aufforderung immer noch ein Assertionssatz.

Der **Interrogativsatz** (von lat. *interrogare* ‚fragen‘) oder **Fragesatz** ist eine Satzform, mit der entweder Unsicherheit in Bezug
auf das Zutreffen einer Proposition (Entscheidungsfrage) oder eine
spezifische Informationslücke (Bestimmungsfrage) bezeichnet wird.
Im Normalfall stellt die Äußerung eines Interrogativsatzes zugleich
eine Aufforderung an den Gesprächspartner dar, die fehlende Information zur Verfügung zu stellen.

Entscheidungsfragen

Die **Entscheidungsfrage** (auch **Ja-Nein-Frage, Globalfrage,
Satzfrage** genannt) markiert die Proposition des Satzes als nicht
sicher: *Ja* und *nein* (bzw. bei negierten Fragen *nein* und *doch*) sind als
Antworten möglich, es gibt also sozusagen eine 50/50-Wahrschein-
lichkeit für das Zutreffen der Proposition in ihrer Gesamtheit.[1] Die
typische grammatische Form der Entscheidungsfrage ist im Deutschen die Verb-Erststellung, die oft auch als Inversion (von lat.
inversio ‚Umdrehung‘; zur Problematik des Begriffs vgl. S. 432) bezeichnet wird: *Kommst du morgen? – Gibt es den Osterhasen wirklich?* Daneben gibt es die seltenere Möglichkeit, die normale Aussageform
mit dem Verb in zweiter Position zu verwenden und die Interroga-
tivität nur durch die Intonation auszudrücken *(Du kommst aus Ber-*

---

[1] In der Literatur ist gelegentlich behauptet worden, dass die Wahrscheinlichkeit für eine positive Antwort auf eine Entscheidungsfrage wesentlich größer ist als für eine negative (so z. B. Doherty 1985: 19). Wenn dies gelegentlich der Fall ist, so liegt es allerdings nicht am Satzmodus, sondern an den
pragmatischen Bedingungen, unter denen eine Frage überhaupt geäußert
wird. So ist z. B. für die Frage *Ist Konrad verreist?* (Beispiel nach ebd.) Konrads
Abwesenheit Bedingung und Anlass für die Äußerung; bei der Proposition
handelt es sich um eine Hypothese, die diese Abwesenheit erklären könnte.
Genauso gut kann aber unter anderen pragmatischen Bedingungen die erwartete Antwort negativ sein; vgl. z. B. *Haben Sie schon gegessen?* als Auftakt zu
einer Essenseinladung oder *Haben Sie schon gehört?/Kennen Sie den schon?* als
Einleitung zu einer Mitteilung/für einen Witz.

lin?); man spricht dann von einer Intonationsfrage. Ob in diesem Fall wirklich der Satzmodus der Interrogation vorliegt – der dann äußerlich nur durch eine spezifische Intonation gekennzeichnet wäre – oder vielmehr eine Assertion für die Sprechhandlung der Frage verwendet wird, ist allerdings nicht ganz einfach zu klären.[2] In anderen Sprachen wird der Satzmodus der Interrogation auch oft durch sog. Fragepartikeln zum Ausdruck gebracht; dies sind freie oder gebundene grammatische Morpheme (z. B. russisch *li* oder chinesisch *ma*), die ausschließlich dazu dienen, einen Satz als Entscheidungsfrage zu markieren.

Neben der einfachen Entscheidungsfrage, auf die meistens mit einer → Antwortpartikel wie *ja* oder einem → Modalwort wie *vielleicht* geantwortet wird, gibt es noch die **Alternativfrage**, die eine Kombination von zwei Entscheidungsfragen darstellt: *Willst du lieber Honig oder Marmelade?* Auf Alternativfragen antwortet man normalerweise mit einem der angebotenen Satzglieder.

Eine spezieller Typ der Entscheidungsfrage liegt ferner in der sogenannten **Refrainfrage** (engl. **tag question**, von engl. *tag* ‚Anhängsel') vor, die dadurch gebildet wird, dass man an einen Aussagesatz eine Fragewendung wie z. B. *nicht, nicht wahr*, regional *woll, gell, ne, wa* usw. anhängt. Dabei handelt es sich um einen verkürzten Fragesatz, der als Nach- oder Vergewisserungsfrage fungiert: *(Ist es) nicht (so)? (Ist es) nicht wahr?*

---

[2] Neueren Untersuchungen zufolge sind weder Fragen mit dem Satzmodus Interrogation noch sog. Intonationsfragen, also solche mit Assertionssatzstellung, im Deutschen mit einer steigenden Intonation verbunden (vgl. Altmann 1993 sowie Najar 1995). Man muss daher wohl vermuten, dass im Falle von formal als Assertion geäußerten Fragen Kontext und Weltwissen keinen anderen Schluss als den zulassen, dass es sich um den Sprechakt der Frage handeln muss. Wenn dies die Vorkommensbedingung für den Satztyp „Intonationsfrage" im Deutschen ist, dann muss hier eine Parallele zu Aufforderungen des Typs *Haste mal'n Euro?*, in denen vom Satzmodus her eine Interrogation und nur als Sprechhandlung eine Aufforderung vorliegt, gezogen werden. Wenn also keine eigene Intonation vorliegen sollte, handelt es sich bei „Intonationsfragen" nicht um einen eigenen Satzmodus, sondern um einen illokutiven Akt der Frage, der mithilfe des Satzmodus Assertion vollzogen wird.

Bestimmungsfragen

Mit der **Bestimmungsfrage** (auch **Ergänzungsfrage, w-Frage, Satzteilfrage** genannt) wird nicht der gesamte im Satz ausgedrückte Sachverhalt in Frage gestellt, sondern nur ein bestimmtes Element innerhalb des bezeichneten Sachverhalts, der als gültig vorausgesetzt wird, als Wissensdefizit markiert. In einer Bestimmungsfrage fragt man mit einem Fragewort oder einem mehrteiligen Frageausdruck nach einem Satzteil: nach dem Subjekt (z.B. mit *wer*), einem Objekt (z.B. mit *wen*), einer Adverbialbestimmung (z.B. mit *wo*), dem Prädikativum (z.B. *was*) oder einem Attribut (z.B. mit *welcher*). Das Interrogativum, das den Satzteil erfragt, steht normalerweise am Anfang des Satzes; an zweiter Stelle folgt, wie im Aussagesatz, das finite Verb. Nur bei Bestimmungsfragen mit spezieller Funktion, z.B. bei Nachfragen zu einer vorhergegangenen Äußerung, werden auch andere Positionen des Frageworts verwendet: *Rom wurde wann gegründet?* Werden Fragen wiederholt (**Echofragen**), z.B. weil das Gegenüber sie nicht verstanden hat, erfolgt die Wiederholung häufig mit → Nebensatzstellung: *Wann kommst du denn? – Wie bitte? – Wann du kommst?* Dieses Phänomen kann man als Ellipse bei einem ausgefallenen übergeordneten Satz wie *Ich habe gefragt (wann du kommst)* betrachten.

Normalerweise wird nur ein Satzteil auf einmal erfragt. Selten kommen aber auch sogenannte **Mehrfachfragen** des Typs *Wer hat wen gesehen?* vor, die sich meistens auf vorhergehende Äußerungen des Gesprächspartners beziehen, die nicht vollständig verstanden worden sind.

Einen grammatischen Sonderstatus haben die **rhetorischen Fragen** (abgeleitet von *Rhetorik*, aus griech. *rhetorikē technē* ‚Redekunst‘). Rhetorische Fragen werden nicht in der Absicht geäußert, den Gesprächspartner zu einer Antwort zu veranlassen; sie haben vielmehr stilistische Funktionen. Typischerweise werden sie durch → Abtönungspartikeln *(schon, wohl, auch)* gekennzeichnet. Rhetorische Fragen sind z.B.:

Rhetorische Ergänzungsfragen:

> Vater: *Wie wars in der Schule? –* Tochter: *Na, wie soll's schon gewesen sein?. Ne Goldmedaille sollte man gewinnen. Aber wer schafft das schon?*

Rhetorische Entscheidungsfragen:

> *Ja, gibt's denn sowas?*
> *Ist das denn zu fassen?*

Weydt/Hentschel (1983) unterscheiden zwischen **positiv** und **negativ rhetorischen Fragen**; diese Unterscheidung betrifft die Art der in der Frage implizierten Antwort. Positiv rhetorisch ist eine Frage dann, wenn es ganz offensichtlich einen bestimmten Sachverhalt gibt, der die Frage beantwortet; bei negativ rhetorischen Fragen hingegen ist offensichtlich, dass es gerade keine bzw. nur eine negative Antwort (*niemand, nichts* usw.) gibt. Dieser Unterschied kann durch die folgenden Beispiele illustriert werden: A, der mit dem Geschirrhandtuch in der Hand dasteht und wütend auf die Scherben seiner Kaffeekanne auf dem Fußboden starrt, wird vom hinzukommenden B gefragt, was denn passiert sei. Darauf erwidert er gereizt: *Na, was wohl?* Diese Frage ist a) rhetorisch, denn A erwartet keine Antwort, und b) positiv-rhetorisch, denn die implizierte Antwort lautet *Die Kaffeekanne ist mir beim Abtrocknen heruntergefallen*, ist also ein positiver (im Sinne von: bestehender) Sachverhalt. Anders hingegen das folgende Beispiel: A bekommt von B ein Angebot, ihr das Haus abzukaufen. Darauf erwidert sie, dass sie ihr Haus nicht verkaufen wolle, und fügt hinzu: *Warum auch?* Diese Frage ist a) rhetorisch, denn A erwartet keine Antwort, und b) negativ-rhetorisch, denn die implizierte Antwort lautet *Es gibt keinen Grund, warum ich mein Haus verkaufen sollte*, ist also ein negativer Sachverhalt.

Der **Aufforderungs-** oder **Imperativsatz** (von lat. *imperare* ,befehlen'), auch **Befehlssatz** genannt, dient dazu, zu einer Handlung aufzufordern. Die Markierung des Satzmodus erfolgt durch einen → Imperativ (*Sei nicht böse; Kommt bald wieder; Bringen Sie mir bitte ein Schnitzel*) oder eine Imperativ-Periphrase (*Alle mal herhören! Lass uns abhauen!*; vgl. S. 126 f.). Ob man kurze befehlende Ausrufe wie *Achtung! Tür zu! Feuer! Schnauze!*, die keine Verbform enthalten, als Imperativsätze bezeichnen soll, ist fraglich. Zwar werden mit ihnen zweifellos Aufforderungshandlungen vollzogen, doch drücken sie in keiner Weise in ihrer grammatischen Form bereits die ontische Bedeutung der Aufforderung aus. Vielmehr ergibt sich diese außergrammatisch-pragmatisch, vor allem aus dem situativen Kontext.

Der **Exklamationssatz** (von lat. *exclamare* ,ausrufen') oder **Ausrufesatz** dient dazu, die emotionale Beteiligung der Sprecherin an einem Sachverhalt zum Ausdruck zu bringen. Der Exklamativsatz wird durch die Intonation, aber auch durch Wortstellungsbesonderheiten markiert. Als Wortstellungen kommt die Verb-Erststellung in Frage, also eine Stellung wie bei Interrogativsätzen des Typs Entscheidungsfrage *(Hab' ich viel gegessen!)* oder aber Verbendstellung (also Nebensatzstellung) bei selbständigen Sätzen, die wie Interrogativsätze des Typs Bestimmungsfrage durch Interrogativa eingeleitet sind *(Wie groß ihr geworden seid!)*. Auch Sätze, die wie Bestimmungsfragen ohne Stellungsbesonderheiten gebildet werden (*Wie eiskalt ist dies Händchen!*) kommen für die Exklamation in Frage. Da dieser Satzmodus formal auf die Satztypen Assertionssatz und Interrogativsatz (beide Typen) zurückgreift, könnte man auch die Ansicht vertreten, dass hier kein eigener Satzmodus, sondern eine pragmatisch zu interpretierende Anwendungsebene vorliegt. Zumindest eine teilweise Grammatikalisierung muss dem exklamativen Modus im Deutschen jedoch zugebilligt werden, da sich zum einen Wortstellungsbesonderheiten zeigen und zum anderen spezielle Abtönungspartikeln – *aber* und *vielleicht* – nur bei diesem Satztyp zu finden sind, vgl. *Hab' ich vielleicht einen Hunger!* (Exklamativsatz) gegenüber **Hab' ich vielleicht einen Hunger?* (Interrogativsatz).

Der **Optativsatz** (von lat. *optare* ‚wünschen‘) oder **Wunschsatz** (z. B. *Wenn er doch nur käme! Käme er doch nur!*) entspricht in seiner Form ganz dem → Konditionalsatz, und zwar sowohl in der eingeleiteten als auch in der uneingeleiteten Form. Auch hier wird also eine anderweitig bereits vorhandene Form, hier die eines Nebensatzes, benutzt. Dafür, dennoch auch hier die zumindest teilweise erfolgte Grammatikalisierung eines eigenen Satzmodus anzunehmen, spricht die Tatsache, dass sich abermals Abtönungspartikeln mit spezifischen Funktionen nachweisen lassen: Vgl. *Wenn es doch bloß aufhören würde zu regnen!* gegenüber: **Wenn es doch nur aufhören würde zu regnen, könnten wir endlich ein Picknick machen.* Man kann zwischen **realen** *(Wenn sie nur bald käme!)* und **irrealen** *(Wenn sie nur gekommen wäre!)* Optativsätzen unterscheiden, wobei in realen Optativsätzen umgangssprachlich gelegentlich statt des Konjunktivs auch der Indikativ verwendet wird: *Wenn sie nur bald kommt!* (vgl. hierzu auch S. 123). Semantisch hat dieser Satzmodus mit dem Imperativsatz gemeinsam, dass ein Wunsch nach etwas, das sich (noch) nicht ereignet hat, ausgedrückt wird, jedoch stellt er – zumindest primär – keine direkte Aufforderung an den Gesprächspartner dar.

11.2   Nebensätze

Nebensätze oder **subordinierte Sätze** sind Sätze, die in einem anderen, übergeordneten Satz die Funktion eines Satzteils inne haben. Ob der übergeordnete Satz seinerseits ein Haupt- oder ein Nebensatz ist, spielt dabei keine Rolle. Als mögliche Ausnahme zu dieser sprachübergreifend gültigen Definition könnte man die sog. → weiterführenden Nebensätze ansehen, da ihre grammatische Funktion strittig ist (Näheres hierzu S. 425).

Einteilung der Nebensätze

Nach Satzteilfunktion

Da Nebensätze in übergeordneten Sätzen eine Satzteilfunktion übernehmen, liegt es nahe, sie nach dieser Funktion einzuteilen. Es finden sich folgende Typen, die im Anschluss genauer charakterisiert werden:

— **Subjektsätze** (*Dass der Rechner schon wieder abgestürzt ist, ärgert mich.*)
— **Objektsätze** (*Ich weiß ja, dass man nicht immer gewinnen kann.*)
— **Prädikativsätze** (*Nun bin ich letztendlich geworden, was ich nie werden wollte.*)
— **Adverbialsätze** (*Als sie nach Hause kam, erwartete sie eine Überraschung.*)
— **Attributsätze** (*Die Liste mit den Prüfungen, die abgelegt werden müssen, …*) und
— **Weiterführende Nebensätze** (die zugleich einen Sonderfall der Attributsätze darstellen): *Sie befindet sich auf dem Wege der Besserung, worüber wir alle sehr erleichtert sind.*)

Subjektsätze

Subjektsätze können durch Konjunktionen wie *dass* und *ob* oder durch ein Interrogativum, gelegentlich auch durch ein Relativpronomen (ohne Beziehungswort), eingeleitet werden:

Dass sie sich im Westen nicht wohl fühlt, ist ein offenes Geheimnis.
Ob er zum Medizinstudium zugelassen wird, stellt sich nächste Woche heraus.
Wie ich das machen soll, ist mir unklar.
Der da drüben kommt, ist mein Nachbar.

Auch Sätze wie die beiden letztgenannten, bei denen das Beziehungswort (*die Art und Weise, wie/der Mann, der*) im übergeordneten Satz fehlt, werden gelegentlich als „weiterführend" bezeichnet (Duden 1998: 760). Wenn man ein Element hinzufügt, auf das sich der Nebensatz bezieht, übernimmt dieses die Satzteilfunktion, und die Nebensätze werden zu Attributsätzen: *Die Art und Weise, wie ich das machen soll, ist mir unklar.*

Auch Infinitivsätze können Subjektsätze bilden: *Sich zu entschuldigen fällt vielen Menschen schwer.* Bei nachgestellten Subjektsätzen treten im übergeordneten Satz Korrelate auf: *Es ist ein offenes Geheimnis, dass sie sich im Westen nicht wohl fühlt.* Bei vorangestelltem Subjektsatz dagegen kann kein Korrelat stehen: **Dass sie sich im Westen nicht wohlfühlt, ist es ein offenes Geheimnis.*

Objektsätze

Objektsätze sind Nebensätze in Objektfunktion und können Objekte aller Kasus, auch des Präpositionalkasus, vertreten. Sie verfügen grundsätzlich über die gleichen formalen Realisierungsmöglichkeiten wie Subjektsätze, wie die folgenden Beispiele zeigen:

Dass sie sich im Westen nicht wohl fühlt, wissen alle.
Ob er zum Medizinstudium zugelassen wird, erfährt er erst nächste Woche.
Ich weiß nicht, wie ich das machen soll.
Er versuchte vergeblich, das Publikum zum Lachen zu bringen

In den Sätzen

Sie gedachte
beschloss   *Englisch zu lernen*
freute sich (darauf)

liegen drei Verben mit ganz unterschiedlicher Rektion vor, bei denen jedoch derselbe Objektsatz stehen kann. So regiert das Verb *gedenken* – wenngleich gewöhnlich nicht in diesem Kontext – einen Genetiv, *beschließen* einen Akkusativ und *sich freuen* einen Präpositionalkasus. Dies könnte zu der Annahme verführen, dass der jeweilige Objektsatz als Genetiv-, Akkusativ- bzw. Präpositionalobjekt zu betrachten ist. Da Sätze nicht dekliniert werden und ihre Form, wie das Beispiel zeigt, in keiner Weise von der Rektion des Verbs abhängig ist, ist diese Angabe jedoch nicht sehr sinnvoll. Dennoch unterscheiden manche Grammatiken Objektsätze verschiedener Kasus. So bezeichnet der Duden (1998: 756 f.) den Nebensatz in *Ich konnte nur zusehen, wie die Überschwemmung zurückging* als Dativobjekt, in *Ich erinnere mich, dass sie weiße Haare hatte* als Genetivobjekt und in *Er war erstaunt, wie klein sie war* als Präpositionalobjekt (Beispiele nach ebenda). Es ist jedoch wenig überzeugend, von Kasusobjekten und Präpositionalobjekten zu sprechen, wenn keine Kasus und Präpositionen auftreten. Zudem weisen einige der betreffenden Verben (so z. B. *sich erinnern*) mehrere Rektionsmöglichkeiten auf (vgl. *sich einer Sache erinnern/sich an etwas erinnern*), so dass bei einem Satz wie *Ich erinnere mich, dass sie weiße Haare hatte* ohnehin gar nicht entscheidbar wäre, um welche Art von Objekt es sich handeln soll.

Prädikativsätze

Prädikativsätze sind sehr selten. Wenn sie vorkommen, vertreten sie das → Prädikativum in einem Satz. Gemäß der Einteilung in → Subjekts- und Objektsprädikativ kann man auch die Prädikativsätze klassifizieren. Ein Subjektsprädikativ liegt vor in:

> *Nun bin ich also doch geworden, was ich nie werden wollte*

Dagegen hat in:

> *Donald nannte seinen Onkel wieder einmal, was er ihn schon öfter genannt hatte*

der Nebensatz den Status eines Objektsprädikativs.

Wie sich zeigt, kommen für das Prädikativum nur Relativsätze ohne Beziehungswort in Frage. Wenn das fehlende Beziehungswort etwa durch *das (Ich bin das, was …)* realisiert wird, muss der Nebensatz als Attribut dazu aufgefasst werden. Die Betrachtung von *das* als Korrelat ist deshalb problematisch, weil die unbetonte Standardform des Korrelats, *es,* hier nicht gebraucht werden kann (**Nun bin ich es also doch geworden, was ich nie werden wollte*).

Bei Sätzen wie:

> *Das Problem ist, dass wir uns nicht auf eine gemeinsame Grundlage einigen können.*

ist auf den ersten Blick nicht entscheidbar, ob es sich bei dem Nebensatz um das Prädikativum oder das Subjekt handelt. Der Vergleich mit Sätzen wie *Das Problem sind die unterschiedlichen Meinungen dazu* zeigt aber, dass es sich beim Nebensatz um das Subjekt handelt.

Adverbialsätze

Adverbialsätze übernehmen im übergeordneten Satz die Funktion einer Adverbialbestimmung. Sie können mit einem Fragepronomen erfragt werden und das Vorfeld besetzen.

Nach semantischen Kriterien werden Adverbialsätze ganz parallel zu den sie einleitenden Konjunktionen (vgl. S. 293 ff.) oder zu den Adverbialbestimmungen, deren Funktionen sie übernehmen, in Temporalsätze (*Wenn der weiße Flieder wieder blüht*), Konditionalsätze (*Falls das wirklich stimmt*), Kausalsätze (*Weil ich keine Lust habe*), Modalsätze (*Indem er hämisch lachte*) usw. eingeteilt werden.

Auch die mit *als* oder *als ob* eingeleiteten **Komparativsätze** *(Er lief, als habe er Todesangst. Sie rannte, als ob der Teufel hinter ihr her wäre)* werden gelegentlich zu den Modalsätzen gezählt; sie können aber ebenso auch als eigener Satztyp aufgefasst werden (so z. B. bei Helbig/Busca 2001: 604). Allerdings kann der Terminus Komparativsatz sowohl Adverbialsätze wie in den vorigen Beispielen als auch Attributsätze wie in *Sie tut mehr, als man von ihr verlangt* bezeichnen.

Attributsätze

Attributsätze sind Nebensätze, die sich als Attribute auf einen anderen Satzteil beziehen. Sie können durch Relativpronomina, relativ gebrauchte Interrogativa (*der Ort, wo; das was* usw.) und Pronominaladverbien mit *wo*-eingeleitet werden:

Der Spion, der aus der Kälte kam
Etwas, was ich noch sagen wollte
Das, worum es geht

So eingeleitete Sätze bezeichnet man als **Relativsätze**; sie sind sozusagen der Prototyp des Attributsatzes. Daneben können Attributsätze aber auch durch Konjunktionen eingeleitet werden wie in den folgenden Beispielen:

Der Moment, als seine Mutter hereinkam
Der Gedanke, dass es zu spät sein könnte
Die Frage, wie das Problem gelöst werden könnte

Relativsätze

Uneingeleitete (asyndetische) Relativsätze wie im Englischen *(The man I saw yesterday)* gibt es im Neuhochdeutschen nicht mehr; es gab sie aber im Althochdeutschen, wo Konstruktionen des Typs *then weg sie faran scoltun* ,den Weg, *den* sie reisen sollten' (Otfried I. 17) anzutreffen sind. Vermutlich repräsentieren solche Bildungen eine ältere Form der Relativsätze, die ursprünglich im Germanischen vorherrschte (vgl. Lehmann 1984: 379).

Relativsätze unterscheidet man in **restriktive** (von lat. *restringere* ,beschränken') und **nicht-restriktive** (oder **explikative**). Restriktive Relativsätze schränken die Extension des durch das Bezugswort genannten Referenzgegenstandes ein, nicht-restriktive beschreiben den genannten Gegenstand, ohne ihn einzuschränken. In *Die Filme, die ich in letzter Zeit gesehen habe, haben mich enttäuscht* beschränkt der Relativsatz die Aussage auf eine Untergruppe von Filmen, er ist restriktiv. Als Kriterium, ob ein Satz restriktiv ist, empfehlen Helbig/ Buscha (2001: 595), das Pronomen *der-/die-/dasjenige* vor das Bezugswort zu setzen. Wenn das möglich ist, handelt es sich um einen restriktiven Satz. Anders ist dies bei einem Relativsatz wie *Im Gegensatz zu Wölfen, die in Rudeln leben, sind Luxe Einzelgänger:* hier beschränkt der Relativsatz den genannten Gegenstand (*Wölfe*) nicht, die Aussage gilt für alle mit dem Bezugswort bezeichneten Objekte, und der Satz ist somit nicht-restriktiv.

Zuweilen wird auch zwischen notwendigen und nicht-notwendigen Relativsätzen unterschieden. Dabei handelt es sich um ein syntaktisches Kriterium, das nur auf Relativsätze ohne Beziehungswort angewandt werden kann. Notwendig ist z. B. der Relativsatz ohne Beziehungswort in *Wer das sagt, macht sich schon verdächtig,* da es sich dabei um einen nicht weglassbaren Subjektsatz handelt.

Helbig/Buscha (2001: 590 f.) beschreiben sämtliche Nebensätze unter Hinweis auf ein mögliches Korrelat im übergeordneten Satz und damit im Grunde als Attributsätze. Als Korrelat kann dabei auch ein „bedeutungsarmes Substantiv" fungieren. So kann etwa der Subjektsatz in *Dass du gekommen bist, freut mich* als Hinzufügung zu einem Korrelat wie *die Tatsache (Die Tatsache, dass du gekommen bist, freut mich)* oder *das (Dass du gekommen bist, das freut mich)* aufgefasst werden. Entsprechend würde der Objektsatz *Ich weiß, dass es in den Bergen schon schneit* als Bestimmung eines Korrelates *es (Ich weiß (es), dass es in den Bergen schon schneit)* angesehen, und ein temporaler Adverbialsatz würde ein nicht realisiertes *dann* näher bestimmen: *Er kam (dann), als alles längst vorbei war.* Mit diesem Hinweis auf vorhandene oder zumindest theoretisch ergänzbare Korrelate im Hauptsatz versuchen die Autoren, den Unterschied zu weiterführenden Nebensätzen zu verdeutlichen. Da letztere keine Satzteilfunktion in einem anderen Satz erfüllen, können sie in der Tat auch nicht durch ein Korrelat dort wieder aufgenommen werden.

Weiterführende Nebensätze

Weiterführende Nebensätze sind eine Sonderform der Attributsätze: sie sind Attribute des gesamten vorhergehenden Satzes und nicht nur eines Satzgliedes. Ihr Name weist darauf hin, dass sie den vorhergehenden Satz „weiterführen". Allerdings ist der Begriff in der Literatur nicht einheitlich definiert, so dass gelegentlich auch andere Satztypen als die hier beschriebenen dazu gerechnet werden. Ein Überblick über die verschiedenen Ansätze findet sich z. B. bei Brandt (1990).

Weiterführende Nebensätze können ausschließlich nach dem Satz stehen, auf den sie sich beziehen. Sie können durch Relativpronomina und -adverbien eingeleitet werden, die dann typischerweise kein Beziehungswort im übergeordneten Satz haben und auch nicht haben können, da sie sich ja auf den ganzen Satz beziehen. Vgl.

Sie hat mich gestern angerufen, was mich gefreut hat. (→ *Das, was mich gefreut hat, ist, dass sie mich gestern angerufen hat.*)
Sie hat sich seit Tagen nicht gemeldet, worüber ich besorgt bin. (→ *Das, worüber ich besorgt bin, ist, dass sie sich seit Tagen nicht gemeldet hat.*)

Weitere Einteilungen

Außer nach dem Kriterium der Satzteilfunktion kann man die Nebensätze danach einteilen,

— ob sie eingeleitet oder nicht eingeleitet sind,
— welche Satzstellung sie aufweisen (topologischer Gesichtspunkt),
— ob sie obligatorisch oder nicht sind,
— in welchem Grad der Abhängigkeit sie zu dem Matrixsatz stehen,
— ob das Verb des Satzes in einer finiten oder infiniten Form steht.

Nebensätze können nach der Art ihrer Verbindung mit dem domi-
nierenden Satz in → **syndetische** und **asyndetische** eingeteilt werden. Während die syndetischen (oder eingeleiteten) Nebensätze den
Normalfall darstellen, können vor allem konditionale und konzessive Adverbialsätze (→ Adverbialbestimmungen) auch asyndetisch
gebildet werden.

Konditional: *Kommt er heute nicht, kommt er morgen. Hättest du gleich den
Buben gespielt, hätte er nicht mit dem As einstechen können. Heult draußen der
Sturm, ist es drinnen um so gemütlicher.*

Konzessiv (stets mit der Partikel *auch*): *Legt sich auch Speck auf Bauch
und Brust, noch schlägt das Herz in voller Lust. Kann ich das Feuer auch nicht
sehen, so spüre ich doch seine Wärme.*

In asyndetischen Adverbialsätzen dieses Typs steht das finite Verb
an erster Stelle. Der Grund dafür liegt darin, dass es sich dabei ursprünglich um Interrogativsätze handelt (vgl. hierzu ausführlicher
Hentschel 1998a: 190–199).

   Bei Engel (1996: 269, 273 f., 279) wird noch ein dritter Typ uneingeleiteter Nebensätze mit Verb-Erststellung unterschieden, die er
als Kausalsätze einordnet. Dabei handelt es sich um Sätze wie: *Er
kam gern in die Stadt zurück, war ihm doch aus seiner Studentenzeit jede Straße
um den Alten Markt vertraut* (ebenda: 269). Dieser Satztyp, der in den
anderen Grammatiken keine Erwähnung findet, unterscheidet sich
deutlich von den uneingeleiteten Konditional- und Konzessivsät-
zen. Während letztere immer am Anfang des Satzgefüges stehen
können und nur selten nachgestellt werden, müssen Sätze dieses
Typs stets und ausnahmslos nachgestellt werden. Vgl.:

   Sie fand problemlos den Weg, kannte sie doch jeden Winkel der Stadt.

vs.

   **Kannte sie doch jeden Winkel der Stadt, fand sie problemlos den Weg*

Außerdem ist der Gebrauch der Partikel *doch* in solchen Sätzen
zwingend; ohne sie wird der Satz ungrammatisch. Vgl.:

   **Sie fand problemlos den Weg, kannte sie jeden Winkel der Stadt.*

Topologisch[3] lassen sich Sätze mit Erststellung des finiten Verbs (sogenannte **Stirnsätze**, Duden (1998: 815), Sätze mit Verbzweitstellung (sogenannte **Kernsätze**) und Sätze, bei denen das finite Verb am Satzende steht (**Spannsätze**), unterscheiden (siehe dazu unter Wortstellung im Nebensatz).

Als Stirnsätze treten die oben beschriebenen → **asyndetischen (uneingeleiteten) Konditionalsätze und Konzessivsätze** sowie die **Kausalsätze** mit *doch* auf.

Kernsätze wie *Sie sagt, sie käme gleich* sind bei Nebensätzen selten und kommen nur bei indirekter Rede (im weiteren Sinne) vor.

Der Spannsatz ist dagegen die typischste und häufigste Form des Nebensatzes. Die Verb-Endstellung wird deshalb häufig als Kriterium verwendet, mit Hilfe dessen man gut erkennen kann, ob ein Satz ein Haupt- oder ein Nebensatz ist (siehe dazu unter Wortstellung im Nebensatz).

Nebensätze können auch nach dem Grad ihrer Abhängigkeit vom Hauptsatz als **Nebensätze ersten, zweiten, dritten** usw. **Grades** bestimmt werden. Nebensätze „ersten Grades" sind solche, die direkt vom Matrixsatz abhängig sind, die also einen Satzteil dieses Satzes bilden. Sätze, die direkt von einem Nebensatz ersten Grades abhängen, sind Nebensätze zweiten Grades, von ihnen hängen die Nebensätze dritten Grades ab usw. In:

Günter, der mich gestern, als ich gerade zu dir gehen wollte, anrief, um mich zu fragen, ob ich nicht Lust hätte, ein bisschen zu rudern, legte wütend auf, als ich ihm sagte, dass ich was Besseres zu tun hätte

gibt es einen Hauptsatz und Nebensätze ersten, zweiten, dritten und vierten Grades.

HS	*Günter legte wütend auf*
NS 1. Grades	a) *der mich gestern anrief*
	(Relativsatz; Attribut zu *Günter*)
	b) *als ich ihm sagte* (Adverbialbestimmung)

---

[3] Unter Topologie (von griech. *topos* ‚Platz', ‚Ort') versteht man in der Linguistik die Erforschung und Beschreibung der Reihenfolgebeziehungen zwischen einzelnen Elementen im Satz.

NS 2. Grades c) *als ich gerade zu dir gehen wollte*
     (Adverbialbestimmung zu NS a)
     d) *um mich zu fragen*
     (verkürzter Finalsatz, Infinitivsatz, Adverbial-
     bestimmung zu a)
     e) *dass ich was Besseres zu tun hätte*
     (Objektsatz, Akkusativobjekt zu *sagte* in b)
NS 3. Grades f) *ob ich nicht Lust hätte*
     (Objektsatz, Akkusativobjekt zu *fragen* in d)
NS 4. Grades g) *ein bisschen zu rudern*
     (Attributsatz, Infinitivsatz, Attribut zu *Lust* in f)

Infinitiv- und Partizipialkonstruktionen

Schließlich kann man Nebensätze auch danach klassifizieren, ob ein finites oder ein infinites Verb vorliegt. Während Nebensätze mit einem finiten Verb als Prädikat in dieser Hinsicht unproblematisch sind, gehen die Meinungen der Grammatiken darüber auseinander, ob man die sog. satzwertigen infiniten Verbalkonstruktionen als Nebensätze betrachten soll. Soll die Infinitivkonstruktion in *Elisabeth hat zu Neujahr den Entschluss gefasst, Hans mehr bei der Küchenarbeit zu helfen* oder die Partizipialkonstruktion in *Eis essend und Cola trinkend, verbrachte sie ihren Urlaub* als Nebensatz angesehen werden? Der Duden (1998: 599) rechnet solche Konstruktionen zu den Nebensätzen. Helbig/Buscha (2001: 578–590) betonen zwar, dass es formale Unterschiede gibt, sehen diese Konstruktionen aber als den Nebensätzen „funktional äquivalent" (ebenda: 578) an. In der Tat sind die satzwertigen Infinitiv- und Partizipialkonstruktionen den Nebensätzen zumindest sehr ähnlich. Sie stellen Satzglieder des übergeordneten Satzes dar, sie sind durch Objekte, Adverbialbestimmungen und weitere von ihnen abhängige Nebensätze erweiterbar, und sie haben ein implizites Subjekt, nach dem sich auch auftretende Reflexivpronomina richten *(Sie rät mir, mich erst einmal nach den Zahlungsbedingungen zu erkundigen)*. Da diesen Sätzen aber ein explizites Subjekt und auch die grammatischen Bestimmungen, die in der finiten Verbform ausgedrückt werden, fehlen, ist es sinnvoll, hier von **verkürzten Nebensätzen** zu sprechen.

Haupt- oder Nebensätze

Problematisch ist die Interpretation von uneingeleiteten Rede- oder Gedankenwiedergaben wie *Sie sagte, sie käme gleich; Er denkt wohl, er hätte hier zu befehlen.* Im allgemeinen werden solche Sätze als „uneingeleitete Nebensätze" (z. B. Helbig/Buscha 2001: 566) bezeichnet. Für ihre Interpretation als Nebensätze spricht, dass sie Satzglieder, konkret Objekt oder Subjekt (in Passivkonstruktionen wie *Es wurde gemunkelt, er sei in den Skandal verwickelt*), im übergeordneten Satz darstellen. Zuweilen werden sie allerdings auch als „abhängige Hauptsätze" aufgefasst. Eine solche Auffassung kann mit der Wortstellung dieser Sätze argumentieren, die von der im Deutschen für den Nebensatz typischen Verbendstellung abweicht und die typische Verbzweitstellung des Hauptsatzes aufweist; sie wird um so stärker, je weiter sich die betreffenden Sätze von ihrem übergeordneten Verb entfernen. Ganze Passagen können in der indirekten Rede wiedergegeben werden, ohne dass der Matrixsatz wiederholt wird: *Der Angeklagte sagte, er sei gegen Abend nach Hause gefahren. Dort habe er zunächst gegessen. Dann habe er eine Axt aus dem Keller geholt ...* usw. Je länger diese Satzkette fortgesetzt wird, desto selbständiger wird der einzelne Satz, und desto stärker bietet sich seine Interpretation als Hauptsatz an. Hinzu kommt, dass ein Verbum dicendi[4], von dem der Nebensatz abhängig sein müsste, oft nur implizit vorhanden ist (z. B. *Den Ausführungen des Bundeskanzlers zufolge gibt die wirtschaftliche Lage durchaus zu Hoffnungen Anlass. Es komme aber gerade jetzt darauf an, ...*), was es so schwer macht, von einer Objektfunktion zu reden. Auch der Konjunktiv, der als äußeres Zeichen der Abhängigkeit (und damit des Nebensatzes) gedeutet werden kann, ist in der Konstruktion zumindest in der Umgangssprache nicht obligatorisch *(Er sagt, er war in der Stadt und hat dort gegessen. Und danach ist er gleich nach Hause gegangen).* Dennoch bleibt das Argument, dass man, selbst bei einem entfernten Matrixsatz, für solche Sätze meistens eine Objekt- (seltener eine Subjekt-) funktion konstruieren kann, so dass es wohl realistisch ist, hier einen allmählichen Übergang vom Nebensatz zum Hauptsatz anzunehmen. Das Problem stellt sich grundsätzlich

---

[4] Auch Verba sentiendi können hier vorkommen: *Er ahnte/fühlte/spürte, dies sei das letzte Mal ...*

in anderen Sprachen ähnlich; daher erscheint es wenig sinnvoll, sich
ausschließlich auf die nur im Deutschen auftretende Zweitstellung
zu stützen.

11.3   Wortstellung im Hauptsatz

Prädikat

Wenn von der **Hauptsatzstellung** im Deutschen die Rede ist, so
ist gewöhnlich die Wortstellung oder genauer: die Stellung des finiten Verbs (Finitums) im unabhängigen Assertionssatz gemeint,
das in diesem Satztyp (auch Kernsatz genannt, so Duden 1998:
814) immer an zweiter Stelle steht. „An zweiter Stelle" bedeutet
dabei aber keineswegs, dass das Finitum stets das jeweils zweite
Wort im Satz bildet. Die Anzahl der Wörter, die vor dem finiten
Verb stehen können, ist theoretisch unbegrenzt und nur dadurch
eingeschränkt, dass der Satz verständlich bleiben muss und dass
das Kurzzeitgedächtnis des Hörers oder der Leserin, die die Satzstruktur erkennen müssen, nicht unbegrenzt ist. Syntaktisch ist
dieser Teil des Satzes jedoch strikt begrenzt: sämtliche Wörter, die
vor dem Finitum stehen, dürfen zusammen nicht mehr als ein Satzglied bilden.

Sie	*kommt*	*erst übermorgen an.*
Vor einigen Jahren	*waren*	*wir zusammen im Urlaub.*
Meiner Freundin Elfi,		
der ich schon ewig eine		
Antwort schulde,	*habe*	*ich gestern endlich geschrieben.*
	Finitum	

Die Stelle vor dem Finitum wird gewöhnlich als **Vorfeld** bezeichnet.
Hier kann, wie die obigen Beispiele zeigen, ein Subjekt, ein Objekt
oder eine Adverbialbestimmung stehen; in seltenen Fällen kommen
auch Prädikativa in dieser Position vor *(Freundlich sind Sie ja nicht gerade)*. Attribute, die von diesen Satzteilen abhängig sind – wie der
Relativsatz *der ich schon ewig eine Antwort schulde* im obigen Beispiel –
stehen als Bestandteil des übergeordneten Satzgliedes mit diesem
zusammen im Vorfeld.

Da Satzteile auch durch ganze Sätze repräsentiert sein können, kann das Vorfeld natürlich auch mit einem Nebensatz besetzt werden:

| *Wenn wir den Zug verpassen,* | *müssen* | *wir ein Hotel nehmen.* |

In diesem Beispielsatz liegt, wie auch schon in einigen der vorigen, ein mehrteiliges Prädikat vor (*müssen nehmen*; ebenso: *kommt an, habe geschrieben*), also ein Prädikat, das außer dem Finitum noch weitere Bestandteile (Infinitiv, Partizip, Präfix) aufweist. Wie sich zeigt, stehen diese Prädikatsteile jeweils ganz am Ende des Satzes. Damit „umklammert" oder „umrahmt" das Prädikat sozusagen weite Teile des Satzes, weshalb viele Autoren auch von der **verbalen Klammer** oder dem **Satzrahmen** sprechen. Diese Stellung der Prädikatsteile ist ein Spezifikum des Deutschen, das ihm eine besondere Stellung innerhalb der indoeuropäischen Sprachenfamilie verleiht. Allerdings kommt es in der gesprochenen Sprache, zuweilen auch in der Schriftsprache, inzwischen zunehmend zu sog. Ausklammerungen, Stellung v. Satzteilen nach dem Satzrahmen, z. B. *Ich habe meinen Freund getroffen gestern.*

Die Reihenfolge der nicht-finiten Konstituenten des Prädikats unterliegt ihrerseits festen Regeln:

- Partizipien von Vollverben stehen vor denen der Hilfsverben:
  ... ist ... gestreikt worden
- sämtliche Partizipien stehen vor Infinitiven:
  ... muss ... passiert sein (Partizip vor Infinitiv)
  ... soll ... ausgeraubt worden sein (Partizip des Vollverbs, Partizip des Hilfsverbs, Infinitiv)
- Infinitive von Voll- und Hilfsverben stehen vor denen der Modalverben:
  ... wird ... untersucht werden müssen (Partizip, Infinitiv des Hilfsverbs, Infinitiv des Modalverbs)
- Infinitive von modifizierenden Verben stehen nach denen der Vollverben, aber vor denen der Modalverben:
  ... wird ... untersuchen lassen müssen (Infinitiv des Vollverbs, Infinitiv des modifizierenden Verbs, Infinitiv des Modalverbs)
- trennbare Verbzusätze (die in den meisten Fällen ohnehin schon äußerlich durch Zusammenschreibung als mit dem Infinitiv verbunden gekennzeichnet werden) stehen vor dem Infinitiv oder Partizip
  ... kann ... Auto fahren/wegfahren

Wie trennbare Verbzusätze werden auch Prädikativa gestellt; sie stehen also entweder am Satzende oder vor dem Infinitiv des Kopula-Verbs:

> ... *war ... allein/... wurde ... eine bekannte Malerin*
> ... *möchte ... allein sein/eine bekannte Malerin werden* usw.

Die verbale Klammer mit der Endstellung der infiniten Prädikatsteile bleibt im Hauptsatz auch dann erhalten, wenn das Finitum selbst nicht an zweiter, sondern an erster Stelle steht; dies ist bei Imperativ- und Interrogativsätzen (Typ Entscheidungsfrage) sowie gelegentlich auch bei Wunsch- und Exklamationssätzen der Fall. Manche Autoren sprechen dann von einem Stirnsatz (Duden 1998: 815).

> *Gib nicht immer so an!*
> *Hast du ihr meine Grüße ausgerichtet?*
> *Hast du dich aber verändert!*

Die Frontstellung des finiten Verbs wird bei Fragesätzen oft als **Inversion** (von lat. *inversio* ‚Umstellung') bezeichnet. Dieser Terminus geht davon aus, dass die Reihenfolge Subjekt-Prädikat die „natürliche" oder üblichste Stellung sei, die dann zur Bildung einer Frage „umgekehrt" wird. In vielen Sprachen (so beispielsweise im Englischen oder im Französischen) ist die Subjekt-Verb-Folge der Satzglieder festgelegt, und der Begriff ist dann voll gerechtfertigt, denn es erfolgt tatsächlich eine Umstellung der ersten beiden Satzglieder (Subjekt-Verb zu Verb-Subjekt). Im Deutschen ist die Lage nicht ganz so einfach, da, wie gezeigt wurde, nur die Stellung des Finitums, nicht aber die der anderen Satzteile festgelegt ist. Wenn man trotzdem von Inversion sprechen will, sollte man im Auge behalten, dass das erste Satzglied keineswegs das Subjekt sein muss und dass die Umkehrung der Reihenfolge der ersten beiden Elemente nur eine von mehreren Möglichkeiten ist, einen Assertionssatz in eine Entscheidungsfrage zu verwandeln. Die Assertion:

> *Gestern haben die Panzerknacker die Entenhausener Zentralbank überfallen.*

kann zwar durch Umstellung von *gestern* und *haben* in die Frage:

> *Haben gestern die Panzerknacker die Entenhausener Zentralbank überfallen?*

umgeformt werden; wahrscheinlicher wäre aber die Reihenfolge:

Haben die Panzerknacker gestern die Entenhausener Zentralbank über-
fallen?

und möglich sind selbstverständlich, wie im Assertionssatz, auch
andere Stellungen, je nachdem, wie die Frage gewichtet werden soll:

Haben die Panzerknacker die Entenhausener Zentralbank gestern über-
fallen?
Haben die Entenhausener Zentralbank gestern die Panzerknacker über-
fallen?

Insofern beschreibt der Begriff der Inversion die Stellungsverhält-
nisse im Deutschen nur ungenau. Bei Imperativsätzen, wo ebenfalls
(und nicht nur im Deutschen) eine Erststellung des Verbs vorliegt,
wird normalerweise nicht von Inversion gesprochen. Dies hängt damit zusammen, dass Imperativsätze gewöhnlich kein explizites Subjekt enthalten. Diese Einschränkung beim Gebrauch des Begriffs
zeigt, wie eng er an die Subjekt-Verb-Folge gebunden ist.

Die Frontstellung des finiten Verbs ist insgesamt bei folgenden
Hauptsatztypen möglich:

— Interrogativsätze (Typ Entscheidungsfrage): *Hilfst du mir mal*
eben?
— Imperativsätze: *Hilf mir mal bitte!*
— Exklamationssätze: *Hast du dich aber verändert!*
— Optativsätze: *Hätte ich doch bloß mehr Zeit!*

Außer Verb-Zweit- und Verb-Erststellung kommen auch Fälle
von Verb-Endstellung bei Hauptsätzen vor; der Duden (1998: 815)
spricht dann von Spannsätzen. Dabei handelt es sich zum einen um
Wunschsätze, die mit *wenn* eingeleitet sind und die Abtönungspartikel *doch, bloß, nur* oder eine Kombination derselben enthalten:

Wenn ich doch bloß mehr Zeit hätte!

Zum anderen tritt diese Stellung bei Exklamationssätzen auf, die
durch Interrogativa eingeleitet werden:

Was für ein Smog das wieder ist!

Subjekt, Objekt, Adverbialbestimmung

Außer dem Prädikat sind die Satzteile im Deutschen in ihrer Stellung zunächst nicht prinzipiell festgelegt. Sie können im Idealfall frei auf das Vorfeld und das sog. **Mittelfeld** – die Stellung zwischen den Prädikatsteilen – verteilt werden. Das folgende Beispiel zeigt sechs Stellungsvarianten für drei frei bewegliche Satzteile (Subjekt, Objekt, Adverbialbestimmung):

> *Gestern haben die Panzerknacker den Multimillionär Dagobert Duck ausgeraubt.*
>
> *Den Multimillionär Dagobert Duck haben gestern die Panzerknacker ausgeraubt.*
>
> *Den Multimillionär Dagobert Duck haben die Panzerknacker gestern ausgeraubt.*
>
> *Die Panzerknacker haben gestern den Multimillionär Dagobert Duck ausgeraubt.*
>
> *Die Panzerknacker haben den Multimillionär Dagobert Duck gestern ausgeraubt.*
>
> *Gestern haben den Multimillionär Dagobert Duck die Panzerknacker ausgeraubt.*

oder, wenn man die hier auftretenden Satzteile mit A (Adverbialbestimmung), F (Finitum), I (Infiniter Prädikatsteil), O (Objekt) und S (Subjekt) abkürzt:

A	F	S	O	I
O	F	A	S	I
O	F	S	A	I
S	F	A	O	I
S	F	O	A	I
A	F	O	S	I

Natürlich ist die Stellung der Satzteile nicht völlig beliebig, sondern ihre Veränderung führt, wie das Beispiel zeigt, jeweils zu einer Verschiebung des Satzakzentes; auf den Zusammenhang von inhaltlicher Gliederung des Satzes und Satzstellung soll im Folgenden (S. 442 f.) noch näher eingegangen werden. Bei besonderer Betonung kann zudem auch das Partizip des Vollverbs das Vorfeld besetzen, so dass die verbale Klammer aufgelöst wird:

Ausgeraubt haben die Panzerknacker den Multimillionär Dagobert Duck gestern!

Grundsätzlich eingeschränkt ist die Stellungsfreiheit der Satzteile, wenn es sich bei einem oder mehreren von ihnen um Personalpronomina handelt. Wenn sie nicht besonders betont sind und damit demonstrative Funktionen haben, müssen Pronomina entweder vor (nur Subjekte) oder nach dem finiten Verb (Subjekte und sämtliche Objekte) stehen. Dabei gilt die Reihenfolge Subjekt-Akkusativobjekt-Dativobjekt:

Ich habe es ihm gestern erzählt.
Gestern habe ich es ihm erzählt.

Eine ähnliche, noch engere Verbindung von Pronomina in Objektfunktion mit dem Verb weist das Französische auf, wo Pronominalobjekte direkt vor das finite Verb gestellt werden müssen:

Je le lui ai écrit (wörtlich: ‚ich es ihm habe geschrieben‘)

Im Deutschen kann die Verbindung zwischen Pronominalobjekt und Finitum dann gelockert werden, wenn das (nicht-pronominale) Subjekt des Satzes ebenfalls im Mittelfeld steht. Das Subjekt kann dann zwischen Verb und Pronomen treten:

Zum Geburtstag hat mir mein Vater ein Fahrrad geschenkt.
Zum Geburtstag hat mein Vater mir ein Fahrrad geschenkt.

Wenn keine pronominalen Satzglieder vorliegen, kann man von folgender Grundreihenfolge ausgehen (vgl. auch Eroms 1986: 38):

Subjekt/finites Verb/temporale Adverbialbestimmung/kausale Adverbialbestimmung/lokale Adverbialbestimmung/modale Adverbialbestimmung/instrumentale Adverbialbestimmung/Objekte/infinite Prädikatsteile.

Natürlich kommen Sätze, die alle diese Adverbialbestimmungen enthalten, in der Praxis normalerweise nicht vor; zur Illustration sei hier ein konstruierter Beispielsatz wiedergegeben, der sich bei Eroms (ebenda) findet:

Otto hat gestern wegen seines eingegipsten Armes auf dem Sofa unter großer Anstrengung mit Hilfe eines Bleistiftes die Buchseiten umblättern müssen.

Für die Stellung der Objekte gilt folgende Grundreihenfolge: Dativobjekt vor Akkusativobjekt, Akkusativobjekt vor Genetivobjekt,
Kasusobjekt vor Präpositionalobjekt.

Sie gab ihrer Freundin das Buch.
Man bezichtigte den Baustadtrat der Bestechlichkeit.
Die Firma informierte ihre Gläubiger über den anstehenden Konkurs.

Die Reihenfolge Dativ/Akkusativ ist dabei am wenigsten festgelegt
(vgl. *sie gab das Buch ihrer Freundin*). Ursprünglich handelt es sich hier
vermutlich um die Reihenfolge ‚belebt'/‚unbelebt', denn gewöhnlich ist das Dativobjekt zugleich das belebte Objekt (vgl. z. B. Langacker 2000: 26). Mit der inhaltlichen Reihung ‚belebt vor unbelebt'
ist auch zu erklären, dass freie Dative (Dativus commodi, incommodi, possessivus; der ethicus tritt nur in pronominalisierter Form
auf, so dass hier die Regeln für Pronomina gelten) immer vorangestellt werden müssen:

*Er kocht seinem Vater das Mittagessen. (*Er kocht das Essen seinem Vater.)*
*Sie schiente dem Patienten das Bein. (*Sie schiente das Bein dem Patienten.)*

Ebenso muss bei den seltenen Fällen, in denen zwei Akkusativobjekte auftreten, stets zuerst das belebte, dann das unbelebte stehen:

Sie lehrt ihre Schüler das kleine Einmaleins.
**Sie lehrt das kleine Einmaleins ihre Schüler.*

Werden zwei Objekte pronominalisiert, so muss, wie schon erwähnt, das Akkusativobjekt vor dem Dativobjekt stehen:

Sie erzählt einer Freundin einen Witz. → *Sie erzählt ihn ihr. (*ihr ihn)*

Diese Reihenfolge gilt auch dann, wenn es sich bei dem Pronomen
im Dativ nicht um ein Objekt, sondern um einen freien Dativ handelt; auch hier geht der Grad der syntaktischen Abhängigkeit der semantischen Hierarchie vor:

Er kochte seinem Vater das Essen. → *Er kochte es ihm.*

Für sämtliche hier angeführten Grundregeln mit Ausnahme derer
für Pronomina gilt, dass sie hinter der inhaltlichen Gliederung des
Satzes zurücktreten, da das Deutsche nicht primär syntaktisch, sondern semantisch gliedert (s. S. 442 f.).

11.4   Wortstellung im Nebensatz

Die Wortstellung im Nebensatz unterscheidet sich von der Stellung
im assertiven Hauptsatz dadurch, dass das finite Verb hier gewöhnlich nicht an zweiter Stelle steht (zu den Ausnahmen s. u.). Es gibt
drei Arten von Nebensatzstellungen: Bei der ersten, die zugleich die
weitaus häufigst ist, wird der Satz durch eine subordinierende Konjunktion oder durch ein Relativpronomen (oder -adverb) eingeleitet;
man spricht deshalb auch von → eingeleiteten Nebensätzen. Das
finite Verb steht in diesem Fall gewöhnlich am Ende des Satzes
(Spannsatz), und die übrigen Konstituenten des Prädikats stehen unmittelbar davor, wobei ihre Reihenfolge der im Hauptsatz entspricht.

> ... *(weil ich gestern nicht) kommen konnte.*
> ... *(obwohl das Problem ausführlich) besprochen worden war.*

Diese Reihenfolge der Prädikatsteile ändert sich, wenn sich unter
den infiniten Teilen ein Infinitiv in der Funktion eines Partizips befindet; dies kann etwa bei Modalverben (aber auch bei *lassen, brauchen, hören, sehen*) vorkommen. In diesen Fällen steht das finite Verb
vor den infiniten Prädikatsteilen, und der Infinitiv in Partizipfunk-
tion steht am Ende der Kette:

> ... *(dass sie) hätte abreisen müssen.*

Ein zweiter Stellungstyp des Nebensatzes besteht darin, dass das
finite Verb an den Anfang des Satzes gestellt wird (Stirnsatz); dabei
handelt es sich um Konditionalsätze oder, seltener, um Konzessivsätze (mit der Partikel *auch*; im zugehörigen Hauptsatz steht gewöhnlich *doch*).

> *Wäre die Situation nicht so verfahren gewesen, hätte man vielleicht ...*
> *Unterschreitet man die Fluchtdistanz des Tieres, so ...*
> *War die Situation auch verfahren, es musste doch eine Lösung geben.*

Wegen des Fehlens einer Konjunktion oder eines anderen satzein-
leitenden Elementes werden solche Sätze auch als → uneingeleitete
Nebensätze bezeichnet. Neben Sätzen mit Erststellung des Finitums gehören hierher auch solche, in denen das finite Verb an zweiter Stelle steht. Am häufigsten tritt dieser Stellungstyp bei der indirekten Rede auf:

> *(Sie sagte), sie müsse noch zur Bank gehen.*

Außer nach den Verben des Sagens (*verba dicendi*) und Denkens treten uneingeleitete Nebensätze mit Verb-Zweitstellung auch nach den Verben des Fühlens (*verba sentiendi*) sowie nach von solchen Verben abgeleiteten oder semantisch mit ihnen zusammenhängenden Substantiven und Adjektiven auf:

> *Ihr schien, das Problem sei durchaus lösbar.*
> *Wegen seiner Angst, er könne zu spät kommen, fuhr er immer schneller.*
> *Ich bin sicher, es gibt eine Lösung.*

Syntaktisch können uneingeleitete Nebensätze mit Verb-Zweitstellung als Objekte *(ich dachte, du kommst erst morgen)*, Subjekte *(ihr schien, das Problem sei durchaus lösbar)*, Objekte zweiten Grades *(ich bin sicher, es gibt eine Lösung)* oder Attribute *(seine Angst, er könne zu spät kommen)* fungieren. Der Duden (1998: 776) bezeichnet diesen Konstruktionstyp als „angeführten Satz" (wozu er auch die direkte Rede zählt). Tatsächlich ist es sinnvoll, sie unter dem semantischen Aspekt der ‚Anführung' oder auch des ‚Zitats' im weitesten Sinne zusammenzufassen, da sie nicht an das Auftreten bestimmter Wörter wie beispielsweise redeeinleitender Verben gebunden sind, sondern etwa auch bei indirekten Aufforderungen wie den folgenden vorkommen:

> *Es wäre angebracht, du kämst diesmal pünktlich.*
> *Es ist besser, du erkundigst dich erst mal nach dem Preis.*

Zweitstellung des finiten Verbs kommt schließlich auch bei Vergleichssätzen mit *als*, also einem eingeleiteten Nebensatztyp, vor:

> *Es schien, als habe er die Orientierung verloren.*

Parallel ist hier auch ein uneingeleiteter Nebensatz möglich:

> *Es schien, er habe die Orientierung verloren.*

Bei dem bedeutungsgleichen, aber stilistisch neutraleren *als ob* steht hingegen das finite Verb am Ende:

> *… als ob er die Orientierung verloren habe.*

11.5   Stellung von Attributen

Attribute stehen gewöhnlich direkt bei ihren Beziehungswörtern, und zwar entweder vor oder hinter ihnen. Im einzelnen hängt die Stellung sowohl von der Art des Attributs als auch von der Wortart des Beziehungswortes ab.

Attribute beim Substantiv

Die Stellungsmöglichkeiten der Attribute beim Substantiv lassen sich im Überblick folgendermaßen zusammenfassen (Klammern bezeichnen eingeschränkten oder seltenen Gebrauch):

Art des Attributs	Voranstellung	Nachstellung
(1) Adjektiv oder Partizip, flektiert	+	(+)
(2) Adjektiv oder Partizip, unflektiert	– (+)[5]	(+)
(3) Adverb/Adverbialbestimmung	(+)	+
(4) Substantiv im Genetiv	+	+
(5) Rektionsattribut	–	+
(6) Infinitiv	–	+
(7) Attributsatz	–	+

Beispiele:
(1) Adjektiv: *(Sie sammelt) seltene alte Bücher.*
                 (Dort waren viele) Leute, alte wie junge.
Partizip I: *(Sie sah) lachende und weinende Gesichter.*
                (Sie sah viele) Gesichter, lachende und weinende.
Partizip II: *Das geschlachtete Huhn (wurde gerupft und ausgenommen).*
                (Sie machte viele) Aufnahmen, gelungene wie missratene.

---

[5] Eine sehr seltene Ausnahme bilden archaische Formen wie *jung Siegfried* .

(2) Adjektiv: *Das Buch, selten und wertvoll, (kostet ein Vermögen)./*
                   Röslein rot
Partizip I: *Das Opfer, lachend und trinkend, (war sich keiner Gefahr*
                   bewusst).
Partizip II: *Das Huhn, fertig gerupft und ausgenommen, (wurde in den*
                   Kochtopf gesteckt).
(3)   *Das Haus dort/auf dem Hügel (gefällt mir nicht besonders).*
                   Auf dem Hügel/dort das Haus (gefällt mir nicht besonders).
                   (ugs.)
(4)   *Das Buch der Autorin (wurde ein großer Erfolg).*
                   Eva Hellers Buch (wurde ein großer Erfolg).
(5)   *Meine Wut auf ihn (hat folgenden Grund ...).*
(6)   *Mein Versuch, ihm zu helfen, (schlug leider fehl).*
(7)   *Der Ort, den ich meine, (befindet sich unweit von hier).*

Zu den Stellungsmöglichkeiten im Einzelnen:

Flektierte Adjektive und Partizipien werden normalerweise vorangestellt. Die Möglichkeit der Nachstellung ist äußerst eingeschränkt: gewöhnlich kann sie nur erfolgen, wenn das Beziehungswort im Plural steht und außerdem zwei oder mehr attributive Adjektive (Partizipien) vorliegen (wie in: *Leute, alte wie junge*) oder aber das Attribut seinerseits attribuiert ist (z. B. *viele Leute, besonders jüngere*). Nicht möglich ist also: **Ich kenne eine Frau, kluge und nette* oder **Sie hat die Patienten, bewusstlose, untersucht.* Im Singular kann statt der hier ungebräuchlichen flektierten die unflektierte Form des Attributs nachgestellt gebraucht werden *(ich kenne eine Frau, klug und nett),* die auch im Plural vorkommt *(Die Opfer, bewusstlos und hilflos, wurden von Rettungshubschraubern ins Krankenhaus gebracht).* Einzelne unflektierte Adjektive als Attribute kommen demgegenüber nur in archaischen Wendungen vor *(Röslein rot).* Die Nachstellung attributiver Adjektive ist insgesamt sehr selten und bewirkt stets eine besondere Hervorhebung des Attributs.

Das attributiv gebrauchte Partizip II verhält sich im Großen und Ganzen wie ein Adjektiv; es kommt aber etwas häufiger in nachgestellter, unflektierter Form vor *(das Haus, mit großem Aufwand renoviert).* Auch das Partizip I ähnelt in seinem grundsätzlichen Verhalten dem Adjektiv; es kann aber in unflektierter Form nur in seltenen Ausnahmefällen attributiv gebraucht werden *(Emil, strahlend, zeigte auf das Beweisstück).*

Substantive im Genetiv werden gewöhnlich nachgestellt *(die Kinder meiner Freundin)*; ihre Voranstellung wird als die stilistisch höherstehende, aber auch archaischere Variante empfunden *(meiner Freundin Kinder)*. Umgekehrt ist das Verhältnis, wenn es sich bei dem Genetivattribut um einen Eigennamen handelt: hier ist die Voranstellung die üblichere Form *(die gesammelten Werke Goethes/Goethes gesammelte Werke)*. Nicht vorangestellt werden kann der sog. Genetivus qualitatis *(ein Mann mittleren Alters/*mittleren Alters (ein) Mann)*.

Appositionen können, wenn es sich um so genannte enge Appositionen handelt, vor- und nachgestellt sein; hier sind die grammatischen (Flektions-) Verhältnisse ausschlaggebend für die Bestimmung dessen, was überhaupt als Apposition anzusehen ist (vgl. S. 405 f.). So genannte lockere Appositionen werden hingegen immer nachgestellt.

Die übrigen Attribute beim Substantiv sind in ihrer Stellung festgelegt: alle können nur nachgestellt gebraucht werden. Eine Ausnahme bilden hier Rektionsattribute, die zwar nicht direkt vor das Beziehungswort treten, aber getrennt von ihm das Vorfeld besetzen können (siehe im Folgenden).

Attribute bei anderen Wortarten

Attribute zu Adjektiven, Partizipien und Adverbien werden vorangestellt, wenn es sich nicht um Attributsätze (einschließlich erweiterter Infinitive) handelt: *außergewöhnlich nett; die auf das Ende gespannten Zuschauer, fröhlich pfeifend; nur dort* usw. Nachgestellt werden hingegen Sätze und Infinitive: *dort, wo der Pfeffer wächst; bestrebt, ihm zu helfen*. Präpositionale Objekte zweiten Grades können ebenfalls nachgestellt werden: *sie waren gespannt auf die Fortsetzung; ich bin wütend auf dich* usw.

Solche Objekte sowie auch Rektionsattribute können schließlich bei besonderer Betonung auch von ihrem Beziehungswort getrennt werden und einzeln das Vorfeld besetzen: *Auf dich bin ich besonders wütend, auf dich ist meine Wut besonders groß* usw. Diese Besonderheit der Stellung weist auf ihre große Nähe zum Objekt hin (vgl. S. 377 f.).

11.6   Inhaltliche Gliederung des Satzes

Wie gezeigt wurde, ist die Stellung der Satzglieder mit Ausnahme des Prädikates im Deutschen sehr frei. Die einzigen Einschränkungen, die bisher gemacht wurden, betrafen die Stellung von pronominalen Satzgliedern sowie einiger Attributstypen. Eine weitere Einschränkung besteht darin, dass Objekte gewöhnlich nicht ins Vorfeld gestellt werden, wenn ihr Status als Objekt nicht durch Kasusmarkierungen deutlich wird, da der Satz sonst zweideutig wird. Dabei muss nicht notwendig das Objekt selbst die Kasusmarkierung tragen; es reicht aus, dass der Subjektsnominativ eindeutig als solcher erkennbar ist. Zweideutig ist z. B.:

Die Ratte hat die Katze gefressen.

Demgegenüber wären die beiden folgenden Sätze eindeutig:

Die Ratte hat der Hund gefressen.
Den Hamster hat die Katze gefressen.

Es gibt aber noch weitere Einschränkungen der Stellungsfreiheit im Satz, die nicht mit formalen, sondern mit inhaltlichen Kriterien zusammenhängen: mit der Aufteilung des Satzes in Thema und Rhema. Als **Rhema** wird derjenige Teil des Satzes bezeichnet, der den höchsten Mitteilungswert hat; das, was im Satz neu oder am wichtigsten ist, der zentrale Kern der Information. Mit **Thema** hingegen ist die Hintergrundinformation gemeint, die in jedem Satz mitgegeben wird, um das Verständnis zu sichern, und die dem Hörer oft schon bekannt ist oder als bekannt vorausgesetzt wird. In der gesprochenen Sprache trägt das Rhema gewöhnlich zugleich den Hauptakzent des Satzes (d. h. die Sprecherin spricht an dieser Stelle mit dem größten Nachdruck).

Sofern es sich um bewegliche Satzteile handelt, gilt als Grundregel für die Stellung von Thema und Rhema im Satz: Das Thema steht vor dem Rhema. Dieses Prinzip kann anhand des folgenden Beispielsatzes illustriert werden:

Er hat seinen Freunden eine Geschichte erzählt.

aber:

*Er hat eine Geschichte seinen Freunden erzählt.

Der unbestimmte Artikel signalisiert, dass die Geschichte bisher noch nicht erwähnt worden war. Sie stellt also eine neue Information im Satz und damit das Rhema dar. Da das Rhema nach dem Thema stehen muss, ist eine Stellung von *eine Geschichte* (Rhema) vor *seinen Freunden* (Thema) nicht möglich. Möglich ist es indessen, das Rhema bei besonderer Betonung ins Vorfeld zu stellen:

Eine Geschichte hat er seinen Freunden erzählt.

Die Regel, dass das Rhema nach dem Thema stehen muss, betrifft also nur das Mittelfeld des Satzes. Das Vorfeld bietet eine weitere Stellungsmöglichkeit für das Rhema an; dabei ist allerdings zu beachten, dass Subjekte und Adverbialbestimmungen zu den Standard-„Füllungen" des Vorfelds zählen und deshalb in dieser Stellung nicht rhematisch wirken, solange sie nicht besonders betont werden.

Die Thema-Rhema-Verteilung im Satz hat auch Auswirkungen auf die Stellung von Adverbialbestimmungen und Abtönungspartikeln. Beide können ebenfalls nicht nach dem Rhema stehen:

*Ich bringe dir ein Buch morgen. (aber: *Ich bringe dir morgen ein Buch.*)
*Er hat ein Auto doch geklaut. (aber: *Er hat doch ein Auto geklaut.*)

Für Abtönungspartikeln gibt es eine weitere Stellungsregel, die dann in Kraft tritt, wenn das finite Verb das Rhema des Satzes bildet. In solchen Fällen kann die Partikel – abweichend von der üblichen Stellung – ans Ende des Satzes treten. Vgl.:

*Er hat Geld doch.
Er verachtet Geld doch.

Dass die Partikel hier an einer Stelle steht, die gewöhnlich den Konstituenten des Prädikats vorbehalten ist, weist auf eine enge inhaltliche Beziehung zwischen Abtönungspartikel und Verb hin. Umgekehrt kann man aus der Stellung der Abtönungspartikel auch Rückschlüsse auf das Rhema des Satzes ziehen:

Onkel Donald hat seinen Neffen das Sparschwein doch geklaut.
Onkel Donald hat seinen Neffen doch das Sparschwein geklaut.
Onkel Donald hat doch seinen Neffen das Sparschwein geklaut.[6]

---

[6] Eine empirische Untersuchung zu diesen Beziehungen anhand desselben Beispielsatzes findet sich in Hentschel (1986: 235–237).

12   Syntaxmodelle

Im Folgenden sollen die in der vorliegenden Grammatik mit berücksichtigten Syntaxmodelle kurz in ihrem Ansatz vorgestellt werden. Schon aus Platzgründen ist dabei nur eine äußerst knappe Darstellung möglich. Ziel dieser kurzen Zusammenfassung ist es, die Einordnung der bei den einzelnen grammatischen Phänomenen dargestellten Interpretationen und Sichtweisen durch verschiedene Modelle in den jeweiligen theoretischen Rahmen zu erleichtern. Interessierte, die sich über eines oder mehrere dieser Modelle umfassender informieren wollen, seien auf die jeweils angegebene Literatur verwiesen.

Nicht oder nur am Rande berücksichtigt wurden folgende Modelle:

- die Montague-Grammatik, ein nach ihrem Begründer Richard Montague benannter formal-logischer Sprachbeschreibungsansatz, der von der prinzipiellen Gleichheit natürlicher und künstlicher Sprachen ausgeht und die natürliche Sprache mit Hilfe der intensionalen Logik zu beschreiben sucht. (Näheres siehe Gebauer 1978, Löbner 1976).
- die Lexical-Functional Grammar, als deren Initiatoren Joan Bresnan und Ron Kaplan gelten können. Das Modell weist gewisse Ähnlichkeiten mit der Government-Binding-Theorie auf; im Unterschied zu dieser hat aber das Lexikon eine sehr viel zentralere Rolle inne (Bresnan 2001).
- die Generalized Phrase Structure Grammar, eine erweiterte und stark veränderte Version der Konstituentenstruktur-Grammatik, die von Gerald Gazdar entwickelt wurde. Im Unterschied zur Government-Binding-Theorie verzichtet sie auf Tiefenstrukturen und Transformationen und legt statt dessen ein stark formalisiertes Modell zur Beschreibung der Oberflächenphänomene vor, das sich stellenweise deutlich an Montague anlehnt. (Gazdar et al. 1985)
- die Textgrammatik, ein relativ heterogener und uneinheitlicher Bereich von Ansätzen, die den Text und seine Konstitution in den Vordergrund stellen und beispielsweise transphrastische (das heißt satzübergreifende) Phänomene untersuchen, wie sie

etwa der Artikelgebrauch, der Gebrauch von Anaphora u. Ä. darstellen. In einigen Fällen wird unter „Textgrammatik" oder „Textlinguistik" auch ein pragmatisch-kommunikativer Ansatz verstanden, der komplette kommunikative Einheiten zum Untersuchungsgegenstand hat. (Daneš/Viehweger 1976, Petöfi 1979, Weinrich 1993, Brinker 2001).

12.1 Die inhaltbezogene Grammatik

Die **inhaltbezogene Grammatik** (auch als „Sprachinhaltsforschung", „sprachwissenschaftliche Neoromantik" oder „energetische Sprachauffassung" bezeichnet) beruft sich in ihren Ansätzen auf die Sprachauffassung Wilhelm von Humboldts. Im Vordergrund steht dabei der Gedanke, dass die Sprache eine gestaltende Tätigkeit des menschlichen Geistes (energeia) darstellt, eine wirkende Kraft, der eine bestimmte Weltansicht zugrunde liegt und nicht ein fertiges, abgeschlossenes Werk (ergon). Vertreter der inhaltbezogenen Grammatik sind beispielsweise Leo Weisgerber, Jost Trier, Walter Porzig, Helmut Gipper und Hennig Brinkmann; außerhalb des deutschsprachigen Raumes haben die beiden Amerikaner Edward Sapir und vor allem Benjamin Lee Whorf mit seiner bekannten Untersuchung des Hopi, einer nordamerikanischen Indianersprache, eine vergleichbare Richtung eingeschlagen.[1] Wie auch im Strukturalismus wird die Sprache nicht als Abbild oder reines Benennen einer vorgegliederten Wirklichkeit aufgefasst; die Lautform eines sprachlichen Zeichens kann nicht direkt auf ein Objekt der Außenwelt bezogen werden, sondern über einen Zwischenschritt abstrakter Kategorien (im Strukturalismus das → Signifikat). Für die inhaltbezogene Grammatik stellt die Sprache ein Ordnen und Gestalten der Wirklichkeit, eine „Ansicht" derselben dar. Als Beispiel für dieses Gestalten der außersprachlichen Wirklichkeit wird von Weisgerber (1953: 3) die Benennung des Sternenhimmels angeführt; Sternbilder wie beispielsweise „Orion" existieren nicht als reale Sternformationen, sondern erst im Ergebnis einer Deutung und Zuordnung, die auch völlig anders erfolgen könnte; das Sternbild

---

[1] Vgl. hierzu Weisgerber (1929) und (1957), Trier (1932), Porzig (1950), Gipper (1963), Brinkmann (1971), Sapir (1921), Whorf (1956).

des Orion stellt ein Objekt der sprachlichen Zwischenwelt, nicht der
realen Außenwelt dar. Als Beispiele dafür, wie verschiedene Sprachen ein und dieselbe außersprachliche Wirklichkeit unterschiedlich
erfassen, wird etwa französisch *herbes* angeführt, das die deutschen
Begriffe *Kräuter* und *Gräser* in sich vereint, oder auch *fleur*, dem im
Deutschen eine Unterscheidung zwischen *Blume* und *Blüte* gegen-
übersteht (vgl. Weisgerber 1953: 26).

Im Allgemeinen wird Leo Weisgerber als Begründer der inhaltbezogenen Grammatik angesehen. Er unterscheidet vier Erscheinungsformen der Sprache „1. das Sprechen, 2. der Sprachbesitz des
einzelnen, 3. Sprache als Kulturbesitz der Gemeinschaft und 4. (…)
das allgemeinmenschliche Prinzip Sprache im Sinne der für die
Menschheit kennzeichnenden Sprachfähigkeit" (Weisgerber 1929:
43). Es ist der dritte Punkt, auf den es ihm besonders ankommt,
denn „die sinnlich faßbare Sprechäußerung ist ja nur eine vorüber-
gehende Erscheinungsform des viel wirklicheren Sprachbesitzes eines Menschen, und dieser wiederum ist nur eine Ausprägung einer
höheren Wirklichkeit, eben der Sprache des Volkes; und hinter
allem Sprachlichen auf Erden steht schließlich als Urquell, als
letzte Wirklichkeit, die Sprachfähigkeit des Menschen" (ebenda: 44).
Was Weisgerber vom Strukturalismus besonders unterscheidet, ist
der zentrale Gedanke der „Sprachgemeinschaft" als Schöpferin der
sprachlichen Zwischenwelt; die Sprache (im Sinne von → langue
oder, in Weisgerbers Terminologie, „Muttersprache") wird – in
deutlicher Anlehnung an Humboldt und die Tradition des so genannten sprachlichen Idealismus (Vossler 1904) – als Ausdruck der
Denk- und Anschauungsweise eines Volkes angesehen. Im Zentrum des Interesses steht die „innere Sprachform", ein ebenfalls
Humboldt zugeschriebener Begriff[2] – also eben die „inhaltliche"
Gliederung, die geistige „Zwischenwelt" (ebenda: 153), die zwischen dem Menschen und der Wirklichkeit vermittelt, die durch die
Sprache erfasst und gegliedert werden muss. Aus diesem Ansatz er-
klärt sich auch das Interesse besonders der frühen inhaltbezogenen
Grammatik an Wortfeldern; hier wird die Art, wie eine Sprache die
Wirklichkeit ordnet und gliedert, am stärksten deutlich. Aber nicht

---

[2] Der Begriff der inneren Sprachform wurde nicht von Humboldt selbst geprägt, sondern von H. Steinthal (dem Herausgeber seiner Werke) als Kapi-
telüberschrift eingefügt.

nur die Struktur des Lexikons, auch sämtliche grammatischen Erscheinungsformen einer Sprache müssen in diesem Sinne interpretiert werden. Am weitesten geht hier sicher Weisgerber, etwa mit seinem Aufsatz „Der Mensch im Akkusativ (1957)", in dem er die Ersetzung intransitiver durch transitive Verben (z. B. *jemanden mit etwas beliefern* anstelle von *jemandem etwas liefern*) analysiert. Er interpretiert den Vorgang der „Akkusativierung", „insbesondere jede Ablösung persönlicher Dative durch Akkusative", als etwas, was „den Menschen aus seiner gedanklichen Stellung als sinngebende Person herausrückt und ihn den Gegenständen des geistigen Machtausübens und des tatsächlichen Verfügens annähert" (ebenda: 69).

Unter den beiden jüngeren Vertretern der inhaltbezogenen Grammatik hat sich H. Gipper stark mit den Themen B. L. Whorfs (1956) auseinandergesetzt und eigenständige Untersuchungen zur Hopi-Sprache vorgelegt (Gipper 1972). Die Strukturen dieser nordamerikanischen Indianersprache aus der Familie der tano-uto-aztekischen Sprachen, insbesondere ihre Raum-Zeit-Darstellung, hat Whorf eingehend analysiert und mit dem Englischen verglichen. Dabei steht das Englische stellvertretend für die von ihm angenommene Gruppe der so genannten SAE-Sprachen (SAE = Standard Average European). Aus dieser Untersuchung leitet Whorf die These ab, dass die Sprache das Denken des Menschen bestimmt oder zumindest stark beeinflusst (sog. Sapir-Whorf-Hypothese), indem sie ihm ein Raster zur Verfügung stellt, mittels dessen er die Wirklichkeit erfassen und erkennen kann. Verschiedene Sprachen bilden unterschiedliche Wahrnehmungsmuster, und entsprechend nehmen die Sprecher verschiedener Sprachen die Welt auf verschiedene Weise wahr. Damit ist Whorf zu Ergebnissen gekommen, die den Gedanken des sprachlichen Idealismus und der inhaltbezogenen Grammatik sehr nahe stehen.

Eine in sich geschlossene, umfassende Darstellung der deutschen Sprache legt H. Brinkmann (1962/1971) mit seinem Buch „Die deutsche Sprache. Gestalt und Leistung" vor. Das über 900 Seiten umfassende Werk kann hier nur in groben Zügen vorgestellt werden. Brinkmann untersucht die Wortarten und ihren Formenbestand, ihr Zusammenwirken untereinander, die Satztypen und schließlich die „Rede", womit das bezeichnet wird, was in der sog. Textgrammatik als „Text" erscheint: „,Rede' nennen wir sprachliche Einheiten mündlicher oder schriftlicher Art, die nicht mehr Be-

standteil höherer sprachlicher Einheiten sind. Sie können auf ein
‚Monem' beschränkt sein wie der Ruf *Hilfe!*, wenn er keine Antwort
findet, aber auch stundenlanges Reden und Gespräche sowie mehr-
bändige Werke umfassen." (Brinkmann 1971: 723). Brinkmanns
Darstellung zeichnet sich dadurch aus, dass sie den Bestand grammatischer Formen (etwa: die Tempora) und die Wortbildung des
Deutschen (beispielsweise bei Substantiven und Adjektiven) und
auch das Zusammenwirken größerer sprachlicher Einheiten zu
einem Ganzen ebenso detailliert wie erkenntnisreich nachzeichnet.
Eine der Grundlagen seiner Darstellung bildet u. a. die kategoriale
Bedeutung der Wortarten, wie er sie am Beispiel *An deiner Hand ist
Blut / Deine Hand ist blutig / Deine Hand blutet* (Brinkmann 1971: 199)
deutlich macht:

> Wenn für die Mitteilung der Beobachtung das Substantiv einge-
> setzt wird, wird das Blut am anderen wie ein Gegenstand wahrge-
> nommen, den man beseitigen kann; die Beobachtung kann in die
> Aufforderung übergehen. *Wische das Blut an deiner Hand ab!* Das
> Blut wird so behandelt, als ob es ein eigenes Dasein im Raume
> habe; man kann sich über seine Lage orientieren; *das Blut an deiner
> Hand.* Das Adjektiv *(blutig)* hält die Erscheinungsweise der Hand
> fest; es gibt seinen Eindruck wieder, der im Raume wahrgenom-
> men wird. Es muss ein Vorhandenes (hier die Hand) da sein, an
> dem sich der Eindruck zeigen kann. Das Vorhandene (Substan-
> tiv) und seine Erscheinungsweise (Adjektiv) können zu einer fes-
> ten Einheit verschmelzen, so daß gesagt werden kann: *Nimm deine
> blutige Hand weg!* Wenn für die Mitteilung das Verbum gewählt
> wird, erscheint die Beobachtung als ein zeitlicher Prozeß; der
> Sprecher stellt an der Hand des anderen eine Veränderung fest,
> die ihm auffällt. Das Substantiv nennt eine Stelle im Raum, das
> Adjektiv einen Eindruck, der an dieser Stelle beobachtet wird, das
> Verbum sieht den Eindruck als eine Veränderung in der Zeit, als
> einen zeithaften Prozeß.

Aus dieser grundlegenden Unterscheidung der kategorialen Bedeutung resultieren auch Folgen für den Formenbestand:

> Zwischen der inhaltlichen Prägung einer Wortart und ihrer Be-
> deutung für den Satz besteht ein enger Zusammenhang. Das Sub-
> stantiv kann selbständige Satzglieder repräsentieren, weil in ihm

etwas vorgestellt wird, das eigenes Dasein (im Raum) hat; dem Verbum wird die Satzintention übertragen, weil der Satz als ein zeitlicher Prozeß vorgegeben wird und das Verbum einen zeithaften Prozeß darstellt. Dem entsprechen die Formensysteme: Beim Substantiv wird zwischen Einheit und Vielheit unterschieden, also nach Kategorien, die für Räumliches gelten; beim Verbum liegt die Unterscheidung der zeitlichen Geltung. Beide sind für das Zusammenwirken im Satz dadurch aufeinander abgestimmt, daß auch das Verbum über Formen für die Einheit und die Vielheit verfügt. (ebenda)

Auch die Satzmodelle, die Brinkmann entwickelt, basieren auf dieser kategorialen Einteilung. Unter Satzmodellen werden dabei nicht Satztypen wie „Aussagesatz" oder „Fragesatz" usw. verstanden, sondern es wird zunächst zwischen „Verbalsätzen" und „Nominalsätzen" unterschieden (ebenda: 525). Ein Verbalsatz läge beispielsweise in *Sein Kommen hat mich überrascht*, ein Nominalsatz in *Sein Kommen war für mich eine Überraschung* vor. Verbalsätze und Nominalsätze lassen sich ihrerseits abermals untergliedern: Verbalsätze in einseitige und zweiseitige Verbalsätze, Nominalsätze in Adjektivsätze und Substantivsätze: Bei einseitigen Verbalsätzen (Beispiel: *Ich lese gern*) „manifestiert sich das Subjekt im Prädikat (...) Der Blick bleibt ganz beim Subjekt,"; beim zweiseitigen Beispiel: *Ich habe das Buch gern gelesen* wird „das Subjekt (...) zum Objekt ... in eine zweiseitige Beziehung gebracht, die umgekehrt werden kann." Adjektivsätze (Beispiel: *Das Buch ist lesenswert*) drücken eine „Stellungnahme" aus, und Substantivsätze (Beispiel: *Das Buch ist ein Gesellschaftsroman*) geben „Auskunft über die Kategorie *(Gesellschaftsroman)*, in die das Subjekt *(das Buch)* gehört," (ebenda). Brinkmann geht ausführlich auf den Ausbau dieser Grundmodelle ein, zeigt das Zusammenwirken komplexer Sätze und führt auch rhetorische Prinzipien vor. Schließlich wird auch der Aufbau von Satzfolgen erläutert, was sich bis auf die typischen Eigenschaften bestimmter Textsorten erstreckt.

12.2 Die Dependenzgrammatik

Die **Dependenz-** oder **Abhängigkeitsgrammatik** (von lat. *dependere* ‚abhängen', *dependentia* ‚Abhängigkeit') versucht, die innere

Struktur eines Satzes zu erfassen, indem sie die Abhängigkeit der Satzglieder voneinander beschreibt. Als ihr Begründer gilt der französische Linguist Lucien Tesnière, der eine Beschreibung der Syntax des Französischen mit den Mitteln der Dependenzgrammatik vorgelegt hat.[3]

Das Modell nach Tesnière

Ein einzelnes Element des Satzes, das durch eine Abhängigkeitsbeziehung mit einem anderen verbunden ist, nennt Tesnière **Nucleus** oder **Kern**; die Verbindung zwischen zwei Nuclei heißt **Konnexion**. Die Konnexion ist kein äußerlich sichtbarer Bestandteil des Satzes, sondern eine innere Beziehung: erst durch die Konnexion werden die einzelnen Teile zu einem gemeinsamen Ganzen, dem Satz. Deshalb besteht für die Dependenzgrammatik ein Satz wie *Werner schwieg* nicht nur aus zwei Elementen (in der traditionellen Syntax: Subjekt und Prädikat), sondern aus drei: *Werner, schwieg* und der Konnexion, also der strukturellen Beziehung zwischen den beiden Elementen.

Die strukturelle Beziehung, die hierbei angenommen wird, ist eine Abhängigkeitsbeziehung. In der Dependenzgrammatik wird das Verb als derjenige Teil angesehen, von dem alle anderen Glieder des Satzes direkt oder indirekt abhängig sind. Es bildet somit den obersten **Knoten** (**Nexus**) des Satzes; „Knoten" deshalb, weil von ihm mehrere Konnexionen ausgehen können, wie noch zu zeigen sein wird. Konnexionen werden durch einfache vertikale Striche dargestellt. Die Struktur des Satzes „Werner schwieg" wird in der Dependenzgrammatik daher durch den folgenden Baumgraphen wiedergegeben:

schwieg

Winnetou

Der Subjektsnominativ wird also als vom Verb abhängig angesehen. Dies hat u. a. für die Bestimmung des Verbs zur Folge, dass bei-

[3] Tesnière (1953) und (1959); letzteres ist auf Deutsch 1980 unter dem Titel *Grundzüge der strukturalen Syntax* erschienen. Die Seitenzahlen im folgenden Text beziehen sich auf diese Übersetzung.

spielsweise ein Verb wie *schweigen* als einwertig eingestuft wird: zwar kann es keine Objekte an sich binden, wohl aber ein Subjekt.

Die Teile des Satzes, die dem Verb direkt untergeordnet sind, heißen „subordonnés immédiats" (‚unmittelbare Abhängige/Untergeordnete'); in der deutschen Übersetzung durch Engel werden sie **Dependentien** (Singular: Dependens) genannt. Es gibt zwei Arten von Dependentien des Verbs: die **actants** (deutsch: **Aktanten**), die ungefähr den Objekten und dem Subjekt der traditionellen Grammatik entsprechen, und die **circonstants** (‚Umstände'), deutsche Übersetzung: **Angaben**, die in der traditionellen Grammatik als Adverbialbestimmungen bezeichnet werden; die Begriffe sind allerdings nicht immer deckungsgleich.

Für das Französische unterscheidet Tesnière drei Aktanten, die er mit Ordinalzahlen kennzeichnet. Der erste Aktant entspricht dabei dem Subjekt, der zweite dem direkten (Akkusativ-) und der dritte dem indirekten Objekt (Dativ-Objekt).

Der Satz

Peter gibt Michael Nachhilfeunterricht.

kann durch folgendes Stemma wiedergegeben werden:

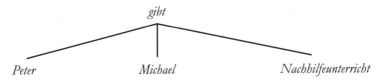

Peter ist der erste Aktant, *Nachhilfeunterricht* der zweite und *Michael* der dritte. Als Angabe könnte nun zudem noch beispielsweise das Adverb *oft* hinzutreten. Der Satz

Peter gibt Michael oft Nachhilfeunterricht

hätte folgendes Stemma:

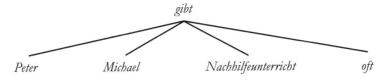

Von den Aktanten wie von den Angaben können wiederum weitere
Elemente abhängig sein. Elemente, die anderen Elementen übergeordnet sind, heißen **Regentien** (Singular: Regens; französisch:
régissant). „Regens" und „Dependens" sind rein relationale Begriffe,
und ein Aktant oder eine Angabe kann gleichzeitig Regens und Dependens sein. Dies wäre beispielsweise im folgenden Satz der Fall:

Peter gibt seinem Freund Michael sehr oft kostenlosen Nachhilfeunterricht.

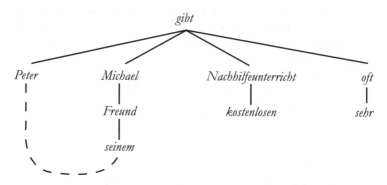

Die gestrichelte Linie gibt die so genannte semantische Konnexion
wieder, also eine semantische Abhängigkeitsbeziehung. Sie wird im
Deutschen unmittelbar einsichtig, wenn man *Peter* durch *Petra* ersetzt:

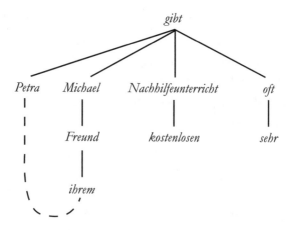

Bei Verben mit doppeltem Akkusativ, wie sie im Deutschen (z. B. *jemanden etwas lehren*), nicht aber im Französischen vorkommen, nimmt Tesnière an, dass es sich bei einem der beiden Akkusative um den zweiten Aktanten, beim anderen hingegen um eine Angabe handelt (1980: 178); allerdings schließt er an anderer Stelle (1980: 178) nicht aus, dass möglicherweise doch zwei verschiedene zweite Aktanten vorliegen.

Prädikativa – sowohl Subjekts- als auch Objektsprädikativa – werden stets als dem zugehörigen (ersten oder zweiten) Aktanten übergeordnet betrachtet. In der Darstellung im Stemma können sie allerdings auf derselben Zeile wie der Aktant erscheinen; sie werden dann jedoch durch eine Verb und Prädikativum umschlingende Linie als zum Verb gehörig gekennzeichnet:

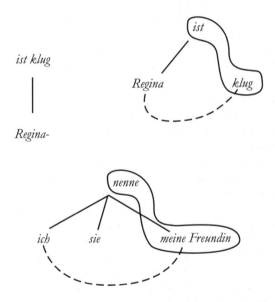

Gelegentlich ist ein Element des Satzes auch doppelt vertreten. Dies ist beispielsweise bei Appositionen oder bei Verknüpfungen mit *und* oder *oder* der Fall. Solche Gleichstellungen werden durch waagerechte Striche versinnbildlicht:

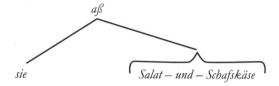

Konjunktionen wie *und* heißen **Junktive** und zählen zu den sog. leeren Wörtern. Aufgabe der leeren Wörter ist es, Sätze in quantitativer oder qualitativer Hinsicht zu verändern. Eine quantitative Veränderung beinhaltet schlicht die Vermehrung von Satzteilen und wird durch Junktive geleistet.

Leere Wörter, die qualitative Veränderungen hervorrufen, heißen demgegenüber **Translative**. Sie dienen dazu, eine Wortkategorie in eine andere zu überführen. Als Beispiel hierfür gibt Tesnière die Fügung *le bleu de Prusse* (‚preußischblau‘; wörtlich: ‚das Blau von Preußen‘) an, in der das Substantiv *Prusse* mit Hilfe des Translativs *de* in einen Adjektivstatus überführt wird. In diesem Beispiel besteht eine weitere Translation darin, dass das ursprüngliche Adjektiv *bleu* in ein Substantiv überführt wurde; hier wird die Funktion des Translativs durch den Artikel übernommen.

Die Dependenzgrammatik Tesnières bietet ein vielseitig anwendbares und anschauliches Modell zur strukturellen Satzanalyse. Wenn man Tesnières Modell direkt auf das Deutsche übertragen will, ergeben sich allerdings einige Schwierigkeiten, so etwa bei der Unterteilung der Dependentien des Verbs in Aktanten und Angaben. Nach Tesnière müssen Objekte, die mithilfe von Präpositionen (mit Ausnahme von *à*) angeschlossen werden (wie beispielsweise *de veste* in *Il change de veste* ‚Er wechselt das Jackett‘) als Angaben eingestuft werden, auch wenn sie den Aktanten „besonders nahe stehen" (116). Zur Erklärung, warum das mit *de* angefügte Element nicht als Aktant behandelt werden darf, führt Tesnière aus: „Aber *de veste* kann kein Aktant sein, denn es genügt nicht der Definition des ersten Aktanten, der eine Tätigkeit ausführt, noch der des zweiten, dem die Handlung widerfährt, noch der des dritten, zu dessen Nutzen oder Schaden etwas geschieht" (ebenda). Solche Einschätzungen lassen sich naturgemäß nur schwer auf andere Sprachen übertragen. Hier scheint das Modell zu stark am System der französischen Sprache, insbesondere an ihrem Pronominalsystem, orientiert zu sein, wo nur drei Kasus realisiert sind (z. B. *il, lui, le*); es steht zu vermuten, dass die in anderen Sprachen auftretenden Objektkasus vor allem deshalb nicht als Aktanten akzeptiert werden, weil sie im Französischen keine Entsprechung finden. Auch kann die Einordnung aller präpositionalen Fügungen außer der mit *à* als Angaben nur auf der Basis des französischen Pronominalsystems erklärt werden, wo die Wendung *à* + Substantiv durch das analytische *lui* ersetzbar ist.

Generell müssten Objekte in anderen obliquen Kasus als Dativ oder Akkusativ (also z.B. die Genetiv-Objekte des Deutschen) ebenso wie sämtliche Präpositionalobjekte nicht als Aktanten, sondern als Angaben behandelt werden. Beim Vergleich folgender deutscher Fügungen

Ich erwarte ihn.   *Ich suche das Buch.*
Ich warte auf ihn.   *Ich suche nach dem Buch.*
Ich harre seiner.

                       Ich kann deine Hilfe nicht entbehren.
                       Ich kann deiner Hilfe nicht entbehren.

usw.

drängt sich natürlich die Frage auf, ob die Konstruktionen mit direktem Objekt wirklich grundsätzlich anderes gewertet werden können als die mit Präpositional- oder Genetivobjekt, vor allem, wenn die oben zitierten semantischen Kriterien Gültigkeit haben sollen. Auch beim kontrastiven Vergleich der grammatischen Konstruktionen zum Ausdruck desselben Sachverhaltes stößt man auf Schwierigkeiten, vgl. z.B.

deutsch: *Hüte dich vor dem Hund!* (präpositional)
lateinisch: *Cave canem!* (Akkusativ)
serbokroatisch: *Čuvaj se psa!* (Genetiv)

usw.

Solche oder ähnliche Überlegungen haben die deutschen Vertreter der Dependenzgrammatik dazu geführt, die Zahl der Aktanten im Deutschen auf (je nach Autor) mindestens das Doppelte zu erhöhen (siehe im Folgenden).

Auswirkungen und Vertreter

Es gibt inzwischen zahlreiche Versuche, die Dependenzgrammatik auf das Deutsche anzuwenden; hier wären z.B. Heringer (1972) und

(1973), Erben (1996) und Engel (1982 und 1996), aber auch Zifonun et al. (1997) zu nennen. Dabei wurde vor allem die Zahl der Aktanten – in den deutschen Versionen meist als **Ergänzungen** oder
neuerdings, so bei Zifonun et al. (1997), gelegentlich auch als **Komplemente** bezeichnet – gegenüber dem ursprünglichen Modell weit
erhöht. Je nach Autor werden sechs (Heringer), sieben (Erben),
zehn (Engel 1982), zwölf (Zifonun et al. 1997: 1088–1090) oder sogar 25 (Engel 1996) verschiedene Ergänzungen bzw. Komplemente
zugelassen. Einigkeit besteht bei den genannten Autoren darüber,
dass Genetivobjekte, Präpositionalobjekte, Adverbialbestimmungen (unter bestimmten Bedingungen) und Prädikativa, sofern sie
substantivisch sind, ebenfalls als Ergänzungen anzusehen seien. Engel und Erben sehen ferner das adjektivische Prädikativum als einen
weiteren Typ von Ergänzung an, und Engel schließlich gibt als zusätzlichen Typ abhängige Infinitive (wie sie etwa nach Modalverben
auftreten) sowie *dass*-Sätze an, die nicht durch andere Objekte (außer *das* und *es*) ersetzt werden können (wie z. B. in *Ich glaube nicht, dass
er noch kommt*), wobei er zusätzlich zwei (1982) bzw. drei (1988) verschiedene Typen von Ergänzungen unterscheidet, die jeweils präpositional angefügt werden und die in der traditionellen Grammatik
als Adverbialbestimmungen einzuordnen wären. Sog. AcI-Komplemente (K_{AcI}) sowie Verbativkomplemente (K_{vrb}) werden auch in der
Grammatik von Zifonun et al. (1997) angenommen; Konstruktionen mit finitem Verb werden hierbei jedoch ausgeschlossen.

Ergänzungen werden einheitlich als E_i bzw. K_i notiert, also als E
oder K mit einer tiefgestellten Zahl, die ihre Nummer im jeweiligen
Grammatikmodell angibt oder – so bei Engel (1996) und Zifonun et
al. (1997), wo statt des Zahlenindex eine tiefgestellte Abkürzung
verwendet wird (also etwa E_{dat} oder K_{akk}) – eine Abkürzung für die
jeweilige Form enthält. Bei der Verwendung von Zahlen besteht
über die Zuordnung allerdings keine Einigkeit; nur das Dativobjekt
findet sich bei allen drei genannten Autoren mit der Notation E_3
wieder. Das Subjekt trägt bei Erben und Heringer die Bezeichnung
E_1, bei Engel hingegen E_0. Genetivobjekte werden als E_2 (Engel
und Erben) bzw. E_4 (Heringer) und Akkusativobjekte als E_1 (Engel),
E_4 (Erben) bzw. E_2 (Heringer) bezeichnet. Notationen des Typs E_i
sind daher bei der Verwendung von Zahlen nur dann sinnvoll und
verständlich, wenn man zusätzlich den Autor angibt, auf dessen
Schema man sich bezieht. Dies mag nicht zuletzt der Grund sein,

warum man in neuerer Zeit von dieser Notation abgekommen ist und statt dessen tiefgestellte Abkürzungen verwendet, die relativ leicht einer konkreten Bedeutung (also z. B. AKK für Akkusativ) zugeordnet werden können.

Auch die Adverbialbestimmungen oder die freien Kasus (wie z. B. → absolute Akkusative, → Dativus commodi u. a.) der traditionellen Grammatik werden bei den genannten Autoren in jeweils spezifischer Weise neu unterteilt. So rechnet z. B. Engel (1982: 177–181) sämtliche → freien Dative (commodi – bei ihm: „sympathicus" –, incommodi, ethicus und Pertinenzdativ) zur Klasse E_3, also zur selben Gruppe wie das Dativobjekt (bei Engel 1996: 630 zählt allerdings der Pertinenzdativ zu den Attributen und der Dativus ethicus zu den „existimatorischen Angaben"). Zifonun et al. (1997: 1088–1090) zählen dagegen sämtliche Dative mit Ausnahme des ethicus und des iudicantis zu den Komplementen. In manchen Fällen hat das jeweils entwickelte Modell zudem auch Auswirkungen auf die Wortklasseneinteilung. Leider besteht auch in diesen Bereichen keine Einigkeit zwischen den deutschen Vertretern der Dependenzgrammatik.

Die umfangreichste neuere Grammatik, die auf der Basis des Dependenzmodells erstellt wurde, ist die 1997 erschienene dreibändige Grammatik des Instituts für deutsche Sprache (Zifonun et. al. 1997). Das Konzept, das dort zur Unterscheidung von Komplementen und Supplementen (Angaben) entwickelt wird, wird in Kapitel 10.6 ausführlich dargestellt.

Eine sehr wichtige und weitreichende Auswirkung der Dependenzgrammatik betrifft die **Valenztheorie**. Die Valenztheorie befasst sich mit der Möglichkeit von Wörtern (hauptsächlich, aber nicht ausschließlich Verben), andere Wörter an sich zu binden. Dabei wird neben der im Einzelnen auftretenden Rektion vor allem die Anzahl der Bindungsmöglichkeiten untersucht; die so festgestellte Valenz ähnelt der Wertigkeit eines Atoms. Die Bindungen müssen dabei keineswegs in jedem Einzelfall realisiert sein. Wortlisten, in denen die Valenz deutscher Verben registriert wird, gibt es schon lange, so etwa bei Engel/Schumacher (1978) oder Helbig/Schenkel (1978). Neuere Untersuchungen sind auch kontrastiver Natur (so hat z. B. Curcio 1999 ein deutsch-italienischen Valenzwörterbuch vorgelegt), und ein aktuelles *Valenzwörterbuch deutscher Verben (VALBU)* wird derzeit im Institut für deutsche Sprache in Mann-

heim erarbeitet. Die Ergebnisse solcher Untersuchungen können
u. a. für den Fremdsprachenunterricht nutzbar gemacht werden.

Will man die Dependenzgrammatik umfassend beurteilen, so
muss man sich natürlich die grundsätzliche Frage stellen, ob es gerechtfertigt ist, das finite Verb als den höchsten Knoten im Satz anzusehen und alle anderen Teile einschließlich des Subjektes als von
ihm abhängig zu betrachten. Dagegen spricht zum einen, dass offensichtlich eine Interdependenz zwischen Subjekt und Prädikat angenommen werden muss, da sich das Verb in vielen Sprachen, so
auch im Deutschen, z. B. nach dem Numerus des Subjekts richtet.[4]
Ein weiterer, gewichtigerer Einwand besteht andererseits darin,
dass eine sehr große Zahl von Sprachen die Verben *haben* und *sein*
gar nicht kennt; innerhalb der indoeuropäischen Sprachenfamilie ist
beispielsweise das Russische eine solche Sprache. Die deutschen
Sätze *Wir haben eine große Wohnung* oder *Eure Wohnung ist schön* lauten
auf Russisch: *U nas bol'šaja kvartira* und *Vaša kvartira xoroša*, wörtlich
ins Deutsche übertragen: ‚Bei uns große Wohnung‘ und ‚Eure Wohnung schöne‘. Ein Verb, von dem die übrigen Glieder abhängig sein
könnten, existiert nicht. Auf Grund solcher Befunde kann der universelle Anspruch der Dependenzgrammatik, die auf der zentralen
Rolle des Verbs im Satz beruht, also zumindest in Zweifel gezogen
werden.

12.3   IC-Analyse und Phrasenstrukturgrammatik

Die IC-Analyse ist ein im amerikanischen Strukturalismus entwic-
keltes Syntaxmodell. Dabei werden Sätze schrittweise in immer
kleinere Elemente zerlegt, und diese werden klassifiziert, bis man
endlich zu den kleinsten Elementen kommt. Die Segmentierung in
Lautketten folgt nicht der sprachlichen Intuition, die etwa darauf
beruhen könnte, wie eine sprechende Person die Satzbedeutung interpretiert, sondern ist ein weitgehend operationalisierter Prozess,
der nach distributionellen Kriterien vorgenommen wird. Der Satz
wird so segmentiert, dass die dadurch entstehenden Teile

---

[4] In manchen Sprachen tritt darüber hinaus sogar Objektkongruenz auf, d. h.
die Verbform muss sich auch nach dem Objekt richten.

- möglichst umfangreich und
- möglichst unabhängig sind,
- sich in möglichst vielen Umgebungen verwenden lassen und dass
- größere Segmente möglichst durch kleinere ersetzbar sind.

Diese Prinzipien sollen nun an zwei Schritten dargestellt werden. Wenn man nach ihnen den Satz

Die Hexe bestieg ihren Besen.

zerlegen will, stellt sich zunächst die Frage nach dem ersten Schnitt. Soll man in

Die Hexe bestieg | ihren Besen

oder in

Die Hexe | bestieg ihren Besen

unterteilen?

Die erste Lösung ist falsch, da man zwar für die beiden letzten Elemente eine Ein-Wort- Ersetzung finden kann (z. B. *ihn*), aber kein Wort, das *Die Hexe bestieg* ersetzen könnte. Nun müssen die beiden Teile *Die Hexe* und *bestieg ihren Besen* weiter zerlegt werden. *D | ie Hexe* verbietet sich, da ein Segment *ie Hexe* nicht unabhängig ist (es würde stets ein vorausgehendes *d-* fordern) und seine Verwendungsmöglichkeit sehr beschränkt wäre; sie wäre viel geringer als die von *Hexe*, das alleine in zahlreichen Kontexten auftauchen könnte (*verhexen, der Hexe, eine / einer Hexe, den Hexen* usw.). Aus solchen Erwägungen gegenüber anderen Schnitten ergibt sich, dass zwischen *Die* und *Hexe* segmentiert werden muss. In Fortführung dieser Methode gelangt man Schritt um Schritt zu immer kleineren Konstituenten bis zu den Einzelmorphemen.

Die Vorgänge der Operation und die Ergebnisse der Satzanalyse können auf verschiedene Weise dargestellt werden.

Durch Klammerung:

((Die)(Hexe))(((be)(stieg))(((ihr)(en))(Besen))).

Diese Klammerung kann noch durch Subskripte angereichert werden, die Hinweise auf die jeweiligen Konstituenten geben. Man spricht dann von einer indizierten (oder: etikettierten) Klammerung. Dabei werden mehrteilige Konstituenten nach ihrer zentralen

Wortart benannt und als „-phrase" bezeichnet: z. B. Nominalphrase, abgekürzt NP, Verbalphrase (VP).

$$((Die)_{Det}(Hexe)_N)_{NP}(((be)(stieg))_V(((ihr)(en))_{Det}(Besen)_N)_{NP})_O$$

In Stammbaumform:

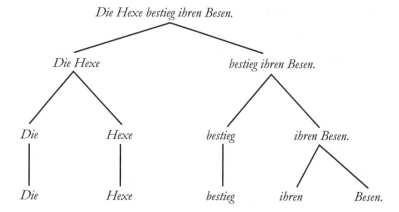

Damit die Hierarchien der Konstituenten klar zu erkennen sind, können zunächst die Verzweigungsknoten abstrakt als Kategorialsymbole notiert werden.

Der Baumgraph des Satzes sieht dann wie folgt aus:

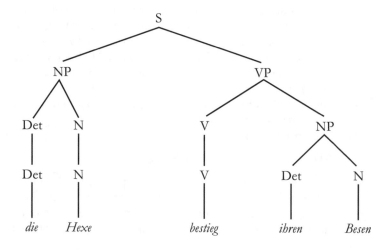

Dabei bedeuten: S: Satz; NP: Nominalphrase; VP: Verbalphrase; Det: Determinator; V: Verb

Als Kastendiagramm:

Die	Hexe	bestieg	ihren	Besen
Det	N	V	Det	N
NP		V	NP	
NP		VP		
S				

Diese Darstellungen sind in ihren Aussagen äquivalent. Das damit abgebildete Verfahren, Sätze in ihre (jeweils) unmittelbaren Konstituenten zu zerlegen, heißt **Immediate Constituent Analysis (IC-Analyse,** Analyse in unmittelbare Konstituenten).[5]

Ein Vorteil dieses Modells, das für die weitere Entwicklung der Linguistik insofern wichtig wurde, als es die Grundlage der generativen Transformationsgrammatik darstellte, liegt zweifellos darin, dass es genaue Kriterien angab, mit denen entschieden werden konnte, in welche Teile ein Satz zerlegbar ist. Die Verfahren dazu waren weitgehend objektiviert und garantierten, dass verschiedene Analytiker, auch wenn sie die betreffende Sprache nicht kannten und auf Informanten angewiesen waren, zu den gleichen Ergebnissen kamen. Zu bemerken ist auch, dass die Konstituenten nicht – wie es z. B. in der traditionellen Grammatik sehr häufig geschieht – durch Fragen bestimmt werden (z. B. *wer*-Fragen für das Subjekt) und dass auf jegliche Zuhilfenahme von Bedeutung verzichtet wird. Eine Beschränkung dieses Modells liegt darin, dass es nur Teil-Ganzes-Relationen zum Ausdruck bringt, nicht aber die Abhängigkeiten der segmentierten Elemente, die zu einem Knoten gehören, untereinander. Eine NP *dürrer Besen* würde nur in *dürrer / Besen* zerlegt. Dass das traditionell „Attribut" genannte *dürrer* von *Besen* (traditionell: seinem Beziehungswort) abhängt und nicht umgekehrt, ist ein Faktum, das in diesem Modell (ganz im Gegensatz etwa zur → De-

---

[5] Das Verfahren der Immediate Constituent Analysis ist gut bei R. S. Wells (1947) dargestellt.

pendenzgrammatik) nicht dargestellt werden kann. Das ist ein Cha-
rakteristikum, das die IC-Analyse auf ihre amerikanischen Nachfol-
gemodelle vererbt hat.

Phrasenstrukturgrammatik

Der Name „Phrasenstrukturgrammatik" wurde ursprünglich mit IC-
Analyse synonym gebraucht. Er wurde dann aber für eine dynamische
Variante verwendet, die Chomsky (1957) in seinem Buch *Syntactic
Structures* entwickelt. Er diskutiert dort ein Modell als Phrasenstrukturgrammatik, das durch Verzweigungsregeln, ausgehend von einem
Initialsymbol S (sentence/Satz), Sätze generiert. Es handelt sich dabei
also nicht mehr nur um die Analyse vorgefundener Sätze, sondern um
einen Versuch, Sätze zu generieren. Dieses Modell wurde zwar als
strukturell unzureichend bezeichnet, aber es wurde doch als eine we-
sentliche Komponente in das so genannte Aspects-Modell, die klassische Form der generativen Grammatik, aufgenommen.

IC-Analyse, Phrasenstrukturgrammatik und die Gesamtheit des
amerikanischen Strukturalismus werden von der Transformationsgrammatik unter dem Oberbegriff „taxonomische Linguistik" zusammengefasst. Taxonomisch (von gr. *taxis* ‚Ordnung'; unter Taxo-
nomie versteht man allgemein ein wissenschaftliches Verfahren zu
Erstellung von Ordnungsschemata für die Einordnung von Einzel-
phänomenen) nannte man sie, weil ihre Grundoperationen in Segmentierung und Klassifizierung der so erhaltenen Teile bestanden.
Die taxonomische Linguistik wurde weitgehend mit der „traditionellen Linguistik" gleichgesetzt.

12.4 Die Generative Grammatik

Mit dem Terminus **Generative Grammatik** (abgekürzt GG) werden
zunächst alle formalen Sprachbeschreibungsmodelle bezeichnet, die
auf einem Regelapparat basieren, mit dem alle korrekten Sätze einer
Sprache erzeugt (generiert) werden können. Im engeren Sinne versteht man unter generativer Grammatik aber auch oft das generative
Syntaxmodell, das der amerikanische Linguist Noam Chomsky entwickelt hat und das er selbst auch als **Universalgrammatik** (abgekürzt UG) bezeichnet. Der Begriff „universal" bedeutet dabei, dass

das Modell den Anspruch erhebt, die Grammatik zu beschreiben, die allen menschlichen Sprachen zugrunde liegt. Chomsky und die anderen Vertreter der UG gehen davon aus, dass allen Menschen eine Grammatik als Teil unseres genetischen Programms angeboren ist. Diese universale Grammatik kann man sich etwa wie ein elektronisches Schaltbrett vorstellen, auf dem verschiedene Verbindungen gegeben sind. Manche sind von vornherein festgelegt und unveränderlich, andere sind noch offen und können in der einen oder anderen Weise festgelegt werden. Je nach dem Input der Muttersprache werden diese letzteren Verbindungen dann in einer der beiden möglichen Arten aktiviert (oder, in einem anderem Bild: die Schalter werden in die eine oder andere Stellung gebracht). Früher vertrat Chomsky die These, dass es ein „Sprachorgan" im wörtlichen Sinne geben müsse, also eine konkrete Stelle im Gehirn, an der sich dieses sprachliche Schaltbrett oder eben die Sprache befindet. Dieser Annahme widersprechen aber die Befunde neurologischer Untersuchungen. Regionen im Gehirn, die für bestimmte Sprachverarbeitungeprozesse zuständig sind, sind zwar schon seit mehr als einem Jahrhundert bekannt (sie werden nach ihren Entdeckern als Broca- und Wernicke-Zentrum bezeichnet). Sie sind jedoch weder die einzigen Teile des Gehirns, die für Sprache zuständig sind, noch scheinen sie unersetzbar zu sein. So können z. B. Kinder unter fünf Jahren auch schwere Schädigungen des Gehirns in ihrer weiteren sprachlichen Entwicklung kompensieren, und zwar unabhängig davon, welche Gehirnhälfte betroffen ist. Moderne bildgebende Verfahren legen zudem nahe, dass je nach Muttersprache bei der Sprachverarbeitung sogar verschiedene Regionen des Gehirns für dieselben Aufgaben eingesetzt werden. Aufgrund solcher Befunde kann die Existenz eines Sprachorgans im wörtlichen Sinne ausgeschlossen werden. Die Universalgrammatik wird heute von ihren Vertretern zwar nach wie vor als Teil des genetischen Programms, aber nicht mehr als „Organ", sondern nur noch als abstraktes, nicht an einen konkreten Ort gebundenes Muster verstanden.

Historische Entwicklung

Die generative Transformationsgrammatik wurde maßgeblich von Noam Chomsky entwickelt, der sie Mitte der 50er Jahre als Weiterentwicklung der → Phrasenstrukturgrammatik und zugleich als Ge-

genmodell dazu entwarf. Das erste Modell wurde zwar schon in der Schrift *Logical Structure of Linguistic Theory* (1955) vorgelegt, doch blieb dieses umfangreiche Manuskript jahrzehntelang unveröffentlicht. Sehr einflussreich war dagegen das Buch *Syntactic Structures* (1957), das eine Kurzform davon enthielt. In diesem Modell wurde jede Berücksichtigung der Semantik noch rigoros abgelehnt („asemantische Phase"). 1965 veröffentlichte Chomsky dann in dem Buch *Aspects of the Theory of Syntax* die „klassische" Form der Theorie. Einer der wichtigsten Grundgedanken der frühen Modelle der GG bestand darin, dass jedem Satz eine **Tiefenstruktur** zugrunde liegt, die durch verschiedene Transformationen in die **Oberflächenstruktur** – den Satz, den wir äußern oder hören – überführt wird. Die dabei angewandten **Transformationsregeln** betrafen beispielsweise die Umstellung, das Hinzufügen oder Weglassen von Elementen. Verschiedene Oberflächenstrukturen können dabei durchaus auf ein und dieselbe Tiefenstruktur zurückzuführen sein; das bekannteste Beispiel hierfür ist die Gleichbehandlung von Aktiv- und Passivsätzen, die als Ableitungen aus einer identischen Tiefenstruktur angesehen wurden. Aufgrund der zentralen Rolle der Transformationsregeln wurde diese klassische Form der generativen Syntax auch als **Transformationsgrammatik** (abgekürzt TG; gelegentlich auch GTG, für „generative Transformationsgrammatik") bezeichnet.

Das ursprüngliche Modell Chomkys findet heute in der Sprachwissenschaft kaum noch Anwendung, wohl aber in der Informatik. Man bezeichnet die entsprechenden formalen Grammatiken dort sogar wörtlich als „Chomsky-Grammatiken". Eine Chomsky-Grammatik ist im Grunde nichts anderes als eine Phrasensturkturgrammatik mit Erzeugungsregeln. Sie besteht aus dem Vierersatz, einem sog. Quadrupel, G = (N, T, P, S) mit folgenden Eigenschaften:

N ist eine Menge von Nichtterminalsymbolen
T ist eine Menge von Terminalsymbolen
P ist eine Menge von Ersetzungsregeln (sog. Produktionen)
S ist das Startsymbol

Terminalsymbole sind Zeichen und Wörter, aus denen eine Sprache letztendlich aufgebaut ist. **Nichtterminalsymbole** sind Abstrahierungen der Wörter zu Klassen, die syntaktische Kategorien darstellen. Die Ersetzungsregeln können sowohl Terminal- als auch Nichtterminalsymbole enthalten; die linke Seite einer Produktion darf nicht leer sein. Die Ableitungstechnik ist ganz einfach: Nichtterminalsymbole können durch Nichtterminalsymbole oder durch Terminalsymbole ersetzt werden. Terminalsymbole werden, wie ihr Name schon nahe legt, nicht weiter ersetzt, die Ersetzung wird mit ihnen beendet (terminiert).

Die Grammatik kann an folgendem einfachem Beispielsatz illustriert werden:

Die Hexe benutzte einen Staubsauger.

G = (N, T, P, S)
N = {NP, VP, N, V, Det}
     (wobei S = Satz, NP = Nominalphrase, VP = Verbalphrase,
     N = Nomen, V = Verb, Det = Artikel)
T = {*Hexe, Staubsauger, benutzte, die, einen*}
P = { S → NP VP
     NP → Det N
     VP → V NP
     N → *Hexe, Staubsauger*
     V → *benutzte*
     Det → *die, einen*}

Die Ableitungsregeln ergeben, wenn sie in der richtigen Reihenfolge angewandt werden, den Beispielsatz. Sie können aber auch morphologisch und semantisch falsche Sätze wie *Die Staubsauger benutzte einen Hexe* generieren. Im realen Gebrauchskontext einer Chomsky-Grammatik ist dies aber irrelevant: Da Morphologie in der Informatik keine Rolle spielt, kann sie vernachlässigt werden, und für die Semantik – also dafür, dass das fertig geschriebene Programm auch zum gewünschten Ergebnis führt, – ist diese Art von Grammatik ohnehin nicht zuständig. Eine Chomsky-Grammatik ist ausdrücklich darauf beschränkt, syntaktisch korrekte Ergebnisse zu erzeugen. Für die Beschreibung natürlicher Sprachen bleiben damit zahlreiche Probleme ungelöst.

Die Erkenntnis, dass formale Beschreibungsmodelle dieses Typs für natürliche Sprachen nicht so gut geeignet sind, hatte in der weiteren Entwicklung unterschiedliche Folgen. Es entstanden verschiedene vorübergehend einflussreiche, dann wieder eher in Vergessenheit geratene Richtungen wie die sog. Interpretative Semantik, die vor allem durch Chomsky selbst und einige andere wie Katz und Jacobs vertreten wurde, oder die der Generativen Semantik, zu der Autoren wie Lakoff, McCawley, Ross, Perlmutter u. a. zählten.

Grundsätzlich kann man festhalten, dass die gesamte weitere Entwicklung von dem Bestreben geprägt ist, das Grundmodell so zu modifizieren, dass es natürliche Sprache generieren bzw. ihre Erzeugung korrekt beschreiben kann.

Eine Sonderentwicklung in der frühen Phase der generativen Grammatik stellte die **Kasusgrammatik** dar. Sie ist eng mit dem Namen ihres Initiators C. J. Fillmore verbunden.[6]

Die Grundidee dieses Ansatzes besteht in der Annahme sog. **Tiefenkasus**, die verschiedene Rollen repräsentieren, wie sie von Teilen des Satzes übernommen werden können. Solche Rollen sind beispielsweise **Agens** oder **Agentiv** (eine Handlung vollziehend oder eine Veränderung verursachend), **Instrumental** (Mittel, mit dem eine Handlung vollzogen oder eine Veränderung verursacht wird) oder **Lokativ** (Ort, an dem sich ein Objekt befindet oder eine Handlung vollzogen wird). Die Tiefenkasus sind universell; mit den morphologisch markierten Oberflächenkasus der Einzelsprachen sind sie nicht identisch. Das Konzept wurde später von Chomsky übernommen, und die Annahme, dass Kasus grundsätzlich immer vorhanden sind, aber in Abhängigkeit von der Einzelsprache entweder morphologisch realisiert werden oder aber an der Oberfläche unsichtbar bleiben, findet sich in allen neueren Ansätzen der GG (vgl. z. B. Chomsky/Lasnik 1993: 110).

Auf die im Vorigen kurz umrissene, gewöhnlich als ST (Standard Theory) bezeichnete Theorie folgte in den 70er Jahren die „erweiterte Standardtheorie" (Extended Standard Theory – EST) und in den 80ern die „revidierte erweiterte Standardtheorie" (Revised Extended Standard Theory – REST). In den 90ern wurde mit der Einführung der **minimalistischen Theorie** eine weitere Revision vorgenommen. Das weiterentwickelte Grammatikmodell wurde seit den 80er Jahren meist nicht mehr als „TG" oder „GG", sondern als

---

[6] Fillmore (1968) und (1977). Eine zusammenfassende kritische Darstellung des Ansatzes findet sich bei Blake (2001: 66–74).

„GB" (nach *Government and Binding,* Chomsky 1981) oder einfach als „UG" (für Universalgrammatik, vgl. z. B. Chomsky 1993) bezeichnet. Tiefenstruktur und Oberflächenstruktur waren zwar in diesen neueren Ansätzen zunächst im Prinzip noch enthalten; sie unterschieden sich jedoch wesentlich von der alten Konzeption und wurden daher, um Verwechslungen zu vermeiden, auch nicht mehr als „deep" bzw. „surface-structure" bezeichnet, sondern nur noch als *d-structure* (D-Struktur) bzw. *s-structure* (S-Struktur). Während die Oberflächenstruktur im ST-Modell mit dem fertigen Satz identisch war, handelt es sich bei der S-Struktur nunmehr um eine abstrakte Repräsentationsebene, in der leere Elemente (also Elemente, die bei der phonetischen Realisation des Satzes nicht mehr erscheinen) enthalten sein können. Zu diesen leeren Elementen gehören die sog. **Spuren**, die als Neuerung in REST eingeführt wurden: Wenn ein Element bewegt wird, bleibt an seinem ursprünglichen Ort eine Spur zurück, die zwar nicht phonetisch realisiert wird, aber für das Verständnis des Satzes eine wichtige Rolle spielt.

Oberhalb der S-Struktur wurden die Ebenen der LF (*logical form*) und der PF (*phonetic form*) angesetzt: während die PF die lautliche Realisierung betrifft, werden auf der Ebene der LF logische Beziehungen hergestellt, wie sie beispielsweise für das richtige Verständnis von Quantoren nötig sind. In den neuesten Ansätzen, der sog. minimalistischen Theorie, wird vermutet, dass die S-Struktur ganz aufgegeben werden kann, weil diese beiden letztgenannten Ebenen einerseits und die D-Struktur andererseits bereits alle nötigen Aufgaben erfüllen (vgl. Chomsky 1993: 191 ff.).

Die D-Struktur wird im minimalistischen Ansatz als „*internal interface between the lexicon and the computational system*" (Chomsky 1993: 187, Hervorheb. i. O.) definiert. Es ist die Ebene, auf der den Teilen des Satzes syntaktische und semantische Rollen zugewiesen werden.

Zwei Prinzipien beschreiben dieses Geschehen: das **Projektionsprinzip**, das auf der sog. X-bar- Theorie (auch X-bar-Syntax) basiert und bei dem es um die Zuweisung von syntaktischen Funktionen geht, und die Theta-Theorie (auch: Theta-Kriterium), die die Zuweisung semantischer Rollen betrifft.

Die **X-bar-Theorie (X̄-Theorie)** wurde bereits in den 70er Jahren entwickelt. X bezeichnet eine Variable, und mit dem Querstrich, dem die Theorie ihren Namen verdankt (vgl. engl. *bar* ‚Balken'), ist die jeweilige Projektionsebene (d.h. die Repräsentationsebene in der syntaktischen Struktur) eines Elementes X gemeint; auch X-doppel-bar kann auftreten. Um Verwechslungen mit dem logischen Negationszeichen zu vermeiden, wird statt des Querstrichs meist ein Apostroph verwendet: X'. Als Variable steht X für eine grammatische Kategorie, einen sog. Kopf (*head*). Ein Kopf ist derjenige Teil einer syntaktischen Einheit XP, durch den sie in ihrer Kategorie bestimmt wird: ein Verb (V) ist der Kopf einer VP, ein Nomen (N) der Kopf einer NP, eine Präposition (P) der Kopf einer PP, ein Adjektiv (A) der Kopf einer AP und ein Demonstrativum oder Artikel, ein sog. Determinierer (englisch *determiner*, abgekürzt D, gelegentlich auch Det), ist der Kopf einer DP. Die Phrase selbst, also beispielsweise NP, wird als „maximale Projektion" des Kopfes bezeichnet. X° (bzw. einfaches X) ist die Projektionsebene, die direkt über dem Lexem steht, also z. B.:

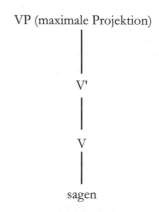

VP (maximale Projektion)

V'

V

sagen

Ein Kopf subkategorisiert Argumente – was nichts anderes bedeutet, als dass z. B. ein Verb festlegt, welche Argumente (also z. B. Akkusativobjekt, Dativobjekt) bei ihm stehen. Jede maximale Projektion kann im Prinzip ihrerseits zum Argument eines Kopfes werden; eine NP kann also beispielsweise das Argument eines Verbs V sein. Verschiedene Köpfe lassen unterschiedliche Argumentstrukturen zu. So wählt etwa das Verb *sagen* die Kategorie S (Satz; vgl. *sie sagte, dass sie etwas später kommt*), während diese Kategorie bei *reden* (vgl. **er redete, dass er etwas später kommt*) nicht zugelassen ist. Dabei wird allerdings anders als in der → Dependenzgrammatik ein Unterschied zwischen dem Subjekt und den anderen Beteiligten im Satz gemacht: Das Subjekt bildet nur das sog. externe Argument des Verbs, während die übrigen interne Argumente sind. Diese Unterscheidung beruht darauf, dass Verben ihre internen Argumente subkategorisieren, nicht aber ihre Subjekte. Vereinfacht ausgedrückt heißt das, dass ein Verb wie z. B. *stören* bestimmen kann, dass sein Objekt im Akkusativ steht. Auf den Subjektsnominativ hat es jedoch keinen Einfluss, denn das Subjekt steht immer im Nominativ.

Das **Projektionsprinzip** besagt nun, dass die Argumentstruktur eines lexikalischen Kopfes (also z. B. die Fähigkeit des Verbs *stören*, ein Akkusativobjekt an sich zu binden) immer erhalten bleiben muss; sie darf auf keiner Repräsentationsebene fehlen oder unvollständig sein. Um das zu gewährleisten, muss gegebenenfalls die Existenz einer entsprechenden Leerstelle (*empty category*) angenommen werden.

Die **Theta-Theorie** (θ-Theorie) betrifft die Zuweisung der semantischen Rollen, die als „thematische" oder eben Theta-Rollen (θ-Rollen) bezeichnet werden. Theta-Rollen sind semantische Funktionen wie Agens, Patiens (*theme*) oder Ziel (*goal*). Auch diese semantischen Rollen werden vom Kopf zugewiesen, meist also vom Verb, und auch hier stellt das Subjekt einen Sonderfall dar, denn ob es sich beim Subjekt um das Agens handelt, ist davon abhängig, ob der Satz im Aktiv oder im Passiv steht. Das **Theta-Kriterium** besagt, dass jedes Argument genau eine Theta-Rolle trägt, und dass jede Theta-Rolle nur genau einem Argument zugewiesen werden kann. Die Bewegung eines Elementes aus einer Stelle, die theta-markiert ist, an eine andere, die ebenfalls eine Theta-Rolle trägt, ist damit ausgeschlossen.

Die Art der Regeln, mittels derer die D-Struktur in die S-Struktur überführt wird, wurde in den 80er Jahren grundlegend geändert. Anstelle eines komplexen Apparates spezifischer Transformationsregeln kennt die GB nur noch eine einzige Bewegungsregel: *move* α (‚bewege α'). Dabei steht α für jedes beliebige Element, und die Regel besagt also nicht mehr als: „bewege irgend etwas". Diese Regel ist offensichtlich zu großzügig; die generelle Möglichkeit, ein beliebiges Element an einen beliebigen anderen Platz zu bewegen, muss durch eine Reihe von weiteren Regeln wieder eingeschränkt werden, um ungrammatische Konstruktionen auszuschließen. Während also in den frühen Modellen nach Regeln gesucht wurde, die alle Bewegungen generieren konnten (und die dadurch immer umfangreicher und unhandlicher wurden), wird in den neueren Ansätzen umgekehrt nach Beschränkungen gesucht, die eine Bewegung unmöglich machen. Solche einschränkenden Regeln sind das weiter oben bereits beschriebene Theta-Kriterium und das Projektionsprinzip sowie der im Folgenden skizzierte Kasusfilter.

Der **Kasusfilter** ist ein Prinzip, das besagt, dass jeder phonetisch realisierten NP auch ein (abstrakter) Kasus zugewiesen werden muss (vgl. z. B. Chomsky/Lasnik 1993: 111). Anlass für die Einführung des Kasusfilters war die Tatsache, dass das Subjekt von Infinitivkonstruktionen nicht an der Oberfläche erscheinen darf, dass also Sätze wie *Sie hat mehrfach versucht sie mich anzurufen* oder *Ich habe ihn gebeten er etwas früher zu kommen* ungrammatisch sind. Die Erklärung dafür lautet nun, dass die hervorgehobenen Elemente in den beiden Sätzen an einer Stelle stehen, der kein Kasus zugewiesen ist. Dies liegt etwas vereinfacht ausgedrückt daran, dass dem Subjekt nur von einem finiten Verb (bzw. von der abstrakten Kategorie *Inflection* ‚Flexion', abgekürzt I) Kasus zugewiesen werden kann, nicht aber von einem Infinitiv. Statt dessen weist der Infinitiv einem leeren (d. h. phonetisch nicht realisierten) Element PRO „Nullkasus" zu – wobei PRO zugleich das einzige Element ist, dem überhaupt Nullkasus zugewiesen werden kann (vgl. Chomsky/Lasnik 1993: 119). Einzig PRO kann also in der Subjektposition der Infinitive auftreten, und so entstehen die korrekten Sätze *Sie hat mehrfach versucht* PRO *mich anzurufen* und *Ich habe ihn gebeten* PRO *etwas früher zu kommen.*

Wie bereits erwähnt hinterlässt jede Bewegung eines Elementes an der Stelle, aus der es herausbewegt worden ist, eine **Spur** (*trace*), eine nicht phonetisch realisierte Kopie des bewegten Elementes. Dieser Vorgang soll anhand des Passivs erläutert werden. Ein Passivsatz wie:

Das Sparschwein wurde geplündert.

hat folgende D-Struktur:

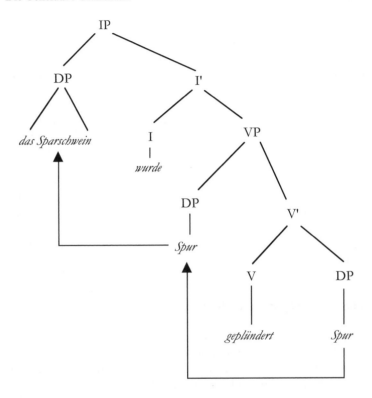

Wie sich zeigt, wurde die DP (für: *determiner phrase*) *das Sparschwein* sogar zweimal bewegt. Dies hängt damit zusammen, dass man einen Zwischenschritt annimmt, in dem *das Sparschwein* infolge der Passivierung aus der Objektposition in die Subjektposition des Verbs *plündern* bewegt wird; danach wird es auf der Subjektposition des Vollverbs *plündern* in die Subjektposition des Hilfsverbs *wurde* angehoben.

Die Annahme solcher Spuren ermöglicht es, Phänomene wie etwa den Bezug des Interrogativums *wer* in *Wer glaubst du, dass gekommen ist?* zu erklären. In diesem Satz bezieht sich *wer* offensichtlich auf *kommen* (nicht etwa auf *glauben*), obwohl es nicht im selben Satz steht. Wenn man annimmt, dass es aus einer Position beim Verb *kommen* herausbewegt worden ist und dort eine Spur hinterlassen hat, kann man *wer* als Antezedens zu dieser Spur interpretieren; mit anderen Worten, der Bezug von *wer* wird durch die Spur hergestellt.

Auch das minimalistische Programm ist, wie seine Vorgänger, ein relativ komplexer, formelhafter Regelapparat, der hier nicht im Einzelnen wiedergegeben werden kann.[7] Zusammenfassend soll hier nur noch einmal festgehalten werden, dass die Theorie den Anspruch erhebt, eine universelle, allen Sprachen der Welt zugrunde liegende Grammatik zu beschreiben. Diese Universalgrammatik besteht aus zwei grundlegenden Elementen: den **Prinzipien** und den **Parametern**. Prinzipien sind unumstößliche Grundsätze, die in allen Sprachen gleichermaßen beachtet werden müssen. Parameter sind demgegenüber so etwas wie binäre Schalter, die man in die eine oder andere Stellung bringen kann. Diese Schalter als solche sind ebenfalls in allen Sprachen gleichermaßen vorhanden, sie befinden sich nur nicht immer in derselben Stellung. Der Unterschied zwischen den verschiedenen Einzelsprachen ergibt sich nach dieser Theorie somit nur in der unterschiedlichen Setzung einzelner Parameter.

12.5   Die Optimalitätstheorie

In den letzten Jahren hat sich eine weitere linguistische Theorie entwickelt, die zunehmend an Bedeutung für die Syntax gewinnt: die Optimalitätstheorie. Sie ist aus der generativen Syntax hervorgegangen, baut auf ihr auf und macht ebenfalls von den im Vorigen dargestellten Beschreibungsmitteln Gebrauch. Ihre Anfänge werden gewöhnlich mit dem Erscheinen einer Arbeit von Prince und Smolensky (1993) mit dem Titel: „Optimality Theory: Constraint Interaction in Generative Grammar" gleichgesetzt. In diesem Ansatz ging es zunächst darum, phonologische Gesetzmäßigkeiten zu erklären. Dabei wurde – ganz wie bei der im Vorigen beschriebenen Bewegungsregel „move α" (vgl. S. 469), die jede beliebige Bewegung zulässt und daher durch einschränkende Regeln ergänzt werden muss, um fehlerhafte Ergebnisse zu vermeiden – nach Beschränkungsregeln, sog. **Constraints**, gesucht.

Ein wichtiges Grundkonzept für dieses Modell ist die Markiertheitstheorie. **Markiertheit** ist ein Konzept, das ursprünglich von

---

[7] Eine gute Einführung in die minimalistische Theorie findet sich bei Radford (2001).

Roman Jakobson, einem der bedeutendsten Vertreter des Strukturalismus, entwickelt wurde. Es besagt zunächst nur, dass bestimmte
sprachliche Elemente, also beispielsweise Phoneme, gegenüber
anderen eine höhere Zahl an Merkmalen enthalten: [d] ist gegenüber [t] das markiertere Element, da es das zusätzliche Merkmal
[+ stimmhaft] enthält. Markiertheit ist, wie das Beispiel zeigt, stets
relativ: ein Element ist nie *per se,* sondern immer nur im Vergleich zu
anderen markiert oder unmarkiert.

Es ist naturgemäß immer einfacher, weniger als mehr Merkmale
zu generieren; so ist es z. B. einfacher, zu flüstern (minimale Schwingung der Stimmbänder, stimmlos) als laut zu sprechen (volle
Schwingung der Stimmbänder, stimmhaft). Daher wird nun angenommen, dass das ideale Ziel darin besteht, möglichst wenige Merkmale zu benutzen und das Sprechen so möglichst einfach zu machen. Was dabei ‚einfach' ist und was nicht, kann durch Vergleich
verschiedener Sprachen ermittelt werden. So hat man beispielsweise
festgestellt, dass offene Silben – also Silben, die aus der Folge Kon-
sonant-Vokal oder auch nur einem Vokal bestehen – in allen Sprachen existieren, während geschlossene Silben – also Silben mit der
Struktur Konsonant-Vokal-Konsonant oder Vokal-Konsonant –
nur in einigen Sprachen vorkommen. Offenbar ist es einfacher, den
ersten Silbentyp zu artikulieren, als eine Silbe auf einen Konsonanten enden zu lassen. Ebenso kennen alle Sprachen ungerundete vordere Vokale wie [e] und [i], jedoch nur einige haben auch gerundete
vordere Vokale wie [ø] (deutsche Schreibung: <ö>) oder [y]
(deutsch: <ü>); die hinzutretende Rundung stellt eine zusätzliche
Erschwernis für die Aussprache dar. Dass es trotzdem solche Laute
und Silben gibt, hängt damit zusammen, dass die Anzahl der aus den
„Einfachst-Lauten" bildbaren „Einfachst-Silben" nicht ausreicht,
um alle lexikalischen und syntaktischen Inhalte ausdrücken zu können. Verstöße gegen Gebote wie „keine Konsonanten am Silbenende" oder „keine Rundung bei vorderen Vokalen" können daher notwendig werden, damit die Sprache anderen Anforderungen
wie Verständlichkeit und Differenziertheit des Ausdrucks genügen
kann.

Regeln des Typs „keine Konsonanten am Silbenende" sind Beschränkungsregeln, also sog. Constraints. Die Optimalitätstheorie
geht zwar davon aus, dass solche Regeln universell sind, also in allen
Sprachen existieren; zugleich aber nimmt sie an, dass sie nicht in

allen Sprachen in derselben hierarchischen Reihenfolge stehen. Dies hängt damit zusammen, dass die Regeln untereinander zu Widersprüchen führen: es ist nicht möglich, allen idealen Anforderungen gleichzeitig zu genügen. Verschiedene Sprachsysteme treffen dann unterschiedliche Entscheidungen darüber, welche Regeln im Zweifelsfall eher verletzt werden dürfen als andere. Damit ist zugleich der wichtigste Unterschied zur herkömmlichen generativen Grammatik benannt: Parameter werden nicht unumstößlich gesetzt und andere ausgeschlossen. Sie stehen nur in einem hierarchischen Verhältnis zueinander und haben daher unterschiedliche Vorkommenswahrscheinlichkeiten.

Eine wichtige Rolle spielt ferner das Konzept der „Treue" (*faithfulness*). Wie immer der im Einzelfall getroffene Kompromiss zwischen den verschiedenen Beschränkungsregeln aussieht, es muss gewährleistet sein, dass lexikalische Unterscheidungen erhalten und die Bedeutungen der Wörter und Formen erkennbar bleiben. Auch das Treueprinzip ist also eine Beschränkungsregel.

Für die Syntax gilt nun ganz parallel wie in der Phonologie, dass verschiedene Beschränkungsregeln zusammenwirken, um mit möglichst geringem Aufwand die Wohlgeformtheit einer Äußerung zu gewährleisten. Eine solche Beschränkungsregel besagt beispielsweise, dass keine Bewegungen erlaubt sind (Regel „STAY", vgl. Kager 2001: 351). In der Tat ist es ökonomischer, Elemente an ihrem ursprünglichen Ort zu belassen, als sie zu bewegen. Aufgabe der Grammatik wäre es nun, zu beschreiben, unter welchen Bedingungen diese Regel dennoch verletzt werden kann. Die Optimalitätstheorie ist im Bereich der Syntax derzeit noch im Aufbau begriffen.

12.6   Kognitive Grammatik

Der Begriff „kognitive Linguistik" ist nicht einheitlich definiert, und es werden oft sehr unterschiedliche Forschungsrichtungen darunter zusammengefasst. So wird etwa gelegentlich auch Chomsky als ein Vertreter dieser Richtung benannt (Schwarz 1996: 15), und Autoren wie Pinker (2000) – der allerdings kein Sprachwissenschaftler, sondern Psychologe ist – beziehen sich auf ihn. Was Chomsky von der kognitiven Linguistik im eigentlichen Sinne unterscheidet, ist die Tatsache, dass er von einem angeborenen Sprachorgan, einer angeborenen Grammatik ausgeht, die dann durch den Kontakt mit der Muttersprache in einer bestimmten Weise geprägt und festgelegt wird. Dem würden Autoren wie Langacker, Talmy, Lakoff oder auch Croft ausdrücklich widersprechen: für sie ist die Sprache in den allgemeinen kognitiven Fähigkeiten des Menschen verankert und macht wie alle anderen menschlichen Fähigkeiten von ihnen Gebrauch. Diese Annahme hat weitreichende Folgen für die Modelle, die zur Erklärung grammatischer Strukturen herangezogen werden. Grammatische Systeme sind nun nicht mehr eigenständige Regelapparate,[8] sondern sie müssen in einem Zusammenhang mit anderen kognitiven Prozessen stehen.

Da kognitive Linguistik ein sehr heterogener Bereich ist, gibt es kein einheitliches Modell, das hier vorgestellt werden könnte. Es gibt aber eine Reihe von Grundannahmen, die von der Mehrheit der Vertreter dieser Richtung geteilt werden. Dazu zählt die Annahme, dass es zu den menschlichen Basisfähigkeiten gehört, Folgendes tun zu können:

— Gegenstände und Erfahrungen miteinander zu vergleichen, um Gleichheit oder spezifische Unterschiede zwischen ihnen festzustellen;
— sich im Raum zurechtzufinden, Objekte räumlich einander zuzuordnen;
— die Aufmerksamkeit zu fokussieren, so dass Objekte unabhängig von ihrer realen räumlichen Position in den Vordergrund oder Hintergrund der Aufmerksamkeit treten können;
— Beziehungen zwischen Objekten zu erkennen oder herzustellen;
— zu abstrahieren.

Es sind diese Fähigkeiten, auf denen auch die Sprache beruht. Syntaktische Funktionen wie Subjekt oder Objekt verkörpern prototypische Rollen wie Agens, Instrument, Ziel oder „Null" (engl. *zero*; in der Definition von Langacker 1999: 25 f. etwas, was sich an einem bestimmten Ort befindet oder eine bestimmte Eigenschaft aufweist).

---

[8] Langacker (2000: 1) formuliert: „This theory takes the radical position that grammar (…) has no autonomous existence at all".

In kognitiv-linguistischen Darstellungen finden sich oft die beiden aus dem Englischen übernommenen Begriffe **Trajektor** (engl. *trajector*, oft abgekürzt als TR) und **Landmark** (engl. *landmark*, oft abgekürzt als LM), die zur Erklärung verschiedenster Phänomene verwendet werden. „Landmark" bezeichnet einen Bezugspunkt, der Trajektor einen Gegenstand, der relativ zu diesem Bezugspunkt eingeordnet wird. Diese beiden Rollen hängen nur von der Perspektive ab, die die betrachtende und beschreibende Person einnimmt. Eine Situation wie die folgende:

kann beschrieben werden als *Das Glas steht neben der Flasche*; dann ist das Glas der Trajektor, und die Flasche dient als Landmark. Umgekehrt ist die Zuordnung, wenn die Anordnung mit *Die Flasche steht neben dem Glas* beschrieben wird. Die unterschiedlichen Zugriffsweisen, die sich dahinter verbergen, werden mit dem Begriff **Perspektivierung** beschrieben. Auch für die Syntax spielt Perspektivierung eine Rolle: je nachdem, welche Perspektive eingenommen wird, können im folgenden Beispiel etwa das Agens, das Instrument oder das Patiens in Subjektposition erscheinen (vgl. Langacker 1991: 216 f.):

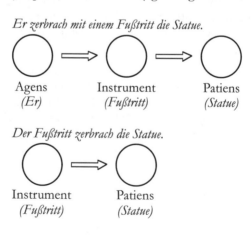

Die Statue zerbrach.

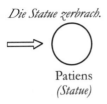

Patiens
(Statue)

Das zentrale Element der sprachlichen Systeme ist für die kognitive Grammatik die Semantik, und morphologische Markierungen wie Kasus werden ganz genauso wie alle syntaktischen Relationen als bedeutungstragend angesehen (vgl. z. B. Langacker 1991: 32–37). In der Semantik selbst spielt die sog. Prototypentheorie eine wichtige Rolle: Wortbedeutungen werden nicht als Summe von Eigenschaften angesehen, sondern als sog. *fuzzy sets.* Fuzzy Sets sind Mengen mit unscharfen Rändern, denen Elemente nicht nur einfach angehören oder eben nicht angehören, wie dies bei klassischen Mengen der Fall ist, sondern denen Elemente auch nur zu einem gewissen Grad angehören können. Im Zentrum einer solchen Menge steht ein prototypischer Vertreter, dem die anderen Elemente mehr oder minder ähnlich sind. So wäre beispielsweise ein Spatz ein prototypischer Vertreter für das semantische Konzept ‚Vogel'. Ein Kragengeier hingegen wäre schon deutlich weniger zentral, und ein Pinguin befände sich ganz am Rande der Menge.

13 Schrift und Rechtschreibung

13.1 Schriftsysteme

Bevor auf die Schreibkonventionen des Deutschen und auch auf ihre Veränderungen durch die Rechtschreibreform des Jahres 1996 eingegangen wird, sollen im Folgenden zunächst die grundsätzlichen Prinzipien und Probleme der Rechtschreibung erläutert werden.

Es gibt verschiedene Arten, wie Schriftsysteme funktionieren und wie sie überhaupt funktionieren können. Die einfachste Art, etwas darzustellen, besteht in einer schlichten Abbildung eines Gegenstandes, also in der Verwendung eines → ikonischen Zeichens. Diese Art der Darstellung ist in Gestalt sog. **Piktogramme** überall da verbreitet, wo Verständigung über alle Sprachgrenzen hinweg nötig ist, und kann durch die folgenden modernen Beispiele illustriert werden:

Der Vorteil solcher Zeichen liegt auf der Hand: man kann sie unabhängig von der Sprache verstehen, die man spricht. Ob jemand *Zollkontrolle* oder *douane* sagt, ist irrelevant: das Piktogramm ist immer gleichermaßen verständlich. Allerdings wird bei näherer Betrachtung zugleich deutlich, dass solche Zeichen kulturelles Wissen voraussetzen. Anders als bei der nachfolgend dargestellten Abbildung einer Rose, die man aufgrund ihrer Ähnlichkeit mit der realen Pflanze erkennen kann, setzen die Piktogramme eine Reihe von Kenntnissen und Rückschlüssen voraus.

Um z. B. das Hinweisschild auf den Zoll erkennen zu können, muss man wissen, wie Uniformen aussehen, dass Zollbeamte solche Kleidungsstücke tragen und dass bei der Überschreitung von Landesgrenzen eine Zollkontrolle erfolgt. Ferner wird Wissen darüber vorausgesetzt, dass moderne Reisende ihre Utensilien typischerweise in aufklappbaren Quadern (und nicht etwa in Bündeln, Säcken oder Körben) bei sich tragen. Auch das Kaffee- und das Taxi/Bus-Piktogramm setzen Kenntnisse voraus (z. B. über die typische Gestalt von Trinkgefäßen und Fahrzeugen). Besonders schwierig ist die richtige Interpretation des Piktogramms unten rechts. Im Kontext der umgebenden Piktogramme, die an einen Flughafen oder Grenzbahnhof denken lassen, ist die naheliegendste Interpretation sicher die, dass das Zeichen auf eine Herrentoilette verweist. Aber in einem anderen Kontext, z. B. auf einer Kreuzung, könnte dasselbe Ikon ‚Warten‘ bedeuten und würde sich dann auch nicht nur auf Männer beziehen, sondern Frauen mit einschließen. Darüber hinaus sind weitere Lesarten denkbar: es könnte auch für ‚einzeln‘ oder ‚allein‘ stehen, daraus abgeleitet vielleicht auch für ‚einsam‘ usw.

Damit sind drei grundsätzliche Eigenschaften von Piktogrammen deutlich geworden:

– Obwohl sie sprachübergreifend funkionieren können, setzen
  Piktogramme kulturelle Kenntnisse voraus.
– Die Deutung kann sehr stark kontextabhängig sein und lässt sich
  trotz ihrer scheinbaren Eindeutigkeit – schließlich handelt es sich
  um Abbildungen – nicht immer ohne weiteres festlegen.
– Ein Piktogramm kann statt auf den Gegenstand, den es darstellt,
  auch auf etwas anderes verweisen, was durch bestimmte Assozia-
  tionen damit verbunden ist (im obigen Beispiel kann die Zeichnung eines Mannes auf eine Toilette oder auf den Vorgang des
  Wartens hinweisen).

Aus den Zeichnungen von Gegenständen, die dadurch abgebil-
det werden sollen, entstehen so ganz automatisch Zeichen, die für
Wörter, für Konzeptionen stehen. Solche Wortzeichen oder **Logo-
gramme** liegen beispielsweise der chinesischen Schrift zugrunde.
Dabei werden nicht nur Konkreta, sondern auch Abstrakta bildlich
ausgedrückt und entwickeln sich dann zu immer abstrakteren Zeichen. So steht etwa hinter dem chinesischen Zeichen

dà ‚groß‘ ursprünglich die Zeichnung eines Menschen mit ausgebrei-
teten Armen, die als Geste das Konzept ‚groß‘ vermitteln sollen.

Das Chinesische ist zugleich ein gutes Beispiel dafür, dass ein solches Schriftsystem sehr aufwändig ist: man braucht, wenn man es
konsequent anwenden will, so viele Schriftzeichen, wie es Wörter in
der Sprache gibt, und die Schätzungen der absoluten Zahl chinesi-
scher Schriftzeichen beträgt etwa 47000–49000 Zeichen (vgl. Coulmas 2003: 54). Es liegt also grundsätzlich nahe, nicht immer nur
neue Zeichen zu erfinden, sondern vorhandene Zeichen nach Möglichkeit mehrfach zu verwenden. Wie dies aussehen kann, sollen die
folgenden Beispiele illustrieren:

  Gib 8!
  Alle 8ung!

Das Zeichen 8 steht als sprachübergreifendes Logogramm für ein
Wort, nämlich die Zahl ‚Acht‘. Im Deutschen steht es damit zu-

gleich für die Lautfolge [axt] und damit für eine Silbe, die auch in anderen Wörtern vorkommt. Diese Eigenschaft des Zeichens wird hier nutzbar gemacht. Mit anderen Worten: die obigen Beispiele machen teilweise vom Prinzip der Silbenschrift Gebrauch.

Das Prinzip, Zeichen für Silben zu benutzen, findet sich in vielen Schriftsystemen: so etwa in der modernen japanischen Schrift,[1] bei ägyptischen Hieroglyphen oder teilweise auch im Chinesischen. Aber schon die Hieroglyphen vollzogen noch einen entscheidenden weiteren Entwicklungsschritt: sie konnten neben ihrer ursprünglichen Bildbedeutung (also z. B. ‚Geier') auch einfach nur einen Laut bezeichnen (z. B. |a|). Schon im klassischen Ägypten waren also die sog. **Phonogramme** oder Lautzeichen bekannt, wobei die Zeichen allerdings noch in beiden Funktionen, also als Logogramme wie als Phonogramme, gebraucht werden konnten. Schriftsysteme aus Phonogrammen, oft als **Alphabetschriften** (nach den ersten beiden Buchstaben des griechischen Alphabets), gelegentlich auch als „Buchstabenschrift" bezeichnet, sind heute sehr weit verbreitet und stellen sicher den häufigsten Schrifttyp dar. Zu ihnen gehört beispielsweise die moderne arabische, griechische, thailändische Schrift, die kyrillischen Schriftsysteme – und eben auch die lateinische.

13.2   Alphabetschriften

Das Prinzip einer Alphabetschrift klingt zunächst sehr einfach: um ein Wort zu schreiben, muss man die Buchstaben für die Laute aneinander reihen, aus denen ein Wort besteht. Wenn man will, kann man die Laute, aus denen eine Sprache besteht, recht genau aufzeichnen. Zu diesem Zweck wurde das internationale phonetische Alphabet entwickelt, das abgekürzt als IPA (*International Phonetic Alphabet / Internationales Phonetisches Alphabet*) oder API (*Alphabet Phonétique International*) bezeichnet wird. Theoretisch könnte man also

---

[1] Dies gilt jedoch nicht für das gesamte japanische Schriftsystem, das eine Mischform darstellt: das sog. Kanji, ein System von aus dem Chinesischen übernommenen Wortzeichen, steht neben den Silbenschriften Hiragana und Katakana.

einfach die phonetische Umschrift benutzten, um alle Sprachen dieser Welt zu verschriften.[2] In der Praxis wird das IPA jedoch auch für Sprachen, für die erst in den letzten Jahren ein Schriftsystem entwickelt wurde, nicht verwendet. Es genügt, wenn man die → Phoneme, also die bedeutungsunterscheidenden Lauteinheiten einer Sprache, kennzeichnet; man muss nicht auch jedes Phon, also jeden Laut, gesondert darstellen. Die Zahl der Phoneme ist in den meisten Sprachen, so auch im Deutschen, um einiges geringer als die der Phone. Wenn man ein ökonomisches Schriftsystem entwickeln will, genügt es, ausreichend Zeichen für die Phoneme einer Sprache zu haben; man muss nicht auch jeden kleinen lautlichen Unterschied schriftlich festhalten. So ist es beispielsweise nicht nötig, beim Schreiben anzugeben, dass die stimmlosen Verschlusslaute *p, t* und *k* im Deutschen im Anlaut (also z. B. in den Wörtern *Pelz, Tee, Kaffee*) aspiriert, d. h. zusammen mit einem kurzen, direkt auf sie folgenden [h] gesprochen werden. Da dieses [h] für die Verständlichkeit keine Rolle spielt, kann man darauf verzichten, solche Wörter am Anfang mit *p*ʰ, *t*ʰ oder *k*ʰ zu schreiben, wie dies bei einer genauen phonetischen Umschrift der Fall wäre.

Dieses Grundprinzip der Reduktion auf Phoneme wird in den Regeln zur Schreibung von realen Sprachen normalerweise als Mindestprinzip der Ökonomisierung (die oft noch sehr viel weiter geht) befolgt. Man spricht zwar oft von „phonetischer Schreibweise", gemeint ist aber meistens eine eher phonologische. Zu den Sprachen, bei denen die Schreibweise sehr nahe an der phonetischen Realität liegt, gehören insbesondere solche, die spät verschriftet worden sind bzw. erst in jüngerer Zeit eine einheitliche Rechtschreibung erhalten haben. Hierzu zählen beispielsweise das moderne Serbische, Kroatische und Bosnische, die im 19. Jahrhundert durch Vuk Karadžić eine einheitliche kyrillische Schreibweise erhielten, die er mit der Regel: „Schreibe, wie du sprichst" begründete und die später auch ins lateinische Schriftsystem für diese Sprachen übertragen wurde. Für Phoneme wie [ʃ], für die es keine Buchstaben gibt, wenn man das lateinische Alphabet zugrunde legen will, werden bei einer solchen Neuentwicklung von Schreibsystemen Sonderzeichen eingeführt;

---

[2] In Wirklichkeit ist auch die phonetische Transkription ein Akt der Interpretation, der eine Vielzahl von theoretischen und praktischen Entscheidungen nötig macht; vgl. hierzu Coulmas (2003: 32).

so kann dieser Laut beispielsweise durch ein *s* mit Haček (*š*, z. B. in slawischen Sprachen) oder durch ein *s* mit Cedille (*ş*, z. B. im Türkischen) wiedergegeben werden. In älteren Schriftsystemen, so etwa in der Schreibung des Deutschen, Englischen oder Französischen, werden hingegen für denselben Laut Kombinationen von vorhandenen Buchstaben verwendet: *sch* (deutsch), *sh* (englisch), *ch* (französisch). Damit stehen zwar mehrere Buchstaben für einen einzigen Laut; da sie aber in dieser Abfolge nicht als Lautkombination in der jeweiligen Sprache vorkommen, können sie bei entsprechender Definition gemeinsam für einen nicht im lateinischen Alphabet enthaltenen Laut stehen, ohne das phonologische Prinzip zu verletzen.

Allerdings stoßen auch Schriftsysteme auf phonologischer Basis auf eine Reihe von Schwierigkeiten. Eine solche Schwierigkeit ist das Phänomen, dass phonologische Unterschiede unter bestimmten Bedingungen neutralisiert werden können. Im Deutschen ist dies etwa bei Verschlusslauten wie [d] und [t] der Fall, die am Ende eines Wortes infolge der sog. Auslautverhärtung gleichermaßen als [t] gesprochen werden, obgleich es sich um zwei verschiedene Phoneme handelt. Normalerweise macht es einen großen Unterschied, ob man z. B. *Teer* [tʰeːɐ̯] oder *der* [deːɐ̯] sagt. Aber da es im Auslaut im Deutschen grundsätzlich keine stimmhaften Verschlusslaute gibt, fallen [d] und [t] am Wortende zusammen; man spricht dann von einer **Neutralisation**, also einer vorübergehenden Aufhebung eines an und für sich phonologisch relevanten Unterschieds. Daher wird *Hund* nicht [hʊnd], sondern [hʊnt] ausgesprochen. Erst wenn von mehr als einem Tier die Rede ist, bekommt der Laut seinen Stimmton zurück: *Hunde* [hʊndə]. Bei der Regelung der Rechtschreibung muss man daher klären, ob man einen phonologischen Unterschied auch dann schriftlich festhalten soll, wenn er in einer bestimmten Situation gar nicht genutzt wird. In verschiedenen Rechtschreibsystemen wird diese Frage unterschiedlich beantwortet. Im Deutschen ist sie so geregelt, dass man in diesem Fall auf den Unterschied verzichtet und statt dessen den Laut schreibt, der ohne die Auslautverhärtung auftritt, also *d*. Man kann eine solche Regelung innerhalb der Phonologie begründen, indem man darauf verweist, dass es sich dabei um das Phänomen der Neutralisation handelt; man kann sie aber auch als Bevorzugung der Morphologie vor der Phonetik betrachten, da auf diese Weise ein und dasselbe Morphem auch gleich geschrieben wird.

Rechtschreibprinzipien, die den Zusammenhang von Wortformen sichtbar machen, werden auch als „morphologische" Prinzipien bezeichnet. Sie stehen neben den bereits genannten phonetisch/phonologischen und einer ganzen Reihe von möglichen Prinzipien, nach denen sich die Rechtschreibung richten kann und von denen im Folgenden eine Auswahl der wichtigsten zusammengefasst wird:

— **Phonetisches Prinzip:** Die Schreibweise entspricht genau der Aussprache.
— **Phonologisches Prinzip:** Die Schreibweise unterscheidet nur solche Laute, die auch bedeutungsunterscheidend sind.
— **Morphologisches Prinzip:** Die Schreibweise berücksichtigt den Zusammenhang von Wortformen; Beispiel: *Wand – Wände*. Dieses Prinzip kann einerseits vom im Vorigen genannten phonologischen, andererseits vom nachfolgend dargestellten etymologischen Prinzip nicht immer klar abgegrenzt werden. Ein Beispiel für Abgrenzungsprobleme im ersteren Fall ist die Auslautverhärtung im Deutschen. Ein Beispiel für den zweiten Fall, also einen Konflikt mit der Etymologie, wäre der, dass die Schreibweise zwar morphologisch korrekt, die Herkunft eines Wortes synchronisch aber nicht mehr nachvollziehbar ist.[3]
— **Etymologisches Prinzip**: Nach dem Prinzip der Herkunft werden Ableitungen aus derselben Wortwurzel gleich geschrieben. Fremdwörter werden so geschrieben wie in ihrer Herkunftssprache. Beispiel: *Laut – läuten* (vgl. aber: *alt – Eltern*); *Baby* (vgl. aber: *Tipp*).
— **Historisches Prinzip**: Die hergebrachte Schreibweise bleibt erhalten. Beispiel: *Philosophie, Theater*. Dieses Prinzip spielt beson-

---

[3] Dies ist etwa der Fall bei den Wörter *belemmert, einbleuen, Quentchen*. Diese alten Schreibweisen, die bei der Reform in *belämmert, einbläuen* und *Quäntchen* verändert wurden, waren etymologisch korrekt, da *belemmert* aus niederdeutsch *belemmeren* ‚hindern, hemmen, beschädigen' (und nicht aus der Wurzel *Lamm*) stammt, *Quentchen* von lateinisch *quintus* ‚ein Fünftel' (und nicht von *Quantum*) herrührt und *einbleuen* mit der in *Pleuelstange* enthaltenen Wurzel ‚schlagen' verwandt ist (nicht aber mit dem Farbadjektiv *blau*). Die eigentliche Herkunft war jedoch aus Sicht der Reformer nicht mehr nachvollziehbar, und daher wurde der etymologisch falschen Zuordnung zu *Lamm, Quantum* und *blau* der Vorzug gegeben (sog. Volksetymologie).

ders im Englischen eine zentrale Rolle, vgl. z. B. die Schreibweise von *knight* (ursprünglich verwandt mit deutsch *Knecht*).

- **Homonymie-Prinzip** (auch „**differenzierendes Prinzip**"): Gleichlautende Wörter mit verschiedener Bedeutung sollen durch verschiedene Schreibweisen unterscheidbar gemacht werden. Beispiel: *Waise – Weise, Laib – Leib*.
- **Ökonomisches Prinzip** (in der deutschen Rechtschreibung nicht mehr enthalten): beim Aufeinandertreffen mehrerer gleicher Buchstaben wird einer eingespart. Beispiele: *Hoheit, Schiffahrt* (nur alte Rechtschreibung).

Das Rechtschreibsystem des Deutschen stellt eine Mischung aus den angeführten Prinzipien (mit Ausnahme des letzten) sowie einer Reihe weiterer Regeln dar, die mit den Wortgrenzen (Zusammen- und Getrenntschreibung) und der Unterscheidung von Wortarten (Groß- und Kleinschreibung) zu tun haben (Näheres hierzu S. 487 ff.). Wenn man versucht, möglichst vielen Prinzipien zugleich zu folgen, können sie aber in Widerspruch zueinander geraten und zu Streitfällen führen. Dabei spielt auch eine Rolle, dass die Aussprache des Deutschen keineswegs im gesamten Sprachgebiet gleich ist, so dass bereits die gemeinsame phonetische Grundlage zwar theoretisch und auf der normativen Ebene, nicht aber in der realen Sprachpraxis durchgehend gegeben ist. In einigen Regionen wird beispielsweise der Unterschied zwischen den Phonemen [e:] (Beispiel: *Beeren*) und [ɛ:] (Beispiel: *Bären*) nicht gesprochen, in anderen wird kein Unterschied zwischen [s] und [z] gemacht oder es werden die Verschlusslaute [p]/[b], [t]/[d], [k]/[g] nicht nach stimmhaft/stimmlos (sondern nach fortis/lenis) unterschieden usw. Dadurch wird das ohnehin eher nachgeordnete phonetisch-phonologische Prinzip in der deutschen Rechtschreibung zusätzlich geschwächt.

Besonders schwierig wird die Entscheidung über eine Schreibweise unter diesen Umständen dann, wenn die Ableitung eines Wortes unklar ist und das zugrunde liegende Morphem mit verschiedenen Ablauten realisiert wird. Als Beispiel hierfür kann die Wurzel *wend-* dienen, die mit den drei Vokalen *e, a* und *u* auftritt (vgl. *wenden – wand – gewunden*). Wenn man den phonologischen Unterschied zwischen [e] und [ɛ] nicht nutzen kann oder will, muss man ausschließlich aufgrund morphologischer und etymologischer Prinzipien entscheiden, ob *aufwändig* oder *aufwendig* geschrieben werden soll. Diese

Entscheidung wird aber dadurch erschwert, dass es sowohl entsprechende Formen mit *a* (*Aufwand, wandte auf*) und Umlautmöglichkeit als auch solche mit *e* (*aufwenden, wendig*) gibt, auf die man Bezug nehmen kann.

Der Streit, der um die Rechtschreibung des Deutschen geführt wurde und noch wird, hat aber nicht nur mit solchen Entscheidungen zu tun, sondern auch mit den kognitiven Prozessen, die beim Lesen ablaufen. Beim Lesen setzen nämlich Menschen, die diese Fähigkeit nicht gerade erst erlernen, keineswegs Buchstabe für Buchstabe zusammen, um daraus dann das Wort zu formen: Lesen ist Wiedererkennen von Formen. Das folgende Beispiel soll dies verdeutlichen:

SLE

SE

ESEL

Wenn man den Blick über diese drei Wörter schweifen lässt, wird man normalerweise das letzte und längste von ihnen, *Esel*, als erstes erkennen und damit „lesen". Der Grund dafür liegt natürlich ausschließlich darin, dass es als einziges der drei ein existierendes deutsches Wort ist, das man bereits in anderen Kontexten gesehen hat und daher als ganzes wiedererkennen kann; die anderen beiden muss man erst aus den Buchstaben, aus denen sie gebildet werden, zusammensetzen. In der Tat erfolgt das Wiedererkennen von Bildern schneller als das Zusammensetzen von Einzelbuchstaben, und insbesondere bei ähnlichen Wörtern und bei Homonymen kann die unterschiedliche Schreibweise das Verständnis des Zusammenhangs entschieden erleichtern – oder sogar überhaupt erst ermöglichen. Im Deutschen kann man sich den Unterschied der Lesegeschwindigkeit beim ganzheitliche Erfassen von Wörtern verdeutlichen, wenn man die Buchstabenfolge *Zweitausendsiebenhundertfünfundzwanzig* mit der Ziffernfolge *2725* vergleicht. Besonders gute Beispiele für die Disambiguierung finden sich im Englischen, wo die Schreibweise das Verständnis von Wortfolgen mit Homonymen wie beispielsweise *a knight in the night, it lies with the lice* usw. deutlich erleichtert.

Der spontane Widerstand vieler Menschen gegen die Veränderung gewohnter Schreibweisen hat also eine ganz rationale Grundlage: jede Veränderung führt zu einer Verzögerung der bisherigen Lesegeschwindigkeit, denn man muss jedes veränderte Wort neu „lesen lernen". Da das deutsche Schreibsystem grundlegende phonologische Unterschiede wie die Länge von Vokalen nicht durchgehend systematisch kennzeichnet, macht diese Tatsache Änderungen besonders schwierig. So sieht man dem Wort *Tote* im Unterschied etwa zu *Boote* nicht schon an der Schreibweise an, dass es einen langen Vokal [o:] enthält. Ähnliches gilt für Längenkennzeichnungen mit Hilfe von *h* (vgl. *Kahn/Rat*) oder *e* (vgl. *Gier/Igel*). Eine Vereinheitlichung dieser historisch begründeten unterschiedlichen Schreibweisen zugunsten einer einheitlichen Regel wie etwa: „Kurze Vokale werden durch nachfolgende Doppelkonsonanten gekennzeichnet, lange gar nicht" wäre natürlich möglich und würde das Schreiben sehr erleichtern. Dies würde aber zugleich eine sehr starke Veränderung des Schriftbildes ergeben und das Lesen zumindest anfangs entsprechend erschweren. Hinzu käme, dass nach einiger Zeit ältere Texte ungefähr so schwer zu lesen wären, wie dies heute für uns beispielsweise Texte aus dem Barock sind.[4] Die beiden Ziele „einfach zu schreiben" und „einfach zu lesen" können also durchaus im Widerspruch zueinander stehen – und tun dies im Falle einer Rechtschreibreform meist auch.

13.3   Getrennt- und Zusammenschreibung

Außer der Schwierigkeit, die „richtigen" Buchstaben für die Schreibung eines Wortes zu wählen, stellen aber wie bereits erwähnt auch die Getrennt- und Zusammenschreibung sowie die Groß- und Kleinschreibung Probleme dar. In Sprachsystemen, in denen es Getrennt- und Zusammenschreibung gibt, wird sie normalerweise für die Kennzeichnung der Wortgrenzen verwendet: Getrenntschreibung bedeutet, dass es sich um zwei verschiedene Wörter handelt, die durch eine Leerstelle voneinander getrennt werden. Nicht alle Schriftsysteme kennen dieses Prinzip; so werden etwa im Thailändischen, das eine Alphabetschrift verwendet, die Grenzen zwischen den einzelnen Wörtern nicht markiert, sondern es wird fortlaufend ohne Zwischenraum geschrieben.

---

4 „Das Schaw-Spill beginnet nach Mittage, wehret durch die Nacht" schreibt
   beispielsweise Gryphius in seiner Inhaltsangabe zu „Verlibtes Gespenste &
   die gelibte Dornrose".

Probleme entstehen bei der Anwendung der Getrenntschreibung
naturgemäß da, wo die Entscheidung „ein Wort oder zwei Wörter?"
nicht ohne Weiteres zu fällen ist. Im Deutschen treten Fragen dieser
Art besonders bei Verben auf. Verbale Präfixe, die sowohl vom
Verbstamm getrennt (z. B. *ich komme erst spät abends dort an*) als auch
mit ihm zusammen (z. B. *ich weiß noch nicht genau, wann ich ankomme*)
auftreten können, werden beim gemeinsamen Vorkommen mit dem
Verb zusammengeschrieben. Nun gibt es neben Bildungen mit den
üblichen Präfixen wie *auf-, an-, bei-* etc. auch solche mit anderen Bestandteilen wie Substantiven, Adjektiven, verschiedenartigen Adverbien oder Verben:

Auto fahren, Staub saugen
heimlich tun, heilig sprechen
abhanden kommen, anheim stellen; dahinter kommen, aufeinander prallen
spazieren gehen, kennen lernen

Die so gebildeten Wortkombinationen bilden prosodische Einheiten und verhalten sich im Hinblick auf die Satzstellung ähnlich oder
auch genau gleich wie Verben mit Präfixen. Seit der Rechtschreibreform von 1996 werden diese Kompositionen jedoch getrennt geschrieben. Die Schreibkonvention spiegelt hier also nicht die Wort-
bildungsphänomene des Deutschen wider, sondern will verstärkt
die einzelnen Bestandteile derartiger Kombinationen sichtbar machen. Dieses Sichtbarmachen der Bestandteile erfolgt aber nicht
grundsätzlich und in jedem Fall (man schreibt also z. B. nicht **aus ein
ander setzen*, um alle Bestandteile des Wortes sichtbar zu machen),
sondern nur unter bestimmten Bedingungen (hier: es wird nur zwischen verbalem und nicht-verbalem Bestandteil getrennt, also: *auseinander setzen*). Die Grenze zwischen Ergebnissen der Wortbildung,
die als solche anerkannt und daher zusammengeschrieben werden,
und solchen, die nicht anerkannt werden und daher getrennt bleiben, ist dabei naturgemäß nicht leicht zu ziehen. Gerade in einer
Sprache wie dem Deutschen, wo jederzeit spontane Neubildungen
möglich sind, ist keine einfache allgemeine Regelung möglich, sondern die Schreibweise muss von Fall zu Fall neu festgelegt werden.
Das Ergebnis kann dann eine schlichte Liste von Wörtern sein, deren Schreibweise auf die eine oder andere Weise festgelegt wird (z. B.
„Die Adverbien ‚abhanden', ‚anheim', ‚beisteite', ‚fürlieb', ‚über-
hand', ‚vonstatten', ‚vorlieb', (…) werden immer getrennt vom Verb

geschrieben"; Duden 2000: 44) aber auch eine abstraktere Regel wie etwa die für die Schreibung von Kombinationen aus Substantiven und Verben wie *Auto fahren* oder *schlafwandeln*. Hier muss getrennt geschrieben werden, wenn das Substantiv „nicht verblasst" ist (ebenda: 45). Gemeint ist damit, dass die Verbindung noch durchsichtig ist und das betreffende Substantiv auch als vollwertiges Objekt des Verbs auftreten kann. Dies ist bei *Auto fahren* der Fall (*Ich habe das Auto in die Garage gefahren*; vgl. aber: *Ich bin Auto gefahren*), nicht aber bei *schlafwandeln* (**Ich habe den Schlaf gewandelt*).

Verben in Kombination mit anderen Elementen stellen auch ein Problem dar, wenn sie als substantivierte Infinitive mit Objekten oder Adverbialbestimmungen erweitert werden. Hier handelt es sich zwar nicht um Wortbildung im eigentlichen Sinne und es kommt daher auch keine Zusammenschreibung in Frage; dennoch muss die Zusammengehörigkeit der Bestandteile markiert werden. Dies erfolgt durch die Setzung von Bindestrichen, wobei der erste Wortbestandteil groß geschrieben wird, während die anderen den üblichen Regeln der Groß- und Kleinschreibung folgen. Korrekt wäre also beispielsweise: *Wir waren gerade beim Frische-Erbeeren-für-den-Nachtisch-Pflücken*. Die Frage nach der korrekten Schreibweise solcher Fügungen stellt sich aber insofern seltener als bei Verben mit lexikalisierten Bestandteilen wie *Auto fahren*, als sie trotz ihrer hohen Frequenz in der gesprochenen Sprache beim Schreiben gewöhnlich vermieden werden.

Häufig sind demgegenüber Konstruktionen mit Partizipien wie in *Metall verarbeitend* oder *Furcht errregend*. Hier gilt neuerdings im Sinne der Sichtbarmachung der Bestandteile konsequente Getrenntschreibung. Diese wird jedoch wieder aufgehoben, wenn das Partizip kompariert wird: *Furcht erregend → (noch) furchterregender*. In der Tat bilden Substantiv und Verb hier eine Einheit: der so bezeichnete Gegenstand ist nicht *erregend* in der Bedeutung des einzeln gebrauchten Partizips, sondern erregt Furcht. Die Sichtbarmachung der Bestandteile folgt daher zwar konsequent dem morphologischen Prinzip, kann aus semantischer Perspektive aber als irreführend empfunden werden.

Beobachtungen von Spontanschreibungen, beispielsweise in Internet-Chats, wo die Nutzerinnen und Nutzer ohne langes Nachdenken einfach so schreiben, wie es ihrem intuitiven Sprachgefühl entspricht, zeigen im Unterschied zur reformierten Rechtschrei-

bung eine starke Tendenz zur Zusammenschreibung. Prosodische
und semantische Einheiten von Verben und anderen Bestandteilen
werden offenbar mehrheitlich als Wortbildung empfunden und
dann beim spontanen Schreiben in einem Wort vereint, oft auch da,
wo dies nach der alten Rechtschreibung ebenfalls nicht zulässig war.
Diese Tatsache erklärt zugleich den Widerstand, der diesem Teil der
Reform von vielen entgegengebracht wird.

13.4   Groß- und Kleinschreibung

Die geltende Form der Groß- und Kleinschreibung mit der Regel,
dass alle Substantive groß geschrieben werden, ist eine Besonderheit der deutschen Rechtschreibung; andere Sprachen benutzen dieses Prinzip nicht. Auf den ersten Blick erscheint die Regel sehr einfach: Großschreibung erfolgt am Satzanfang, bei Eigennamen und
bei Substantiven. Im konkreten Einzelfall ist jedoch oft nicht ganz
einfach zu entscheiden, was ein Substantiv ist bzw. was als Eigenname betrachtet werden sollte.

Die Abgrenzung von Substantiven (folglich Großschreibung)
und anderen Wortarten (folglich Kleinschreibung) kann vor allem in
folgenden Fällen problematisch sein:

— bei Substantivierungen von Adjektiven, Partizipien und Adverbien (*des Weiteren, Folgendes, im Voraus*)
— bei Indefinitpronomina und Numeralia (*das Leiden der Vielen, dutzende von Verletzten*)
— bei adverbial gebrauchten Substantiven (*deutsch sprechen, Deutsch
  lernen*)
— bei festen Verbindungen von Verb und Substantiv (*es tut mir Leid,
  ich bin es leid*)

Bei Substantivierungen gab es vor der Rechtschreibreform eine
Reihe von Ausnahmen, die insbesondere feste Fügungen wie *im Folgenden* (früher: *im folgenden*), *des Weiteren* (früher: *des weiteren*) und idio-
matische Wendungen wie *aus dem Vollen schöpfen* (früher: *aus dem vollen
schöpfen*) oder *Gleich und Gleich gesellt sich gern* (früher: *gleich und gleich gesellt sich gern*) betrafen. Hier ist eine größere Einheitlichkeit erreicht
worden. Allerdings sind nicht alle Schreibweisen dieser Art verändert worden: eine Reihe von adverbialen Wendungen wie *von nahem,*

ohne weiteres, bis auf weiteres wird nach wie vor klein geschrieben. Die Regel, dass adverbialer Gebrauch zu Kleinschreibung führt, gilt allerdings auch nicht durchgehend; Ausnahmen sind möglich. Bei adverbialem Gebrauch von Superlativen wie in *Er beleidigte sie aufs gröbste/Gröbste* besteht Wahlfreiheit; die Entscheidung „Substantiv"/„kein Substantiv" kann hier individuell gefällt, die Formen können wahlweise groß oder klein geschrieben werden.

Adverbial gebrauchte Adjektive zur Bezeichnung von Sprachen wie *deutsch* oder *chinesisch* werden ebenfalls klein geschrieben: *Sie sprach deutsch* (‚unter Benutzung der deutschen Sprache'). Groß geschrieben werden sie hingegen in Kontexten wie *Sie sprach auf Deutsch* oder *Sie lernt Deutsch*.

Das desubstantivische Adverb *morgen* wird klein geschrieben, wenn es für den folgenden Tag steht, aber groß, wenn es zur Bezeichnung der Tageszeit ‚Vormittag' dient: *Wir kommen morgen später; Sie ist heute Morgen schon gekommen.* Auch alle anderen Angaben der Tageszeit wie in *heute Mittag, morgen Abend* werden groß geschrieben – es sei denn, sie werden durch die Endung *-s* als reine Adverbien kenntlich gemacht (*mittags, abends*).

Indefinitpronomina und die von der Duden-Grammatik als „unbestimmte Zahlwörter" bezeichneten Elemente wie *viel, wenig(e), etwas* werden klein geschrieben: *etwas anderes, nur wenig.* Die Definition dessen, was wann als zu dieser Gruppe gehörig zu betrachten ist, führt aber naturgemäß zu Abgrenzungsschwierigkeiten. So können die unbestimmten Zahlwörter groß geschrieben werden, wenn man sie nicht als solche versteht: *Das Leiden der Vielen* (im Sinne von: ‚der breiten Masse') *konnte ihn nicht rühren.* Umgekehrt können an und für sich substantivische, pluralfähige Numeralia des Typs *Dutzend* oder *Tausend* klein geschrieben werden, wenn damit eine ungefähre Mengenangabe gemacht werden soll: *dutzende von Beschwerden, hunderte von Schaulustigen, tausende von Betroffenen.* Diese Regel gilt jedoch nicht für die Numeralia *Million* (*Millionen von Betroffenen; Millionen Mal schlimmer*) und *Millarde*, die immer groß geschrieben werden müssen.

Die größten Schwierigkeiten ergeben sich in der Praxis bei der Einschätzung des Zusammenhangs von Verben und Substantiven, die feste Wendungen oder Funktionsverbgefüge bilden. Die strikte Getrenntschreibungen von Verbindungen wie *Rad fahren, Auto fahren* usw. hat zur Folge, dass der jeweils erste Bestandteil dieser Gefüge nun nicht als Bestandteil eines zusammengesetzten Verbs, son-

dern als Substantiv betrachtet und groß geschrieben werden muss.
In ähnlicher Weise werden Kombinationen aus dem Kopulaverb *sein*
und einem Prädikativum, dem ein Substantiv zu Grunde liegt, behandelt: *Du hast Recht* wird ebenso groß geschrieben wie *Du hast das
Recht, das zu tun;* der semantische Unterschied wird bei der Schreibung also nicht berücksichtigt, und dieselbe Gleichbehandlung gilt
auch in Fällen wie *Er tut mir Leid* (vgl. *Er tut mir ein Leid an*). Dies ist
allerdings nicht durchgehend so: *Ich bin es leid* wird klein geschrieben,
und auch in Fällen wie *Mir ist angst und bange* gilt Kleinschreibung. Da
es schwer fällt, hier eine allgemeingültige Regel zu finden, sollte im
Zweifelsfall die jeweils gültige Zuordnung eines Wortes zur Wortklasse der Substantive stets in einschlägigen orthographischen Lexika überprüft werden.

Bei Kombinationen von Objekten und Partizipien führt die Getrenntschreibung hingegen durchgehend und konsequent dazu,
dass groß geschrieben wird: *die Rat Suchenden.*

Für die Schreibung von Eigennamen gilt die Sonderregelung,
dass aus Eigennamen abgeleitete Adjektive (im Unterschied zu anderen Sprachen wie z. B. dem Englischen) klein geschrieben werden:
platonisches Denken, das darwinsche Gesetz. Dies gilt jedoch nicht, wenn
es sich um aus Städtenamen auf *-er* abgeleitete Adjektive handelt:
Berliner Bär, Berner Platte, Frankfurter Würstchen. Bei Eigennamen von
Firmen oder Gesellschaften, die Adjektive enthalten (etwa: *Deutsche
Organisation Nicht-kommerzieller Anhänger des Lauteren Donaldismus*) ist
die Großschreibung der Adjektive fakultativ; Artikel werden hingegen nie groß geschrieben. Im Einzelfall kann die Entscheidung über
Groß- und Kleinschreibung auch bei Eigennamen Schwierigkeiten
bereiten: *westfälischer Schinken,* aber *Holsteiner Schinken* (wegen der
Ableitung auf *-er*); *der grüne Punkt,* aber: *der Deutsche Schäferhund* (da
Rassebezeichnung).

14   Literaturverzeichnis

Adelung, J. C. (1782), *Umständliches Lehrgebäude der Deutschen Sprache, zur Erläuterung der Deutschen Sprachlehre für Schulen.* 2 Bde. Leipzig (reprogr. Nachruck: (1971), Hildesheim/New York).

Admoni, V. (1982), *Der deutsche Sprachbau.* 4., überarb. und erw. Aufl. München.

Altmann, H. (1976), *Die Gradpartikeln im Deutschen. Untersuchungen zu ihrer Syntax, Semantik und Pragmatik.* Tübingen.

Altmann, H. (1993), „Satzmodus". In: Jacobs, J., et al. (Hrg.), *Syntax. Ein internationales Handbuch zeitgenössischer Forschung.* Berlin/New York: 1006–1029. (= *Handbücher zur Sprach- und Kommunikationswissenschaft 9.1*)

Armbruste, K. (1992), „Dem Hirsch beweisen, daß er zu laut röhrt. Feministische Sprachkritik auf dem Irrweg patriarchalischer Wissenschaft". In: Volland, G. (Hrg.). *Einsprüche. Multidisziplinäre Beiträge zur Frauenforschung.* Dortmund: 263–86

Austin, J. L. (1962), *How to do things with words.* Oxford (= dt. (1979), *Zur Theorie der Sprechakte.* 2. Aufl. Stuttgart).

Bærentzen, P. (1989), „Syntaktische Subklassifizierung der Fügewörter im Deutschen". In: Weydt, H. (Hrg.), *Sprechen mit Partikeln.* Berlin: 19–29.

Bærantzen, P. (1995), „Zum Gebrauch der Personalformen ‚deren' und ‚derer' im heutigen Deutsch". *Beiträge zur Geschichte der deutschen Sprache und Literatur* 117: 199–217.

Ballweg, J. (1984), „Praesentia non sunt multiplicanda praeter necessitatem". In: Stickel, G. (Hrg.), *Pragmatik in der Grammatik.* Düsseldorf: 243–261.

Bally, Ch. (1969), *Linguistique générale et linguistique française.* 4. Aufl. Bern.

Baltin, Mark/Collins, Chris (eds.) (2001), *The Handbook of Contemporary Syntactic Theory.* Oxford.

Bech, Ch. (1901), „Beispiele von der Abschleifung des deutschen Participium Präsentis und von seinem Ersatz durch den Infinitiv". *ZDWF* 1: 81–109.

Bech, G. (1949), *Das semantische System der deutschen Modalverba.* Kopenhagen (= Travaux du Cercle Linguistique de Copenhague, vol. 6).

Behaghel, O. (1923–1932), *Deutsche Syntax. Eine geschichtliche Darstellung*. 4 Bde.; 1923, 1924, 1928, 1932. Heidelberg.

Behaghel, O. (1968), *Die Deutsche Sprache*. 14. Aufl. Halle/S.

Bennis, A./Groos, A. (1982), „Die Rektions-Bindungs-Theorie: Neue Aspekte seit den ‚Aspekten'". *Zeitschrift für Sprachwissenschaft* 1: 251–288.

Bergmann, J. (1981), „Ethnomethodologische Konversationsanalyse". In: Schröder, P./Steger, H. (Hrg.), *Dialogforschung*. Düsseldorf: 9–51.

Bickerton, D. (1981), *Roots of Language*. Ann Arbor.

Bisang, W. (2001), „Finite vs. non finite languages". In: Haspelmath, M., et al. (eds.) (2001), *Language Typology and Language Universals/Sprachtypologie und sprachliche Universalien/La typologie des langues et les universaux linguistiques. Ein internationales Handbuch/An International Handbook*. Vol 2. Berlin/New York, de Gruyter: 1400–1413.

Blake, B. J. (2001), *Case*. Second edition. Cambridge.

Bloomfield, L. (1933/1965), *Language*. Unveränd. Neuaufl. London.

Brandt, M. (1990), *Weiterführende Nebensätze*. Stockholm. (= *Lunder germanistische Forschungen* 57).

Bresnan, J. (2001), *Lexical-Functional Syntax*. Oxford.

Brinker, K. (2001), *Linguistische Textanalyse. Eine Einführung in Grundbegriffe und Methoden*. 5., durchgesehene und ergänzte Auflage. Berlin.

Brinkmann, H. (1962/1971), *Die deutsche Sprache. Gestalt und Leistung*. 2., neubearb. Aufl. Düsseldorf.

Brown, P./Levinson, St. C. (2002), *Politeness. Some universals in Language usage*. Cambridge.

Brugmann, K. (1904/1970), *Kurze vergleichende Grammatik der indogermanischen Sprachen*. Berlin/New York. (Fotomech. Nachdr. d. Ausg. 1904 d. Karl J. Trübner Verlages).

Brugmann, K./Delbrück, B. (1893–1916), *Grundriß der Vergleichenden Grammatik der indogermanischen Sprachen*. Strassburg. Daraus: (1911), *Vergleichende Laut-, Stammbildungs- und Flexionslehre nebst Lehre vom Gebrauch der Wortformen der indogermanischen Sprachen v. K. Brugmann, 2. Bearb., 2. Bd. Lehre von den Wortformen und ihrem Gebrauch*. 2. Teil.

Bühler, K. (1934/1978), *Sprachtheorie. Die Darstellungsfunktion der Sprache*. Unveränd. Neuaufl. Stuttgart.

Bußmann, H. (2002), *Lexikon der Sprachwissenschaft*. 3., aktualis. und erw. Auflage. Stuttgart.

Bybee, J. L./Dahl, Ö (1989), „The Creation of Tense and Aspect Systems in the Languages of the World" *Studies in Languages* 13–1 (1989), 51–103.

Bybee, J./Perkins, R./Pagliuca, W. (1994), *The Evolution of Grammar. Tense, Aspect, and Modality in the Languages of the World*. Chicago/London.

Chomsky, N. (1957), *Syntactic Structures*. The Hague.

Chomsky, N. (1965), *Aspects of the Theory of Syntax*. Cambridge, Mass.

Chomsky, N. (1975), *Reflections on Language*. New York.

Chomsky, N. (1976), „Conditions on Rules of Language". *Linguistic Analysis* 2: 303–351.

Chomsky, N. (1955/1977), *The Logical Structure of Linguistic Theory*. 2. Aufl. New York.

Chomsky, N. (1981), *Lectures on Government and Binding*. Dordrecht.

Chomsky, N. (1986), *Barriers*. Cambridge usw.

Chomksy, N. (1995), „Categories and Transformations". In: ders. (1995), *The Minimalist Program*. Cambridge (Mass.)/London: 219–410.

Chomsky, N./Lasnik, H. (1993/1995), „The Theory of Principles ans paramenters". In: Chomksy, N. (1995), *The Minimalist Program*. Cambridge (Mass.)/London: 13–128.

Chomsky, N. (1993), „A Minimaliast Program for Linguistic Theory". In: ders. (1995), *The Minimalist Program*. Cambridge, Mass./London: 166–217.

Clément, D./Thümmel, W. (1975), *Grundzüge einer Syntax der deutschen Standardsprache*. Frankfurt a. M.

Comrie, B. (1976), *Aspect. An Introduction to the Study of Verbal Aspect and Related Problems*. Cambridge usw.

Comrie, B. (1981), *Language Universals and Linguistic Typology*. Chicago.

Comrie, B. (1985), *Tense*. Cambridge.

Conrad, R. (Hrg.) (1978), *Kleines Wörterbuch sprachwissenschaftlicher Termini*. 2., durchges. Aufl. Leipzig.

Corbett, G. G. (1978), „Universals in the Syntax of cardinal numerals". *Lingua* 46/4: 355–368.

Corbett, G. G. (1999), *Gender*. Cambridge.

Corbett, G. G. (2000), *Number*. Cambridge.

Coseriu, E. (1973), „Semantik und Grammatik". In: Apel, K. O. et al., *Neue Grammatiktheorie und ihre Anwendung auf das heutige Deutsch.* Düsseldorf: 77–89.

Coseriu, E. (1974), *Synchronie, Diachronie und Geschichte. Das Problem des Sprachwandels.* München (= span. (1958), *Sincronía, diacronía e historia. El problema del cambio lingüístico.* Montevideo).

Coseriu, E. (1975 a), „Determinierung und Umfeld. Zwei Probleme einer Linguistik des Sprechens". In: ders., *Sprachtheorie und allgemeine Sprachwissenschaft.* München: 253–290 (= span. (1955/6), „Determinación y entorno. Dos problemas de una lingüística del hablar". *Romanistisches Jahrbuch* 7: 29–54).

Coseriu, E. (1975 b), „System, Norm und Rede". In: ders., *Sprachtheorie und allgemeine Sprachwissenschaft.* München: 11–113 (= span. (1952), *Sistema, norma y habla.* Montevideo).

Coseriu, E. (1977), „Inhaltliche Wortbildungslehre (am Beispiel des Typs ‚coupe-papier')". In: Brekle, H. E./Kastovsky, D. (Hrg.), *Perspektiven der Wortbildungsforschung.* Bonn: 48–61.

Coseriu, E. (1980 a), „Partikeln und Sprachtypus. Zur strukturell-funktionellen Fragestellung in der Sprachtypologie". In: Brettschneider, G./Lehmann, C. (Hrg.), *Wege zur Universalienforschung: Sprachwissenschaftliche Beiträge zum 60. Geburtstag von Hansjakob Seiler.* Tübingen: 199–206.

Coseriu, E. (1980 b), *Textlinguistik. Eine Einführung.* Tübingen.

Coseriu, E. (1987), „Über die Wortkategorien (‚partes orationis')". In: ders., *Formen und Funktionen: Studien zur Grammatik.* Tübingen: 24–44.

Coulmas, F. (2000), *The writing systems of the world.* Oxford.

Croft, W. (1996), *Typology and universals.* Cambridge.

Croft, W. (2001), *Radical Construction Grammar. Syntactic Theory in Typological Perspective.* Oxford.

Crystal, D. (1997), *A Dictionary of Linguistics and Phonetics.* 4th ed. Oxford/Cambridge (Mass.).

Curcio, M. L. (1999), *Kontrastives Valenzwörterbuch Italienisch-Deutsch. Grundlagen und Auswertung.* Mannheim. (= *Arbeitspapiere und Materialien zur deutschen Sprache* 3/99).

Dahl, Ö. (1985), *Tense and Aspect Systems.* Oxford.

Daneš, F./Viehweger, D. (Hrg.) (1976), *Probleme der Textgrammatik.* Berlin (DDR) (= Studia grammatica XI).

Dixon, R. M W./Aikhenvald, A. Y. (2002), „Word: a typological framework". In: diess. (Hrg.), *Word. A cross-linguistic typology*. Cambridge.

Doherty, M. (1985), *Epistemische Bedeutung*. Berlin.

Doleschal, U. (2002), „Ein historischer Spaziergang durch die deutsche Grammatikschreibung von der Renaissance bis zur Postmoderne". *Linguistik online* 11, 2/2002: 39–70. (http://Linguistikonline.org/11_02)

Doleschal U./Schmid S. (2001), „Doing gender in Russian: Structure and perspective". In: Hellinger, M./Bußmann, H. (eds), *Gender across languages*. Vol. 1. Amsterdam: 253–282.

Duden (1984), *Grammatik der deutschen Gegenwartssprache*. 4. völlig neu bearb. und erw. Aufl., hrsg. und bearb. von G. Drosdowski u. a. Mannheim. (= Duden Bd, 4).

Duden (1998), *Grammatik der deutschen Gegenwartssprache*. 6., neu bearb. Aufl., hrsg. von der Dudenredaktion, bearb. von Peter Eisenberg u. a. Mannheim (= Duden Bd. 4).

Duden (2000), *Die deutsche Rechtschreibung*. 22., völlig neu bearbeitete und erw. Aufl., hrsg. von der Duden-Redaktion. Auf der Grundlage der neuen amtlichen Rechtschreibregeln. Mannheim usw. (= Duden Bd. 1)

Dürscheid, Ch. (2002), „‚Polemik satt und Wahlkampf pur' – Das postnominale Adjektiv im Deutschen." *Zeitschrift für Schrachwissenschaften* 21/1: 57–81.

Ebert, K. H. (1996), „Progressive aspect in German and Dutch" *Interdisciplinary journal for Germanic linguistics and semiotic analysis* 1/1: 41–62.

Ebert, R. P. (1978), *Historische Syntax des Deutschen*. Stuttgart.

Ehlich, K. (1979), „Formen und Funktionen von *hm*". In: Weydt, H. (Hrg.), *Die Partikeln der deutschen Sprache*. Berlin: 503–517.

Ehlich, K. (1987), *Interjektionen*. Tübingen.

Eisenberg, P. (1986), *Grundriß der deutschen Grammatik*. Stuttgart.

Eisenberg, P. (2000), *Grundriß der deutschen Grammatik*. Band 1: *Das Wort*. 2., korr. Aufl. Stuttgart.

Eisenberg, P. (2001), *Grundriß der deutschen Grammatik*. Band 2: *Der Satz*. Unveränd. Neuaufl. Stuttgart.

Engel, U. (1982), *Syntax der deutschen Gegenwartssprache*. 2. Aufl. Berlin.

Engel, U. (1987), „Die Apposition". In: Zifonun, G. (Hrg.), *Vor-Sätze zu einer neuen deutschen Grammatik*. Tübingen: 184–205.

Engel, U. (1996), *Deutsche Grammatik*. Heidelberg.

Engel, U./Mrazović, P. (1986), *Kontrastive Grammatik Deutsch-Serbo-kroatisch.* München.

Engel, U./Schumacher, H. (1978), *Kleines Valenzlexikon deutscher Verben.* 2., neubearb. Aufl. Tübingen.

Erben, J. (1983), *Deutsche Grammatik. Ein Leitfaden.* Frankfurt.

Erben, J. (1996), *Deutsche Grammatik. Ein Abriß.* 12. Aufl., 5. Druck. München-Ismaning.

Eroms, H.-W. (1986), *Funktionale Satzperspektive.* Tübingen.

Eroms, H.-W. (2000), *Syntax der deutschen Sprache.* Berlin/New York.

Faarlund, J. T. (1988), „A typology of subjects". In: Hammond, Michael/Moravcsik, Edith A./Wirth, Jessica (ed.), *Studies in syntactic typology.* Amsterdam: 193–207.

Fabricius-Hansen, C. (1986), *Tempus fugit. Über die Interpretation temporaler Strukturen im Deutschen.* Düsseldorf.

Fanselow, G. (1987), *Konfigurationalität. Untersuchungen zur Universalgrammatik am Beispiel des Deutschen.* Tübingen.

Fetzer. A./Pittner, K. (2001), „Vorwort der Herausgeberinnen". In: *Gesprächsforschung: neue Entwicklungen/Conversation analysis: New developments. Linguistik online* 5, 1/00. http://www.linguistik-online.org/1_00.

Fillmore, C. J. (1968), „The Case for Case". In: Bach, E./Harms, R. (Hrg.), *Universals in Linguistic Theory.* New York: 0–88 (= dt. (1972), „Plädoyer für Kasus". In: Abraham, W. (Hrg.), *Kasustheorie.* Frankfurt: 1–118).

Fillmore, Ch. J. (1972), „Ansätze zu einer Theorie der Deixis". In: Kiefer, F. (Hrg.), *Semantik und generative Grammatik.* Frankfurt: 147–174.

Fillmore, Ch. J. (1977), „The Case for Case Reopened". In: Cole, P./Sadock, J.-M. (Hrg.), *Syntax and Semantics 8: Grammatical Relations.* New York: 59–82 (= dt. (1981), „Die Wiedereröffnung des Plädoyers für Kasus". In: Pleines, J. (Hrg.), *Beiträge zum Stand der Kasustheorie.* Tübingen: 13–43).

Fleischer, W. (1983) *Wortbildung der deutschen Gegenwartssprache.* 5. Aufl. Tübingen.

Fleischer, W./Barz, I. (1995), *Wortbildung der deutschen Gegenwartssprache.* Unter Mitarbeit von M. Schröder. 2., durchgesehene und ergänzte Auflage. Tübingen.

Frank, K. (1992), *Sprachgewalt: Die sprachliche Reproduktion der geschlechterhierarchie. Elemente einer feministischen Linguistik im Kontext sozialwissenschaftlicher Frauenforschung.* Tübingen.

Fries, N. (1988 a), „Interjektionen. Forschungsbericht 1". *Sprache und Pragmatik. Arbeitsberichte* 2: 24–36.

Fries, N. (1988 b), „Interjektionen. Forschungsbericht 2". *Sprache und Pragmatik. Arbeitsberichte* 9: 1–15.

Fries, N. (1989), „Interjektionen. Forschungsbericht 3". *Sprache und Pragmatik. Arbeitsberichte* 13: 63–68.

Gazdar, G./Klein, E./Sag, I. (1985), *Generalized Phrase Structure Grammar.* Oxford.

Gebauer, H. (1978), *Montague-Grammatik. Eine Einführung mit Anwendung auf das Deutsche.* Tübingen.

Gelhaus, H. (1969), „Sind Tempora Ansichtsache?" In: *Der Begriff Tempus – eine Ansichtssache?* (= Beiheft zur Zs. *Wirkendes Wort*), 69–89.

Gipper, H. (1963), *Bausteine zur Sprachinhaltsforschung.* Düsseldorf.

Gipper, H. (1972), *Gibt es ein sprachliches Relativitätsprinzip? Untersuchungen zur Sapir-Whorf-Hypothese.* Frankfurt.

Givón, T. (2001), *Syntax. An introduction.* 2 vols. Amsterdam/Philadelphia.

Glück, H. (Hrg.) (2000), *Metzler Lexikon Sprache.* 2. erw. Auflage. Stuttgart/Weimar.

Götze, L./Hess-Lüttich, E. W. B. (2002), *Grammatik der deutschen Sprache. Sprachsystem und Sprachgebrauch.* Gütersloh.

Greve, M./Iding, M./Schmusch, B. (2002), „Geschlechtsspezifische Formulierungen in Stellenangeboten". *Linguistik online* 11, 2/02: 106–161.

Grevisse, M. (2000), *Le bon usage. Grammaire française,* 13. éd., [Nachdr.], refondue par André Goosse. Paris/Louvain-La-Neuve.

Grewendorf, G. (1982), „Zur Pragmatik der Tempora im Deutschen". *Deutsche Sprache* 10: 213–236.

Grewendorf, G. (1984), „Besitzt die deutsche Sprache ein Präsens?". In: Stickel, G. (Hrg.), *Pragmatik in der Grammatik.* Düsseldorf: 224–242.

Grewendorf, G. (2002), *Minimalistische Syntax.* Tübingen.

Grice, H. P. (1968), „Logic and Conversation". In: Cole, P./Morgan, H. L. (Hrg.), *Speech Acts.* New York: 41–58. (= dt. (1980), „Logik und Konversation". In: Kussmaul, P. (Hrg.), *Sprechakttheorie: Ein Reader.* Wiesbaden: 109–126).

Grimm, J. (1819–1837), *Deutsche Grammatik.* 4 Bde.; 1819, 1826, 1831, 1837. Göttingen. Neuer vermerkter Abdruck 1870, Berlin. Wiederabdruck 1989, Hildesheim/Zürich/New York.

Grimm, J. (1880), *Geschichte der deutschen Sprache*. 4. Aufl. Leipzig.

Grimm, J./Grimm, W. (1854–1960), *Deutsches Wörterbuch*. 32 Bände. Leipzig.

Grimshaw, J. (1993), *Minimal Projection, Heads, & Optimality. Technical Report* #4, Rutgers Center for Cognitive Science. Piscataway, N. J.

Grundzüge (1981), *Grundzüge einer deutschen Grammatik*. Von einem Autorenkollektiv unter Leitung von K.-E. Heidolph, W. Fläming und W. Motsch. Berlin (DDR).

Harris, M. (1989), „Markedness and Classic Structure". In: Tomić, O. M. (Hrg.), *Markedness in Synchrony and Diachrony*. Berlin, New York: 333–358.

Harris, Z. S. (1952), „Discourse Analysis". *Language* 28: 18–23 (= dt. (1978), „Discourse Analysis". In: Dressler, W. (Hrg.), *Textlinguistik*. Darmstadt: 24–78).

Hartmann, P. (1971), „Texte als linguistisches Objekt". In: Stempel, W. D. (Hrg.), *Beiträge zur Textlinguistik*. München: 9–30.

Haspelmath, Martin (1995). „The converb as a cross-linguistically valid category." In: M. Haspelmath & E. König (eds.), *Converbs in cross-linguistic perspective*. Berlin: 1–55.

Haspelmath, Martin (2001), „The Euorpean linguistic area: Standard Average European." In: idem, et al. (eds.) (2001), *Language Typology and Language Universals/Sprachtypologie und sprachliche Universalien/La typologie des langues et les universaux linguistiques. Ein internationales Handbuch/An International Handbook* Vol 2. Berlin/New York, de Gruyter: 1492–1510.

Helbig, G. (2001), *Lexikon deutscher Partikeln*. 3., durchgesehene Aufl. Leipzig.

Helbig, G./Buscha, J. (1984). *Deutsche Grammatik. Ein Handbuch für den Ausländerunterricht*. 8. Aufl. Leipzig.

Helbig, G./Buscha, J. (2001), *Deutsche Grammatik. Ein Handbuch für den Ausländerunterricht*. Neubarbeitung. Berlin etc.

Helbig, G./Kempter, F. (1973), *Das Zustandspassiv*. Leipzig

Helbig, G./Schenkel, W. (1978), *Wörterbuch zur Valenz und Distribution deutscher Verben*. 4. Aufl. Leipzig.

Hellinger, M./Bußmann, H. (2001), „Gender across languages: The linguistic representation of women and men." In: dies. (Hrg.) *Gender Across Languages: The Linguistic Representation of Women and Men*. Volume I. Amsterdam/New York: 1–25.

Hengeveld, Kees (1992), *Non-verbal predication: theory, typology, diachrony*. Berlin/New York.

Henne, H. (1986), *Die Jugend und ihre Sprache. Darstellung, Materialien, Kritik*. Berlin.

Hentschel, E. (1986 a), *Funktion und Geschichte deutscher Partikeln. Ja, doch, halt und eben*. Tübingen.

Hentschel, E. (1986 b), „Ist das nicht interessant? Zur Funktion verneinter Fragen". *Zeitschrift für Literaturwissenschaft und Linguistik* 64: 73–86.

Hentschel, E. (1989 a), „Kausale Koordination. Die Konjunktion *denn* und einige ihrer Entsprechungen in anderen Sprachen". In: Weydt, H. (Hrg.), *Sprechen mit Partikeln*. Berlin: 675–690.

Hentschel, E. (1989 b), „Schwankender Kasusgebrauch im Deutschen: *à, ja, per, pro*". In: Reiter, N. (Hrg.), *Sprechen und Hören. Akten des 23. Linguistischen Kolloquiums Berlin 1988*. Tübingen: 289–298.

Hentschel, E. (1990), „Einige Überlegungen zum Modusgebrauch im Deutschen und Serbokroatischen." In: Katny, A. (ed.), *Studien zum Deutschen aus kontrastiver Sicht.*. Frankfurt a. M. etc.: 51–62.

Hentschel, E. (1993), „Flexionsverfall im Deutschen? Die Kasusmarkierung bei partitiven Genetiv-Attributen". *Zeitschrift für Germanistische Linguistik* 21: 320–333.

Hentschel, E. (1994), „Entwickeln sich im Deutschen Possessiv-Adjektive? Der *s*-Genetiv bei Eigennamen". In: Beckmann, S./ Frilling, S. (Hrg.), *Satz – Text – Diskurs. Akten des 27. Linguistischen Kolloquiums Münster 1992*. Band 1 (= Linguistische Arbeiten 312). Tübingen: 17–25.

Hentschel, E. (1998 a), *Negation und Interrogation. Studien zur Universalität ihrer Funktionen*. Tübingen. (= *Reihe Germanistische Linguistik* 195).

Hentschel, E. (1998 b), „Die Emphase des Schreckens: *furchtbar nett und schrecklich freundlich*". In: Harden, Th./Hentschel, E. (Hrg.) (1998), *Particulae particularum. Festschrift für Harald Weydt zum 60. Geburtstag*. Tübingen: 119–132.

Hentschel, E. (1998c). „Communication on IRC". *Linguistik online* 1/98. (http://www.linguistik-online.org/irc.htm).

Hentschel, E. (2002), „Unnötige Regeln". *Linguistik online* 10,1 (2002): 101–112. (http://www.linguistik-online.org/10_02).

Hentschel, E. (2003), „*Es* war einmal ein Subjekt". In: dies. (Hrg.),

Particulae collectae. Festschrift für Harald Weydt zum 65. Geburtstag. Linguistik online 13, 1/03: 138–160. (http://www.Linguistik-online.org/13_01).

Hentschel, E./Weydt, H. (1983), „Der pragmatische Mechanismus: *denn* und *eigentlich*". In: Weydt, H. (Hrg.), *Partikeln und Interaktion.* Tübingen: 263–273.

Hentschel, E./Weydt, H. (1989), „Wortartenprobleme bei Partikeln". In: Weydt, H. (Hrg.), *Sprechen mit Partikeln.* Berlin: 3–18.

Hentschel, E./Weydt, H. (1995a), „Das leidige *bekommen*-Passiv". In: Popp, H. (Hrg.), *Deutsch als Fremdsprache. An den Quellen eines Faches. Festschrift für Georg Helbig zum 65. Geburtstag.* München: 165–183.

Hentschel, E./Weydt, H. (1995b). „Die Wortarten des Deutschen". In: Agel, V./Brdar-Szabó, R. (Hrsg.), *Grammatik und deutsche Grammatiken.* Tübingen: 39–60.

Hentschel, E./Weydt, H. (2002), „Die Wortart ‚Partikel'". In: Cruse, D. A., et al. (eds) (2002), *Lexikologie. Lexicology. Ein internationales Handbuch zur Natur und Struktur von Wörtern und Wortschätzen. An international handbook on the nature and structure of words and vocabularies.* Berlin/New York: 646–653.

Heringer, H. J. (1972), *Deutsche Syntax.* 2. Aufl. München.

Heringer, H. J. (1973), *Theorie der deutschen Syntax.* 3. Aufl. München.

Heringer, H. J. (1983), „Präsens für die Zukunft". In: Askedal, J. D. (Hrg.), *Festschrift für Laurits Salveit.* Oslo: 110–126.

Heringer, H. J. (1984), „Wortbildung aus dem Chaos". *Deutsche Sprache* 12: 1–13.

Heringer, H. J./Strecker, J. B./Wimmer, R. (1980), *Syntax. Fragen – Lösungen – Alternativen.* München.

Hjelmslev, L. (1953), *Prolegomena to a Theory of Language.* Madison.

Hockett, Ch. (1947), „Problems of Morphemic Analysis". *Language* 23: 321–343.

Homberger, D. (2003), *Sachwörterbuch zur Sprachwissenschaft.* Stuttgart.

Hurford, J.R. (1987), *Language and number. The emergence of a cognitive system.* Oxford.

Jackendorff, R. (1982), *X'Syntax; A Study of Phrase Structure.* 3. Aufl. Cambridge, Mass./London.

Jacki, K. (1909), „Das starke Präteritum in den Mundarten des hochdeutschen Sprachgebiets". *Beiträge zur Geschichte und Literatur* 34: 425–529.

Jakobson, R. (1939), „Das Nullzeichen" In: derselbe, *Aufsätze zur Linguistik und Poetik*, hrsg. v. Wolfgang Raible, Frankfurt a. M./ Berlin/Wien 1979: 44–53.

Jakobson, R. (1960), „Linguistik und ‚Poetik'". In: ders. (1979). *Poetik. Ausgewählte Aufsätze 1921–1971*. Frankfurt a. M.: 83–120.

Jaworski, A. (1986), *A linguistic picture of women's position in society. A Polish-English contrastive study*. Frankfurt a. M.

Kager, R. (2001), *Optimality theory*. Cambridge.

Kalverkämper, H. (1979), „Die Frauen und die Sprache". *Linguistische Berichte* 62: 55–71.

Kleiner, M. (1925), *Zur Entwicklung der Futur-Umschreibung werden mit dem Infinitiv*. Berkeley (= University of California Publications in Modern Philology 12,1).

Knaurs Grammatik der deutschen Sprache. Sprachsystem und Sprachgebrauch. (2002) Götze, L./Hess-Lüttich, E.W.B. Gütersloh.

Kohrt, M. (1987), „Eigentlich", das ‚Eigentliche' und das ‚Nicht-Eigentliche'. – Zum Gebrauch einer sogenannten ‚Abtönungspartikel'". *Münstersches Logbuch zur Linguistik* 2: 1–44.

König, E. (1991), „Gradpartikeln". In: Stechow, A. von/Wunderlich, D. (Hrg.), *Semantik – Semantics. Ein internationales Handbuch der zeitgenössischen Forschung*. Berlin/New York: 786–803.

König, E. (1993), „Focus Particles". In: Jacobs, J. et al. (Hrg.), *Syntax. Ein internationales Handbuch zeitgenössischer Forschung*. Berlin/New York: 978–987.

König, E./Haspelmath, M. (1998), „Les constructions à possesseur externe dans les langues d'Europe". In: Feuillet, J. (ed.), *Actance et calence dans les langues d'Europe*. Berlin/New York: 525–606 (= Empirical Approaches to Language typology-EUROTYP 20–2).

Köpcke, M./Zubin, D. (1996), „Prinzipien für die Genuszuweisung im Deutschen." In: Lang, E./Zifonun, G. (Hrg.), *Deutsch typologisch*. Berlin/New York: 473–491.

Kornfilt, Jaklin (1997), *Turkish*. London/New York.

Krause, O. (2002), *Progressiv im Deutschen: eine empirische Untersuchung im Kontrast mit Niederländisch und Englisch*. Tübingen (= *Linguistische Arbeiten* 462).

Kunzmann-Müller, B. (1989), „Adversative Konnektive in den slawischen Sprachen und im Deutschen". In: Weydt, H. (Hrg.), *Sprechen mit Partikeln*. Berlin: 219–227.

Kürschner, W. (1989), *Grammatisches Kompendium, Systematisches Verzeichnis grammatischer Grundbegriffe.* Tübingen.

Lang, E. (1989). „Probleme der Beschreibung von Konjunktionen in allgemeinen einsprachigen Wörterbüchern". In: Hausmann, F. J. et al. (Hrsg.). *Wörterbücher – Dictionaries –Dictionnaires. Ein internatinales Handbuch zur Lexikographie.* Berlin/New York: 862–868.

Langacker, R. W. (1986), „An Introduction to Cognitive Grammar". *Cognitive Science* 10: 1–40.

Langacker, R. W. (1991), *Concept, Image, and Symbol, The Cognitive Basis of Grammar.* Berlin/New York (= *Cognitive Linguistics Research* 1).

Langacker, R. W. (2000), *Grammar and Conceptualization.* Berlin/New York (= *Cognitive Linguistics Research* 14).

Latour, B. (1985), *Verbvalenz. Eine Einführung in die dependentielle Satzanalyse des Deutschen.* Ismaning.

Leech. G./Svartvik, J. (1975), *A Communicative Grammar of English.* London.

Legendre, G./Raymond, W./Smolensky, P. (1993), „An Optimality-Theoretic Typology of Case and Grammatical Voice Systems". *Proceedings if the Barkeley Linguistic Society* 19: 464–478.

Le Grand Larousse de la Langue française (1971–1978). Ed. Louis Guilbert. Paris (sieben Bände).

Lehmann, Ch. (1995), *Thoughts on Grammaticalization.* München/Newcastle. (= *LINCOM Studies in Theoretical Linguistics* 01).

Lehmann, Ch, (1984), *Der Relativsatz. Typologie seiner Strukturen, Theorie seiner Funktionen, Kompendium seiner Grammatik.* Tübingen.

Lehmann, W. P. (1972), „Proto-germanic Syntax". In: Coetsem, F. van/Kufner, H. L. (Hrg.), *Toward a Grammar of Proto-Germanic.* Tübingen: 239–268.

Leiss, E. (1985), „Zur Entstehung des neuhochdeutschen analytischen Futurs". *Sprachwissenschaft* 10: 250–273.

Lewis, G. L. (1991), *Turkisch Grammar.* Oxford.

Lieb, H.-H. (1993), „Integrational Linguistics". In: Jacobs, J. et al. (Hrg.), *Syntax. Ein internationales Handbuch zeitgenössischer Forschung.* Berlin/New York: 430–468.

Lieb, H.-H. (1977), „Abtönungspartikel als Funktion: eine Grundlagenstudie". In: Weydt, H. (Hrg.), *Aspekte der Modalpartikeln. Studien zur deutschen Abtönung.* Tübingen: 155–175.

Lin, H. (2001), *A Grammar of Mandarin Chinese.* München.

Lindgren, K. (1957), *Über den oberdeutschen Präteritumschwund*. Helsinki (= *Annales Academiae Scientiarium Fennicae*, Series B., Bd. 112, 1).

Löbner, S. (1976), *Einführung in die Montague-Grammatik*. Kronberg/ Taunus.

Ludwig, E. (1971), „Ein Vorschlag für die semantische Analyse des Präsens". *Linguistische Berichte* 14: 34–41.

Lyons, J. (1977), *Semantics*. 2 Bde. Cambridge usw. (= dt. (1980– 1983), *Semantik*. 2 Bde.; 1980, 1983. München).

Malinowski, B. (1923), „The Problem of Meaning in Primitive Languages". In: Ogden, C. K./Richards, I. A., *The Meaning of Meaning*. London: 296–336.

Marti, W. (1985). *Berndeutsch–Grammatik für die heutige Mundart zwischen Thun und Jura*. Bern.

Martin, R./Michaels, D./Uriagereka (Hrgs.) (2000), *Step by Step: Minimalist Papers in Honor of Howard Lasnik*. MIT.

Martinet, A. (1964), *Eléments de linguistique générale*. 4. Aufl. Paris.

Meola, C. Di (2002), „Präpositionale Rektionsalternation unter dem Gesichtspunkt der Grammatikalsierung." In: Cuyckens, H./Radden, G. (Hrsg.), *Perspectives on Prepositions*. Tübingen: 101–129.

Moreno, J. C. (1990), „Processes and action: internal agentless impersonals in some European languages." In: Bechert, J./Bernin, G./Buridaut, C. (eds.), *Towards a typology of European languages*. Berlin/New York: 255–272.

Morris, Ch. W. (1938), *Foundations of the Theory of Signs*. Chicago.

Mugdan, J. (1977), *Flexionsmorphologie und Psycholinguistik*. Tübingen.

Najar, M. (1995), „Überlegungen zur Frageintonation". In: Schecker, Michael (Hrg.), *Fragen und Fragesätze im Deutschen*. Tübingen: 35–50.

Oelinger, Albertus (1574), *Underricht der Hoch Teutschen Spraach: Grammatic*a. Straßburg.

Pasch, R. (1983), „Untersuchungen zu den Gebrauchsbedingungen der deutschen Kausalkonjunktionen *da, denn* und *weil*". In: *Linguistische Studien. Reihe A. Arbeitsberichte* 104. *Untersuchungen zu Funktionswörtern*. Berlin (DDR), 41–243.

Palmer, F. R. (2001), *Mood and modality*. 2nd ed. Cambridge.

Peirce, Ch. S. (1966), *Collected Papers*. Bd. 8. 2. Aufl. Boston.

Petöfi, J. S. (Hrg.) (1979), *Text vs. Sentence. Basis Questions of Text Linguistics*. 2 Bde. Hamburg.

Pinker, S. (2000), *Words and rules. The ingredients of language.* London. (deutsch: *Wörter und Regeln. Die Natur der Sprache.* Heidelberg usw. 2000)

Polenz, P. v. (1972), *Geschichte der deutschen Sprache.* 8. Aufl. Berlin.

Polenz, P. v. (1987), „Funktionsverben, Funktionsverbgefüge und Verwandtes. Vorschläge zu einer Satzsemantischen Lexikographie". *Zeitschrift für germanistische Linguistik 15* (1987): 169–189.

Porzig, W. (1950), *Das Wunder der Sprache. Probleme, Methoden und Ergebnisse der modernen Sprachwissenschaft.* München.

Pusch, L. F. (1975), „Über den Unterschied zwischen ‚aber' und ‚sondern' oder die Kunst des Widersprechens". In: Batori, I. et al., *Syntaktische und semantische Studien zur Koordination.* Tübingen: 45–62.

Pusch, L. F. (1981), „Ganz". In: Weydt, H. (Hrg.), *Partikeln und Deutschunterricht.* Heidelberg: 31–43.

Pusch, L. F. (1984), *Das Deutsche als Männersprache. Aufsätze und Glossen zur feministischen Linguistik.* Frankfurt.

Prince, A./Smolensky P. (1993), *Optimality Theory: Constraint Interaction in Generative Grammar.* Rutgers University Center for Cognitive Science Technical Report 2.

Quirk, R./Greenbaum, S. (1998), *A University Grammar of English.* 35. Aufl. Harlow.

Quirk, R./Greenbaum, S./Leech, G./Svartvik, J. (1993), *A comprehensive grammar of the English language.* London.

Radford, A. (1997), *Syntax. A minimalist introduction.* Cambridge.

Rauh, G. (1988), *Tiefenkasus, thematische Relationen und Thetarollen. Die Entwicklung einer Theorie von semantischen Relationen.* Tübingen.

Rauh, G. (2002), „Prepositions, Features, and Projections". In: Cuyckens, Hubert/Radden, Günter (Hrg.), *Perspectives on Prepositions.* Tübingen: 3–23.

Reichenbach, H. (1947), *Elements of Symbolic Logic.* New York usw.

Rettig, W. (1972), *Sprachsystem und Sprachnorm in der deutschen Substantivflexion.* Tübingen.

Ries, J. (1894/1927), *Was ist Syntax? Ein kritischer Versuch.* 2. Aufl. Prag (reprogr. Nachdruck: (1967), Darmstadt).

Rieser, H. (1976), „On the Development of Text Grammar". In: Dressler, W. (Hrg.), *Current Trends in Textlinguistics.* Berlin usw.: 6–20.

Riemsdijk, H. van/Williams, E. (1986), *Introduction to the Theory of Grammar.* Cambridge, Mass.

Sachs, H./Schegloff, E. A./Jefferson, G. (1974), „A Simplest Syste-

matics for the Organization of Turn-Taking for Concersation".
Language 50: 696–735.

Salveit, L. (1960), „Besitzt die deutsche Sprache ein Futur?". *Der
Deutschunterricht* 12: 46–65.

Sapir, E. (1921), *Language*. New York (= dt. (1961), *Die Sprache*. München).

Sasse, H.-J. (1993), „Syntactic Categories and Subcategories". In:
Jacobs, J., et al. (Hrg.), *Syntax. Ein internationales Handbuch zeitgenös-
sischer Forschung*. Berlin/New York: 646–686. (= *Handbücher zur
Sprach- und Kommunikationswissenschaft 9.1*)

Saussure, F. de (1916/1995; 2001), *Grundfragen der allgemeinen Sprachwissenschaft*. Berlin/new York (= frz. (1916), *Cours de Linguistique
Générale*. Paris. Kritische Ausgabe, hrg. von T. de Mauro 1995).

Schachter, P. (1985), „Parts-of-speech systems". In: Shopen, T.
(Hrg.), *Language typology and syntactic description*. Vol 1: *Clause
structure*. Cambridge etc.: 3–61.

Schanen, F./Confais, J. P. (1986), *Grammaire de l'allemand. Formes et
fonctions*. Paris.

Schröder, J. (1986), *Lexikon deutscher Präpositionen*. Leipzig.

Schwarz, M. (1996), *Einführung in die Kognitive Linguistik*. 2. überarb.
u. aktual. Auflage. Tübingen/Basel.

Searle, J. R. (1969), *Speech Acts. An Essay in the Philosophy of Language*.
Cambridge.

Seidel, E. (1935), *Geschichte und Kritik der wichtigsten Satzdefinitionen*. Jena.

Sells, P. (1985), *Lectures on Contemporary Syntactic Theories. An Introduction to Government-Binding Theory, Generalized Phrase Structure
Grammar and Lexical Feature Grammar*. Stanford.

Sitta, H. (1984), *Wortarten und Satzglieder in deutschen Grammatiken*
(= Beiheft zur Zs. *Praxis Deutsch* 68).

Sommerfeldt, K.-E./Schreiber, H. (1983), *Wörterbuch zur Valenz und
Distribution deutscher Adjektive*. 3. Aufl. Leipzig.

Starosta, St. (1978), „The One Per Cent Solution". In: Abraham, W.
(Hrg.), *Valence, Semantic Case and Grammatical Relations*. Amsterdam: 439–576.

Stechow, A. v./Sternefeld, W. (1988), *Bausteine syntaktischen Wissens.
Ein Lehrbuch der generativen Grammatik*. Opladen.

Tesnière, L. (1953), *Esquisse d'une syntaxe structurale*. Paris.

Tesnière, L. (1959), *Eléments de syntaxe structurale*. Paris (= dt. (1980),
Grundzüge der strukturalen Syntax. Stuttgart).

Thieroff, R. (1992), *Das finite Verb im Deutschen. Tempus – Modus – Distanz*. Tübingen.

Thieroff, R. (2000), *Morphosyntax nominaler Einheiten im Deutschen*. Habilitationsschrift. Bonn.

Thurmair, Maria (1991), „‚Kombinieren Sie doch nur ruhig auch mal Modalpartikeln!': Combinatorial regularities for modal particles and their use as an instrument of analysis". *Multilingua* 10–1/2 (1991), 19–42.

Tomić, O. M. (1987), *Syntax and Syntaxes. The Generative Approach to English Syntax Analysis*. Belgrad.

Trabant, J. (1983), „Gehören die Interjektionen zur Sprache?". In: Weydt, H. (Hrg.), *Partikeln und Interaktion*. Tübingen: 69–81.

Trier, J. (1932), *Der deutsche Wortschatz im Sinnbezirk des Verstandes. Geschichte eines sprachlichen Feldes*. Heidelberg.

Trömel-Plötz, S./Guentherodt, M./Hellinger, M./Pusch, L. F. (1981), „Richtlinien zur Vermeidung sexistischen Sprachgebrauchs". *Linguistische Berichte* 71: 1–7.

Ulrich, M. (1988), „‚Neutrale' Männer – ‚markierte' Frauen. Feminismus und Sprachwissenschaft". *Sprachwissenschaft* 13: 383–399.

Uriagereka, J. (1998), *Rhyme and Reason. An Introduction to Minimalist Syntax*. Cambridge (Mass).

Vater, H. (1982), „Der unbestimmte Artikel als Quantor". In: Welte, W. (Hrg.), *Sprachtheorie und angewandte Linguistik*. Tübingen: 74–76.

Vater, H. (1983), „Zum deutschen Tempussystem". In: Askedal, J. D. (Hrg.), *Festschrift für Laurits Salveit*. Oslo: 201–214.

Vater, H. (1984), „Referenz und Determination im Text". In: Rosengren, I. (Hrg.), *Sprache und Pragmatik. Lunder Symposium 1984*. Stockholm: 232–344.

Vossler, K. (1904), *Positivismus und Idealismus in der Sprachwissenschaft*. Heidelberg.

Wegener, H. (1985), „Eine Modalpartikel besonderer Art: Der Dativus Ethicus". In: Weydt, H. (Hrsg.), Sprechen mit Partikeln. Berlin: 56–73.

Weinrich, H. (1977), *Tempus. Besprochene und erzählte Welt*. 3. Aufl. Stuttgart.

Weinrich, H. (1993), *Textgrammatik der deutschen Sprache*. Unter Mitarb. von Maria Thurmair, Mannheim u. a.

Weisgerber, L. (1929), *Muttersprache und Geistesbildung*. Göttingen.

Weisgerber, L. (1957), „Der Mensch im Akkusativ". *Wirkendes Wort* 8: 193–205.

Weisgerber, L. (1953/54), *Vom Weltbild der deutschen Sprache.* 2 Halbbde. Düsseldorf.

Welke, K. (1965), *Untersuchungen zum System der Modalverben in der deutschen Sprache der Gegenwart. Ein Beitrag zur Erforschung funktionaler und syntaktischer Beziehungen.* Berlin (DDR).

Welke, K. (1988), *Einführung in die Valenz- und Kasustheorie.* Leipzig.

Wells, R. S. (1947), „Immediate Constituents". *Language* 23: 81–117.

Weydt, H. (1969), *Abtönungspartikel. Die deutschen Modalwörter und ihre französischen Entsprechungen.* Homburg.

Weydt, H. (1981), „Sprechakt, Satz und Text". In: Rosengren, I. (Hrg.), *Sprache und Pragmatik. Lunder Symposium 1980.* Lund: 249–258.

Weydt, H. (1983), „Überlegungen zum Bitten". In: Rosengren, I. (Hrg.), *Sprache und Pragmatik. Lunder Symposium 1982.* Stockholm: 269–280.

Weydt, H. (1984a), „Techniques of Request: in Quest of its Universality". In: Makkai, A. (Hrg.), *Proceedings of the 10th Meeting of Lacus Québec 1983.* Columbia: 127–137.

Weydt, H. (1984b), „Zur Funktion des Artikels". In: Rosengren, I. (Hrg.), *Sprache und Pragmatik. Lunder Symposium 1984.* Stockholm: 345–353.

Weydt, H. (1985), „Zur Struktur der Frage im Deutschen und Französischen". In: Gülich, E./Kotschi, Th. (Hrg.), *Konversation, Interaktion, Grammatik. Beiträge zum Romanistentag 1983.* Tübingen: 313–322.

Weydt, H./Ehlers, K.-H. (1987), *Partikelbibliographie.* Bern u. a.

Weydt, H./Harden, Th./Hentschel, E./Rösler, D. (1983), *Kleine deutsche Partikellehre. Ein Lehr- und Übungsbuch für Deutsch als Fremdsprache.* Stuttgart.

Weydt, H./Hentschel, E. (1981), „Ein Experiment zur Entwicklung der verbalen Interaktionsfähigkeit von Kindern." *Zeitschrift für Germanistische Linguistik* 9: 326–336.

Weydt, H./Hentschel, E. (1983), „Kleines Abtönungswörterbuch". In: Weydt, H. (Hrg.), *Partikeln und Interaktion.* Tübingen: 3–24.

Whorf, B. L. (1956), *Language, Thought and Reality.* New York (= dt. (1986), *Sprache, Denken, Wirklichkeit.* Reinbek bei Hamburg).

Wunderlich, D. (1970), *Tempus und Zeitreferenz im Deutschen.* München.

Zifonun, G., et al (1997), Grammatik der deutschen Sprache. 3 Bde. Berlin/New York. (= *Schriften des Instituts für deutsche Sprache* 7, 1–3).

Index

■ **Dornseiff**
Der deutsche Wortschatz nach Sachgruppen

8., völlig neu bearbeitete und mit einem alphabetischen
Register versehene Auflage von Uwe Quasthoff
Mit einer lexikographisch-historischen Einführung und einer
Bibliographie von Herbert Ernst Wiegand

2003. Ca. 900 Seiten.
Gebunden + CD-ROM. ISBN 3-11-009822-9
Broschur. ISBN 3-11-017921-0
CD-ROM. ISBN 3-11-017922-9

Mit seinem einzigartigen Strukturierungsprinzip stellt der *Dornseiff*
ein unverzichtbares Hilfsmittel für jeden Schreibenden dar, der
bedeutungsverwandte Wörter sucht, um seine Texte präziser und
abwechslungsreicher zu formulieren. Über die stilistische Praxis hinaus ermöglicht der *Dornseiff* dem Sprachwissenschaftler differenzier-
te Wortschatzanalysen. Der *Dornseiff* bildet den gesamten deutschen
Wortschatz nach Sachgruppen geordnet ab, d. h. nicht alphabetisch.
So präsentiert jeder Eintrag eine Fülle von Wörtern aller Wortarten,
die zur jeweiligen Sache bzw. einem Begriff gehören, und bietet so
Information, Dokumentation und Inspiration in einem.

Die umfassende Neubearbeitung des traditionsreichen Standard-
werks zeichnet sich unter anderem aus durch

• die Erweiterung um wichtige neue Sachgebiete (Medien, Informatik, Börse, Raumfahrt, Sport und Freizeit usw.),
• die grundlegende Revision und Aktualisierung des abgebildeten
  Wortschatzes mithilfe des Wortkorpus des Projekts „Deutscher
  Wortschatz" an der Universität Leipzig,
• die Beigabe einer leistungsfähigen CD-ROM für die schnelle, ge-
  zielte Recherche,
• ein völlig neues, benutzerfreundliches Layout.

de Gruyter
Berlin · New York

*Bitte bestellen Sie bei Ihrer Buch-
handlung oder direkt beim Verlag.*

www.deGruyter.de

de Gruyter Sprachwissenschaft